Σ BEST
シグマベスト

理解しやすい
日本史B

元木泰雄
伊藤之雄　共著

文英堂

はじめに

過去の歴史を知り，現代とのかかわりを理解しよう。

● わたしたちは，ややもすると歴史は過去のことであって，現代とは関係ないと考えがちである。しかし，決してそうではない。過去のことがらは無数にあるが，それが歴史として意味をもつのは，現代とのかかわりにおいてである。21世紀に入った今日もなお，「歴史は，現代と過去とのつきることのない対話」といわれる所以である。

● わたしたち二人は，これまで予備校教育や大学教育にたずさわりながら日本史の教科書や副読本の執筆に加わったり，日本史の参考書・一般書・研究書を出したりして，高校教育や大学受験にかかわってきた。高校の歴史教育は，大学においても文学・法学・経済学などの学問の基礎になることはいうまでもない。

● 受験生にとって，高校での限られた時間の中で，歴史の流れをつかみ，個々の事象を正確に理解し，重要事項を精選して記憶することは，実に困難なことである。わたしたちが，本書においてもっとも注意をはらったのは，歴史の流れを明快な文章で記述し，重要ポイントを明示するという点である。

● このため，本書では，元木が1〜9章を，伊藤が10〜19章を分担した。いずれも，わたしたちの専門分野ないし関連する分野であるので，学問的水準を保ち，そのうえ，日常学習や受験において理解しやすい内容や記述になった。

● 本書では，本文記述の充実とともに，理解を助けるカラフルな写真や地図・説明図などを数多く掲載した。本書が諸君にとって，理解しやすく利用しやすい参考書として受け入れられるならば，わたしたちにとって，これ以上の喜びはない。

著者　元木泰雄・伊藤之雄

本書の特色

1 日常学習から受験準備まで使える内容

本書は，高校での「日本史B」の教科書にピッタリ合うように，教科書の学習内容を多くの**小項目に細分**して編集しています。したがって，学校での授業の進行に合わせて，**予習や復習，定期テストの準備**に使うことができます。また**大学入試の受験勉強**にも十分に活用できる内容となっています。本書を読んで，内容をしっかり理解したり，不明な点を調べたりすることによって，**能率的な学習**をすすめることができるのです。

2 学習内容の要点がハッキリわかる編集

本書では，まず初めに，その章で学ぶ**学習事項を年表式図解**で示したうえで，解説に入っています。解説は，本文のほかに，右らんに**理解を助ける副文**―★印・参考・注意をつけていますが，重要なのは，あくまでも本文です。右らんの副文にはあまりこだわらず，まず学習内容の大筋をつかんでください。なお，本文中には，適宜，「**ポイント**」として，内容上の最重要点をまとめています。ここの内容は，必ず覚えるようにしましょう。

3 豊富な図版や写真，見やすいカラー版

日本史を学習するうえで，図表，とくに地図や年表は不可欠のものです。本書では，この点を重視して，随所に**カラフルな地図や図表**を載せています。また，スペースの許すかぎり，カラー写真をとりいれました。**カラー写真**は，「百聞は一見にしかず」という意味で，理解を助けてくれることでしょう。また，入学試験やセンター試験などにも歴史写真として出題されることがあります。

4 納得しながら勉強できる多角的な要素

本書の中には，「**テーマゼミ**」と「**史料**」があります。これは，テストに出やすい特定のテーマと史料について掘り下げた解説を加えることで，日本史の理解をいっそう深め，面白くするためのコーナーです。また，各章末では，**重要用語のチェック**を行うことができます。「なるほど，そういうことだったのか」というように，納得しながら勉強することができるのです。

本書の活用法

1 学習内容を整理するために…

この章の見取り図
各章の冒頭に，**その章の概要と歴史の流れがひと目でわかる年表式の図解**を示しました。ここを見れば，その章の全体像をつかむことができます。

ポイント
各項目単位で，どうしても理解し，覚えなければならない**重要事項**を示しました。各事項は，テストでもよく取り上げられる点ばかりです。

テスト直前要点チェック
各章末に，**一問一答式のチェックテスト**を設け，その章に出てきた**重要用語の確認**ができるようにしました。テストの直前に，必ずおさえるようにしましょう。

2 理解を深めるために…

倭の五王
前方後円墳（p.29）

本文は，重要な事項を**赤字**や**太字**で示しています。タイトルの太字にも注意しましょう。**参照ページの指示**があるときは，必ずそちらにも目を通すようにしましょう。

★1，★2…
★1，★2…の内容は，右らんで，さらにくわしく説明したり，関連事項を掲載しています。

補説
重要事項の補足説明や，本文ではまとまった解説のむずかしい事項を取り上げました。

参考 **注意**
参考では，日本史の知識を深め，知っておくと得をするような事項を取り上げました。
注意では，学習上注意すべき点を示しました。

本文に関連するテーマを取り上げて，くわしく解説したほか，**エピソード**や**歴史的な見方・考え方**などを紹介。本文とは別の角度で見ているので，役に立ちます。

重要史料をポイントをあげて掲載し，史料の理解とテスト対応のための**注**や**視点**を加えました。また適宜，句読点などを補足し，読みやすさに配慮しました。

もくじ

第1編 原始・古代

1章 日本文化のあけぼの
1. 日本列島の形成と日本人　10
2. 旧石器文化　12
3. 縄文文化　13
4. 弥生文化　16
5. 小国の分立と邪馬台国　21
6. ヤマト政権の形成　25
7. 古墳文化　27
8. 大陸文化の伝来　30
- テスト直前要点チェック　33

2章 古代国家と文化の発展
1. ヤマト政権の構造　34
2. 推古朝の政治　37
3. 飛鳥文化　41
4. 大化改新　44
5. 改新政治　46
6. 壬申の乱　48
7. 白鳳文化　50
8. 律令の制定　52
9. 律令の統治組織　53
10. 律令的負担体系　56
11. 平城遷都と律令国家の繁栄　60
- テスト直前要点チェック　62

3章 古代国家の展開
1. 奈良朝政治の推移　63
2. 律令体制の動揺　66
3. 遣唐使の派遣　69
4. 天平文化　71
5. 平安京と律令政治の再建　75
6. 弘仁・貞観文化　79
- テスト直前要点チェック　82

4章 貴族政治の展開と文化の国風化
1. 摂関政治の成立　83
2. 摂関政治の全盛　84
3. 荘園の発達　88
4. 国風文化　90
- テスト直前要点チェック　96

第2編 中世

5章 院政と武士政権の成立
1. 院政 …………………… 98
2. 武士の台頭 …………… 101
3. 平氏政権 ……………… 104
4. 院政期の文化 ………… 106
- テスト直前要点チェック ── 109

6章 武家社会の形成と文化の動向
1. 鎌倉幕府の成立 ……… 110
2. 執権政治の確立 ……… 114
3. 武士の社会 …………… 118
4. 産業・経済の発達 …… 121
5. 仏教の新たな動き …… 123
6. 鎌倉文化 ……………… 128
7. 蒙古襲来と鎌倉幕府の動揺 …… 134
- テスト直前要点チェック ── 137

7章 武家社会の展開
1. 鎌倉幕府の滅亡 ……… 138
2. 建武の新政 …………… 141
3. 南北朝の内乱と守護大名の成長 … 143
4. 室町幕府の成立と守護 … 147
5. 応仁・文明の乱 ……… 151
6. 東アジア世界との交流 … 153
7. 民衆の台頭 …………… 157
8. 産業・経済の発達 …… 161
9. 南北朝文化 …………… 165
10. 北山文化 ……………… 167
11. 東山文化 ……………… 170
12. 戦国の動乱と諸地域 … 175
13. ヨーロッパ人の来航 … 181
- テスト直前要点チェック ── 184

第3編 近世

8章 織豊政権と幕藩体制の確立
1. 織田信長の統一事業 … 186
2. 豊臣秀吉の全国統一 … 188
3. 安土桃山文化 ………… 194
4. 江戸幕府の成立 ……… 198
5. 幕藩体制の構造 ……… 200
6. 幕藩社会の支配構造 … 207
7. 江戸時代初期の対外関係 … 212
8. 朱印船貿易の衰退 …… 215
9. 寛永期の文化 ………… 220
- テスト直前要点チェック ── 221

9章　幕藩体制の展開と産業の発達

1. 文治政治の展開 …………… 223
2. 農業生産の進展 …………… 230
3. 諸産業の発達 ……………… 231
4. 交通の整備と発達 ………… 233
5. 商業と都市の発達 ………… 236
6. 貨幣・金融制度の発達 …… 239
7. 学問と宗教 ………………… 241
8. 元禄文化 …………………… 244
- テスト直前要点チェック ──── 246

10章　幕藩体制の動揺

1. 農村の変動と武士の窮乏 …… 248
2. 享保の改革 ………………… 253
3. 田沼時代 …………………… 256
4. 寛政の改革 ………………… 258
5. 大御所時代 ………………… 263
6. 天保の改革 ………………… 269
7. 近代への道 ………………… 273
8. 化政文化 …………………… 276
9. 新しい学問 ………………… 282
10. 教育と信仰 ………………… 286
- テスト直前要点チェック ──── 289

第4編　近代・現代

11章　近代国家の成立

1. ペリー来航と開国 ………… 292
2. 公武合体と尊王攘夷 ……… 298
3. 攘夷から倒幕へ …………… 300
4. 明治維新 …………………… 305
5. 中央集権体制の確立 ……… 308
6. 初期の外交 ………………… 313
7. 地租改正と殖産興業 ……… 318
8. 西洋の衝撃への対応と文化の摂取 … 324
- テスト直前要点チェック ──── 329

12章　立憲国家の成立と条約改正

1. 自由民権運動の展開 ……… 330
2. 政党の結成と自由民権運動の推移 … 333
3. 大日本帝国憲法の制定 …… 337
4. 大日本帝国憲法の発布 …… 340
5. 議会政治の発展 …………… 343
6. 条約改正 …………………… 346
7. 日朝関係の推移 …………… 349
8. 日清戦争 …………………… 351
- テスト直前要点チェック ──── 354

13章　立憲政治の発展と大陸進出

1. 立憲政治の発展 …………… 355
2. 列強の中国分割と日露戦争 … 358
3. 日露戦争後の大陸進出 …… 361
4. 産業革命と社会問題 ……… 363
5. 日露戦争後の諸産業の発展 … 366
6. 社会運動の展開 …………… 368
- テスト直前要点チェック ──── 371

14章 近代文化の発達
1 明治時代の思想と学問……………372
2 明治時代の文学と芸術……………375
● テスト直前要点チェック────381

15章 第一次世界大戦と日本
1 大正政変……………………………382
2 第一次世界大戦と日本外交………384
3 大戦景気と米騒動…………………387
4 ヴェルサイユ体制と国際協調……389
5 大正デモクラシーと社会運動の発展…392
6 護憲三派内閣の成立………………395
7 経済恐慌と政党政治………………397
8 市民文化の成熟……………………401
● テスト直前要点チェック────405

16章 第二次世界大戦と日本
1 満州事変と軍部の政治的台頭……406
2 日中全面戦争と第二次世界大戦の勃発…412
3 戦時体制の確立……………………415
4 太平洋戦争…………………………418
● テスト直前要点チェック────424

17章 占領と国際復帰
1 日本の民主化………………………425
2 政党政治の復活と経済の再建……428
3 戦後の世界と日本の発展…………432
● テスト直前要点チェック────437

18章 55年体制と高度経済成長
1 55年体制の成立……………………438
2 高度経済成長と保守政権の定着…439
3 経済大国日本………………………444
● テスト直前要点チェック────448

19章 現代の日本
1 新しい秩序形成への模索…………449
2 現代日本の進路と文化……………452
● テスト直前要点チェック────454

さくいん────455

史料
中国の史書に見る倭(日本)のようす──22
「魏志」倭人伝に見る邪馬台国──23
倭王武の上表文──27
稲荷山古墳出土鉄剣銘文,江田船山古墳出土鉄刀銘文──31
仏教の公伝──32
憲法十七条──39
遣隋使の派遣──40
改新の詔──45
蓄銭叙位令──61
「貧窮問答歌」に見る人々の生活──67
三世一身法,墾田永年私財法──68
国分寺建立の詔,大仏造立の詔──72
防人歌──74
藤原道長の全盛期──86
尾張国郡司百姓等解──87
大名田堵──89
かな文字──91
『往生要集』の序──94
延久の荘園整理令,記録荘園券契所の設置──99
白河上皇の院政──101
『愚管抄』に描かれた保元の乱──105
尼将軍政子のよびかけ──115
御成敗式目と式目制定の趣旨──117
紀伊国阿氐河荘民の訴状──120
商業・交通の発達──123
悪人正機説──125
『愚管抄』──130
永仁の徳政令──136
二条河原の落書──142
守護請,半済令──146
建武式目──147
応仁・文明の乱──152

惣掟	157
正長の土一揆	158
山城の国一揆	159
加賀の一向一揆	160
『太平記』	165
世阿弥の芸術論	169
おもな分国法	177
堺の繁栄	180
刀狩令	191
バテレン追放令	192
1615(元和元)年7月の武家諸法度(元和令)	203
1615(元和元)年7月の禁中並公家諸法度	205
田畑永代売買禁止令，田畑勝手作の禁令	210
1633(寛永10)年〜39(寛永16)年の鎖国令	217
1663(寛文3)年5月23日の殉死の禁止	224
1687(貞享4)年4月の生類憐みの令	226
1715(正徳5)年正月11日の海舶互市新例	228
越後屋の商法	237
新井白石の天下九変五変論	243
天明の飢饉の様相	249
百姓一揆に対する本居宣長の考え方	250
武士階級の窮乏と町人からの借財	252
1722(享保7)年7月の上げ米令	253
1723(享保8)年6月の足高の制	255
1719(享保4)年11月の相対済し令	255
1790(寛政2)年11月の旧里帰農令	260
囲米令，七分積金の制	260
1790(寛政2)年5月の寛政異学の禁	261
林子平の海防論	262
異国船打払令(無二念打払令)	265
大御所時代の風刺	266
大塩平八郎の檄文，天保の改革	268
株仲間解散令，人返しの法	270
本居宣長の説く国学の本質	282
安藤昌益の階級社会批判	285
本多利明の開国論	285
日米和親条約	294
日米修好通商条約	296
王政復古の大号令	305
五箇条の誓文	306
廃藩置県の詔	310
日朝修好条規	316
地租改正条例	319
学事奨励に関する被仰出書	325
民撰議院設立の建白書	331
保安条例	337
大日本帝国憲法	341
黒田清隆首相の超然主義演説	344
山県有朋首相の「主権線」と「利益線」の演説	345
工場法	370
青鞜社の結成	370
尾崎行雄の桂内閣弾劾演説	383
元老井上馨の進言	385
吉野作造の民本主義	392
リットン報告書	408
天皇機関説事件	411
第1次近衛声明	414
国家総動員法	416
日米安全保障条約，新安保条約	435
PKO協力法	450

テーマゼミ

弥生時代の戦争	19
纏向遺跡の発掘	24
司馬達等の一族	42
壬申の乱と東国の防人	49
高松塚古墳の壁画	51
地下の正倉院－木簡	56
古代の借金地獄－出挙	59
東北の祈り	81
後宮の女性たち	85
「芸能」人としての武士	102
バサラ大名	145
中世の北海道と津軽地方	156
大山崎の繁栄と油座	162
下人からの脱出	166
『物くさ太郎』	172
「地上の神」信長	187
民衆の生活文化	197
大御所と将軍－天下人になる－	204
百姓の負担	211
将軍権力と文治政治	229
北前船の運んだもの	236
三都くらべ	239
崎門のスパルタ教育	241
武士の生活	252
田沼意次の出世	258
将軍家斉と大奥	267
三方領知替えの中止	273
山師，平賀源内	280
オランダ正月	284
安藤昌益の思想	286
島崎藤村と地租改正	321
伊藤博文の構想と美濃部達吉	338
イギリスとの条約改正交渉	349
日清戦争の準備	352
女子教育の普及と「新しい女」たち	370
米騒動	389
全国水平社の創設	394
白樺派の活動	403
二・二六事件	410
太平洋戦争の開始	419
戦争末期の悲劇	423
日本の独立	434
安保闘争	440

第 1 編

原始・古代

復原された平城宮大極殿

1章 日本文化のあけぼの

この章の見取り図

人類の発生 ──→ 縄文時代→弥生時代…小国の分立(倭の五王)
＝
旧石器時代　　続縄文文化・貝塚文化　　邪馬台国(卑弥呼)→ヤマト政権

年代	紀元一	五七	一〇七	二三九	三九一	四七八	五三八	五五二
おもな事項	▼旧石器時代　▼縄文文化(新石器文化)　▼弥生文化(水稲耕作・金属器)　小国の分立──『漢書』地理志	倭奴国王が後漢に使者を派遣　金印(「漢委奴国王」)を授かる	倭国王が後漢に朝貢──『後漢書』東夷伝	邪馬台国の統治　卑弥呼が魏に朝貢──「魏志」倭人伝　「親魏倭王」の称号を授かる	ヤマト政権の成立　倭の朝鮮出兵──(好太王碑)	倭の五王の朝貢　倭王武の上表文	仏教の伝来	崇仏論争 ←→ (仏教の伝来)

朝鮮・中国文化の伝来　渡来人の渡来　→　織物・養蚕技術や漢字・儒教の伝来

古墳文化　前期　中期　後期(〜7世紀)

| 世界 | ▶オリエントで農耕・牧畜開始(B.C.7000年ごろ)　▶秦の中国統一(B.C.221年)　▶前漢で楽浪郡設置(B.C.108年)　▶ローマ帝政開始(B.C.27年)　▶後漢の成立(A.D.25年) |

1 日本列島の形成と日本人

◆ 地質年代上の更新世は氷河時代ともよばれ，何度かの寒冷な氷期があった。この頃，大陸と陸続きになっていた日本列島に，マンモスやナウマンゾウを追って，人類が移動してきたと考えられている。

1 日本列島の形成

① **地質年代の区分**　地質年代は，始生代から新生代に5区分される。

② **日本列島が形成された時期**　更新世の末期，最後の氷期が終わり，日本列島が大陸から完全に分離して★1，今日の日本列島が形成された(今から約1万年前)。

> **注意**　国土の形成や人類の出現を考える場合には，考古学・人類学とともに地質学・地球環境学の知識も必要である。

★1 日本列島が大陸と陸続きとなっていたことは，ナウマンゾウやマンモスの化石からもわかる。

始生代	原生代	古生代	中生代	新生代			
				中新世	鮮新世	更新世	完新世
40億年前	25億年前	6.0億年前	2.5億年前	500万年前	200万年前	1万年前	現在

旧石器時代　　　新石器時代
マンモスやナウマンゾウ

▲地質年代の区分

2 日本人の起源

① 人類の出現と分類 世界史上，人類が出現するのは，約650万年前の新第三紀中新世である。人類は，発見された化石人骨の研究によって，次のように分類される。
　①猿人…アウストラロピテクスなど。最古の人類。
　②原人…ホモ＝エレクトスに属するジャワ原人（インドネシア）・北京原人（中国）など。
　③旧人…ホモ＝ネアンデルタレンシス（ネアンデルタール人）など。
　④新人…現生人類（ホモ＝サピエンス）に属する。クロマニョン人（フランス）など。

② 日本の人類 新人である浜北人（静岡県）・港川人（沖縄県）などの化石人骨が報告されている。しかし，データが不確かなものが多く，更新世の人類の実態はよくわからない。

③ 更新世の人類の生活文化 日本列島の化石人骨は頭骨・上腕骨などの人体の一部しか発見されず，住居跡などの明確な生活遺跡が見つかっていないため，彼らがどんな生活文化を形成していたのかについては，明らかでない。

④ 日本人の形成 縄文人が現在の日本人の直接の祖先であり，その後，周辺各地，とくに朝鮮半島の人々との混血や，さまざまな環境の変化によって，日本人が成立したと考えられている。

　（補説）日本人の祖先　浜北人・港川人は，身長の低さや顔の幅の広さなど，中国南部の柳江人などと共通の特徴をもっている。アジア大陸南部に住む人々（古モンゴロイド）の系統につながると考えられ，人類学上では，日本人の南方起源説が有力となっている。

⑤ 日本語の起源 文法・音韻などから，アルタイ語系（トルコ語・モンゴル語などと同系）という説もあるが，日本語の系統については定説がない。

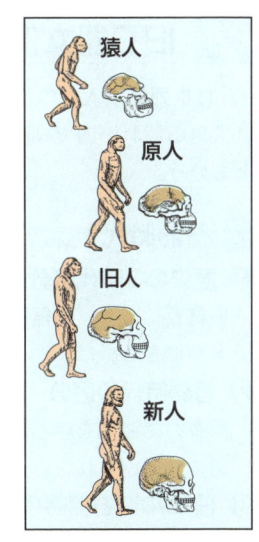

▲人類の進化

▼人類の出現と文化

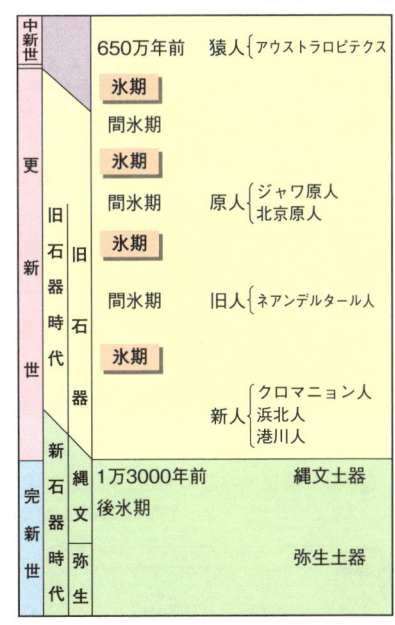

 ①日本列島の形成…更新世末期（約1万年前）
　②日本の人類………新人段階の化石が見つかっているが，詳細は不明

2 旧石器文化

◆ 日本列島で人類の化石人骨が発見される一方，この時代に使用された旧石器も発見されている。わが国では旧石器時代の文化を，土器が用いられなかったことから先土器文化ともいう。

■ 石器時代

❶ **歴史の3時代区分**★1　人類の歴史を，使用する利器（道具）の材質により，石器時代→青銅器時代→鉄器時代に分けることができる。

❷ **石器時代の区分**　旧石器時代と新石器時代とに区分する。両者の過渡期を中石器時代と呼ぶこともあるが，日本史ではあまり用いられない。

❸ **日本の旧石器時代**
①時期…更新世に属する。
②生業…狩猟や漁労を営んだ。狩りの道具としては，打製石器（打製石斧など）や尖頭器（小形動物をとらえる）が発明され，旧石器時代の末期には，細石器（細石刃）を動物の骨にうめこんだ，組み合わせ式の槍もあらわれた。

❹ **旧石器文化の発見**　1946（昭和21）年，群馬県の岩宿（現みどり市笠懸町）の関東ローム層中から相沢忠洋が打製石器を発見したのが最初★2。以後，後期旧石器時代の遺跡については，多くの例が発見されているが，それ以前の日本については，よく分かっていない。

❺ **世界史上の新石器時代**
①時期…完新世以降（約1万年前以降）にあたる。
②生業…人類は石をみがいて鋭い刃をつけた磨製石器を用いた。また，土器の制作や農耕・牧畜が開始され，織物も出現した。

(補説)　**農耕・牧畜の開始**　紀元前7000年ごろ，西アジアで，麦の栽培とヤギ・羊・牛などの飼育が始まった。

★1 歴史の3時代区分
19世紀に，デンマークのトムセンが最初に唱えた。

(参考)　旧石器時代の社会では，身分や貧富の差はなかったと考えられている。

★2 関東ローム層は，関東地方の台地上に広く分布する，火山灰土の堆積により形成された赤土層。岩宿遺跡は，相沢忠洋によって発見され，のち明治大学が発掘調査した。

(注意)　わが国の縄文文化は，新石器時代にあたるが，基本的には採集経済段階にあった。

▼岩宿遺跡の発掘

〔日本の旧石器文化〕
①時期…更新世
②土器…使用せず
③生業…狩猟・漁労
④石器…打製石器・細石器

3 縄文文化

◆ 縄文時代から，日本も新石器時代にはいる。縄文文化は主として狩猟・採集経済に依存する文化であったが，かなり高度な生活を営んでいたことが，いくつかの遺跡の調査で明らかになった。人々は自然の影響を強くうけたため，その社会は呪術に支配されていた。①土器の発明と，②弓矢の使用に，この時代の大きな特徴がある。

1 遺物と遺跡

❶ **縄文時代の期間** 約1万3000年前から，弥生文化に移りかわるB.C.5世紀ごろまで，1万年間ほどつづいた。一般的には，縄文土器の型式を基準に，草創期→早期→前期→中期→後期→晩期の6期に区分される（下表参照）。この間の文化発展の歩みは，比較的ゆるやかであった。

(注意) 縄文時代は約1万年間で，弥生時代よりもはるかに長い。縄文土器の出現は，放射性炭素^{14}Cによる年代測定によれば約1万2000年前であり，日本列島は，世界で最初に土器が発明された地域の1つと考えられている。

❷ **縄文土器の特色**
①製法…㋐形態・文様は変化に富む。
㋑焼成温度が低いものが多く，素焼きであるので，黒褐色。
㋒巻きあげ・輪づみなどの手づくり。
②分布…全国に分布するが，東日本でとくに多く出土し，型式・文様も多様化した。

❸ **縄文土器による時代区分** 縄文時代は約1万年つづいたが，土器の製法や様式から，次のように区分することができる★1

区分	出土地	文様	形
草創期	鳥浜（福井）など	雷文・綾杉文	深鉢・方形平底土器
早期	稲荷台（東京）花輪台（茨城）住吉町（北海道）など	撚糸文 無文・捺型 沈線文・貝殻文	深鉢形尖底土器
前期	諸磯（神奈川）など	条文・爪形文	平底形・深鉢形土器
中期	加曽利（千葉）など	隆起文・渦巻文	甕形
後期	堀之内（千葉）など	磨消縄文	弦付土瓶形・壺形
晩期	亀ヶ岡（青森）など	雲形文・無文	壺形・皿・鉢形・注口形・香炉形

(補説) **亀ヶ岡式土器** 晩期に，亀ヶ岡遺跡（青森県）を中心として，東北・関東地方で発達した。硬質で，磨消縄文による文様が特徴である。

★1 **縄文土器の様式の変化** 縄文土器の文様は初期のものは単純であり，その形も底のとがった尖底土器が多いが，時代が下るにつれて複雑化し，甕や鉢の形をしたものが出現してくる。

▲縄文土器（亀ヶ岡式）

❹ **縄文時代の道具**
①一般に打製石器である。磨製石器も併用する。
②弓矢が発明され，石鏃が出現する。そのため槍は減少。
③石器・骨角器・木器★2などが中心。金属器はまだなかった。

★2 **木器** 精巧な木器があらわれるのは，金属器が加工に使われる弥生文化以後である。

❺ **縄文文化の道具の種類**
　①狩猟具…石鏃(矢じり)・石槍・石匕(皮はぎ)。
　②漁労具…石錘(おもり)や骨角器の釣針・銛。
　③生活具…石斧(土掘りや伐採)・石皿・磨石(粉砕)。
　④その他…耳飾りや玉類の装身具，石棒などの宗教・祭祀具。

❻ **貝塚**　貝塚は，縄文時代の人々が食料とした貝類の殻や不要な道具などを住居近くに捨てて，堆積した場所である。貝塚は貝殻のカルシウム分が人骨・獣骨を保護し，当時の生活を知る遺跡として貴重。日本で最初に発掘調査された貝塚は，1877(明治10)年の東京の**大森貝塚**である。

> (補説)　**代表的な貝塚**　貝塚は，とくに東京湾沿岸・瀬戸内海沿岸に多く発見されている。夏島貝塚(神奈川県，早期)・加曽利貝塚(千葉県，中〜後期)・姥山貝塚(千葉県，中〜後期)・津雲貝塚(岡山県，後期)・吉胡貝塚(愛知県，後〜晩期)・鳥浜貝塚(福井県，草創〜前期)などがある。

❼ **縄文時代の住居**　**竪穴住居**である。竪穴住居は地面に柱穴をあけて，そこへ堀立て柱を建て，上方で交差させ円錐形とし，その上に草や木の葉をのせて屋根とした。床は張らず，土間である。

❽ **住居の立地**　水辺や海に近い台地先端部に立地した。水と魚介類を得やすいからである。食料の捕獲が困難になると，人々は新たな場所に移動した。

❾ **集落の形成**　縄文時代早期には，まだ集落の規模は小さかったが，時代が進むにつれ拡大し，広場をもつ大きな村も出現した。八ヶ岳山麓に約100個の住居跡を残す尖石遺跡(長野県，中期)はその典型である。さらに，大集落の**三内丸山遺跡**(青森市)のように，住居のほか，集会場，貯蔵穴，墓地，ごみすて場なども同時に見つかっている。

❿ **縄文遺跡の分布地域**　全国に分布するが，とくに東日本に多い。東日本は落葉広葉樹林帯に覆われ，またサケ・マスが川をのぼり，食料資源が豊富だったこと，水稲耕作の伝播が遅れたことが要因である。

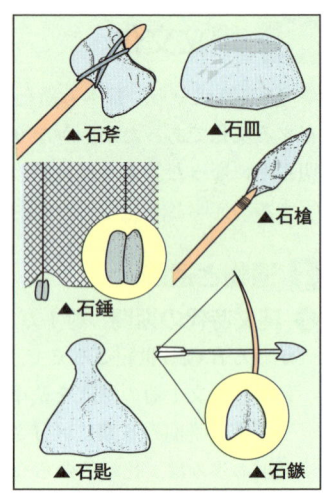
▲縄文時代の石器

(参考)　**大森貝塚とモース**　大森貝塚(東京都品川区・大田区)は，明治政府のお雇い外国人で，東京大学に招かれたモース(アメリカ人)が発掘し，貝塚の研究の端緒を開いた。

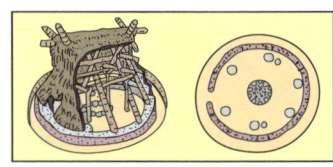
▲竪穴住居の外形と内部

▲おもな旧石器・縄文時代の遺跡の分布

2 経済・社会生活

❶ 縄文時代の生業 狩猟・漁労の生活を中心とする採集経済であったが，現在では，縄文時代にも原始的な農耕が行われたとする説が定着している。

> 補説　縄文農耕論　縄文時代に焼畑による雑穀やイモの栽培があったとする説と，水稲耕作の成立を考える説とに大別できる。板付遺跡（福岡市）で，縄文晩期に稲作が行われていたことを示す水門・水田跡，縄文土器に付着したモミの圧痕などが見つかっている。

❷ 縄文時代の社会 血縁関係にある20～30人ぐらいの集団を単位として活動した。労働の面では，男性は狩猟，女性は木の実とりといった分業が行われたが，明確な<u>身分や貧富の差は発生しなかった</u>★3。

❸ 交易の存在 特定の場所にしか産しない岩石を材料とした石器が，離れた地方で発見されることから交易の存在が推測できる。北海道の十勝岳・長野県の和田峠・熊本県の阿蘇山で産する**黒曜石**，奈良県・大阪府県境の二上山のサヌカイト，新潟県の姫川流域のひすい（硬玉）が，広い範囲に分布。

❹ 縄文時代の信仰 生活はすべて自然の恵みに依存していたから，縄文人たちは自然をおそれた。彼らは，あらゆる自然物や自然現象に霊魂の存在を認め（アニミズム），呪術によって災いをとりのぞいたり，獲物をふやすことができると考えていた。また，三内丸山遺跡からは神殿とも思える巨大な建物跡が見つかっており，高い精神文化の発達がうかがえる。

❺ 縄文時代の習俗 縄文時代中期以後，災いをさけ，豊かな収穫を祈るための呪術的習俗が多く見られるようになる。
① **土偶**…女性をかたどった土人形。大きさは数cm～30cm程度。
② **石棒**…男性を表現する石器。
③ **抜歯・研歯**（特定の歯を抜いたりけずったりする）…成人儀礼。

❻ 縄文時代の埋葬方法 早期から埋葬の風習があり★4，遺体の手足を折り曲げた姿勢で葬る**屈葬**★5という方法がとられた。胸の上に石をのせる抱石葬も多い。

> **ポイント〔縄文文化〕**
> ① 新しい道具…土器・弓矢・磨製石器
> ② 社会…採集経済。貧富・身分の差なし
> ③ 呪術（アニミズム）…**屈葬**，土偶，抜歯

★3 身分差のない社会を示す証拠
① 住居がほぼ同じ規模。
② 墓や埋葬方法に差がない。
③ 使用された道具が同質。

▲土偶（宮城県恵比寿田遺跡）

★4 埋葬は住居の周辺の共同墓地で行われ，吉胡貝塚（愛知県，約300体）・津雲貝塚（岡山県，約170体）のように，同一場所から多数の人骨を出土する例もある。大湯（秋田県）の環状列石も縄文後期の埋葬の一種。

★5 屈葬　屈葬が行われた理由としては，死者の魂が再びよみがえって災いをもたらさないようにしたという説が有力である。

▲屈葬された人骨（静岡県蜆塚貝塚）

1章　日本文化のあけぼの

4 弥生文化

◆ 弥生文化は，水田農業と金属器の使用，縄文土器にかわる弥生土器の使用を特色とする新文化である。この弥生時代は，農業生産の開始にともなって，身分差のある社会，すなわち古代社会への移行が始まった時代でもある。

1 弥生文化の時代

❶ 弥生時代の期間 B.C.5世紀ごろからA.D.3世紀ごろまでつづいた。中国大陸・朝鮮半島から水稲耕作と金属器の使用をともなう人々と文化が渡来して成立した。弥生土器の形式の変化などに基づき，前期→中期→後期の3期に区分する。

❷ 弥生文化成立の背景
①中国大陸・朝鮮半島から渡来した文化の影響をうけた。
②縄文時代晩期に，弥生文化成立の基礎が成立した。
③朝鮮半島南部を経て，北九州で成立し，以後，弥生文化固有の要素を加え，西日本から東日本へと急速に伝播した。

❸ 弥生文化の特色
①水稲耕作の本格的開始。　②金属器(青銅器・鉄器)の使用。
③弥生土器の使用。　④織物の出現。
⑤身分差・小国の発生。　⑥農耕儀礼の発生。

❹ 弥生土器の特色 土器の名称は，1884(明治17)年にこの様式の土器が最初に発見された弥生町(現・東京都文京区弥生)の地名から名づけられた。
①焼成温度が高いものが多く，赤褐色または淡褐色。ただし，縄文土器との焼成温度差はあまりないという説も強い。②薄手で硬め。③幾何学文様・無文が多い。前期の弥生土器には縄文の文様もある。④均斉がとれ丸みをもつ。ロクロは未使用。
⑤壺形土器(貯蔵用)・甕形土器(煮炊用)・高坏(盛付用)・甑(蒸器)などに分化。

(参考) 弥生時代の東アジア　中国大陸では農耕文化を基礎に，はやくから金属器時代にはいっていた。秦(B.C.221年に中国統一。B.C.206年に滅亡)につづいて前漢(B.C.202～A.D.8)が大帝国を形成した。前漢の武帝は B.C.108年，朝鮮半島に楽浪郡以下の4郡をおいたので，中国文化の影響は周辺地域におよび，その余波は，朝鮮半島南部から日本にも達した。

▲水稲耕作の伝播ルート

(大阪府船橋遺跡)

(富山県南太閤山Ⅰ遺跡)

(富山県小平遺跡)

▲さまざまな弥生土器(左から壺，甕，高坏)

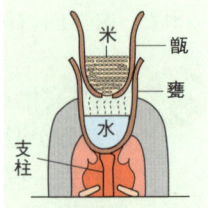

▲土器の使用例

1章 日本文化のあけぼの

4 弥生文化

❺ 弥生土器の区分

時期	特色	遺跡	伝播線
前期	遠賀川式土器… 九州→伊勢湾沿岸	板付(福岡) 唐古・鍵(奈良)	伊勢湾沿岸
中期	櫛描文土器…近畿→関東 無文土器………→九州	桑津(大阪) 須玖岡本(福岡)	仙台付近
後期	無文土器が多い	登呂(静岡) 弥生(東京)	青森付近

＊近年では，弥生時代の始まりをB.C.5世紀以前とする説もある。

▲弥生文化のおもな遺跡

● 弥生時代(B.C.5世紀～A.D.3世紀)のおもな遺跡
● 弥生前期(B.C.5世紀～B.C.3世紀)の水田跡・関連施設遺跡

2 農耕・金属文化

❶ 水稲耕作の開始 B.C.5世紀ごろから北九州で始まった。伝播経路は，品種や栽培法などから，長江(揚子江)下流域で始まった水稲耕作が日本にはいってきたとする説が有力である。しかし，北海道や南西諸島にはおよばなかった。

❷ 農業が行われていたことの証拠
①弥生土器に残された，炭化モミやモミの圧痕。
②銅鐸に描かれた，モミつきやモミ貯蔵庫の絵。
③木製農具の発見(1937年，奈良県唐古・鍵遺跡)。
④水田跡の発見(1947年，静岡県登呂遺跡)。

❸ 水田農業の方法 水田は自然の低湿地につくられた(湿田)。やがて灌漑・土木技術の発達にともない，沖積平野内の微高地や谷水田も開発された。すでに田植えが行われ，稲がみのると石包丁で穂首刈りにして収穫した。低湿な田の場合は運搬に田舟を利用した。穀物は貯蔵穴や高床倉庫に保管された。

❹ 農具の種類
①耕作具…木製の鍬・鋤。刃先に鉄を使用した鍬が発生した。
②収穫具…石包丁・石鎌・鉄鎌。
③脱穀具…木臼・竪杵。
④その他…田下駄・大足。

(参考) **木製農具の製作** 木製農具には，カシなどのかたい木が使用された。はじめ，磨製石器のオノ・ノミ・チョウナなどで加工されたが，しだいに鉇・刀子という鉄製工具によって製作されるようになった。

▲石包丁による穂首刈り

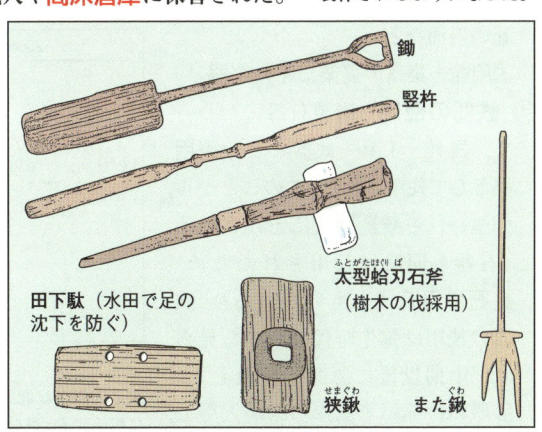
鍬／竪杵／田下駄(水田で足の沈下を防ぐ)／太型蛤刃石斧(樹木の伐採用)／狭鍬／また鍬
▲弥生文化の農具のいろいろ

❺ 代表的な弥生遺跡

①唐古・鍵遺跡…奈良県にあり，弥生時代前期のもの。石器・土器と多数の木製農具が出土した。

②登呂遺跡…静岡市にあり，弥生時代後期のもの。住居跡の南側に，杭や矢板を使ったあぜ道で区画された田や，長大な水路が発掘された。農具も出土し，当時の農業のようすが明らかとなった。

❻ 金属器の伝来

中国や北方ユーラシアの影響をうけた朝鮮半島の金属器文化が，はいってきた。金属器は銅剣・銅矛・銅戈・銅鐸・銅鏡などの青銅器と，実用利器としての鉄器とに大別できる。

▲青銅器のいろいろ
左：銅矛，中：銅剣，右：銅戈

❼ 銅剣・銅矛・銅戈

いずれも武器だが，1つのタイプは朝鮮半島からもたらされた実用的な輸入品であり，死者の墓に副葬された。主として北九州から出土する。もう1つは日本製の非実用的な模造品であり，九州北部を中心に国産の銅矛・銅戈が，中国・四国から近畿地方南部にかけて銅剣が分布する。

❽ 銅鐸

①原型…楽器の朝鮮式小銅鐸を元に，日本で祭器として独自に発展。

②編年…おもに，小型→大型，流水文→袈裟襷文へ変化する。表面に模様を描いたものもある。

③分布…近畿地方を中心に，中部地方西半，中国・四国地方東半。

④出土…墓や住居跡でない場所，丘の斜面など。

⑤用途…集落の農業祭祀の祭器。

▲銅鐸と表面に描かれた模様

❾ 鉄器の使用

磨製石器にかわって，農具・工具・武器などの実用品として使用された。このことから，弥生時代は鉄器時代に分類される（石器も同時に使用されたため，金石併用時代ともいわれる）。鉄器の使用は弥生時代前期から見られ，中期以後に急速に普及した。鉄原料は朝鮮半島からの輸入品で，日本で加工して完成品とした。

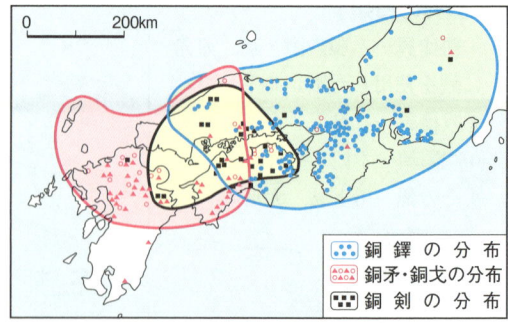

▲青銅器の分布

銅矛・銅戈は北九州，銅剣は瀬戸内中部，銅鐸は畿内を中心に出土する。荒神谷遺跡（島根県）からは，多量の銅剣と銅鐸・銅矛が出土した。

3 社会生活

① **弥生時代の住居** 縄文時代と同じく竪穴住居が多いが、やがて高床住居もふえてきた。穀物貯蔵用の**高床倉庫**が出現したことは、この時代の特色である。農業の普及につれて、人々は低地に定住して生活するようになった。

② **集落の拡大** 生産力の発展や人口の増加にともない、しだいに集落の規模が拡大した。同時に富をめぐる争いや戦いもはげしくなり、まわりに濠をめぐらした**環濠集落**が出現した。また、防御に有利な高い丘陵上に営まれた高地性集落もあらわれた。

▲高床倉庫（静岡県登呂遺跡）

③ **弥生時代の衣服** 紡錘車（糸によりをかける道具の部分）で糸をつむぎ、織機で布を織った。男性の衣服は、長い布を肩から反対側の脇にかけて巻く袈裟のようなもので、女性は、**貫頭衣**[1]であったと推測される。

④ **貧富・身分の差の発生** 生産力が高まり、農産物の蓄積が可能になると、貧富の差や身分の別が生じてきた。はじめは治水灌漑や農作業などの共同作業を統率するだけの役割だった首長が、集落の富の管理者や呪術的な司祭者の地位を世襲しながら、やがて支配者に変貌していったと考えられている。

⑤ **弥生時代の信仰** 縄文時代以来の自然崇拝のほか、水田農業の普及によって、新たな農耕儀礼[2]や田の神・太陽神・水神・風神などへの信仰も芽ばえた。

★1 **貫頭衣** 粗布に首を通す穴をあけ、それを2つ折りにして前後にたらし、腰でしばったもの。メキシコのポンチョに近い。

★2 **農耕儀礼** 水田農業では、春の種まきと秋の収穫の時期がもっとも重要な節目である。たとえば、収穫した新穀を神に感謝してささげる祭りなど、その節目を中心に、祭りが集落を単位として行われるようになった。

弥生時代の戦争

○弥生時代には、のどかで平和な農村のイメージがつきまとうが、実際にはどうであったか。弥生時代には、縄文時代以来の軽い三角形の石鏃のほかに、木の葉形で大きく厚い石鏃が出現する。これは、狩猟の矢が人を殺傷する武器に変質したこと、つまり戦争の存在を物語る証拠となる。殺されたと見られるものが少ない縄文人骨に対し、弥生人骨には石鏃のつきささったものや首のないものがしばしば出土する。また弥生時代には防御的施設をともなう環濠集落や高地性集落が出現した。

○弥生時代には、農耕が定着するとともに、蓄積された財産をめぐる戦争が発生したと考えられているのである。

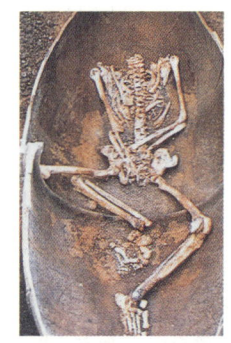
▲頭部のない人骨

❻ 弥生時代の葬制

①葬法…前代の屈葬から，遺体の四肢を伸ばして葬る**伸展葬**にかわり，副葬品をいれたりして死者を厚く埋葬する厚葬も見られるようになった。

②墓制…大きな甕を合わせた甕棺墓，板石を組み合わせた箱式石棺墓，小さな支石の上に大石をのせた支石墓★3，木をくりぬくか組み合わせるかしてつくった木棺墓，墓穴群のまわりに方形の溝をめぐらした**方形周溝墓**などがある。このうち，甕棺墓・箱式石棺墓・支石墓は北九州に多い。また後期には，西日本に，大型の墳丘墓が出現する。

③副葬品…舶載鏡(中国製の銅鏡)・銅剣・銅矛・勾玉・管玉などがある。これらは特定の墓のみに副葬されており，被葬者の身分や地位を示すと考えられている。

▲弥生時代の墓の種類
Ⓐ甕棺墓，Ⓑ箱式石棺墓，Ⓒ木棺墓，Ⓓ方形周溝墓

★3 支石墓　朝鮮半島に見られる墓制であり，朝鮮半島から多くの人々が渡来してきたことを示す有力な証拠の1つである。日本では，須玖岡本遺跡(福岡県)などが知られる。

❼ 弥生時代の人々

この時代には，大陸の動乱(中国の戦国時代，B.C.403～B.C.221)のなかで流民となった人々などが，やがて朝鮮半島を経て，日本列島へと渡来してきた。山口県の土井ヶ浜遺跡から出土した人骨は，縄文人よりも背が高く，面長で起伏の少ない顔という，北東アジアの人々(新モンゴロイド)の特徴をそなえている。こうした渡来系の人々と縄文人とが交流・混血をくりかえして，現在の日本人の原型が形成されていったと考えられている。

❽ 北海道と南西諸島の文化

①北海道…**続縄文文化**とよばれる食料採集文化がつづき，東北地方の弥生文化とも交流した。9世紀以降になると，擦文土器をともなう**擦文文化**★4が成立した。

②南西諸島…平安時代の前期まで，漁労を中心とする**貝塚文化**がつづいた。

▲擦文土器

★4 擦文文化　13世紀ごろまで，北海道で広く栄えた鉄器文化。擦文土器は，櫛の歯のような文様が特徴で，続縄文土器と土師器(▷p.29)の影響をうけて誕生した。

比較項目	縄文文化	弥生文化
地　　域	日本列島全域	北海道・南西諸島を除く地域。北海道では続縄文文化，南西諸島では貝塚文化がつづいた
経済生活	狩猟と漁労が中心。採集経済中心。晩期には水稲耕作が始まる	農耕経済中心。狩猟・漁労も併存
土　　器	黒褐色。縄目の文様	赤褐色。幾何学文様
石　　器	打製石器・磨製石器	磨製石器
木　　器	弓や槍	農耕用具（鍬・鋤・田下駄など）
金属器	なし	鉄器（おもに生活用具）・青銅器（おもに祭器）
住　　居	竪穴住居	竪穴住居と高床住居（おもに倉庫）
居住形態	比較的少人数	縄文時代にくらべて大規模
風　　俗	抜歯など	織物がつくられる。貫頭衣を着る
信　　仰	土偶。アニミズム	農業神。青銅製の祭器
墓　　制	屈葬・抱石葬	伸展葬・甕棺・石棺・木棺・方形周溝墓
装身具	貝輪や耳飾りなど	勾玉や管玉など
主要遺跡	三内丸山，夏島，加曽利，姥山，鳥浜，津雲，吉胡，亀ヶ岡	登呂，唐古・鍵，池上曽根，板付，吉野ヶ里，会下山などの高地性集落

▲縄文文化と弥生文化の比較

5　小国の分立と邪馬台国

◆ 弥生時代の後半には，わが国土における政治的・地域的な結合がすすんだ。小国の分立から，2世紀後半の倭国の大乱を経て，邪馬台国を中心とする政治的な連合組織がつくられた。この間の中国との交渉に注目すべきものがある。中国の歴史書の記述から，当時のようすを知ることができる。

1 小国の分立

❶ **小国の定義**　紀元前後のころ（弥生時代中期）に生まれた，統治組織をもった小盆地程度を単位とする政治権力（「クニ」）。

❷ **小国が発生した理由と経過**　水稲農耕社会の成立→蓄積された余剰生産物をめぐる争い→「ムラ（集落）」の統合→「クニ（小国）」の発生。

❸ **紀元前後ごろのわが国の情勢**　中国の歴史書『漢書』地理志（撰者班固）には，「朝鮮の楽浪郡[★1]の海のかなたに倭人

★1 楽浪郡　前漢（B.C.202〜A.D.8）の武帝はB.C.108年，衛氏朝鮮を滅ぼして朝鮮半島を直轄地とし，楽浪・真番・臨屯・玄菟の4郡を置いた。倭の小国のなかには，楽浪郡を通して，前漢や後漢（25〜220）と交渉をもつものもあった。

史料 中国の史書に見る倭（日本）のようす

1. 夫れ楽浪①海中に倭人有り。分かれて百余国と為る。歳時を以て②来たり献見すと云う。

　　　　　　　　　　　　　　　　　　　　　　　　　　　　　　　　　　　　『漢書』地理志

2. 建武中元二年③，倭の奴国貢を奉じて朝賀す。使人自ら大夫と称す。倭国の極南界なり。光武賜うに印綬④を以てす。安帝の永初元年⑤，倭国王帥升等，生口⑥百六十人を献じ，請見を願う。桓・霊の間⑦，倭国大いに乱れ，更相攻伐して歴年主なし。

　　　　　　　　　　　　　　　　　　　　　　　　　　　　　　　　　　　　『後漢書』東夷伝

注 ①漢の楽浪郡。現在の朝鮮民主主義人民共和国の平壌付近。②定期的に。③57年。④光武帝が授けた印と，それを身につけるためにつけたひも。⑤107年。⑥奴隷。⑦後漢の桓帝・霊帝の時代の間。147〜189年。

視点 『漢書』『後漢書』によって，紀元前後に百余国の小国に分かれていた日本が，2世紀のなかばごろになると，戦乱状態になり，小国がより大きな国（邪馬台国など）に統合されていく時期をむかえていたことがわかる。

（日本人）が住み，百余国に分かれていた。そのうちのある国は，定期的に漢に朝貢していた」と記されている。

❹ **1〜2世紀ごろの日本** 『後漢書』東夷伝（撰者范曄）には，「57（建武中元2）年，倭の奴国の王が使者を派遣し，光武帝から印と綬（印を身につけるためのひも）を授けられた」と記されている。奴国は福岡平野にあったと考えられ，領域の志賀島から，授かった金印が見つかっている。また，「107（永初元）年，倭国王の帥升らが生口（奴隷）160人を安帝に献上した」とする記事もある。

▲1世紀ごろの東アジア

▲「漢委奴国王」の金印
江戸時代の1784（天明4）年に志賀島（福岡県）で発見されたもので，『後漢書』の記す57年に，後漢の光武帝が奴国王に与えた金印であるといわれている。底辺の1辺約2.3cm（漢の1寸），重さ約109g。印面には「漢委奴国王」の5文字が凹印されており，鈕（つまみ）は蛇の形。

2 邪馬台国

❶ **倭国の大乱** 『後漢書』東夷伝には，2世紀後半に，倭国で大乱があったと記されている。その時期は，石器の消滅，鉄器の普及による生産力の発展の段階にあたることや，軍事的性格の強い高地性集落の形成期に合致することが注目されている。

5 小国の分立と邪馬台国

❷ **邪馬台国連合**　2世紀後半の大乱後，3世紀には卑弥呼が登場する。当時の日本(「倭国」)は，「倭王」である女王卑弥呼のもとで，邪馬台国が30余りの小国を従えていた。「魏志」倭人伝には「旧百余国………今，使訳通ずる所三十国」とあり，地域的統合が進展していたことがうかがえる。

❸ **卑弥呼の統治**　卑弥呼は，「鬼道を事とし，能く衆を惑わす」と記されているように，呪術的な司祭者(シャーマン，巫女)としての権威で統治したと考えられる。後継者の壱与(台与とする説もある)もこの性格を継承した。

❹ **魏と卑弥呼**　後漢の滅亡後，中国は三国時代をむかえた。卑弥呼は，朝鮮半島の帯方郡を通じて，239(景初3)年以後しばしば魏(220〜265)に朝貢した。魏は彼女に「親魏倭王」の称号や金印紫綬・銅鏡(▷p.24)100枚などを授けた。

> **参考　シャーマニズム**
> シャーマンが神霊と交流を行い，神の意向を聞きとったり，また人々の願いを神に伝えたりする原始宗教。卑弥呼はシャーマンとして神の意を聞く能力をもち，「男弟」が実際の政務をとったとされる。

史料　「魏志」倭人伝に見る邪馬台国

　倭人は帯方①の東南大海の中に在り，山島に依りて国邑を為す。旧百余国，漢の時朝見②する者有り。今，使訳③通ずる所三十国。……租賦④を収むに邸閣⑤有り，国々に市有り。有無を交易し，大倭⑥をして之を監せしむ。女王国より以北には，特に一大率⑦を置き，諸国を検察せしむ。……その国，本亦男子をもって王と為し，住まること七・八十年。倭国乱れ，相攻伐して年を歴たり⑧。乃ち共に一女子を立てて王と為す。名を卑弥呼という。鬼道⑨を事とし，能く衆を惑わす。年已に長大なるも，夫婿⑩なく，男弟有り，たすけて国を治む。……景初二年⑪六月，倭の女王，大夫難升米らを遣わし，郡⑫に詣り……。其の年十二月，詔書して倭の女王に報じて曰く「親魏倭王卑弥呼に制詔す。帯方郡の太守⑬劉夏，使を遣わして汝の大夫難升米・次使都市牛利を送り，汝献する所の男生口四人・女生口六人……を奉り以て至る。……今，汝を以て親魏倭王となし，金印紫綬を仮し，装封して帯方の太守に付し仮授せしむ。……」と。……卑弥呼以て死す。大いに冢⑭をつくる。径百余歩，徇葬⑮する者，奴婢百余人。更に男王を立てしも国中服せず。更々相誅殺し当時千余人を殺す。復た卑弥呼の宗女⑯壹与⑰を立てて王と為し，国中遂に定まる。

「魏志」倭人伝

(注)①魏の帯方郡。朝鮮半島中部に置かれた。②朝貢し謁見する。③使節。④租税。⑤倉庫。⑥官名か。⑦役職名。⑧『後漢書』東夷伝では「桓・霊の間，倭国大いに乱れ，更相攻伐して歴年主なし」と記述している。⑨呪術。⑩夫。⑪景初三(239)年の誤り。⑫帯方郡。⑬長官。⑭墳丘墓。⑮殉死。⑯一族の女。⑰一般に壹(壱)与と読むが，臺(台)与とする説もある。

(視点)　3世紀末に，晋の陳寿が編修した三国時代の正史『三国志』は，魏書・呉書・蜀書からなる。この魏書の東夷伝の倭人の部分(『魏書』東夷伝倭人条)を，「魏志」倭人伝と通称している。「魏志」倭人伝の成立は，『後漢書』東夷伝よりも以前であり，『後漢書』の方が扱っている時代は古いが，『魏書』を参照して記述している部分がある。

「魏志」倭人伝では「邪馬台国」の「台」(臺)を「壹」(壱)としているが，『後漢書』『隋書』は「臺」としている。後者が正しいとするのが通説である。

❺ 邪馬台国の政治と社会

①政治…(ア)女王は司祭者として宮殿内におり，実際の政治は「男弟」が行っていた。(イ)女王は小国の王たちによって共立され，まだ世襲王権は成立していなかった。(ウ)官吏が存在した。(エ)地方官を派遣し，諸国を統制した。(オ)租税・裁判が存在した。

②社会…(ア)王──大人──下戸──奴婢・生口の身分差がある。(イ)交換の場である市が存在する。

③生活…(ア)男性は大きな布を袈裟のように身体に巻きつけ，女性は貫頭衣をつけていた。(イ)入墨やはだしの習慣があった。

参考 銅鏡 魏の年号を記した三角縁神獣鏡が日本国内から多く出土しており，卑弥呼が魏王から授けられたものだと考えられている（日本製だとする説もある）。なお，三角縁神獣鏡とは，縁の断面が三角になっている銅鏡をいう（下図）。

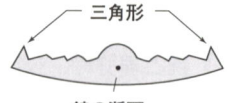

❻ 邪馬台国の位置
北九州説と近畿説（畿内説）とがあるが，現在では，古墳の成立時期（3世紀とされる）などとの関係で，畿内の大和に位置し，ヤマト政権に直接つながったとする説が有力となっている。

❼ 邪馬台国論争の意義
位置論争は，日本列島の統一国家の形成時期に関連する。近畿説をとれば，3世紀には近畿から九州北部におよぶ広域の支配がすでに実現していたことになる。一方，北九州説をとれば，邪馬台国連合は九州北部を中心とする地域政権で，日本列島の統一は，3世紀よりも遅いということになる。

◀邪馬台国への方位と里程

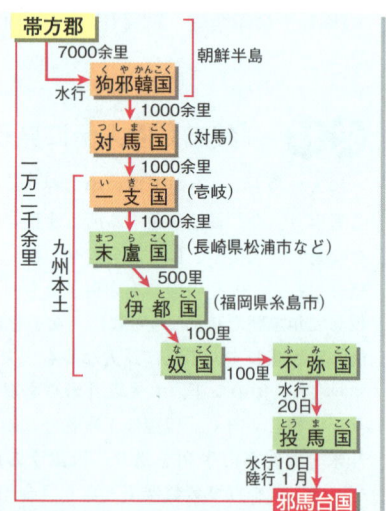

「魏志」倭人伝には，帯方郡から邪馬台国までの距離・日数・方向などの行程が書かれているが，方向を正しいとすると九州説となり，距離が正しいとすると近畿説になる。

テーマゼミ 纏向遺跡の発掘

○奈良県の東南部に位置する纏向遺跡は，邪馬台国の有力な候補地の1つである。この遺跡では，巨大な運河などの土木工事や，大型の建物の跡が発見され，大量の土器も発掘されるなど，きわめて政治的で，大規模な集落であったことがわかっている。

またこの地域では，箸墓古墳（桜井市）など，最初期の前方後円墳が見られる。これらの古墳は，山陰地方の四隅突出型墳丘墓や，吉備地方の楯築墳丘墓（岡山県倉敷市）といった墓制や，吉備地方などで墳丘に立てられる壺など，各地の文化の特徴を継承している。

▲箸墓古墳（国土交通省）

6 ヤマト政権の形成

◆ 4世紀なかばには、中部地方以西の主要な地域が大和の大王のもとに服属してヤマト政権(ヤマト王権)が成立した。5世紀には倭の五王(讃・珍・済・興・武)が出現した。この間、世襲王権が成立し、国内統一も進展した。大王を中心とする権力は、国家としての行政機構や官僚組織がまだ未成熟なので、王権とよぶことも多い。 ＊大和政権、大和王権とも表記。

1 ヤマト政権

❶ **4世紀の朝鮮の情勢**　4世紀にはいると、政治的統合が進んだ。まず、高句麗が楽浪・帯方の2郡を滅ぼして、朝鮮半島北部をも支配した。南部では、4世紀なかばに百済が馬韓を、新羅が辰韓をそれぞれ統一したが、弁韓は伽耶(加羅)とよばれ、小国が分立し、ゆるやかな連合体を形成していた。

(注意) 大陸では、五胡(北方の騎馬遊牧民)の侵入によって4世紀初めに西晋が滅亡し、中国王朝の周辺地域への支配力が低下した。

▲3世紀と5世紀の朝鮮半島

❷ **百済との交渉**　4世紀なかば、倭は統一の遅れた伽耶地方とのつながりを深め、4世紀後半には、高句麗と対立した。百済王は南下する高句麗に対抗するため、倭王と交渉をもった。このことは石上神宮(奈良県天理市)蔵の七支刀銘文などからわかる。それには、泰和4(369)年につくった刀を倭王に献上したとある。

❸ **倭の朝鮮出兵**　4世紀末に、倭の軍隊が朝鮮に出兵して、高句麗と争った。高句麗の都の丸都(中国吉林省集安市)に子の長寿王によって建てられた**好太王碑**★1(**広開土王碑**)には、「倭は辛卯の年(391年)を以て来りて海を渡り、百残(百済)□□□羅を破り以て臣民と為す」とあり、それにつづく倭と高句麗との激戦のことなどが記されている。なお、倭の朝鮮出兵は、先進技術と鉄資源の獲得を目的としていたといわれている。このときの高句麗の騎馬軍団との戦いを通じて、倭に騎馬技術が伝わったと考えられ、5世紀以後には、日本の古墳に馬具の副葬がふえる。

(参考) **任那日本府**　『日本書紀』は伽耶諸国のことを任那とよび、ヤマト政権はここに出先機関の「日本府」を設置し、任那諸国を支配したとある。しかし、現在では任那日本府の存在は否定されている。

★1 **好太王碑**　石碑だが、1600年間も野ざらしだったため、文字がかなり摩滅して読みにくい。高さ約6.34m。碑文は好太王(広開土王)の一代の功業を記している。

◀好太王碑(レプリカ)

4 ヤマト政権とその成立

ヤマト政権は大和を中心とする畿内豪族の政治連合体であり、その首長を王(国際的には「倭王」のごとく王を称したが、国内的には大王と名のった。のち大王は天皇を称する)とよんだ。おそくとも4世紀なかばごろまでには、畿内とその周辺の主要部を勢力下におさめて成立したといえる。考古学上の前方後円墳(▷p.29)や、中国製の鏡の各地への広まりなどが、この有力な裏づけとなる。

5 ヤマト政権の地盤

本拠地は奈良盆地東南部の三輪山付近と考えられる。奈良盆地は、当時、多くの水系をもつ水田農業の適地で、鉄器文化がはやくに伝播した。鉄製の農具と武器、高い農業生産力を権力の基盤として台頭したのである。

(参考) 記紀に述べられた統一の伝承 『古事記』『日本書紀』には、①神武天皇の東征と大和橿原宮での即位、②日本武尊による熊襲・蝦夷征服、③崇神天皇の時代の四道将軍の派遣、④出雲の大国主命の国ゆずり、⑤神功皇后の朝鮮進出などが述べられている。これらは、ヤマト政権の国家統一を反映し、後世につくられた伝承である。

2 倭の五王

1 倭の五王

中国の『宋書』などの歴史書には、讃・珍(弥)・済・興・武とよばれる倭の五王★2が、421年から502年まで13回にわたって中国の南朝に朝貢し、高い称号を得ようとしたことが記されている。この五王には、『日本書紀』や『古事記』に見える応神から雄略の諸天皇にあてるいくつかの説がある。また、朝貢の目的は以下のようなことだと考えられる。
①高句麗の南下に対抗できる称号を獲得するため。
②国内支配を権威づけるため。
③大陸文化の積極的導入のため。

(補説) 倭王武の称号 478年に雄略天皇に比定される武が宋に朝貢して得た称号は「使持節都督倭・新羅・任那・加羅・秦韓・慕韓六国諸軍事安東大将軍」であった。しかし、秦韓(辰韓)・慕韓(馬韓)の地域には、当時すでに新羅・百済が成立しており、この称号が形式上のものであったことがわかる。中国の王朝から、形式的に官号や将軍の称号をうけて結ぶ君臣関係(冊封関係)では、倭王は高句麗王や百済王より下位に位置づけられていた。なお、雄略天皇は埼玉県稲荷山古墳出土の鉄剣銘や熊本県江田船山古墳出土の鉄刀銘にある「ワカタケル大王」であるとされる(▷p.31〜32)。

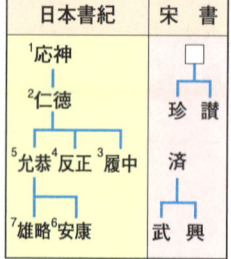

▲倭の五王と天皇との対比
数字はこの系図内における即位順。

2 世襲王権の成立

『宋書』『梁書』に五王の系譜が示されている。讃と珍、興と武は兄弟、済と興が父子となっており、王位が同一家系内の男子によって世襲化されつつあることがわかる。

★2 倭の五王 讃には応神天皇・仁徳天皇・履中天皇説、珍には仁徳天皇・反正天皇説がある。済は允恭天皇、興は安康天皇、武は雄略天皇とする説が有力。

年代	記事	文献
421	讃称号を得る	宋書
425	讃の朝貢	〃
430	倭国王の朝貢	〃
438	珍の遣使朝貢	〃
443	済の遣使朝貢	〃
460	倭の遣使朝貢	〃
462	興の遣使朝貢	〃
477	倭の遣使朝貢	〃
478	武の遣使上表	〃
479	武を鎮東大将軍に任命	南斉書
502	武を征東将軍に任命	梁書

▲倭王の中国への遣使
倭王は、中国の南朝に遣使して、皇帝の臣下となり、官爵を授けられた(冊封)。

史料 倭王武の上表文

興①死して弟武②立つ。自ら使持節都督倭・百済・新羅・任那・加羅・秦韓・慕韓七国諸軍事安東大将軍倭国王と称す。順帝の昇明二年③使を遣して上表して曰く「封国④は偏遠にして藩を外に作す。昔より祖禰⑤躬ら甲冑を擐き、山川を跋渉して寧処に遑あらず⑥。東は毛人⑦を征すること五十五国、西は衆夷⑧を服すること六十六国、渡りて海北⑨を平ぐること九十五国。……而るに句驪⑩無道にして、図りて見呑せんと欲し、辺隷を掠抄し、虔劉して⑪已まず。……」と。詔して武を使持節都督倭・新羅・任那・加羅・秦韓・慕韓六国諸軍事安東大将軍倭国王に除す⑫。
『宋書』倭国伝

注 ①安康天皇か。②雄略天皇か。③478年。④領域。自分の国のこと。⑤父祖を意味するという説と、武の祖父の弥をさすという説がある。⑥やすむ暇もない。⑦東国の人々と考えられる。⑧西国の人々と考えられる。⑨朝鮮半島と考えられる。⑩高句麗。⑪殺す。⑫任命する。倭王武の称号から百済が除かれていることに注意すること。これは、すでに百済が南朝の宋に朝貢して、称号をうけていたからである。

視点 武(雄略天皇)の上表文は、宋の皇帝の権威を借りて、国内支配とともに対朝鮮半島外交を有利に展開するために提出されたとも考えられている。

❸ **国内統一の進展**　雄略天皇とされる倭王武の478年の朝貢のとき、宋の順帝にたてまつった**倭王武の上表文**に、大王の先祖がみずから陣頭に立って国土統一を行い、「東は毛人を征すること五十五国、西は衆夷を服すること六十六国、渡りて海北を平ぐること九十五国」と述べている。誇張はあるものの、**5世紀後半ごろに、倭王による支配が広い範囲におよんだ**と考えられる。

① 4世紀…**大王**と畿内豪族の連合体＝**ヤマト政権**の成立
② 4世紀末…ヤマト政権の朝鮮半島出兵
③ 5世紀…**倭の五王**の遣使

7 古墳文化

◆ 古墳に象徴される文化様式を古墳文化とよび、前代の弥生文化と区別する。その時期は3～7世紀にわたり、**ヤマト政権の時代**にあたる。仏教普及による火葬の流行もあって、7世紀以降には、土葬を前提とする古墳の築造はすたれた。

1 古墳

❶ **古墳の定義**　①ヤマト政権による国家統一期につくられた全国的な統一性・画一性をもった高塚(盛土)の墓。

注意 弥生時代の甕棺・箱式石棺・墳丘墓や、奈良時代以降の土葬墓・火葬墓は古墳とはいわない。

②古墳をつくったのは，大王を中心としたヤマト政権の支配者たちと，大王に服属していた地方豪族だけと考えられる。

❷ 古墳時代の期間と古墳の形式の変遷

①前期（3世紀後半〜4世紀）…弥生時代末期〜ヤマト政権の形成期。

②中期（4世紀末〜5世紀）…ヤマト政権の発展期＝倭の五王の時代。近畿・瀬戸内地方から全国へ分布した。古墳の巨大化。武具・馬具の副葬も始まり，首長の武人としての性格が強まったことがうかがえる。5世紀後半になると，岡山県，群馬県などでは大規模な前方後円墳が見られなくなり，ヤマト政権の大王だけが造営をつづけていることから，この時期に，大王の権威が高まったことがわかる。

▲大仙陵古墳（仁徳陵）
大阪府堺市にあるわが国最大の前方後円墳。全長約486mで3重の周濠をめぐらしている。

③後期（6〜7世紀）…ヤマト政権の動揺期。多数の豪族的な有力農民をヤマト政権の支配下におこうとして古墳の築造を許したため，群集墳が出現した。

> 補説　群集墳と装飾古墳　群集墳は千塚，百塚とよばれることもあり，1カ所に築かれた比較的規模の小さい多数の墳墓（円墳が大部分）の集まりをいう。被葬者はその地域の有力農民。また，末期には横穴を墓室とした横穴群集墳も多くつくられた。さらに，石室内部に彩色の絵が描かれた装飾古墳（多くは幾何学的な文様）が北九州をはじめ各地に出現する。とくに，奈良県明日香村の高松塚古墳（▷p.51）やキトラ古墳は有名である。

▲石舞台古墳（奈良県明日香村）
古墳時代後期を代表し巨大な横穴式石室をもつ。蘇我馬子（▷p.38）の墓と伝えられている。

❸ **古墳発生の背景**　3世紀後半から4世紀初めにかけて，朝鮮半島・中国大陸との往来がはげしくなり，その先進文化が輸入され，弥生時代の支配者層はますます富裕になっていった。こうした支配者たちが自己の権力を誇示するために，古墳をつくったと考えられている。

❹ **古墳の消滅**　7世紀末になると，仏教の影響で支配者層の間に火葬が広まり，また政治的にも薄葬（▷p.45）を奨励するようになって，古墳そのものがおとろえていった。そのうえ，仏教による寺院の建立は，古墳にかわって権力を示すものとなった。

▲古墳の副葬品（名古屋市・大須二子山古墳）

7 古墳文化

❺ **古墳の型式** **前方後円墳**(前が方形、後ろが円形)・前方後方墳(前後ともに方形)・円墳(円形のもの)・方墳(方形のもの)・上円下方墳(上部が円形で、下部が方形)など、多様な種類がある。

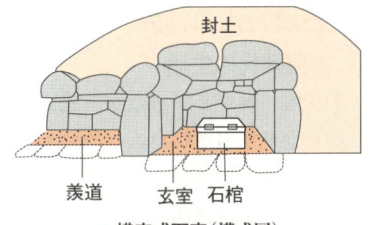
▲横穴式石室(模式図)

❻ **古墳の内部構造** 棺の入れ方により、おもに次の2種類がある。
①**竪穴式石室**…墳丘の頂上からすぐ下に割竹形木棺などを納めたもののほか、巨大な前方後円墳には長持形石棺も用いられた。前期古墳に多い。
②**横穴式石室**…中期以後にあらわれ、古墳の終末期までつづく。墳丘の横から道をあけて(**羨道**という)、棺を納めた部屋(**玄室**という)に至るもので、家族・親族などの追葬が可能になる。朝鮮半島から渡来した葬法で、のちには死者の住む「黄泉国」と考えられた。

▲円筒埴輪

▲形象埴輪

★1 **土師器・須恵器**
古墳時代前期〜中期には弥生土器の系統をひく素焼きの土師器が、中期以後は朝鮮の技法をうけて高温で焼いた須恵器が用いられた。

後期になると、丘陵や山の斜面に掘りこんだ横穴もつくられた。

❼ **古墳からの出土品** 副葬品と外部にかざる**埴輪**があり、当時の被葬者の身分や生活をうかがい知ることができる。
①**副葬品**…鏡・玉などの呪術的宝器、刀・剣・甲冑・馬具などの武具、土師器・**須恵器**★1などの土器がある。
②**埴輪**…前期には土管状の**円筒埴輪**が多い。中期から人物や動物などの形をした**形象埴輪**が登場し、後期には減少する。

▲土師器

▲須恵器

	前期古墳	中期古墳	後期古墳
時期	3世紀後半〜4世紀	5世紀	6〜7世紀
内部構造	竪穴式石室	竪穴式石室・横穴式石室	横穴式石室
副葬品	鏡・玉などの呪術的宝器	左記のほかに武具・馬具	工芸品・装身具・日常生活品・鉄製農具
実例	箸墓古墳(奈良県) 桜井茶臼山古墳(奈良県)	誉田御廟山古墳(伝応神陵)・大仙陵古墳(仁徳陵) (以上大阪府)	岩橋千塚(和歌山県) 吉見百穴(埼玉県) 石舞台古墳(奈良県)

▲古墳の時代区分のまとめ

2 古墳時代の社会
❶ 古墳時代の生活
①衣服…麻が多かったが,養蚕の発達によって,絹織物も上層社会で使用された。
②食生活…米などの穀物が主食。
③住居…竪穴住居が中心。平地住居や高床住居もふえた。伊勢神宮(神明造)・出雲大社(大社造)・住吉大社(住吉造)は,当時の神殿や住居の建築の面影を伝えている。

❷ 信仰
氏族の守護神を祭る氏神信仰(祖先崇拝)が成立した。それとの関連で,氏の神話・伝承ができあがった★2。

❸ 呪術
祭祀の場である社では,けがれを除く禊や,悪霊をはらう祓が行われた。重大事は,神意を聞いて決定された。
①**太占**…鹿の骨を焼いて,その割れ方で吉凶を判定した。
②**盟神探湯**…神判の一種で,熱湯に手をいれさせ,焼けただれた者は虚偽を述べたとした。

★2 氏の神話・伝承は,ヤマト王権の下で大王中心の神話・伝承に吸収され,6世紀初めには『帝紀』(大王の系譜)や『旧辞』(神話・伝承)にまとめられて,『古事記』『日本書紀』(▶p.73)の原形となった。

(参考) 農耕に関する祭祀 豊作を祈る春の祈年祭や収穫を感謝する秋の新嘗祭は重要なものであった。

(注意) 前期古墳の副葬品には,三角縁神獣鏡などの鏡のほか,玉類や農耕具が多いが,これは被葬者の首長が,農耕儀礼を行いながら神をまつる司祭者であったことを示している。

8 大陸文化の伝来

◆ 5〜6世紀のころには,中国や朝鮮から,新しい技術や品物とともに,文字・儒教・仏教などの文化が伝来した。渡来人によってもたらされたこの新文化は,古代の政治・経済・文化の発展に大きな役割を果たした。

1 渡来人
❶ 古墳文化と大陸文化
大規模な古墳の築造は,渡来人による技術を借りることなしには不可能であった。副葬品をみても,中期以後,大陸的な馬具・甲冑・金銀装飾品が登場してくる。鉄製の武器・農工具が多くなるのは,朝鮮半島南部の鉄資源の輸入がさかんになったためである。朝鮮半島からの技術で製作された須恵器も見られる。また,横穴式石室の普及にも留意したい。

❷ 渡来の時期
朝鮮半島からの渡来が中心。大きく分けると次の3つの時期に集中している。
①第1波…5世紀初め(楽浪郡の滅亡,倭の出兵)。
②第2波…5世紀後半(高句麗の新羅・百済への圧迫,新羅人・百済人・伽耶人を中心とする「今来才伎★1(今来漢人)」)。
③第3波…7世紀後半(百済・高句麗の滅亡。日本と親しい関係の百済人を中心とする)。

★1 今来才伎 5世紀後半に渡来した技術者を,『日本書紀』は「今来才伎」と記す。今来は新しく渡来したという意味。

❸ **渡来人の技術** 渡来人は，高い技術をもった技術者集団として姓を与えられ，ヤマト政権の品部などに編成された。鉄器を製作した韓鍛冶部，須恵器を製作した陶作部(陶部)，養蚕や織物に従事した錦織部・衣縫部などがある。土木，灌漑技術にもすぐれ，狭山池(大阪府)の開さくなどがその例とされている。

❹ **代表的な渡来人**
①秦氏…『古事記』『日本書紀』に書かれた伝承によると，応神天皇のとき，秦の始皇帝の子孫と称する弓月君が120県の民を率いて来日し，養蚕・機織の技術を伝えたといわれる。その子孫が，山背(山城)の太秦(京都市右京区)付近を本拠とする秦氏になった。
②東漢氏…応神天皇のとき，17県の民を率いて来日したといわれる阿知使主の子孫。
③西文氏…応神天皇のときに来日した王仁(百済の博士で，『論語』『千字文』を日本にもたらしたといわれる)の子孫。

(参考) 東漢氏は史直，西文氏は史首を称し，政府の記録をつかさどった。

史料 稲荷山古墳出土鉄剣銘文，江田船山古墳出土鉄刀銘文

〔稲荷山古墳出土鉄剣銘文〕
(表)辛亥年①，七月中記す，乎獲居臣の上祖名意富比垝，其児多加利足尼，其児の名弖已加利獲居，其児の名多加披次獲居，其児の名多沙鬼獲居，其児の名半弖比。
(裏)其児の名加差披余，其児の名乎獲居臣，世々に杖刀人の首として事え奉り来りて今に至る。獲加多支鹵大王②の寺，斯鬼宮に在りし時，吾天下を治むるを左け，此の百錬の利刀を作らしめ，吾事え奉りし根原を記す也。

〔江田船山古墳出土鉄刀銘文〕
天の下に治しめす獲□□□鹵大王③の世，典曹人と□奉り，名は无□弖，八月中，大鉄釜並に四尺の廷刀を用い，八十練り□十振り三寸の好き大刀を上る。この刀を服く者は長寿にして，子孫洋々にして□恩を注ぐうるなり。其の統ぶる所を失わず。刀を作る者の名は伊太加，書ける者は張安也。

(注) ①471年が通説である。②「獲加多支鹵」は「ワカタケル」と解釈し，雄略天皇の名，大泊瀬幼武とする説が有力である。③「獲□□□鹵大王」も「ワカタケル大王」と解釈されている。
(視点) 稲荷山古墳鉄剣の表裏には115字が記され，江田船山古墳鉄刀の背には75字が記されている。いずれも，わが国の漢字使用の最古級の例。稲荷山古墳鉄剣(埼玉県)と江田船山古墳鉄刀(熊本県)の銘に，ワカタケル大王(雄略天皇)が登場することに注意すること。5世紀後半には，ヤマト王権の支配が関東地方から九州地方南部にまでおよんでいたことを示す，重要な史料でもある。

稲荷山古墳出土鉄剣 ▶

2 新しい文化

❶ **漢字の使用** 1世紀の奴国や3世紀の邪馬台国は文書による外交をしていたので，文字の使用は確実だが，文字の使用例は現存していない。5世紀ごろ，渡来人の史部が記録にたずさわって以後，普及した。

❷ **漢字の使用を示す証拠** 文献と遺物から判断できる。
①文献…倭王武の上表文(478年の『宋書』倭国伝，▷p.26)。
②遺物…次の3例が有名。
(ア) **稲荷山古墳出土鉄剣銘文**(埼玉県)＝「辛亥年(471年か)…獲加多支鹵大王(雄略天皇)……」など。
(イ) **江田船山古墳出土鉄刀銘文**(熊本県)＝「獲加多支鹵大王」など。
(ウ) **隅田八幡神社人物画像鏡銘文**(和歌山県)＝右の注の通り。

❸ **儒教の伝来** 『古事記』『日本書紀』では，応神天皇のとき王仁が『千字文』とともに，『論語』を伝えたとする。6世紀初めに五経博士が，医・易・暦博士らと百済から来日してから，大王家や有力豪族の間にしだいに浸透していった。

❹ **仏教の公伝** 百済の聖明王(聖王)が欽明天皇に，釈迦仏の金銅像一軀(一体)，幡蓋(仏具の旗・天蓋)，経典，僧侶をおくってきたことに始まる。公伝した仏教は大乗仏教。

❺ **仏教公伝の年代** 『日本書紀』の，欽明天皇13年の壬申年(552年)とする説と，『上宮聖徳法王帝説』や『元興寺縁起』のように，欽明天皇時代の戊午年(538年)とする説がある。史料の性格から，後者の538年説のほうが有力である。

(補説) **崇仏論争** 公伝のとき，仏教受容をめぐって，崇仏派の蘇我稲目と，神祇信仰を固持する物部尾輿・中臣鎌子の間に対立があった。

▲隅田八幡神社人物画像鏡
「癸未年八月日十大王年男弟王在意柴沙加宮時斯麻念長寿遣開中費直穢人今州利二人等取白上同二百旱作此竟」とあり，「癸未の年8月に男弟王(継体天皇)が意柴沙加宮(奈良県桜井市忍阪)にいたとき，斯麻という人が開中費直と穢人今州利の2人に，上等の白銅200貫をもってこの鏡をつくらせた」の意である。癸未年は503年と考えられる。日本製の仿製鏡である。

史料 仏教の公伝

① 欽明天皇十三年①冬十月，百済の聖明王……釈迦仏の金銅像一軀，幡蓋若干，経論若干巻を献る。別に表して，流通，拝礼，功徳を讃めてもうさく。「是の法は諸法の中に於て最もすぐれ，解し難く入り難し。」……乃ち群臣に歴問いて曰く，「西蕃の献れる仏の相貌端厳し②……。」
『日本書紀』

② 志癸嶋天皇③御世戊午年④十月十二日，百済国主明王⑤，始めて仏像，経教並びに僧等を度し奉る。勅して蘇我稲目宿禰大臣に授けて興隆せしむ。
『上宮聖徳法王帝説』⑥

(注) ①552年。②ここに仏教受容の感覚的・視覚的な姿があらわれているといえる。③欽明天皇。 ④538年。⑤聖明王。⑥聖徳太子(厩戸皇子)の伝記で，平安時代中期以降に成立した。

テスト直前要点チェック

1章 日本文化のあけぼの

	問題	答
❶	アウストラロピテクスなどの最古の人類を、何というか。	❶ 猿人
❷	日本の旧石器時代の存在を証明した、群馬県の遺跡を何というか。	❷ 岩宿遺跡
❸	縄文文化の特徴といわれるのは、土器の発明と何の使用か。	❸ 弓矢
❹	縄文時代は、約何年間つづいたか。	❹ 約1万年間
❺	モースが1877年に発見した貝塚を何というか。	❺ 大森貝塚
❻	地面に柱穴をあけ、そこに掘立て柱を建ててつくった、縄文時代の住居を何というか。	❻ 竪穴住居
❼	青森市にある、縄文時代の大規模な遺跡を何というか。	❼ 三内丸山遺跡
❽	縄文時代につくられた、女性をかたどった土人形を何というか。	❽ 土偶
❾	縄文時代に行われた、遺体の手足を折り曲げた姿勢で葬る埋葬の方法を何というか。	❾ 屈葬
❿	1947年に弥生時代の水田跡が発見された、静岡県の遺跡は何か。	❿ 登呂遺跡
⓫	弥生時代に、稲の穂首刈りに使われた農具を何というか。	⓫ 石包丁
⓬	弥生時代に出現した、穀物貯蔵用の倉庫を何というか。	⓬ 高床倉庫
⓭	朝鮮半島の楽器を原型とし、日本で祭器として発展した青銅器は。	⓭ 銅鐸
⓮	まわりに濠をめぐらした、弥生時代の集落を何というか。	⓮ 環濠集落
⓯	墓穴群のまわりに、方形の溝をめぐらした墓を何というか。	⓯ 方形周溝墓
⓰	日本についての記述のある、もっとも古い中国の歴史書は何か。	⓰ 『漢書』地理志
⓱	後漢の光武帝が奴国の使いに与えた金印に刻まれていた文字は。	⓱ 漢委奴国王
⓲	邪馬台国の卑弥呼が統治に用いた呪術を何というか。	⓲ 鬼道
⓳	卑弥呼が、魏の皇帝から与えられた称号を答えよ。	⓳ 親魏倭王
⓴	4世紀末に、倭が朝鮮半島に出兵し、高句麗と戦ったことを示す石碑を何というか。	⓴ 好太王碑（広開土王碑）
㉑	ヤマト政権の首長は、国内では何とよばれていたか。	㉑ 大王（だいおう）
㉒	大仙陵古墳に代表される、前が方形、後ろが円形の古墳は何か。	㉒ 前方後円墳
㉓	鹿の骨を焼き、その割れ方で吉凶を判定する占いを何というか。	㉓ 太占
㉔	5〜6世紀ごろ、朝鮮半島などから日本にわたってきた人々を何というか。	㉔ 渡来人
㉕	ワカタケルの名のある鉄剣が出土した埼玉県の古墳を何というか。	㉕ 稲荷山古墳
㉖	『上宮聖徳法王帝説』での仏教公伝の年は、西暦何年か。	㉖ 538年

2章 古代国家と文化の発展

この章の見取り図

ヤマト政権の動揺 → 厩戸皇子・蘇我馬子 → 蘇我氏強大化 → 大化改新 → 壬申の乱 → 天武天皇 皇親政治で集権化 → 平城遷都

時代	飛鳥時代							白鳳時代				
文化	飛鳥文化							白鳳文化				
年次	五二七	五九三	六〇三	六〇四	六〇七	六三〇	六四五	六四六	六四九	六五八	六六三	六七〇	六七二	六八四	六九四	七〇一	七〇八	七一〇
おもな事項	磐井の乱	厩戸皇子が摂政	冠位十二階	憲法十七条	遣隋使の派遣	遣唐使の派遣	乙巳の変 → 蘇我氏打倒	改新の詔	蘇我倉山田石川麻呂事件	阿倍比羅夫が蝦夷鎮圧	白村江の戦い → 敗北	庚午年籍＝初の戸籍	壬申の乱 大友皇子×大海人皇子	八色の姓	藤原遷都	大宝律令	和同開珎	平城遷都
天皇		推古*				舒明	皇極*	孝徳		斉明*	天智		天武		持統*	文武		元明*
中国		隋									唐							

推古朝の政治 / 律令体制の確立

*女性天皇

1 ヤマト政権の構造

◆ 5〜6世紀ごろの支配組織は、氏姓制度と、その基底にある部民制度とによって成り立っていた。大王を中心に有力な豪族によって構成されたヤマト政権は、この2つの制度の整備で支配体制を強化していった。

1 氏姓制度

① **氏姓制度の定義** 支配者層である氏の社会的地位を姓によって秩序づけたヤマト政権の支配組織。ヤマト政権による国土統一の過程で成立した。氏は旧来の権利の多くを保持しつつヤマト政権に従属し、その身分的序列は姓で示された。

② **氏姓制度の時期** 5〜7世紀なかばごろ。律令制の成立で制度としては否定されたが、氏・姓は、その後も官人の伝統的地位を示すものとしての意味をもちつづけた。

③ **氏の定義** 非血縁者もふくむが、共通の祖先をもち、名を同じくし、共通の神(氏神)を祭ることによって同族的意識を保ちながら、地縁をも加味した擬制的血縁集団である。

▲大和地方の豪族の分布

❹ **氏の構成** 氏の首長を**氏上**（うじのかみ）、氏の成員を**氏人**（うじびと）という。彼らの生活をささえたのは**部民**（べみん）とよばれる氏の隷属民や、各家々所有のヤツコ（奴婢すなわち奴隷）であった。

❺ **氏の名称の由来** 次の2種が代表的なものである。
①葛城（かずらき）・平群（へぐり）・蘇我氏のように出身地名に由来するもの。
②忌部（いんべ）氏・中臣（なかとみ）氏は祭祀、大伴氏・物部（もののべ）氏は軍事というように、ヤマト政権での特定の職能から名づけられたもの。

❻ **姓の制度** 姓は、元来は氏上の尊称であったが、ヤマト政権が成立すると、大王を中心に氏の地位・家柄・職掌（しょくしょう）などを示すものとして、大王（おおきみ／だいおう）から与えられた。

❼ **姓の種類** 臣（おみ）・連（むらじ）・君（きみ）・直（あたい）・造（みやつこ）・首（おびと）・別（わけ）・史（ふひと）・村主（すぐり）など約30種類ある。有力な地方豪族のうち、筑紫（つくし）・毛野などには君、吉備（きび）や出雲（いずも）には臣、一般の国造（くにのみやつこ）（▷p.36）には直が多く、別は王族に多い。連・造・首は特定の職能で朝廷に仕える伴造（とものみやつこ）たちに、史・村主は渡来人（とらいじん）の首長に多く見られるが、例外も多い。

（補説）**臣と連** 両姓の氏は、王権を構成する有力豪族であった。臣姓の氏は地名を氏の名とし、かつて大王家に対抗していた豪族で、のちに一族の娘を大王の妻にして、姻戚関係を強めた。連姓の豪族は職務を氏の名とし、大王家に強く従属し、多くは専門的な部を率いる豪族として職務を遂行した。臣・連姓の氏のなかから、国政を担当した**大臣**（おおおみ）・**大連**（おおむらじ）が出てくる。

2 部民制度

❶ **部民制度** 部民（べみん）制度は、ヤマト政権が民衆を集団的に部に編成（せい）したもので、氏姓制度の基底としての人民支配方式といえる。国土統一の進展にともない、ヤマト政権は部民支配を強化し、地方豪族を介して貢納（こうのう）や労役に従事させた。

❷ **部民の種類** 部民は大王家の部民と氏（豪族）の部民とに分かれる。各部民はその職掌が決まっており、職業の名をつけたものが多かった。その従属主体により、次のような別があった。
①品部（しなべ）…ヤマト政権に奉仕する職業隷属民のこと。品部を統率した首長を**伴造**（とものみやつこ）といい、その職務を分担した氏人たちを伴（とも）とよぶ。韓鍛冶部（からかぬちべ）・錦織部（にしごりべ）・陶作部（陶部）（すえつくりべ）・土師部（はじべ）などの手工業関係が中心。なかには、弓削部（ゆげべ）・矢作部（やはぎべ）や忌部（いんべ）のように、軍事や祭祀と深いつながりをもつものもあった。
②名代（なしろ）・子代（こしろ）の部…大王家直属の部民。地方豪族支配下の部民を大王や皇妃・皇子や部民の居住地の名をつけてよんだ。
③部曲（かきべ）…氏（豪族）の隷属民をいう。大伴部（おおともべ）・蘇我部（そがべ）などのよ

2章 古代国家と文化の発展

（参考）**氏姓制度と盟神探湯**（くかたち）
『日本書紀』の允恭（いんぎょう）天皇の条には、各豪族が名のっている氏姓が正しいかどうかを糺（ただ）すために、大和の味橿丘（うまかしのおか）（甘樫丘、奈良県明日香村（あすかむら））で、盟神探湯（▷p.30）を行ったと書かれている。ヤマト政権の政治組織である氏姓制度が確立するまでには、豪族の氏姓の詐称（さしょう）など、さまざまな混乱があったことがうかがえる。

〔祭祀〕…中臣連・忌部首
〔軍事〕…大伴連・物部連
〔財政〕…蘇我臣
〔葬礼・土器製作〕…土師連

▲中央有力豪族の職掌と姓

（注意）部民制度が、ヤマト政権の経済的・軍事的基盤になったという点に注意しよう。伴造や部の制度は百済（くだら／ひゃくさい）の制度をとりいれて整えられたと考えられる。

（注意）陶作部→須恵器（すえき）、土師部→土師器の製作を結びつけて理解しておこう（▷p.29）。

うに，氏のもとに支配されて奉仕・貢納などを行った。
④ヤツコ(奴婢)…各氏族の家々に隷属する奴隷で，田荘(豪族の領有地)の耕作やその他の労働を強制された。

❸ **大王家が支配する土地と耕作者**　大王家の直轄領を屯倉とよび，その耕作民を田部とよんだ。屯倉は，もともとは課税した稲の収蔵倉庫や役所をさしたが，のちそれに付属する土地(屯田)や耕作民(田部)をあわせてよんだ。6世紀になると，畿内やその周辺地域から全国に拡大し，田令という管理者を中央から派遣する型の屯倉も登場した。

(参考)　大王家に属する部民のうち，孔王部は「穴穂(安康天皇)」の名による名代，壬生部は皇子の養育費を負担する子代である。

3 政治組織

❶ **中央の政治組織**　ヤマト政権は大王を頂点にして，臣や連の姓をもつ畿内の有力な氏によって構成された。5世紀のなかばごろから，奈良盆地南部の臣系の氏の大豪族として大臣(葛城・平群・巨勢・蘇我氏)と，大阪平野に地盤をもつ連系の氏の大豪族として大連(大伴・物部氏)とがそれぞれ設けられ，国政を担当するようになった。品部を率いた伴造は連系の氏に多い。

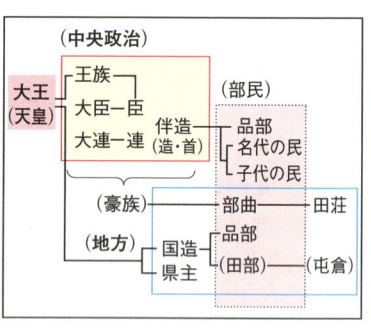

▲ヤマト政権の支配のしくみ

❷ **地方の政治組織**　畿内とその周辺部で整えられ，しだいに，西日本を中心に県主の支配体制をしいていった。のち，東日本へも政治権力が浸透したころから，地方の有力な首長たちを国造に任命して，地方の政治組織を整備した。県主や国造は，県[*1]や国を統治し，朝廷のもとめに応じて産物を貢納したり，労働力を提供した。

(補説)　**国造の任命**　旧小国の首長がヤマト政権への服属と貢納，労役の負担を代償に，地方支配を許されて任命されたもの。代表的な国造としては，出雲臣・吉備臣・筑紫君・上毛野君・紀直などがあげられる。

★1 **県**　県はヤマト政権の地方行政の単位で，その首長を県主という。とくに，大和の県は六御県(十市・磯城・葛城・高市・曽布・山辺の6県)として重視され，初期ヤマト政権の経済的基盤となった。

❸ **ヤマト政権の構造のまとめ**　5世紀のヤマト政権は，倭の五王(▷p.26)に見られるように，すでに男系世襲王権を確立していた大王家を中心に，政治体制が充実された。氏姓制度や部民制度の展開は，その具体化であり，県主制から国造制へと地方行政機構も拡大していった。すなわち，この時代のヤマト政権の大王家は，氏姓制度の上に君臨して，特定の氏や姓をもたない専制君主に成長しており，地方の首長を通じて，共同体的結合を媒介として国→村全体を支配していった。

(注意)　ヤマト政権の構造を学び終えたので，氏姓制度を確認しておこう。氏姓制度がさかんであったのは5世紀から6世紀にかけてで，それ以後はしだいに衰退する。この氏姓制度がヤマト政権の政治組織であり，各豪族が大王を頂点とする政権における一定の地位を表現するために姓を有した。

ポイント 〔ヤマト政権の政治構造〕
① 氏姓制度…氏上と氏人による政治集団。臣・連・君・直・造などの姓
② 部民制度…権力の基盤。品部，名代・子代の部，部曲など
③ 地方行政機構…県主制→国造制の展開

2 推古朝の政治

◆ 6世紀にはいるとヤマト政権の動揺は深刻な様相を示した。国内での豪族の強大化と氏姓制度の矛盾，新羅の朝鮮半島での勢力拡大などに象徴されよう。この困難な時期に国家体制再編のための国政改革にあたったのが厩戸皇子(厩戸王，聖徳太子)と蘇我馬子である。

1 ヤマト政権の動揺

❶ **朝鮮半島の動向** 5世紀後半から高句麗の南下が再開されると，新羅と百済は，その圧迫のはけ口を南の伽耶地方に求めた。伽耶地方にその勢力がおよんだために，わが国の伽耶地方に対する影響力は弱体化し始めた。

❷ **伽耶地方の動向** 6世紀にはいると，新羅が勢力を強め，伽耶地方に侵入して金官加羅(釜山地方)を併合した。新羅は百済をも攻撃したので，百済はわが国と結んで数度争ったが，562年までに伽耶諸国は新羅に併合された。

❸ **豪族の台頭と大伴金村** 5世紀後半以後，田荘や部曲を拡大した中央豪族は，政権をめぐる争いをくりかえした。大臣の葛城氏や平群氏の没落後，6世紀初め大連の大伴金村が越前(福井県)から(あるいは近江〔滋賀県〕からとも)継体天皇をむかえ，勢力を拡大した。

❹ **磐井の乱** 朝鮮半島に対する影響力回復のため，ヤマト政権は新羅征討軍を派遣することにしたが，527年，九州一帯の豪族などの支持を得た筑紫君磐井が新羅と通じて反乱をおこし，1年半にわたる戦乱となった。物部麁鹿火によってようやく鎮定された[★1]。

補説 **ヤマト政権の分裂** 継体天皇の死後，大伴氏らが継体天皇・安閑天皇・宣化天皇を支持したのに対し，蘇我氏などが欽明天皇を擁立したため，約10年間，日本に2人の天皇(大王)がいるという内紛がつづいたといわれる。

▲6〜8世紀の朝鮮半島

★1 地方豪族のヤマト政権に対する反抗には，この磐井の乱のほかに，吉備田狭の乱などがある。後者は，雄略天皇時代に吉備(岡山県)の豪族である吉備田狭が「任那国司」に任命され(実質的な追放)，反乱をおこしたもの。

2章　古代国家と文化の発展

❺ **欽明朝と蘇我氏の進出**　欽明天皇は，内外の危機克服のため，蘇我氏と協調した。
①屯倉，名代・子代の部の増設→地方支配を強化。
②品部の再編成，三蔵の成立。

> 補説　**三蔵**　『古語拾遺』で述べられている，ヤマト政権の財庫をいう。大蔵（政府資源の貢租収蔵）・内蔵（大王家の財物収蔵）・斎蔵（神事に使う貢租収蔵）の３つの蔵があった。三蔵は６世紀初めに完備された。財物の管理・出納には渡来人があたり，蘇我氏はそれを統轄して政権の財政に深く関与した。

❻ **物部氏と蘇我氏の対立**　軍事担当の物部尾輿は大伴金村を失脚させて大連となり，大臣の蘇我稲目と対立した。

❼ **物部氏の滅亡**　両者の対立は，仏教受容の問題に用明天皇死後の皇位継承問題がからんで，武力紛争にまで発展した。587年，蘇我馬子が物部守屋を滅ぼし，馬子の推す崇峻天皇が即位した。これ以後，蘇我氏はヤマト政権の政治を掌握した★2。

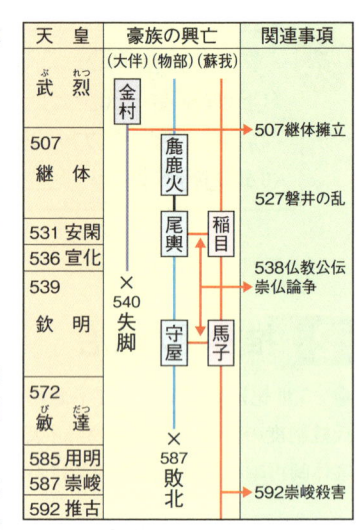

天　皇	豪族の興亡	関連事項
武　烈	(大伴)(物部)(蘇我) 金村	
507 継体	↓ 鹿鹿火 ↓ 尾輿 ↓ 稲目	→507 継体擁立 527 磐井の乱
531 安閑 536 宣化 539 欽明	×540 失脚	538 仏教公伝 崇仏論争
572 敏達	守屋 ↓ 馬子	
585 用明 587 崇峻 592 推古	×587 敗北	→592 崇峻殺害

▲わが国の６世紀の動き
（用明天皇までの即位年には異説もある）

★2　**蘇我氏が進出した理由**　①ヤマト政権の財政や外交を管理・指導する立場にあった。②渡来人を組織して，新しい知識や技術をとりいれることに熱心であった。③娘を大王の妃にして，天皇家と親戚関係を結んだ。

2 厩戸皇子と蘇我馬子の新政

❶ **推古天皇の登場**　592年，蘇我馬子は対立した崇峻天皇を暗殺した。次に即位した推古天皇は，593年，甥の厩戸皇子（厩戸王，聖徳太子）を摂政として政治を行わせた。

> 補説　**女性天皇**　推古天皇は，卑弥呼を別にすれば，わが国最初の確実な女性天皇である。推古天皇以後，奈良時代までに何人かの女性天皇が出た。皇極（斉明）・持統・元明・元正・孝謙（称徳）である。

❷ **厩戸皇子の立場**　厩戸皇子は蘇我馬子と協調して国政改革にあたり，天皇中心の国家をめざした。

❸ **冠位十二階の制定**　603年に朝鮮諸国の制度に学び制定。徳・仁・礼・信・義・智のそれぞれに大小をつけて12の位階をつくり，そのしるしとして冠の色を分けて官人の地位を示した制度。儒教の五常の徳目（仁・義・礼・智・信）の影響が見られる。

❹ **冠位十二階の意義**
①人材の登用（冠位授与の対象は個人，本人限りで世襲しない）。

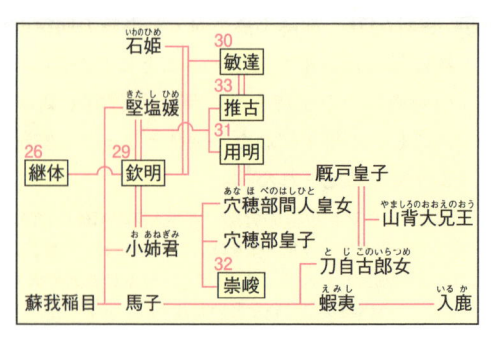

▲皇室と蘇我氏の関係　数字は皇統譜の即位順。

②門閥勢力の抑圧（ただし蘇我氏らには適用されなかった）。
③官人的秩序を重視し，官人制を強化。
→律令の位階制の源流となった（▷p.54）。

❺ **憲法十七条** 厩戸皇子が604年に制定したと伝えられる。国家の根本法典というより，官人への道徳的教化法としての性格が強い。儒教や仏教の思想に基づき，豪族間の争いの克服，天皇中心の国家の樹立をめざした，推古朝の政治的理想が強く反映されている★3。

❻ **史書の編修** 620年に，厩戸皇子と蘇我馬子が協力して，『天皇記』『国記』『臣連伴造国造百八十部并公民等本記』を編修したといわれる。皇室系譜を中心に支配の正当性を述べたものであるが，蘇我氏のもとに保管されていたらしく，645年の蘇我邸の焼亡により失われたという。

❼ **暦法の採用** 百済の観勒（602年に渡来）が伝えた暦法（太陰暦）を採用した。

　補説　**国家意識の高揚** 辛酉の年に政治変革があると予言する中国の讖緯説★4に基づき，実在しない神武天皇を初代とする天皇紀元がつくりだされたと考えられている。

❽ **厩戸皇子と仏教** 皇子は仏教を信仰し，次の事績がある。
①594年に，仏教興隆の詔を出した。
②造寺・造仏に努めた。
③『三経義疏』（法華経・維摩経・勝鬘経の注釈書）を著したとされる。
④高句麗僧の恵慈に師事したとされる。

▲伝 聖徳太子像

★3 ただし中国の文献からの引用も多く，後世の作とする説も強い。

★4 **讖緯説** 占星術や暦の知識によって，60年に1度の甲子や辛酉の年に革命があると予言する説のこと。『日本書紀』では，推古天皇9年の辛酉年より1蔀（1260年）前の，辛酉の年（B.C.660年）を紀元元年としたらしい。

史料　憲法十七条

推古天皇十二年①
一に曰く，和を以って貴しとなし，忤ふる②こと無きを宗とせよ。
二に曰く，篤く三宝③を敬え。三宝とは，仏・法・僧なり。
三に曰く，詔④を承りては必ず謹め。君をば則ち天とす。臣をば則ち地とす。
四に曰く，群卿百寮⑤，礼を以って本とせよ。其れ民を治むる本は礼に在り。
十二に曰く，国司⑥・国造，百姓に斂めとる⑦ことなかれ。国に二君なく，民に両主なし。率土の兆民⑧，王を以って主となす。
　　　　　　　　　　　　　　　　　　　　　　　　　『日本書紀』

注　①604年。②さからう。③仏教。④天皇の命令。⑤役人。⑥「国司」という言葉は当時は使われていなかったので，憲法十七条は厩戸皇子の制定ではなく，後世の作という説も強い。⑦重税を課す。⑧国内のすべての民。

⑨ **新羅との関係**　新羅出兵が何度か行われたが成功せず、600年を最後に中止された。以後、隋★5との交渉に重点を置いた。
⑩ **遣隋使派遣の目的**　大陸文化の摂取と、隋との積極的な対等外交による朝鮮半島諸国への威圧がねらいであった。
⑪ **遣隋使派遣の経過**　回数は不明だが、『日本書紀』と『隋書』倭国伝から、600★6～614年の間に6回とするのが通説。
① 607年…**小野妹子**は、隋の**煬帝**に国書★7を提出し（『隋書』倭国伝）、608年に隋使**裴世清**とともに帰国した。煬帝は、日本の天皇（大王）が中国皇帝と同じように「天子」と称したことを「無礼」としながらも、<u>高句麗征服のため</u>、国交を継続した。
② 608年…小野妹子のほか、高向玄理・南淵請安・旻らの留学生・留学僧が随行し、大陸の先進文化を学んだ。隋の煬帝に国書を提出した（『日本書紀』）。
③ 614年…犬上御田鍬★8などが隋へ渡った。

★5　隋　581年、楊堅が建国。589年に南朝の陳を滅ぼして、中国を統一した。

★6　『隋書』倭国伝には600年に倭王の使者が隋に渡ったとあるが、使者の名は記されていない。

★7　「日出づる処の天子、書を日没する処の天子に致す」のくだりは有名。

★8　犬上御田鍬　630年の第1回遣唐使にもなった。

ポイント
〔6世紀～7世紀初めのヤマト政権〕
① 6世紀（動揺期）…磐井の乱、**蘇我氏**をめぐる対立
② 7世紀初め…推古朝で、**蘇我馬子**・**厩戸皇子**の政治
　内政…**冠位十二階**、**憲法十七条**→天皇中心の政治へ
　外交…**遣隋使**→大陸の文物・制度の輸入

史料　遣隋使の派遣

① 大業三年①。其の王多利思比孤②、使③を遣して朝貢す。使者曰く「聞く、海西の菩薩天子、重ねて仏法を興すと。故に遣して朝拝せしめ、兼ねて沙門数十人、来たりて仏法を学ぶ」と。其の国書に曰く「日出づる処の天子、書を日没する処の天子に致す。恙無きや云々」と。帝④これをみて悦ばず、鴻臚卿⑤に謂いて曰く、「蛮夷の書、無礼なる者有り。復た以って聞する勿れ」と。明年、上、文林郎裴清⑥を遣して倭国に使せしむ。　　　　『隋書』倭国伝

② 推古天皇十六年⑦。爰に天皇、唐帝⑨を聘う。其の辞に曰く「東の天皇、敬みて西の皇帝に白す」。…この時に唐国に遣わせる学生は倭漢直福因、奈羅訳語恵明、高向漢人玄理、新漢人大圀、学問僧新漢人日文、南淵漢人請安、志賀漢人慧隠、新漢人広済らあわせて八人なり。『日本書紀』

注　①607年。②タリシヒコ（足彦）は、天皇一般をさす称号。このときの天皇は推古天皇だが、ヒコは男性をさす呼称であるため、厩戸皇子とする説もある。③小野妹子。④隋の煬帝。⑤外交担当の役人。⑥裴世清。⑦608年。⑧推古天皇。⑨隋の煬帝。

3 飛鳥文化

◆ 推古朝前後を飛鳥時代といい，この時期の文化を飛鳥文化という。当時，都があった奈良盆地南部の飛鳥地方（奈良県高市郡と橿原市一帯）を中心として，文化の花が開いた。仏教文化を基調とし，世界性をもったところに特色が見られる。

1 飛鳥文化の特色

❶ **飛鳥文化の時期** 6世紀後半～7世紀なかばごろの約1世紀間で，推古天皇（在位592～628）の時代を中心とする。飛鳥文化は古墳文化のあと，大化改新以前の文化である。

❷ **飛鳥文化の特色**
①わが国最初の仏教文化[★1]であり，朝鮮半島の文化の強い影響をうけている。
②朝鮮半島を通じての中国の六朝[★2]文化のほか，ギリシア・西アジア・インドなどの影響が見られる世界性豊かな文化である。

2 寺院建築と美術・工芸

❶ **寺院建立の理由** 古墳にかわる豪族の権威の象徴として，病気の回復や祖先の冥福を祈るなど，仏教の呪術的・現世利益的信仰の表現として，寺院が建立された。

❷ **最初の本格的寺院** 蘇我馬子も創建にかかわった**法興寺**（飛鳥寺，奈良県高市郡明日香村）である。ただし，当時の建物は残っていない。

❸ **法隆寺の建設** 法隆寺（斑鳩寺，奈良県生駒郡斑鳩町）は飛鳥文化の代表的な寺院で，厩戸皇子によって建てられた。現存する建物が再建か否かは論争もあり，現在は再建と確認されているが[★3]，西院伽藍の中門・金堂・五重塔・歩廊（回廊）は，現存する世界最古の木造建築。

❹ **その他の寺院** 四天王寺（大阪市），中宮寺・法起寺（奈良県斑鳩町）も，厩戸皇子によって建てられたと伝えられる。

❺ **建築様式の特色** ①柱に**エンタシス**（円い柱の中央部にふくらみをもつ。アテネのパルテノン神殿などに見られる，ギリシア建築の特徴）を使用。②雲形の肘木・卍崩しの勾欄（右図参照。中国の六朝様式の特徴）を採用。

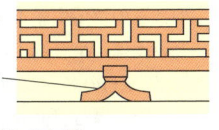

★1 仏教が中国から日本の天皇（大王）中心の支配者層へと伝えられたことから，上流貴族の文化であるともいえる。

★2 六朝 後漢が滅んだあと，江南で次々におこった6王朝のこと。呉・東晋・宋・斉・梁・陳（222～589）をいう。

★3 法隆寺の再建論争
『日本書紀』の天智9(670)年4月の条に，「法隆寺に火つけり。一屋も余ることなし」と記されている。この記事をめぐって，現在の法隆寺が火災後に再建されたものか，それとも当初のままかについての論争が長く展開された。昭和10年代の若草伽藍（法隆寺の東南にある当初の法隆寺の建物とされる）跡の発掘や，戦後の解体修理の結果，再建論が定説となった。

▲雲形の肘木と卍崩しの勾欄

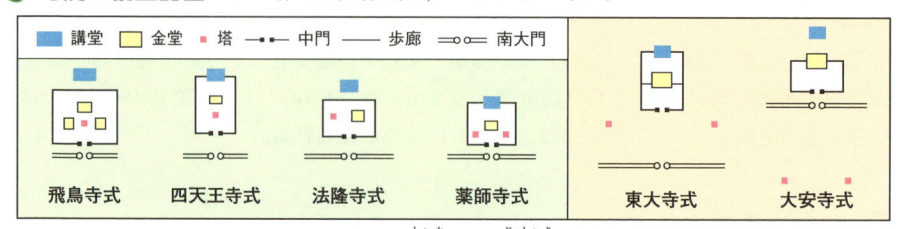

❻ **寺院の伽藍配置** 堂・塔の配置様式は、さまざまである。

| 講堂 | 金堂 | 塔 | 中門 | 歩廊 | 南大門 |

飛鳥寺式　四天王寺式　法隆寺式　薬師寺式　　東大寺式　大安寺式

▲伽藍配置　堂(金堂・講堂)と塔(釈迦の骨＝仏舎利の納入場所)の位置に注意。

❼ **仏像彫刻**　①飛鳥寺…釈迦如来像(飛鳥大仏＝金銅像)。
②法隆寺…金堂の釈迦三尊像(金銅像)、大宝蔵殿の百済観音像(木像)、夢殿の救世観音像(木像)。
③中宮寺…弥勒菩薩像(半跏思惟像、木像)。
④広隆寺★4…弥勒菩薩像(半跏思惟像、木像)。

❽ **代表的仏師**　**鞍作鳥**(止利仏師)。現存最古の飛鳥寺の釈迦如来像や、法隆寺金堂の釈迦三尊像の作者とされる。

❾ **仏像彫刻の特色**　①左右均整で平面的である。
②アーモンド形の目、三日月形の口とアルカイック＝スマイル(彫像などの表現の一種で、口元に微笑をうかべた表情。古拙の微笑ともいう)に特徴がある。
③中国の雲崗・龍門の石仏の影響をうける。

❿ **絵画作品**　法隆寺**玉虫厨子**の扉と台座の**密陀絵**(一酸化鉛に油と絵具をまぜたものを材料とした、一種の油絵。漆絵ともいう)や、中宮寺天寿国繡帳と称される刺繡絵画がある。

⓫ **彩色や紙・墨の法の伝来**　610年、高句麗僧の曇徴が渡来して、彩色・紙・墨の技法を伝えたといわれる。

★4 **広隆寺**　飛鳥時代に、秦河勝が秦氏(▷p.31)の氏寺として建てた。

(参考) **飛鳥仏の様式**
止利様式といわれる法隆寺釈迦三尊像や救世観音像などは、中国の北魏(北朝)の仏像に似ており、おごそかな感じがする。南朝(梁)様式(直接には朝鮮半島に由来)の百済観音像や中宮寺・広隆寺の弥勒菩薩像などは、柔和で丸味をおびた感じをもつ。

(参考) **伎楽**　飛鳥時代に、百済の味摩之によって伝えられた音楽と舞。中国西域の影響をうけた伎楽面もつくられた。

テーマゼミ　司馬達等の一族

○仏教公伝以前、私的に信仰していたとされる人物に、渡来人の司馬達等がいる。彼の一族とその後の動向は興味深い。まず、達等の娘の嶋は出家して善信尼と名のり、のち仏法を学ぶために百済にわたった。これが遣隋使のときの留学生派遣の先駆となった。遣隋使といえば、小野妹子の通事(通訳)をつとめた鞍作福利の名が文献に見える。達等の孫という鞍作鳥(止利仏師)は著名。

○鳥は、祖父達等の営んだ飛鳥の草庵の地に坂田寺を建立し、推古天皇の詔に基づいて丈六の仏像2体を製作したが、その仏像は法興寺(飛鳥寺)と法隆寺(斑鳩寺)に納められたという。

▲法興寺の釈迦如来像

3 飛鳥文化

⓬ 工芸品とその特色　玉虫厨子・天寿国繡帳のほか，法隆寺金堂の天蓋，ペルシア式構図をもつ同寺の獅子狩文様錦，ペガサス(天馬)の図柄をもつ同寺の龍首水瓶などがある。これらの工芸品には忍冬唐草文様(すいかずらの蔓草を図案化した文様)が見られ，エジプト・ギリシアやインド・中国などの文化の日本への伝播と影響が理解できる。

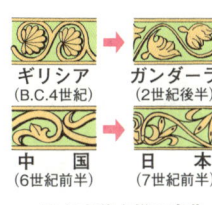

ギリシア(B.C.4世紀)	→	ガンダーラ(2世紀後半)
中国(6世紀前半)	→	日本(7世紀前半)

▲忍冬唐草文様の変化

> **補説**　天寿国繡帳と天皇号の起源　従来の「大王」にかわり，「天皇」が君主号として用いられるようになったのは，律令国家が成立し，神格化がすすんだ天武天皇のころであるといわれる。しかし，天寿国繡帳の銘文に天皇号が見られることから，推古天皇のころからとする説も有力である。

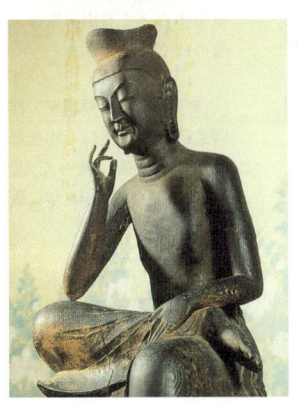

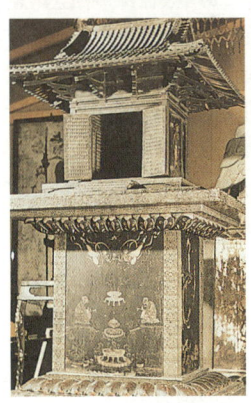

2章　古代国家と文化の発展

- 上(左)：**法隆寺**　奈良県生駒郡斑鳩町。中門と五重塔をのぞむ。
- 　(右)：**法隆寺釈迦三尊像**　金堂の本尊で，中央の釈迦如来像の高さは約86.4cm。銅に金箔を押した金銅像。
- 下(左)：**広隆寺弥勒菩薩像**　弥勒菩薩像には，このように一方の片脚をもう一方の片脚の膝頭に乗せて腰かけ，片手を頬について思考する半跏思惟像の姿をとるものが多い。像高約124cm。木像。
- 　(中)：**玉虫厨子**　忍冬唐草文様を透かし彫りにした周囲の飾り金具の下に，2563枚の玉虫の羽根を張る。
- 　(右)：**天寿国繡帳**　厩戸皇子の妃の橘大郎女らが，皇子の死後，天寿国(浄土)における生活をしのんでつくったといわれる。

4　大化改新

◆飛鳥時代には、ヤマト政権の内部で、新たな政治改革の機運が高まった。中大兄皇子と中臣鎌足らを中心に大化改新が断行され、大王(天皇)を中心とする中央集権国家の建設が推進されるようになるのである。

1　改革の機運

❶ 蘇我氏の強大化　推古朝以後、蘇我氏の権力は極限に達した。馬子のあとを継いだ蘇我蝦夷は舒明天皇(在位629〜641)の即位以後、政治を動かした。蝦夷は人々を使役してつくった自分の墓を陵(天皇の墓)とよばせたり、自分の子を王子と称させたと、『日本書紀』にある。

❷ 蘇我入鹿の登場　舒明天皇の死後、その皇后が即位して、皇極天皇(在位642〜645)となった。この時代には、蝦夷の子蘇我入鹿が政治を動かした。

❸ 山背大兄王事件　入鹿は、いとこの古人大兄皇子を次の天皇にするため、643年、厩戸皇子の子の山背大兄王を襲って、上宮王家一族(厩戸皇子の一族)を滅ぼした。この事件は、天皇家を中心とした反蘇我氏の機運を急速に強めた。

❹ 改革派の結集　蘇我氏を打倒し、天皇家に政権を奪回しようとした中心人物は、中大兄皇子である。彼は、中臣鎌足(鎌子)とはかり、蘇我一族の蘇我倉山田石川麻呂らを味方とし、蘇我氏に不満をいだく皇族・豪族らを結集していった。

❺ 留学生の帰国　中国に派遣されていた留学生(▷p.40)たちは、632年に旻、640年には南淵請安・高向玄理というように、長期にわたる留学をおえて帰国した。彼らが隋・唐で得た体験や新知識は、大化改新の原動力になった★1。

★1　大化改新の背景
①国内的理由…蘇我氏の独裁に対する反感と、それにともなう蘇我氏と天皇家との二極化への危機感。
②国際的理由…律令に基づく中央集権の国家体制を確立した唐は、新羅と提携し、644年には高句麗遠征を開始した。このような緊迫した状況下、朝鮮3国ではそれに対処できる権力集中の政治形態をつくろうとしてあいついで政変が起こされた。日本でも、唐と結び朝鮮半島の統一を進めつつある新羅に対抗するため、天皇を中心とする中央集権国家の成立が急がれた。

(注意)　旻・南淵請安・高向玄理は608年に遣隋使とともに、中国に渡ったが、彼らが滞在中の618年に唐が成立した。

2　大化改新

❶ 改新のクーデタ　中大兄皇子らは、645年、蘇我入鹿を飛鳥板蓋宮で暗殺し、父の蝦夷を攻めて自殺させた(乙巳の変)。これによって蘇我氏は力を失い、クーデタは成功をおさめた。

❷ 新政府の陣容　乙巳の変の直後に皇極天皇が譲位して孝徳天皇(在位645〜654)が即位し、中大兄皇子は皇太子となった。大臣・大連

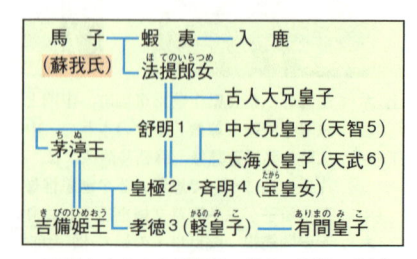

```
馬子──蝦夷──入鹿
(蘇我氏)  法提郎女
                 ├──古人大兄皇子
           舒明1
                 ├──中大兄皇子(天智5)
茅渟王          ├──大海人皇子(天武6)
      ├──皇極2・斉明4(宝女)
吉備姫王    ├──孝徳3(軽皇子)──有間皇子
```

▲改新をめぐる人物関係　数字は即位の順番。

も廃され，左大臣に阿倍内麻呂，右大臣に蘇我倉山田石川麻呂，内臣に中臣鎌足，国博士に高向玄理・旻が任命された（南淵請安はこの直前に死去しており，ふくまれていない）。

❸ 新しい政策
①年号の制定…中国にならって年号を定めて大化とした。これは**わが国の最初の年号**である。
②鐘匱の制…訴訟に不満がある者に鐘をつかせたり，投書をさせた制度。
③男女の法…生まれた子の良と賤の区別（身分制の整備）。
④難波長柄豊碕宮への遷都…645年。現在の大阪市。
⑤薄葬令…厚葬や殉死を禁止。

❹ 改新の詔の内容★2
『日本書紀』によると，646（大化2）年元旦，孝徳天皇が**改新の詔**で4カ条の政治の根本方針を発布した。
①第1条…**公地公民制**，豪族に食封（上級役人に，一種の領地である一定封戸を与える）・布帛（下級役人への給与）の制度を実施。
②第2条…全国の行政区画，国郡（ただし実際には大宝律令までは評）制，軍事・交通の制。
③第3条…戸籍・計帳の作成，**班田収授法**の制定（▷p.57）。
④第4条…新税制の実施（▷p.58）。

★2 改新の詔の内容
①公地公民の制…皇室・豪族の私有地・私有民を廃して，天皇・国家の直接支配下に置き，新政府の支配権を確立する。
②地方行政制度…全国を国・郡・里の行政区画に分けて，それぞれ国司・郡司・里長を置く。また，関塞・斥候・防人などの軍制や，駅馬・伝馬の交通制度を設ける。
③戸籍・計帳と班田収授法…全国の土地・人口を調査して戸籍・計帳を作成し，これに基づいて班田収授を行い民生の安定をはかる。
④新税制の実施…調・庸の税制を定め，国家財政を確立したとされるが疑問視する説もある。

史料　改新の詔

大化二年①正月
其の一に曰く，昔在の天皇等の立つる所の子代の民②，処々の屯倉③，及び別には臣・連・伴造・国造・村首の所有る部曲の民④，処々の田荘⑤を罷めよ。仍りて食封⑥を大夫以上に賜うこと各差あらむ。
其の二に曰く，初めて京師を修め，畿内・国司・郡司・関塞⑦・斥候⑧・防人⑨・駅馬・伝馬を置き，及び鈴契を造り，山河⑩を定めよ。
其の三に曰く，初めて戸籍・計帳・班田収授の法を造れ。
其の四に曰く，旧の賦役をやめて田の調を行へ。…別に戸別の調を収れ。

『日本書紀』

（注）①646年。②天皇家の私有民。③天皇家の私有地。④豪族の私有民。⑤豪族の私有地。⑥一定数の戸を指定し，そこからの租税の大部分を豪族に与える制度。⑦関所。⑧⑨辺境警備の兵。⑩国境。

（視点）『日本書紀』にある改新の詔は，のちに令が整備されたころに書かれたものだと考えられ，戸籍の作成や班田収授が改新当時に行われたかどうかは，疑問視されている。しかし，難波宮の造営が発掘により確認されたことなどから，孝徳天皇のもとで国政の改革が進められたことは，事実と考えられている。

❺ 大化改新の評価
①政治的改革…蘇我氏を打倒して，天皇を中心とする官僚制国家への道を歩み始めた。
②社会的変革…食封制・郡司制のように旧豪族の特権を否定せず，新しい冠位制★3や官僚制に組みこんでいった。

> **ポイント**
> 大化改新＝天皇中心の官僚制国家をめざす
> 背景┬国内…蘇我氏と天皇家との二極化
> 　　└対外…唐・新羅の強大化への脅威

★3 孝徳朝の647(大化3)年に冠位が13階, 649(大化5)年に19階となり官制が整備された。その後，天智朝の664年に26階，天武朝の685年に48階，大宝律令で正一位以下30階の位階制となった(▷p.54)。

5 改新政治

◆ 中大兄皇子らの熱心な政治改革にもかかわらず，律令体制はいっきょに成立したのではない。国内的・国際的な対立・矛盾があった。百済救援のための出兵の不成功と，663年の白村江の戦いの敗北後は，新たな政治体制の確立が大きな課題となった。

1 新政の混乱

❶ **蘇我倉山田石川麻呂事件** 649(大化5)年に左大臣阿倍内麻呂が病死。その直後，右大臣蘇我倉山田石川麻呂は弟の日向の密告で中大兄への反逆を疑われ，飛鳥にある氏寺の山田寺で自殺。関係者も多数処刑されたが，のちに無実が判明。

❷ **改新政治の内部対立** 653(白雉4)年，中大兄皇子は孝徳天皇の反対を押しきり，皇族・官僚らを従えて飛鳥に帰った。置き去りにされた天皇は，政治的に孤立し，翌年，難波宮で死去した。

❸ **斉明天皇** 孝徳天皇のあと，中大兄皇子の母で，改新のクーデタのときに退位した皇極天皇が再即位した(重祚)★1。斉明天皇(在位655〜661)である。

❹ **有間皇子の変** 孝徳天皇の子の有間皇子は658年，蘇我赤兄とともに政府にクーデタを企てたが失敗し，処刑された。

❺ **改新政治の問題** ①政府首脳部の内紛，②改革の進展に対する諸豪族の反発★2，③難波宮(大阪市)の造営と，それにつづく斉明天皇の大土木工事(飛鳥岡本宮などの造営)に対する人々の不満，などに基づく。これらの反対への対応もあって，斉明天皇は，百済救援策を展開した。しかし，この外征がいっそう人々の不満を増大させた。

参考　興福寺の仏頭
興福寺東金堂の台座の下から発見された仏頭は，山田寺の本尊の一部といわれる。白鳳文化(▷p.50)の彫刻の傑作で，金銅製。

★1 重祚 一度譲位した天皇が，ふたたび即位すること。その例は奈良時代の孝謙(称徳)天皇にもあり，いずれも女性天皇である。

★2 改新の詔によって公地公民制が原則とされた。この公地制については，豪族との摩擦をさけるため食封(▷p.45)を認めたが，私地・私民の収公が積極的になるにつれて豪族の抵抗も大きくなった。また，従来の国造にかわって，国司・郡司が任命されることになったが，その実施もスムーズにいかなかった。

2 斉明天皇の外征

❶ **蝦夷の服属** 政府は，現在の新潟県北部に渟足柵(647年)・磐舟柵(648年)を設けて蝦夷★3に備えたが，斉明天皇のとき，阿倍比羅夫が，3回にわたって水軍を率いて蝦夷を従えた。日本海側を北上して秋田・能代から津軽方面に遠征し，北海道にわたりさらに粛慎★4とも戦ったといわれる(658年)。

❷ **朝鮮半島の情勢** 当時，朝鮮半島統一をめざして新羅が高句麗・百済と対立していた。新羅は，朝鮮半島進出をめざしてきた唐と結んで，660年に百済を滅亡させた★5。そこで，百済の国家再建をめざす遺臣たちは，わが国に援軍を求めてきた。

❸ **百済救援軍の派遣** 政府は百済の要請に応じ，661年に斉明天皇が軍勢を集めて九州に赴いたが，朝倉宮(福岡県)で死去したため，中大兄皇子が皇太子のまま後継者となり，軍勢を朝鮮半島に派遣した。

❹ **白村江の敗北** 663年，朝鮮半島の錦江河口における白村江の戦いで，倭・百済の水軍は唐・新羅の連合軍に大敗した。百済再建の企ては失敗し，わが国と新羅との交流はしばらく後退した。

❺ **国防の強化** 白村江の敗戦後，政府は唐・新羅連合軍の攻撃にそなえ，次のような国防の強化につとめた。
①防人(兵士)と烽火(烽，のろし)を配置。
②筑紫(福岡県)に水城(堤)を築く。大宰府の成立。
③金田城(対馬，長崎県)・大野城(大宰府，福岡県)・屋島城(讃岐，香川県)・高安城(河内・大和の境，奈良県)などの朝鮮式山城を築城。

❻ **白村江の敗北の意義**
①新羅の朝鮮半島統一，唐の強大化という新しい国際環境のなかで，急速に内政の整備に力を注ぐようになった。
②主として百済から多くの渡来人が来日し，日本の律令体制の整備に貢献した。

補説 **豪族の懐柔** 政府は白村江の敗北後，国防の強化とともに，①冠位二十六階の制定，②民部・家部(いずれも豪族の隷属民)の設定＝部曲の一部復活，③氏上の序列の設定，という豪族の懐柔を行い，内政を整備した。

★3 蝦夷 蝦夷は，古代当時の北辺行政版図の外の住民をさすが，文化の異質性のために，中央から異民族視されたにすぎないとする説が有力である。

★4 粛慎 中国の東北地方に住んでいた人々。

★5 この後，高句麗は668年に滅亡し，676年には，新羅が唐を排除して朝鮮半島を統一した。

▲白村江の戦い関係図

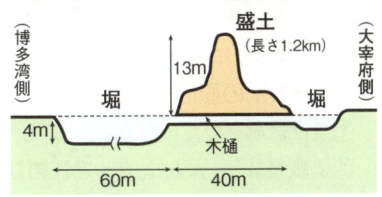

▲水城跡(上)とその断面図(下)
(福岡県太宰府市)

3 天智天皇の政治

❶ 天智天皇の即位
661年の斉明天皇の死後も中大兄皇子は、即位せず、天皇代行者として政治をとった(称制)★6。667年には近江大津宮★7に遷都し、翌年正式に即位して天智天皇(在位668〜671)となった。近江朝廷ともいう。

668年、天智天皇は中臣鎌足に命じて、近江令22巻を編修させたというが、その存在は疑わしく、律令の前提となる個別の法令をさしたと見られる。

❷ 庚午年籍の作成
670年には初の全国的戸籍を作成した。この年の干支をとって庚午年籍と称される。氏族の姓を糺し、民衆統治の根本台帳として永久保存された★8。

❸ 中臣鎌足の死
天智天皇の時代が称制という変則的体制で始まったことは、天皇の立場や政治情勢の険悪さを示している。この困難な時期に中臣鎌足が死去し(669年)、新たな対立が表面化する。彼は生前の功により、死に際し大織冠の冠位と藤原の姓を、天皇から与えられた(藤原氏の祖)。

★6 中大兄皇子は、即位の機運が熟していないうえ、皇太子のままで政治的に自由な立場を求めたために、称制を行ったと考えられる。のち持統天皇も皇后として3年間称制を行った。

★7 近江大津宮 現在の滋賀県大津市錦織付近にあった。志賀の都ともいい、唐・新羅の侵入に備えた都であるが、高句麗との同盟をめざしての遷都とする説もある。

★8 ふつうの戸籍は30年で廃棄されたが、庚午年籍だけは永久保存とされた。ただし、現在までに失われている。

6 壬申の乱

◆ 672年に壬申の乱★1が起こり、勝利した大海人皇子が皇位についた。天武天皇である。天武天皇は強力な中央集権的律令国家の確立をめざし、政治改革を本格化させた。壬申の乱は、古代国家の発展過程において重要な意義をもったといえる。

1 壬申の乱

❶ 大海人皇子と大友皇子の皇位継承争い
鎌足の死後、天智天皇と、弟で皇太子の大海人皇子とが対立した。天皇はわが子の大友皇子を後継者にしようとし、671年に大友皇子を太政大臣に任じたことで、皇位継承問題が表面化した。

❷ 大海人皇子の吉野入り
671年に天智天皇は死去するが、その直前、大海人皇子は皇太子を辞退して出家し、吉野(奈良県吉野郡)に引退した。

❸ 壬申の乱の原因
①皇位継承をめぐる対立。
②上級豪族層(大友皇子＝近江朝廷側)と地方豪族層(大海人皇子側)との対立。
③内政の急激な変化にともなう地方豪族・民衆の不満や動揺。

★1 壬申の乱 戦いのおこった672年が干支の壬申年にあたっていたので、この名がある。

(参考) 壬申の乱の直接的な原因の1つに、『万葉集』の女性歌人額田王をめぐる天智天皇と大海人皇子との感情的な争いがあったといわれる。小説などで多く取りあげられる説だが、主要なものではない。

6 壬申の乱 49

テーマゼミ　壬申の乱と東国の防人

○防人制設置の確実な時期は，白村江の敗戦後だが，『万葉集』によると，遠江・相模・駿河・上総・常陸・下野・下総・信濃・上野・武蔵などの東国出身者が，その主力であった。律令国家の軍事制度を規定した軍防令は，難波津からの防人乗船を明記し，東国防人制を前提としている。

○なぜ防人は東国（三関〔伊勢鈴鹿関・美濃不破関・越前愛発関〕より東をいう）から徴集されることになったのだろうか。東国は，ヤマト政権成立期より大王家と特殊で密接な関係を保ち，壬申の乱以降，国家的な軍事力の基盤を形成した。反乱や天皇崩御などの大事が中央で起こった際に，事件が東国へ波及しないよう三関を封鎖・固守する施策は，このような東国の歴史的位置を物語っている。

2章　古代国家と文化の発展

❹ **壬申の乱の勃発**　近江朝廷側の戦備増強の知らせをうけた大海人皇子は，672年6月，わずかな従者をひきいて吉野を脱出した。皇子は伊賀・伊勢をへて美濃にはいり，地方豪族の支持を得て短期間に強力な戦力を整えた。

❺ **壬申の乱の経過**　数万の兵をひきいた大海人皇子は，大和地方の豪族の協力をも得て，各地で近江朝廷軍を破り，戦闘約1カ月で勝利を得た★2。乱後，大海人皇子は，美濃から大和にはいり，飛鳥浄御原宮で即位した。**天武天皇**（在位673〜686）である。

❻ **壬申の乱の意義**　旧来の大豪族の多くが没落し，天皇専制支配体制が確立した。『万葉集』に見える「大君は神にしませば」といった柿本人麻呂の和歌のように，天皇の神格化も始まる。天皇の権威と強力な武力を背景に政治改革が推進され，律令体制が確立した。

(補説)　**弘文天皇**　大友皇子は，壬申の乱にやぶれて自殺した。のちに明治天皇から「弘文天皇」の名を贈られたため，天智天皇の次の天皇として数えられることもあるが，即位したかどうかは不明である。

▲壬申の乱戦跡地図（『新修大津市史1』より）

2　天武天皇の政治

❶ **皇親政治の展開**　天武天皇は在位中，大臣を置かず，皇后（のちの持統天皇）とともに高市皇子・草壁皇子・大津皇子★3などの皇族で権力の中枢を固めた。これを皇親政治という。

❷ **公地公民制の徹底**　天武天皇は，①民部（部曲）を全廃し（675年），②食封を停止した（682年）。

★2 大海人皇子側の勝因は，東国の武力を掌握できたことと，地元豪族の勢力を結集したことである。

★3 **大津皇子**　母は持統天皇の姉（天智天皇の娘）。天武天皇死後の686年，反逆の疑いをうけ自殺した。

(注意)　部曲は白村江の敗戦後の664年に一部復活していた。食封は天武天皇が停止したが，まもなく復活した。

❸ **飛鳥浄御原令の編修**　天武天皇は，681年に飛鳥浄御原令の編修に着手させた。令22巻の施行は689年，持統天皇のときである。なお，律は完成しなかったとされる。

❹ **八色の姓の制定**　684年，これまでの姓を改定して，真人・朝臣・宿禰・忌寸・道師・臣・連・稲置の**八色の姓**★4 を新設した。

3 持統天皇の政治

❶ **持統天皇の即位**　686（朱鳥元）年に天武天皇が死去すると，皇后が称制して政務をとった。大津皇子の死後，わが子で皇太子の草壁皇子の地位を強化するためである。しかし，草壁皇子は病死し，孫の軽皇子（のちの文武天皇）も幼少だったので，皇后みずから即位し，**持統天皇**（在位690〜697）となった。

❷ **持統天皇の政治**　①飛鳥浄御原令を施行し（689年），②庚寅年籍を作成（689〜690）→最初の造籍後班田の実施（▷p.57），③**藤原京**★5 の造営（694年。中国の長安・洛陽などにならった都城制を採用したことが確認されている最初の都）。

★4 八色の姓 「色」とは種類のことである。この制度は，壬申の乱後の豪族の身分秩序を再編成することが目的であった。

（参考）**唐・新羅との国交再開**　天武天皇は，白村江の戦いによって国交の絶えていた唐や新羅との国交を再開した。

★5 **藤原京**　694〜710年，持統・文武・元明各天皇の宮都。畝傍・香具・耳成の大和三山に囲まれていた。12条8坊の条坊制（▷p.60）を採用し，東西約2.1km，南北約3.2kmとされているが，東西南北約5.2kmの正方形であったとする大藤原京説が有力である。

> **ポイント**
> 壬申の乱→勝利した**大海人皇子（天武天皇）**が，律令国家を建設
> 律令国家 ┬ **天武天皇**…皇親政治，飛鳥浄御原令の制定，八色の姓
> 　　　　　└ **持統天皇**…飛鳥浄御原令の施行，庚寅年籍，藤原京

7 白鳳文化

◆ 大化改新のころから平城遷都までの約60年間の文化を白鳳文化とよぶ。天武朝・持統朝が中心で，明朗で清新な貴族文化，初唐の影響をうけた仏教文化としての特色をもつ。

1 美術

❶ **寺院の建立**　仏教は国家の保護をうけて発展し，藤原京には，官立の大官大寺（大安寺）・薬師寺などが立ちならんだ。いずれも，のち平城京に移転された。

❷ **白鳳建築の遺構**　**薬師寺東塔**。三重塔であるが，各層に裳階（本屋の周囲を取りまいて付けられた「ひさし」部分）をもち，六重塔に見える。西塔は昭和末期の再建。

▲薬師寺東塔（左）と薬師寺東院堂の聖観音像（右）

▲高松塚古墳 　　　　　　　　　　▲法隆寺金堂壁画（焼損前，部分）

❸ **彫刻作品**　薬師寺金堂の**薬師三尊像**，薬師寺東院堂の聖観音像，興福寺の仏頭，法隆寺の**阿弥陀三尊像**★1，法隆寺の夢違観音像など。

❹ **絵画作品**　**法隆寺金堂壁画**★2，伝聖徳太子像（▷p.39），高松塚古墳の壁画など。

★1 法隆寺の阿弥陀三尊像　光明皇后の母橘三千代の念持仏（個人で拝むための仏像）と伝えられる。

★2 法隆寺金堂壁画　アジャンタ壁画など，西域の影響をうけた壁画であったが，1949(昭和24)年に焼損した。

2 文　芸

❶ **万葉の歌人たち（白鳳期）**　①第1期（～672年）…舒明天皇・天智天皇・額田王・有間皇子。②第2期（672～710年）…天武天皇・持統天皇・柿本人麻呂・高市黒人。

❷ **漢詩文の登場**　白村江の戦いの後，滅亡した百済から多くの王族・貴族が渡来し，その影響で漢詩文も栄えた。『懐風藻』（▷p.74）には大友皇子・大津皇子の作品が見られる。

(参考) 漢字という共通の文字をもったことは，言語の通じない日本人と朝鮮・中国の使節との間で，相互の心情と思想を伝達する有力な手段となった。

テーマゼミ　高松塚古墳の壁画

◉1972(昭和47)年3月，奈良県明日香村の高松塚古墳から，7世紀末～8世紀初頭の作品とされる壁画が発見された。男女群像などの極彩色の絵は，図像の重なりをさけて描かれる弥生時代や古墳時代の壁画とちがい，人物の姿を重ねて描く画法を採用している。朝鮮半島の絵画様式の影響のもとに，日本絵画史はここに新たな段階にはいった。渡来人が描いたという説もあり，文化の発展にも国際的環境が大きく関係したことがわかる。なお，調査によって石室が開かれて以後，壁画の傷みがはげしく，新たな保存・管理の方策がとられている。

▲高松塚古墳西壁の女性像

8 律令の制定

◆ 大化改新後、種々の政治変遷をたどりながら、約半世紀を経て大宝律令が完成した。さらに養老律令が制定されて、律令の内容が確定したといえる。このような、刑法である律と行政法としての令による土地人民支配体制を、律令体制という。

1 律令の編修

❶ **律令の定義** 改新の 詔 によってめざした中央集権制を、法として成文化しようとしたものが律令である。律は今日の刑法にあたり、令は行政法・民法など、それ以外の諸法にあたる。

❷ **律令の源流** 主として唐の永徽律令を直接のモデルとした。しかし、日本と唐との律令には大きな相違点もあり★1、日本独自の固有法を加味して成立した。

❸ **律令の編修過程** 近江令(668年・実在は疑わしい)→飛鳥浄御原令(681年・天武朝に着手、689年・持統朝に施行)→大宝律令(701年・文武朝)→養老律令(718年・元正朝)★2。

❹ **大宝律令と養老律令の比較**

律　令	成立年	中心人物	施行年	巻　数	備　　考
大宝律令	701年	刑部親王 藤原不比等	702年	律6巻 令11巻	初めて律・令ともに完成。 断片的に現存。
養老律令	718年	藤原不比等	757年	律10巻 令10巻	大宝律令を部分改定。 757年に藤原仲麻呂が施行。

❺ **大宝律令の復元と養老律令** 大宝律令は9世紀後半の法家の注釈書である『令集解』(▷p.78)や『続日本紀』(▷p.80)により断片的に復元されるだけである。一方、養老律令のうち、令は官撰注釈書である『令義解』(▷p.78)で大部分が明らかであり、律も一部復元可能である。

> **補説**　「日本」の成立　702(大宝2)年、大宝律令が施行された年に、約30年ぶりに遣唐使が派遣された。遣唐大使は粟田真人であり、藤原不比等の下で律令を編修した有力なメンバーであった。成立したばかりの律令を基本とする中央集権国家の確立を、唐に誇示する目的があったのであろう。
>
> なお、このときの遣唐使が、唐の役人に対して「日本」国の使者であると名乗っていることから、飛鳥浄御原令もしくは大宝律令において、「日本」の国号が正式に定められたと考えられている。「日本」は推古朝の「日出づる処」と同じ意味であり、天皇が太陽神アマテラスの子孫として位置づけられたこととも、関係が深いといえよう。

★1 ①官僚制は、唐が官品制、日本が官位相当の制(▷p.54)、②田制は、唐が均田制、日本が班田制(▷p.57)であることなどがおもな相違点である。

(参考)　**律令と藤原氏**
大宝律令の制定編修主任は刑部親王だったが、主導権をとったのは、藤原不比等(鎌足の子)である。また、養老律令の制定でも不比等の影響は大きかった。条文は大宝律令とあまり変わらず、制定の39年後に、不比等の孫である藤原仲麻呂(▷p.65)が政権をとったときに施行された。

★2 **養老律令の構成**
律は、刑法の総則である名例律など12編497条からなる。令は、30編953条。職員令(官制)・戸令(地方行政・家族法)・田令(土地制度)・賦役令(調・庸などの税制)がとくに重要である。

2 律令の体制

❶ 律令体制の確立
697年，持統天皇は草壁皇子の子の軽皇子に譲位した（文武天皇）。701（大宝元）年，刑部親王や藤原鎌足の子**藤原不比等**らによって，**大宝律令**が完成し，翌年から施行された。律令によって，運営される国家体制を**律令体制**という。のち718（養老2）年には，藤原不比等らによって大宝律令を修正した**養老律令**がつくられ，757（天平宝字元）年に施行された。

❷ 律令体制の特質
律令体制は，ヤマト政権の動揺克服策として構築され，①中央集権的な古代天皇制，②整備された官僚制，③公地公民制を特質とする。

天皇	都	律令政治の主要事項
—645 孝徳	難波長柄豊碕宮	645 乙巳の変 646 改新の詔
—655 斉明	飛鳥岡本宮(656)	649 蘇我倉山田石川麻呂死 658 阿倍比羅夫，蝦夷征討 663 白村江の戦い 664 冠位二十六階・部曲復活
—661 (称制) 天智	近江大津宮(667)	668 近江令？
—671 —673	飛鳥浄御原宮(672)	670 庚午年籍 672 壬申の乱
天武		675 部曲廃止・食封停止 684 八色の姓
—686 (称制) 持統	藤原京(694)	689 飛鳥浄御原令の施行
—697 文武		701 大宝律令の制定
—707 元明 元正	平城京(710)	718 養老律令の制定

▲律令体制確立までの政治の推移

9 律令の統治組織

◆ 中央に**二官八省**などを設け，地方には**国司・郡司**などを任命して，律令国家の統治組織を整備した。ごく少数の官僚貴族が支配の中枢をにぎり，国家的な土地人民支配を推進した。

1 官制

❶ 中央官制のしくみ
祭祀をつかさどる**神祇官**と一般政務を担当する**太政官**の二官が最高機関として並立した。太政官の下には八省が置かれて行政の実務を分担した。さらに，これらから独立した官庁として弾正台と5つの衛府が設けられ，警察・軍事をそれぞれ担当した。中央官制のことを，二官八省一台五衛府と総称する。

❷ 太政官の組織と職務
太政官は，**太政大臣・左大臣・右大臣・大納言**の議政官によって構成される公卿会議と，**少納言局・左右弁官局**の事務局からなる。八省や，それに従属する**職・寮・司**などの下級官庁を統轄した。

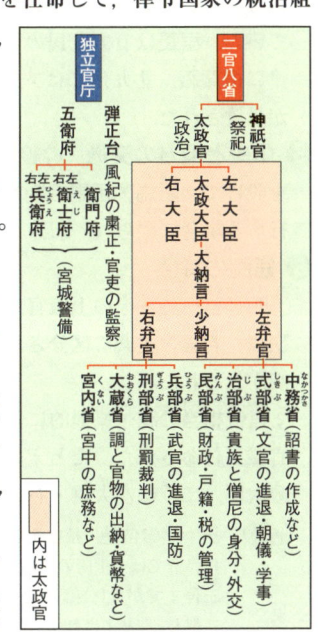

> **補説** **則闕の官** 太政大臣は律令官制の最高の官であるが，常置ではなく，適格者が無ければ「則ち闕(欠)く」ままとされた。奈良時代を通じて，太政大臣に任命されたのは藤原仲麻呂と道鏡（▷p.65）だけであった。

▲中央官制

> **補説** **公卿** 太政大臣・左大臣・右大臣を三公，大納言・中納言・参議・三位以上の朝官を卿といい（このうち中納言・参議は令外官〔▷p.78〕），あわせたものが公卿。朝廷政治の最高構成員で，現在の閣僚にあたる。

❸ **地方の行政区画** 全国を**畿内・七道**に大別。畿内とは大和・山背（山城）・摂津・河内・和泉の5国（五畿）のことで，七道は東海・東山・北陸・山陰・山陽・南海・西海の諸道をいう。これらが細分されて**国・郡・里**（のち郷と改称）が設置された。国には，都城を小型化した国府が設けられ，その中心に儀式・政務を行う国庁（国衙）があった。また，郡には郡家（郡衙）が設けられ，田租を貯蔵する正倉が置かれた。里は50戸（郷戸）を標準として構成された。

> **補説** **郷戸と房戸** 戸籍・計帳の作成や口分田の班給，租・調・庸の徴収の帳簿上の単位となった大家族を郷戸という。これは，20～30人程度で寄口・奴婢などもふくんでいる。この郷戸のなかに，2～3戸の単婚家族（夫婦と子）がふくまれていた。これが10人前後からなる房戸である。

❹ **地方官制のしくみ** 国・郡・里に，**国司・郡司・里長**を配置した。国司は中央から派遣され，任期（6年のち4年）があり，郡司は地方豪族（旧国造など）が任命された。郡司は終身・世襲であり，実質的に，律令国家の人民支配を担当していた。里長は有力農民のなかから選ばれた。都に京職，摂津に摂津職，北九州には**大宰府**（「遠の朝廷」ともよばれた）が設置された。

❺ **中央と地方の交通** 幹線道路の30里（約16km）ごとに駅家を設けて，駅馬・伝馬の制を整えた。これら使用は公用で旅行する場合に限られ，駅鈴・伝符により，通行を保障された。

❻ **官制の特色**
①四等官…各官庁の上級官人は，長官・次官・判官・主典に区分され，連帯責任制がとられた。
②官位相当の制…原則的に位階に応じた官職に任命された。たとえば，一位は太政大臣，二位は左大臣・右大臣についた。

官職	省	国	郡
長官	卿	守	大領
次官	大少輔	介	少領
判官	大少丞	大少掾	主政
主典	大少録	大少目	主帳

▲四等官制

> **補説** **三十階の位階** 推古朝以来の冠位の制は律令では三十階の位階制となった。三位までが貴（公卿 ▷p.105），四位・五位が通貴（貴でないが貴に準じる）とよばれた。両者をあわせた階層を貴族とすることが多い。

▲地方官制

諸国（畿内・七道）―国（国司）―郡（郡司）―里（里長）
軍団
京 左京職・右京職 東・西市司 条坊
重要地 摂津（七九三年に摂津国となる）摂津職
筑前 大宰府 西海道諸国（九州の行政）防人司・鴻臚館（国防・外交）

> **参考** **貴族の序列** 五位以上と六位以下では大きな差があった。五位以上の官人は貴族とよばれ，大化改新以前の大夫とよばれた中央の有力氏族が占め，その地位や財力は子孫に世襲された。

2 身分制度

❶ 身分制度の体系
人々は、良民と賤民に大別されて支配された。
①良民…皇族(親王・諸王)→貴族→その他の官人→公民(班田農民)→品部・雑戸★1 の階層があった。
②賤民…男女の奴隷(奴婢)など。

❷ 貴族の特権
①位階に対する俸禄★2（右表）。
②官職に対する俸禄
　(ア)職封(官職に応じて与える食封)。
　(イ)職田(田地)。
　(ウ)資人(警備・雑役に奉仕する従者)。
③調・庸・雑徭の課役免除。
④減刑などの刑法上の特権。
⑤<u>蔭位の制</u>…五位以上の官人の子孫が、<u>父や祖父の位階に応じて、一定の位階を自動的に授けられる制度。</u>

❸ 品部と雑戸
かつての職業部民の一部で、職業の世襲を義務づけられた半自由民。政府の工房で働き、調・庸などのかわりに手工業製品を製作した。

❹ 賤民の種類と内容
賤民は5種類に分けられたため、五色の賤とよばれる。①陵戸(陵墓の守衛)→②官戸(官庁の雑役)→③家人(貴族の雑役)→④公奴婢(官有の奴隷。奴が男性、婢が女性)・⑤私奴婢(私有の奴隷)の序列があった。

❺ 賤民の支配方法
陵戸・官戸・公奴婢は官有で、良民と同じ割合の<u>口分田</u>をうけたが、家人と私奴婢は私有で、<u>良民の口分田の3分の1</u>であった。また、放賤従良★3 といって賤民身分から解放される制度もあった。

★1 品部・雑戸　良民と賤民の中間的身分。

位階	位田	位封	季禄(半年分)				資人
			絁	綿	布	鍬	
正一位	80町	300戸	30匹	30屯	100端	140口	100人
従一位	74	260	30	30	100	140	100
正二位	60	200	20	20	60	100	80
従二位	54	170	20	20	60	100	80
正三位	40	130	14	14	42	80	60
従三位	34	100	12	12	36	60	60
正四位	24	—	8	8	22	30	40
従四位	20	—	7	7	18	30	35
正五位	12	—	5	5	12	20	25
従五位	8	—	4	4	12	20	20

▲位階に対する貴族の特権

★2 俸禄　位階の三位以上の者には位封として封戸(戸)が、四位・五位の者には位禄として布や綿が支給された。また春秋の2回、貴族に支給するのが季禄である。三位以上と五位以上で差があり、これらの経済的特権は公民の負担で成り立っていた。

★3 放賤従良　66歳以上の公奴婢は官戸となり、76歳以上になると、官戸は良民とされた。また臨時に解放されることもあった。

◀農民の家
写真は長野県平出遺跡の復原家屋で、6～7世紀ごろのものだが、地方では平安時代ごろまで、このような竪穴住居がふつうだった。

テーマゼミ 地下の正倉院—木簡

●木片に墨書された史料を木簡とよび，地下の遺跡から出土する。日本の古代史の史料のほとんどが国家の編纂物であるが，木簡は第一級の同時代史料といえる。藤原京出土の木簡によって大宝律令施行までの地方行政区画のコホリ（こおり）は「郡」でなく，「評」であったことが証明されるなど，古代史の研究において，木簡の役割は非常に大きい。

●奈良市の長屋王の邸宅跡から出土した木簡の記述からは，邸宅内には絵師や舞人がおり，ペットとして鶴を飼い，牛乳を飲み，夏はオンザロックを楽しむという優雅な暮らしぶりがうかがえる。また，その邸宅が「親王宮」と記され，王の身分以上の特別待遇をうけていたことが，長屋王の変（▷p.64）との関連で注目される。

▲長屋王家木簡

3 司法制度

❶ **司法制度に関する条文** 律にその大要が記されており，刑罰と犯罪に分けることができる。

❷ **刑罰の種類** 五刑といって，5種類あった。笞（竹のむちで10〜50回打つ）・杖（杖で60〜100回打つ）・徒（1〜3年の懲役刑）・流（流刑で，遠流・中流・近流の3種）・死（絞・斬）★4。

❸ **八虐の制定** 重大な犯罪として国家・天皇や尊属に対する罪の八虐★5 が定められた。

❹ **裁判権の所在** 司法と行政の区別はなく，各行政官庁が裁判を担当した。ただし，笞は郡司が，杖・徒刑相当の罪は，中央では刑部省，地方では国司が決定した。また流・死にあたる罪をおかした場合には，太政官の裁決をまたねばならなかった。

★4 **五刑** 特別の事情や身分のある者の場合，減刑された。身分の高い者など6種を定め，減刑の規定として六議の制をとった。また，官位をもつ者は，免官や解職などをもって徒刑以下にあてることができ，贖銅法といって罰金を死刑以下にあてることもできた。

★5 **八虐** 謀反（天皇に危害を加える）・謀大逆（山陵や皇居の破壊）・謀叛（国家への反逆）・悪逆（尊属殺害）・不道（一家3人以上殺害）・大不敬（神社破壊など）・不孝（祖父母・父母を訴えののしる）・不義（主人や国司殺害）の8つ。

> **ポイント**
> 〔律令の司法制度〕
> ①厳罰主義（**五刑**と**八虐**）
> ②司法と行政は区別されず，行政官庁による裁判が基本

10 律令的負担体系

◆ 国家による土地所有を原則に，班田制が施行され，その基盤の上に公民らは多くの税を負担した。とりわけ労役・人頭税は過重で，生活を圧迫した。

1 土地制度

❶ 班田収授法のしくみ 土地国有の原則に基づいて，**班田収授法**が実施された。6年ごとに**戸籍**をつくり(六年一造)，それによって6年に1回，6歳以上の男女に戸単位で一定の**口分田**を支給した(六年一班)。売買は禁止され，本人が死亡すれば収公された。

❷ 口分田の班給 (ただし，1段〔反〕= 360歩 = 約11.9 a)
①良民男性…2段，良民女性…1段120歩(良民男性の3分の2)。
②家人(男)・奴…240歩(良民男性の3分の1)。
③家人(女)・婢…160歩(良民女性の3分の1)。
実際には，班給された田地の収穫量に差があったため，同じ面積の口分田を班給されたとしても，平等ではなかった。

❸ 班田収授法のねらい 土地を公有化することで，豪族への土地集中を防ぎ，公民の生活を保障しつつ，租税収入を確保するところにあった。

❹ 条里制の施行 班田に便利なように，奈良時代なかば以後，**条里制**という土地区画制が行われた。これは土地を縦(条)横(里)6町(約654 m)間隔に区切り，その1ますを里とよぶものである。里は36の正方形(1辺が1町=約109 m)に細分され，この1区画を坪といった。

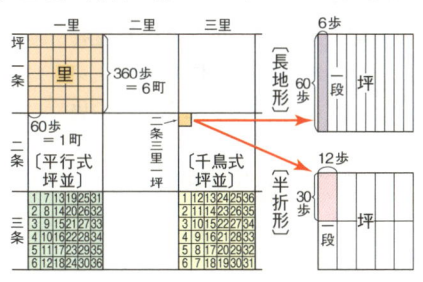

▲条里制における地割図

❺ 田地の種別 口分田以外にも，下表のような田地があり，租が課せられる**輸租田**と，課せられない**不輸租田**に大別。

輸租田	位田	五位以上の官人。8〜80町。
	賜田	天皇の勅による特別の恩賞。
	功田	功績。大功田は永久私有。
不輸租田	職(分)田	郡司。4〜6町。
		大臣や大国★1の国司など。
	寺田・神田	寺院，神社の永久私有地。
輸地子田	乗田	口分田の余剰地。公民に賃租させる。

(注意) 班田収授法のもとになるのが戸籍である。原則として班田の前年ごとに戸籍の作成が行われたことに注意。なお，最初の班田は690年の庚寅年籍に基づいて692年に行われた。

(参考) 唐の均田制との比較 班田収授法は唐の均田制を模範としたが，相違点も多い。唐では，世襲される永業田と口分田の2種からなり，口分田の班給は毎年あった。また成年男性が原則で，女性には与えられなかった。

▲条里制の遺構(兵庫県)

(参考) 条里制の地割
条里の坪には1〜36の番号がつけられるが，これには平行式のものと，千鳥式のものとがある(左の地割図参照)。要するに，何条何里何坪とよんで田地の所在地を示した。「○坪」という地名は今も各地に残っている。
　坪の地割は，1坪=10段として，1辺が1町(= 60歩)の長方形に1段を区画する**長地形**(60歩×6歩=1段)と，1辺が半町(= 30歩)の長方形に1段を区画する**半折形**(30歩×12歩=1段)があった。
　なお，近年では条里制を疑問視する説もある。

★1 大国 国には大国のほか，上国・中国・下国の4種があった。

補説 輸地子田と賃租　輸地子田とは，乗田のように賃租として，収穫の5分の1を地子として納めるものである。賃租とは，一定の土地を期限つきで貸し，賃（春の耕作前に払う）または租（秋の収穫後に払う）をとることをいう。賃租は乗田のほか，位田や賜田などでも行われた。

❻ 田地以外の土地
①園地★2・宅地…売買可能な土地。
②山川藪沢…共同利用地。

★2 園地　桑・漆・蔬菜などの貢納作物を栽培する畑をいう。

2 租税制度

❶ 公民の負担体系
口分田の班給をうけた者は，国家に対して次のような義務を負わなければならなかった。
①物納税…**租・調・庸**（本来は労役の奉仕。布で代納）・調副物，義倉，出挙の負担。
②労役税…雑徭・雇役・仕丁・運脚・兵役。

注意 女性には労役義務は課せられなかったが，調・庸のための布・絹などの生産が女性の仕事であったから，女性も実質的な課役負担者であった。

❷ 課税対象
成年男性（課口）が中心。正丁（21～60歳）・次丁（老丁，61～65歳）・少丁（中男，17～20歳）に区分。

❸ 租
田租のこと。不輸租田を除く田に課せられる。1段につき稲2束2把の割合★3で納めた。各国の郡家などに置かれた正倉に保管され，主として地方財源である正税になった。

★3 1把とは穂刈りのときの3つかみにあたる。田租の割合は，706（慶雲3）年からは稲1束5把に変更されたが，実際の負担量は変わらなかった。

❹ 調と調副物
調とは，絹・絁・糸・綿・布などの特産物を一定量納めるものをいう。正丁はさらに調副物として，染料・油・塩などを納めなければならなかった。これらは中央政府の財源となった。

	年齢	調	庸	雑徭	兵役
正丁	21～60	郷土の産物の一種を一定量	布2丈6尺（歳役10日）	60日以下	あり
次丁	61～65	正丁の$\frac{1}{2}$	正丁の$\frac{1}{2}$	30日以下	なし
少丁（中男）	17～20	正丁の$\frac{1}{4}$	なし	15日以下	なし

▲成年男性の負担（年令には多少の改定が行われた）

❺ 庸（歳役）
正丁には，1年に10日上京して労役に服する歳役の義務があったが，ふつうは庸布で代納した。次丁には正丁の2分の1が課せられ，京・畿内は免除された。

❻ 調・庸の京への運搬
調・庸の運搬は，納める戸★4の公民の負担★5であった。この任務についた農民を運脚という。

❼ 義倉
貧富に応じて徴収した粟を納めた官庁の倉庫。その粟は，必要な場合に貧民に与えた。

★4 戸　25人程度からなり，代表者として戸主が定められた。戸主は，戸の構成員である戸口の租・調・庸の納入責任を負った。

★5 調・庸の運搬に要する食料は自前で，途中で餓死する者も多かった。

テーマゼミ 古代の借金地獄─出挙

- 公民の負担はよく「租・調・庸」と総括的に表現される。しかし、これは実態にそぐわない。税全体のなかでの租の比重は、そう高くなかったからである。租は収穫高の約3％の低率で、各国の正倉に納められ、主として地方行政の財源にあてられた。むしろ国家の地方財政は、公民への稲の強制貸付＝出挙に強く依存した。出挙の利息稲の収入で国衙の経費と中央政府の雑費がまかなわれた。公民に出挙された稲は正税（納入されたのちの租をいう）とよばれ、東大寺正倉院には、1年間の収支をまとめた正税帳が残されている。
- 国家の行う公出挙に対し、民間では私出挙が行われた。『日本霊異記』には、讃岐国美貴郡の郡司の妻による、「貸付時は小さな斤を用い、大きな斤で取立を行い、また利息は10倍、100倍と強制的に取り立てたため、借り手は夜逃げした」という高利貸ぶりが見える。このような負担が公民を苦しめ、やがて律令国家を動揺させるに至ったのである。

⑧ **出挙** 国司が公民に対し、春に稲を貸しつけ、秋に5割の利息稲をつけて返却させる公出挙が、国衙の重要な財源となった。一方、民間では、10割の利息稲をとる私出挙が行われた。

⑨ **雑徭** 国内の臨時の雑役のために、国司が、成年男性に1年に60日を越えない範囲内で課した労役である★6。

⑩ **仕丁** 50戸に2人の割合で徴発し、中央官庁の雑役を行わせた。

(補説) **労役義務の負担** 当時はまだ農業生産力が低かったため、公民の負担は、租に代表される物納義務よりも労役義務（人頭税）の方が重かった。税金の徴収台帳である計帳は毎年作成され、戸主・戸口の氏名・性別・年齢や課口・不課口の別のほか、逃亡の際の捜査に備えて、ホクロの位置など個人の身体の特色なども記している。労役義務の重さから、偽籍や逃亡がふえた（▷ p.67）。

3 軍事制度

❶ **兵役のしくみ** 唐の府兵制にならった、いわゆる徴兵制。正丁3～4人に1人の割合で兵士として徴発された。兵士たちは諸国の軍団に配属されて、年間1カ月余りの軍事訓練をうけた。そのかわり、庸・雑徭は免除された。

❷ **兵士の種類** ①諸国の軍団兵士。
②軍団兵士の一部は衛士として上京し、1年任期で、五衛府の衛士府や衛門府に配属された。
③軍団兵士の一部は大宰府の防人司に配属され、防人★7として北九州の沿岸防備に従った。任期は3年。衛士・防人は課役が免除されたが、任期が守られることは少なかった。

(参考) 義倉と出挙は本来、貧民救済の方法であったが、しだいに強制されて税と同様になった。出挙とは、「もとを出して、利を挙げる」の意味。

★6 雑徭は当時の公民のもっとも大きな負担で、国司のなかには、これを私的に運用して、私腹をこやす者もいた。

★7 **防人** 国防上重要な、北九州の防衛のために置かれた兵士。当初は全国から選び、3年交替としたが、730（天平2）年に東国の兵士に限った。10世紀初めに有名無実化した。

❸ **重い兵役の負担**　兵役に要する武具・食料は自前であり，しかもその間の成年男性の労働力が奪われてしまうので，1人の衛士・防人を出せば，その戸は滅びるほどであった。

11 平城遷都と律令国家の繁栄

◆ 平城京への遷都により，都城制が整備され，この地は奈良時代(710～794)を通じての都となった。奈良時代には，「青丹よし寧楽の京師」とうたわれた新しい首都を中心に，地方の開発も進み，産業も発達して国力の充実がはかられた。

1 平城遷都

❶ **平城遷都**　病弱な文武天皇の死後，その母，元明天皇(在位707～715)が即位すると，新都造営の詔が発せられ，710(和銅3)年，藤原京から平城京(奈良市)に遷都された。

❷ **平城遷都の理由**
①飛鳥地方の豪族の，地元からの切り離し＝官僚化の促進。
②律令体制の完成(＝大宝律令の施行)による新首都の必要。

❸ **平城京のようす**　唐の長安にならったもので，広さはその約4分の1。東西約4.3km，南北約4.8kmで，東部と北部に外京をもった。中心に朱雀大路をつくり，その北端中央に宮城が設けられ，天皇が生活する内裏を配置し，朱雀大路の東方を左京，西方を右京とした。縦横4町(約530m)ごとに大路があり，南北9条，東西各4坊で区画する条坊制を採用。

❹ **平城京の中心**　大内裏(平城宮)。天皇の居所である内裏と，大極殿を中心とした国家的儀式の場である朝堂院，および中央官庁からなる。

❺ **平城京の整備**　遷都から約10年の間に，飛鳥地方にあった大安寺(もと大官大寺)・薬師寺・元興寺(飛鳥寺，もと法興寺)などの寺院が移された。貴族の邸宅も建ったが，瓦葺・朱柱・白壁の中国風の建物は多くなかった。

❻ **平城遷都の問題点**　遷都には多大な費用と歳月を要した。都の造営は労役・財源ともに公民の負担によったため，逃亡が相ついだ(▷p.67)。

(参考) **奈良時代の範囲**　710年の平城遷都から，794(延暦13)年の平安遷都まで，もしくは784(延暦3)年の長岡京への遷都までが，奈良時代とされる。

(参考) 当時の日本の総人口は500～600万人，平城京の人口は10万人ほどであったと考えられている。

▼平城京の区画図

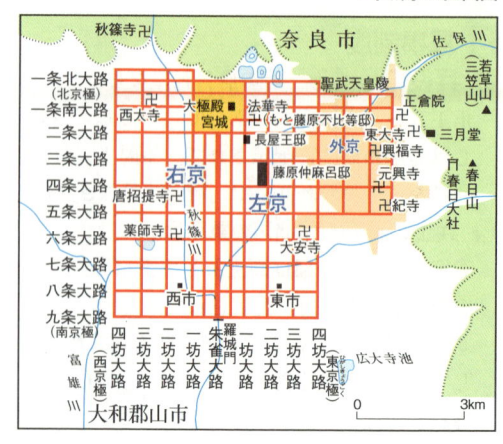

2 経済の発達

❶ 鉱物資源の発見 越後の石油(668年)，対馬の銀(674年)など。また，対馬(異説もある)の金による大宝(701年)，武蔵の銅による和銅(708年)，陸奥の金による天平感宝(749年)★1 など，鉱物資源が朝廷に献上されたことを記念して，改元が行われることもたびたびあった。

★1 天平感宝元年は，聖武天皇の譲位と孝謙天皇の即位により，同年のうちに天平勝宝元年に改元された。

❷ 和同開珎の鋳造 武蔵から自然銅が献上されたことを契機に，708年，和同開珎とよばれる銅銭・銀銭(翌年廃止)が鋳造された。唐の開元通宝をモデルにしたもので，この後，乾元大宝(958年)まで，12種類の銭貨がつくられることになる。これらを，皇朝十二銭という。

▲富本銭(左)と和同開珎(右)

❸ 和同開珎鋳造の目的 ①律令国家の権威を高める。②本格化した平城京造営の費用に銭貨発行収入をあてる。③中央政府の財政運用を円滑にする。

（補説）古代の市 古くは，大和の海拓榴市・軽市や，河内の餌香市などの民間市が有名。平城京にも市司の監督下に，左京に東市，右京に西市が開かれ，地方の産物や政府の払い下げ品などが販売された。

❹ 銭貨の流通 当時は稲や布による物々交換が一般的であり，銭貨の流通は畿内にほぼ限定されたらしい。政府は，711(和銅4)年，蓄銭叙位令を出して，銭をたくわえて政府に献納する者には，額に応じて位階を与えることにした。

❺ 農業の発達 鉄製農具や進んだ灌漑技術を用いて，耕地の拡大につとめた。農業技術も，直播法から田植法に，また，穂首刈りから根刈り法に進んだ。

名称	鋳造年
和同開珎	708(和銅元)
万年通宝	760(天平宝字4)
神功開宝	765(天平神護元)
隆平永宝	796(延暦15)
富寿神宝	818(弘仁9)
承和昌宝	835(承和2)
長年大宝	848(嘉祥元)
饒益神宝	859(貞観元)
貞観永宝	870(貞観12)
寛平大宝	890(寛平2)
延喜通宝	907(延喜7)
乾元大宝	958(天徳2)

▲皇朝十二銭

史料 蓄銭叙位令

和銅四年①十月二十三日。詔して曰く，夫れ銭の用たる，財を通して有無を貿易②する所以なり。当今，百姓，尚習俗に迷ひて，未だその理を解らず③。僅に売り買ひすと雖も，猶銭を蓄ふる者無し。その多少に随ひて，節級して位を授けん。『続日本紀』

（注）①711年。②財の有無にしたがって交換すること。③銭貨の流通になれていない当時の状況を意味する。

（視点）『日本書紀』には，天武天皇の時代に銭貨の鋳造が行われ，持統天皇の時代には，鋳銭司(官営の鋳銭所)が設置されたと記されている。天武朝で鋳造された日本最古の貨幣として富本銭があるが，和同開珎は，平城京造営の役民に雇直(労働の代金)として支給されるなど，政府によって流通がはかられた。ただし，一般には布・稲などが交換手段で，銭貨の流通はさかんにはならなかった。

テスト直前要点チェック

答

- ① 氏の社会的地位は，何によって秩序づけられたか。 → ① 姓（かばね）
- ② 氏の人々の生活をささえた隷属民を何というか。 → ② 部民（べみん）
- ③ 品部を統率した首長を何というか。 → ③ 伴造（とものみやつこ）
- ④ ヤマト政権が各地に設けた直轄領を何というか。 → ④ 屯倉（みやけ）
- ⑤ 各豪族の私有地を何というか。 → ⑤ 田荘（たどころ）
- ⑥ ヤマト政権が各地の首長を任命した，地方支配の役職は何か。 → ⑥ 国造（くにのみやつこ）
- ⑦ 6世紀に，伽耶地方に侵入し，百済をも攻撃した国はどこか。 → ⑦ 新羅（しんら）
- ⑧ 527年，九州地方の豪族などの支持を得て反乱を起こした人物は誰か。 → ⑧ 筑紫君磐井（つくしのきみいわい）
- ⑨ 蘇我馬子と対立し，587年に滅ぼされた人物は誰か。 → ⑨ 物部守屋（もののべのもりや）
- ⑩ 推古朝で制定された，役人の心構えを説く法を何というか。 → ⑩ 憲法十七条
- ⑪ 7世紀初め，日本に暦法をもたらしたといわれる百済の僧は誰か。 → ⑪ 観勒（かんろく）
- ⑫ 厩戸皇子の作といわれる，経典の注釈書を何というか。 → ⑫ 三経義疏（さんぎょうのぎしょ）
- ⑬ 608年に来日した，隋の煬帝の使者は誰か。 → ⑬ 裴世清（はいせいせい）
- ⑭ 法隆寺金堂の釈迦三尊像の作者といわれる人物は誰か。 → ⑭ 鞍作鳥（止利仏師）
- ⑮ 法隆寺玉虫厨子の台座は，どのような技法で描かれているか。 → ⑮ 密陀絵（みつだえ）
- ⑯ 厩戸皇子の妃の橘大郎女らがつくったといわれる刺繡画は何か。 → ⑯ 天寿国繍帳（てんじゅこくしゅうちょう）
- ⑰ 645年に遷都された，現在の大阪市にあった都を何というか。 → ⑰ 難波長柄豊碕宮（なにわのながらのとよさきのみや）
- ⑱ 皇極天皇は，のちに重祚して何天皇となったか。 → ⑱ 斉明天皇（さいめい）
- ⑲ 663年，百済を救援しようとしてやぶれた戦いを何というか。 → ⑲ 白村江の戦い（はくそんこう／はくすきのえ）
- ⑳ ⑲の敗戦後，防衛のために九州に築かれた堤を何というか。 → ⑳ 水城（みずき）
- ㉑ 壬申の乱に勝利して即位し，律令国家の建設を推進した天皇は。 → ㉑ 天武天皇（てんむ）
- ㉒ 持統天皇が造営した，都城制に基づく都を何というか。 → ㉒ 藤原京（ふじわらきょう）
- ㉓ 701年に完成した律令を何というか。 → ㉓ 大宝律令（たいほう）
- ㉔ 中臣鎌足の子で，㉓の編修の中心人物は誰か。 → ㉔ 藤原不比等（ふじわらのふひと）
- ㉕ 「遠の朝廷（とおのみかど）」といわれた機関で，北九州に置かれたものは何か。 → ㉕ 大宰府（だざいふ）
- ㉖ 五位以上の官人の子孫が，父や祖父の位階に応じて，一定の位階を授与される制度を何というか。 → ㉖ 蔭位の制（おんいのせい）
- ㉗ 律令の負担のうち，歳役のかわりに布を納めるものは何か。 → ㉗ 庸（よう）
- ㉘ 春に稲を貸しつけ，秋に利息とともに徴収する制度を何というか。 → ㉘ 出挙（すいこ）
- ㉙ 711年，和同開珎（わどうかいほう）の流通をはかるために発布された法令は何か。 → ㉙ 蓄銭叙位令（ちくせんじょいれい）

3章 古代国家の展開

この章の見取り図

平城京 → 平安京

律令体制の確立→藤原氏や仏教勢力の進出→律令体制の再建をめざす
初期荘園の成立

時代	奈良時代										平安時代						
年代	七二三	七二四	七二九	七三七	七四〇	七四一	七四三	七五二	七五七	七六四	七七〇	七八四	七九四	七九七	八〇二	八〇四	八〇五	八〇六	八一〇	八二一	八二八
おもな事項	三世一身法	多賀城設置	長屋王の変	藤原四子が死去	藤原広嗣の乱	国分寺建立の詔	墾田永年私財法 / 初期荘園の成立	大仏造立の詔	東大寺大仏開眼供養	橘奈良麻呂の変	恵美押勝（藤原仲麻呂）の乱	道鏡が失脚	長岡遷都	平安遷都	坂上田村麻呂が征夷大将軍	胆沢城設置	最澄・空海が入唐	天台宗が開かれる	徳政相論 真言宗が開かれる	藤原冬嗣が蔵人頭	薬子の変 藤原氏	勧学院設立（藤原氏）	綜芸種智院設立
天皇	聖武							孝謙・淳仁・称徳・光仁			桓武						平城	嵯峨		
中国	唐																				

1 奈良朝政治の推移

◆ 奈良時代の政治史は、長屋王・橘諸兄らの皇親勢力と、藤原不比等の子孫である藤原氏、および寺院勢力の対立・抗争にいろどられている。その背後には、<u>律令体制の破綻</u>による社会の動揺があった。政争の過程で、恵美押勝・道鏡のように皇位を左右する者があらわれたことは、注目に値する。

1 前期の政局

❶ **藤原不比等の進出** 藤原不比等は、元明天皇★1・元正天皇の時代に力を伸ばした。大宝律令・養老律令の制定や、平城遷都は彼の業績である。不比等は、娘の宮子と文武天皇との間に生まれた首親王（のちの聖武天皇）の夫人として、同じく娘である光明子（安宿媛ともいう。のちの光明皇后）を立てた。

❷ **長屋王の政治** 不比等の死（720年）のあと、政権は左大臣の長屋王によって運営された。長屋王は、天武天皇の孫にあたる皇親で、親王の待遇をうけており、三世一身法（▷p.69）の施行などを主導した。

★1 元明天皇 在位707～715年。天智天皇の皇女で、草壁皇子の妃。息子である文武天皇の死後に即位し、和同開珎の鋳造、平城京への遷都などを行った。娘の元正天皇に譲位した。

❸ 長屋王の変
聖武天皇（在位724〜749）が即位すると，藤原氏は勢力の挽回をはかった。729（天平元）年，長屋王が謀反を企てたという密告で，王を自殺させた。藤原氏の長屋王排除の策謀であった。

❹ 長屋王の変直後の処置
この事件の直後に，①光明子の立后（光明皇后，皇族以外で確実な初の皇后），②天平（729〜749）への改元，③藤原四子政権の確立，を見た。

❺ 藤原四子政権
長屋王を排除した藤原氏は，不比等の4子，武智麻呂（南家）・房前（北家）・宇合（式家）・麻呂（京家）が高官につき，政権をにぎった。これを藤原四子政権という。

❻ 藤原四子の死
しかし，天然痘の流行で，737（天平9）年に四子が相ついで病死したため，藤原氏の勢力は一時後退した。

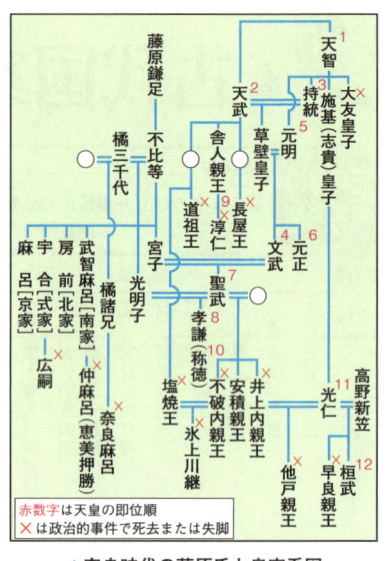

▲奈良時代の藤原氏と皇室系図

2 後期の政局

❶ 橘諸兄の政治
藤原四子後，政治を主導したのは，光明皇后の異父兄で，もと皇族である橘諸兄である。唐から帰国した玄昉・吉備真備が政治顧問に登用されて，大きな権力をふるった。

❷ 藤原広嗣の乱
宇合の子で，橘諸兄らによって大宰少弐に左遷されていた藤原広嗣は，玄昉と真備の排除を口実に，740（天平12）年に北九州で挙兵した。この乱は約2ヵ月で鎮圧され，広嗣も殺されたが，中央政界に与えた衝撃は大きかった。

❸ 広嗣の乱後の政界
乱後，諸兄勢力と藤原氏との対立が深まり，政治が不安定になった。★2
①遷都…恭仁京（山城：京都府木津川市・740年）→難波京（大阪市・744年）→紫香楽宮（近江：滋賀県甲賀市・744年）→平城京（745年）へと都が移転した。
②国家仏教…国分寺建立の詔（741年）→大仏造立の詔（743年，紫香楽宮で建立開始。752年，大仏開眼供養）が出され，仏教の鎮護国家思想（▷p.72）により，不安を鎮めようとした。

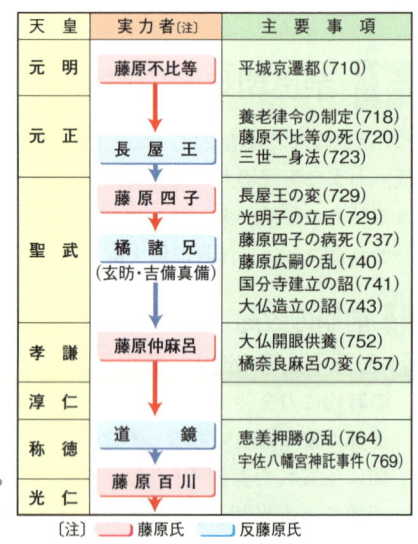

▲奈良時代の政争図

★2 政界の混乱に動揺した聖武天皇は，伊勢に行幸し，ついでたびたび遷都をくりかえした。

③藤原仲麻呂の台頭→橘諸兄政権と対立し, 玄昉を失脚させた。

❹ **藤原仲麻呂政権** 聖武天皇の譲位によって即位した女性天皇の**孝謙天皇**(在位749〜758)や, その母である光明皇太后の信任を得て, 南家の武智麻呂の子**藤原仲麻呂**(光明皇太后の甥)が専制権力をにぎった。そして757(天平宝字元)年には, 諸兄の子橘奈良麻呂のクーデタを未然に防いで, 反対勢力を一掃した。

❺ **藤原仲麻呂の政治** 仲麻呂は, 孝謙天皇についで淳仁天皇(在位758〜764)を擁立して天皇から**恵美押勝**の名をたまわり, 太師(太政大臣)となった。おもな施策は, 次の通り。
①祖父の不比等が制定した養老律令を施行(757年)した。
②官庁名や官職名を唐風(中国風)に改め, 太政官を乾政官, 太政大臣を太師とよんだ。
③中国風の儒教による政治を行った。
④東国防人の停止, 問民苦使★3の派遣などを実施した。

❻ **道鏡の出現** おばの光明皇太后の死(760年)によりかげりの見えた仲麻呂にかわって, 孝謙上皇の信任を得た僧**道鏡**が地位を高めてきた。764(天平宝字8)年, 仲麻呂は道鏡を除こうとしたが失敗し, 近江で敗死した。淳仁天皇も皇位をはく奪されて, 淡路島に移された。これを恵美押勝(藤原仲麻呂)の乱という。

❼ **道鏡の政治** 恵美押勝の乱後, 孝謙上皇が重祚して称徳天皇(在位764〜770)となった。道鏡は太政大臣禅師から法王となり, 政教両界の全権をにぎった。さらに, 769(神護景雲3)年, 宇佐八幡宮(大分県)の神託と称して皇位につこうとしたが, **和気清麻呂**らのために目的を達することができなかった。そして翌770(宝亀元)年, 称徳天皇の病死の直後に, 道鏡は下野(栃木県)の薬師寺に追放された。

> **補説** 宇佐八幡宮神託事件 769年, 皇位につこうとした道鏡は, 宇佐八幡宮の神託と称して, 道鏡が即位すれば天下太平になると奏上させた。この神託を確かめに派遣された勅使の和気清麻呂は, 神託が偽りであると報告し, 大隅(鹿児島県)に配流された。

❽ **光仁朝の政治** 称徳天皇は後継者を決めないまま死去したので, 藤原永手(北家)・藤原百川(式家・広嗣の弟)らは, 壬申の乱以来, その勝利者の天武天皇の子孫が皇位をつぐという原則を廃し, 天智天皇の孫の光仁天皇(在位770〜781)をたて, 律令政治の再建をこころみた。

1 奈良朝政治の推移 65

3章 古代国家の展開

(注意) 当時の唐は, 安禄山・史思明の乱(755〜763)があるものの, 李白・杜甫の活躍に見られるように, 文化が栄えており, 藤原仲麻呂は, 唐に強いあこがれをもっていた。仲麻呂の政治の国際的背景に注意。

★3 問民苦使 「民の苦しみを問う」ことを目的として諸国に派遣された使節。

3 国域の拡大

❶ 領土の拡大 国力の充実にともない、東北地方や九州方面の開拓と、蝦夷や隼人の征討に力が注がれた。

①東北地方…㋐日本海側＝出羽郡・出羽柵を設置→出羽国を設置(712年)。秋田城を築城(733年)。

㋑太平洋側＝**多賀城**(宮城県)を築城(724年)→多賀城には鎮守府が置かれ、のち陸奥国府も設置。蝦夷平定支配の拠点。〔東北の経営〕

②九州・南西諸島方面…㋐九州南部＝隼人★4の征討→薩摩国・大隅国設置。

㋑南西諸島＝種子島・屋久島・奄美大島・石垣島・久米島などの島々を支配し、島司などを設置。

❷ 国域拡大の意図

①中華帝国としての律令国家にふさわしい国域の確定と「蕃夷」の服属。

②租税を納める人民や、土地の拡大の要求。

> **補説** 中華帝国としての律令国家　日本の律令国家は、天皇を皇帝、自国を中華(文化の中心)とし、周辺の蝦夷・隼人・新羅・渤海などを蕃夷(蕃国)と見る、中国と同様の中華思想をもっていた。服属した隼人は朝廷の儀式に参列させられたが、これは、律令国家が蕃夷をしたがえる帝国であることを、内外に示すためであった。

ポイント
律令国家の国威の発揚 ｛ ①**平城京**の造営　②**和同開珎**の鋳造　③**蝦夷・隼人**の征討 ｝

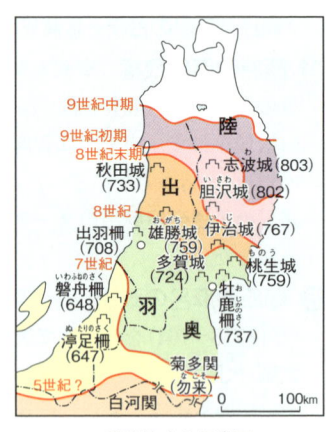

▲東北地方の経営図

★4 **隼人**　蝦夷と同様に異民族視された。自立性・独立性が強く、律令体制に抵抗をくりかえした。720(養老4)年の反乱がもっとも大規模であったが、大伴旅人に鎮定された。

◀隼人の盾 (レプリカ)

2 律令体制の動揺

◆ 公民への諸負担の過重が原因となって、浮浪・逃亡が頻発するようになった。一方、貴族・寺社や地方豪族は、公民をみずからの労働力として墾田の開発に努め、大土地所有を進行させた。ここに、公地公民制が崩れ、律令体制の動揺が激化した。

1 公民制の崩壊

❶ 課役負担の過重　農業技術の進歩により農業生産力が発展したとはいえ、公民は班給される口分田に比して、租・調・庸・雑徭・出挙・兵役などの課役負担がきわめて重かった。

❷ **公民の困窮** 公民は，口分田の耕作による収入だけでは生活が苦しく，乗田や貴族・寺社の私有地の賃租で，生計を補っていた。しかし，凶作が起きたり病気になると，たちまち生活は困窮した。当時の悲惨な生活は，山上憶良の「**貧窮問答歌**」に描かれている。

❸ **公民の税への抵抗** 税の負担からのがれようとする公民，とくに正丁は，7世紀末から表面化し，平城京造営期から激化した。これらの公民は，次のような種々の方策をとった。
①浮浪・逃亡★1…公民が本貫(本籍地)を離れて他所に流浪したり，移住すること。
②偽籍…男性を女性として届けたり，年齢をごまかすなど，戸籍を偽ること。
③政府の許可なく勝手に出家して，税負担のない私度僧となる。
④税負担のない貴族の資人★2となる。

❹ **政府の対策**
①公民負担の軽減(706年以降)。
②逃亡先で浮浪人を戸籍・計帳に登録して，調・庸を徴収する土断法の採用(715年)。

❺ **富戸と貧戸** 多くの公民が没落した反面，一部の富裕民は，口分田の買収，墾田の私有，私出挙の利潤などで土豪に成長し，富戸と貧戸の差が大きくなった★3。

> **参考** **公民の内訳** 律令体制は全国民(公民)が農業にたずさわるという原則をとっていたが，それは建前であり，実際には，漁業や山林業・狩猟業で生計を成り立たせていた人も多い。

> ★1 **浮浪・逃亡** 浮浪は本貫は離れているが行き先のわかっているもの(したがって調・庸は徴収される)。逃亡はまったく行き先不明のものをいう。

> ★2 **資人** 貴族の身辺警護や雑役にあたった。

> ★3 家族の多い戸は広大な口分田をもち，奴婢や家人は不課口であったため，戸の間に貧富の差が生じた。墾田永年私財法(▶p.69)以後，富戸は貧戸の墾田を買収して私有地とし，その差をますます大きくした。

史料 「貧窮問答歌」に見る人々の生活

天地は 広しといえど 吾が為は 狭くやなりぬる① 日月は 明しといへど 吾が為は 照りや給はぬ 人皆か② 吾のみや然る わくらばに③ 人とはあるを 人なみに 吾もなれるを④ 綿もなき 布肩衣⑤の 海松⑥のごと わわけ⑦さがれる 襤褸⑧のみ 肩に打懸け 伏廬⑨の 曲廬⑩の内に 直土に⑪ 藁解き敷きて 父母は枕の方に 妻子どもは 足の方に 囲み居て 憂へ吟ひ 竈には 火気吹き立てず 甑⑫には 蜘蛛の巣かきて 飯炊く 事も忘れて ぬえ鳥の⑬ 呻吟ひ居るに いとのきて⑭ 短き物を 端きると 云へるが如く⑮ 取る 五十戸良⑯が声は 寝屋戸まで 来立ち呼ばひぬ かくばかり 術無きものか 世間の道 世間を 憂しと恥しと 思へども 飛び立ちかねつ 鳥にしあらねば 『万葉集』

注 ①自分だけに狭い。②皆そうなのか。③偶然。④生まれたのに。⑤麻布のそまつな袖なしの服。⑥海草の一種。⑦やぶれて。⑧ぼろ。⑨屋根の低い小屋。⑩傾いた小屋。⑪地面に直接。⑫蒸し器。⑬「呻吟ひ」の枕言葉。⑭とりわけ。⑮むち。⑯里長(さとおさ)。

視点 この「貧窮問答歌」は，九州の筑前守であった山上憶良が，8世紀初めごろにつくった長歌で，『万葉集』に掲載されている。唐の詩文である「貧家賦」をモデルとしており，必ずしも実態をそのまま描いたとはいえないが，作品の情景に近い現実があったと考えられる。

2 公地制の崩壊

❶ 公地制の矛盾
律令体制は公地制を原則としたが，すでに成立の時点で土地私有制の要因を内包していた。①神田・寺田・功田および園地・宅地の私有の承認★4，②位田・職田の私有地的な扱い，③口分田の私有地化の進行，などである。

補説 口分田の私有地化　口分田の終身用益（耕作）が許され，しかも父祖の口分田が子孫に継承されることが多かったため，実質上，私有地と同様になった。口分田の売買（実際は耕作権の売買）も行われた。

❷ 班田制の動揺
平城遷都後まもなく，動揺のきざしを見せ始めた。浮浪や逃亡の頻発は，国家財政を窮乏させ，口分田の荒廃を招いた。さらに人口の増加も加わり，口分田の不足は班田制実施の根本にかかわる深刻な問題となった。政府は改善策として，①百万町歩の開墾計画，②三世一身法，③墾田永年私財法，を順次発布した。

❸ 百万町歩の開墾計画（722年・養老6）
公民に食料や道具を貸与して，1人10日間の労役で，100万町歩を開墾★5さ

★4 本来は，神田・寺田・職田などが不輸租田（▷p.57）であったが，のち位田・功田なども不輸租田となっていった。貴族や寺社はこのように輸租田を不輸租田に変えたりして，土地の私有化をおし進め，さらには墾田開発を行って，公地制を崩していった。

★5 当時のわが国の耕地面積が80万～100万町歩と推定されるから，新たに100万町歩の良田を開墾しようとする計画には，最初から無理があった。

注意 百万町歩の開墾計画と三世一身法は長屋王が指導した。

史料　三世一身法，墾田永年私財法

〔三世一身法〕
　養老七年①四月十七日。太政官奏すらく。「頃者，百姓漸く多くして，田池窄狭②なり。望み請ふらくは，天下に勧め課せて，田疇③を開闢④かしめん。其れ新たに溝池を造り，開墾を営む者あらば，多少を限らず，給ひて，三世⑤に伝へしめん。若し旧の溝池を逐はば，其の一身に給せん。」
　　　　　　　　　　　　　　　　　　　　　　　　　　　　『続日本紀』

〔墾田永年私財法〕
　天平十五年⑥五月二十七日。詔して曰く。「聞くならく。墾田は養老七年の格⑦によりて，限満つるの後，例によりて収授す。是れに由りて農夫怠倦して，開ける地また荒ると。今より以後は，任に私財と為し，三世一身を論ずることなく，咸悉く永年取ること莫れ。其の親王の一品及び一位には五百町，……初位已下庶人に至るまでは十町。但し郡司は大領・少領に三十町，主政・主帳⑧に十町。……人，田を開き地を占めんとせば，先ず国に就きて申請し，然るのちに之を開け。」
　　　　　　　　　　　　　　　　　　　　　　　　　　　　『続日本紀』

注 ①723年。②狭い。③田地。④開発。⑤本人，子，孫。あるいは子，孫，曽孫。⑥743年。⑦格とは律令の修正法。ここでは三世一身法を意味する。⑧大領～主帳は郡司の職名。

視点 墾田の私有化は，開発力のある貴族や豪族が待ち望むものであった。墾田永年私財法が施行された743年に，聖武天皇のもとで大仏造立の詔が出された。このため，墾田永年私財法には，大仏造立に向けて，貴族や豪族の協力を得るための側面もあったともいわれている。

せようとしたが，あまりにも遠大な計画で現実味に欠け，実現しなかった。蝦夷征討の兵糧獲得のため，陸奥国だけを対象としたという説が有力である。

❹ **三世一身法**★6（723年・養老7）　新しく溝や池をつくって開墾したときには三世（子・孫・曽孫か，本人・子・孫かは不明）に伝え，古い用水施設を修理して開墾したときには一身（本人）の私有を認めるというものであった。

〔三世一身法の問題点〕　収公期限が近づくと，公民たちは耕作をおこたり，墾田が荒廃した。

❺ **墾田永年私財法**（743年・天平15）　開墾田の永久私有と売買を認めた。ただし，①面積を位階に応じて制限する★7，②国司の許可が必要，③許可後3年以内の開墾完了，などの条件があった。

〔墾田永年私財法の影響〕　①条件を重視すれば公地制維持策といえるが，結果として私有地拡大熱を刺激して，公地制が崩壊し，初期荘園が成立することになった。
②今まで国家に捕捉されておらず，したがって非課税だった開墾田を捕捉し，所有権を認定するかわりに課税対象地としたので，租の収入が増加した。

❻ **初期荘園の成立**　墾田永年私財法の発布以来，財力をもつ貴族・豪族や寺社は墾田を拡大し，私有地化した口分田や公民の開墾地も買得して私有地（荘園）をふやした。これを**初期荘園**（墾田地系荘園）とよぶ。初期荘園の労働力は，付近の農民や浮浪人で，経営には国司・郡司の協力をうけることもあった。

★6　三世一身法　期限つきにせよ，政府みずから土地公有の原則を破った点に意義がある。

★7　墾田は輸租田であり，一品および一位は500町以下，初位以下庶人は10町以下，郡司には30～10町と定められた。しかし，772年に，位階による制限をなくし，墾田政策をいっそうおし進めた。

（注意）743年は奈良時代の重要年代。「大仏造立の詔」発布と同年である。この時代には社会的（飢饉や疫病）にも政治的（藤原広嗣の乱）にも動揺が見え，その鎮静祈願のために大仏造立がなされたことに注意する。

3　遣唐使の派遣

◆　奈良時代における対外関係の中心は，唐文化の摂取であり，前代に引きつづいて遣唐使が派遣された。一方，中国東北地方に建国された渤海とは親密な関係を保ったが，朝鮮半島を統一した新羅との国交は，円滑さを欠いた。

1　遣唐使

❶ **唐文化の繁栄**　唐は，建国（618年）から100年を経て文化の最盛期をむかえた。玄宗の時代（開元の治。わが国の天平時代とほぼ同時期）である。唐の都長安には，世界各国の使節や留学生が集まり，世界性をもった文化が花開いた。わが国も**遣唐使**を送って，唐文化の積極的な摂取に努めた。

❷ 遣唐使派遣の時期

630年に，犬上御田鍬が，第1回として派遣されてから，894(寛平6)年に，菅原道真の意見で廃止(▷p.91)されるまで，約260年間に任命18回[★1]，派遣15回を数えた(平均すると，17，8年に1度しか行っていない)。

❸ 遣唐使派遣の目的

①国家が貿易を行い，唐の制度・文化・文物などを移入し，国内の支配体制を強化すること。

②律令国家の権威を内外に示す[★2]ことにより，日本の国際的地位を高めて，優越的な対新羅関係を確立すること。

❹ 遣唐使の構成

大使・副使などの使節のほか，留学生・留学僧など約400人前後が，四船とよばれるように，4隻に分乗した(すべての遣唐使船が4隻だったわけではない)。造船・航海技術が未熟だったため，しばしば船が遭難し，遣唐船がそろって帰着することは，まれであった。

❺ 遣唐使の航路

初めは，壱岐→対馬→朝鮮半島西岸→山東半島と海岸ぞいに通る北路をとって安全を期した。しかし，

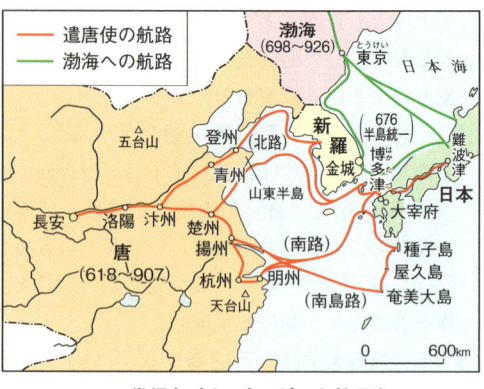

▲8世紀中ごろの東アジアと航通路

[★1] 遣唐使の任命回数には，19回説，20回説など，諸説ある。

[★2] 和同開珎が長安郊外より出土したこと，大宝律令編修の中心人物である粟田真人や多治比県守が遣唐大使に任命されていることなどが，その例証となる。

回	出発	帰国	航路	遣唐大使	同行者など
1	630年	632年	北路?	犬上御田鍬	薬師恵日・旻(帰路)
2	653	654	北路?	吉士長丹／高田根麻呂	道昭(法相宗を伝えた)・定恵(中臣鎌足の子) 高田根麻呂が往路で遭難
3	654	655	北路	高向玄理	薬師恵日。玄理は帰国せず唐で死去
4	659	661	北路	坂合部石布	往路で南海の島に漂着し，大使が島民に殺される
5	665	667	北路	守大石	
6	669	670?	?	河内鯨	帰国不確実
7	702	704～718	南島路	粟田真人	道慈(三論宗を伝えた)・山上憶良
8	717	718	南島路?	多治比県守	吉備真備・玄昉・阿倍仲麻呂
9	733	734～739	南島路?	多治比広成	吉備真備・玄昉帰国。第3・第4船遭難
10	752	753～754	南島路	藤原清河	副使に吉備真備。第1船安南に漂着 鑑真(戒律を伝えた)来日する
11	759	761	渤海路	高元度	
12	761(任命)	(中止)		仲石伴	
13	762(任命)	(中止)		中臣鷹主	
14	777	778～779	南路	佐伯今毛人	副使小野石根が帰路で遭難。
15	779	781	南路	布勢清直	
16	804	805	南路	藤原葛野麻呂	橘逸勢・最澄・空海。第3船往路で遭難
17	838	839	南路	藤原常嗣	小野篁・円仁。第2・第3船遭難
18	894(任命)	(中止)		菅原道真	紀長谷雄(副使)

▲遣唐使派遣の一覧

8世紀以後の遣唐使のほとんどは、その後の新羅との関係の悪化により、南西諸島から東シナ海を横断する南島路や、五島列島から直接横断する南路をとった。危険がまして遭難も増加したが、時間的には大幅に短縮された。

❻ **おもな留学生・留学僧** 優秀な人材が選ばれ、帰国後も重く用いられた人が多い。吉備真備や玄昉らが有名である。阿倍仲麻呂は、帰国途中に船が難破したため唐に留まり、高い地位について、長安で死去した。

2 新羅・渤海との関係

❶ **新羅との関係** 白村江の戦い後、一時断絶したが、新羅の半島統一(676年)後ふたたび新羅使が来航し、密接な関係がつづいて、計22回の遣使があった。しかし、7世紀末、唐と新羅の関係が好転すると、逆に日本と新羅との関係は急速に悪化した[★3]。とくに藤原仲麻呂は新羅遠征を計画したほどであった[★4]。ただし民間交易はさかんに行われ、唐との貿易額をしのいだと見られる。

❷ **渤 海(698〜926)** 靺鞨族や旧高句麗人を中心に、中国東北地方に建国。新羅・唐に対抗するため日本に通交を求めた。

❸ **渤海との関係** 727年から、契丹に滅ぼされる直前の919年まで、約200年間に30数回の使節を派遣してきた。わが国では渤海使の接待のため、能登客院(石川県)・松原客院(福井県敦賀市)を設置した。のち、その目的も貿易に重点が移った。

❹ **日渤交流の貿易品** 渤海からは朝鮮人参・毛皮・蜂蜜などがもたらされ、日本からは絹・工芸品などをもち帰った。

★3 新羅は、唐の勢力を排除して半島統一を果たしたので、唐と対立していた。また、日本が新羅を属国として位置づけようとしたことも、日本と新羅との関係悪化の一因となった。

★4 この計画は、仲麻呂の失脚で実行されなかった。

(参考) 渤海は、中国の東北地方に栄えたため、わが国ではかつて友好関係にあった高句麗の後継者とみなすことにし、渤海使を厚遇した。

4 天平文化

◆ 聖武天皇の時代である天平年間(729〜749)を中心として栄えた文化を、天平文化という。国家仏教の繁栄と相まって仏教的色彩が強く、遣唐使の派遣により盛唐文化の影響をうけて、国際色も豊かであった。

1 奈良仏教

❶ **国家仏教を示す事例**
①官寺の建立(中央に南都七大寺、地方に国分寺・国分尼寺)。
②東大寺大仏の造立。 ③僧尼令[★1]による寺院・僧尼の統制。
④僧綱(僧正・僧都・律師からなり、全国の僧尼を統轄)の設置。

★1 僧尼令 令の編目の1つで、僧尼の生活に関する統制・禁止・刑罰規定。

❷ **国分寺の創建** **聖武天皇**は国家の平安のため(鎮護国家思想★2)，741(天平13)年に**国分寺建立の詔**を発した。全国に**金光明四天王護国之寺**(国分寺)・**法華滅罪之寺**(国分尼寺)を創建した★3。

❸ **大仏の造立** 聖武天皇は**大仏造立の詔**を発布(743年・天平15)し，紫香楽宮で建設に着手した。のちに事業は平城京に移り，東大寺で大仏が完成し，**孝謙天皇**の752(天平勝宝4)年に，インドや中国の僧も参列して，**大仏開眼供養**が行われた。東大寺造営の中心となった僧として，**良弁**(華厳宗を広め，東大寺の初代別当となった)，**行基**がいる。

❹ **国家仏教の中心寺院** 南都七大寺である。七大寺とは，平城京に移された**薬師寺・大安寺・興福寺・元興寺**の4寺と，**東大寺・西大寺・法隆寺**の3寺をいう。東大寺を中心として，光明皇后の発願による一切経の写経事業が行われた。

★2 **鎮護国家思想** 仏教には国家を守護する力があるという考え方。

★3 全国の国分寺・国分尼寺を統轄する総国分寺・総国分尼寺には，大和の国分寺・国分尼寺である東大寺・法華寺があてられた。

(参考) 仏教は，日本の社会に根づく過程で，現世利益を求める手段とされたり，在来の祖先信仰と結びついていった。また，神仏習合思想(▷p.94)もおこった。

ポイント 〔奈良時代の仏教〕
① **鎮護国家思想**が基本
② **僧尼令**や**官寺**(南都七大寺)など，国家による統制

史料 国分寺建立の詔，大仏造立の詔

〔国分寺建立の詔〕
　天平十三年①三月二十四日②。詔して曰く，……宜しく天下の諸国をして，おのおの敬んで七重塔一区を造り，并に金光明最勝王経，妙法蓮華経おのおの一部を写さしむべし。朕③又別に金字の金光明最勝王経を写して，塔ごとにおのおの一部を置かしめんと擬す。……尼寺には水田十町。僧寺には必ず二十僧あらしめ，その寺の名を金光明四天王護国之寺④となし，尼寺には一十尼あり，その寺の名を法華滅罪之寺⑤となす。両寺相共によろしく教戒を受くべし。
　　　　　　　　　　　　　　　　　　　　『続日本紀』

〔大仏造立の詔〕
　天平十五年⑥十月十五日。……菩薩の大願⑦を発して盧舎那仏⑧の金銅像一躯を造り奉る。……夫れ天下の富を有つ者は朕なり。天下の勢を有つ者も朕なり，此の富勢を以って此の尊像を造る。……もし更に人の一枝草，一把土をもちて像を助け造らんことを情願する者あらば，恣にこれを聴せ。
　　　　　　　　　　　　　　　　　　　　『続日本紀』

(注) ①741年。②他の史料には，二月十四日とある。③聖武天皇。④国分寺。⑤国分尼寺。⑥743年。⑦仏教を興隆し，衆生を救おうという願い。⑧華厳経の本尊。仏国土の中心とされる。

(視点) 聖武天皇は，藤原広嗣の乱(▷p.64)後の混乱のなか，都を転々とした。国分寺建立の詔は恭仁京(京都府木津川市)，大仏造立の詔は，紫香楽宮(滋賀県甲賀市)で発布された。

❺ **南都六宗** 奈良仏教の中心となる教理研究の学派。飛鳥・白鳳期に伝わった三論・成実・法相・倶舎の4宗と，奈良時代に良弁が唱えた華厳，鑑真によりさかんになった律の2宗の総称。三論宗では道慈，法相宗では玄昉が，唐へ行った。

（補説）**鑑真** 唐の僧で，日本への来朝を決意し，たびたび遭難したが，のちに目的を果たして，わが国に戒律を伝えた。また東大寺に戒壇（戒を授け，僧尼たる資格を付与する式壇）を設けて，聖武天皇に戒を授けた。また，唐招提寺（奈良市）を建立した。

❻ **社会事業**
①道昭…法相宗の祖。架橋事業を行う。
②行基…道昭の弟子。国家の弾圧をうけながらも，地方民衆に布教★3。池溝開発や救済施設建設など，社会福祉事業に活躍。
③光明皇后…貧民救済のための悲田院・施薬院を建設。
④和気広虫（法均尼）…和気清麻呂の姉。孤児養育に活躍。
⑤称徳天皇…百万塔陀羅尼★4を発願。

2 学問と文芸

❶ **修史事業の展開** 天皇を中心とする律令国家の発展にともない，国家や国土に対する関心が高まり，国史や地誌の編修が進められた。国史編修事業は推古朝の『天皇記』『国記』などに始まり，天武天皇のとき本格的に開始され，『古事記』と『日本書紀』として完成した。

①『古事記』（712年・和銅5年）…太安万侶が，稗田阿礼のよみならわした「帝紀」（天皇の系譜）・「旧辞」（神話・伝承）を筆録し，元明天皇に撰上した。神代〜推古天皇までの神話・歴史を収録。漢字の音訓を用いて国文体で表現されている。3巻。

②『日本書紀』（720年・養老4年）…舎人親王を中心とする多くの宮廷史家により撰修された漢文体による編年体★5の歴史書。神代〜持統天皇までを収録。30巻で六国史（▷p.80）の最初。「帝紀」「旧辞」，寺院・諸氏の記録，中国・朝鮮の文献など多くの材料に基づく。

③『風土記』（713年・和銅6年）…諸国に命じて郷土の産物・地味・地名の由来・伝説を書いて提出させたもので，作成年次は国により異なる。播磨・常陸・出雲・肥前・豊後の5風土記が現存している。

❷ **官吏養成機関** 中央に大学，地方に国学★6を設けた。教科は明経道（儒教研究）を中心に，明法道（律令研究）・紀伝道（漢文学・歴史）・音道（中国語の発音）・書道・算道の六道。

★3 行基は僧尼令違反で弾圧されたが，大仏造営事業の中で民衆の労働力を必要とした政府は，行基の行動を公認し，行基もまた大僧正となって協力した。

★4 **百万塔陀羅尼** 恵美押勝の乱の戦没者の冥福祈願のため，称徳天皇が発願した。三重小塔百万基に，現存する世界最古の印刷物である陀羅尼経を納めた。

★5 **編年体** 年代を追って史実を叙述したもの。

（注意）『風土記』のうち，ほぼ完全に現存しているのは，『出雲国風土記』のみで，その他はいずれも不完全なものである。『風土記』による国土の強固な掌握は，中央集権国家存立の前提となった。

★6 **国学** 国ごとに設けられるのが原則であったが，実際は10余国に設置されたにすぎなかった。教科書として史書・経書が用いられたことを示す木簡も出土している。

❸ **代表的学者** 石上宅嗣は，最初の公開図書館である芸亭★7を設けた。そのほか淡海三船・吉備真備など。

❹ **『懐風藻』** 751（天平勝宝3）年成立。全1巻。大友皇子・大津皇子・藤原不比等・長屋王など64人の詩120編を収めた現存最古の漢詩集。編者は淡海三船といわれる。

❺ **『万葉集』** 770年ごろ成立。20巻。約4500首を収めた和歌集。内容・様式はさまざまで，東歌・防人歌など庶民の和歌もふくむ。日本語を表現するため，漢字を**万葉仮名**として用いた。大伴家持の編といわれる。

〔万葉の歌人たち（天平期）〕
①第3期（710～733年）…山上憶良・山部赤人・大伴旅人ら。
②第4期（733～759年）…大伴家持ら。

★7 芸亭 「芸」は藝の常用漢字の「芸」と混同しないように。

(参考) **短歌と長歌**
短歌は5・7・5・7・7の句形で，『万葉集』の約4500首中，約4200首を占める。これに対し，長歌は5・7調を反復して連ね，終りを7・7とし，そのあとに普通，反歌をともなう。

3 天平の美術

❶ **天平建築の遺構** 国家の保護で，多くの寺が建てられた。雄大で均斉美を特色としている。

①寺院建築…東大寺法華堂（三月堂）・転害門，唐招提寺金堂，法隆寺夢殿，当麻寺東塔・西塔，新薬師寺本堂。
②宮殿建築…唐招提寺講堂（もと平城宮の朝集殿の移築）。
③住宅建築…法隆寺伝法堂。
④倉庫建築…東大寺**正倉院**（高床倉庫で，**校倉造**）。

(補説) 校倉造 右の写真のように，切り口が三角形の長い角材を組み合わせて壁面を構成する建築方法。湿気の除去に適しているので，倉庫建築に使用されている。

(注意) 左にあげた天平建築は，すべて奈良県内にある。当麻寺東塔・西塔は三重塔で，奈良時代の東西両塔が現存するのは同寺のみ。

▲校倉造　　▲東大寺正倉院

史料　防人歌

① 防人に　行くは誰が背①と　問ふ人を　見るが羨しさ②　物思いもせず
② 父母が　頭かきなで　幸くあれて③　言ひし言葉④ぜ　忘れかねつる
『万葉集』

(注) ①夫。②うらやましさ。③無事でいなさいと。④万葉仮名は，漢字の当て字で日本語を表記するため，当時，東国の方言で「言葉」を「けとば」と発音していたことがわかる。

(視点) ①は夫を防人として送り出す女性，②は両親と別れて防人となった男性の歌である。防人歌は，『万葉集』に約100首が掲載されており，夫婦や親子の別れの悲しみをうたった歌が多い。

▲鑑真像 　　▲不空羂索観音像 　　▲執金剛神像

▲鳥毛立女屏風の樹下美人図

❷ **彫刻作品**★8　東大寺法華堂は，天平彫刻の代表作を集め，不空羂索観音像，日光・月光菩薩像，執金剛神像がある。東大寺戒壇堂四天王像や，興福寺の阿修羅像を中心とする八部衆像と十大弟子像，肖像彫刻の唐招提寺の鑑真像も有名。

❸ **天平彫刻の特色**　①木像・金銅像とあわせて，漆でぬり固めた乾漆像や，粘土でつくった塑像が発達した。②写実的で豊麗である。

❹ **絵画作品**　東大寺正倉院の鳥毛立女屏風に描かれている樹下美人図，薬師寺の吉祥天画像，絵巻物の源流の1つと考えられている過去現在絵因果経など。

❺ **工芸品**　正倉院宝物★9（螺鈿紫檀五絃琵琶・漆胡瓶など），東大寺大仏蓮弁毛彫，東大寺大仏殿八角灯籠扉浮彫など。

★8 これらの彫刻作品のうち，赤下線で示したものが乾漆像，その他は塑像。

★9 **正倉院宝物**　聖武天皇の遺品や大仏開眼供養の関係品を中心に，調度品や古文書など約9000点におよぶ。この中には中国やインド・ペルシアから伝来した品物もふくまれている。

5　平安京と律令政治の再建

◆　桓武天皇は，平安遷都により政治の刷新をはかり，社会の変化に対応しながら律令体制の再建をめざした。この方針は平城天皇・嵯峨天皇にも引き継がれた。

1　平安遷都

❶ **桓武天皇の即位**　781（天応元）年，天智系の光仁天皇の譲位をうけて，その子の桓武天皇（在位781～806）が即位した。桓武天皇は律令体制の再建に努めた。

❷ **長岡遷都**　784（延暦3）年，山背国乙訓郡長岡村の地に式家の藤原種継を責任者として，長岡京（京都府長岡京市・向日市など）の造営が開始された。桓武天皇は，この年新都

（参考）**桓武天皇と秦氏**
桓武天皇は天智天皇の曽孫で，母は渡来系氏族出身の高野新笠であった。藤原種継の母も秦氏の出身であり，桓武天皇は母方や種継を通じて渡来系の豪族と親交をもった。

に移った。785(延暦4)年，藤原種継が遷都に反対する大伴・佐伯氏らにより暗殺されるなどして，造営が困難となった。首謀者が処罰された際，皇太子で天皇の同母弟の早良親王も捕えられたが，無実を訴え絶食して憤死した。

❸ **平安遷都** 長岡京造営の挫折に加え，早良親王の怨霊を恐れたことなどもあり，ふたたび遷都問題が起こった。**和気清麻呂**の発議により山背国葛野郡宇太村(京都市)の地が選ばれた。翌794(延暦13)年，この地に遷都され，**平安京**と命名された(国名も山城に改定)。政教分離を意図して，平城京から長岡京・平安京への寺院の移転を許さなかった。

❹ **遷都の理由** ①天智系の新王朝の勢威を誇示する。
②平城京に基盤をもつ伝統的な豪族や寺院勢力を排除する。
③平城京と難波宮を統合し，財政を緊縮する。

> 補説　長岡や京都の地が選ばれた理由　①淀川を通じて瀬戸内海と結ばれ，大和地方にも木津川によってつながり，交通が便利であった。②秦氏などの渡来系氏族の拠点で，その協力が期待できた。

❺ **平安京の構造** 平城京と同じく唐の都長安を模し，東西約4.5km，南北約5.2kmの条坊制。中央北端が内裏と官衙となり，朱雀大路が中央を南北に通って，左京・右京に2分されていた。

❻ **造都の中止** 805(延暦24)年，藤原緒嗣と菅野真道との徳政相論(徳のある政治とは何か，の議論)の結果，都の造営が中止された。

> 補説　徳政相論　桓武天皇が，藤原緒嗣と菅野真道に議論させたところ，緒嗣は民を苦しめているのは征夷事業と帝都造営であり，これをやめることこそ徳政であると述べた。これに対して，渡来氏族出身の真道は同じ渡来人の血を引く桓武天皇を擁護したが，天皇は緒嗣を支持し，2大事業を中止した。

▲古代のおもな都

▲平安京
京都御所，二条城等は後世の建築。また西寺，綜芸種智院等は現存しない。

2 桓武天皇の政治

❶ **地方政治の粛正** 天皇は，地方で直接人民統治にあたる郡司や国司の監督を強化した。そのため，巡察使を派遣して地方行政を監督させる一方，**勘解由使**★¹を新設した。

❷ **班田制の励行** 大土地所有の進展で班田収授法の実施は困難になった。そこで，天皇は801(延暦20)年，6年ごとの班田収授を**12年に1回**(一紀一班)とした。また，共同利用地である山川藪沢の利権の寺社・貴族による独占を禁止した。

★1 勘解由使　国司交代の不正を正すために置かれた。解由状(新任の国司が，前任国司の勤務状態を調べ，不正のなかったことを証明する文書)を検査する監督官。なお，勘解由使は令外官(▷ p.78)である。

❸ **公民負担の軽減** 国司が使役できる雑徭を60日から30日に減らし，出挙の利率を5割から3割に下げた。

❹ **軍制改革** 農民の疲弊によって軍団の維持が困難となり，対外的緊張も低下したので，陸奥・出羽・佐渡，九州を除いて軍団を廃止し，郡司の子弟を健児として集めて，兵とした（健児制）★2。

❺ **蝦夷の反乱** 強大化した蝦夷は，朝廷の征服・同化政策に反発して，8世紀後半から大規模な抵抗を展開した。780（宝亀11）年の伊治呰麻呂の反乱★3は，その例である。

❻ **蝦夷征服** ①第1回（789年）…征東大使紀古佐美のもと，兵士5万3000人が東北地方に送られたが，大敗した。
②第2回（794年）…征夷大将軍大伴弟麻呂のもと，兵士10万人を派遣し，一定の成果をあげた。
③第3回（797～803年）…征夷大将軍**坂上田村麻呂**のもと，兵士4万人が送られた。田村麻呂は，反乱の拠点胆沢で，中心人物阿弖流為を破り，802（延暦21）年に胆沢城（岩手県）を築いて，鎮守府を多賀城（▷p.66）から移して反乱を鎮圧した。翌年には，さらに北進して志波城（岩手県）をつくった。

（補説）その後の蝦夷鎮定　第4回征夷軍が準備されたが，805年の徳政相論で藤原緒嗣の建議により中止された。のち，嵯峨天皇の時代に，文室綿麻呂が陸奥北部の蝦夷を攻撃して，征夷が成功したと宣言し（811年），以後，軍事的征討はなくなった★4。

〔ポイント〕〔**桓武天皇の律令再建策**〕
①地方政治の粛正…巡察使，**勘解由使**
②民政改革…12年1班，雑徭半減，出挙率下
③兵制改革…辺境を除き，軍団廃止→**健児制**
④仏教界の革新…政教分離

3 法制の整備

❶ **平城天皇の政治** 桓武天皇の死後，その皇子が平城天皇（在位806～809）として皇位を継承した。その改革点は，①地方行政の監督強化のための観察使の設置，②中央官司の整理統合，など，桓武天皇の遺志をつぐものであった。

❷ **平城天皇の行動** ①平安京への遷都を計画。
②藤原種継（式家）の娘藤原薬子と，その兄仲成を寵愛・重用。
③退位後も上皇★5として国政を行う。

★2 健児制　少数精鋭で，各国の規模に応じて採用し，60日の分番交代であった。兵員の質向上と，公民負担の軽減をめざしたものである。

★3 伊治呰麻呂の反乱　呰麻呂は蝦夷で，陸奥国伊治郡の郡司であったが，はずかしめられたのを怒って反乱を起こし，多賀城を陥落させた。

（注意）征夷大将軍は蝦夷征討のための将軍のこと。令外官。鎌倉～江戸時代の征夷大将軍は，ここからきている。

（参考）鎮守府の変遷　鎮守府は蝦夷征討のため陸奥国に設けられた役所である。奈良時代初期に設置されたときの所在地には諸説あるが，やがて多賀城が鎮守府と定まった。巨勢野足らが将軍として東北経営にあたり，802年に胆沢城に移った。のち平泉（岩手県）に移転したが，奥州藤原氏の滅亡で消滅した。

★4 蝦夷が完全に征圧されるのは，鎌倉時代にはいってからである。

★5 上皇　太上天皇ともいい，譲位後の天皇の称号である。出家した場合は，法皇という。697年に持統天皇が譲位したのが最初。白河上皇以後の，院政（▷p.99）を行う上皇を治天の君とよぶ。

❸ **嵯峨天皇の即位** 平城天皇は病弱のため，3年で譲位し，弟の嵯峨天皇（在位809～823）が即位した。嵯峨天皇の治世中の年号にちなんで，その政治を弘仁の治ということもある。

❹ **薬子の変** 810（弘仁元）年，藤原仲成・薬子や南都勢力の支援をうけた平城上皇が，重祚と平城京への再遷都を企てたが，失敗した。薬子は服毒自殺し，仲成は殺された。また，平城上皇も出家することになった。

〔薬子の変の結果〕
①藤原氏の式家が衰退し，**北家**が台頭した。
②令外官の**蔵人**と**検非違使**が設置された。★6

(補説) **蔵人と北家の台頭** 最初の蔵人所の長官（蔵人頭）には，北家の藤原冬嗣と巨勢野足が任じられた。冬嗣はこれを利用して北家興隆の基礎を築いたのである。なお，蔵人頭は天皇の側近的役割を果たした。

❺ **令外官** 令に規定されていない官職をいい，律令制の動揺にともなって，その円滑な運用のために新設された。とくに平安初期からは，重要な権限をもつ令外官が置かれた。

★6 蔵人の役所を蔵人所，検非違使の役所を検非違使庁という。

(注意) 薬子の変のころ，嵯峨天皇により蔵人が設置されたことは重要である。蔵人は天皇の命令を太政官などに伝える際，機密が上皇側にもれるのを防ぐために設けられた。また，蔵人の設置によって，これまでの中務省と少納言が有名無実化したことにも留意しよう。なお，平安時代以前にすでに，参議や中納言などの令外官が設けられており，蔵人・検非違使が初めてではない（下表参照）。

名称	設置年	天皇	職務の内容
参議	702年	文武	大臣・大納言とともに国政に参加。731年，聖武天皇が正式に設置
中納言	705年	文武	大納言の下に設けられ，大納言を補佐
征夷大将軍	794年	桓武	蝦夷鎮圧の最高責任者で，天皇の軍事大権を代行し，武力を行使
勘解由使	797年以前	桓武	国司交代のときに不正がないかどうかを調査・監督
蔵人頭	810年	嵯峨	天皇の機密文書を管理し，天皇への上奏，命令の下達を担当
検非違使	816年以前	嵯峨	京・周辺の警察権・裁判権をつかさどり，国家儀礼を統轄
摂政	866年	清和	天皇の代行として執政
関白	884年	光孝	幼年の天皇を補佐。のちには成人後の天皇にかわって政治を行う

▲おもな令外官（9世紀末まで）

❻ **格式の編修** 律令の条文を補足・修正した太政官符や詔勅を**格**，その施行細則を**式**という。嵯峨天皇の時代，大宝律令制定以後の格と式をまとめた『**弘仁格式**』（820年）が編修された。のちの『**貞観格式**』（869・871年）・『**延喜格式**』（907・927年）をあわせて，**三代格式**とよぶ。このうち，現存するのは延喜式のみである。

❼ **律令の注釈** ①『**令義解**』…養老律令の官撰注釈書で，清原夏野・小野篁らが833（天長10）年に完成。10巻。
②『**令集解**』…令を注釈した古記録を明法博士の惟宗直本が私的に集めた注釈書で，9世紀中ごろに成立。30巻。

(参考) 『**類聚三代格**』弘仁・貞観・延喜の格式のうち，重要なものを神事・仏事などに分類集成したもの。11世紀ごろに成立。

(参考) その他の編修事業 ①氏族の系譜を集成した『**新撰姓氏録**』（815年）。②朝廷の儀式の次第を定めた『**内裏式**』。弘仁・貞観・延喜の『**儀式**』。③国司の交替に関する延暦・貞観・延喜の『**交替式**』。

6 弘仁・貞観文化

◆ 律令政治の再建の気風を反映して，引きつづき唐風文化が栄えた。漢文学がさかんで，儒教的色彩の強い学問・教育が発達した。美術では，天台宗・真言宗による密教芸術が中心となった。この国風文化が成立する直前の平安時代初期の文化を，当時の代表的な年号をとって，弘仁・貞観文化という。

1 平安仏教

❶ 天台宗の成立
①由来…最澄(伝教大師)が805(延暦24)年に唐から帰国してのち開宗し，比叡山に延暦寺(滋賀県)を創建した。
②教義…大乗仏教で，法華経に基づいて，すべての人間は平等に仏性をもつと主張し，「一切衆生悉有仏性」を説いた。

❷ 大乗戒壇の設立
最澄は南都仏教の上座部戒ではなく，大乗戒を授けるための戒壇(▷p.73)を比叡山に設立するため，『山家学生式』を制定した。しかし，南都諸宗の反発は強く，最澄は『顕戒論』を著して反論したが，戒壇設立は最澄の生前には実現しなかった(死去直後の822年に許可)。

❸ 天台宗の密教化と分裂
最澄の死後，天台宗は円仁(慈覚大師)・円珍(智証大師)により支えられたが，このころから密教化し始めた。これを台密という。やがて，円仁の山門派(延暦寺)と円珍の寺門派(園城寺＝三井寺，滋賀県)に分裂した。

❹ 真言宗の成立
①由来…空海(弘法大師)が806(大同元)年に唐から帰国してのち開宗。嵯峨天皇の保護をうけて，高野山(和歌山県)に金剛峰寺を開き，京都に東寺(教王護国寺)を与えられた。
②教義…真言宗は「大日経」をもとに，秘法により即身成仏を説く密教(東寺を拠点とするので東密とよばれる)で，現世的な加持祈禱を行ったので，貴族に受容された。

補説 密教と加持祈禱　釈迦が知恵の乏しい者にもわかるように経典などで説いたものを顕教というのに対し，仏の悟りそのままの深い秘密の教えを密教という。顕教が造寺・読経などを中心とするのに対し，密教は，加持祈禱によって国家の安泰と現世利益を願った。

(参考) 平安仏教の特色
①山岳仏教の性格が強く，政教分離をめざす。
②密教＝加持祈禱による仏教である。

(参考) 空海の活動
空海は貴族の帰依をうける一方，讃岐の満濃池や大和の益田池を開いて農業開発に努めるなど，社会事業を通じて庶民の間に教えを広めていった。綜芸種智院の設立もその一環である。空海の代表的な著作には，『三教指帰』や『十住心論』がある。

▲比叡山の延暦寺根本中堂

▲東寺の南大門と五重塔

2 学問・文学

❶ 六国史の編修
平安時代初期には、『続日本紀』などの正史の編修が行われた（六国史の成立）。

書　名	巻数	内容範囲	完成年・天皇	編者
日本書紀	30	神代〜持統（　〜697）	720（養老4）・元正	舎人親王ら
続日本紀	40	文武〜桓武（697〜791）	797（延暦16）・桓武	藤原継縄・菅野真道
日本後紀	40	桓武〜淳和（792〜833）	840（承和7）・仁明	藤原冬嗣・藤原緒嗣
続日本後紀	20	仁明（833〜850）	869（貞観11）・清和	藤原良房ら
日本文徳天皇実録	10	文徳（850〜858）	879（元慶3）・陽成	藤原基経ら
日本三代実録	50	清和〜光孝（858〜887）	901（延喜元）・醍醐	藤原時平ら

▲六国史

❷ 私学の創設
貴族は一族の子弟を教育するために、大学別曹（寄宿舎兼研究室）として私学（右表）を設けた。また、空海は、庶民教育のための学校として、東寺に綜芸種智院を創立した（828年ごろ。空海の死後に廃止）。

名　称	設立者	対象
勧学院	藤原冬嗣	藤原氏
弘文院	和気広世	和気氏
学館院	橘嘉智子	橘氏
奨学院	在原行平	在原氏
綜芸種智院	空海	庶民

▲平安初期のおもな私学

❸ 文学
平安初期には漢文学がきわめてさかんであった★1。この時代の代表的な作品は、下表の通りである。

書　名	成立年代	内　容	編・作者
凌雲集	814年	最初の勅撰漢詩文集（嵯峨天皇の命による）	小野岑守
文華秀麗集	818年	勅撰漢詩集	藤原冬嗣
経国集	827年	淳和天皇の勅撰漢詩文集	良岑安世
性霊集	835年ごろ	空海の漢詩文集（正式には『遍照発揮性霊集』）	真済
秘府略		百科辞典	滋野貞主
倭名類聚抄	930年ごろ	漢和辞典・百科辞典	源順
日本霊異記	822年ごろ	最古の仏教説話集（正式には『日本国現報善悪霊異記』）	景戒
類聚国史	892年	六国史を項目別に分類	菅原道真

◀平安時代初期のおもな漢詩文集と史書

★1 漢文学が隆盛した理由　平安初期には漢文学が隆盛し、大学では明経道（儒教の経典を学ぶ学科）よりも紀伝道（漢文学・中国史を教える学科）が中心教科となった。唐文化の影響で漢詩文が重要視され、文章経国（文学が栄えることが国家の経営につながるとする政治思想）の考え方から、官吏の登用試験にも漢詩文の力が要求されるようになったためである。貴族もこれらの修得に力をそそぎ、その教養は私学で高められていった。とくに、唐の白居易（白楽天）の『白氏文集』は、この時代の日本に大きな影響を与えている。

3 密教美術

❶ 建築の遺構
宗派の争いや兵乱のため、この時代の建築はほとんど現存しない。遺構としては、室生寺の金堂・五重塔（奈良県）が伝えられるにすぎない。

❷ 弘仁・貞観建築の特色
①山岳寺院建築が主で、したがって広い平地を確保することは困難なため、整然とした伽藍配置は見られない。
②神社では、寺院建築の様式をとりいれた春日造・流造の建物が多くつくられた。

(注意) 弘仁・貞観文化は、天台・真言両宗とその普及を基礎として成り立った文化であることに注意しよう。天台・真言両宗は比叡山・高野山という山岳を修行の場所としたので、当時の建物は山岳に建てられた。また、この両宗は密教化したので、当時の美術も密教的なものとなった。

❸ 彫刻作品 元興寺（奈良市）の薬師如来像，神護寺（京都市）の薬師如来像・五大虚空蔵菩薩像，室生寺（奈良県）の釈迦如来像，観心寺（大阪府）の如意輪観音像，法華寺（奈良市）の十一面観音像などの仏像がある。また，神仏習合（▷p.94）を示す薬師寺（奈良市）の僧形八幡神像などの神像もある。

▲元興寺薬師如来像

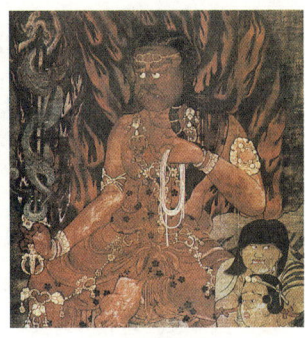

▲明王院赤不動

❹ 弘仁・貞観彫刻の特色 ①木彫で**一木造**★2の仏像が多い。
②力強い波形のひだを重ねる**翻波式彫法**を用いた。
③重厚で，神秘的・官能的な表現を示す。

❺ 絵画作品 密教の影響をうけた密教画がさかんになった。これとは別に，人物や山水を題材とする大和絵も始められた。
①密教画…園城寺（滋賀県）の不動明王像（黄不動），高野山明王院（和歌山県）の赤不動，青蓮院（京都市）の青不動★3，神護寺（京都市）の両界曼荼羅★4，教王護国寺（東寺）の両界曼荼羅が有名。
②大和絵…巨勢金岡・百済河成らが活躍した。

❻ 唐風の書道 唐風の書がさかんであり，嵯峨天皇・空海・橘逸勢の3人は，その名手として後世，**三筆**とよばれた。空海が最澄に送った書状を集めた『風信帖』は有名である。

★2 一木造　1本の木から仏像の主要部分をつくる方法。ただし，全部が1本の木でつくられるというわけではない。

★3 これらの黄不動・赤不動・青不動の3つをあわせて，三不動という。

★4 両界曼荼羅　両界とは，真言密教の宗教観の根本を図示した金剛界曼荼羅と胎蔵界曼荼羅をいう。曼荼羅は，仏教の教義を象徴的に図にしたものである。

テーマゼミ　東北の祈り

〇奈良時代までの仏教文化は，都市の文化である。地方の文化も，国府などの政庁所在地に花開いたものであった。ところが，平安初期になって，東北地方にも貞観仏が数多くつくられるようになった。たとえば，**勝常寺**（福島県河沼郡）の薬師如来像・四天王像以下12体，黒石寺（岩手県奥州市）の薬師如来像，成島毘沙門堂（岩手県花巻市）の兜跋毘沙門天以下4体などが有名である。これらの仏像には，畿内のような密教の教義の影響ははっきり認められないが，東北地方独自の特徴をもちながら，一木造・翻波式彫法という，畿内の貞観彫刻に見られる神秘的でおごそかな傾向をも，とりいれている。

〇奈良時代の仏像は，畿内とその周辺にしか残っていないのに，平安時代にはいると，その数は全国的に増加する。これは，仏教文化がそれだけ地方にも広まったことを示している。雪深い東北の堂内に祀られているこれらの貞観仏は，畿内の密教美術の伝播のたまものであると同時に，東北地方独自の地域文化の深さ，豊かさを示すものといえる。

テスト直前要点チェック

	問題	答
❶	藤原不比等の娘光明子は、何天皇の皇后となったか。	❶ 聖武天皇
❷	729年、藤原四子によって自殺させられた左大臣は誰か。	❷ 長屋王
❸	玄昉・吉備真備の排除を求め、740年に挙兵した人物は誰か。	❸ 藤原広嗣
❹	藤原仲麻呂が、淳仁天皇からたまわった名を何というか。	❹ 恵美押勝
❺	称徳天皇に信任され、藤原仲麻呂と対立した僧は誰か。	❺ 道鏡
❻	724年に、現在の宮城県に置かれた城を何というか。	❻ 多賀城
❼	律令制下で、公民が戸籍の性別などを偽ることを何というか。	❼ 偽籍
❽	723年、口分田不足を解消するために発布された法を何というか。	❽ 三世一身法
❾	墾田永年私財法、大仏造立の詔が出されたのは西暦何年か。	❾ 743年
❿	初期の遣唐使は、北路・南路・南島路のうち、どの経路を利用したとされるか。	❿ 北路
⓫	698年、中国東北部に建国され、日本と通交した国はどこか。	⓫ 渤海
⓬	仏教の力で、政治や社会の不安をとり除こうとする思想は何か。	⓬ 鎮護国家思想
⓭	政府の弾圧をうけつつも布教と社会事業につくし、のちに政府の要請をうけて東大寺の大仏造立に協力した僧は誰か。	⓭ 行基
⓮	鑑真が平城京に建立した寺院を何というか。	⓮ 唐招提寺
⓯	『日本書紀』など、律令国家の6つの正史をあわせて何というか。	⓯ 六国史
⓰	713年に完成した、諸国の地理・産物などの地誌を何というか。	⓰ 風土記
⓱	律令国家で、地方に設置された官吏養成機関を何というか。	⓱ 国学
⓲	淡海三船が編修したとされる、現存最古の漢詩集を何というか。	⓲ 懐風藻
⓳	長岡京造営を進め、反対勢力に暗殺された人物は誰か。	⓳ 藤原種継
⓴	辺境を除いて軍団を廃止し、郡司の子弟を兵士とした制度は何か。	⓴ 健児制
㉑	797年に征夷大将軍となり、蝦夷の阿弖利為を破った人物は誰か。	㉑ 坂上田村麻呂
㉒	参議など、令の規定以外に新設された官職を総称して何というか。	㉒ 令外官
㉓	9世紀初めに置かれ、京の治安維持をつかさどった官職は何か。	㉓ 検非違使
㉔	律令の補足・修正法と、施行細則をそれぞれ何というか。	㉔ 格、式
㉕	天台宗と真言宗の密教を、それぞれ何というか。	㉕ 台密、東密
㉖	空海が開いた、庶民の子弟の教育機関を何というか。	㉖ 綜芸種智院
㉗	仏像の主要部を、1本の木で彫刻する製法を何というか。	㉗ 一木造
㉘	三筆とは、空海・橘逸勢と、もう1人は誰をさすか。	㉘ 嵯峨天皇

4章 貴族政治の展開と文化の国風化

この章の見取り図

荘園の発生＝律令政治の変化 → 地方政治の変化
└→ 初期荘園 ←→ 寄進地系荘園の増加
　　　　　　　　　└→ 藤原氏の摂関政治

政治	律令政治										摂関政治			
文化	弘仁・貞観文化					国風文化								
年次	八四二	八五八	八六六	八六七	八九四	九〇一	九〇二	九〇五	九三五	九四六	九六九	九八八	一〇一六	一〇一七	一〇一九	一〇五三
おもな背景	承和の変	藤原良房が摂政	応天門の変	藤原基経が関白	遣唐使廃止	醍醐天皇即位	延喜の荘園整理令	『古今和歌集』	承平・天慶の乱	村上天皇即位	安和の変	尾張国郡司百姓等解	このころ『枕草子』	このころ『源氏物語』	藤原道長が摂政	藤原頼通が摂政	刀伊の来襲	末法初年	平等院鳳凰堂が完成

藤原北家の台頭 ← 延喜・天暦の治 → 摂関政治の確立

| 中国 | 唐 | 五代 | 宋 |

※藤原良房が正式に摂政に就任したのは866年。

1 摂関政治の成立

◆ 律令政治は9世紀になるとおとろえ始め、やがて摂関政治が行われるようになった。摂関政治は、天皇の外戚（母方の実家）としての地位を基礎として成立した。

1 藤原北家の台頭

❶ **藤原冬嗣の進出** 北家の冬嗣は、嵯峨天皇のもとで810（弘仁元）年に蔵人頭に就任した。仁明天皇に入内させた娘順子が文徳天皇を生み、外戚として力を伸ばした。

❷ **藤原良房の他氏排斥** 冬嗣の子良房は承和の変や応天門の変で旧貴族の勢力を弱め、北家の勢力を確立した。

　補説　**承和の変**　842（承和9）年。皇太子恒貞親王（淳和天皇の皇子）に仕える伴健岑や橘逸勢が反逆を企てたとして流罪にされた。この結果、伴氏（もとの大伴氏）と橘氏の勢力は減退、恒貞は廃され、良房の甥（のちの文徳天皇）が皇太子となった。背後に良房の策謀があった。

　補説　**応天門の変**　866（貞観8）年。八省院（朝堂院）南面の正門である応天門の放火炎上をめぐる事件。はじめ、大納言伴善男の訴えによって左大臣源信が犯人とされたが、まもなく無罪となり、その後、善男と子の中庸、紀豊城らが真犯人として政界から排除された。

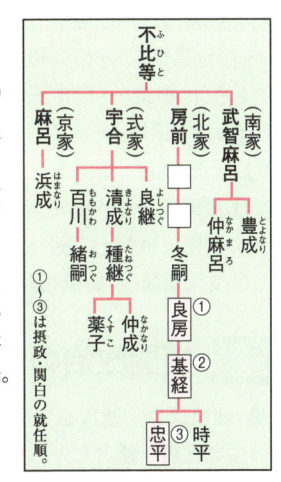

▲藤原氏の系図(1)

❸ **人臣最初の摂政** 良房は，外戚政策と他氏の排斥によってその立場を不動のものとした。文徳天皇の857（天安元）年に太政大臣となり，翌858（天安2）年には清和天皇の外戚として実質的に**摂政**[★1]の地位についたとされる。摂政という官職に就任したのは866（貞観8）年であったが，これが**皇族以外の摂政**（人臣摂政）の始まりである。

❹ **関白の設置** 良房の養子（兄の実子）である**藤原基経**は884（元慶8）年，光孝天皇の即位に際し，実質的な関白となり887（仁和3）年，阿衡の紛議を経て宇多天皇の**関白**[★1]となった。

(補説) **阿衡の紛議** 887年，藤原基経は，宇多天皇が即位に際して基経あてに出した勅書に阿衡に任ずるとあったのに対し，阿衡は職掌がないと抗議し，翌888年これを撤回させて，起草した橘広相を処罰させた。これにより，関白の政治的地位が確立した。

2 延喜・天暦の治

❶ **天皇権力の回復** 良房・基経による藤原北家の勢力拡大に対して，9世紀末から10世紀前半にかけて**摂関が置かれない時期**があった。この時期の政治を**延喜・天暦の治**とよぶ。

(補説) **宇多天皇の時代** 延喜・天暦の治以前，その導入的役割を演じたのが宇多天皇である。天皇は，基経が死去すると関白を置かず，藤原北家に対抗して，親政を支える人物として，**菅原道真**[★2]を登用した。宇多天皇の政治を，年号にちなんで寛平の治とよぶこともある。

❷ **延喜の治** 宇多天皇の子の**醍醐天皇**時代の政治をいう。
①班田制の復活…9世紀以後，ほとんど行われていなかった班田制を902（延喜2）年に実施しようとした。
②延喜の荘園整理令…902年。初めて行われた荘園整理令。
③『延喜格式』…律令制度を補則する格と式とを集大成。
④文化事業…『日本三代実録』（▷p.80）や『古今和歌集』（▷p.91）の編修。

❸ **天暦の治** 醍醐天皇の子の**村上天皇**時代の政治をいう。
①貨幣の鋳造…958（天徳2）年に乾元大宝が鋳造された。この貨幣は皇朝十二銭（▷p.61）の最後になる。
②文化事業…『後撰和歌集』が編修された。

[★1] 摂政・関白 ともに天皇の代理として政務全般を行う官職。のちに天皇が幼少のときは摂政が政治を代行し，成人後は関白が天皇を補佐して政治を行うようになった。

[★2] 菅原道真 道真は，醍醐天皇のとき右大臣となったが，基経の子である左大臣藤原時平の策謀によって大宰権帥に左遷され，九州の大宰府の地で死去した。

(参考) **「意見封事十二箇条」** 914（延喜14）年に三善清行が醍醐天皇に提出した。律令政治の衰退した理由とその対策を述べたもので，律令制の再編をねらったもの。

(注意) 延喜・天暦の治では律令制の復興をめざしたが，時代にあわず，失敗に終わった。延喜・天暦時代のなかばに承平・天慶の乱（▷p.102）が起こっている。

2 摂関政治の全盛

◆ 藤原氏は，他氏を完全に中央政権から排除して，**摂政・関白を常置**のものとし，朝廷の主要官職を独占した。とくに**藤原道長**は，藤原氏内部の対抗者をも排して，摂関政治の全盛期を築きあげた。

1 摂関政治の確立

❶ 摂関政治確立の契機 藤原時平の弟忠平は、朱雀・村上天皇の外戚として摂政・関白となった。彼の時代に、天皇が幼少のときは摂政、成人後は関白となることが定着した。

❷ 安和の変 969（安和2）年の安和の変ののち、摂政・関白の職が常置されるようになった。これ以後、藤原北家は、天皇の外戚の地位を利用して、政治を独占した[★1]。

 補説　安和の変　藤原氏と対立していた左大臣源高明（醍醐天皇の子）が、陰謀を企てたとして大宰権帥に左遷された事件。藤原北家が、源満仲らを使って密告させたもので、当時の関白であった藤原実頼以後、摂関が常置の職となった。

❸ 摂関政治の形態 摂関政治は、天皇の政治的権限を代行する摂政、天皇を補佐する関白が、陣定[★2]（三位以上の公卿による貴族会議）の決定に基づいて行う政治であり、その執行は、官符や宣旨をもって太政官の行政組織を通じて進められた。

❹ 摂関政治の性格 摂関政治は、天皇の権威に依存し、弁官・蔵人頭など、有能な官僚に支えられた政治であった。

❺ 政治の傾向 政治の中枢は、天皇と外戚である藤原北家の一族に独占され、菅原道真のような学者・文人は姿を消した。また、地方政治は、国内支配を国司（受領とよばれた）に一任し、税さえ上納されればよいという、現実的なものであった。

★1　安和の変によって摂関政治が確立した。また、この事件を密告した源満仲は、摂関家と結んで源氏（清和源氏）の台頭（▷p.102）の基礎を築いた。

★2　陣定　内裏の陣座で行われたので、この名がある。陣定の結論をもとに、摂政は単独で、関白は天皇を補佐して決定を下した。

2 道長・頼通の時代

❶ 摂関政治の全盛期 安和の変後の混乱を克服した藤原兼家を経て、その子藤原道長の時代（11世紀前半）が全盛期。

テーマゼミ　後宮の女性たち

○後宮は、摂関政治という、天皇と貴族との姻戚関係を基本とする政治の進展とともに重要な意味をもった。中宮・女御・更衣という上層の女性が天皇の寵愛を得るかどうかが、貴族の権勢を左右する状況になったからだ。

○後宮には、日常の職務に従事する下層の女官や、中宮が私的にむかえた女房がいた。多くが受領層を父にもつ女房は、中宮などに仕えて学問を教え、文化サロンを形成した。

○一条天皇の皇后と中宮に仕えた清少納言と紫式部はそのような女性であった。摂関政期に女性による文学が盛行し、名作が残されたのは、才能豊かな女性が後宮に存在したことによる。受領は娘を高級貴族に仕えさせることで、その任免権をもつ摂関家との関係を強めたのだ。

紫式部▶

❷ 藤原道長の栄華

道長は，甥の伊周を倒し，娘の彰子を一条天皇の中宮として，みずからは内覧★3や一上（太政官を統括する大臣。この場合は左大臣）につき，さらに1016（長和5）年には，彰子の生んだ後一条天皇を即位させて摂政となるなど，権勢をふるった。後一条のあとも，後朱雀・後冷泉と3代にわたり，彼の外孫（嫁いだ娘の子）が皇位についた。道長の日記『御堂関白記』★4は，当時の政治や，貴族社会のようすを知ることのできる重要史料である。

❸ 藤原頼通の時代

道長の子頼通も，後一条以下3代の天皇の外戚として約50年間摂政・関白をつとめた。しかし，外孫の皇子を得ることができず，その権勢は，やがておとろえた。頼通は，宇治（京都府）に平等院を建て，宇治殿とよばれた。

> **補説　藤原氏の内紛**　安和の変で他氏の排斥を終えた藤原氏は，実頼の死後，激烈な内部抗争をくりかえした。伊尹・兼通・兼家・道隆らが摂関の座をきそい，ついで道隆の子伊周と，道隆の弟道長が争った。最後に道長が実権をにぎり，摂関政治の全盛期が現出した。道長の権勢の陰には，姉の詮子（一条天皇の母。東三条院）や，娘の彰子の支援があった。

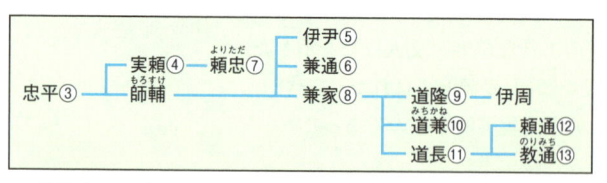

★3 **内覧**　天皇に奏上する前に公文書を閲覧し，天皇を補佐する職。実質的には摂政・関白に等しい。

★4 **『御堂関白記』**　藤原道長の自筆の日記。御堂とは，道長が建立した法成寺（現存せず）のことである。なお，道長自身は関白には就任しなかった。

（参考）**摂関家**　天皇の外戚の有無に関係なく，摂政・関白につくことができる家柄。実際には道長の子孫にかぎられた。道長・頼通の時代に基礎が築かれた。

▲藤原氏の系図(2)　③〜⑬の数字は摂政・関白になった順序を示す。

忠平③ ─ 実頼④ ─ 頼忠⑦ ─ 伊尹⑤
　　　└ 師輔　　　　　　├ 兼通⑥
　　　　　　　　　　　　└ 兼家⑧ ─ 道隆⑨ ─ 伊周
　　　　　　　　　　　　　　　　├ 道兼⑩ ─ 頼通⑫
　　　　　　　　　　　　　　　　└ 道長⑪ ─ 教通⑬

史料　藤原道長の全盛期

寛仁二年①十月十六日乙巳，今日，女御藤原威子②を以て皇后に立つるの日なり。前太政大臣③第三の娘なり。一家三后④を立つるは未曾有なり。……太閤⑤，下官⑥を招き呼びて云く，「和歌を読まんと欲す，必ず和すべし」と。……

此の世をば我が世とぞ思ふ望月の　かけたることもなしと思へば⑦　　『小右記』⑧

（注）①1018年。②藤原道長の三女。③道長のこと。④道長の長女彰子が一条天皇の，二女妍子が三条天皇の中宮となり，この日威子が後一条天皇の中宮になったこと。⑤前の摂政または関白の唐名。ここでは道長のこと。⑥『小右記』の筆者藤原実資自身のこと。⑦満月のかけることがないように，何でもかなわないことがないわが身を思うと，この世の中はすべて自分のものであるように思える。⑧978（天元元）〜1032（長元5）年にわたる藤原実資の日記。実資は小野宮右大臣であったので，この名がある。

（視点）藤原道長の全盛期を示す史料である。藤原氏は，天皇の外戚（母方の親戚）になることで勢力を伸ばしていくが，この史料は，道長の3人の娘が一条・三条・後一条天皇の后になったときのものである。

3 地方政治の変化と国際関係

❶ **地方政治の変化** 律令制がよく機能していた時代の中央集権的な地方支配とは異なり、摂関期には、基本的に地方の支配は国司に一任し、国司に一定額の税の納入を請け負わせた。

❷ **国司の性格の変化** 元来は一国を治めることを職掌とした国司も、その性格が変化してきた。すなわち、任国での徴税の仕事だけが重視された結果、自分の収入だけに関心を示す国司もふえた。この徴税の責任者となった国司の官長のことを受領という（守が多かったが、まれに介もあった）。

❸ **受領の地位** 受領は任国の課税率をある程度自由に決定できたため、私利の追求も可能で、下級貴族には魅力のある地位となった。このため、成功★5・重任★6のような地位の売買、任命されても自身は京にとどまり目代を派遣する遙任★7が一般化した。

❹ **受領の苛政** 受領は強引な徴税をおこなったため、尾張守藤原元命のように、任国の郡司・百姓に訴えられる例もあった。

（補説）**年官と年爵** 貴族や上級貴族に、官職の任免権を与えることを年官、位階を給する権限を与えることを年爵といい、あわせて年給という。国司の売官・売位が多く、地方政治の荒廃をまねいた。

（参考）律令制下の国司は、徴税だけではなく、その任国の民政・裁判・治安・教化など、大きな職務権限をもっていた。

★5 **成功** 売官の一種。宮殿や寺社の造営などとひきかえに、国司の地位が与えられた。

★6 **重任** 任期満了後もひきつづき同じ官職に任ぜられること。成功により再任されることが多い。

★7 **遙任** 国司任命後も任国に赴任しないこと。そのかわりに派遣された人が目代（代官）である。ふつう現地には留守所が置かれ、現地の人間を登用した在庁官人が実務をとった。

史料 尾張国郡司百姓等解

尾張国郡司百姓等解①し申し請ふ官裁②の事
　裁断せられむことを請ふ。当国の守藤原朝臣元命、三箇年の内に責め取る非法の官物、并せて濫行横法三十一箇条の愁状。
一、……例挙③の外に三箇年の収納、暗に以て加徴せる正税四十三万千二百四十八束が息利の十二万九千三百七十四束四把一分の事④。
一、……守元命朝臣、正税の利稲の外に由無き稲を率徴するの事⑤。
一、……守元命朝臣、京より下向する度毎に、有官⑥、散位⑦の従類、同じき不善の輩を引率するの事。
　　永延二年⑧十一月八日　　　　郡司百姓等　　　　　『宝生院文書』

（注）①解とは、下級の官司から上級の官司へ上申する際の文書形式。②太政官の裁決。③定例の出挙。④省略した部分に、定例の出挙は正税24万6111束、利息7万3863束とあり、元命はそれ以上の暴利をむさぼっている。⑤省略した部分に、元命は私用のために段別2束4把を徴収したとある。⑥位に応じて官職をもつ者。⑦官職はないが位階をもつ者。⑧988年。

（視点）尾張国（愛知県）の郡司や百姓らが、国守藤原元命の非法を31カ条にわたって訴え出たこの史料は、国司の暴政の実態を知るうえで、きわめて貴重な史料である。なお、元命はこの訴えによって解任されたが、のちに他国の受領となった。

❺ 摂関政治期の国際関係

①中国…894（寛平6）年、菅原道真の建議によって遣唐使が廃止されると、国交はとだえた。しかしそれ以後も、とりわけ宋の成立（960年）以後は商船が来航して、民間での貿易はひんぱんに行われていた。
②朝鮮…935年に新羅が滅び、高麗が朝鮮半島を統一した。わが国との国交はなかったものの、民間の商船はしばしばやってきた。
③刀伊の来襲…1019（寛仁3）年、満州の女真族の刀伊が北九州に侵入したが、大宰権帥の藤原隆家に率いられた地方武士が、これを撃退した。地方における武士の成長を示す事件である。

▲11世紀ごろの東アジア

3 荘園の発達

◆ 律令体制は公地公民を原則とする。班田制を実施するうえで口分田が不足すると、政府は開墾を奨励したが、貴族や寺社は開墾した墾田を私有地とし、不輸・不入の特権まで獲得して、荘園が成立した。この荘園は、初期荘園（墾田地系荘園）から寄進地系荘園へと発達する。

1 初期荘園

❶ **荘園発生の契機**　①墾田永年私財法（▷p.69）による墾田の私有地化、②位田・功田・寺田・神田（▷p.57）の私有地化、③封戸（▷p.55）の所有が、封戸の居住する土地の私有にまで拡大、④農民の墾田の買収や交換。

❷ **経営の構造**
①耕作は、周辺の班田農民に墾田を賃租（▷p.58）させたり、奴婢や浮浪人を使用した。
②荘園となった田地は、荘園領主（貴族・寺社）の居住する都から離れているため、地方豪族に経営がゆだねられることもあったが、領主が直接に土地の開墾・耕作にあたることも多かった。律令制に基づく経営だったため、9世紀以降、律令制の解体とともに衰退した。

❸ **政府の土地経営**　9世紀には律令的な土地支配が後退した。それにともなう財政危機を打開し、財源を確保するため、政府は初期荘園の経営方式を導入して、勅旨田★1・公営田★2・官田★3・諸司田★4などの経営にあたった。

★1 **勅旨田**　天皇の命令（勅）で開墾された皇室領。

★2 **公営田**　823（弘仁14）年、小野岑守の建議で大宰府管内に設置された、国家の直営田。耕作農民への食料・耕作料は支給され、収穫物はすべて国家に納入された。

★3 **官田**　879（元慶3）年、畿内に設置された政府直営田で、その収入は官人の給与などにあてられた。

★4 **諸司田**　諸官庁の経費にあてるため、官司に付属した田地。

❹ **院宮王臣家人の横暴**　9世紀ごろ以降，有力な皇族・貴族(院宮王臣家)が，地方の豪族や下級の役人を家人として組織し，私有地を支配した。院宮王臣家人たちは国司・郡司に反抗したため，地方の政治が乱れた。

2 10世紀の地方支配と荘園

❶ **新しい国衙の支配体制**　10世紀初めには，戸籍・計帳に記載された成年男性を中心に課税する律令的支配の方式は完全に崩壊し，国衙支配下の公領では，国司が有力農民(田堵)に一定の期間に限り田地の耕作を請け負わせ(請作)，租税にみあう官物や臨時雑役などの税を徴収するという新方式が成立した。租税徴収の単位となる田地は，負名とよばれる請負人の名をつけて名または名田とよばれた。これを負名体制という。

❷ **10世紀の荘園**　荘園は本来輸租田であったが，10世紀以後，貴族や大寺院の権威を背景として，政府から不輸の特権(租税免除)を承認してもらう荘園が増加した★5。また国司の権限が強化されるにともない，国司の認可(国司免判)のみで荘園領主の税徴収が認められる荘園(国免荘)も出現した。荘園の耕作は，公田と同じく田堵の請作に依存した。

3 国衙領と寄進地系荘園

❶ **開発領主の登場**　10世紀後半以降になると，多くの名をもつ大名田堵による開発が進んだ。彼らは，開発領主とよばれ，開発の拠点として堀ノ内や土居とよばれる屋敷を構え，隷属民や一般農民を駆使して付近の土地を開発して，一定の年貢を納入することを条件に，その開発地を支配した。

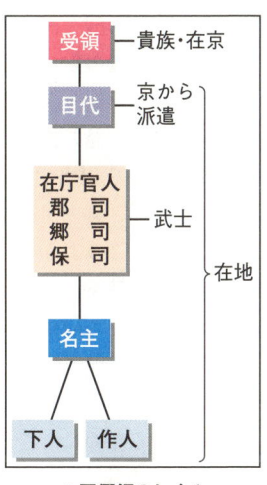

▲国衙領のしくみ

受領 ― 貴族・在京
目代 ― 京から派遣
在庁官人／郡司／郷司／保司 ― 武士
名主
下人／作人
― 在地

★5　太政官符と民部省符によって不輸権を認められた荘園を官省符荘，その手続きを立券荘号とよぶ。

参考　**田堵から名主へ**
荘園や公領では，田堵が耕地(名・名田)への所有権を強めて名主とよばれた。彼らは，年貢(米)・公事(特産物など)・夫役(労役)などの税を領主に負担したが，下人・所従とよばれる隷属民に耕作させたり，作人に請作させたりして，しだいに力をたくわえていった。

史料　大名田堵

三の君の夫は，出羽権介田中豊益。偏に耕農を業と為して，更に他の計なし。数町の戸主①，大名の田堵なり。兼ねて水旱②の年を想ひて，鋤鍬を調へ，暗かに腴塉の地③を度りて，馬鞭・犁を繕ふ。
　　　　　　　　　　　　　　　　　　　　　　　　　　　　『新猿楽記』④

注　①地主のこと。②洪水や日照り。③肥えた土地とやせた土地。④11世紀中ごろ，藤原明衡が著した往来物(手紙などを書くときの手本書)。

視点　大名田堵の田中豊益は，耕地の状況を把握し，用水管理を行い，農耕具を整えることに励んでいる。土地開発を進める開発領主としての姿が描かれている。

❷ **国衙領の形成**　開発領主らの開発地★6がふえるにともない、国衙は、税収の安定化をはかるために、公領を郡・郷・保などの領域に再編し、開発領主らを郡司職・郷司職・保司職に任命して、開発の推進と徴税を請け負わせた。彼らの多くは国衙の行政を担当する在庁官人となり、その地位と権限を世襲し、郡・郷・保をも、私的な領地のように支配するようになった。このような公領を国衙領ともいう。

❸ **寄進地系荘園**　中・小の開発領主や勢力の弱い郷司・保司は、自分たちの権益を国衙の収公や他の領主の侵害から守るため、所領を中央の権力者に寄進して荘園とした。寄進をうけた荘園の領主は領家とよばれ、彼らはその地位を安定させるために、さらに上級の摂関家や皇族に寄進した。それらを本家という。開発領主は荘官となり、所領の私的支配を拡大していった。こうした荘園は寄進地系荘園とよばれ、11世紀中ごろには各地に広まった。

❹ **不入権の獲得**　やがて荘園内での開発の進展にともなって、不輸の範囲や対象が広がり、荘官と国司の対立が深まると、荘園領主の権威を利用して、国衙の検田使★7や警察権の立ち入りを拒否する不入の特権を得る荘園も増加した。

❺ **荘園公領制の成立**　11世紀なかば以降になると、全国の土地は荘園と公領（国衙領）に大別されるようになった。荘園や公領は、いずれも郷や保を基礎に成立したもので、その構造も、領主（本家・領家、朝廷・国司・目代）→開発領主（荘官、在庁官人）→耕作者の3階層から成り立っていた。このような土地支配の形態を荘園公領制という。

（補説）**荘官の種類**　荘官には本所・領家が中央から派遣する預所と、所領の寄進者など現地の者を起用する下司・公文・荘司などがあった。彼らは荘民から税を徴収して領主に送るとともに、経済基盤として給田・佃などの直営地をもっていた。

★6　開発地は別名（別符）とよび、耕作農民とあわせて保といった。公領は当初、郡と郷から成り立っていたが、保が登場したことにより、郡・郷・保という所領単位に再編された。

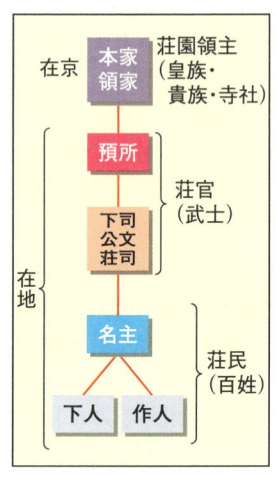

▲寄進地系荘園のしくみ

（注意）　領家・本家のうち実質的な荘園の支配権（荘務権）をもったものを本所という。領家が本所であることもある。

★7　**検田使**　徴税の目的で、国内の耕地を調査するために国司が派遣した役人。

4 国風文化

◆　平安中・後期には、国風文化が成立・発展し、和歌・物語・随筆などが独特の発達を示した。それは、かな文字の成立・普及によるところが大きい。仏教では、天台・真言両宗とともに浄土教が発達し、末法思想とともに流行した。

1 国文学の隆盛

❶ **平安中・後期の文化**　遣唐使は894（寛平6）年に廃止され

4　国風文化　91

たが，大陸の文物は宋・高麗の商船によってもたらされていた。10世紀ごろから，中国の文化を日本の風土や思想に調和させようとする，いわゆる文化の国風化が急速に進んだ。この結果，日本独自の文化が発展した。これを国風文化という。

- 補説　遣唐使の廃止　遣唐使は，遣唐大使に任命された菅原道真の建議により廃止された。その理由は，①唐の国力のおとろえ，②民間交易の発達，③財政の困難，④航海の危険，⑤文化の自立＝国風化などである。

❷ 国文学が発達した理由　**かな文字**（ひらがなとカタカナ）の発明が原動力となり，漢文学にかわり国文学が発達した。

❸ かな文字の使用　かなは平安初期に発明されているが，一般に使用されるのは10世紀以降である。

❹ かな文字の普及　かなは，最初は女性の使用する文字で，男性は漢字（仮名に対して真名という）を使用すべきものと考えられていた。のちには，かなが一般化して男性も使うようになり，和歌や物語文学の発達にとって大きな契機となる。

❺ 和歌の発達　和歌では，9世紀後半に六歌仙★1があらわれ，隆盛期をむかえた。これらの人々の和歌が中心になって10世紀初めに『**古今和歌集**』が成立する。以後，勅撰和歌集がつぎつぎに編修されていった（▷p.107）。また，宮廷や貴族の邸宅などでは，歌合や献歌がさかんに行われた。

▲かな文字のなりたち
漢字（□部分）を真名といい，漢字の草体を簡略化した文字が草仮名（□部分）。□がひらがな（平仮名），□がカタカナ（片仮名）である。

★1 六歌仙　在原業平・小野小町・文屋康秀・大友黒主・僧正遍昭・喜撰法師の6人の歌人。

史料　かな文字

〔『古今和歌集』の仮名序〕
やまとうた①は，人のこころをたねとして，よろづのことのはとぞなれりける②。世中にある人，ことわざしげき③ものなれば，心におもふことを，見るものきくものにつけて，いひいだせるなり。花になくうぐひす，水にすむかはづのこゑをきけば，いきとしいけるもの④，いづれかうたをよまざりける。

〔『土佐日記』の書き出し部分〕
をとこもすなる日記といふものを，をむなもしてみんとてするなり。それのとし⑤の，しはすのはつかあまりひとひの，いぬのとき⑥に，かどです。

- 注　①和歌。②人の心が種となって，多くの言葉として出たものである。③することが多い。④この世に生きているものすべて。⑤934（承平4）年。⑥午後7時から9時の間。
- 視点　『古今和歌集』の序文には，漢字で書かれた真名序と，ひらがなで書かれた仮名序がある。その仮名序や『土佐日記』を書いて，かな文字の発展に寄与したのが紀貫之である。『土佐日記』の書き出し部分は，当時の日記の性格を的確に言い当てているといえよう。

> 補説 『和漢朗詠集』 国文学の隆盛に対し，漢文学も貴族の教養として重んじられた。藤原公任は，この国文・漢文をミックスした和歌漢詩文集を撰した。それが『和漢朗詠集』である。当時愛読された『白氏文集』(▷p.80)などの漢詩文と勅撰和歌集などから，約800首を抜粋したもので，1013年ごろの成立といわれている。

❻ **物語文学の発達** 『竹取物語』と『宇津保物語』が成立した。和歌を物語のなかに配した歌物語もつくられ，『伊勢物語』や『大和物語』が成立した。物語類は漢詩文のようにむずかしい規則を必要とせず，読むのにも容易であったから，非常な勢いで広まった。11世紀前半には**紫式部**の『**源氏物語**』★2 が成立した。

❼ **日記文学** かな文字で書かれた私的な日記のこと。紀貫之の『**土佐日記**』に始まり，『蜻蛉日記』『紫式部日記』『和泉式部日記』『更級日記』がある。『土佐日記』以外は女性の手になるものであるが，日々のできごとを記した日記というよりも，細やかな観察と流麗な筆致による文学作品としての性格のほうが強い。

> 補説 男性の手になる日記 藤原実資の日記『小右記』，藤原道長の日記『御堂関白記』がある。これらは，摂関政治期の重要史料だが，宮廷の政務・儀式や日常生活に関する記録で，文学的性格は薄い。

❽ **随筆** **清少納言**の『**枕草子**』★3 が有名である。同時代の『源氏物語』とともに，平安文学の最高傑作といわれる。

❾ **書道** 前代の唐風の三筆(▷p.81)にかわって，和風の書体の大家として，**小野道風・藤原佐理・藤原行成**の3人が，**三蹟**とよばれた。とくに佐理の書状『離洛帖』は有名。また行成の子孫は世尊寺流とよばれ，能書の家として栄えた。

★2 『源氏物語』 光源氏と，その子薫らを中心として，平安時代の貴族社会を描いた物語で，わが国の物語文学の最高峰といわれる。作者の紫式部は，一条天皇の中宮彰子(藤原道長の娘)に仕えた。

★3 『枕草子』 一条天皇の皇后定子(藤原道隆の娘)に仕えていた清少納言が，宮廷生活での体験などを描いた作品。

2 貴族の生活

❶ **貴族の華美な生活** 貴族は京都で，自分の荘園から上納される物資によってはなやかな生活を楽しんだ。

❷ **貴族の住居** **寝殿造**が普及し，この邸宅が貴族の生活の場所であった。主人の住む寝殿を中心に，渡廊下で釣殿・泉殿につづいており，池・遣水・築山の庭をともなう。だが，寝殿造の住居に住んだ

> 注意 寝殿造は，原則として左右対称に建物を配置するが，下の藤原氏歴代の邸宅である東三条殿は，西対を欠くという，やや変則的な造りとなっている。

▲寝殿造(東三条殿復元模型)

のは，ごく一部の上級貴族だけであった。

❸ **貴族の服装** 男性は束帯・衣冠が正装であり，ふだんは直衣・狩衣の姿であった。女性の正装には，唐衣や裳をつけた女房装束が用いられた。

▲束帯　▲女房装束

3 浄土教の発達

❶ **社会不安の増大** 摂関政治の行われた時代には，中央である京都では，はなやかな貴族生活が展開されていた。しかし，平安京では，自然災害や疫病の続発，盗賊の横行がはげしくなるなど，社会不安が増大した。また地方でも受領による過酷な支配が行われ，しだいに社会が不安定になってきた。

❷ **信仰・思想の流行** こうした社会不安の事情がもとで，加持祈禱(▷p.79)や陰陽道による方違★4・物忌★5などがおこなわれ，やがて末法思想が流行してきた。また怨霊や疫病の災厄をのがれようとする御霊会★6もさかんとなった。

❸ **末法思想の受容** 末法思想は，平安中期以後の全国的な社会不安や自然災害を背景として成立した。とりわけ地方における戦乱の勃発や，武装した僧(僧兵)があらわれ，寺社が抗争をくりかえしたことは，人々に末法の到来を感じさせた。

❹ **末法思想による時代区分** 末法思想では，釈迦の死後，仏教がよく行われている1000年間を正法，その後の仏教のおとろえている1000年間を像法，それ以後を仏教がまったく行われない末法に区分し，日本ではこの末法が，後冷泉天皇の1052(永承7)年に始まるとされた。

❺ **浄土教信仰の広まり** 末法思想の浸透によって，平安時代なかばには，現世での不安をのがれ，来世での極楽往生を願う浄土教が，貴族から庶民まで，広く流行した。

❻ **浄土教信仰の主張** 浄土教信仰は，末法の世に浄土を求めることが主眼となり，「厭離穢土・欣求浄土」★7が主たる主張であった。阿弥陀如来に帰依して「南無阿弥陀仏」の念仏を唱えれば，阿弥陀の導きによって，万人が極楽往生をとげることができると考えられた★8。

★4 **方違** 外出などの際，悪い方角をさけるために，前もって居を移して方角をかえること。

★5 **物忌** 特定の時間や場所で人や物に対して，穢れたもの，または神聖なものとして接近・交際などを禁ずる行為をさす。

★6 **御霊会** 政治的陰謀の犠牲者の霊である怨霊が復讐のために疫病を広め，たたりをなすと考え，その霊を鎮めようとした祭り。のちの京都の祇園御霊会(祇園祭)は，とくに盛大であった。

注意 浄土とは仏や菩薩が住む世界で，大乗仏教の成立とともに発達した観念。わが国では奈良時代に始まるが，円仁(▷p.79)が9世紀に比叡山に常行三昧堂を建ててから浄土教信仰が深まり，10世紀以降に庶民の間にも広まった。

★7 「厭離穢土・欣求浄土」この現世の穢土を厭い離れ，来世の浄土を欣び求める，の意味。

★8 仏の前では万人が平等であるという考え方は，それ以後の仏教の中心的な思想となった。

史料　『往生要集』の序

それ往生極楽の教行は、濁世末代①の目足②なり。道俗・貴賤、誰か帰せざる者あらんや。但し顕密③の教法は、其の文一に非ず。事理の業因④は、その行、これ多し。利智⑤・精進の人は、未だ難しと為さざるも、予が如き頑魯⑥の者、あに敢えてせむや。是の故に念仏の一門に依りて、聊か経論の要文⑦を集む。……総べて十門⑧有り、分ちて三巻と為す。一には厭離穢土⑨、二には欣求浄土⑩、三には極楽の証拠⑪、四には正修念仏⑫、……七には念仏の利益⑬、八には念仏の証拠⑭、……これを座右に置きて廃忘⑮に備えしむ。

注 ①末法の世の中。②導きとなるもの。③顕教と密教のことで、これまでの仏教をさす。④成仏するための修行。⑤知力にすぐれていること。⑥愚かな。⑦経論(仏教の聖典)の中の重要な箇所。⑧『往生要集』が10の章だてになっていることをさす。⑨現世を厭い離れる。⑩浄土に往生することを願い求める。⑪極楽浄土を尊ぶべき証拠。⑫正しい念仏を修行する。⑬念仏によって得られる利益。⑭念仏によって極楽に生まれ変われるという証拠。⑮信心のすたれや忘却。

視点 『往生要集』は、多くの文献から極楽往生に関する論述を1000近く集め、穢土(現世)と浄土のようすを描くとともに、往生するためには念仏が必要であることを説き、日本の浄土教の確立に大きな影響を与えた。この書物は、宋にも伝えられて名声を博した。

❼ 浄土教の布教者
①**空也**…10世紀中ごろから、諸国を遊行して街頭、特に人の集まる市で念仏の功徳を庶民に布教し、**市聖**とよばれた。
②**源信**(恵心僧都)…985(寛和元)年に『**往生要集**』を著し、浄土のようすや往生の方法を説いた。中国の宋にも伝えられ、名声を得た。
③良忍…12世紀に、1人が称名(仏の名を唱えること)すれば万人の功徳になるという融通念仏を始めた。

❽ 往生伝
念仏信仰の功徳によって極楽往生をとげた人の伝記を集めたもの。代表的なものとして、慶滋保胤の『日本往生極楽記』などがある。

❾ 本地垂迹説の確立
浄土教の流行と前後して、奈良時代からおこっていた**神仏習合**★9思想がさらに進み、平安時代後期には**本地垂迹説**とよばれる説も確立した。本地垂迹説とは、仏が本体(本地)であり、神は仏が迹を垂れて、人々を救うためこの世にあらわれた仮の姿であるとする考え方で、このもとで、寺院もその守護神を鎮守として境内に祀ったり、神宮寺として神社の境内などに寺が建てられたりした。

注意 浄土教は、のちの浄土宗(▷p.124)とは立場を異にする。前者は念仏でも往生できる(正修念仏)が、後者は念仏でしか往生できない(専修念仏)からである。

★9 **神仏習合** わが国固有の神祇信仰と外来の仏教信仰との融合をいう。この思想は、明治初年の神仏分離令(▷p.327)までつづいた。このうちでも、真言宗で唱えられた神仏習合の神道説を両部神道という。この説は、密教の金剛・胎蔵両部(界)の曼荼羅(▷p.81)で、神々を説明したものである。

ポイント　国風文化と仏教　{ ①仏教の国風化…神仏習合、本地垂迹説
②浄土教の発展…『往生要集』などの成立

4 浄土教芸術

① **建築** 浄土教信仰の影響で，阿弥陀堂建築が多い。当時の建築物では，法成寺(藤原道長建立，現存せず)・平等院鳳凰堂(藤原頼通建立，京都府宇治市)・法界寺阿弥陀堂(京都市)・三千院往生極楽院(京都市)などが名高い。

② **彫刻** 阿弥陀仏に傑作が多い。一木造(▷p.81)にかわって，寄木造★10が始められた。とくに定朝が始めた仏像様式は，定朝様とよばれて有名である。定朝の作として，平等院鳳凰堂阿弥陀如来像，定朝様の作品は，法界寺阿弥陀如来像などが残っている。

③ **絵画** 浄土教信仰に基づいて，阿弥陀仏が浄土からこの世に死者をむかえにくるという考えを基本としており，来迎図が多い。おもな作品には，高野山聖衆来迎図・平等院鳳凰堂の扉の阿弥陀来迎図などがある。

④ **工芸** 屋内の調度品には，わが国で独自の発達をとげた蒔絵★11の手法が多く用いられた。また，奈良時代ごろから発達していた螺鈿★12の手法もこの時代にさかんになり，蒔絵とあわせて独特の工芸品を生んだ。

★10 **寄木造** 仏像の胎内を空洞にして各部を別々につくり，それを寄せ集めて1つの像をつくる彫法。干割れを防止し，大量生産に適していた。

注意 この時代の一木造には，長勢作の広隆寺十二神将像(京都市)などがある。

★11 **蒔絵** 漆器に漆で文様を描き，金・銀粉を蒔きつけて描く漆工芸の一種。

★12 **螺鈿** 貝殻の真珠光の部分を薄くすりへらして，それをさまざまな模様に切り，漆器や木地にはりこんで細工し，装飾する。

▲平等院鳳凰堂

▲鳳凰堂阿弥陀如来像と壁面の雲中供養菩薩像

▲法界寺阿弥陀如来像

▲高野山聖衆来迎図

テスト直前要点チェック

	問題	答
①	810年に蔵人頭となり、藤原北家興隆の基礎を築いた人物は誰か。	① 藤原冬嗣
②	伴氏や紀氏が政界から排除された、866年の事件は何か。	② 応天門の変
③	858年に、事実上、摂政となったとされる人物は誰か。	③ 藤原良房
④	887年に、関白となった人物は誰か。	④ 藤原基経
⑤	醍醐天皇に、「意見封事十二箇条」を提出した人物は誰か。	⑤ 三善清行
⑥	969年に、源高明が左遷された事件を何というか。	⑥ 安和の変
⑦	藤原道長が就任した、天皇よりも先に公文書の閲覧などを行う官職を何というか。	⑦ 内覧
⑧	藤原道長の自筆の日記を何というか。	⑧ 御堂関白記
⑨	平安時代以降、地方での徴税の責任と権限を負った国司の官長を何というか。	⑨ 受領
⑩	銭などを官に納めて、国司の地位を得る売官行為を何というか。	⑩ 成功
⑪	国司が任国に赴任せず、目代に政治を任せることを何というか。	⑪ 遙任
⑫	郡司・百姓などが、国守藤原元命の悪政を訴えた文書は何か。	⑫ 尾張国郡司百姓等解
⑬	823年、大宰府管内に設置された政府の直営田を何というか。	⑬ 公営田
⑭	名の耕作を請け負った有力農民を何というか。	⑭ 田堵
⑮	太政官符と民部省符で不輸権を認められた荘園を何というか。	⑮ 官省符荘
⑯	地方の国衙の行政を担当した役人を何というか。	⑯ 在庁官人
⑰	領家から荘園の寄進をうけた、さらに上級の有力者(摂関家・皇族など)を何というか。	⑰ 本家
⑱	清少納言が仕えた、一条天皇の皇后定子の父は誰か。	⑱ 藤原道隆
⑲	小野道風・藤原佐理・藤原行成の3人の書家を何というか。	⑲ 三蹟
⑳	陰陽道に基づき、悪いとされる方角をさける風習を何というか。	⑳ 方違
㉑	日本における末法は、西暦何年に始まると考えられたか。	㉑ 1052年
㉒	来世における極楽往生を願う仏教の教えを何というか。	㉒ 浄土教
㉓	市中で念仏をすすめ、市聖と称された僧は誰か。	㉓ 空也
㉔	日本の神は、仏の仮の姿であるとする考えを何というか。	㉔ 本地垂迹説
㉕	仏像の各部を別々につくり、それらを寄せ集めて1つの像をつくる彫刻の技法を何というか。	㉕ 寄木造
㉖	阿弥陀仏が死者をむかえにくる場面を描いた絵画を何というか。	㉖ 来迎図

第2編 中世

後三年合戦絵巻

5章 院政と武士政権の成立

この章の見取り図

武士団の形成　桓武平氏／清和源氏　政界進出
摂関政治 ──→ 院政 ──→ 平氏政権

年次	おもな事項	中国
九三五	承平・天慶の乱（〜九四一）…平貞盛・源経基らが鎮圧	五代
一〇二八	平忠常の乱（〜三一）…源頼信が鎮圧／源氏の東国進出	宋（北宋）
五一	前九年合戦（〜六二）／院政への転換点	宋（北宋）
六九	延久の荘園整理令	宋（北宋）
七二	後三条天皇が譲位→白河天皇が即位	宋（北宋）
八三	後三年合戦（〜八七）／奥州藤原氏の成立	宋（北宋）
八六	白河天皇が譲位→院政開始	宋（北宋）
九九	関白藤原師通が急死→摂関政治が後退	宋（北宋）
一〇八	源義親の乱／平氏が武士の第一人者	宋（北宋）
一二四	藤原清衡が中尊寺金色堂を建立	宋（南宋）
二九	鳥羽上皇の院政開始	宋（南宋）
五五	後白河天皇が即位→五八年から院政	宋（南宋）
五六	保元の乱	宋（南宋）
五九	平治の乱	宋（南宋）
六七	平清盛が太政大臣に昇進	宋（南宋）
七七	鹿ケ谷の謀議	宋（南宋）
七九	清盛が後白河院を幽閉／清盛の独裁	宋（南宋）
八〇	以仁王・源頼朝が挙兵／源平の争乱	宋（南宋）

1 院政

◆ 11世紀後半，摂関家を抑えて後三条天皇が親政を行った。白河天皇がそれを継承し，退位後に院政を始めた。さらに鳥羽上皇・後白河上皇によって，院政は定着する。しかし，造寺などの盛行と財政窮乏，成功と収奪の強化が社会を乱し，僧兵は強訴をくりかえした。

1 後三条天皇の親政

① 後三条天皇の即位　後冷泉天皇の次の後三条天皇は，藤原北家と外戚関係がなく，皇権回復運動にのりだした★1。摂関家から政治の主導権を奪い，**大江匡房**★2らを登用して，天皇中心の政治の基礎を固めた。

② 後三条天皇の政治
①**延久の荘園整理令**（1069年・延久元）…中央に記録荘園券契所（**記録所**）を設け，諸国の荘園整理の実務が行われた。この整理は，**1045**（寛徳2）**年以後の新立の荘園**と，荘園設立時の手続に不備のあるものを認めないという荘園抑圧政策であった。摂関家といえども**例外ではなかった**。

★1 後三条天皇の即位とともに藤原頼通は関白をしりぞき，弟教通にその地位を譲った。

★2 **大江匡房**　学者で歌人。『続本朝往生伝』などを著した。

史料 延久の荘園整理令，記録荘園券契所の設置

〔延久の荘園整理令〕

　(延久元年①)三月廿三日，五畿七道諸国に下す官符②に偁く，寛徳二年③以後の新立荘園は永く停止すべし者。加えて以て往古の荘園といえども，券契④不明にして国務⑤の妨げ有るものは，厳しく禁制を加え，同じく以て停止すべし。

『東南院文書』

〔記録荘園券契所の設置〕

　コノ後三条院位ノ御時……延久ノ記録所トテハジメテヲカレタリケルハ，諸国七道ノ所領ノ宣旨⑥・官符モナクテ公田ヲカスムル事，一天四海ノ巨害⑦ナリトキコシメシツメテアリケルハ，スナハチ宇治殿⑧ノ時，一ノ所⑨ノ御領々々トノミ云テ，庄園諸国ニミチテ受領ノツトメタヘガタシナド云ヲ，キコシメシモチタリケル⑩ニコソ。

『愚管抄』⑪

(注) ①1069年。日付は2月23日とする史料もある。②太政官符のこと。③1045年。④合法的であることを証明する文書。⑤国司の政治。⑥天皇の命令を伝える文書。⑦大きな損害。⑧藤原頼通。⑨摂関家のこと。⑩(天皇が)聞きいれて(政策として)採用した。⑪慈円の歴史書(▷p.130)。

(視点) 「整理令」では「寛徳二年」と「券契」とが整理の基準になっていることを理解しよう。「記録所」では，(a)正式な認可のない荘園がふえていること。(b)その多くが摂関家領だといわれていること。(c)そのため受領の国内支配が困難になってきていること。(d)受領の困難を後三条天皇が聞きいれて，荘園整理にのりだしたことを読み取ろう。

②延久の宣旨枡(1072年・延久4)…地域によって規格が異なっていた枡を定め，度量衡の統一をはかった。

③一国平均役…荘園整理によって公認した荘園が確定すると，国司の国内統治力を強めるために，1国内の荘園と公領から一律に徴収する新税(一国平均役)として，内裏造営のための臨時雑役(造内裏役)を課した★3。

❸ **後三条天皇と院政**★4　摂関家を抑えた後三条天皇は，在位5年ほどで長子の**白河天皇**に譲位し，以後の皇位継承を管理しようとしたが，翌年急死した。後三条天皇に，院政を行う意図があったかどうかは不明だが，**皇位継承の管理**は，のちの院の重要な権限となる。

2 院政の成立と機構

❶ **院政の開始**　後三条天皇のあとに即位した白河天皇は，藤原頼通・教通が死去すると，摂関家の権勢に配慮することなく政治を行った。そして1086(応徳3)年，堀河天皇に譲位すると，**上皇**(のち出家して**法皇**)となって院(上皇の御所)に**院庁**(院政を行う役所)を開き，**院政**を開始した。

★3 一国平均役　荘園公領制に対応した新しい租税で，これにより，これまで国司段階で行われていた荘園の領域紛争の調停や税免除を，中央の陣定や記録所で行うようになった。荘園整理は，摂関家の荘園の削減だけでなく，中央の支配力の強化をめざすものであった。

★4 院とは上皇の御所のことだが，のちには上皇自身の別称となった。1086年に白河上皇が院政を開始して以来，19世紀の光格上皇まで，27人が院政を行った。なお，実際に院が専制的な権力をもっていたのは，13世紀の後鳥羽上皇の時代までである。

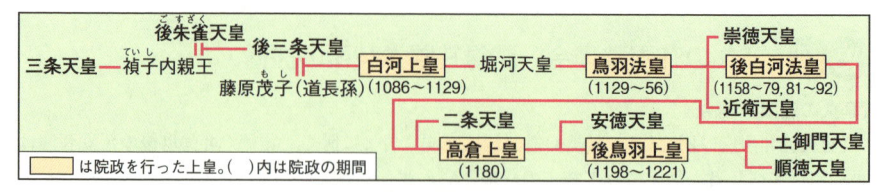

```
                                      崇徳天皇
後朱雀天皇  後三条天皇           鳥羽法皇   後白河法皇
三条天皇─禎子内親王  白河上皇─堀河天皇  (1129～56)  (1158～79,81～92)
      藤原茂子(道長孫)(1086～1129)          近衛天皇
                        二条天皇  安徳天皇
                        高倉上皇─後鳥羽上皇  土御門天皇
                        (1180)    (1198～1221)  順徳天皇
```
    　は院政を行った上皇。( )内は院政の期間

▲院政の推移

❷ **院政の政治形態** 上皇は，国政を担当する太政官に直接命令することはできなかったが，国政上の重要事は，それまでの陣定ではなく，院近臣(上皇の側近)も出席できる院御所での会議で決定されるようになった。また上皇は除目(大臣以外の官の任命)に関与し，院近臣を重要な地位につけた。こうして，上皇は自身の意志を政治に反映させた。

❸ **院の経済的基盤** 院は，全国で荘園の獲得にのりだし，摂関家と同じく荘園を経済的基盤★5とした。さらに知行国★6の制度を展開し，これも経済的基盤としたため，公領は，院や知行国主などの荘園のようになった。

❹ **北面の武士の設置** 院は，僧兵の強訴からの防御や，荘園の管理のため，武力を必要とした。そこで，白河上皇は平氏などを，院の警衛にあたる北面の武士として用いた。

❺ **院の仏教崇拝** 歴代の上皇は仏教に帰依し，造寺・造仏や寺社参詣がさかんに行われた。寺領荘園の整理に反発して僧兵の横暴★7が激化すると，その鎮圧に武士が重用された。

補説 造寺・造仏　上皇たちは荘園や知行国からの収入を財源として，さかんに寺院を建立した。とくに皇室の発願による六勝寺(法勝寺・白河天皇，尊勝寺・堀河天皇，最勝寺・鳥羽天皇，円勝寺・待賢門院，成勝寺・崇徳天皇，延勝寺・近衛天皇)が名高い。さらに熊野詣(和歌山県の熊野三社に参詣すること)もしきりに行われた。しかし，これらの費用に国費を使い，その財源を成功や重任などの売官に求めたので，政治はいっそう乱れた。

★5 院政期には，院や女院(院号を与えられた皇后や内親王)に荘園の寄進が集中した。鳥羽法皇が娘の八条院暲子に伝えた八条院領，後白河法皇がみずからの持仏堂に寄進した長講堂領は代表的な大荘園である。

★6 **知行国** 国司の上に知行国主を置き，国務執行権を与え，その国の国司の収入の大部分を得させるもの。知行国主は皇族や公卿らが任命され，子弟・近親を国司に推挙して支配を強めた。とくに，院や女院，中宮などが知行国主となった知行国を院宮分国という。

★7 僧兵とは，武装した下級の僧侶。南都(興福寺＝奈良法師)・北嶺(延暦寺＝山法師)の勢力が強かった。興福寺では春日神社の神木を，延暦寺では日吉神社の御輿をかついで神威をかり，たびたび朝廷に強訴した。白河上皇は，「自分の意のままにならないのは，鴨川の治水と双六の賽の目と叡山の山法師である」と言ったといわれる。

注意 院司(院庁の役人)が院の命令を下達する公文書を院宣というのに対し，院庁から出される公文書で院宣より公的で重要性の高いものが院庁下文である。

ポイント 〔院政と摂関政治の相異点〕

	院 政	摂関政治
権 力 者	上 皇(法皇)	摂 政・関 白
公卿会議の場所	院 御 所	朝廷の陣座
命令の形式	院宣・院庁下文	官 符・宣 旨
経済の基盤	荘 園・知 行 国	官人収入・荘園
有力な親族	父 親 方	母 親 方
武 力	北面の武士(平氏)	源 氏

史料　白河上皇の院政

禅定法皇①は、……後三条院崩後、天下の政をとること五十七年、在位十四年、位を避くるの後四十三年、意に任せ、法に拘らず、除目、叙位を行ひ給ふ。古今未だあらず。……向後またありがたし。威四海に満ち、天下帰服す。幼主三代②の政をとり、斎王③六人の親となる。桓武より以来、絶えて例なし。聖明の君、長久の主と謂ふべきなり。但し理非決断④、賞罰分明⑤、愛悪掲焉⑥、貧富顕然なり。男女の殊寵多きにより⑦、已に天下の品秩破るるなり⑧。よりて上下衆人、心力に勝えざるか。

『中右記』⑨

注　①白河上皇のこと。②堀河・鳥羽・崇徳天皇。③伊勢神宮、または賀茂神社に巫女として奉仕した未婚の皇女。④判断は果断であり。⑤賞罰ははっきりと行う。⑥いつくしみと憎しみとがいちじるしい。⑦男女の近臣を優遇する。⑧身分の秩序がそこなわれた。⑨藤原宗忠の日記。名称は、宗忠が中御門右大臣とよばれていたことにちなむ。1087（寛治元）～1138（保延4）年にわたって書かれ、後世、宮中の儀式や作法の典拠とされた。

視点　筆者の藤原宗忠は、学識にすぐれ、白河上皇・堀河天皇の信任をうけた。しかしこの日記からは、彼が白河上皇の院政に批判的な目を向けていたことがわかり、興味深い。

2　武士の台頭

◆律令体制が崩れ、地方の治安が乱れると、国家の公的な軍事力として、おもに源氏・平氏の中・下級貴族が地方に派遣され、そのまま派遣地に定着した。これが武士団の発生である。軍事貴族やその末裔からなる武士は、戦乱に際して大きな活躍をし、やがて中央政界に進出していった。

1 武士団の成立

❶ 武士が発生した理由　9世紀末から10世紀の地方社会は、法と政治機構の支配力が崩壊し、社会の問題を解決するために、武力が要請されていた。蝦夷の問題が解消された後も、東国では、「僦馬の党」とよばれた武装の運送集団が横行するなど、群盗の蜂起があいついだため、軍事貴族★1たちが、それらの鎮圧にあたった。また西国でも、軍事貴族が派遣され、瀬戸内沿岸に横行した海賊の追捕にあたった。これらの軍事貴族はいずれも、中央で高い地位につく見込みのない中・下級貴族であり、在地に居住して在庁官人となり★2、また、押領使★3・追捕使★4に任命されたりして、国の兵として、地方における軍事力を担った。そして地方の乱れが激化するにともない、周辺の兵（武士）を組織して、武装集団（武士団）を形成していった。

★1 **軍事貴族**　武芸を家職としながら、貴族としての位階（五位が多い）をもつ者。清和源氏・桓武平氏などがその代表。

★2 摂関政治下の国司は遙任が多かったため、それらの国々で実権をもつのは在庁官人であった（▷ p.87）。

★3 **押領使**　9世紀後半から諸国の叛徒などを平定するために置かれた令外官。

★4 **追捕使**　10世紀以降、諸国の叛徒などを逮捕するために置かれた令外官。承平・天慶の乱後に常置。

❷ **武士団の構造**　主君(棟梁)を中心に構成された。主君は軍事上の最高指揮権をもち，本家の当主(惣領)があたった。主君のもとには家子(主君の分家や部下の豪族)が従い，家子は郎党(家来＝下級武士)や下人・所従とよばれる下層農民をかかえていた。主君の家は，代々武名と武芸を継承し，兵の家とよばれた。

❸ **武士団の成長**　武士団は，より有力な中央貴族の末裔(国司の末裔など)を主君として仰ぐようになり，大武士団となっていった。やがて，これらの大武士団は，<u>桓武平氏</u>と<u>清和源氏</u>出身の主君のもとに系列化していった。

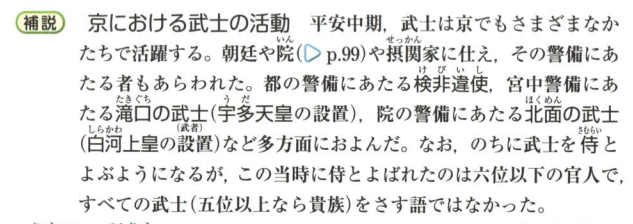

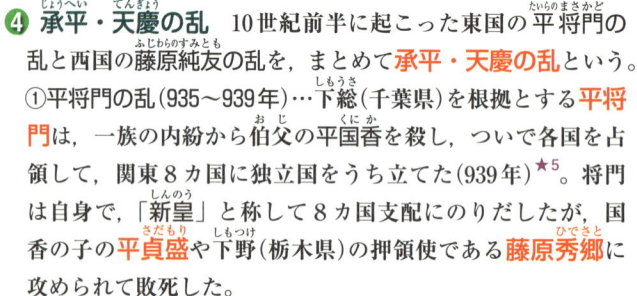

　補説　**京における武士の活動**　平安中期，武士は京でもさまざまなかたちで活躍する。朝廷や院（▷p.99）や摂関家に仕え，その警備にあたる者もあらわれた。都の警備にあたる検非違使，宮中警備にあたる滝口の武士(宇多天皇の設置)，院の警備にあたる北面の武士(白河上皇の設置)など多方面におよんだ。なお，のちに武士を侍とよぶようになるが，この当時に侍とよばれたのは六位以下の官人で，すべての武士(五位以上なら貴族)をさす語ではなかった。

❹ **承平・天慶の乱**　10世紀前半に起こった東国の平将門の乱と西国の藤原純友の乱を，まとめて<u>承平・天慶の乱</u>という。①平将門の乱(935〜939年)…下総(千葉県)を根拠とする<u>平将門</u>は，一族の内紛から伯父の平国香を殺し，ついで各国を占領して，関東8カ国に独立国をうち立てた(939年)★5。将門は自身で，「新皇」と称して8カ国支配にのりだしたが，国香の子の<u>平貞盛</u>や下野(栃木県)の押領使である<u>藤原秀郷</u>に攻められて敗死した。

▲武士団の構造

参考　**封建関係の萌芽**　武士団の内部は，主従関係が中心となっていた。封建的主従関係が最終的に完成するのは鎌倉幕府の成立以後であるが，実質的には大武士団が出現する11世紀にはその萌芽が見られる。

★5　平将門の乱は，当初一族の私闘と見られ，朝廷は関与しなかった。しかし，将門が常陸国府を攻撃したことから，国家に対する反乱とみなされ，朝廷の追討をうけることになった。

テーマゼミ　「芸能」人としての武士

○武士の成立について，地方豪族や有力な農民が，開発した所領を守るために武装し，武士になったという説も有力であったが，現在では，自衛のための武装と武士という身分とを同一に理解することは誤りであるとされる。

○その根拠となるのは，11世紀の著名な学者藤原明衡の『新猿楽記』である。そこには，「所能同じからざる」人々として博打・田堵・相撲人・商人らと共に武者が登場している。「所能」とは「芸能」とも表記され，技術を意味する言葉である。同書によると，「天下第一の武者」の技術とは，馬術と弓術を中心とした合戦の技術であり，「弓馬の道」とか「騎射三物」と記される攻撃本位のものであって，自衛のための技術ではなかった。したがって武者(武士)とは，弓馬の術をもつ職業的な戦士として，国家の軍事部門を担当したり，上級貴族に仕える「芸能」人であったといえる。

②藤原純友の乱(939～941年)…**藤原純友**が，伊予の日振島(愛媛県)を根拠として瀬戸内海の海賊を率いて反乱を起こした。瀬戸内海をおさえて官物を横領し，九州の大宰府を襲った。しかし，追捕使の小野好古や源経基らによって鎮圧された。

❺ **承平・天慶の乱の意義**　これらの乱は律令政治から摂関政治への移行期に発生し，律令制の解体をはっきりと示した。また，乱を鎮圧した武士の子孫が朝廷の武力の担い手となった。

2 武士の政界進出

❶ **桓武平氏の進出**　桓武天皇の曽孫高望王(平高望)を祖とする。9世紀以来東国に居住していたが，将門の乱に平貞盛が活躍して以来，大きな権力をもち始めた。これ以後平氏は，京でも活躍し，伊勢にも進出する。

❷ **清和源氏の進出**　清和源氏は清和天皇の孫経基王(源経基)を祖とする★6。経基の子の源満仲は，安和の変(▷p.85)で手がらをたて，もとは摂津を勢力圏とした。しかし，11世紀に起こった以下の3つの乱の鎮定を契機とし，平氏にかわって東国に基盤をつくった。

❸ **平忠常の乱**(1028～31年)　①経過…平忠常が上総で挙兵し，房総地方を占領した。初め平氏の平直方が追討使となったが成功せず，のち源氏の源頼信が追討使になると，忠常は戦わずして降伏した。
②結果…頼信の系統(河内源氏)は武士の第一人者となり，東国にも基盤を得た。

❹ **前九年合戦**(1051～62年)　①経過…陸奥の豪族安倍頼時・貞任父子が衣川柵(岩手県)をふさいで挙兵した。源頼義・義家父子が，出羽の豪族清原氏の援助のもとに鎮圧した。
②結果…清原武則は鎮守府将軍となり，陸奥に進出した。源氏も武士の第一人者の地位を守った。

935	承平・天慶の乱(～941)
1028	平忠常の乱(～31)
1051	前九年合戦(～62)
1083	後三年合戦(～87)
1086	院政開始
1098	源義家の院への昇殿を許可
1132	平忠盛の昇殿を許可
1156	保元の乱
1159	平治の乱
1167	平清盛が太政大臣となる

▲武士の進出年表

参考 源氏の系譜
源氏とは，天皇の子孫でありながら臣下に下り，源の姓を与えられた人々をさす。先祖の天皇にちなみ，嵯峨源氏，清和源氏，村上源氏などとよばれた。大半は貴族で，村上源氏からは太政大臣も出ている。武士である清和源氏は，のちに頼朝が鎌倉幕府を開き，源氏の中心となる。

★6 一部の系図には，経基王を陽成天皇の孫(陽成源氏)とするものもある。

参考 安倍氏は，朝廷に服属した蝦夷の首領，すなわち俘囚の長とされるが，土着した国司の子孫とする説もある。

▼桓武平氏と清和源氏の略系図

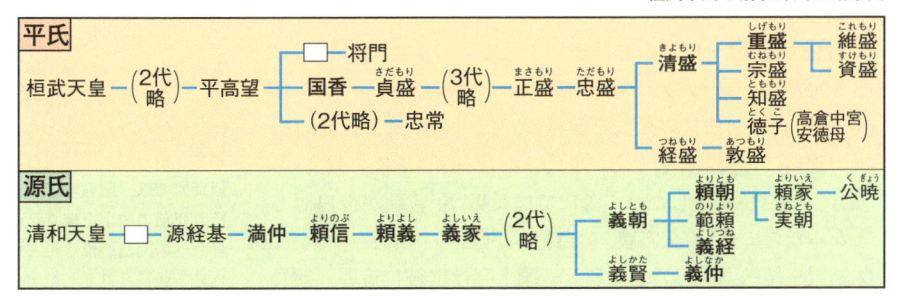

平氏
桓武天皇―(2代略)―平高望―国香―貞盛―(3代略)―正盛―忠盛―清盛―重盛/宗盛/知盛/徳子(高倉中宮・安徳母)
　　　　　　　　　　　　　将門
　　　　　　　　　　　　　(2代略)―忠常
　　　　　　　　　　　　　　　　　　　　　重盛―維盛/資盛
　　　　　　　　　　　　　　　　　　　　　経盛―敦盛

源氏
清和天皇―源経基―満仲―頼信―頼義―義家―(2代略)―義朝―頼朝/範頼/義経
　　　　　　　　　　　　　　　　　　　　　　　　　　頼家/実朝/公暁
　　　　　　　　　　　　　　　　　　　　　　　　　義賢―義仲

❺ **後三年合戦**(1083〜87年) ①経過…清原武則の孫家衡・清衡の争いに関して、**源義家**は、清衡に味方して家衡らを滅ぼした。朝廷はこれを清原氏の私闘と判断し行賞しなかった。②結果…義家の立場は動揺し、1091年には、弟との衝突未遂事件も起こった★7。これ以後、河内源氏では内紛があいつぐ。義家が去った奥羽を支配したのが、清原清衡である。

❻ **奥州藤原氏の繁栄** 後三年合戦後に清原清衡は陸奥・出羽の押領使となり、やがて摂関家と結んで、実父の姓である藤原氏を名のった。以後藤原氏は、陸奥の地で強大な勢力を形成し、**清衡・基衡・秀衡**の3代約100年間にわたって、すぐれた文化をもちつつ、あたかも東北独立政権を形成した。

❼ **奥州藤原氏の拠点** **平泉**(岩手県)がその拠点である。平泉の**中尊寺**は、藤原清衡が建立したものである。

(補説) 『**将門記**』と『**陸奥話記**』 承平・天慶の乱における平将門の行動を記した軍記物語が『将門記』で、平安中期に成立。『陸奥話記』は前九年合戦のようすを描いた軍記物語で、11世紀後半に成立。

★7 このとき、朝廷は諸国の百姓に対し、義家への土地寄進の禁止令を出した。

(参考) 藤原清衡の実父は陸奥国亘理の豪族であった藤原経清で、前九年合戦の際、源頼義に処刑された。

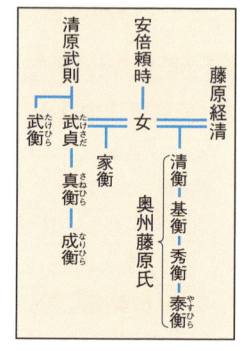

▲阿倍・清原・藤原氏系図

3 平氏政権

◆ 平氏は関東から伊勢・伊賀(三重県)に拠点を移して中央政界へ進出し、院政政権と結びついて勢力を伸ばした。天皇家・貴族の内紛から保元・平治の乱が起こり、勝ちぬいた**平清盛**は政権をにぎったが、強引な政治が反発を招き、短期間で滅亡する。

1 平氏の勃興

❶ **平氏の台頭** 平氏は、**平将門**の乱を鎮圧した平貞盛の子維衡が、伊勢方面に拠点を移した(伊勢平氏)。平正盛のときに**白河上皇**と結びつき、北面の武士(▶p.100)として院の警備にあたった。正盛の子平忠盛(清盛の父)は鳥羽上皇に重用され、瀬戸内海の海賊鎮圧などで功をたて、西国に進出した。

❷ **保元の乱** ①発生…当時の政界は、鳥羽法皇が後継者とした**後白河天皇**・関白の藤原忠通・院近臣の信西(藤原通憲)らと、**崇徳上皇**・左大臣藤原頼長らに二分していた。1156(保元元)年、鳥羽法皇の死去を契機に、信西は頼長を挑発し挙兵に追いこんだ。このとき、平氏では平忠正(清盛の叔父)を除き、一門が結束したが、源氏では長男源義朝が後白河方となったのに対し、父為義、弟為朝らが崇徳・頼長側についた。②結果…後白河天皇方が勝利。崇徳上皇は讃岐に流罪、頼長

(注意) 鳥羽上皇は1142(康治元)年に出家して法皇となった。後白河天皇は1158(保元3)年に上皇となって院政を開始し、1169(嘉応元)年に法皇となった。

(参考) 天皇家・摂関家の内紛 天皇家では、鳥羽法皇が長男の崇徳上皇を嫌い、弟の後白河天皇の系統に皇位を与えたことから、鳥羽・後白河と崇徳が対立。摂関家では、関白の忠通が、それ以前の約束を破り、弟頼長への関白譲位を拒んだため、頼長と対立した。

史料 『愚管抄』に描かれた保元の乱

サテ大治ノ八・久寿マデハ、又鳥羽院、白河院ノ御アトニ世ヲシロシメシテ①、保元元年②七月二日、鳥羽院ウセサセ給テ後、日本国ノ乱逆③ト云コトハヲコリテ後、ムサノ世④ニナリニケルナリ。……城外ノ乱逆合戦⑤ハヤホカリ。……マサシク王・臣ミヤコノ内⑥ニテカヽル乱ハ鳥羽院ノ御トキマデハナシ。

『愚管抄』

(注) ①白河院のあとをうけ、鳥羽院が政治を行ったこと。②1156年。③保元の乱。④武者の世。⑤王城である平安京の外で起こった反乱。⑥平安京の内。

(視点) 慈円（▷p.130）がいうように、保元の乱は、この後、平治の乱や源平の争乱、さらに承久の乱（▷p.115）へとつづく京都を舞台とする戦乱の始まりであり、武者の世（武士の世）の到来であった。慈円は『愚管抄』を承久の乱の勃発を未然に防ぐという目的で書いたといわれているが、それだけに、保元の乱の歴史的意義を的確に把握していたといえる。

は敗死、為義・忠正は死罪、為朝は伊豆大島に流罪となった。
③意義…乱自体は天皇家・摂関家内部での権力争いが原因であった。武士は命令によって動いたにすぎなかったが、戦いのなかで、みずからの力が政権を左右することを自覚した。

❸ **平治の乱** ①発生…保元の乱後、信西は政治の主導権をにぎり、敏腕をふるうが、院近臣である藤原信頼らの反発をかう。1159（平治元）年、信頼は、源義朝の武力を用いて挙兵した。
②経過・結果…信頼・義朝は清盛の留守に京都で信西を殺し、後白河上皇を幽閉したが、帰京した清盛によって敗北し、ともに殺された。ただ、義朝の嫡子頼朝は伊豆に流された。これによって源氏の勢力は一掃され、<u>平清盛</u>が軍事・警察権を独占した。
③意義…この乱では、平氏の平清盛が最終的な勝者となった。清盛は公卿に昇進し、以後、政治の中心に加わることになる。

2 平氏政権

❶ **平氏の躍進** 後白河上皇と提携した清盛は、1167（仁安2）年には、令の最高官職である<u>太政大臣</u>となったほか、一門の多くも公卿に昇進★1。このころ、平氏の拠点は京都の六波羅にあったので、当時の平氏を「六波羅政権」とよぶこともある。清盛の娘徳子（建礼門院）は高倉天皇に入内し、やがて安徳天皇を出産する。こうした繁栄は、後白河らの反発を招いた。

❷ **日宋貿易** 太政大臣を辞任した清盛は、京を嫡男の重盛に任せて、摂津国福原に居住し、近隣の大輪田泊で、宋との貿易を行った。

▲保元の乱の対立関係
清盛の父の忠盛は、1153年死去。

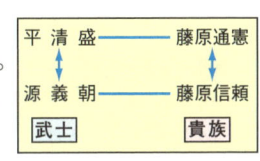

院・天皇	
後白河天皇	崇徳上皇
摂関家	
藤原忠通	藤原頼長
武士	
	源為義
源義朝	源為朝
	平忠正
平清盛	

▲平治の乱の対立関係

| 平清盛 ――― 藤原通憲 |
| 源義朝 ――― 藤原信頼 |
| **武士** **貴族** |

★1 平氏の権力の上昇はめざましく、「平氏にあらざれば人にあらず」（『平家物語』）といわれた。

補説　**平氏政権の日宋貿易**　すでに博多で大規模な日宋貿易が行われていたが、清盛は京都の近くでの貿易を実現した。外国人を忌避する貴族の迷信をしりぞけた点に、清盛の開明的な性格が見てとれる。清盛は、瀬戸内海の航路を整備し、厳島神社を拠点化したほか、音戸の瀬戸を開削したとされる。

輸入品	宋銭、陶磁器、薬品、書籍など
輸出品	砂金、材木、硫黄など

▲日宋貿易の輸出入品

❸ **後白河との衝突**　清盛は後白河との対立を深め、ついに院政を停止する。

①**鹿ケ谷の謀議**…1177（安元3）年、後白河と院近臣の藤原成親・西光・俊寛らが企てた清盛打倒計画が発覚し、失敗した。

補説　**鹿ケ谷の謀議**　後白河や院近臣が、京の東山鹿ケ谷にある俊寛の別荘で陰謀を計画したとされる事件。『平家物語』にくわしいが、真相は不明確で、清盛暗殺計画とする史料もある。清盛は成親・西光を殺害し、俊寛を配流したが、重盛の制止もあって、後白河には手出しできなかった。

②**後白河院政の停止**…1179（治承3）年、清盛は武力で京を占領、後白河を幽閉して院政を停止し、独裁権力をにぎった（**平氏政権の確立**）。

❹ **平氏政権の基盤**　①後白河や院近臣から奪った30カ国以上の知行国。②500カ所余りとされる荘園。③全国に散在する家人（一部は地頭に任命された）★2。④日宋貿易の利益。

❺ **平氏政権の性格**　清盛は、孫の安徳天皇を即位させ、朝廷を思い通りに動かした。武力を基盤に朝廷を支配し、武士の優越を示した。しかし、家人の数は少なく、権勢を得た家人に対し、それ以外の武士たちの反発が高まった。

注意　後白河院政の停止によって、院政そのものが廃止されたわけではない。清盛は、婿の高倉上皇に形式的な院政を行わせた。

★2　地頭制度は、幕府（武士政権）の前提の1つであり、平氏政権は、最初の武士政権であるといえる。

4　院政期の文化

◆平安末期、院政期の文化の特色は、①摂関政治のなかで発展してきた国風文化がいっそう爛熟してきたこと、②武士の活躍を反映して歴史に関心がもたれたこと、③皇族・貴族にかわって武士・庶民が文化の面に登場したこと、④文化が地方に広く伝播したこと。

1　歴史・文学と民間芸能

❶ **歴史書**　『大鏡』『栄花（華）物語』『本朝世紀』のような歴史書・歴史物語や、『将門記』『陸奥話記』（▷p.104）のように軍記物語の先駆をなすものが書かれた。

❷ **文学書**　庶民文化の高揚にともなってそれを題材とした文学が主流を占め、また、貴族も庶民文学の摂取につとめた。その結果、『今昔物語集』や『梁塵秘抄』などが生まれた。

注意　平安時代後期には、歴史認識が発達し、過去を「鏡」として参考にしようとする気風があらわれ、大鏡・今鏡、鎌倉時代以降に成立した水鏡・増鏡とあわせて四鏡とよばれた（▷p.130）。

4 院政期の文化　107

大　　鏡	作　者　不　詳	四鏡の1番目。藤原道長の摂関政治の全盛期を描く歴史書
栄花(華)物語	赤染衛門？	道長の栄華の一生を中心とする歴史文学
本朝世紀	藤原通憲	歴史書。六国史を継承し、平安後期の政治や朝廷の歴史を描く
今昔物語集	編者不詳	中国・インド・日本を題材とする仏教・民間説話を集めたもの。各説話が「今ハ昔」で始まるのでこの名がある
梁塵秘抄	後白河法皇	平安後期の民間歌謡の催馬楽や今様の歌詞を分類・集成したもの

▲平安末期の歴史書と文学書

❸ **民間芸能**　日本史上, 初めて庶民文化の名でよびうるような田楽・催馬楽・今様などが, 平安時代末期に成立した。

(補説)　**田楽・催馬楽・今様**　田楽は元来は田植えのときに田の神に豊作を祈って行う歌と舞であったが, のちに田植えとは切りはなされ, 農民の慰めのための芸能となり, やがて貴族や武士・庶民の間で流行するようになった。室町時代には, 能楽の一要素となった。催馬楽は古代の歌謡が発達したもので, 神楽の余興として歌われることが多い。平安末期から南北朝期にかけてさかんとなった。今様は平安時代末期におこった歌謡で, 民間で俗謡としてもてはやされ, 白拍子(女性芸能民)によって歌われて広くゆきわたった。

2 絵画・仏教美術

❶ **絵画**　やわらかな線と美しく上品な色彩とをもつ**大和絵**がさかんになり, それを用いて絵巻物や写経の下絵などがつくられるようになった。

❷ **代表的な絵巻物**　絵巻物は絵と詞を交互に書いた巻き物で, 「**源氏物語絵巻**」「信貴山縁起絵巻」「**伴大納言絵巻**(応天門の変〔▷p.83〕を題材)」「鳥獣戯画(鳥羽僧正作？)」など。

❸ **その他の代表的な絵画**
①扇面古写経…扇形の紙に大和絵で当時の風俗を描き, その上に墨で経文を書いたもの。四天王寺(大阪市)などに現存。
②平家納経…平清盛以下の平氏一族が, 1巻ずつの写経を行い, 1164(長寛2)年に**厳島神社**(広島県)に奉納したもの。経巻には華美な装飾をこらしており, 大和絵も描かれている。

❹ **阿弥陀信仰の流行**　平安時代末期にも前代にひきつづいて浄土教信仰に基づく阿弥陀信仰がさかんで, 多くの阿弥陀堂や阿弥陀像がつくられた。

❺ **代表的な寺院建築**　各地に阿弥陀堂が建てられた。富貴寺大堂(大分県)・**中尊寺金色堂**(岩手県平泉町)・白水阿弥陀堂(福島県)・三仏寺投入堂(鳥取県)などが知られる。

(参考)　**和歌の流行**
和歌は前代の国風文化にひきつづき流行し, 勅撰和歌集として『後拾遺和歌集』が編修された。歌人としては藤原俊成・西行らが有名。なお, 勅撰和歌集は前代の『古今和歌集』(▷p.91)に始まり, 以後『後撰和歌集』『拾遺和歌集』『後拾遺和歌集』『金葉和歌集』『詞花和歌集』『千載和歌集』『新古今和歌集』とつづき, 八代集とよんだ。

(注意)　日本の風物を主題にした大和絵の手法は, とくに絵巻物に発揮された。

(参考)　**修験道の成立**
修験道は平安時代後期に成立する山岳信仰の一形態であり, 奈良時代の役小角を開祖としている。山岳信仰は, 山を信仰の対象としている。のちに密教の影響を加え, 両者の結合によって修験道が成立した。人間の能力を超えた修行を行った山伏そのものをも信仰の対象とし, 修行の道場として, 役小角の修行した大和の葛城山, 紀伊の熊野, 大和の大峰山や金峰山, 出羽の羽黒山などが有名である。

5章　院政と武士政権の成立

▲厳島神社　　　　　　　　　　　　　　▲中尊寺金色堂内部

補説　**奥州藤原氏の栄華**　中尊寺は奥州藤原氏の初代清衡が建てたものである。平泉にはさらに2代基衡が毛越寺，3代秀衡が無量光院を建てている。奥州藤原氏3代が，中央の文化を吸収して栄華を誇ったことがうかがえる。

❻ 平安時代の文化の推移　前期には唐風文化の消化が進み，藤原氏の全盛期をむかえた中期には，優美な国風文化が発達した。貴族は儀式を主とする政治を行い，華美な生活を送ったが，そのなかから無常感を基調とする浄土教思想が流行した。末期の院政期の文化では，歴史物語の発展や絵巻物の出現，阿弥陀堂建築の普及など，地方文化の成長が注目される。

時　期	弘仁・貞観文化(前期)	国風文化(中期)	院政期の文化(後・末期)
宗　教	天台宗(最澄)・真言宗(空海)	浄土教(空也・源信・良忍)	浄土教
文　学	漢詩・漢文学の発達　『経国集』『凌雲集』	国文学→『古今和歌集』『源氏物語』『枕草子』。かな文字	『今昔物語集』『梁塵秘抄』} 庶民を題材とした文学
史　書	六国史のうち5つ	『将門記』	『大鏡』『栄花物語』『本朝世紀』
建築・彫刻・工芸	室生寺五重塔・金堂，観心寺如意輪観音像＝一木造・翻波式	寝殿造，平等院鳳凰堂・阿弥陀如来像(定朝)＝寄木造	中尊寺金色堂，富貴寺大堂，白水阿弥陀堂，三仏寺投入堂
絵画・書道	園城寺黄不動，高野山明王院赤不動，巨勢金岡らの大和絵，三筆	大和絵　「高野山聖衆来迎図」　三蹟	「源氏物語絵巻」「信貴山縁起絵巻」「鳥獣戯画」} 絵巻物
その他	私学の振興→和気氏の弘文院・藤原氏の勧学院・空海の綜芸種智院など	陰陽思想の展開	田楽・催馬楽・今様の流行
特　色	①唐風文化　②漢詩・漢文の隆盛　③密教芸術	①国風文化　②国文学の発達　③浄土教芸術	①地方文化　②歴史物語・絵巻物　③庶民的要素をふくむ文化

▲平安時代の文化(まとめ)

テスト直前要点チェック

	問	答
①	記録荘園券契所(記録所)を設けた天皇は誰か。	後三条天皇
②	1086年, 堀河天皇に譲位して院政を始めた上皇は誰か。	白河上皇
③	院政を行う役所を何というか。	院庁
④	院の御所を警備するために設置された武士を何というか。	北面の武士
⑤	9世紀後半から, 諸国の叛徒などを平定するために置かれた令外官を何というか。	押領使
⑥	935年に関東地方で乱を起こした人物は誰か。	平将門
⑦	939年に瀬戸内地方で乱を起こした人物は誰か。	藤原純友
⑧	⑥と⑦の乱をあわせて何とよぶか。	承平・天慶の乱
⑨	桓武平氏の祖は誰か。	高望王(平高望)
⑩	清和源氏の祖は誰か。	経基王(源経基)
⑪	1028年に上総で反乱を起こした人物は誰か。	平忠常
⑫	陸奥の安倍氏が衣川柵をふさいで挙兵した反乱を何というか。	前九年合戦
⑬	後三年合戦で清原清衡に味方した源氏の人物は誰か。	源義家
⑭	清衡の孫で, 奥州藤原氏の3代目の人物は誰か。	藤原秀衡
⑮	奥州藤原氏の拠点はどこか。	平泉
⑯	平清盛の父で, 鳥羽上皇に重用されて勢力をのばした人物は誰か。	平忠盛
⑰	保元の乱で崇徳上皇側についた摂関家の人物は誰か。	藤原頼長
⑱	平治の乱で藤原信頼側についた, 源頼朝の父は誰か。	源義朝
⑲	平清盛は, 1167年に何という官職についたか。	太政大臣
⑳	平氏政権の拠点は, 京都のどこにあったか。	六波羅
㉑	平清盛の娘の徳子が生んだ天皇は誰か。	安徳天皇
㉒	1177年に, 後白河法皇の院近臣らが平氏打倒の陰謀を計画して処罰されたといわれる事件を何というか。	鹿ケ谷の謀議
㉓	四鏡の1番目にあたる歴史書を何というか。	大鏡
㉔	古代の歌謡から発達し, 神楽の余興などで歌われたものは何か。	催馬楽
㉕	後白河法皇が編んだ今様の歌謡集を何というか。	梁塵秘抄
㉖	鳥羽僧正の作とされる絵巻物を何というか。	鳥獣戯画
㉗	厳島神社に奉納された, 平氏の栄華を物語る作品を何というか。	平家納経
㉘	藤原清衡が建てた阿弥陀堂を何というか。	中尊寺金色堂

5章 院政と武士政権の成立

6章 武家社会の形成と文化の動向

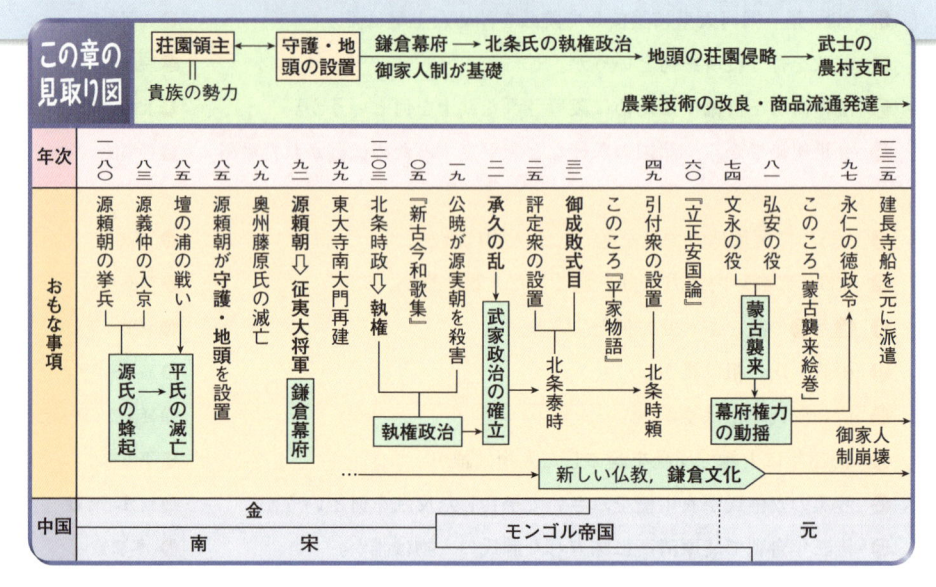

この章の見取り図

荘園領主 → 守護・地頭の設置 → 鎌倉幕府 → 北条氏の執権政治 → 地頭の荘園侵略 → 武士の農村支配
貴族の勢力　　　　　　　　　　御家人制が基礎　　　　　　　　　　　農業技術の改良・商品流通発達 →

年次	おもな事項	中国
八〇	源頼朝の挙兵	
八三	源義仲の入京 → 平氏の滅亡 / 源氏の蜂起	金 / 南宋
八五	壇の浦の戦い	
八五	源頼朝が守護・地頭を設置	
八九	奥州藤原氏の滅亡	
九二	源頼朝→征夷大将軍 鎌倉幕府	
九五	東大寺南大門再建	
〇三	北条時政→執権	
〇五	『新古今和歌集』	
一九	公暁が源実朝を殺害	
二一	承久の乱 → 武家政治の確立 執権政治	モンゴル帝国
二五	評定衆の設置 北条泰時	
三二	御成敗式目	
このころ	『平家物語』 北条時頼	
四九	引付衆の設置	
六〇	『立正安国論』	
七四	文永の役 蒙古襲来 幕府権力の動揺	元
八一	弘安の役 / このころ『蒙古襲来絵巻』	
九七	永仁の徳政令 → 御家人制崩壊	
一三二五	建長寺船を元に派遣	

……新しい仏教，鎌倉文化……

---

1 鎌倉幕府の成立

◆ 平氏政権は源氏に攻められて崩壊し，平清盛の太政大臣就任から，わずか20年足らずで滅んだ。やがて源氏の源頼朝によって鎌倉（神奈川県）に幕府が開かれ，守護・地頭制によってその権力は全国におよんだ。この幕府を支える体制が御家人制である。

1 治承・寿永の内乱

❶ 以仁王・源頼政の挙兵　1180（治承4）年，源頼政が後白河法皇の皇子**以仁王の令旨**★1を奉じて挙兵し，平氏と戦ったが，以仁王は戦死し，頼政も宇治の平等院で自殺した。

❷ 源頼朝の挙兵　1180（治承4）年，伊豆（静岡県）に流されていた源氏の**源頼朝**は，以仁王の令旨を得て，妻政子の父である**北条時政**の協力のもとに兵を挙げたが，石橋山の戦い（神奈川県）に敗れた。しかし，関東の武士の支援を得て★2，鎌倉に本拠をかまえ，富士川の戦い（静岡県）で勝利した。

❸ 源義仲の挙兵　源義仲も砺波山（倶利伽羅峠）の戦い（富山県）で平氏の大軍を破り，1183（寿永2）年に京都に攻めこんだ。平氏は，安徳天皇をともなって京都からのがれた。

★1 **以仁王の令旨**　令旨とは皇太子や皇子が発した命令書のこと。頼朝も義仲もこの令旨に応じて挙兵し，大義名分をととのえた。

★2 相模（神奈川県）の三浦義澄や下総（千葉県）の千葉常胤，上総（千葉県）の平広常らの支援があった。

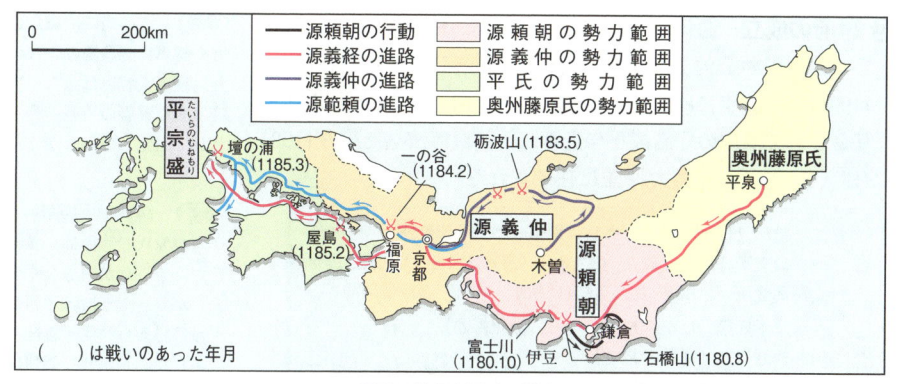

▲源氏の蜂起と平氏の滅亡

❹ **源義仲の追討** 義仲は京都の治安を回復できず，貴族と院から反感をうけ，後白河法皇は，頼朝に東国の支配権を与えて上洛をうながした。頼朝は，異母弟の源範頼・義経を代官として義仲を攻めさせ，義仲は近江の粟津（滋賀県）で敗死した。

❺ **平氏の滅亡** この間，平氏は勢力を回復して摂津にもどったので，頼朝は範頼・義経をさしむけ，一の谷の戦い（神戸市）でこれを破り，さらに屋島の戦い（香川県），**壇の浦の戦い**（山口県）で平氏を滅亡させた（1185年）。

❻ **頼朝の勝利** 平氏滅亡後，対立した義経を没落させた頼朝は，全国に**守護・地頭**を設置する権限を獲得した（▷p.112）。義経をかくまったことを口実に，1189（文治5）年，平泉の奥州藤原氏（藤原泰衡）を滅ぼし，全国を征服した。

2 鎌倉幕府の成立と機構

❶ **幕府の政治機構の整備** 源頼朝は，頼義の代から源氏とゆかりの深い**鎌倉**★3を根拠地とし，統治機構を整備していった。まず1180（治承4）年に御家人を統制するため**侍所**を設置し，長官である別当に，有力御家人の和田義盛を任命。ついで，1184（寿永3）年には，一般の政務や財政をつかさどる**公文所**（のち**政所**と改称。別当は京都から招いた貴族の大江広元），裁判事務をつかさどる**問注所**（長官である執事は，同様に京都から招いた貴族の三善康信）を設置した。

(参考) **鎌倉幕府の成立**
①1180年説…頼朝政権初の機関である侍所を設置し，軍事政権を成立させた年。
②1183年説…頼朝が，東国に限定されてはいたが，国家から支配権を公的に認められた年。
③1185年説…守護・地頭が設置され，全国的な軍事・警察権を獲得した年。
④1190年説…頼朝が，上洛して右近衛大将に就任し，国家の守護権をゆだねられた年。
⑤1192年説…頼朝が，征夷大将軍に任命された年。

★3 **鎌倉** 3方を丘陵に囲まれ，南は海にのぞむ要害の地である。

ポイント 〔鎌倉幕府の主要機関〕
① **侍所**…**別当**は和田義盛
② **公文所**…のち**政所**。別当は大江広元
③ **問注所**…**執事**は三善康信

❷ 幕府の成立

源頼朝は1183(寿永2)年，後白河法皇に接近して，東国の公的支配権を獲得した(寿永二年十月の宣旨)。1190(建久元)年には，挙兵以来初めて上洛し，右近衛大将に任命されて諸国の守護権を与えられ，後白河法皇死後の1192(建久3)年には**征夷大将軍**に任ぜられた。

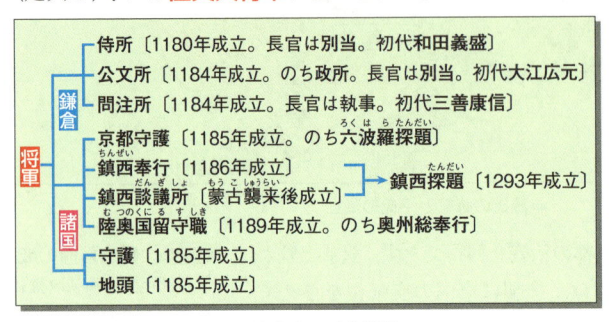

(参考) この当時，鎌倉幕府の将軍は鎌倉殿とよばれた。征夷大将軍は，この当時はまだ幕府の首長の称号として固定していなかった。

```
        ┌ 侍所 〔1180年成立。長官は別当。初代和田義盛〕
    鎌倉 ├ 公文所〔1184年成立。のち政所。長官は別当。初代大江広元〕
        └ 問注所〔1184年成立。長官は執事。初代三善康信〕
将軍
        ┌ 京都守護〔1185年成立。のち六波羅探題〕
        ├ 鎮西奉行〔1186年成立〕
        ├ 鎮西談議所〔蒙古襲来後成立〕──→ 鎮西探題〔1293年成立〕
    諸国 ├ 陸奥国留守職〔1189年成立。のち奥州総奉行〕
        ├ 守護〔1185年成立〕
        └ 地頭〔1185年成立〕
```
▲鎌倉幕府の政治機構

(参考) **陸奥国留守職**
奥州藤原氏の秀衡は，義経をかくまったが間もなく死去。かわった泰衡は頼朝の圧力に耐えられず，義経を殺害した。しかし，頼朝は泰衡を許さず，奥州藤原氏を滅ぼした。その後も，陸奥には反抗する動きがあったため，頼朝は陸奥国留守職を設置した。

3 守護・地頭

❶ 守護・地頭設置の契機
1185(文治元)年，後白河法皇は頼朝・義経兄弟の不和に際し，義経の要請もあって頼朝追討の院宣を与えた。しかし義経を支持する武士は少なく，義経は没落した。これに対して，頼朝は法皇にせまり，逆に義経追討の院宣を得て，義経を追討するという口実のもとに守護・地頭の設置を認めさせた。

❷ 守護・地頭の職務と収入源
下表の通り。このうち，**大番催促**★4・謀反人逮捕・殺害人逮捕の3つを，**大犯三箇条**という(大犯三箇条を権限とする守護は，1190年以降に確認される)。

★4 **大番催促** 御家人を京都朝廷の警備に動員すること。

(参考) 近年では，1185年に設置されたのは，鎌倉時代を通して存続する守護・地頭ではなく，1国に1人で強大な権限をもつが，半年ほどで廃止された国地頭であったとする説が有力。

	任　免	任　務	収入源
守護	①1国1人 ②幕府開設に功のあった有力御家人を任命	①御家人の統制－大番催促 ②治安・警察－謀叛人及び殺害人の逮捕・取り締まり	①守護としての収入はない ②独自の収入源があったかは不明だが，任国内統治にともなう雑多な収入があった
地頭	①最初は1国単位で，のち全国の国衙領・荘園ごとに設置 ②御家人を任命(本領安堵・新恩給与)	①荘園の管理－租税の徴収と土地の管理 ②荘園内の治安の維持－警察権・裁判権をもつ	①従来の荘官の収益をうけつぐ－地頭給田など ②戦時に1段あたり5升の兵粮米徴収権をもつ

▲守護・地頭の職務と収入源

❸ 地頭設置に対する公家や寺社の態度と幕府の対応
地頭の設置に対して，公家や寺社は猛烈に反対した。頼朝は，やむなく地頭の設置を**平氏没官領**★5(平家没官領，没収した旧平氏領)と謀反人跡(謀反人がもっていた所領)だけに限った。

★5 **平氏没官領** 平氏都落ちに際して，平氏の所領500余りの荘園を朝廷が没収したもの。その多くは頼朝に与えられた。

1 鎌倉幕府の成立 113

❹ **守護・地頭設置の意義** 頼朝が私的な主従関係を結んだ諸国の御家人を公的な機構に組みいれ，彼らの支配を安定させるとともに，朝廷や貴族・寺社の支配下にある諸国や荘園に幕府の勢力を浸透させていくことになった。

> (補説) **公武二元支配** 守護・地頭の設置で幕府の全国支配の足がかりができたとはいえ，幕府が実質的に統治できたのは東国中心であり，京都では従来どおり院政を軸とする公家政権が存続していた。武家政権(幕府)の守護・地頭に対して，公家政権側の知行国主・国司・荘園領主らの力も根強く残っていた。このように鎌倉時代は，公家政権(京都)と武家政権(鎌倉)の2つの政権が二元的な国土支配を行っていた。

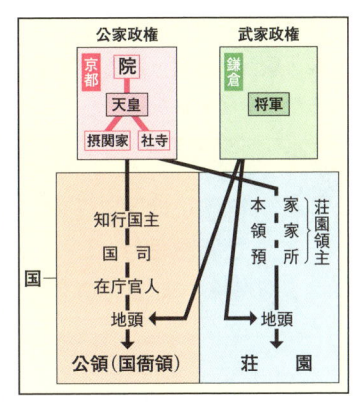

▲公武の二元支配

4 将軍と御家人

❶ **御家人制** 鎌倉幕府は，将軍と御家人との主従関係に基づく御家人制を基礎として，両者の結合によって全国を支配した。御家人とは，一言でいえば将軍と主従関係を結んだ武士のことで，幕府を支える中心的な人的基盤であった。

❷ **封建的主従関係** 御家人は将軍と主従関係を結んでいたが，その関係は2つの要素から成り立っていた。1つは御家人から将軍に対する奉公であり，他の1つは将軍から御家人に対する御恩である。この関係を封建的関係といい，この関係が支配的な政治・社会制度を封建制度という。

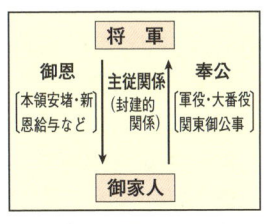

❸ **将軍の御恩** ①御家人の旧来の所領の所有権を保証してやる本領安堵，②軍事的功績に対して新たに新しい土地を与える新恩給与，③守護・地頭などに任命すること。

❹ **御家人の奉公** ①将軍の命令で参戦する軍役奉仕，②平時に京都(朝廷)を守る京都大番役や鎌倉幕府を警備する鎌倉番役につくこと，③朝廷・幕府・寺社の修造費や諸種の儀礼費用を負担する関東御公事，など。

▲将軍と御家人の関係

(注意) 全国のすべての武士が御家人となったわけではなく，非御家人の武士のほうが多かった。

(注意) 鎌倉時代の御家人は，江戸時代の御家人とはちがう。また，「後家人」と書かないように注意すること。また，「奉公」を「奉行」と書かないように。

5 幕府の経済基盤

❶ **幕府の経済的基盤** 幕府の経済的基盤は荘園や国衙領にあり，関東御領・関東御分国などを直接的基盤とした。

❷ **関東御領** 全国500カ所におよぶ将軍家直轄の荘園で，大部分は平氏一族などから没収した平氏没官領であった。頼朝が荘園領主となり，その土地から年貢・公事を徴収できた。

❸ **関東御分国** 将軍家の知行国で，幕府はその国の国衙領か

(参考) **関東進止所領** 平氏没官領や謀反人跡のように，幕府が地頭の補任権を有する土地のこと。関東御領・関東御分国とは異なり，将軍家の荘園ではないので，荘園領主は別にいる。

6章 武家社会の形成と文化の動向

らの収入を自己のものとした。最初は伊豆・相模・上総・下総・駿河・武蔵・越後・信濃・豊後の9カ国であったが，のち豊後が除かれた。

> **ポイント** 〔御恩と奉公〕
> ①御恩…地頭に任命してもらうことにより，新しく土地をもらえるのが**新恩給与**，従来の土地の権利を保証してもらうのが**本領安堵**
> ②奉公…京都は**大番役**，鎌倉は番役

2 執権政治の確立

◆ 源氏の将軍が3代で姿を消し，北条氏が，ほかの有力武士を倒しながら幕府の実権をにぎったとき，執権政治が確立した。将軍は形式的に存在するが，実権は北条氏にあり，鎌倉幕府は執権北条氏によって運営されることになった。

1 源氏の断絶と北条氏の台頭

❶ **北条氏の台頭** 頼朝の死後，頼家が2代将軍となったが，**北条時政**（頼朝の妻**北条政子**の父）は頼家の幕政裁決権をおさえて，大江広元・三善康信・和田義盛らとともに重臣13人の合議制をとった。さらに時政は，頼家に近い梶原景時や比企能員を倒し，頼家も伊豆修禅寺に幽閉し，頼家の弟**源実朝**を3代将軍とした（のちに頼家は暗殺）。

> **補説** 源実朝の暗殺 実朝は将軍となったが，政治は北条義時・大江広元の審議と北条政子の決裁によって動かされたので，政治に関心を失い，和歌や風雅の道にいそしんでいた。1219（承久元）年，頼家の子の公暁によって鶴岡八幡宮（鎌倉市）で殺された。その公暁もまもなく殺され，ここに源氏将軍の系統は断絶した。

❷ **執権政治の始まり** 1203（建仁3）年に北条時政は政所別当＝**執権**となり，その子の**北条義時**も和田義盛を倒した（和田

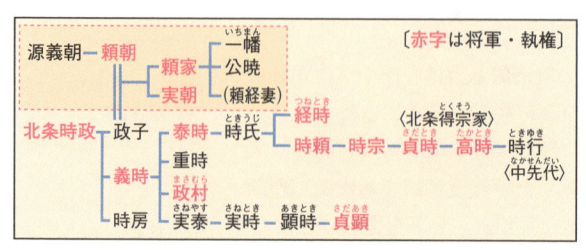

▲鶴岡八幡宮

参考 摂家将軍 源氏の断絶後，北条氏は関白九条（藤原）道家の子の九条（藤原）頼経（当時2歳）をむかえたが，幼少のために，後見人の北条政子が政権を運営した（そのため政子は後世，尼将軍とよばれた）。頼経は，政子の死後に4代将軍となった。これを摂家将軍（藤原将軍）という。頼経の子頼嗣も5代将軍となったが，実際は，執権が政治の実権をにぎっていた。

▲源氏将軍家と北条氏略系図
〔赤字は将軍・執権〕

源義朝―頼朝―┬一幡
　　　　　　├頼家―┬公暁
　　　　　　│　　└（頼経妻）
　　　　　　└実朝
北条時政―┬政子
　　　　　├泰時―時氏―経時
　　　　　├義時　　　〈北条得宗家〉
　　　　　│　　　　　時頼―時宗―貞時―高時―時行
　　　　　├重時　　　　　　　　　　　　　　〈中先代〉
　　　　　├政村
　　　　　└時房―実泰―顕時―貞顕

2 承久の乱

❶ **院の軍備拡充** 院政を行っていた後鳥羽上皇は，勢力回復をはかるため，北面の武士のほかに西面の武士を設置して武力を増強した。また，所領などの集積をはかった。

❷ **幕府の態度** 実朝が暗殺されたので，上皇は幕府の崩壊を期待したが，北条氏は摂家将軍をむかえた。

❸ **承久の乱の勃発** 摂津国の地頭職停止問題をきっかけに1221(承久3)年，後鳥羽上皇は北条義時追討の院宣を下し，諸国に武士の蜂起を求めた。ここに承久の乱が起こった。

❹ **承久の乱の経過と結末** 幕府では，北条政子が御家人を説得して結束を固めた。執権北条義時は，子の泰時・弟の時房を中心とした19万の大軍を京都に進軍させ，2万数千の兵力の上皇方を敗北させた。

❺ **承久の乱の結果** 貴族政権は決定的な敗北を喫し，同時に北条氏による執権政治が確立した。武士勢力の地位と実力が向上し，荘園侵略などが激化した(▷p.118)。
①3上皇の配流…後鳥羽上皇を隠岐へ，順徳上皇を佐渡へ，土御門上皇を土佐へ流した。

参考 朝幕関係の推移
頼朝は京都守護の設置とともに，以前から親交のあった九条兼実を信任し，朝幕関係の円滑化をはかった。兼実は摂政・関白になり，後鳥羽天皇のもとで勢力をもったが，1196(建久7)年に土御門通親の謀略によって失脚した。その後，京都における幕府勢力は低下し，1198(建久9)年には後鳥羽上皇による院政が成立した。

注意 滝口・北面・西面の武士を区別しておこう。
①滝口の武士＝宇多天皇設置，宮中の警護。
②北面の武士＝白河上皇設置，院の警護。
③西面の武士＝後鳥羽上皇設置，院の警護。

史料　尼将軍政子のよびかけ

　(承久三年①五月)十九日，…二品②，家人等を簾下に招き，秋田城介景盛を以て示し含ませて曰く，「皆心を一にして奉るべし。これ最後の詞なり。故右大将軍③，朝敵を征罰し，関東④を草創してより以降，官位と云い俸禄と云い，その恩，すでに山岳よりも高く，溟渤⑤よりも深し。報謝の志浅からんや。しかるに今逆臣のそしりに依りて，非義の綸旨⑥を下さる。名を惜しむの族は，早く秀康・胤義⑦等を討ち取り，三代将軍の遺跡を全うすべし。但し，院中に参らん⑧と欲する者は只今申し切るべし。」者，群参の士悉く命に応じ，かつは涙に溺れ返報を申すことくわしからず。只命を軽んじて恩に酬いんことを思う。
『吾妻鏡』⑨

注 ①1221年。②北条政子。従二位であった。③源頼朝。④鎌倉幕府。⑤海。⑥本来は宣旨より簡単な手続きによる天皇の命令。ここでは義時追討の院宣のこと。⑦後鳥羽上皇側についた藤原秀康・三浦胤義。⑧後鳥羽上皇側につくこと。⑨1180(治承4)～1266(文永3)年の間の幕府の記録。

視点 これは，義時追討の院宣が出された5日後に尼将軍政子が，鎌倉に招集された御家人に行ったよびかけである。政子は，鎌倉幕府の成立後，頼朝が御家人に対して行ってきた御恩を強調し，奉公の必然性を説いている。

②上皇方の所領の没収…上皇方に味方した公家・武士・寺社の所領約3000カ所を没収(没官領)。
③新補地頭の任命…没収した所領に地頭を任命した(新補地頭)。その収入は先例に従うことになっていたが，先例がなかったり，給与がごく少なかったりした場合には，新補率法[★1]が適用された。その内容は，田畑11町ごとに1町の免田(11町のうち1町の年貢を，荘園領主に納めずに地頭がとる)と，1段につき5升の加徴米の徴収権を与えるというものであった。なお，新補地頭以外の旧来の地頭が，本補地頭である。
④大田文の作成…諸国の土地を守護に調査させ，土地台帳である大田文をつくらせて，賦課の基準台帳とした。
⑤六波羅探題[★2]の設置…承久の乱の直後に京都守護を廃止し，北条泰時・時房を六波羅探題に任命して，権限を強化した。役人は主として北条氏一門より任命し，三河国以西の政務と朝廷の監視および西国御家人の統率にあたらせた。

★1 新補率法　新補地頭に対する，免田や加徴米徴収権の得分(収入)の法定率。

★2 六波羅探題　泰時らは承久の乱後も，京都の六波羅(京都市東山区)にとどまって任務をはたしたので，この名がある。のちには，執権につぐ重要な地位となった。

> **ポイント**　〔承久の乱〕
> ①発端…1221年，後鳥羽上皇が北条義時追討の院宣
> ②結果…幕府の勝利→執権政治の確立。六波羅探題の設置

3 北条泰時の政治

❶ 北条泰時の登場　義時の死後に執権職をついだ北条泰時は政治力にすぐれ，頼朝以来の先例と合議政治の形式をうけついで執権政治を確立させた。

❷ 合議体制の整備　泰時は執権の下に補佐役として連署を置いて，叔父の北条時房をこの職につかせた。また，1225(嘉禄元)年には，大江広元・北条政子ら死後の政務の裁定や訴訟の裁決のために，有力御家人11人を評定衆に任じた[★3]。

❸ 御成敗式目(貞永式目)の制定　武士は律令に対抗する法典をもたなかった。そこで，1232(貞永元)年に泰時は御成敗式目を制定した。これは，武家社会のための最初の体系的な成文法である。

❹ 御成敗式目の特色
①「右大将家の例」とよばれる源頼朝(右近衛大将だった)の示した例が重要視され，武家社会独自の先例・慣習・良識(道理)に基づき，51カ条に成文化したもの。

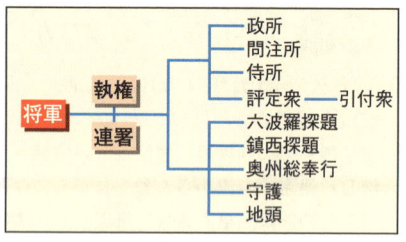

★3 評定を行う場所を，評定所と称した。

▲幕府の機構(承久の乱後)

将軍─┬─執権─┬─政所
　　　│　　　├─問注所
　　　│　　　├─侍所
　　　│　　　├─評定衆──引付衆
　　　└─連署─┼─六波羅探題
　　　　　　　├─鎮西探題
　　　　　　　├─奥州総奉行
　　　　　　　├─守護
　　　　　　　└─地頭

(注意)　御成敗式目は，武士のための法律であったが，武士のみがつくったのではなく，貴族の子孫三善康連も協力した。また，武家以外からは「関東式目」とよばれていたことに注意。

史料 御成敗式目と式目制定の趣旨

〔御成敗式目（貞永式目）〕
一．諸国守護人奉行の事（第3条）
　右，右大将家①の御時，定めおかるる所は，大番催促・謀叛・殺害人等の事なり。
一．諸国の地頭，年貢所当②を抑留せしむる事（第5条）
　右，年貢を抑留するの由，本所③の訴訟有らば，即ち結解④を遂げ，勘定を請くべし⑤。
一．女人養子の事（第23条）
　右，法意⑥の如くばこれを許さずと雖も，右大将家の御時以来当世に至るまで，その子無きの女人等，所領を養子に譲り与ふる事，不易の法⑦勝計すべからず⑧。

〔御成敗式目制定の趣旨（北条泰時消息文）〕
　さてこの式目をつくられ候事は，なにを本説⑨として注し載せらるるの由，人⑩さだめて謗難⑪を加ふる事候か。ま事にさせる本文⑫にすがりたる事候はねども，ただどうり⑬のおすところを記され候者なり。……かくのごとく候ゆへに，かねて御成敗の体をさだめて，人の高下を論ぜず，偏頗なく裁定せられ候はんため，子細記録しおかれ候者なり。　　　　武蔵守⑭
駿河守殿⑮　　　　　　　　　　　　　　　　　　　　　『御成敗式目唯浄裏書』⑯

注　①源頼朝。②年貢。③荘園領主。④収支決算。⑤監査をうけよ。⑥律令。⑦頼朝以来の変わることのない慣習法。⑧数えきれない。⑨根拠。⑩京都の公家。⑪非難。⑫漢籍などで典拠となる文章。⑬道理。⑭北条泰時。⑮北条重時。⑯斎藤唯浄が記した御成敗式目の注釈書。

視点　「北条泰時消息文」は，北条泰時が，御成敗式目の制定後に京都の公家からの批判があることを予想して，貞永元年（1232）9月11日付で，式目制定の趣旨を，弟の六波羅探題北条重時に書き送った書状。

②守護・地頭の職務規定，所領相続規定（分割相続で女性にも相続権を認めた），その他，行政・民事・刑事裁判の一般規定から構成されていた。
③通用範囲は，御家人を中心とする幕府の勢力範囲のみで，公家社会には通用しなかった★4。内容は武士にも理解できるように簡素で実際的であった。
❺ **御成敗式目の影響**　御成敗式目は以後の武家法の基本とされ，分国法（▷p.177）などに大きな影響を与えた。
❻ **その後の武家法**　御成敗式目以後に定められた種々の法を式目追加といい，室町時代に新編追加としてまとめられた。

★4 朝廷の支配下では律令の系統をひく公家法が，荘園領主の支配下では本所法が行われていた。

4 北条時頼の政治
❶ **北条氏の独裁体制の確立**　泰時のあとをついだ北条時頼は，政治の実権を得宗（北条氏嫡流の当主）に集中させるために，私的会合にすぎない寄合で重要政務を決めるようにした。

また1247(宝治元)年には、有力御家人の三浦泰村を滅ぼし(宝治合戦)、得宗を頂点とする北条氏一族の独裁体制を確立した。

❷ **引付衆の設置** 時頼は、評定衆の補佐と訴訟の公平・迅速をはかるために、1249(建長元)年に引付衆を設置し、裁判制度の整備につとめた。

❸ **皇族将軍の登場** 時頼は、摂家将軍の九条(藤原)頼経(▷p.114)を京都に返し、そのあとを継いだ頼嗣をも廃した。朝廷で力をふるった頼経の父の九条道家も失脚させ、幕府が擁立した後嵯峨天皇の皇子の宗尊親王をむかえて将軍とした。これが皇族将軍★5である。

❹ **朝廷の動き** 後嵯峨上皇は幕府を見習って、有能な廷臣からなる評定衆(院評定衆)を置き、朝廷政治の再建につとめた。

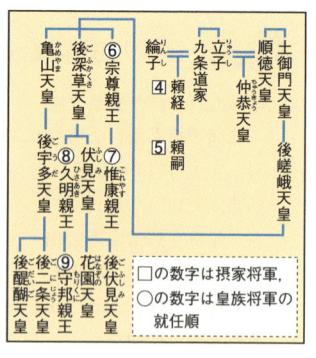

▲摂家将軍と皇族将軍の関係

★5 **皇族将軍** 親王将軍、宮将軍ともいう。

3 武士の社会

◆ 執権政治の確立によって武士の権力が上昇し、地頭などが貴族や寺社の荘園を侵略して自己の基盤を強めようとした。また鎌倉時代の武士の生活は惣領制によって組み立てられ、惣領と庶子との関係がその中心であった。

1 武士の荘園侵略

❶ **武士の荘園侵略の激化** 承久の乱で武家政権である鎌倉幕府が勝利し、貴族政権が敗北すると、武士の権力がさらに強化された。こうしたなかで、武士の荘園侵略が激化した。

❷ **地頭の荘園侵略** 荘園領主の権力が弱まると、地頭は年貢などの徴収だけを行って、自分のものとするようになった。こうした荘園領主と地頭との争いを調整するために、次の2つの方法がとられた。

①**地頭請**…荘園における年貢を完全に地頭が請け負う★1ことをいう。徴収自体は以前から地頭の職務であったが、地頭請であらかじめ年貢の額を荘園領主と定め、地頭の取り分を有利にした。

②**下地中分**…荘園領主と地頭との間に紛争が起こったとき、荘園の領地を半分ずつに分割してしまうことをいう。一方を荘園領主側(領家方)、一方を地頭側(地頭方)とする★2。そして、領家方では新たに徴税責任者として荘官を任命し、荘園領主―荘官―農民という関係をつくって、地頭を排除した。

★1 このような年貢請け負いが行われた所領を、請所(地頭請所)という。

★2 下地中分により、たがいの支配に干渉しない支配体制(一円支配)ができた。また、地頭はこれにより、単なる土地の管理者から土地所有者にまで上昇した。

(参考) **和与による和解** 下地中分を行うにあたって、和与による和解が奨励された。これは裁判を行わず、話し合い(和与)によって解決をつけるものである。

地頭方でも，荘園領主を排除して地頭―農民という支配をつくっていった。

> **補説** 東郷荘と下地中分の絵図　東郷荘は伯耆国（鳥取県）にあった京都の松尾神社の荘園である。13世紀なかばに領家と地頭との間で行われた下地中分の絵図が残っており，東郷池の南堤の中央から分割線が引かれている（右図参照）。

2 武士の生活

❶ **惣領制の社会**　武士の社会を強く規定したのは惣領制である。惣領制は，一族の長，すなわち**惣領**が庶子（家督の相続人である嫡子以外の子）を率いる，血縁関係を基本とする結合形態で，平安時代末から見られるが，さかんになったのは鎌倉時代である。

❷ **所領の相続権**　武士の財産である所領は惣領に相続され，庶子にも他の所領が分割相続された。また女性も相続権をもち，所領の相続に関して，惣領・庶子・女性が同等に近い権利をもった。

❸ **強い惣領の権限**　惣領制においては惣領のもつ権限はきわめて強く，庶子がその武士団に対して不利益なことをした場合には所領を没収することもできた。これを悔返権という。また，戦いの際には守護が軍事を統轄するが，その際，一族を率いて戦いに参加するのは惣領であり，軍費の徴発も惣領に課された。軍事的にも惣領の権限が強かった。

❹ **惣領制の動揺**　惣領制は，鎌倉時代末になるとおとろえてきた。分割相続が長くつづくと所領は細分化されていき，武士の経済基盤は弱体化した。しかも分割相続によって庶子家の力が上昇し，惣領家との対立が起こるようになった★3。

❺ **武士の住居**　武士の生活の場所は自分の館であった。館は防御に便利なつくりであったが，かなり簡素で，**武家造**とよばれた居宅の周囲には防御用の堀や土居（土塁）が築かれ，館は堀ノ内・土居ともよばれた★4。

> **補説** 館の構成　館には武士団の長の居宅である母屋があり，その家族も住んでいた。従者の住む遠侍という建物もあり，馬小屋や矢倉などの戦闘設備も設けられていた。

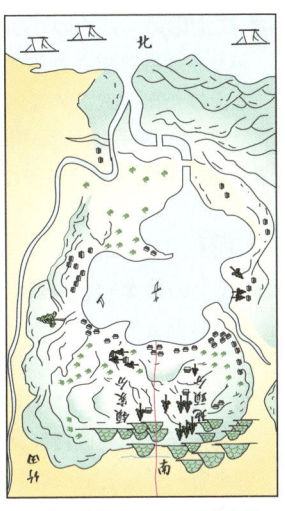

▲東郷荘絵図による下地中分

★3 この惣領家と庶子家の対立を解消するには，分割相続を廃止して嫡子単独相続制（惣領相続）とするしか方法はない。それが鎌倉時代末に成立し，したがって惣領制もこのころになくなっていった。

★4 堀ノ内・土居という名は，今も地名として全国に残っている。

▲地方武士の館
左上の建物が母屋で，下部に居宅を囲む垣根や門が見える。「一遍上人絵伝」より。

❻ 武士の道

武士の道は「兵の道」ともいわれ，主従関係がもっとも尊重される武力中心の社会であった。そのため武士はたえず武芸の修得に力をそそぎ，とくに鎌倉時代には<u>笠懸</u>・<u>犬追物</u>・<u>流鏑馬</u>（この3種の弓技を騎射三物という）や，山野で行う巻狩などがひんぱんに行われた。

笠懸
馬に乗って走りながら笠の形をした的を弓矢で射るもの。

犬追物
馬場に放たれた犬を，馬に乗って追いかけながら，殺傷能力のない蟇目矢で射るもの。

流鏑馬
一定間隔でおいた的を馬を走らせながら弓矢で射るもの。

▲騎射三物

③ 農村の構成

❶ 武士の農業経営
武士の所領の農業経営は，直接経営地と間接経営地とからなっていた。
①直接経営地…佃・手作田・門田・正作などといい，武士の下人や所従などの直属民が耕作にあたった。
②間接経営地…直接経営地以外の間接経営地は，武士が耕作を行わず，名主に請作に出した。

❷ 農民の階層
地頭や荘官の下には<u>名主</u>（有力農民）や小百姓（一般農民）がいた。また，下人・所従は地頭や名主に隷属し，主人の屋敷内に居住して，主人の直営地の耕作や雑用などにあたった。彼らは譲与・売買の対象となることもあった。また，非人たちは賤視をうけ，農民共同体からは疎外されていたが，芸能やキヨメなどの分野で活躍した。

史料　紀伊国阿氏河荘民の訴状

阿テ河ノ上村百姓ラツ、シテ①言上
一．ヲンサイモクノコト②，アルイワチトウノキヤウシヤウ③（京上），アルイワチカフ④トマウシ（申），カクノコトクノ人ヲ（人夫），チトウノカタエせメツコカワレ候ヘハ，ヲマヒマ⑤候ワス候。ソノ，コリワツカニモレノコリテ候人（残）フヲ，サイモクノヤマイタシ⑥エ（山出），イテタテ候エハ（出立），テウマウノアト⑦ノムキマケト候テ（麦まけ），ヲイモトシ候イヌ（追戻）。ヲレラカコノムキマカヌモノナラハ（麦まかぬ），メコトモヲヲイコメ（女子），ミ、ヲキリ（鼻），ハナヲソキ，カミヲキリテ（髪），アマニナシテ（尼），ナワホタシ（絆）ヲウチテ⑧，サエナマント候ウテ（苛），せメせンカウ⑨せラレ候アイタ……，ヲンサイモクイヨイヨヲソナワリ候イヌ（遅）。　　　　　　　ケンチカン子十月廿八日（建治元年）

『高野山文書』

注 ①つつしんで。②荘園領主に納める材木。③地頭が京都へ行く際に従事する人夫役。④近辺で使役される人夫役。⑤余暇。⑥材木を山から引き出すこと。⑦逃亡した百姓の耕地。⑧縄でしばりあげて。⑨拷問。

視点 これは1275（建治元）年，紀伊国（和歌山県）寂楽寺領の阿氏河荘上村の百姓などが，地頭の湯浅氏による苛酷な人夫役負担のため，年貢としての材木が納入できないことを荘園領主に訴えたものである。後半部分では，地頭が逃亡した百姓の耕地に麦をまくことを求め，もしもまかないならば，妻子の「耳をきり，鼻をそぎ，髪をきって尼にし，縄でしばりあげる」とおどしていることが記され，当時の農民への人夫役がいかに苛酷であったかがわかる。

❸ **農民の負担** 年貢・公事は名田を単位にかけられた。年貢はおもに米や絹などで納入され、公事は特産物や手工業製品などがおもであった。公事の一種である夫役は、荘園領主や地頭・荘官に労働力を提供するものであり、耕作や雑役に使われた。とくに夫役は、農民にとって大きな負担であり、その苛酷なようすは、紀伊国阿氐河荘民の訴状によくあらわれている。

★5 刈　敷　刈り取った草などを耕地に埋めこんで肥料とすること。農具の発達により草を地中深く埋められるようになった。

❹ **農業技術の発展** 鎌倉時代の後期には、農業技術は大いに発展した。すなわち、①畿内を中心とする二毛作(稲と麦)の普及、②刈敷★5や草木灰(草木を焼いた灰を肥料とするもの)などの施肥の発達、③牛馬耕や鉄製農具の普及、④灌漑技術の進歩や水車の発明などである★6。

▲牛耕のようす
「松崎天神縁起絵巻」より。牛に犂を引かせて、田を耕している(上部)。

★6 二毛作が普及したのは、水車を使って灌漑する技術などが進んだからである。

(補説)　**中世の技術者**　現在の大阪府泉佐野市にあった日根野荘(摂関家の九条家の荘園)で、14世紀初頭に荒野の開発が開始されたが、その中心は非人と関係の深い奈良・西大寺の僧侶であった。僧侶といっても、実際は開発請負業者ともいうべき人であり、つい数年前には備中国で川の交通の難所をきりひらいた人物でもあった。ところで、荒野を開発するには池などをつくって用水を確保する必要があったが、その池をつくったのは非人たちであった。非人は井戸掘り・壁ぬり・石組みなどにも従事していた。非人たちは賤視されながらも、技術力をもとに、歴史の進歩に貢献していたのである。

4　産業・経済の発達

◆ 農業生産の発展は、庶民の購買力を高め、荘園内の手工業者を独立させる方向にむけた。彼らのつくる商品は広く取引されて、市や店を発達させた。貨幣の流通と商業・金融業の発展はとくにめざましかった。また、日宋貿易では、宋銭が大量に輸入された。

1　商品流通の発達

❶ **商品流通の発生**　鎌倉時代には農業技術が向上し、生産力が高まってきた。それにつれて売るためにつくられる商品が民間に流通するようになった。

❷ **手工業者の活動**　手工業製品は、鍛冶師・番匠(大工)・鋳物師・研師などの手工業者(職人)によって生産された。彼らは農村内に住んだり、各地を巡回して仕事をした。

▲番　匠　「春日権現験記絵巻」より。

❸ **市の成立** 商品を売買するところを**市**という。鎌倉時代には月に3度の日を定めて開かれる三斎市★1のような定期市が発達した。

❹ **行商人の出現** 市が開かれ、商品の取引がさかんになると、中央から織物や工芸品などを運んで売る行商人も各地の市にあらわれた。一般の生活用品の多くも行商人によって都市や農村で販売され、行商が生活の中に占めた役割は大きく、その多くは女性であった。

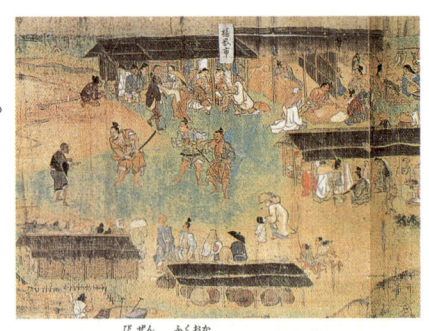

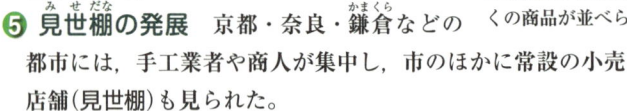

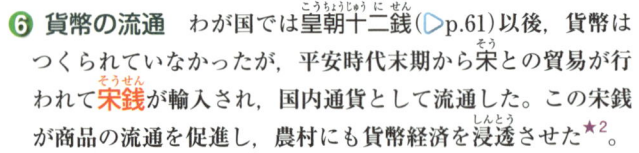

▲備前国福岡荘の市（岡山県）
13世紀末。道路をはさんで建てられた小屋に、多くの商品が並べられている。「一遍上人絵伝」より。

❺ **見世棚の発展** 京都・奈良・鎌倉などの都市には、手工業者や商人が集中し、市のほかに常設の小売店舗（見世棚）も見られた。

❻ **貨幣の流通** わが国では皇朝十二銭（▷p.61）以後、貨幣はつくられていなかったが、平安時代末期から宋との貿易が行われて**宋銭**が輸入され、国内通貨として流通した。この宋銭が商品の流通を促進し、農村にも貨幣経済を浸透させた★2。

❼ **金融業** 商品の取引がさかんになるとともに、次のような金融関係のしくみもしだいに整ってきた。
①**借上**…金融業者。貨幣経済の発達とともに高利貸を営む者もあらわれた。これが借上で、御家人はその負債に苦しんで所領を手放す者が多くなった。
②**為替（替銭）**…荘園などから遠方の領主に多額の年貢銭を送るときに為替手形を組んだ。これが替銭で、米で払いこみ、支払ったものを替米という。また、その為替手形を割符という。

❽ **運送業** 金融業や交通の発達によって、問（問丸）や馬借・車借といった運送専門の業者があらわれた。
①**問（問丸）**…港湾（湊）の貨物運送業者。しだいに貨物の保管や委託販売も行い、倉庫業や金融業を兼ねることもあった。
②**馬借・車借**…馬や車を用いる運送業者。問の統制をうけた。大津・坂本（滋賀県）・淀（京都市）・木津（京都府）・敦賀（福井県）などが有名で、商人を兼ねる者が多かった。

2 宋・元との貿易

❶ **宋との貿易** 鎌倉幕府は、宋との貿易に関心を寄せ、鎮西奉行の管理のもと、博多と明州（寧波）との間に船が往来し、貿易が行われた。

★1 **三斎市** 毎月1・11・21日というように定期的に3回開かれた市のこと。室町時代には、六斎市も開かれた。四日市・五日市・八日市といった現在の地名は、この定期市が開かれた名ごりである。

（注意）商業・手工業の発達とともに、商工業者の同業組合である座が発達してきた。座は平安時代末期に始まり、鎌倉時代を経て、室町時代に発展する。

★2 鎌倉時代には、荘園の年貢を貨幣で納める代銭納が始まった。

（参考）**憑支の発生**
鎌倉時代、庶民の相互扶助的な金融機関である憑支（頼母子）が始まった。講をつくって全員が一定額を積み立て、たまった金額を順番に使う。無尽ともいう。

（注意）室町時代には、大規模な馬借の土一揆が起こる（▷p.159）。

史料　商業・交通の発達

凡そ京の町人，浜①の商人，鎌倉の誂え物②，宰府の交易③，室・兵庫④の船頭，淀河尻の刀禰⑤，大津・坂本⑥の馬借，鳥羽・白河⑦の車借，泊々の借上，湊々の替銭，浦々の問丸，割符を以て之を進上し，俶載⑧に任せて之を運送す。
『庭訓往来』⑨

注　①福井県の小浜か。②鎌倉の職人に注文してつくる品物。③九州の大宰府で行われている交易活動。④現在の室津港・神戸港。⑤淀川の河口にあった旅人の宿の役人。瀬戸内ルートの物資は淀川の舟運で京都に運ばれた。⑥琵琶湖の西南の地名。⑦京都近郊の地名。⑧代金をとって物を運ぶこと。⑨室町時代初期の庶民教科書。学僧玄恵の著作とされる。

視点　『庭訓往来』の記載は，鎌倉時代後期の状況だと考えられる。京都での町人の成立，鎌倉の都市としての発展，宋や元との貿易で栄える博多，瀬戸内ルート上の兵庫や淀川の船運，北陸・東国ルート上の大津・坂本の馬借，京都近郊の車借など都市・商業・交通の発達，さらに，それを支える借上・為替（替銭）・問（問丸）・割符の成立が確認できる。

❷ **日宋貿易品**　次の通り。とくに宋銭とよばれる銅銭の輸入が大きな比重を占めた。

・貿易品
　　輸出品…金・木材，硫黄，美術工芸品（刀剣・扇子・漆器）など
　　輸入品…香料，薬品，陶磁器，絹織物，書籍，宋銭など

❸ **元との貿易**　1254（建長6）年，鎌倉幕府は日宋貿易を制限した。そして宋の滅亡（1279年）後は，元との間に私貿易が行われていた。蒙古襲来以後，一時，元とは外交関係を断っていたが，鎌倉時代末期の1325（正中2）年，北条高時は鎌倉の建長寺を修築する資金を得るため，建長寺船を派遣した★3。

▲宋　銭
日本各地の遺跡から多数出土する。その流通が全国におよんでいたことを示している。

★3　建長寺船は，のち室町時代に，天龍寺船として継承される（▷p.153）。

5　仏教の新たな動き

◆　天台・真言両宗が密教化し，貴族以外の信仰の対象としての位置を低下させるにつれて，平安時代中期ごろから浄土教信仰が力をもち始め，そのなかから新しい仏教があらわれてくる。鎌倉新仏教は，浄土宗・浄土真宗・時宗の念仏系と，法華宗および禅宗系の臨済宗・曹洞宗に分けられる。

1 鎌倉時代の仏教

❶ **変化の背景**　僧兵をかかえ，荘園を所有するなど，世俗の権力と変わらない寺院のあり方に批判的な人々が，出家しても寺院に属さず，聖や遁世者として活動するようになった。

❷ **特色** ①教えの平易さと修行の容易さ，②自己の信仰を第一とする，③武士・農民・商工業者など(貴族以外)を信仰者層とする，などである。

> **注意** 新しい仏教の開祖の多くは，比叡山に登り天台宗を学んでいたことに注目。当時の延暦寺は，僧侶も存在したが，反面できびしい学問的環境を保っており，そこで勉強した人々のなかから新しい仏教が生まれた。

2 浄土宗

❶ **浄土宗の開祖** 法然(ほうねん)は美作国(岡山県)の武士の家に生まれ，比叡山延暦寺で天台宗を学んだが，源信の著した『往生要集』(▷p.94)の影響をうけて，新しく**浄土宗**★1 を開いた。

❷ **法然の教え** 法然は，誰でもできるという修行方法をうち立てた。阿弥陀仏の本願(人々を救うという誓い)を信じてひたすら念仏(**南無阿弥陀仏**)を唱えれば，すべての人々は阿弥陀によって救われると考え(他力本願)，**専修念仏**の考え方をうちだし，きびしい修行や難解な経典の理解はなくとも往生できるとした。

❸ **法然の著書** 『選択本願念仏集』。法然が九条兼実の求めによってその教義を説いた書。

> **補説** 旧仏教との対立 法然の浄土宗は旧仏教と対立するものであり，その衝突はさけられなかった。法然が京都の東山に営んだ吉水草庵(今の知恩院)には，多様な身分の人々が集った。しかし，戒律の無視によって旧仏教側の反感を買い，1207(承元元)年に朝廷の弾圧をうけて(承元の法難)，法然は讃岐に流罪となり，弟子の親鸞も越後に流罪とされた。しかし，人々の法然に対する信頼と期待は深く，やがて1211(建暦元)年には許されて京にもどった。

★1 **浄土宗** 武士・庶民の間に広まり，浄土真宗・時宗などの源流となった。その教義が，時代の要求にあっていたといえるだろう。

▲知恩院(京都市)
法然が開宗し，死去した地に建てられた。

3 浄土真宗

❶ **浄土真宗の開祖** 貴族出身の**親鸞**(しんらん)は，浄土宗の法然の考えを基礎とし，のちに**浄土真宗(一向宗)**★2 と称される宗派を開いた。

❷ **親鸞の教え** 親鸞は，信心に基づいた念仏を重視し，称名(念仏)の形式や回数よりも「弥陀の本願」を信ずる心の深さに往生の要因を求めた。そして**悪人正機説**★3 を強く説いた。

❸ **親鸞の著書とその言行録** 著書には『**教行信証**』★4 があり，その言行録には弟子の唯円が書き残した『歎異抄』がある。

❹ **親鸞の教えの実行** 親鸞は，浄土真宗の僧侶にも肉食妻帯を認めて，

★2 **一向宗** 鎌倉時代末期に，一遍の弟子の一向の教派が一向宗とよばれ，浄土真宗がこれと混称されたことに始まるよび名。

★3 **悪人正機説** みずからの悩みや欲望に気づき，善行を行うことができない「悪人」であるという自覚をもつ者こそが，阿弥陀仏の救済の対象だとする考え方。

★4 『**教行信証**』 浄土真宗の教典。正しくは『顕浄土真実教行証文類』という。

▲親鸞像(「鏡御影」)

史料　悪人正機説

善人①なをもて往生をとぐ、いはんや悪人②をや。しかるを世のひとつねにいはく、「悪人なを往生す、いかにいはんや善人をや」と。この条、一旦③そのいはれあるににたれども、本願他力④の意趣⑤にそむけり。そのゆへは、自力作善のひと⑥は、ひとへに他力をたのむこころかけたるあひだ、弥陀の本願⑦にあらず。
『歎異抄』⑧

（注）①善行をつんで救われようとする人。②善行をつむことのできない煩悩の深い人。③一応。④阿弥陀仏の本願をひたすら信じる。⑤趣旨。⑥善人のこと。⑦阿弥陀仏の根本の願い、すなわちすべての人々を救済するという誓い。⑧親鸞の弟子の唯円が親鸞の口伝に異説の多いことを歎き、それを正すため、親鸞の死後に著した。

（視点）『歎異抄』に記されている親鸞の悪人正機説である。日々念仏を唱えている自力作善の善人(貴族たち)でさえ往生できるのだから、生活のためにやむを得ず殺生などの悪行を行わざるを得ない悪人(武士や農民)は当然往生できる。その理由は、善人はすべての人々を救済しようという阿弥陀仏の誓いを信頼する他力の心に欠けているからであり、阿弥陀仏の本願にのみ救いを求める悪人こそが、阿弥陀仏に救済されるにふさわしいのである、と説く。

みずからもこれを実践した。いわば、真に人間的な宗教を初めてうち立てたわけであり、その教えは、庶民や武士を中心に広まっていった。

（補説）**親鸞以後の浄土真宗**　浄土真宗は親鸞の死後、下野(栃木県)の高田専修寺派や本願寺派などの門流に分かれた。のち、親鸞の曾孫の覚如らが、京都の大谷にあった親鸞の墓所を寺院化して本願寺と称してから教団の形態をとるようになり、室町時代の蓮如に至って発展する（▷p.173）。

4　時宗

❶ 時宗の開祖　一遍(智真)。遊行上人ともよばれる。伊予国(愛媛県)の有力武士の家に生まれ、延暦寺で天台宗をおさめたのち、阿弥陀信仰に転じ、時宗をおこした。

❷ 時宗の本旨　信心の有無や浄・不浄を問わず、すべての人が念仏によって救われると説いた。

❸ 一遍の布教　一遍の布教の形態は他の宗派とはちがい、全国を渡り歩いて街頭で布教するというものである。また、念仏を唱えながら全国を遊行し、念仏にあわせて踊る踊念仏を行った。この遊行において、一遍は各地の神社を利用し、素朴な神社信仰と結びつくことによって民間に時宗を広めようとした。中心寺院は清浄光寺(神奈川県藤沢市)。

（注意）一遍の主要著書は現在のところ見つかっていない。これは、一遍が自分で焼いたからとされている。

▲踊念仏　「一遍上人絵伝」より。

5 法華宗

① **法華宗の開祖** 日蓮。開祖の名にちなんで日蓮宗ともいう。安房国(千葉県)の漁村の生まれといわれる日蓮は,比叡山で修行し,のち安房の清澄山で法華宗を開宗した。

② **日蓮の教え** 日蓮は,天台宗と同じく法華経を教義の中心にすえたが,天台宗の理論重視に対して実践重視を唱えた。法華経至上主義であり,「南無妙法蓮華経」という題目を唱えれば,ただちに往生して仏となることができると説いた(即身成仏)。そして民衆のすべてが法華経に基づいて念仏を唱えるとき,国全体が浄土になると説き,国家の政治と法華宗との深い関係を確立する必要があると主張した。

③ **日蓮の著書** 『立正安国論』★5があり,この著を鎌倉幕府に提出して,法華経信仰の必要性を唱えた。

④ **日蓮の布教** 日蓮は,四箇格言★6を唱えて鎌倉で辻説法(街かどで仏法を説くこと)を行い,他宗を折伏して法華宗信仰の必要を主張した。

⑤ **日蓮への迫害** 日蓮は他宗を排斥したので,他宗の迫害をうけることが多く,幕府によって伊豆・佐渡へも流された。日蓮は,晩年は身延山久遠寺(山梨県)に身を置いた。1282年,湯治のため身延山を下山したが,現在の池上本門寺(東京都大田区)で死去した。

(補説) **日像の宗勢拡大** 法華宗は,はじめ関東地方の武士や農民の間で信仰された。しかし,日蓮の死後,鎌倉時代から南北朝時代に日像が出て,比叡山などの旧仏教側の迫害をうけながらも,京都の商工業者(町衆)などの帰依をうけ,京都に宗勢を拡大した。

6 臨済宗

① **臨済宗の伝来者** 栄西が1191(建久2)年,宋より伝えた。

② **臨済宗の教え** 「不立文字(以心伝心)」。坐禅をくみ,師の与える「公案」の問答を解決することで悟りに至る。

③ **栄西の布教** 栄西は,比叡山で天台宗を学び,のちに臨済禅をもたらしたので,延暦寺の強い反発をうけた。しかし,そのなかで自力修行を唱えて全国に布教した。この自力修行という方法は,実力でその政権を形成した武士の生き方にふさわしく,広く武士にうけいれられるところとなった。

④ **栄西の著書** 『興禅護国論』は旧仏教側の禅宗非難に対し,禅宗の本質を説いた書。中国から本格的な茶の栽培技術を伝えて3代将軍 源 実朝に献じた『喫茶養生記』も名高い。

★5『**立正安国論**』 法華経こそ唯一の正法であると唱え,他宗を非難して国難の到来を予告した問答体の書。幕府は人心をまどわすものとして日蓮を伊豆へ流罪にした。

★6 **四箇格言** 「念仏無間・禅天魔・真言亡国・律国賊」のこと。念仏(浄土宗・浄土真宗・時宗),禅(臨済宗・曹洞宗),真言(真言宗),律(律宗)は邪教であると非難した。

(参考) **その他の日蓮の著書** 流刑地の佐渡で著した『観心本尊鈔』や『開目鈔』。

1191	・栄西が帰国し,臨済宗を伝える
1198	・栄西の『興禅護国論』
	・法然の『選択本願念仏集』
1207	・承元の法難(法然・親鸞ら配流)
1224	・親鸞『教行信証』
1227	・道元が帰国し,曹洞宗を伝える
1253	・日蓮が法華宗を広める
1260	・日蓮の『立正安国論』
1274	・一遍が時宗を開く

▲鎌倉時代の仏教

(参考) **禅宗** 坐禅を重視する仏教の一派。6世紀に中国に伝えられて宗派として整えられた。臨済宗や曹洞宗はこの禅宗に属する。黄檗宗(▷p.244)も禅宗の一派。

5　仏教の新たな動き　127

❺ **栄西の建立寺院**　栄西は，2代将軍源頼家やその母北条政子の帰依をうけ，鎌倉に寿福寺，京都に建仁寺を建てた。

　補説　**栄西の系統の禅僧**　栄西のあとをうけて，臨済宗の発展につくした僧には，次のような人々がいた。
　①蘭溪道隆…1246(寛元4)年に宋より日本に渡来し，鎌倉幕府の保護のもとに布教した。のち北条時頼の保護のもとに鎌倉に建長寺を建てた。
　②無学祖元…1279(弘安2)年に北条時宗の招きで宋より来日し，時宗の保護のもと鎌倉に円覚寺を開いた。
　③円爾弁円…鎌倉時代中期の禅僧。駿河(静岡県)の人。聖一国師ともいう。宋から帰国して以後，幕府の保護や九条道家の援助のもとに，京都に東福寺を開いた。
　④虎関師錬…鎌倉時代末期の禅僧で京都の人。東福寺に長く住み，日本最初の仏教史書である『元亨釈書』を著した。
　⑤無住一円…鎌倉時代末期の禅僧。鎌倉の人で，学問に深く通じていた。東福寺で円爾弁円に師事。著書『沙石集』(仏教説話集)は有名。

7　曹洞宗

❶ **曹洞宗の伝来者**　道元が1227(安貞元)年に宋より伝えた。
❷ **曹洞宗の教え**　曹洞宗は，ひたすら坐禅をすること(只管打坐)によってのみ，悟りは開かれると説いた。臨済宗との違いは，「公案」を用いない点である。
❸ **道元の建立寺院とその布教**　道元は栄西の門下であったが，のち1244(寛元2)年に越前(福井県)に永平寺を開いた。以後，曹洞宗は永平寺を本拠として，北陸地方を中心に，地方武士・庶民の間に広まっていった。
❹ **道元の著書**　『正法眼蔵』は，曹洞宗の禅の本質について述べたものである。

8　旧仏教の復興

❶ **旧仏教の刷新**　天台・真言両宗を中心とする旧仏教は，貴族を主たる信者とし，武士や庶民とは縁遠かった。しかし，鎌倉時代にはいって，貴族の没落と武士の台頭や，新仏教の成立・普及に対し，教理面での対抗や仏教本来の衆生済度の自覚が高まった。こうした時代の流れのなかで旧仏教は再生し，庶民の救済を目的とするさまざまな事業を行った。
❷ **明恵(高弁)**　華厳宗を復興し，戒律と坐禅を重視した。京都栂尾に高山寺を開き，後鳥羽上皇・藤原定家・北条泰時などの帰依をうけた。また，栄西が宋からもち帰った茶を初めて栂尾で栽培した。さらに，『摧邪輪』を著して法然の教義を批判。

▲久遠寺(山梨県)

▲東福寺(京都市)

▲道元

注意　『正法眼蔵随聞記』　道元の弟子の懐奘が道元の教えを筆録した書。『正法眼蔵』と間違えないように注意。

参考　**八宗**　奈良時代開宗の法相・華厳・三論・成実・倶舎・律の6宗と，平安時代開宗の天台・真言の2宗をあわせて八宗という。これがいわゆる旧仏教である。

6章　武家社会の形成と文化の動向

❸ **貞慶(解脱)** 興福寺の僧侶であり，戒律を重要視して法相宗を復興した。法然の論敵でもあったが，笠置山(京都府)に隠栖した。
❹ **叡尊** 戒律の復興につとめ，律宗を復興した。大和の西大寺(奈良市)の復興に努力し，橋の建設などの社会事業にも力をそそいだ。北条時頼や実時の帰依をうけた。
❺ **忍性(良観)** 叡尊の弟子。鎌倉の極楽寺に住んだ。北条時頼の帰依をうけて，師の業をついで社会事業に力をそそいだ。奈良にハンセン病患者らの療養所として，**北山十八間戸**を建てたことは有名。
❻ **俊芿** 栄西の弟子で泉涌寺(京都市)を再興した。戒律生活を尊び，律宗の再興に努力した。

▲北山十八間戸(奈良市)

ポイント〔鎌倉時代の新しい仏教〕

宗派	開祖	著書	教えの内容	広がりの層	中心寺院
浄土宗	法然	選択本願念仏集	他力本願の専修念仏	武士・貴族	知恩院
浄土真宗	親鸞	教行信証 歎異抄(唯円)	他力本願 悪人正機説	庶民	本願寺
時宗	一遍	(一遍上人語録)*	他力本願の一心念仏	庶民・商工業者	清浄光寺
法華宗	日蓮	立正安国論	南無妙法蓮華経の題目	武士・商工業者	久遠寺
臨済宗	栄西	興禅護国論	不立文字 公案による悟り	幕府の指導者	建仁寺
曹洞宗	道元	正法眼蔵	不立文字・只管打坐	地方武士・庶民	永平寺

＊「一遍上人絵伝」などをもとに一遍の言葉を集めたもの。一遍は死の直前に全ての著作を焼却している。

6 鎌倉文化

◆ 鎌倉時代には，貴族が，政治的には没落していくものの，文化の担い手の中心を占めつづけ，学問や和歌などでその権威を保った。新興の武士の勢いは建築や彫刻面に反映され，一方，時代変化と武士の活躍を背景に，説話・軍記物語・歴史文学が異彩を放った。

1 学問と思想

❶ **朱子学の伝来** 朱子学(宋学)は，中国南宋の朱熹によって始められた。鎌倉時代に，禅僧によって日本にもたらされて以後，広められていった。これが，のちの五山文学盛行の基礎(▷p.167)になり，さらに朱子学のもつ大義名分論が，後醍醐天皇による建武の新政(▷p.141)の理論的背景となった。

（注意）律令体制下で国家の教育施設であった大学・国学は，律令国家の解体とともに衰退し，学問は貴族の趣味的な要素が強くなった。

補説　**朱子学（宋学）**　理の一元を宇宙の原理とし，この理に気が加わって宇宙のあらゆる事物が生まれると説く学問。とくに，君主と臣下の上下関係を合理化する大義名分論は，その後のわが国の思想に大きな影響を与えた。

❷ **貴族の学問の尊重**　鎌倉時代は，貴族の地位は低下したが，過去への懐古と自負によって，古典をはじめとする貴族本来の伝統的な学問が重要視された。
①有職故実の学問…朝廷の儀式や先例を研究する有職故実が学問の分野としてこのころ成立した。とくに，13世紀初めに順徳天皇が著した有職故実の書『禁秘抄』と，後鳥羽天皇が著した『世俗浅深秘抄』は有名である。
②万葉集の研究…万葉集や古今和歌集の研究もきわめてさかんになり，鎌倉の僧侶であった仙覚が，万葉集の注釈書である『万葉集註釈』を著した。
③日本書紀の研究…卜部兼方が，民間では最初の日本書紀の注釈書である『釈日本紀』を著した。

❸ **学問の施設**　金沢文庫が有名。これは金沢（北条）実時が武蔵国金沢（横浜市）の称名寺に和漢の書を集め，武士の勉学の便をはかったもので，北条氏はここを本拠として学問を行った。

❹ **伊勢神道の成立**　神国思想（▶p.135）の高まりとともに，神を主（本地）とし仏を従（垂迹）とする反本地垂迹説が伊勢神宮外宮の神官度会家行によって仏教に対する反対理論として提唱された。これを伊勢神道★1（度会神道）という。

❺ **度会家行の著書**　『類聚神祇本源』。これは，伊勢神道の根本教典である『神道五部書』★2などの神道に関する和漢書の要点をまとめたものである。

2　文　学

❶ **和歌の隆盛**　鎌倉時代には，貴族の文学として，和歌がさかんであった。後鳥羽上皇の勅撰による『新古今和歌集』を編集した藤原定家★3・藤原家隆や，『山家集』を出した西行★4，『金槐和歌集』を出した3代将軍の源 実朝などが著名な歌人である。

❷ **日記と随筆**　日記や随筆も貴族の間でさかんであった。
①日記…藤原定家の『明月記』や九条兼実の『玉葉』などがあるが，文学作品ではなく，政治に関する重要史料。
②随筆…鎌倉時代初期の鴨長明による『方丈記』と，後期の吉田（卜部）兼好による『徒然草』が代表的なものである。

◀金沢文庫の蔵書印

注意　金沢文庫と足利学校の成立した時代・設立者を混同しないようにしよう。下野（栃木県）にある足利学校の設立者は不明だが，室町時代に関東管領の上杉憲実が復興した。

★1　伊勢神道　儒教・道教思想をも加えて論じた，わが国で最初の神道理論である。

★2　『神道五部書』　伊勢神道の根本教典。5種の書物からなる。北畠親房は度会家行に師事したため，親房が著した『神皇正統記』（▶p.165）にその影響があらわれている。

★3　藤原定家　『千載和歌集』を撰した藤原俊成の子。

★4　西　行　俗名を佐藤義清（憲清）といい，北面の武士であった。各地を遍歴して秀歌を残す。その生涯を描いた鎌倉時代中期成立の『西行物語絵巻』も有名。

❸ **紀行文** 紀行文にも文学的価値の高い作品があらわれた。『海道記』『東関紀行』や、阿仏尼の著した『十六夜日記』などが有名である。いずれも京都・鎌倉間の紀行文で、その文学性とあわせて、当時の東海道のようすをも知ることができる貴重な史料である。

❹ **説話文学と軍記物語** 説話文学と軍記物語（戦記文学。軍記物ともよばれる）もさかんとなった。これらは武士と庶民の文学としての特色をもつ。
①説話文学…庶民の生活が向上してくるにつれて、その豊富な生活の側面が説話の素材とされたもので、『宇治拾遺物語』や『古今著聞集』などが知られる（右ページの表参照）。
②軍記物語…源平の争乱における武士の姿を印象的に描いた『平家物語』★5 をはじめ、『保元物語』『平治物語』などがつくられた。

❺ **史書** 『大鏡』（▷p.106）につづいて、『今鏡』『水鏡』ができた。また、『吾妻鏡』は和風漢文・日記体で書かれた鎌倉幕府の公式記録である。史論としては、摂関家出身の天台座主慈円が、道理を通して歴史を解釈した『愚管抄』がすぐれている。ほかに、虎関師錬の著した最初の日本仏教史書である『元亨釈書』も名高い（▷p.127）。

★5 『平家物語』『平家物語』の原型は鎌倉時代中期に成立。琵琶法師（琵琶を演奏する盲目で僧形の芸人）による語り物として普及していった。源平の争乱を描き、盛者必衰の仏教的無常観を基調とする。七五調の和漢混淆文で、格調が高い。

参考 四鏡の記述
文徳～後一条天皇の時代を、藤原道長の栄華を中心に批判的に描いた『大鏡』、後一条～高倉天皇までの時代を書いた『今鏡』、12世紀末の成立で、神武～仁明天皇までを仏教的史観で記した懐古的な『水鏡』、南北朝時代の成立で、後鳥羽～後醍醐天皇までの時代を公家側の立場で記した『増鏡』。これらを四鏡という。

史料 『愚管抄』

年ニソヘ日ニソヘテハ①、物ノ道理②ヲノミ思ツヾケテ、老ノネザメ③ヲモナグサメツヽ、イトヾ年モカタブキマカルマヽニ④、世中モヒサシクミテ侍レバ、昔ヨリウツリマカル道理モアハレニオボエテ⑤、神ノ御代ハシラズ、人代トナリテ神武天皇ノ御後、百王⑥トキコユル、スデニノコリスクナク、八十四代⑦ニモ成ニケル中ニ、保元ノ乱イデキテノチノコトモ、マタ世継ガモノガタリ⑧ト申モノヲカキツギタル人ナシ。……
世ノ道理ノウツリユク事ヲタテメニハ、一切ノ法⑨ハタヾ道理ト云二文字ガモツナリ。其外ハナニモナキ也。

注 ①年や日がたつにつけ。②歴史を動かす原則、理法。③老人の寝覚めがちな夜。④いよいよ年をとってしまった。⑤心にしみじみと感じられて。⑥帝王の100代以降は世の中が乱れるという末法思想。⑦順徳天皇。神武天皇以後、84代目であると考えられていた。後鳥羽上皇の院政時代にあたる。⑧『世継物語』のことで、『大鏡』をさす。⑨真理。

視点 『愚管抄』の成立は1220（承久2）年、承久の乱の直前であった。著者の慈円は、後鳥羽上皇の倒幕計画をいさめる目的からこれを著した。慈円の歴史観は、百王思想に見られる末法観と歴史をつらぬく原理としての道理の理念にあった。したがって、慈円によれば、保元の乱以降の末法の世に、武家政治が成立したこともまた道理なのである。

〔鎌倉時代のおもな文学作品〕

種別	書　名	編著者	種別	書　名	編著者
和歌	新古今和歌集 山家集 金槐和歌集	藤原定家ら 西行 源実朝	紀行文	十六夜日記 東関紀行	阿仏尼 未詳
説話文学	宇治拾遺物語 古今著聞集 十訓抄 沙石集	未詳 橘成季 未詳 無住	史書	水鏡 愚管抄 吾妻鏡 元亨釈書	未詳 慈円 幕府の編修 虎関師錬
随筆	方丈記 徒然草	鴨長明 吉田兼好	軍記物語	保元物語 平治物語 平家物語 源平盛衰記	未詳 未詳 未詳 未詳

3 美術

❶ 建築
鎌倉時代には，**大仏様**と**禅宗様**という新たな建築様式が宋から伝えられ，禅宗様はその後も寺院建築の様式として普及した。

①大仏様…宋から伝わり，**重源**が治承・寿永の内乱で平氏に焼かれた東大寺を再建する際に採用した様式。大型建築に適しており，豪放で力強く変化に富み，天竺様ともいう。代表的な建物としては，東大寺南大門（奈良市）や浄土寺浄土堂（兵庫県）がある。

②禅宗様…これも宋から伝わった建築様式であるが，細かい木材を用いて整然とした美しさを特色とし，禅宗寺院に多く採用された。唐様ともいう。円覚寺舎利殿（鎌倉市）が有名。

③和様…平安時代以来の日本的様式をいう。ゆるく流れる屋根の勾配に特色をもつ。滋賀の石山寺多宝塔や京都の蓮華王院本堂（三十三間堂），和歌山の金剛峰寺不動院本堂が有名。

④折衷様…旧来の様式に大仏様・唐様の手法をとりいれたもの。新和様ともいう。観心寺金堂（大阪府）が有名。

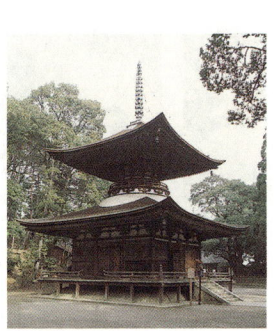

▲東大寺南大門（大仏様）

▲円覚寺舎利殿（禅宗様）

◀石山寺多宝塔（和様）

(参考) 重源のように，寺社復興や造築のために寄付をすすめる僧を，勧進聖という。

6章　武家社会の形成と文化の動向

❷ **彫　刻**　①特色…鎌倉時代初期の南都諸大寺の復興を契機★6として発達してきた。天平彫刻に宋の手法を加味し、<u>写実的で躍動的な作品</u>が多くつくられた。
②代表的な仏師…<u>運慶</u>およびその子の湛慶・康弁・康勝と、<u>快慶</u>（運慶の父康慶の弟子といわれる）が名高い。
③代表的な作品…奈良の東大寺南大門金剛力士（仁王）像（運慶・快慶ら）、興福寺無著像・世親像（運慶ら）、東大寺僧形八幡神像（快慶）、興福寺天灯鬼・竜灯鬼（康弁ら）、京都の六波羅蜜寺空也上人像（康勝）、奈良の東大寺重源上人像、鎌倉の明月院上杉重房像や建長寺北条時頼像がある。

★6 治承・寿永の内乱では、平重衡が、反平氏の立場の奈良の東大寺や興福寺を焼打ちにした。そこで、鎌倉時代初期に鎌倉幕府の援助によって東大寺や興福寺の伽藍や仏像が新たにつくられた。

▲無著像　　▲天灯鬼像　　▲金剛力士像（阿形）

❸ **絵　画**　①仏画…仏教の盛行とともに仏画も栄え、念仏系宗派の隆盛を反映して、<u>阿弥陀来迎図に秀作があらわれた</u>。
②絵巻物…平安時代の絵巻は物語を題材としたものが多かったが、鎌倉時代には、僧侶の伝記、戦乱、寺社の縁起を題材としたものが多くなった。「<u>一遍上人絵伝</u>」（円伊画、▷p.125）

参考　快慶は安阿弥陀仏ともよばれ、東大寺南大門金剛力士像阿形の胎内から、「安阿弥陀仏」の文字が発見されている。

▲「北野天神縁起絵巻」
菅原道真（▷p.84）の伝記絵巻。大宰府で失意のうちに死去した道真の怨霊が、雷神となって貴族たちに復讐する場面。

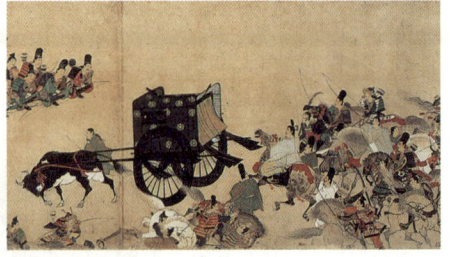

▲「平治物語絵巻」
平治の乱（▷p.105）に取材した絵巻。上図は、二条天皇が六波羅の平清盛邸に行幸する場面。牛車が印象的である。

6 鎌倉文化

▲「法然上人絵伝」
法然の徳行をたたえた絵巻。上図は京都東山に庵を開いた法然のもとに人々が集まり、説法を聞いている場面。

▲「男衾三郎絵巻」
武蔵の御家人である男衾三郎兄弟の生きざまを描いた絵巻。笠懸、犬追物などの武芸訓練のようすが有名。

「法然上人絵伝」「北野天神縁起絵巻」「春日権現験記絵(高階隆兼画)」「石山寺縁起絵巻」「蒙古襲来絵巻」「平治物語絵巻」「男衾三郎絵巻」「粉河寺縁起絵巻」などが有名。このほか、「地獄草紙」「餓鬼草紙」「病草紙」などの仏教的な内容をもつ絵巻もつくられた。

③似絵…鎌倉時代に流行した大和絵の肖像画。画家では藤原隆信・信実親子が有名。似絵の代表的な作品には、「伝源頼朝像(隆信画?)」「伝平重盛像(隆信画?)」★7「後鳥羽上皇像(信実画)」がある。また、明恵の肖像画「明恵上人樹上坐禅図」、親鸞の肖像画「親鸞聖人像」(「鏡御影」、▷p.124)も名高い。

④頂相…禅宗で、修行僧が一人前になったときに師から与えられる、師や高僧の肖像画をいう。室町時代に流行した。

❹ **工 芸** ①日本刀・甲冑…日本刀の名匠に藤四郎吉光(京都)・長光(備前)・正宗(鎌倉)・郷義弘(越中)らがあらわれ、甲冑では明珍家が甲冑づくりの家として栄えた。
②製陶…加藤景正が宋から新陶製法を伝え、瀬戸焼を始めた。

❺ **書 道** 伏見天皇の皇子である尊円入道親王が、京都の青蓮院の門主となり、和様の書風に宋の書風をとりいれて青蓮院流を創始した(江戸時代に御家流に発展した)。

▲伝源頼朝像(似絵)

★7「伝源頼朝像」「伝平重盛像」 この2つの似絵は、それぞれ足利直義像・足利尊氏像であるとする説が出されているが、結論は出ていない。

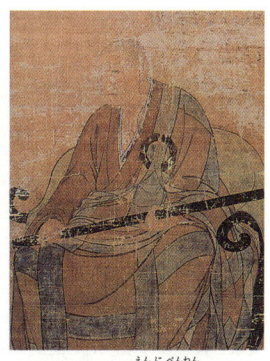

6章 武家社会の形成と文化の動向

▲「明恵上人樹上坐禅図」

▲京都・東福寺の円爾弁円像(頂相)

7 蒙古襲来と鎌倉幕府の動揺

◆ 執権北条時宗のとき，元軍が北九州に来襲した。幕府はこれを撃退したが，この戦いで得た土地はなく，武士への恩賞が少なかった。そのため，武士たちの幕府への信頼が失われた。御家人自身も2度にわたる元との戦いの出費で困窮し，御家人制が崩れてきた。

1 元の建国

❶ **モンゴル(蒙古)の統一** 中国では，13世紀になると，モンゴルに**チンギス＝ハン**[★1]が出て，ユーラシア大陸全域におよぶ**モンゴル帝国**をつくりあげた。

❷ **元の建国** モンゴルは，各地に遠征軍を送り，女真族の国である金(中国東北地方)を滅ぼし，さらに朝鮮半島の高麗をも属国として[★2]，確固たる勢力を形成した。そして**フビライ**[★3](忽必烈)のとき国号を**元**と改め，1271年に大都(現在の北京)を都とする国家を樹立した。

❸ **元の服属要求** フビライは，高麗を仲介として，元建国以前の1268(文永5)年以来，数度にわたってわが国に使者を派遣してきて服属を要求した。しかし，執権**北条時宗**はこの要求を拒否し，九州・中国・四国の御家人に防備を命じた。

2 蒙古襲来

❶ **元の来襲** 元は，日本の独立的な態度に対し，武力によって征服しようとして北九州に攻めてきた。こうして，執権北条時宗のもと，文永・弘安年間に2度の**蒙古襲来**があった。

❷ **文永の役**(1274・文永11年) 10月，元・高麗連合軍の

[★1] チンギス＝ハン 幼名はテムジン。1206年にモンゴルを統一し，クリルタイ(集会)でハン(汗)の位についた。

[★2] 蒙古襲来が起こった当時，高麗では武人組織である三別抄がモンゴルとこれに服属する国王に対して抵抗しており，日本に連帯を求める動きもあった。

[★3] フビライ チンギス＝ハンの孫にあたる。フビライは中国支配に専念する一方，南方に出兵してカンボジア・ビルマなどを従えた。文永の役・弘安の役は，この南方出兵の前後である。

▲元軍との戦闘
文永の役のようす。右の騎馬武者は竹崎季長。中央の火の玉が「てつはう」である。「蒙古襲来絵巻」(宮内庁蔵)より。

▲蒙古襲来関係図

あわせて2万数千人が日本に侵攻した。まず対馬・壱岐を侵し，北九州の松浦海岸を経て博多湾沿岸に上陸した。大宰府にせまろうとしたが，御家人は鎮西奉行の指揮のもとに防戦につとめ，元軍の「てつはう」という火器などに苦戦しながらももちこたえた。その戦いの夜に暴風雨が襲って元軍の船はほとんど沈没し，元軍は敗退した(文永の役)。

❸ **防備体制の整備** 文永の役後，幕府は再度の元軍の来襲を予想して対策をたて，博多湾沿岸の石塁(石築地)の築造と，異国警固番役★4の強化につとめた。

❹ **弘安の役(1281・弘安4年)** 元は宋を滅ぼしたあと，ふたたび14万の大軍を東路軍(元・高麗軍)と江南軍(南宋の降兵を主体とする元軍)の2手に分けて博多湾に攻めてきた。御家人の奮戦などにより上陸を防いでいる間に，再び暴風雨が襲い，元軍は敗退した。これを弘安の役という。なお，3度目の日本遠征は，元がベトナムなどアジア諸国の民衆の抵抗の鎮圧に手まどったため，実現しなかった。

❺ **防備体制の強化** その後も，幕府は元の再来に備えて異国警固をつづけ，鎮西探題★5や長門探題を設置した。

❻ **蒙古襲来の結果** 幕府は，御家人以外の武士を動員するなど，権限を拡大した。北条氏が守護を独占し，九州にも勢力を伸ばして，得宗専制は強化された。しかし，恩賞問題は御家人の不満を招き，また，多大な軍事負担が，幕府の財政を圧迫した。

3 幕府権力の動揺

❶ **幕府に対する御家人の不信** 蒙古襲来によって，御家人は重い軍事負担に苦しんだ。しかも，この戦争によって得た土地は少しもなかった。軍事負担に加えて，奉公に対する土地給与などの御恩を期待して戦った御家人に恩賞がなかったことは，御家人の幕府への信頼度を低下させ，御家人は窮乏していった★6。

❷ **御家人制の崩壊** 御家人は，惣領制に基づく分割相続によって世代を重ねるごとに所領が細分化され，その経済基盤は弱体化し，加えて宋銭による貨幣経済によって生活はいっそう打撃をうけた。その結果，御家人は自分の所領を，非御家人や凡下(借上などの高利貸)に売却したり質入れしたりしてその場をしのいだ。ここから御家人制は崩壊していった。

(参考) **蒙古襲来の理由** 朝貢を拒否されたことに対する報復措置であったが，日本が金を豊富に産出する黄金の国であると信じたこと，当時元と抗争していた南宋が，日宋貿易によって支えられているとみなされたことも重要。

★4 **異国警固番役** 文永の役後，九州地方の御家人に統一的に課した軍役のこと。大番役にかえて課された。鎌倉時代の末までつづいた。警護と書かないように注意。

★5 **鎮西探題** 蒙古襲来後も九州防備のために鎮西奉行を強化し，北条氏の一族を派遣して軍事・行政・裁判にあたらせた。九州探題ともいう。1293(永仁元)年に正式に設置。

(参考) **神国思想の発生** 蒙古襲来をきっかけに，日本は神に護られた神国であるとする神国思想が生まれた。

★6 **御家人の窮乏の理由**
①貨幣経済の浸透。
②分割相続の進展。
③蒙古襲来による負担の増大。
④得宗家の専制。

6章　武家社会の形成と文化の動向

❸ **永仁の徳政令の発布**　得宗北条貞時(時宗の子)のもと，幕府は，1297(永仁5)年，御家人の窮乏を救って幕府権力を再編成するために徳政令を出した。これを**永仁の徳政令**という。

❹ **永仁の徳政令の内容**
① 御家人の所領の売却・質入れを禁止。
② すでに売却された土地は，無償で本主(もとの持ち主)である御家人に返還。
③ 越訴★7の禁止と，御家人に対する金銭貸借訴訟の不受理。

❺ **永仁の徳政令の結果**　この法令は経済を混乱させ，金融業者は御家人に対する金融をしぶったため，かえって御家人の困窮を深めることになった。

❻ **北条得宗家の専横**　北条氏は，蒙古襲来後も幕府諸機関の重職を独占し，地方でも北条氏一門のものを守護に任命するなど，その専制化がはなはだしくなった。とくに，**得宗家**とよばれる北条氏一門の嫡流家が独裁を行った(得宗専制)。

❼ **霜月騒動と内管領の進出**　得宗家の専制とともに，得宗家の家臣である御内人，とくに，その長である内管領が専権をふるった。1285(弘安8)年に起こった霜月騒動★8(安達泰盛の乱)以後，その傾向はさらに強まった。

参考　永仁の徳政令では，取り戻す側は御家人にかぎられていたが，本主返しを意味する徳政は，室町時代には庶民階層が要求するようになり，大規模な徳政一揆(土一揆)が発生する(▷p.158)。

★7 **越訴**　判決内容に誤りがあるとして，再審請求を行うこと。近世の越訴(筋違いの訴訟)とは意味がちがうことに注意。

★8 **霜月騒動**　1285年，有力御家人で，蒙古襲来後の御家人に対する恩賞問題に奔走していた安達泰盛らが御内人の代表である内管領平頼綱(禅門)にほろぼされた事件。その後，頼綱も1293(永仁元)年に他の御内人および北条氏一門によって倒された(平禅門の乱)。

史料　永仁の徳政令

一　質券売買地①の事
　右，所領を以て或は質券に入れ流し，売買せしむるの条，御家人等侘傺②の基なり。向後に於いては，停止に従ふべし。以前沽却③の分に至りては，本主④をして領掌⑤せしむべし。但し，或は御下文・下知状を成し給ひ⑥，或は知行廿箇年⑦を過ぐるは，公私の領⑧を論ぜず，今更相違あるべからず。若し制符⑨に背き，濫妨を致すの輩あらば，罪科に処せらるべし。次に，非御家人・凡下⑩の輩の質券買得地の事，年紀⑪を過ぐると雖も，売主⑫をして知行せしむべし。
　　永仁五年⑬七月廿二日　　　　　　　　　　　　　　　　　　　　『東寺百合文書』

注　①質入れや売買した土地。②困窮。③売却。④もとの持ち主。⑤領有して支配する。⑥幕府からの下文や下知状で公認された売買。⑦売却後20年を経過したもの。⑧公領＝幕府からの恩給地と，私領＝先祖伝来の領地。⑨禁止の命令。ここでは，この徳政令をさす。⑩武士身分以外の人々。⑪注⑦と同じ。⑫土地を売却した御家人。⑬1297年。

視点　永仁の徳政令のねらいは，正当に売買された土地を，無償でもとの持ち主の御家人に返却させることにある。その際，(1)御家人間での売買の場合，幕府が売却を認めたものや売却後20年をすぎたものは除くこと，(2)売却相手が非御家人や庶民の場合は，年限をかぎらず，売主である御家人に無償で返却させること，とある部分は，試験によく出るので注意しておこう。

テスト直前要点チェック

	問	答
①	後白河法皇の皇子で，源頼朝らに挙兵をよびかけたのは誰か。	以仁王
②	侍所の初代別当は誰か。	和田義盛
③	源頼朝が征夷大将軍に任命されたのは西暦何年か。	1192年
④	守護の3つの職務をまとめて何というか。	大犯三箇条
⑤	将軍が御家人に，先祖伝来の土地を保証することを何というか。	本領安堵
⑥	御家人たちが京都を警備する役を何というか。	京都大番役
⑦	平氏一門の都落ちに際して朝廷が没収した所領を何というか。	平氏没官領
⑧	将軍家が支配する知行国を何というか。	関東御分国
⑨	後鳥羽上皇が北面の武士に加えて置いた武士を何というか。	西面の武士
⑩	承久の乱が起こったときの執権は誰か。	北条義時
⑪	新補地頭が，1段につき5升徴収した米を何というか。	加徴米
⑫	北条泰時は，有力御家人11人を何に任じたか。	評定衆
⑬	北条泰時が御家人のために制定した法を何というか。	御成敗(貞永)式目
⑭	北条氏の嫡流の当主を何というか。	得宗
⑮	北条時頼が裁判の迅速化などのために設置した役職を何というか。	引付衆
⑯	土地紛争の際，領家と地頭が土地を折半する解決法を何というか。	下地中分
⑰	惣領制において，嫡子以外の子を何というか	庶子
⑱	騎射三物とは犬追物・笠懸ともう1つは何か。	流鏑馬
⑲	鎌倉時代に新たに肥料として用いられたものは何か(2種類)。	刈敷・草木灰
⑳	月に3度開催される市を何というか。	三斎市
㉑	鎌倉時代の金融業者は何とよばれたか。	借上
㉒	親鸞が，悪人こそ阿弥陀仏の救いの対象だとして唱えた説は何か。	悪人正機説
㉓	法華宗を開き，『立正安国論』を著した人物は誰か。	日蓮
㉔	曹洞宗を日本に伝えた人物は誰か。	道元
㉕	鎌倉幕府の公式記録として書かれた歴史書を何というか。	吾妻鏡
㉖	天台座主の慈円が道理の思想で著した歴史書を何というか。	愚管抄
㉗	東大寺南大門金剛力士像をつくった人物は誰か(2名)。	運慶，快慶
㉘	「伝源頼朝像」などを描いたとされる似絵の名手は誰か。	藤原隆信
㉙	文永の役後，九州の御家人などに課された軍役を何というか。	異国警固番役
㉚	永仁の徳政令は西暦何年に出されたか。	1297年

6章 武家社会の形成と文化の動向

7章 武家社会の展開

この章の見取り図

守護大名の荘園侵略 → 守護領国制 → 応仁・文明の乱 → 戦国大名 → 領国支配・分国法／産業の発達

貴族・寺社の勢力後退 → 荘園の崩壊 → 惣村の成立 → 土一揆・国一揆・一向一揆

年次	一三二四	一三三一	一三三三	一三三六	一三九二	一三九九	一四〇一	一四〇四	一四二八	一四四一	一四六七	一四八五	一四八八	一五二〇	一五四三	一五四九
天皇	後醍醐		光厳	光明…（北朝）／醍醐（南朝）……												
おもな事項	正中の変／倒幕計画	元弘の変	鎌倉幕府の滅亡／新田義貞／足利高氏	建武の新政…後醍醐天皇／南北朝の対立始まる	南北朝の合一	応永の乱（大内氏抑圧）／明徳の乱（山名氏抑圧）	足利義満が明と国交	日明貿易（勘合貿易）→一時中断／倭寇	正長の徳政一揆→徳政令要求	嘉吉の変／永享の乱	応仁・文明の乱／〈守護大名の反攻〉／守護大名の連合政権→弱体化→幕府の権威失墜／荘園制の崩壊	山城の国一揆（自治）／守護大名の衰退	加賀の一向一揆／戦国時代	三浦の乱／日朝貿易の衰退／『今川仮名目録』／戦国大名の分国支配	鉄砲伝来…ポルトガル人	キリスト教の伝来…ザビエル
政治・文化	鎌倉幕府			建武の新政	室町幕府			〈北山文化〉中国文化の影響					〈東山文化〉禅宗の影響			

1 鎌倉幕府の滅亡

◆ 蒙古襲来以後の社会変動に有効な対応ができず，鎌倉幕府は武士への支配力を失った。皇位継承もからんで挙兵した大覚寺統の後醍醐天皇が，楠木正成などの反幕府勢力を組織し，御家人の足利高氏（のち後醍醐天皇の名〔尊治〕から1字をたまわり尊氏）らも反幕府に転じ，ついに1333（元弘3）年，鎌倉幕府は滅亡した。

1 鎌倉末期の政治・社会情勢

❶ **幕府の情勢** ①幕府内部の情況…鎌倉時代末期には，北条氏とその一族勢力による**得宗専制**（▷p.136）が展開していた。このようなとき，14代執権で最後の得宗でもある**北条高時**は，内管領の長崎高資の専横，蝦夷の反乱，幕府の内紛などに対処できず，闘犬や田楽などの遊興にふけっていた[★1]。

②幕府支配の動揺…地頭・名主などの有力者や新興武士からなる**悪党**が，蒙古襲来のころから畿内を中心に出現した。彼らは，水陸の交通を利用して年貢などを横領し，**反荘園領主・反幕府的な行動**をとり，しだいに地元に政治勢力を形成。

★1 このため，御家人の間にも，得宗専制への不満が高まっていた。

(注意) 悪党とは，強い人間というような意味で，もっぱら権力者の側からこうよばれた。

❷ 貴族社会の情勢

貴族社会は弱体化し、求心力が失われて、天皇家も摂関家も分裂していった。摂関家はすでに鎌倉初期に近衛・九条の2系統に分かれていたが、鎌倉中期にさらに5家に分裂し、摂政・関白を各家から交替で出すことになった。**五摂家**（近衛・九条・鷹司・二条・一条の5家）がこれである。

```
時頼5 ── 時宗8 ── 貞時9 ── 高時14 ── 時行（中先代）
       └ 宗政   └ 師時10
```
▲北条氏系図（時頼以降。数字は執権になった順）

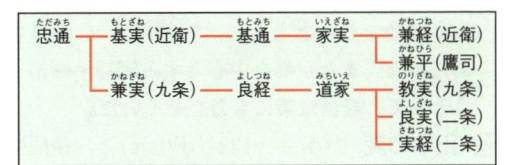

```
忠通 ┬ 基実（近衛）── 基通 ── 家実 ┬ 兼経（近衛）
    │                              ├ 兼平（鷹司）
    └ 兼実（九条）── 良経 ── 道家 ┼ 教実（九条）
                                    ├ 良実（二条）
                                    └ 実経（一条）
```
▲藤原氏系図（忠通から五摂家成立まで）

❸ 朝廷の情勢

天皇家は承久の乱の敗北によって権力を失ったが、前代からの荘園と、伝統的な権威を基礎として、勢力を保っていた。

①**天皇家の分裂**…1272（文永9）年に後嵯峨上皇が死去すると、皇位継承問題をめぐって、皇統が上皇の第2皇子亀山天皇（**大覚寺統**）★2と第1皇子後深草天皇（**持明院統**）★3とに分裂した。

②**両統迭立**…幕府は介入して調停を試みたが、かえって混乱を招いたため、皇位継承について両統が交互に皇位につくという**両統迭立**の案を打ち出した。このなかで1317（文保元）年、幕府が皇位継承に関与しないことなどをふくむ、文保の和談を提示した。ここで即位したのが**後醍醐天皇**である。

▲後醍醐天皇

★2 **大覚寺統** 後宇多上皇が京都の大覚寺を皇居としたことからこの名がつけられた。南北朝時代の南朝となり、八条院領を経済的基盤とした。

★3 **持明院統** 伏見上皇が、京都の持明院を皇居としたことからこの名がつけられた。南北朝時代の北朝となり、長講堂領を経済的基盤とした。

(参考) 後醍醐天皇は、延喜の治（▷p.84）を行った醍醐天皇にあこがれ、天皇名を生前に後醍醐と定めた。

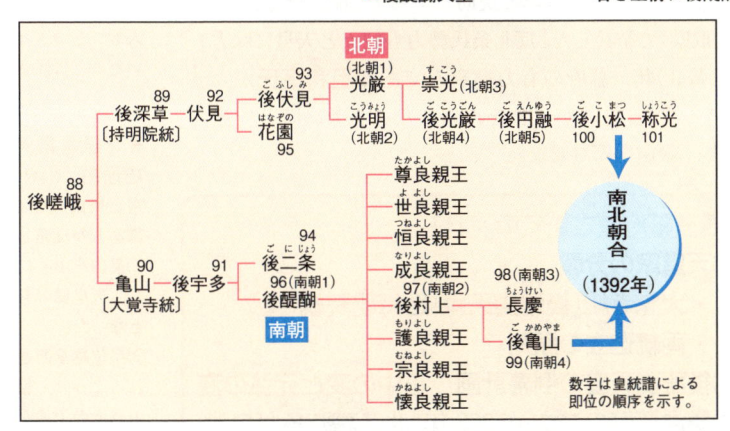

```
                            北朝
                    93  (北朝1)
           89  92  後伏見 ─ 光厳 ── 崇光（北朝3）
後深草 ── 伏見 ┬              ┌ 光明（北朝2）
〔持明院統〕   └ 花園95       └ 後光厳 ── 後円融 ── 後小松 ── 称光
                              (北朝4)   (北朝5)    100      101
後嵯峨88                                                    ↓
                           94                           南北朝合一
           90   91       後二条                          (1392年)
           亀山 ─ 後宇多 ┬ 96(南朝1)                       ↑
              〔大覚寺統〕└ 後醍醐 ┬ 尊良親王
                          97(南朝2)├ 世良親王
                                  ├ 恒良親王
                                  ├ 成良親王
                                  ├ 後村上 ┬ 長慶 98(南朝3)
                                  │        └ 後亀山 99(南朝4)
                                  ├ 護良親王
                                  ├ 宗良親王
                                  └ 懐良親王
                                      南朝
```
数字は皇統譜による即位の順序を示す。
▲皇室系図（両統迭立と南北朝の内乱関系図）

2 鎌倉幕府の滅亡

❶ 後醍醐天皇の即位
1318(文保2)年、大覚寺統の後醍醐天皇が即位した。天皇は宋の朱子学を学び、政治に対しても意欲的であった。天皇は倒幕をめざし、さらに院政を停止して、天皇親政を行うとともに、記録所★4を再興して訴訟処理にあたった。また京都を中心とする流通・商業を直接掌握しようとして、経済政策にも力をそそいだ。

❷ 正中の変
①発生…1324(正中元)年、後醍醐天皇の企てた第1回の鎌倉幕府打倒計画をいう。天皇側は、日野資朝・日野俊基らを中心に畿内および周辺の寺社・地方武士の勢力を集めて挙兵しようとした。

②結果…計画は事前にもれ、資朝は佐渡(新潟県)に流罪となった。天皇は計画に加わっていないと主張し、鎌倉幕府も内紛で混乱していたため、処罰をまぬがれた。

❸ 元弘の変
①発生…1331(元弘元)年、後醍醐天皇の第3皇子の護良親王を中心に挙兵を計画した。

②経過…この計画は密告によって実行できなかったので、天皇は笠置山(京都府)にのがれたが、楠木正成(河内の悪党)は赤坂城(大阪府)で挙兵した。しかし、正成は敗れ、天皇も捕えられて企ては失敗し、天皇は隠岐(島根県)に流された。

③結果…幕府は後醍醐天皇にかえて、持明院統の光厳天皇を立てた。

❹ 幕府の滅亡
元弘の変の後、護良親王の令旨をうけた楠木正成が金剛山の千早城(大阪府)で挙兵した。後醍醐天皇自身も伯耆(鳥取県)の名和長年の援助によって隠岐を脱出し、船上山(鳥取県)で挙兵した。反北条氏勢力も続々と天皇に味方し、1333(元弘3)年、幕府の有力御家人である足利高氏が六波羅探題を、新田義貞が鎌倉を占領した。北条高時と一族らは自殺し、鎌倉幕府は滅んだ★5。

> **ポイント**
> 〔鎌倉幕府滅亡までの流れ〕
> ①天皇家の分裂
> ・大覚寺統(後醍醐天皇)と持明院統
> ・両統迭立の原則
> ②後醍醐天皇の倒幕計画…正中の変と元弘の変
> ③鎌倉幕府の滅亡…1333年、北条高時らが自殺

1317	・文保の和談、両統迭立
1318	・後醍醐天皇即位
1321	・院政の廃止…後醍醐天皇の親政
1324	・正中の変
1331	・元弘の変、後醍醐天皇笠置山へ ・笠置山陥落、光厳天皇即位
1332	・後醍醐天皇を隠岐に配流
1333	・足利高氏が六波羅探題を討つ ・得宗北条高時自殺…鎌倉幕府滅亡 後醍醐天皇が京都に帰る

▲鎌倉幕府滅亡までの略年表

★4 記録所 後三条天皇が、1069(延久元)年に荘園整理のために置いたのが最初(▷p.98)。13世紀末には後伏見天皇が訴訟処理のため組織を拡充した。

(注意) 足利高氏は源氏の名門の出身であった。高氏が倒幕側についたことがきっかけとなって、有力御家人もつぎつぎと倒幕軍についたことに注意しよう。

★5 鎌倉幕府が滅亡した理由 ①専制化した得宗と御内人中心の政治に、御家人が反発した。
②畿内を中心に悪党が活動し、天皇側の有力な軍事力となった。
③皇位継承問題などに見られるように、幕府の朝廷への過度の干渉が天皇家・貴族の反発を招いた。

2　建武の新政

◆ 鎌倉幕府を滅亡させた後醍醐天皇は、天皇親政を実現した。建武の新政である。しかし、その政治は公家と武士の連立政権であり、しかも武士の力を低く見て、武士を軽んじることが多かった。その結果、建武の新政はわずか3年間で崩壊する。

1 新政の政治機構

❶ 新政の特色　鎌倉幕府を倒した後醍醐天皇は、ただちに**建武の新政**を開始した。その政治の理想は、天皇を中心とし、それを貴族がささえた醍醐・村上天皇の延喜・天暦の治（▷p.84）の天皇・貴族政治であったため、武士の存在は軽視されがちで、不公平がめだった。

❷ 新政の内容
①院政や摂関を廃止して、天皇親政とした。
②国政の最高機関として**記録所**を復活させ、一般の政務・訴訟を担当した。天皇の親裁で、職員は公家と武士。
③**雑訴決断所**（鎌倉幕府の問注所にあたる）を設けて、領地に関する訴訟の処理を行った。
④**武者所**（鎌倉幕府の侍所にあたる）を設けて、京都警備や武士の統制を行った。頭人（長官）に新田義貞を任命した。
⑤**恩賞方**を設けて、論功行賞の審査を行った。
⑥地方行政の整備を行い、**国司と守護を併置**した。古代天皇政治への復帰をうたいつつも、武士の力は否定しきれなかった。
⑦関東統轄のため、**鎌倉将軍府**が設けられ、成良親王のもとに尊氏の弟の足利直義が補佐した。
⑧奥羽地方の統轄のため、多賀城（宮城県）に陸奥将軍府が設けられ、義良親王のもとに北畠顕家が補佐した。
⑨鎌倉将軍府・陸奥将軍府は、ともに旧幕府的組織を採用し、後醍醐天皇の理念に反していた。

❸ 新政への不満　建武の新政は、暗礁にのりあげ、やがて失敗に終わる。
①綸旨による土地保障…武士社会では現実にその土地を支配していることが重要であったが、後醍醐天皇はそれをくつがえし、天皇の

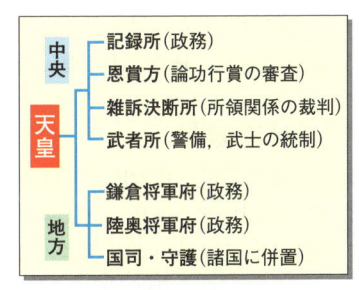

▲建武の新政の政治機構

中央
天皇 ─ 記録所（政務）
　　　 恩賞方（論功行賞の審査）
　　　 雑訴決断所（所領関係の裁判）
　　　 武者所（警備、武士の統制）
地方
　　　 鎌倉将軍府（政務）
　　　 陸奥将軍府（政務）
　　　 国司・守護（諸国に併置）

注意　建武の新政は、天皇がすべての政務を処理する建前であったが（天皇親政）、実際は本文のような諸機関を設け、旧幕府の事務に長じた役人を採用していたことに注意。

▲建武の新政〜南北朝時代の近畿要図

命令書である綸旨による土地所有確認を宣言した。これにより，武士社会で，土地所有の確認をめぐり混乱が生じた。
②恩賞の不公平…武士の新政への参加は，恩賞が主たる目的であったが，恩賞は武士よりも公家に有利であったため，多くの武士が不満をもった。
③武士同士の分裂…親後醍醐派（新田・楠木氏など）と反後醍醐派（足利氏）とが対立した。
④大内裏造営の負担…大内裏造営のため，諸国の地頭に税が賦課★1され，地方武士や農民層の反感をかった。

2 新政の崩壊

❶ 新政の混乱　政府内部では公家と武士が対立し，京都の治安すら保てず，混乱した状態となっていた。こうした混乱を風刺したものが「此比都ニハヤル物，夜討・強盗・謀綸旨」で始まる二条河原の落書である。

❷ 中先代の乱　最後の得宗であった北条高時の遺子である北条時行は，1335（建武2）年に鎌倉幕府の勢力を回復するため信濃（長野県）に兵をあげ，足利直義軍を破って，いったんは鎌倉を奪還した。しかし足利尊氏に追われ，敗走した。これを中先代の乱★2という。時行はなおも抵抗をつづけたが，のち捕らえられて処刑された。

★1 大内裏は火災で焼失したままであった。このため天皇の権威をとりもどそうという意図もあって大がかりな大内裏の再建を計画し，その費用として地頭に新たな税を課したのである。

（参考）銅銭・紙幣の発行　後醍醐天皇は平安時代以来とだえていた銅銭の鋳造を行い，わが国ではじめて紙幣を発行しようとした。銅銭を「乾坤通宝」といい，紙幣は当時中国（元）で流通していた鈔銭（紙幣）にならったらしい。しかし，「乾坤通宝」も紙幣も残っていないので実態はわからない。

★2 北条氏を先代，足利氏を後代というところから，その間の時代を中先代という。

史料　二条河原の落書

此比都①ニハヤル物，夜討・強盗・謀綸旨②，召人・早馬・虚騒動，生頸・還俗・自由出家③，俄大名・迷者，安堵④・恩賞・虚軍，本領ハナレヽ訴訟人，文書入タル細葛⑤，追従・讒人・禅律僧，下克上スル成出者⑥，器用ノ堪否沙汰モナク，モルヽ人ナキ決断所⑦，キツケヌ冠上ノキヌ，持モナラハヌ笏持テ，内裏マジハリ珍シヤ。　　　　　　　　　　　　　　　『建武年間記』⑧

(注) ①京都。②綸旨は蔵人が天皇の命令をうけて出す文書であるが，その偽物のこと。建武の新政では，綸旨が絶対万能であるとされた。③正規の手続きを踏まずに僧になった者。④権力者による所領の保障。⑤文書をいれる箱のことで，各地から所領の安堵を求めて，多くの人々が京都にやってきていることを示している。⑥急に出世して大名になった者，楠木正成や名和長年をさす。⑦雑訴決断所のこと。⑧建武政権の諸法令や，政治・訴訟・軍事機構の記録を集めた書。

(視点) 1334（建武元）年に京都鴨川の二条河原に掲げられた落書。二条河原は，二条大路と鴨川の交差するあたりの河原で，当時の庶民たちの寄り集まる場所であった。建武政権が成立した直後の京都の混乱したようすが鋭く描かれており，試験では，時代・場所・出典・雑訴決断所についての設問が多い。

❸ 足利尊氏の挙兵
中先代の乱を平定して鎌倉にはいった尊氏は，建武の新政に反対する立場を宣言した。朝廷は，尊氏を打倒するために新田義貞を派遣したが，尊氏は箱根の竹ノ下の戦い（神奈川県）でこれを破り，1336（建武3）年に京都に進撃した。しかし，陸奥将軍府を根拠とする北畠顕家の軍に京都で敗れ，いったん九州へ敗走した。

❹ 建武政権の崩壊
尊氏は，九州で西国武士の援助をうけ，ふたたび京都にせまり，湊川の戦い（神戸市）で楠木正成のひきいる朝廷軍を破り，ついで京都にはいった。尊氏は後醍醐天皇に譲位をせまり，持明院統の光明天皇を即位させた。ここに，建武の新政は3年あまりで崩壊した★3。

▲楠木正成の旗印（レプリカ）

〔ポイント〕
〔建武の新政〕
① 天皇親政…院政の廃止，摂関を置かず
② 国政の最高機関…記録所
③ その他の機関…雑訴決断所・恩賞方・武者所
④ 地方の支配…国司と守護を両方設置

注意 政権に反旗をひるがえした尊氏は光明天皇を立てた。武士が朝廷の権威を利用していることに注意。

★3 まもなく，尊氏は建武式目（▷p.147）を定めて，武家政治を復活した。

3 南北朝の内乱と守護大名の成長

◆ 光明天皇の即位で，京都の北朝と吉野の南朝の対立がはっきりし，以後，半世紀にわたる内乱がつづいた。この時代を南北朝時代という。内乱期を通して，守護大名がしだいに成長し，守護請・半済などを利用して国人を支配下におき，守護領国制を展開していった。

1 南朝の動向

❶ **南北朝の対立** 足利尊氏が光明天皇を擁立すると，後醍醐天皇は京都を脱出して，吉野（奈良県）にのがれ，京都の朝廷を否定して1336（南朝・延元元／北朝・建武3）年に南朝政権を立てた。これ以後，北朝＝持明院統（京都）と南朝＝大覚寺統（吉野）の2人の天皇・2つの朝廷による対立がつづいた。

❷ **南朝の情勢** 新田義貞は藤島（福井県）で，北畠顕家は和泉の石津（大阪府）で，1338（南朝・延元3／北朝・暦応元）年に戦死した。翌年には後醍醐天皇が吉野で死去し，正成の子の楠木正行も1348（南朝・正平3／北朝・貞和4）年，河内の四條畷（大阪府）で戦死した。南朝の勢力は北畠親房（顕家の父）を中心に吉野付近だけの弱小勢力となった。それでも南朝が

▲南朝政権がおかれた吉野（奈良県吉野町）

7章 武家社会の展開

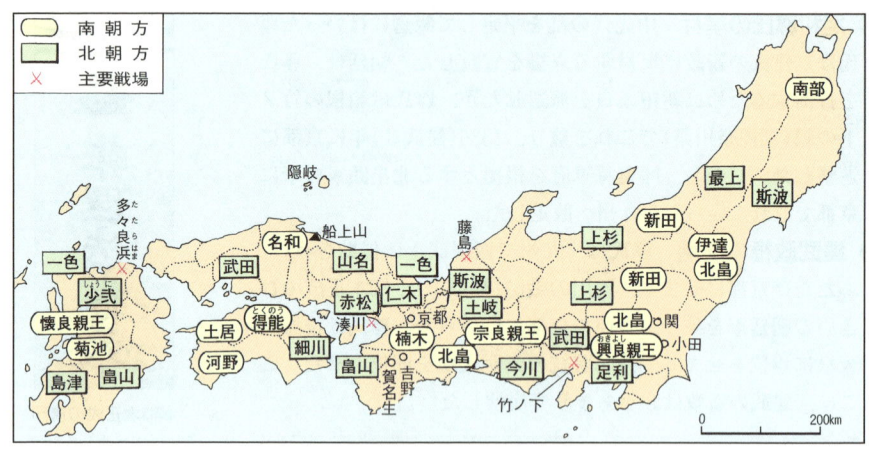

▲南北朝の内乱の地図

50年間もつづいたのは、三種の神器★1が南朝側に確保されていたこと、室町幕府に複雑な内部対立があったことが原因と考えられる。

❸ **九州の南朝勢力**　畿内の南朝勢力がおとろえた1361(南朝・正平16／北朝・康安元)年ごろから約10年間、懐良親王が、菊池氏らの援助で大宰府を中心に勢力をふるった。しかし、北朝方の九州探題の今川了俊(貞世)に制圧されて、以後おとろえた。

❹ **後村上天皇の即位**　1339(南朝・延元4／北朝・暦応2)年、後醍醐天皇が死去して、皇子の後村上天皇が即位し、皇居を吉野から、さらに山奥の賀名生(奈良県五條市西吉野町)に移した。

2 足利氏の争い

❶ **尊氏・直義の対立**　足利尊氏は1338(南朝・延元3／北朝・暦応元)年に、北朝の光明天皇より征夷大将軍に任ぜられ、幕府を開いた(▷p.147)。弟の直義と政務を分担し、二頭政治を行ったが、政治の方針をめぐり、兄弟は対立した。

①**足利直義**…尊氏の弟直義は、幕府機構を掌握し、行政・訴訟をうけもち、鎌倉幕府的で組織的・官僚的な統治体制を担った(統治権的支配)。
②**足利尊氏**…尊氏は、征夷大将軍として全国の武士との間に結んだ主従関係を掌握し、全国武士の頂点として君臨した(主従制的支配)。執事(のちの管領)の高師直が尊氏を補佐した。

★1 三種の神器　八咫鏡・草薙剣・八坂瓊曲玉の3つをいう。この宝物は、最初は鏡・剣の2種、のち玉が加わって3種となり、天皇の位のしるしとして伝えられていた。後醍醐天皇が吉野に南朝を立てたとき以来、三種の神器は南朝の天皇に相伝されていた。

(参考)　足利直義は保守的で、荘園制の秩序を守ろうとした。これに対して、高師直は急進的で、荘園制に否定的であった。

(注意)　室町幕府の初代の将軍はもちろん足利尊氏、3代目は義満。では2代目は誰か。義詮である。意外に見落とされるので注意が必要。

(参考)　観応の擾乱では、尊氏・直義がともに南朝側と一時的に手を結んだため、南朝が勢力をもりかえし、内乱は激化した。

3 南北朝の内乱と守護大名の成長

❷ **観応の擾乱**　1350（南朝・正平5／北朝・観応元）年、上記の両派は争乱に突入した。直義方が高師直一族を殺し、直義は鎌倉へ帰還したが、1352（南朝・正平7／北朝・文和元）年、尊氏に毒殺され、乱は終わった。

❸ **内乱の全国波及**　観応の擾乱後、尊氏とその子義詮派と、直義の養子の直冬（尊氏の庶子）派が対立した。直冬には南朝方が加わり、全国の守護・国人★2 も在地の支配をかけて両派についたので、内乱は複雑化し、全国に波及した。

3 南北朝の合一

❶ **南北朝の合一**　明徳の乱（▷p.150）の結果、幕府支配がようやく安定した。そこで3代将軍足利義満の1392（南朝・元中9／北朝・明徳3）年に、幕府は南朝の後亀山天皇に対して和平を申しいれ、三種の神器が北朝の後小松天皇に譲られて南北朝の合一がなった。

❷ **南北朝内乱の意義**　幕府・守護・国人・農民らがいり乱れての対立のなかから、守護・国人が領主化して支配を強めた。貴族・寺社の勢力は次第に失われ、農民は荘園支配の枠を越えて団結するようになった。

4 守護大名の出現と成長

❶ **守護大名の成立**　鎌倉時代に諸国に設置された守護は、国司とちがって任期がなく、南北朝の内乱を通じて任国の地元との関係を深めるとともに、その国の国人や地侍と主従関係を結んでいった。こうして成立したのが守護大名である。

年	事項
1336	・足利尊氏の入京 ・光明天皇の即位 ・後醍醐天皇が吉野へ脱出
1338	・尊氏が征夷大将軍となり、室町幕府を開く
1339	・後醍醐天皇が死去する ・北畠親房『神皇正統記』を著す
1350	・観応の擾乱
1358	・尊氏が死去し、義詮が2代将軍となる
1363	・山名氏が幕府に降伏
1368	・足利義満が3代将軍となる
1378	・幕府を室町の花の御所へ移す
1391	・明徳の乱
1392	・南北朝の合一

▲南北朝対立の略年表

★2 **国　人**　鎌倉時代末期より、地頭・荘官・有力名主らが、荘園制を利用しつつ、各地に小規模な領主制を形成したもの。いわば小武士団といったもので、「その国にいる人」という意味で国人・国衆とよばれた。

テーマゼミ　バサラ大名

●南北朝時代の代表的な武将に、佐々木道誉（高氏）がいる。彼は、人を驚かせるパフォーマンスが得意であった。たとえば、自然の桜の木の周りを囲いこむように金属の花瓶を鋳造して、生け花に見立て、その巨大な花瓶の前で大量の香をたいた、というエピソードが残っている。

●道誉の大胆な行動の背景には、天皇や朝廷といった伝統的な権威を否定する発想があり、高師直なども同様の考えをもっていた。彼らはバサラ大名とよばれ、はなやかで奇抜な服装や行動を好んだだけでなく、茶道や能、連歌などをたしなみ、当時の文化の中心的な役割を担った。

●バサラとは派手、ぜいたくを意味するが、一説によれば、その語源は、サンスクリット語（梵語）でダイヤモンドのことだという。権威におもねらない自由な精神が、南北朝時代の人々の目に、ダイヤモンドのように鋭くきらめいて映ったのかもしれない。

❷ **守護大名の荘園侵略** 守護大名は，任国の荘園を**守護請・半済・守護段銭**などを介して侵略し，その勢力を強めた。
①**守護請**…守護が荘園領主や知行国主から任国の荘園・国衙領の経営をまかされて一定額の年貢を請け負うこと。
②**半済**…荘園や公領の年貢の半分を兵粮米★3として守護が徴発すること。足利尊氏が観応の擾乱の直後の1352(南朝・正平7／北朝・文和元)年に近江・美濃・尾張に1年に限り臨時に施行したことから始まった。のち1368(南朝・正平23／北朝・応安元)年の応安の半済令で全国に拡大され，恒常化した。幕府は守護大名の強大化を防ぐために，のちには，どちらかといえば荘園領主の側に立った。しかし，徐々に守護は国内の武士を自己の支配下に組みいれていった。
③**守護段銭**…守護が，田畑の段別に課した臨時税。
❸ **守護の権限強化** 守護は，鎌倉時代に規定されていた**大犯三箇条**(▷p.112)に加えて，**刈田狼藉**(不法な作物の刈り取り)の取り締まりや**使節遵行**(判決を実力で守らせる)の権限を与えられ，幕府の行政を現地で担当することとなった。
❹ **守護領国制の展開** 守護大名による領国の**一円支配**を，守護領国制とよぶ。領国は世襲に近く，有力な守護大名のなかには数カ国の守護を兼ねる者もいた。中国地方の大内氏は6

★3 **兵粮米** 兵士の食料や軍事費として賦課される米。兵粮米にあてるための土地を兵粮料所という。

(注意) 守護請と半済はいずれも足利氏のとった守護対策で，最初は恩賞として与えられた。これらは守護大名の成長と荘園制の崩壊を促進していった。

(参考) **守護大名の支配**
守護大名は幕府の権威に頼らねばならないことも多く，荘園制に依存し，国人を支配しきることができなかった。そのため，土一揆に悩まされることが多かった。守護大名は領国より京都にいるほうが多かったので，応仁・文明の乱後，地元では有力武士が勃興し，没落する守護大名が相次いだ(▷p.153)。

史料 守護請，半済令

〔守護請〕
　高野山領備後国太田庄……下地に於いては知行致し，年貢に至りては毎年千石を寺に納むべきの旨，山名右衛門佐入道常熙に仰せられおわんぬ。 『高野山文書』

〔半済令〕
一．寺社本所領の事，観応三年①七月廿四日の御沙汰
…次に近江・美濃・尾張三箇国，本所領半分②の事，兵粮料所として，当年一作③，軍勢に預け置くべきの由，守護人等に相触れおはんぬ。半分においては，宜しく本所に分ち渡すべし。若し預かり人④ら事を左右に寄せ⑤，去り渡さざれば，一円本所に返付すべし。
『建武以来追加』

(注) ①1352年。北朝年号である。②年貢の半分。③本年1年分。④本所領の半分を預けられた武士。⑤いろいろ理由をつけて。

(視点) 守護請の史料は1402(応永9)年，室町幕府から高野山に出されたもの。内容としては備後国の守護山名常熙(山名時熙の出家後の名)に高野山領太田庄の支配を任せ，そのかわりに1000石の年貢を寺に支払うことが書かれている。半済令は，足利尊氏によって近江・美濃・尾張の3カ国に出されたもので，試験では，史料名・発布された年・実施された国名・出典がよく出される。

カ国の守護を兼任し，山名氏は時氏の代に日本全国66カ国のうち中国・近畿の11カ国の守護を兼ねて，六分一殿とよばれた。

> **ポイント** 〔南北朝の内乱〕
> { 北朝…足利尊氏・高師直 vs. 足利直義→観応の擾乱
> 　南朝…後醍醐天皇・北畠親房 }
> →南北朝の合一…足利義満の時代の1392年
> ・守護は守護請・半済を利用して守護領国制へ

4 室町幕府の成立と守護

◆ 室町幕府は，3代将軍足利義満のとき統治機構を整え，南北朝の合一に成功し，守護大名を抑えて全国支配を確立した。しかし，将軍の経済的・軍事的基盤は，一部の時期を除いて強くなく，有力守護大名の連合政権的な性格が強かった。

1 室町幕府の成立と方針

① **室町幕府の創設** 1336（南朝・延元元／北朝・建武3）年，後醍醐天皇軍を破って入京した足利尊氏は，**建武式目**を制定し，1338（南朝・延元3／北朝・暦応元）年には光明天皇より征夷大将軍に任ぜられて，京都に幕府を開いた。

（注意） 室町幕府の開設は，南北朝の内乱中であることに注意。

> **史料　建武式目**
>
> 鎌倉元の如く柳営①たるべきか，他所たるべきか否かの事。……
> 政道②の事……其最要，粗左に註す。
> 一．倹約を行はるべき事
> 一．群飲佚遊を制せらるべき事
> 一．無尽銭③・土倉④を興行せらるべき事
> 以前十七箇条⑤，大概斯の如し，……遠くは延喜・天暦両聖⑥の徳化を訪ね，近くは義時・泰時父子⑦の行状を以て近代の師となし，殊に万人帰仰の政道を施さるれば，四海安全の基たるべきか。よって言上件の如し。
> 建武三年⑧十一月七日　　　　　　　　　　　　　　　　　　　　真恵　是円⑨
>
> （注）①幕府のこと。②政治のやりかた。③憑支（頼母子）（▷p.122）。④金融業者。⑤建武式目。⑥平安時代の醍醐・村上天皇の時期。⑦鎌倉幕府執権の北条義時・泰時。⑧1336年。⑨中原（二階堂）是円。なお，真恵は是円の弟。
>
> （視点） 建武式目は，尊氏の政治方針を示したもので，17条よりなる。是円らが答申する形で出され，具体的な法令ではない。室町幕府は，具体的法令としては御成敗式目（▷p.116）をそのまま用い，必要に応じて新令を加えた。その追加法令を建武以来追加という。

❷ 義満の全国支配と室町幕府の呼称
3代将軍足利義満は南北朝の合一を成功させ，有力守護の山名氏・大内氏らの勢力を抑えて（▷p.150），全国支配を確立した。また，生前より将軍職を義持に譲ってみずからは太政大臣となり，幕府・朝廷両方の頂点を極めた。さらに，諸国から段銭を徴収したり，京都の市政権を朝廷から吸収するなど，その権力を強固なものにした。こうした権力を，**室町王権**とよぶこともある。義満はまた，京都の室町に花の御所とよばれる華麗な邸宅をつくり，ここで政務をとったので，足利氏の幕府は室町幕府とよばれる。

▲足利義満

2 室町幕府の政治機構

❶ 政治機構の概要
室町幕府の政治機構は，だいたい鎌倉幕府の制度をそのまま踏襲していた。

❷ 中央機構
①**管領**…幕府の最高責任者。元は執事とよばれた。将軍の補佐役で政務を総括する。任命される家系は足利氏の一門の細川・斯波・畠山の3氏に限られていたので，**三管領**とよばれる。

②**侍所**…武士の統制と京都の警備・裁判にあたるほか，幕府のある山城国守護をも兼ねることになっていた。鎌倉幕府では政所・問注所と並ぶ職であったが，室町幕府では3者の中でもっとも重要なものとなった。この長官を所司（頭人）といい，山名・赤松・一色・京極の4氏の中から任じられたので，**四職**という。

③**政所**…幕府の財政を担当した。長官を執事といい，おもに伊勢氏が任命された。

④**問注所**…文書記録の保管や訴訟の証拠の鑑定を行った。

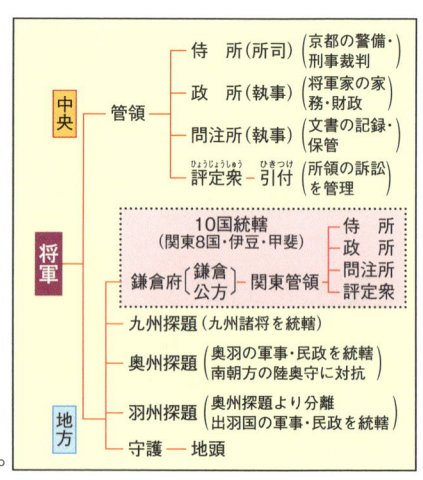

```
            ┌ 侍 所（所司）──（京都の警備・刑事裁判）
            ├ 政 所（執事）──（将軍家の家務・財政）
中央─管領 ──┤
            ├ 問注所（執事）──（文書の記録・保管）
            └ 評定衆─引付 ──（所領の訴訟を管理）

        ┌─────────────────────────┐
        │         10国統轄          │
        │     （関東8国・伊豆・甲斐）  │  ┌ 侍 所
将軍 ───┤ 鎌倉府〔鎌倉公方〕─関東管領 ├─┤ 政 所
        │                         │  ├ 問注所
        │                         │  └ 評定衆
        └─────────────────────────┘

      ┌ 九州探題（九州諸将を統轄）
      ├ 奥州探題（奥羽の軍事・民政を統轄　南朝方の陸奥守に対抗）
地方─┤ 羽州探題（奥州探題より分離　出羽国の軍事・民政を統轄）
      └ 守護・地頭
```

▲室町幕府の職制

❸ 地方機構
①**鎌倉府**…武家政権の発祥地である関東を重視して設置された。幕政の代行機関であり，伊豆・甲斐と関東8カ国，計10カ国を統轄した。尊氏の二男基氏の子孫が代々**鎌倉公方**となり，**関東管領**の上杉氏がこれを補佐した。

②**奥州探題**…南朝の陸奥守北畠顕家に対抗して設置された。陸奥国（奥州）の軍事・民政を統轄した。

注意 管領は，鎌倉幕府の執権にあたるが，執権にくらべて権限は弱く，将軍は独裁化を志向している。義満のころから，幕府の組織が整ってきたことに注意しよう。

4 室町幕府の成立と守護　149

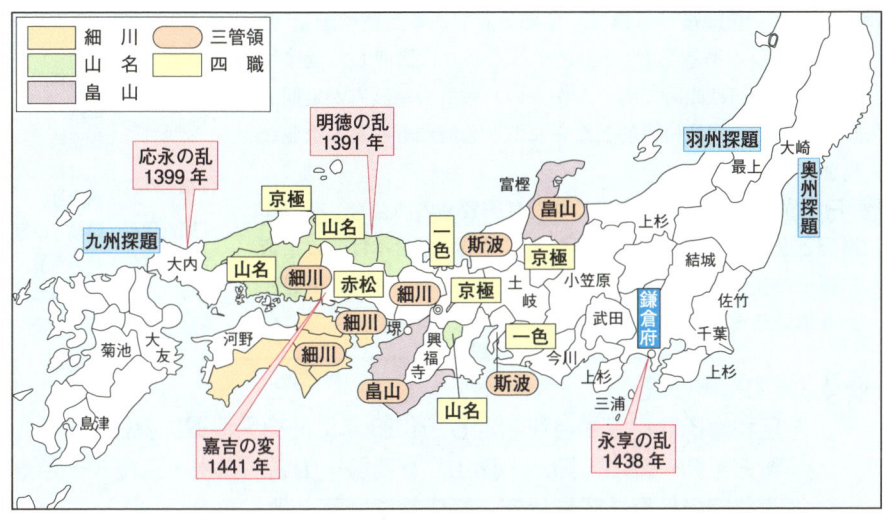

▲15世紀前半ごろの守護大名の配置

③羽州探題…奥州探題から分立した。出羽国（羽州）の軍事や民政を統轄した。
④九州探題…鎌倉幕府の鎮西探題にならって，九州統轄のために設置された。九州では南朝の懐良親王の勢力が強く，ようやく今川了俊（貞世）のとき九州を制圧した（▷p.144）。当初は鎮西探題ともいい，その後渋川氏の世襲となった。

3 室町幕府の財政基盤

❶ **弱い財政基盤**　幕府財政のおもなものは，御料所・段銭・棟別銭・関銭・土倉役（倉役）・酒屋役および日明貿易の利益であったが，その経済基盤は強くはなかった。

❷ **御料所**　幕府の直轄領で，足利氏勢力が内乱の戦いに勝って没収した土地を集積したもの。畿内を中心に全国に分散しており，規模も小さかったので幕府の大きな財源とはならなかった。将軍の親衛軍である奉公衆などによって管理された。

❸ **段　銭**　段別に課せられた土地税のことで，本来は臨時の課税であるが，室町時代には恒常化した。寺社の修理や朝廷費用の捻出を名目として守護が徴収にあたり，幕府に納めた。

❹ **棟別銭**　家1軒ごとに賦課する戸別税。

❺ **関銭・津料**　陸上交通・海上交通の要所に多くの関・津を設けて徴収した通行税。幕府の主たる租税収入であった。

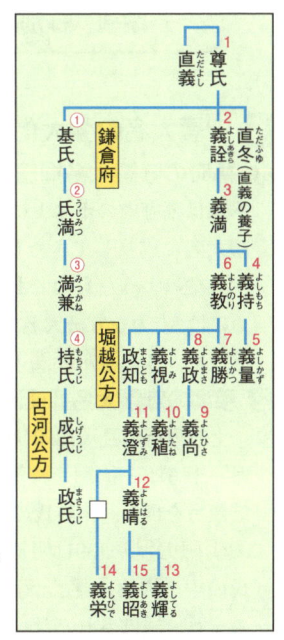

▲足利氏系図
1〜15室町将軍。
①〜④鎌倉公方。
足利氏は源氏の流れをくむ名門であった。

❻ **土倉役・酒屋役** 京都で，金融業者である土倉や酒屋（金融業を兼ねる酒造業者）を保護するかわりに徴収した営業税のこと。最初は臨時であったが，のち政所の納銭方が定期的に徴収した。関銭・津料とならんで，幕府のもっとも重要な財源であった。

❼ **日明貿易** 明との間で行われた日明貿易の利益も，有力な財源となった。朝貢貿易の形をとったので，日本は明の皇帝に臣下の礼をとらねばならなかったが，そのかわりに下賜という形で与えられる品々は莫大であった。

(注意) 室町幕府の財政基盤を区別しておこう。
①直轄地経営…御料所
②庶民課税 { 段銭 / 棟別銭
③業者課税 { 土倉役（倉役） / 酒屋役
④通行課税…関銭・津料
⑤貿易収益…日明貿易

(参考) 日明貿易の輸入税を抽分銭という。

ポイント 〔室町幕府の成立〕
①足利尊氏は建武式目を制定し，1338年に征夷大将軍に就任
　▶**三管領**…細川・斯波・畠山，▶**四職**…山名・赤松・京極・一色
②鎌倉府の長官は**鎌倉公方**，補佐役は**関東管領**
③室町幕府の財源…土地（御料所）のほかに，さまざまな貨幣収入
　→段銭，棟別銭，関銭・津料，土倉役・酒屋役，日明貿易など

4 守護大名の強大化

❶ **幕府の守護大名抑圧の必要性** 南北朝の内乱を通じて，本来は幕府内のポストにすぎなかった守護は，領主化して守護大名に成長してきた(▷p.145)。室町幕府は**守護大名の連合政権**のようなものであったので，幕府の権威を確立するためには，有力な守護大名を抑圧し統制することが必要であった。そこで，3代将軍**義満**の代から，その制圧にのりだした。

❷ **義満の守護大名抑圧政策**
①土岐康行の乱…1390（明徳元）年。美濃（岐阜県）・尾張（愛知県）・伊勢（三重県）を支配していた有力守護である土岐氏の土岐康行を倒し，土岐氏の勢力を美濃国のみに縮小した。
②**明徳の乱**…1391（明徳2）年。11カ国の守護を有した山名氏の中心人物**山名氏清**が，義満に山名氏内部の対立につけこまれ，滅ぼされた乱。これによって山名氏の勢力は大きく後退した[★1]。
③**応永の乱**…1399（応永6）年。周防・長門（ともに山口県）を中心に6カ国の守護を兼ねた**大内義弘**の反乱。義弘は，鎌倉公方の足利満兼と呼応して堺（大阪府）で挙兵したが，義満はこれを攻撃し，義弘を敗死させた。義弘は日明貿易・日朝

(参考) 管領家の統制
2代将軍義詮のとき，管領斯波家が強大化したため，義満は細川頼之を管領にすえて斯波氏を抑えた。のちに，畠山氏を加え，三管領として，特定の家が大きな権力をもてないようにした。

★1 明徳の乱の後，山名氏の支配地はわずか3カ国となった。

貿易の港である堺・博多を掌握していたので，これを滅ぼしたことは室町幕府にとって，日明貿易を行う上で，大きな意味があった。

❸ **守護大名の抵抗** 3代義満・4代義持のあと，**足利義教**がくじ引きにより6代将軍となった（5代義量は若くして死去）。義教は訴訟をみずから裁くなど，将軍権力の回復につとめたが，守護大名の抵抗は強く，義教は逆に殺され，将軍の権威が失墜した。

①**上杉禅秀の乱**…1416(応永23)年。関東管領の上杉禅秀(氏憲)が，鎌倉公方の足利持氏に対して起こした乱。一時，鎌倉府を奪ったが，翌年，持氏に反撃されて禅秀は敗死した。

②**永享の乱**…1438(永享10)年。将軍となる野心をもっていた鎌倉公方の足利持氏が，関東管領上杉憲実を除こうとして挙兵したが，将軍権力を強化しようとした将軍義教によって持氏が滅ぼされた乱。

③**嘉吉の変**…1441(嘉吉元)年。将軍義教が，播磨(兵庫県)と備前・美作(岡山県)の守護大名である**赤松満祐**によって殺害された政変。その赤松満祐は，山名持豊(宗全)を主力とする幕府軍に討たれた。

(参考) **結城合戦** 永享の乱後，足利持氏の遺児を保護した常陸の結城氏朝が，1440(永享12)年に関東管領上杉憲実および幕府に反乱を起こしたが，翌年，鎮圧された。

(参考) **古河公方と堀越公方** 永享の乱で足利持氏が敗死すると，関東管領の上杉氏が鎌倉府の実権をにぎった。上杉氏は，持氏の子の成氏を鎌倉公方としたが，成氏は上杉氏と対立し，下総(茨城県)の古河に移った(古河公方)。ついで，将軍義政の弟政知が鎌倉公方にむかえられたが，政知は鎌倉にはいれず，伊豆(静岡県)の堀越にとどまった(堀越公方)。

5 応仁・文明の乱

◆ 嘉吉の変以降，室町幕府の将軍の権力は弱体化し，守護大名の勢力が向上して，将軍と対立するようになった。そして，将軍家内部で足利義政の後継者争い，有力守護大名家で家督争いが起こり，応仁・文明の乱が勃発。戦乱は京都から全国に波及し，諸国に下剋上の風潮が生まれた。

1 応仁・文明の乱の原因

❶ **室町幕府の弱体化** 15世紀なかば，**足利義政**が8代将軍となった。しかし，義政は政治への意欲に欠け，出費と遊興を重ねた★1。そのうえ，管領の**細川勝元**と，四職の**山名持豊(宗全)**とが幕府の実権をめぐって対立するようになった。

❷ **守護大名の家督争い** 家督争いが管領家である斯波・畠山両氏で生じた。斯波氏では，義敏に対して重臣(国人)たちが新しく義廉を立てた。畠山氏では，養子の政長と実子の義就が対立した。これに幕府内での指導権の確立をねらう細川勝元と山名持豊が介入し，それぞれを援助して対立した。

★1 義政は幼少で将軍となってから，約30年間その職にあった。しかし，寛正年間(1460〜66)の深刻な飢饉をもかえりみず，ぜいたくな生活にふけり，大土木工事を行った。義政の在職中には土一揆が頻発したので，1代で13回もの徳政令を出したほどであった。

❸ 将軍家の継嗣争い

最初，子のなかった義政は，弟の義視を後継者とした。しかし，のち妻の日野富子★2に義尚が生まれると，富子は義尚を将軍にしようとして山名持豊に頼り，義視は細川勝元に頼って双方の対立は激化した。

2 応仁・文明の乱の経過

❶ 応仁・文明の乱の発生と経過
細川勝元・山名持豊の両者に，それぞれ対立する勢力がついて，1467（応仁元）年，戦乱が起こった。勝元中心の東軍と持豊中心の西軍とが京都を戦場として戦い，やがて戦乱は全国に広がり，前後11年間におよんだ（応仁・文明の乱）。

❷ 乱の終息
1473（文明5）年，両軍の総帥の細川勝元と山名持豊が相ついで病死したため，京都に出陣していた諸将の多くも帰国して，1477（文明9）年に乱は終わった。

★2 **日野富子** 公家の日野家の出身（3代将軍義満以降，将軍夫人は日野家より出た）である。米相場や大名への高利貸を行い，京都の入り口に関所を設けて関銭を徴収したりしたため，人々の不評を買った。また，わが子義尚を将軍につけたいと願うあまり，幕政を乱したという見方も強いが，政治・外交および経済活動への積極性と手腕には，評価すべき点がある。

対立関係	将軍家	斯波氏	畠山氏	中心人物
東軍（細川方）	┌足利義視	─義敏	─○政長	細川勝元
西軍（山名方）	└（足利義政） └─足利義尚 日野富子	─義廉	─○義就	山名持豊（宗全）

▲応仁・文明の乱関係図

開戦後に東軍が義政・富子・義尚をかつぐと，1468（応仁2）年11月には西軍も義視を引きいれ，開戦前の結びつきはいれかわった。

（参考）東軍の細川方は室町邸に陣どり，24カ国16万の兵を集めた。西軍の山名方は，西陣に陣どり（西陣織の名のおこり），20カ国11万人の兵を結集して争った。この両陣営の間は，1kmほどしか離れていない。

史料　応仁・文明の乱

応仁丁亥ノ歳①，天下大ニ動乱シ②，ソレヨリ永ク五畿七道 悉 乱ル。其起ヲ尋ルニ，尊氏将軍ノ七代目ノ将軍義政公ノ天下ノ成敗ヲ有道ノ管領ニ任セズ，タダ御台所③或ハ香樹院，或ハ春日局ナド云，理非ヲモ不弁，公事政道ヲモ知リ給ハザル青女房，比丘尼達ノ計トシテ酒宴淫楽ノ紛レニ申沙汰セラレ……計ラズモ万歳期セシ花ノ都④，今何ンゾ狐狼ノ伏土トナラントハ，適残ル東寺・北野⑤サヘ灰土トナルヲ。古ニモ治乱興亡ノナラヒアリトイヘドモ，応仁ノ一変ハ仏法・王法トモニ破滅シ，諸宗皆悉絶ハテヌルヲ，不堪感歎，飯尾彦六左衛門尉⑥，一首ノ歌ヲ詠ジケル。

　　汝ヤシル都ハ野辺ノ夕雲雀　アガルヲ見テモ落ルナミダハ　　　　　　　『応仁記』⑦

（注）①1467（応仁元）年。②応仁・文明の乱のこと。③将軍の夫人。ここでは日野富子。④京都のこと。⑤北野天満宮。⑥飯尾清方。幕府の重臣。⑦応仁・文明の乱のいきさつを記した軍記物語。

（視点）「汝ヤシル……」の和歌はよく出題されるので注意すること。「あなたはご存じでしょうか。都は焼け野原となって，夕暮れにはひばりが空に飛びあがっていきますが，私の涙は落ちるばかりです」の意味である。

3 応仁・文明の乱の結果

❶ **京都の荒廃** 平安・鎌倉時代の重要な建造物や街並みがほとんど焼失するなど、京都は大きな被害をうけた。

❷ **下剋上の風潮** 守護大名が領国を離れているとき、現地にいる守護代や国人が実力を蓄え、下の者が上の者を倒す下剋上★3の風潮が支配的となって、戦国時代にはいっていった。

❸ **文化の地方普及** 応仁・文明の乱や戦国の争乱によって京都をのがれた貴族が地方に脱出し、京都の文化が地方に伝播した(▷p.171)。その後の100年以上におよぶ戦乱が大きな破壊をもたらしたことも事実だが、京都の文化が地方に伝わり、地方文化の向上に貢献したことも見のがしてはならない。大内氏の城下町山口など、後に小京都とよばれる、京都をモデルとした都市建設も行われた。

★3 **下剋上** 身分の下の者が上の者に剋つという意味で、応仁・文明の乱以後とくにさかんになった。

(参考) 明応の政変
応仁・文明の乱後、幕府はただちに無力化したわけではなく、足利義尚が1487(長享元)年に近江に出陣した際には、有力守護も動員に応じている。しかし、義尚の死後の1493(明応2)年に、管領細川政元(勝元の子)が将軍義材(義稙)を廃して義澄を立てたことで、幕府の権威は低下した。これを、明応の政変とよぶ。

◀応仁・文明の乱のようす 左側には、下級の雇われ兵である足軽が、真如堂で略奪をしているようすが描かれている。足軽は、長槍を使った集団戦法で活躍し、戦国時代には合戦の主力となった。『真如堂縁起』より。

6 東アジア世界との交流

◆ 蒙古襲来後、中国・朝鮮と私的な貿易を行う人々の一部が海賊化して略奪などをも行い、倭寇とよばれた。足利義満は、元にかわって成立した明(1368～1644)と公式に貿易を行い、利益を得た。この日明貿易には倭寇防止のために勘合が用いられ、勘合貿易とよばれた。

1 倭寇の活動

❶ **天龍寺船の派遣** 蒙古襲来によって中国との貿易は中断したが、室町幕府を開いた**足利尊氏**は**元**との貿易に力を注ごうとした。その試みは1342(南朝・興国3／北朝・康永元)年の天龍寺船で実現した。足利尊氏・直義兄弟は**夢窓疎石**★1のすすめで、後醍醐天皇の冥福を祈るため、天龍寺の建立を企画し、その造営費用のため、元に天龍寺船を数回派遣した。

★1 **夢窓疎石** 後醍醐天皇や足利尊氏・直義が帰依した臨済宗の禅僧で、京都に天龍寺を開山。足利直義に禅を説いた法話である『夢中問答』などの著作がある。

❷ 前期倭寇の活動
14世紀のなかばから、対馬・壱岐・松浦地方を根拠地とし、海賊をも行う人々が朝鮮半島や中国沿岸を襲い、食料や民衆を略奪することがあった（一部高麗の人々も参加）。これを**倭寇**という。

（参考）倭寇の船は「ばはん船」ともよばれた。「八幡大菩薩」という旗印を立てていたためといわれるが、異説もある。

❸ 後期倭寇
倭寇は一時沈静化するが、16世紀に再度活発となる。中心は中国人で、密貿易をおこなった。首領の1人王直は、種子島への鉄砲伝来へも関与したとされる。

2 日明貿易

❶ 日明貿易の開始
明の太祖洪武帝（建国者朱元璋）は、3代将軍義満にも倭寇の禁止を求めてきた。それと同時に朝貢をもうながしてきた。義満は九州探題に倭寇をとりしまらせるとともに、1401（応永8）年に僧**祖阿**と九州の商人**肥富**を明に派遣して遣唐使廃止（894年）以来500年ぶりに中国との国交を開き、1404（応永11）年に日明貿易を開始した。

▲倭寇と対明・対朝鮮主要交通路

❷ 日明貿易が開始された理由
①明では、倭寇をおそれて私貿易を禁止したので、わが国から貿易再開の要望が高まっていた。
②足利尊氏の試みた天龍寺船が、幕府に大きな利益をもたらしたので、義満もこの貿易の利益に目をつけた。

（補説）**明と南朝** 義満以前、明は大宰府を支配していた南朝の懐良親王を「日本国王良懐」として国王に冊封した。

❸ 日明貿易の形態
日明貿易は日本が臣下の礼をとるという朝貢貿易の形式で、義満自身「日本国王臣源」と称した[★2]。倭寇と区別するため**勘合**という証票を用いたので、この貿易を**勘合貿易**ともいう。「日本国王」という称号は、明の皇帝の臣下を意味するものであるが、天皇以外から与えられた点に意義があり、室町王権はこれによって支えられたという見方もある。

★2 明からの「日本国王源道義」というよびかけに応えたもの。「源」は源氏、「道義」は義満の出家後の名。

❹ 日明貿易の中断
日明貿易の利益は莫大なもので、室町幕府の財政を大きく助けた。しかし、明に臣従した義満の朝貢貿易というやり方には当時から批判があった。そこで、4代将軍**義持**は、1411（応永18）年に明との貿易をいったん中止した。

（参考）**冊封** 中国皇帝が、周辺地域の君主や首長に対して、国内の諸侯と同様の肩書を与えて、名目上の臣下とすること。この際、辞令（冊書）を与えて領土を授ける（封建）形式をとったので冊封といい、冊封された側は朝貢の義務があるとされた。明による日本国王の冊封は、5世紀の倭の五王以来のことであった。

⑤ 日明貿易の再開と推移
6代将軍義教は，貨幣経済の発展による明銭の必要性と，貿易の利益に着目して，1432(永享4)年から国交を再開した。再開後の日明貿易には，土倉・酒屋などが資本を出し守護大名・大寺社が船を派遣することが多くなった★3。応仁・文明の乱後，**博多商人**と結んだ**大内氏**と，**堺商人**と結んだ**細川氏**とが貿易の実権をにぎった。

⑥ 寧波の乱
大内氏と細川氏それに堺商人と博多商人の対立が加わり，1523(大永3)年，中国の寧波で両方の貿易船が争いを起こした。これが寧波の乱で，このため，明は鎖国策をとり，貿易は一時中断した。

⑦ 日明貿易の終了
その後，細川氏の没落によって貿易の権利は大内氏の独占となった。しかし，明が貿易にきびしい制限を設けたこともあって，1547(天文16)年を最後とし★4，大内氏の滅亡(1551年)とともに日明貿易も終了した。

③ 日朝貿易

① 朝鮮の成立
1392年，倭寇の鎮圧などに活躍した**李成桂**が，高麗を倒して**朝鮮**を建国した。

② 日朝貿易の開始
朝鮮が倭寇の取り締まりを求めてくると，義満もこれに応じて朝鮮との間に国交が開かれた。

③ 日朝貿易の形態
図書★5を用いて，富山浦(釜山)・薺浦(乃而浦)・塩浦(蔚山)の3港(**三浦**)で貿易が行われ，朝鮮では，3港と漢城(現ソウル)に倭館★6という外交施設を置いた。

④ 宗氏の統制権
日朝貿易は守護・国人や民間商人などによって行われたが，朝鮮に近い対馬の**宗氏**を仲介とし，宗氏がその統制権をにぎっていた★7。

⑤ 応永の外寇
1419(応永26)年，朝鮮は倭寇の本拠地とみなした対馬を200隻あまりの軍船で襲った。これを**応永の外寇**といい，宗貞盛は九州の武士たちの協力のもと，これを撃退した。

⑥ 三浦の乱
16世紀前後から，朝鮮は貿易をきびしく制限したが，これに不満をもった三浦の日本居留民(恒居倭)との間に1510(永正7)年に衝突が起こった。これを三浦の乱といい，その後，日朝貿易はおとろえた。

④ 琉球貿易とアイヌとの交易

① 琉球王国の建国
沖縄では，1429年，中山王の**尚巴志**が中山・北山・南山の3王国を統一し，首里を首都，那覇を外港として，**琉球王国**を建てた。

★3 幕府は，彼らに貿易による利益の一部を抽分銭(▷p.150)として納入させた。

(参考) 日明貿易品
①輸出品…刀剣・銅・硫黄・金・工芸品など。
②輸入品…生糸・絹織物・銅銭(明銭)・薬品・書画など。

★4 1547年の最後の勘合船の使節は策彦周良。臨済宗の僧で，大内義隆の帰依をうけていた。その日記(『策彦入明記』)は日明貿易の実態を知る貴重な史料。

★5 図書 派遣者の名前の印章。朝鮮との通交時には，これを押した書面をもつことが条件とされた。

★6 倭館 日本の使節の接待と貿易のために建てられた施設。

★7 1443(嘉吉3)年に対馬の領主宗貞盛と朝鮮との間に嘉吉条約(癸亥約条)が結ばれた。

(参考) 日朝貿易品
①輸出品…銅・硫黄・工芸品(日本産)・胡椒・薬材・蘇木・香木(琉球貿易で得た南方の特産品)など。
②輸入品…綿布(木綿)・高麗版大蔵経など。木綿の輸入は，日本人の生活に大きな影響を与えた。

(参考) 琉球は，11世紀ごろからグスク(城)を根拠地に按司と称する首長が支配していた。

❷ 琉球王国の貿易
琉球王国の商船は、明や日本、朝鮮だけでなく、東南アジア諸国間とも**中継貿易**を行った。王国はその利益をもとに明や日本の文化をも吸収し、繁栄した。

❸ アイヌとの交易
北方（蝦夷ヶ島＝北海道）でも交易がさかんとなり、**和人**（日本人）が北海道南部に**館**とよばれる居住地を多く営み、アイヌとの交易にあたった。

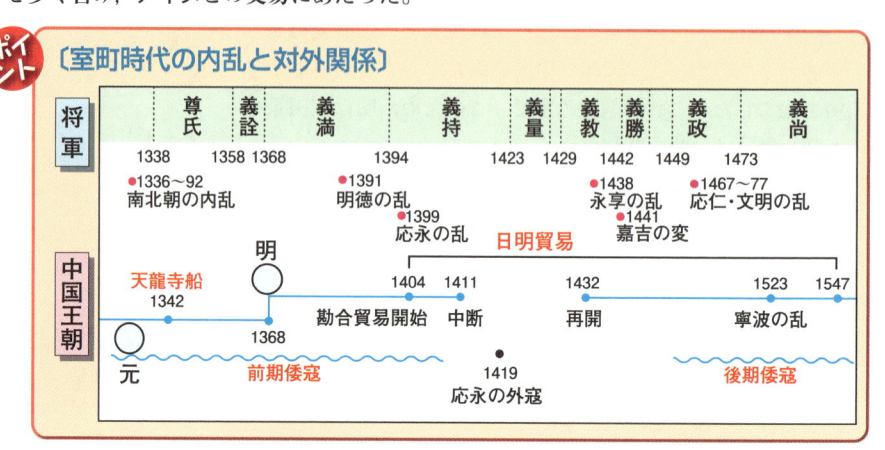

ポイント〔室町時代の内乱と対外関係〕

将軍	尊氏	義詮	義満	義持	義量	義教	義勝	義政	義尚
	1338	1358	1368　1394	1423	1429	1442	1449	1473	

- ●1336～92 南北朝の内乱
- ●1391 明徳の乱
- ●1399 応永の乱
- ●1438 永享の乱
- ●1441 嘉吉の変
- ●1467～77 応仁・文明の乱

中国王朝：天龍寺船 1342／明 1368／勘合貿易開始 1404／中断 1411／再開 1432／寧波の乱 1523／1547
日明貿易
元／前期倭寇／1419 応永の外寇／後期倭寇

テーマゼミ　中世の北海道と津軽地方

○北海道は、古くから蝦夷ヶ島とよばれ、そこに住みついたアイヌと和人との間で、アザラシ皮や貂皮などオホーツク海の特産物の交易が行われていたが、13世紀末から津軽の十三湊（青森県五所川原市）を拠点に勢力を伸ばした安藤（安東）氏が、アイヌとの交易を支配するようになった。

○安藤氏は、14世紀末から15世紀にかけて全盛期をむかえ、このもとで配下の豪族による北海道南部の渡島半島沿岸部への進出があいつぎ、多くの館が整備された（道南十二館）。

○しかし、15世紀の後半ごろから、館主とアイヌとの紛争が頻発するようになり、1457（長禄元）年には、アイヌの大首長コシャマインとの間で大規模な戦いが起こり、大半の館が陥落した。戦いは花沢館に踏みとどまった豪族の蠣崎氏（のちの松前氏）が鎮圧し、蠣崎氏は以後、安藤氏にかわって道南地域を支配し、アイヌとの交易を独占した。

○安藤氏の拠点の十三湊からは、堀で囲まれた館跡や道路・町家の遺構とともに、中国の古銭や陶磁器などが多数発掘された。また、道南十二館のひとつである志苔（志濃里）館からも、大量の中国銭や越前・能登製の大甕などが発掘されており、このことからも、安藤氏の勢力が広く交易活動を行っていたことがうかがえる。

▲道南十二館とその周辺

7 民衆の台頭

◆ 鎌倉時代後期から室町時代にかけて，農民の台頭が見られ，荘園や公領には，惣とよばれる自治的組織が形成されていった。これを惣村という。惣村の内部では，惣掟が定められ，自検断・地下請などが行われた。

1 惣村の形成

❶ **惣とは**　鎌倉時代の村落では名主層のみが特権を有していた。鎌倉時代中・後期から生産力が高まるなかで，中小農民の台頭が見られ，近畿地方をはじめ各地の村落は，中小農民による自治組織（惣）をもつようになった。惣を中心として結合し，荘園領主や守護大名の支配への抵抗拠点ともなる自治的性格の強い村落のことを，惣村という★1。

❷ **惣の組織**　惣の指導者である有力農民はみずから武装していた（地侍という）。彼らの名称は地域により異なるが，沙汰人・おとな・番頭・年寄などが一般的であった。その下に若衆などとよばれる集団がいた。

❸ **惣の活動**
①寄合…村堂や神社で行う会議。惣掟★2の決定などを行う。
②宮座★3…祭礼の運営。
③地下請（百姓請・村請）…年貢を一括して請け負い，荘園領主の村落への介入を排除した。
④自検断（地下検断）…犯罪者を領主ではなく，惣村みずからの手で逮捕して，判決を下す。

（補説）**惣での差別**　村に住んでいながら惣から排除される者もおり，特定の家筋の者しか指導者になれない惣も多かった。

★1　惣と惣村は，同じ意味で用いられることも多い。荘園・公領といった支配単位や地域ごとのまとまりでつくられた結合体も，惣荘や惣郷とよんだ。

★2　**惣掟**　日常生活に関する自治規約で，違反者は寄合への出席停止，罰金などに処せられた。

★3　**宮座**　村の神社の祭礼を行うための組織で，惣の母体になっていた。

（注意）惣の自治のあり方は，地域やそれぞれの惣によって大きく異なっていた。❸であげたのは，典型的な惣村とされる琵琶湖北岸の菅浦の例である。

史料　惣掟

定　　今堀①地下掟の事　合　延徳元年②己酉，十一月四日
一．他所の人を地下に請人③候はで置くべからざる事。
一．惣の地と私の地とさいめ④相論は金にてすますべし。
一．惣森⑤にて青木葉かきたる物は，村人は村を落とすべし，村人にて無物は地下をはらうべし。
一．家売りたる人の方より，百文には三文ずつ，壱貫文には三十文ずつ，惣へ出すべき者也，此旨を背く村人は，座⑥をぬくべき也。
『今堀日吉神社文書』

（注）①現在の滋賀県東近江市今堀町。②1489年。③身元保証人。④境目（境界）。⑤郷の所有する森（入会地）。⑥今堀日吉神社の宮座のこと。

（視点）全部で20カ条あり，村人以外の定住の制限や，惣有地の管理方法，家を売ったときは惣に金を支払うことなどが定められている。

2 一揆の展開

❶ 領主への抵抗 ①愁訴…百姓申状をしたためて自分たちの要求を提出した。②強訴…大挙して領主のもとに押しかけて交渉を行い、場合によっては座りこみも行った。③逃散…惣の全員で村落から退去し、耕作を放棄した。

> （補説）**惣の団結** 一揆の際には、誓約の言葉を書いたものに全員署名して神にささげ（起請文）、鎮守社の神水を飲みかわして、惣としての団結をかためた。このような行為を一味神水という。

❷ 一揆の種類 その目的・相手によって、①荘家の一揆、②土一揆、③国一揆、④一向一揆に分類できる。

❸ 荘家の一揆 荘園領主に対して、年貢の減免や荘官の罷免などを要求した。多くは１つの荘園内で行われた。

❹ 土一揆 多くの惣が、属する荘園をこえて広範囲に団結して立ち上がったもの。徳政令の発布★4を求める徳政一揆がその代表である。

> （補説）**都市部の自治** 都市部では、領主からの課税などの際、四方を道路で区切られた町という単位が用いられていた。室町時代後期には、京都などで、商売をするために道路の重要性が高まり、道路をはさんだ両側の商工業者が結びついて１つの町を形成し（両側町）、自治を発展させた。その構成員は町衆とよばれた。

（参考）**郷** 惣がいくつか集まったもので、土一揆や国一揆の基盤となった。郷と惣には、規模以外に大きな違いはない。

★4 徳政令の発布は、酒屋・土倉から営業税をとっていた幕府財政にも影響を与えたので、1454（享徳3）年以後、幕府は質入れした者が土地を取りもどす場合には分一銭（10分の１の意）の納入を求め、幕府財政の強化をはかった。

史料 正長の土一揆

（正長元年①）九月　日、一天下の土民蜂起す。徳政②と号し、酒屋・土倉・寺院③等を破却せしめ、雑物等ほしいままにこれを取り、借銭等悉くこれを破る。管領④これを成敗す。凡そ亡国の基、これに過ぐべからず。日本開白⑤以来、土民蜂起是れ初めなり。

『大乗院日記目録』⑥

> （注）①1428年。②借金の帳消し。③酒屋・土倉・寺院とも中世の金融業者。寺院は祠堂銭（死者の冥福を祈る祠堂の修復のために寄進された金銭）を貸し付けて高利貸を営んでいた。④畠山満家。⑤日本の始まり。⑥興福寺の大乗院門跡尋尊が編集した、大乗院所蔵の日記類の抄出。1065（治暦元）～1504（永正元）年の間の記録を編集したもの。
>
> （視点）正長の土一揆に関連して、柳生郷（奈良市）では、村の入り口の「ほうそう地蔵」に一揆の成果を刻んだ（柳生徳政碑文）。春日神社領であった大柳生・坂原・小柳生・邑地の神戸４カ郷の郷民が記したもので、「正長元年ヨリサキ者カンヘ四カンカウニヲキメアルヘカラス（正長元年以前に関しては、神戸四カ郷に負債があってはならない）」と、負債帳消しを宣言している。

▲柳生徳政碑文（覆屋のかかる前の写真）

① **正長の土(徳政)一揆**…1428(正長元)年に起きたこの一揆は,近江の坂本(滋賀県大津市)の馬借による徳政要求の行動から始まった。これに呼応して京都・奈良をはじめ近辺の農民も立ち上がった。しかし,幕府は徳政令を出さなかったので,一揆は土倉・酒屋・寺院(当時,寺院は金融業もしていた)を襲い,借用書を破り,質物を取り出した(**私徳政**)。★5

② **播磨の土一揆**…1429(永享元)年に播磨国(兵庫県)で起きた。播磨一国全体の民衆が,徳政を求めるだけでなく「**国中に侍あらしむべからず(存在してはならない)**」というスローガンを掲げ,守護である赤松氏の武士の追放もねらった。しかし,赤松満祐の軍により鎮圧された。

③ **嘉吉の土(徳政)一揆**…1441(嘉吉元)年,将軍義教が殺害された直後に発生した。数万の農民・都市民が京都の入り口を封鎖し,さらに寺院に立てこもって,酒屋・土倉を襲い,徳政令を要求した。この一揆により,**室町幕府最初の徳政令**が発布された。

> **補説**　「**代始の徳政**」　嘉吉の土一揆のときに一揆側が要求した徳政は,将軍が義教から義勝にかわることにちなんだ徳政であった(代始の徳政)。為政者の代がわりには,「徳政(徳のある政治)」が行われるという観念があったためである。

❺ **国一揆**　国人と惣が広範囲に連帯して,守護大名の支配を排除しようとしたのが**国一揆**である。

・**山城の国一揆**…応仁・文明の乱ののち,畠山政長が勢力

★5 **私徳政**　幕府による公的な徳政ではなく,一揆側や大名・領主により,一方的に実施される徳政のこと。

注意　正長の土一揆は,将軍が義持から義教にかわる不安定な時期に起こされた。義教がくじ引きで決められた将軍であったことからも,当時,幕府が混乱していたことがわかる。このときに,わが国最初の大規模な土一揆が起こったことに注意しよう。

史料　山城の国一揆

（文明十七年①十二月十一日）,今日山城②国人集会す。上は六十歳,下は十五・六歳と云々。同じく一国中の土民等群集す。今度両陣③の時宜④を申し定めんが為の故と云々。然るべきか。但し又下極上⑤の至り也。
（文明十八年⑥二月十三日）,今日山城国人,平等院⑦に会合す。国中の掟法猶以て之を定むべしと云々。凡そ神妙。　　　　　　　　　　　　　　　　『**大乗院寺社雑事記**』⑧

注　①1485年。②京都府。③応仁・文明の乱(▷p.151)後も,畠山政長と畠山義就が対立し,山城国を中心に戦闘していた。④処理の判断,決定。⑤下剋上のこと。⑥1486年。⑦京都府宇治市にある寺。平安時代に藤原頼通によって鳳凰堂が建てられた。⑧興福寺の大乗院門跡であった尋尊ら3代の日記。1450(宝徳2)～1527(大永7)年にわたる。

視点　山城の国一揆に関する重要部分。出典の『**大乗院寺社雑事記**』を覚えておくこと。同じ尋尊の手になる『**大乗院日記目録**』は正長の土一揆に関する記事が記されているので,混同しないこと。年号,出典,筆者,応仁・文明の乱や畠山氏との関係について,細かい所まで出題されるので,しっかりと読んでおくこと。

史料　加賀の一向一揆

今月①五日越前②府中に行く。其以前越前合力勢③賀州④に赴く。然りと雖も，一揆衆二十万人，富樫城⑤を取回く。故を以て，同九日城を攻め落さる。皆生害⑥す。而るに富樫一家の者⑦一人之を取立つ。
『蔭凉軒日録』⑧

泰高ヲ守護トシテヨリ，百姓取立テ富樫ニテ候間，百姓ノウチツヨク成テ，近年ハ百姓ノモチタル国ノヤウニナリ行キ候。
『実悟記拾遺』⑨

(注) ①1488(長享2)年6月。②福井県。③一揆を攻めるために加勢した朝倉敏景の軍勢。④加賀国(石川県)。⑤加賀国の守護の富樫政親の居城。⑥自殺。⑦一揆勢は，富樫氏一族の富樫泰高を名目上の守護とした。⑧1435(永享7)〜93(明応2)年までの京都相国寺の蔭凉軒における公用日記。⑨実悟(蓮如の子)の本願寺関係記録である『実悟記』を補ったもの。

(視点) 試験では，年号・出典・富樫氏の他，本願寺教団や蓮如などがよく出題される。

を張っていた南山城(京都府南部)に，河内(大阪府)を根拠にする畠山義就が攻めこみ，戦闘がつづいていた。そこで1485(文明17)年，南山城の国人が集まり，惣も集会を開いて，両畠山軍の南山城からの撤退を要求し，これを実現させた。宇治(京都府)の平等院で国掟を定め，以後8年間にわたって守護大名にかわって支配を行った★6。

⑥ 一向一揆　浄土真宗(一向宗，開祖親鸞)は，15世紀に**蓮如**が出て，その勢力を近畿・北陸を中心に飛躍的に拡大した。
・**加賀の一向一揆**…1488(長享2)年，加賀国(石川県)では守護家の内紛に乗じて守護富樫政親を攻め滅ぼした。その後約100年間にわたって，僧侶・国人・農民の合議体制による支配が行われ，「百姓のもちたる(支配する)国」といわれた。このような支配体制は，織田信長の家臣の柴田勝家が加賀を制圧するまで，約100年間つづけられた。

⑦ 惣の衰退　戦国時代になると，国人や惣の指導者たちは，武士化して戦国大名の家臣となっていった。そのため，次第に惣の力は弱まっていった。

★6 一揆は三十六人衆とよばれる国人を中心に，自治を行った。

ポイント 〔一揆の種類〕
① 荘家の一揆…強訴・逃散
② 土一揆…正長の土(徳政)一揆，播磨の土一揆，嘉吉の土(徳政)一揆
③ 国一揆……山城の国一揆
④ 一向一揆…加賀の一向一揆

8 産業・経済の発達

◆ 南北朝時代から室町時代にかけて、農業生産力は大きく向上した。農民にも経済的な余裕が生まれ、また商品用の作物もさかんに生産されるようになった。こうしたことが背景となって、産業がいっそう発達し、それにつれて商品流通も発展した。

1 農 業

❶ 農業技術の発達
①稲作…二毛作が東日本にもおよび、早稲・中稲・晩稲など、その土地の風土に適した品種もあらわれた。また、牛馬の使用が前代よりも一般化し、より深く耕すことのできるからすきも普及した。
②肥料…従来からの刈敷・草木灰だけでなく、人の屎尿(下肥)を施肥することが考え出された。
③その他…灌漑用水の施設が整備され、水車も使われた。

❷ 商品作物の増加★1
生産力が向上するにつれて、農民の生産物にも余剰ができ、それらを販売用にふりむけることが可能になってきた。こうして、京都・奈良近郊の農村の蔬菜を中心に、各地で商品作物が栽培され、地方で特産物も生まれた。商品作物には、蔬菜のほか大豆・小豆・茶・荏胡麻・漆・桑・藍・楮などがある。

2 漁業と製塩業

❶ 漁 業
漁法も大きく進歩した。網の種類では地曳網が採用され、漁獲高も増加した。また、各地で魚市が開かれるようになった。

❷ 製塩業
天然の塩づくりは瀬戸内地方を中心に発展し、揚浜式塩田法★2が一般化した。のちには入浜式塩田法★3も始まった。

3 鉱 業

❶ 鉱業の発展
15世紀にはいると、銅が多量に輸出されるなど、鉱山の重要性が高まってきた。戦国大名(▷p.175)も富国強兵策の一環として新しい鉱山の発見とその直轄支配に力をいれ、その結果、鉱業も大きく発展した。

❷ 代表的な鉱山
石見銀山(大内氏が開発)・生野銀山(山名氏)・甲斐金山(武田氏)などがこのころ発見され、大規模な採掘が行われた。

(参考) 応永の外寇(▷p.155)後の1420(応永27)年に朝鮮から来日した宗希璟(4代将軍足利義持に国書を持参した)の著書『老松堂日本行録』には、畿内では米・麦・ソバの三毛作が行われていたことが記されている。

★1 商品作物の栽培
桑は養蚕に、楮は和紙に利用され、手工業の原料となった。茶の栽培も、山城の宇治や大和などでさかんとなった。

★2 揚浜式塩田法 塩田に海水を汲みあげ、日光と風で水分を蒸発させてから煮つめて塩をとる方法。

★3 入浜式塩田法 潮の干満を利用して塩田に灌水する方法。

(参考) 採掘・精錬技術の発達 製鉄では、良質の真砂砂鉄を原料とする鉧押法が16世紀に採用された。また、銀では、博多の貿易商人の神谷寿禎が明の技術をとりいれ、灰吹法によって石見銀山で銀製錬を行った。銅でも、新しい技術があらわれ、産出量が増大した。

4 手工業

❶ **鍛冶・鋳物業** 輸出品ともなった刀剣、日用品の鍋・釜、農具の鍬・鎌などが大量につくられた。下野(栃木県)・能登(石川県)・筑前(福岡県)・河内(大阪府)などの鋳物師が有名であった。戦国時代には、鉄砲鍛冶が出現した。

❷ **織物業** 絹織物は、明の高級織物の金襴・緞子・縮緬などの輸入が刺激となって、**西陣**(京都市)・博多(福岡県)・丹後(京都府)・足利(栃木県)・桐生(群馬県)などでさかんとなった。木綿も朝鮮からの影響で三河(愛知県)で始まり、麻織物では越後(新潟県)・越中(富山県)・信濃(長野県)が有名であった。

❸ **製紙業** 生活の向上にともなって紙の需要は増加し、讃岐(香川県)・備中(岡山県)の檀紙、播磨(兵庫県)の**杉原紙**、越前(福井県)の鳥子紙、美濃の美濃紙など、それぞれ特徴のある紙が特産品として知られた。

❹ **醸造業** 室町時代ごろから一般の酒造業がさかんになり、京都では多数の酒屋が生まれ、幕府に酒屋役を出していた。その他、摂津(西宮、兵庫県)・河内(大阪府)・大和(奈良県)などの酒が有名であった。

❺ **製油業** 荏胡麻を原料とした。山城(京都府)の**大山崎の油座**(石清水八幡宮が本所)は有名である。

❻ **製陶業** 尾張(愛知県)の**瀬戸**★4・常滑、備前(岡山県)の伊部、近江(滋賀県)の信楽などが知られていた。とくに瀬戸が有名で、中国の宋磁の影響をうけて、釉薬をかけた美しい陶磁器がつくられた。

❼ **漆器業** **蒔絵**が発達し、京都では高蒔絵がつくられた。また、堺では漆工の春慶が春慶塗を始めた。

▲鍛冶師

(参考) **室町時代の職人** 鍛冶師・番匠(大工)・研師・鎧師・鋳物師・紙すき・塗師・経師などがいる。「職人尽歌合絵巻」「七十一番職人歌合」などに描かれている。

(参考) **紙の種類** 檀紙は皺のある厚手の紙で、包装・文書・表具用に使われた。杉原紙は薄く、慶弔・目録用に使われた。鳥子紙は柔らかく光沢があり、書状・公文書に使われた。美濃紙は強くて厚く、文書・書状の包み紙に使われた。

(注意) 酒屋は、多くが金融業者を兼ねていた(▷ p.164)。

★4 瀬戸焼はせとものとして、全国に大量に売り出されていた。

テーマゼミ 大山崎の繁栄と油座

○中世の大山崎(京都府)は、都市であった。藤原定家は鎌倉時代に、大山崎の油売りの家に宿泊しながら、はなやかな辻祭りを見物している。この祭りは、都市住民の団結力を誇る共同体としての祭りであった。彼らが勢力をもつことができたのは、大山崎とは淀川をはさんで対岸にある本所の石清水八幡宮から神人に任じられていたからだけではなく、地元の大山崎離宮八幡宮を中心として、強い団結力があったからでもあった。

▲離宮八幡宮

5 商業

❶ **市の発達** 月3回の三斎市から，月6回開かれる六斎市が一般的になり，都市では常設の店舗(見世棚)や，特定の商品をあつかう専門市場★5も発生した。また，振売や連雀商人などの行商人も活動した。行商人には，大原女・桂女など，女性が多かった。

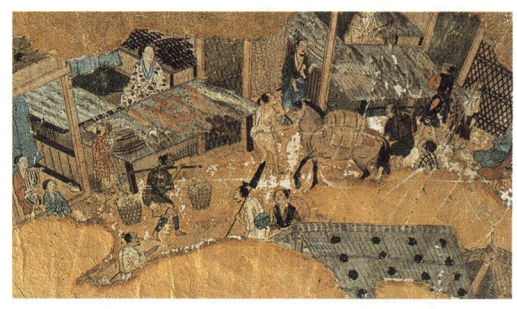

▲京都の店　魚屋が並び，天びんをかつぐ振売や，米を運ぶ馬借も見られる。「京洛月次扇流図屏風」より。

❷ **市の運営** 市はその多くが寺社や土豪の支配下にあり，商人は市銭・寺銭・市座銭を支払って，市の販売座席である市座と専売権とを得た。

❸ **問屋の発生** 水陸交通の要衝にあたる物資の集散地には，平安時代末期に成立した問(問丸，▷p.122)がさらに発達して，室町時代には問屋ができた。問屋は，卸売や商人宿を兼ね，遠隔地の商品の中継取引に活躍した。

❹ **座の発達** 商工業が発達してくると，商人や手工業者は有力寺社の保護をうけ，神人(下級の神職)となる者もあらわれた。また，その利益を独占しようとして，座とよばれる同業者団体をつくった。座は平安時代末期に成立し，とくに流通の中心である京都・奈良に多数組織された。有力な貴族や寺社を本所として，独占的利益を保障してもらうかわりに座役(労働奉仕や負担金)を納めた。

❺ **座の特権**
①一定地域の商品仕入れの独占。
②販売権の独占。③課税免除の特権など。

❻ **座の衰退** 座が営利団体として発展するにつれて排他的・独占的な性格が強まり，活力がおとろえてきた。その一方で，座に属さない新儀商人(新興商人)が急激に増加し，対立が生じた。応仁・文明の乱以後，本所であった寺社勢力が没落したこともあって，戦国大名には，新興商人を保護し，自由に営業を許可する楽市・楽座(▷p.178)の方向をとる者が多くなっていった。

★5 **専門市場** 京都三条の米市場や淀の魚市場が有名である。

座名	所在地	本所
塩座	奈良	興福寺
木工座	〃	東大寺
鋳物師座	〃	興福寺
駕輿丁座	京都	四府(左右兵衛/左右近衛)
綿座	〃	祇園社
材木座	〃	〃
酒麴座	〃	北野天満宮
油座	山城	石清水八幡宮
魚座	摂津	祇園社
魚座	近江	内蔵寮
油座	博多	筥崎八幡宮

▲代表的な座

駕輿丁座は四府に属する。駕輿丁とは天皇や神事の輿をかついだりする人々。のち商人化し，米・鋤・鍬・呉服・綿などの専売権をもち，京都最大の座の1つとなった。また，内蔵寮は中務省に属する役所で，朝廷の儀式などで食事を用意することがあった。

6 貨幣経済の進展

❶ **貨幣の流通** 商品流通が発達し，日明貿易での大量の貨幣の流入によって貨幣の流通はいっそうさかんとなった。年貢

や公事も貨幣で納めることが多くなり★6、土地も貨幣で換算した年貢高(貫高)であらわされることがふえた(貫高制)。

❷ **貨幣の種類** 中世日本では貨幣の鋳造は行われず、中国から輸入した銅銭、とくに永楽銭(永楽通宝)・洪武銭・宣徳銭などの明銭が従来の宋銭・元銭とあわせて使われた。このほか、民間鋳造の粗悪な私鋳銭(鐚銭)も使われた。

❸ **撰銭と撰銭令** 良銭と悪銭(私鋳銭や一部欠損した貨幣)が混合して流通したため、商取り引きや年貢納入に混乱をきたした。16世紀には、銭の良悪に応じて価格差をつけたり、悪銭をうけとるのを避ける風潮が生まれた。これを撰銭という。そこで、幕府や戦国大名の織田信長(▷p.186)は、しばしば撰銭令を出して、貨幣相互の交換基準を決めたりした。しかしこれらの方法も、江戸時代の寛永通宝(▷p.240)の発行によって終わった。

❹ **為替制度の盛行** 流通経済の発達によって、鎌倉時代以来の為替は、いっそうさかんとなった。また割符(為替手形)も米・銭の取り引きや輸送にさかんに使われた。

❺ **金融業者の隆盛** 金融業者の土倉・酒屋も幕府の保護をうけて、いっそうさかんとなった。また、寺院も祠堂銭(▷p.158、史料)の名目で高利貸しを行った。そのため、これらの金融業者は土一揆の襲撃にもたびたびおびやかされた。

❻ **憑支・無尽の盛行** 鎌倉時代以来の憑支(無尽、▷p.122)もさかんとなり、講のメンバーが救済費や寺院参詣費として一定の金銭や米を積み立てた。

7 交通の発達

❶ **海上交通** 湊町同士を定期的に結ぶ廻船が、間と結びついてさかんになった。

❷ **陸上交通** 貨物運送を正業とする馬借・車借が栄えた。

(補説) **馬借と車借** 馬借は馬による輸送業者。大津・坂本(いずれも滋賀県)などの交通の要地に発達し、土一揆の主体ともなった。車借は牛馬を使った荷車による輸送業者。道路の発達した都市近郊で、近距離の間を小規模に行われた。

❸ **関所の設置** 熊野詣・伊勢詣など寺社への参詣がさかんとなり交通が発達した。また、幕府や寺社は交通の要地に関所を設けて関銭、津料(湊など)を徴収した(▷p.150)。

★6 夫銭(夫役のかわりに納める銭)・地子銭(領主に納める耕作料、または家屋敷に対する税)・段銭・棟別銭(▷p.149)などがあげられる。

▲永楽通宝

(参考) 永楽銭がもっとも流通したので、貫高制においては、永楽銭によって土地の年貢の量をあらわす永高がおもに用いられた。

(注意) 撰銭令は、勝手な撰銭を禁じるのがねらいであって、撰銭せよ、というものではない。

(参考) **廻船と日本最古の海商法** 鎌倉～室町時代には「廻船式目」という海商法が作成された。海難事故の際の処理の方法などについての規定が記され、廻船の発展がわかる。

▲馬借 「洛中洛外図屏風」より。

9 南北朝文化

◆ 南北朝時代は，公家・武家・農民らが入り乱れての大きな社会変動の時期であったので，文化面では公家・武家の両文化がそれぞれ独自に，あるいは融合して開花した。また，集団で楽しむ連歌・田楽などの民衆芸能も高揚した。また，鎌倉幕府以来の武家の禅宗保護は，五山文学の全盛につながった。

1 歴史文学

❶ **軍記物語** 14世紀後半ごろ成立した『太平記』がある。これは南北朝の内乱を南朝側に同情的な立場に立って描いたもので，小島法師の作ともいうが不詳。のち太平記読とよばれる講釈師によって庶民の間に広まり，後世に大きな影響を与えた。このほか『義経記』(源 義経の一代記)や『曽我物語』(曽我兄弟の仇討物語)がある。

❷ **南朝側に立つ歴史書** 北畠親房が常陸(茨城県)の小田城で執筆し，後村上天皇に献じた『神皇正統記』★1 が有名。これは神代より後村上天皇の即位までを描き，南朝の正当性を

★1『神皇正統記』 従来は，北畠親房が年少の後村上天皇の参考にするために書いた一種の帝王学の書であるといわれていたが，近年では東国武士を味方につけるために書かれたとの説が有力である。

史料 『太平記』

主上①都落ちの事(付けたり勅使河原②自害の事)
　山崎・大渡の陣破れぬと聞えければ，京中の貴賤上下，にはかに出で来たる事の様に，あわてふためき倒れ迷ひて，車馬東西に馳せ違ふ。蔵物・財宝を上下へ持ち運ぶ③。義貞・義助④いまだ馳せ参らざる先に，主上は山門⑤へ落ちさせたまはんとて，三種の神器を玉体⑥にそへて，鳳輦に召されたれども⑦，駕輿丁⑧一人もなかりければ，四門⑨を堅めて候ふ武士ども，鎧着ながら徒立ち⑩に成って，御輿の前後をぞつかまつりける⑪。吉田内大臣定房公⑫，車を飛ばせて御所へ参ぜられたりけるが，御所中を走り回って見たまふに，よく近侍の人々もあわてたりけりと覚えて，明星・日の札・二間の御本尊⑬まで，皆捨て置かれたり。……公卿・殿上人三，四人こそ，衣冠正しくして供奉せられたりけれ⑭，その外の衛府の官⑮は，皆甲冑を着し，弓箭を帯して⑯，翠花⑰の前後に打ち囲む。

(注) ①後醍醐天皇。②勅使河原丹三郎。武蔵国の武士で，天皇の都落ちを悲しみ，自殺した。③北へ南へと運び出した。④新田義貞と，弟の新田義助。⑤比叡山延暦寺。⑥天皇の身体。⑦(天皇が)輿にお乗りになったが。⑧輿をかつぐ下級の役人。⑨御所の四方の門。⑩徒歩。⑪かつぎ申し上げた。⑫公卿。北畠親房らとともに，後醍醐天皇の信任をうけた。⑬内裏の清涼殿にあった事務や日常の品々。⑭(天皇に)つき従われたのであるが。⑮警固の役人。⑯弓矢をたずさえて。⑰かわせみの羽で飾った天子の旗。転じて，天皇の行幸。

(視点) 1336(南朝・延元元/北朝・建武3)年，後醍醐天皇は足利尊氏の軍に追われ，京都をあとにした。この文章は『太平記』巻十四にあり，都落ちのあわただしいようすが，生き生きと描写されている。

主張したものである。そのほか、『増鏡』は、南朝側の公家の立場から描いたもので、四鏡(▷p.130)の最後にあたる。
❸ **北朝側に立つ歴史書**　『梅松論』がある。足利尊氏の側近の武家の立場(北朝側)から描いたもので、鎌倉時代から足利政権成立までを、比較的正確に、史実に基づいて述べている。
❹ **有職故実の研究**　官位昇進の順序や職掌の内容、年間行事などに関する先例(有職故実)の研究がさかんとなった。後醍醐天皇の『建武年中行事』や、北畠親房の『職原抄』が有名である。

(注意)　有職故実は単なる懐古趣味ではなく、公家政治の振興を目的とした研究である。そのため、承久の乱の直前や、この建武の新政期にさかんとなった。

2 連歌と茶道
❶ **連歌の発達**　連歌は和歌の余技として発生したものであるが、南北朝・室町時代にはいると庶民文化を形成する文学の1つとなった。
❷ **連歌振興の中心人物**　連歌が文芸の中心となることに大きな役割を演じたのが、二条良基である。良基は鎌倉時代後期の連歌師救済の弟子で、関白として政治にあたりながら連歌をよくした。『菟玖波集』『応安新式』を編修した★2。
❸ **茶道**　各地で茶を飲むための会合(茶寄合)が行われ、また茶の種類を飲み分けて、かけ物を争う勝負ごとの闘茶が流行した。

3 五山文学
❶ **足利将軍の帰依と五山・十刹の制定**　臨済宗は、室町将軍の帰依や幕府の保護のもとに、安国寺★3を建てた。また、

(参考)　南北朝期の和歌集では、宗良親王(後醍醐天皇の皇子)撰の『新葉和歌集』などが知られる。

★2　『菟玖波集』は、古くからの連歌をおさめて連歌の最初の準勅撰となり、『応安新式』は連歌の規則を集め、以後の連歌の基本文献となった。

★3　安国寺　足利尊氏らが夢窓疎石のすすめで、国ごとに建てた寺。同時に南北朝の内乱の戦死者の冥福を祈るために、利生塔とよばれる塔も建てた。

テーマゼミ　下人からの脱出

○15世紀の中ごろ、門前町(興福寺)の奈良に住む下人の又四郎が、その主人である上田夫妻に10貫文を支払い、みずからの力で下人身分を脱したということがあった。
○下人とは、特定の主人とずっと従属関係を結んでいる人のことである。彼らの身分は低かったが、そんな下人たちも、中世都市では主人から合法的に下人身分から脱出をはかることも可能であった。

○又四郎は、奈良の芸能集団に加入して鼓を担当し、その子は連歌の席につらなることもあった。中世都市では、下人の奴隷的なイメージも根底から転換させるのである。

▲興福寺五重塔

足利義満は，南宋の制度を模して鎌倉五山・京都五山などのいわゆる五山・十刹の官寺の制度を定めた。

❷ **鎌倉五山・京都五山** 右の表の通り。

❸ **五山文学の発達** 五山の禅僧を中心に漢詩文がさかんとなり，これを五山文学という。五山では朱子学（宋学）の研究も行われ，中巌円月が出た。円月の著書『中正子』は朱子学の最初の述作として有名。また，宋から伝わった印刷術を使って，五山版と称する出版も行われた。

❹ **五山の代表的な禅僧** 中巌円月・夢窓疎石・春屋妙葩・絶海中津・義堂周信・宗峰妙超らがいる。彼らは幕府の外交・政治顧問としても活躍し，日明貿易に通訳として重用された禅僧もいた。

京都五山（開山者）	鎌倉五山（開山者）
南禅寺（無関普門）	
天龍寺（夢窓疎石）	建長寺（蘭渓道隆）
相国寺（夢窓疎石）	円覚寺（無学祖元）
建仁寺（明庵栄西）	寿福寺（明庵栄西）
東福寺（円爾弁円）	浄智寺（兀庵普寧）
万寿寺（東山湛照）	浄妙寺（退耕行勇）

▲五山一覧

南禅寺はとくに五山の上（別格）とされたことに注意。また，五山につぐ寺を十刹といい，五山とともに五山・十刹とよばれる。

10 北山文化

◆ 足利義満が建てた金閣に象徴される文化である。従来からの公家文化と武家文化がいっそう融合し，水墨画など，禅宗を通しての中国文化（宋・元・明）の影響が強く見られる。また，民衆文化の台頭が見られ，猿楽能や狂言などが発達した。

1 建築

❶ **金閣の造営** 足利義満が1397（応永4）年，京都の北山第に建てた建物で，金箔でおおわれているので，この名がある。北山文化を代表する建物で，義満の死後，鹿苑寺となった。

❷ **金閣の構造** 3層からなり，初層は寝殿造の阿弥陀堂，中層が観音殿，上層が禅宗様となっている。公家・武家文化の融合を示し，中国文化の影響をうけるなど，この時期の文化的特色を象徴している。

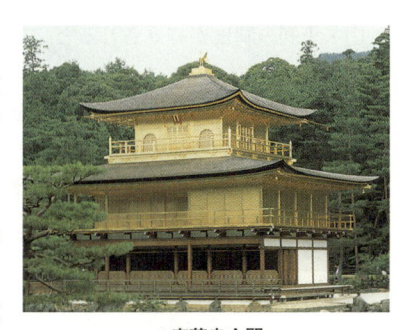

▲鹿苑寺金閣

1950（昭和25）年に放火で焼失したが，復元再建された。

2 絵画

❶ **水墨画の発達** この時代の絵画では，水墨画が栄えた。これは，墨の濃淡で立体感・色感をあらわす単色画で，山水を主題とした。禅宗寺院を中心に発達した。

❷ **水墨画の発展につくした僧侶** 東福寺の明兆や「瓢鮎図」

（参考）**黙庵と可翁**
どちらも南北朝時代の人。黙庵はわが国最初の水墨画家で，「布袋図」が代表的な作品。可翁は「寒山図」が代表的な作品である。

を描いた相国寺の如拙によって水墨画の基礎が築かれ，相国寺から出た如拙の弟子周文によって発展した。

3 学問・文学

❶ 足利学校の再興
鎌倉時代に足利氏一族のためにつくられた足利学校[★1]は1439（永享11）年，関東管領上杉憲実によって再興された。中世の学校施設として，「坂東の大学」の名で宣教師を通じてヨーロッパにも知られた。

▲足利学校（栃木県足利市）

❷ 古今伝授の完成
この時代に歌道の聖典とされた『古今和歌集』に関する故実・解釈などを秘伝として，弟子に伝える古今伝授が完成した。古今伝授は，1471（文明3）年に東常縁が宗祇に伝授して以来，定式化した。

（補説）その他の文学 室町時代には五山文学が主流を占め，明との交流の発展によって，漢詩文がいっそうさかんとなった。また，連歌は公家・武家・庶民の間にさかんで，宗砌・心敬などが有名。軍記物語では，明徳の乱（▷p.150）前後に書かれた『明徳記』がある。

4 仏 教

❶ 臨済宗の隆盛
臨済宗は，足利将軍家の帰依をうけて繁栄し，1386（南朝・元中3／北朝・至徳3）年，義満のときに五山・十刹の制度が確立されると，幕府の手あつい保護によって発展した。

❷ 僧録の設置
僧録とは禅宗寺院を管轄し，その人事をつかさどる僧職をいう。義満がこの僧録に夢窓疎石の弟子の春屋妙葩を任命したのが始まりで，僧録司はその役所である。のち相国寺内の鹿苑院の住持が僧録を兼ねた。当初は禅宗寺院すべてを管轄する予定であったが，実質上は五山・十刹とその系統の禅寺に限られた。

（補説）臨済宗以外の諸派の動き 次の通り。
①真言宗…醍醐寺座主の満済が義満・義持・義教の3代の将軍にわたって信任され，幕府の顧問になった。
②曹洞宗…戦国大名や地方武士を中心に広まり，徐々に庶民にも浸透した。永平寺（越前）がその中心であった。
③浄土宗…教義をめぐる対立から鎮西派と西山派[★2]に分裂し，振るわなかった。
④浄土真宗…専修寺派[★3]・仏光寺派[★4]・本願寺派に分かれて対立し，大勢力になるのは蓮如（▷p.173）まで待たなければならなかった。

[★1] 足利学校 勉学者には，武士のほかに禅僧が多く，漢籍や兵法など，高度な教育がほどこされた。

（注意）十刹は，寺が固定されたものではなく，その数も，必ずしも10カ寺とは限らなかった。

[★2] 鎮西派はおもに九州で，西山派はおもに畿内で布教した。

[★3] 専修寺派 真宗高田派ともいう。親鸞が下野（栃木県）の高田に建てた寺を，1465（寛正6）年に真慧が伊勢の一身田（三重県津市）に移し，専修寺とした。

[★4] 仏光寺派 京都の仏光寺を本山とする。

5 芸能

① 能の誕生 この時代に、猿楽の能・田楽の能などをもとに、演劇的要素を加えた総合演劇としての能という独特の芸能が生まれた。

② 能の発展 能は初め、猿楽が神事に関係が深いところから、寺社の保護をうけて発展した。大和四座★5（興福寺の保護）と近江三座（日吉神社の保護）が代表的なものである。やがて上級武士の保護をうけるようになり、なかでも将軍義満のあつい保護をうけた観世座から観阿弥・世阿弥父子があらわれて、猿楽能を完成させた。

③ 世阿弥の著作 世阿弥は『風姿花伝（花伝書）』『申楽談儀』（世阿弥の言葉を子の元能が筆録）などの能楽論を著し、能の大成を実現した。

④ 狂言の発展 狂言は能の幕間に演ずる寸劇で、おかしみが主眼。また、題材の多くは庶民生活のなかに求められ、大名や僧侶などを風刺したので、庶民にもてはやされた。

▲能の舞台

★5 **大和四座**
次の四座をいう。
①観世座…もと結崎座。
②宝生座…もと外山座。
③金剛座…もと坂戸座。
④金春座…もと円満井座。

ポイント〔北山文化〕
①足利義満…金閣（のちに鹿苑寺となる）を建てる
②禅宗寺院のランク付け…京都と鎌倉の五山・十刹
③観世座の観阿弥・世阿弥…能（猿楽能）を完成
　世阿弥の代表著作…『風姿花伝（花伝書）』

史料 世阿弥の芸術論

凡そ、此道①、和州②・江州③において、風体④変れり。江州には、幽玄⑤の境を取り立てて、物まね⑥を次にして懸りを本とす。和州には、まず物まねを取り立てて、物数を尽くして、しかも幽玄の風体とならんと也。然れども、真実の上手は、いづれの風体なりとも、漏れたるところあるまじきなり。一向の風体ばかりをせん物は、まこと得ぬ人のわざなるべし。

『風姿花伝』

(注) ①猿楽能の道。②大和四座。③近江三座。④芸の方法。⑤深い趣きや情緒。⑥人に対する写実的な表現。

(視点) 世阿弥と父観阿弥は能役者であり、能の脚本である謡曲の作者でもあった。観阿弥は観世座の始祖であり、将軍義満の庇護をうけた。世阿弥は、観阿弥の芸能観をもとに、彼自身の体験や意見を加えた能楽論を展開し、能の大成につとめた。

11 東山文化

◆ 足利義政が建てた銀閣に象徴される文化である。禅宗の影響が強く，「わび」「さび」を尊ぶ幽玄の趣きがあり，逃避的な傾向もあったが，能・狂言・御伽草子・連歌・茶などが大きく発展した。戦国期には，地方の大名たちの間に文化が普及していった。

1 建築・庭園

❶ 銀閣の造営 **足利義政**が1489（延徳元）年，京都の東山山荘に建てた建物をいう。のち慈照寺となり，現在は，銀閣と東求堂が残っている。

①銀閣の構造…2層からなり，初層は書院造，上層は禅宗様の清楚な建物である。

②東求堂…義政の持仏堂。東北隅の四畳半の同仁斎は，**書院造**の形式をとっている。

（補説）**書院造** 室町時代に成立した住宅の様式。玄関・書院・床・違い棚を設け，ふすま・明障子をつけた武家住宅の様式で，以後の和風住宅の基本様式となった。

▶慈照寺東求堂同仁斎の内部

❷ 庭園の発達 池水を配した回遊式庭園が前代より引きつづきつくられたが，この時代の代表的な造園様式は，水を用いず，石と白砂で山水を表現した枯山水である。

❸ 代表的な庭園★1 ①枯山水庭園…龍安寺・大徳寺大仙院。②回遊式庭園…西芳寺（苔寺）・天龍寺・慈照寺・鹿苑寺。

（補説）**被差別者の活躍** 東山山荘の庭園をつくった善阿弥のように，河原者とよばれた身分の低い人々が作庭にたずさわった。なお，義政の周辺では，僧体で阿弥の称号（阿弥号）をもつ同朋衆とよばれる人々が，さまざまな芸能の分野で活躍した。

2 絵画・工芸

❶ 水墨画の隆盛 禅僧が中心となった水墨画は，前代の人物・花鳥を題材とするものから，風景画ともいうべき，山水を題材とする**山水画**に移り，**雪舟**が大成した。雪舟の代表作品には，「四季山水図巻（山水長巻）」「秋冬山水図」「天橋立図」などがある。

❷ 狩野派の台頭 大和絵でも再興の機運が生まれ，土佐光信

▲慈照寺銀閣

（参考）**室町期の寺院建築** 禅宗の発達にともない，唐様建築が多くなった。とくに南北朝時代の永保寺開山堂（岐阜県）が有名。また，唐様と和様をあわせた折衷様（新和様）も発達した。

★1 これらの庭園は，いずれも京都市にある。

▲「秋冬山水図 秋景図」

（参考）**雪舟以外の水墨画家** 東国で活躍し，「風濤図」を描いた雪村などが知られる。

が将軍義政のころ土佐派をおこした。戦国期には，狩野正信・元信父子が大和絵に水墨画の技法を加え狩野派を開いた。
❸ **工　芸**　金工に後藤祐乗があらわれ，すぐれた刀剣の飾り金具をつくった。また，蒔絵(高蒔絵)の技術も発展した。

3 学問と教育
❶ **有職故実研究の隆盛**　有職故実(▷p.166)の研究がいちだんとさかんとなった。一条兼良の著『公事根源』は有名である。
❷ **古典研究**　一条兼良の『日本書紀纂疏』や『花鳥余情』★2 が有名。
❸ **政治論**　一条兼良は，9代将軍義尚の問いに答えて『樵談治要』という政治上の意見書を書いた。
❹ **古今伝授の継承**　東常縁から宗祇に伝えられた古今伝授(▷p.168)は，宗祇から三条西実隆に伝授された。
❺ **朱子学の地方普及**　五山の禅僧により研究された朱子学は，応仁・文明の乱後，地方に広まった。とくに肥後(熊本県)の菊池氏や薩摩(鹿児島県)の島津氏に招かれた桂庵玄樹は，朱子の『大学章句』を出版するなど，のちの薩南学派の祖となった。また，南村梅軒は土佐(高知県)の吉良氏に仕えたといわれる。
❻ **民衆教育の教科書**
①『庭訓往来』…手紙文を12カ月順に配列した書簡形式の教科書。このような書簡形式の教科書を往来物という。
②『いろは歌』…手習いの手本。
③『実語教』…道徳・学問の大切さを説いた教科書。
④『節用集』…日常語句を類別した辞書。饅頭屋宗二が出版。

4 文芸
❶ **正風連歌の確立**　南北朝時代ごろから流行し始めた連歌は，宗祇によって正風連歌★3 として確立し，最盛期をむかえた。宗祇と，彼の弟子宗長・肖柏の3人が詠んだ『水無瀬三吟百韻』と，宗祇が編修した『新撰菟玖波集』(準勅撰集)が有名。
❷ **俳諧連歌の誕生**　連歌はやがて，複雑な規則にしばられて，自由な気風を失っていった。そこで，おもしろさや風刺を中心として，庶民の生活感覚を基にした俳諧連歌が生まれた。
❸ **俳諧連歌の確立**　俳諧連歌は，山崎宗鑑によって確立された。内容的には凡庸であったとされるが，近世俳諧の成立母体となった。宗鑑の編修した『犬筑波集』が有名である。

★2　『花鳥余情』　源氏物語の注釈書。『河海抄』(四辻善成著)の誤りを訂正した。

(参考)　**文化の地方普及**
戦国大名は，城下町に京都の文化を移植するため，応仁・文明の乱後には中央の文化人を招いた。西の京都とよばれた大内氏の城下町山口などが有名。

(参考)　**出版事業の隆盛**
五山版と，次の2つが有名。
①大内版…大内氏が山口で刊行した儒仏典籍。
②堺版…堺の自由な気風のなかで，儒教関係の書物などが出版された。医師阿佐井野宗瑞の著『医書大全』などがある。

★3　**正風連歌**　連歌は和歌の余技として発達したので，集団で楽しむ，娯楽的な性格をもっていた。これを深みのある芸術的なものに高めたのが宗祇である。

(参考)　**連歌普及の理由**
①表現が自由で，着想が新奇だったため，人々の共感を得た。
②連歌師が各階層に出入りし，全国を遍歴して，連歌の会をもよおした。
③文芸に親しむ余裕のある庶民層が成長してきた。

テーマゼミ 『物くさ太郎』

○『物くさ太郎』というのは徹底した「なまけ」人間に関する物語である。どれほどなまけ者かといえば、自分の食用の最後の1つの餅が道にころがり出ても、取りに行こうともしない。餅は犬やカラスのついばむままである。

○その後、物くさ太郎は誠実になり、実は天皇の子であったというオチまでついていて、下剋上の世相によくマッチした話である。

▲物くさ太郎 円形の白い物が餅。

❹ **御伽草子の流行** この時代には御伽草子がさかんとなった。これは広く庶民生活に取材し、また庶民を読者とする平易な短編文学であった。『物くさ太郎』『浦島太郎』などが有名である。

❺ **御伽草子の題材** 御伽草子には、下剋上の乱世や惣の結合での経験を通じて生まれた、実力尊重や立身出世の考え方が見られる。これは、当時の社会のありかたを反映している。

題材	代表作品
僧侶	三人法師・高野物語
貴族	桜の中将・鉢かづき
武士	酒呑童子・羅生門
庶民	文正草子・一寸法師・物くさ太郎・浦島太郎
動植物	鼠の草子・十二類絵巻

▲御伽草子の作品分類

▲『文正草子』 常陸国の塩焼文正が立身出世する物語。右上の薪を運んでいるのが主人公の文正。当時の製塩のようすが描かれている。

❻ **小歌** 民間で歌われたごく短い歌謡をいう。公家にも普及し、小歌を集めた歌集の『閑吟集』もつくられた。

5 芸能

❶ **能の流行** 能は世阿弥の死後、金春禅竹(世阿弥の娘婿)・禅鳳らによって発展した。応仁・文明の乱後は、畿内の町衆・庶民の間に広まった。能に用いられる仮面を、能面といい、鬼神・男・女・老人・霊の5種に大別できる。

❷ **民間芸能の広まり** 庶民は、争乱の世に対する不安と、みずからの力に対する自信のはざまで、風流踊り・盆踊り・念仏踊り・幸若舞・古浄瑠璃などの芸能を育んだ。

▲能面 小面の能面。若い女性をあらわしている。

(補説) 風流踊り・念仏踊り・盆踊り・幸若舞・古浄瑠璃　風流とは、仮装やはなやかなつくりのことで、そのような服装での踊りを風流踊りといい、神社の祭礼などで行われた。念仏踊りは念仏などを唱えながら踊るもので、空也・一遍に始まる。盆踊りは風流踊りと念仏踊りから発達した。幸若舞は、室町時代の武将の桃井直詮（幸若丸）が始めたとされる。古浄瑠璃は語物で、『浄瑠璃姫物語』の好評からこの名がついた。

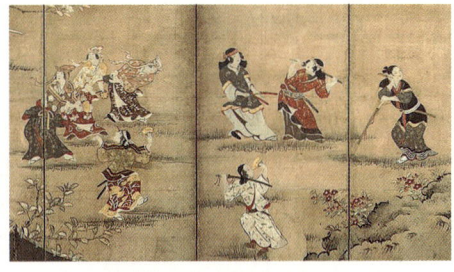

▲風流踊り（安土桃山時代）

❸ **茶道の成立**　闘茶・茶寄合の流行を背景に、奈良称名寺の僧**村田珠光**が侘茶を始めた。禅の精神をとりいれ、簡素・静寂を重んずるもので、門下の堺の町人武野紹鷗にうけつがれ、千利休（▷ p.196）によって茶道として大成される。

❹ **華道の成立**　立花は本来は仏への供花であったが、茶道の発達や書院造の盛行にともなって住宅装飾としての生花に発達し、様式として成立した。京都六角堂の**池坊専慶**が、やがてこれを華道として芸術にまで高めた。

(注意) 茶道や華道など現代にまで伝わる文化の基礎が、この時代につくられたことに注意しよう。

6 宗　教

❶ **臨済宗の変化**　臨済宗は繁栄をつづけたが、応仁・文明の乱後、五山勢力の衰退が見られ、かわって妙心寺・大徳寺（京都市）など五山に属さない寺院が勢いを増してきた。

❷ **代表的な禅僧**
①五山系…瑞溪周鳳がいる。彼は、わが国最初の外交史書である『**善隣国宝記**』の著者として有名である。
②大徳寺派…一休宗純がいる。彼は、五山の腐敗した禅を批判した。応仁・文明の乱後、堺商人の援助で大徳寺を復興した。

❸ **浄土真宗の発展**　①浄土真宗は、前代までは振るわなかったが、本願寺派に**蓮如**が出てから全国でさかんになった。
②蓮如の布教…蓮如は、「御文」という平易な仮名文によって教義を説き、講という組織で庶民を掌握した。とくに越前（福井県）の吉崎道場（吉崎坊）を中心に北陸に広く布教した。のち本願寺の本拠を山科本願寺（京都市）を経て石山本願寺（大阪市。のちの大坂城の地）に移し、全国の門徒（信者）の結集をはかった。

❹ **法華宗の発展**　法華宗（日蓮宗）は、日親が『**立正治国論**』を書いて京都を中心に布教した。とくに商工業者の町衆にうけいれられ、法華一揆により京都の町政を掌握するなど発展したが、1536（天文5）年、天文法華の乱★4で、京都を追われた。

(参考) **林下**　五山系に対し、民間にはいって布教につとめた禅宗の一派を林下という。臨済宗では大徳寺や妙心寺が林下である。

(注意) 曹洞宗では、永平寺のほかに、能登（石川県）にも総持寺が建てられ、能登本山となった。

★4 **天文法華の乱**　法華宗は、布教の過程で本願寺派や延暦寺としばしば衝突した。これを法華一揆という。1536年、延暦寺との激突で京都の法華宗21カ寺が延暦寺の衆徒によって襲われ、破却された。これが天文法華の乱である。

❺ **唯一神道の成立** 応仁・文明の乱後, 吉田神社(京都市)の神官吉田兼倶は, 反本地垂迹説(▷p.129)を説き, 神道を中心とした儒仏の統合を主張する唯一神道を確立した。

❻ **民間信仰の隆盛** 大黒天・恵比須などの神を信仰する福神信仰, 西国巡礼★5や四国巡礼★6で有名な観音信仰, 御師(伊勢神宮への集団参詣を勧誘したり案内したりする者)の活躍による伊勢参宮のほか, 地蔵信仰など, 庶民の多様な生活に対応した雑多な信仰がさかんになった。

★5 西国巡礼 観音菩薩を本尊とする近畿地方を中心とする33カ寺を巡拝する。

★6 四国巡礼 四国にある空海ゆかりの霊場88カ寺を巡拝する。巡礼の際に唱える歌が御詠歌である。

区分	南北朝文化 14世紀なかば	北山文化(義満の時代) 14世紀後半〜15世紀前半	東山文化(義政の時代) 15世紀なかば〜16世紀なかば
特色	公家・武家の両文化が開花。内乱を背景に, 歴史書や軍記物語がさかんで, 連歌・田楽などの民衆芸能も芽生える。	公家・武家文化と, 禅宗などの中国文化とが融合。金閣に代表される豪奢・優美な文化。猿楽能や狂言など民衆文化が発達。	北山文化が洗練され, 銀閣に代表される簡素・幽玄な文化。一方では能・狂言・御伽草子・連歌などの民衆文化が開花。
建築	永保寺開山堂(岐阜県) …禅宗様	鹿苑寺金閣…寝殿造・禅宗様 興福寺東金堂…和様 庭園…鹿苑寺, 西芳寺, 天龍寺	慈照寺銀閣…書院造・禅宗様 慈照寺東求堂同仁斎…書院造 庭園…枯山水(龍安寺・大徳寺大仙院)
絵画		水墨画…明兆, 如拙, 周文	水墨画…雪舟, 雪村 土佐派…土佐光信 狩野派…狩野正信, 元信
芸能	田楽	猿楽能…大和四座, 近江三座 能の大成…観阿弥・世阿弥 世阿弥『風姿花伝』 狂言の発達	能…金春禅竹(象徴能へ発展) 狂言のさらなる発展 民間芸能…古浄瑠璃・幸若舞, 風流踊り・念仏踊り→盆踊り
茶道 華道	茶寄合, 闘茶	茶寄合, 闘茶 立花の流行	侘茶…村田珠光→ 　　　武野紹鷗→千利休 華道…池坊専慶
学問	軍記物語…『太平記』『義経記』 『曽我物語』 史書…『増鏡』,『梅松論』, 『神皇正統記』(北畠親房) 有職故実…『建武年中行事』(後醍醐天皇),『職原抄』(北畠親房) 朱子学…中巌円月	足利学校…上杉憲実が再興	有職故実 …『公事根源』(一条兼良) 政治論…『樵談治要』(一条兼良) 朱子学…薩南学派(桂庵玄樹) 教育…『庭訓往来』『節用集』 史書…『善隣国宝記』(瑞溪周鳳)
文芸	五山文学の発達 連歌…『菟玖波集』『応安新式』 　　　(いずれも二条良基) 和歌…『新葉和歌集』(宗良親王撰)	五山文学の全盛 和歌…古今伝授(東常縁→宗祇)	正風連歌…宗祇『新撰菟玖波集』 『水無瀬三吟百韻』 俳諧連歌…山崎宗鑑『犬筑波集』 古今伝授…宗祇→三条西実隆 御伽草子の流行 小歌…『閑吟集』
宗教	臨済宗…安国寺 禅僧…中巌円月, 夢窓疎石, 　　　春屋妙葩, 絶海中津, 　　　義堂周信, 宗峰妙超	臨済宗…五山・十刹, 　　　僧録の設置	臨済宗…一休宗純 浄土真宗(一向宗)…蓮如 法華宗(日蓮宗)…日親 唯一神道…吉田兼倶

▲南北朝・室町時代の文化(まとめ)

12 戦国の動乱と諸地域

◆ 下剋上の風潮のなかからあらわれた戦国大名は，国人・地侍を強力な家臣団に組織し，農民を直接支配した。そのため，強力な拘束力をもつ分国法を定めて，独自の地域的封建支配の確立をめざすとともに，全国支配の主導権をめぐって，互いにはげしく争った。

1 戦国大名の出現

❶ 戦国時代 応仁・文明の乱後，しばらくすると，室町幕府はほとんど名目的なものとなった。朝廷・公家の勢力もおとろえ，守護大名も戦国大名にとってかわられて，戦乱が全国的に広まった。このような室町時代後半にあたる時期を**戦国時代**とよぶ。

❷ 戦国大名出現の理由 応仁・文明の乱で，守護大名が領国を離れて京都で戦っているうちに，彼らの地元では守護代がこれにかわって政治を行い，実力をしだいに伸ばしていった。これらの守護代が，守護大名を追放，または打倒して，**戦国大名**となるわけである。また有力な国人のなかにも，実力を蓄え，守護大名を打倒して戦国大名にのしあがる者があらわれた。

(参考) 戦国大名出現の地域性　東北や九州では国人層が成長しにくく，守護大名がそのまま戦国大名となった。また，下剋上による戦国大名が多く出現した地域は，荘園領主勢力の強くない中間地域であった。

❸ 各地のおもな戦国大名
①東北地方…陸奥に伊達氏・南部氏・蘆名氏，出羽に最上氏。伊達氏は**伊達政宗**のとき東北最大の戦国大名となる。
②関東地方…古河公方と堀越公方(▷p.151)が対立し，上杉氏の扇谷家と山内家が対立している間に，今川氏の下にあった**伊勢盛時(宗瑞，北条早雲)**★1 が堀越公方を滅ぼした。その子北条氏綱・孫氏康のときに古河公方・上杉氏をも滅ぼして，北条氏は小田原(神奈川県)に本拠地を置いて関東の大半を制圧した。

| 細川氏⇩三好氏(家臣)⇩松永氏(家臣) | 斯波氏⇩朝倉氏(家臣)=越前　織田氏(守護代)=尾張 | 京極氏⇩浅井氏(国人)=近江　尼子氏(守護代)=出雲 | 大内氏⇩陶氏(守護代)⇩毛利氏(国人) | 山内上杉氏⇩長尾氏(上杉氏)(守護代) | 土岐氏⇩斎藤氏(守護代) | 赤松氏⇩浦上氏(守護代)⇩宇喜多氏(国人) |

▲下剋上の実例
⇩は実権の推移を示す。

★1 北条早雲　伊勢盛時は，出家して早雲庵宗瑞と号した。

(補説) 堀越・古河公方と上杉氏の滅亡　上杉氏は永享の乱(▷p.151)後，関東における実権をにぎり，足利成氏を鎌倉公方としたが，成氏は古河公方と称して上杉氏と対立した。ついで足利政知が，堀越公方と称して実権をにぎった。ところが，上杉氏では扇谷・山内両家の間に争いが起こり，その不和に乗じて1493(明応2)年に伊勢盛時が伊豆に攻めいって政知の遺子茶々丸を追った。その後，1498(明応7)年に茶々丸が自殺して，堀越公方は滅亡した。ついで古河公方も，1554(天文23)年に北条氏康に攻められ，事実上滅亡した。この間，上杉氏(扇谷家)も1546(天文15)年に北条氏康に滅ぼされた。山内上杉氏も家督を越後(新潟県)の長尾景虎(上杉謙信)に譲ったので，関東管領は，実質的な意味を失った。

(注意) 鎌倉幕府の執権の北条氏と，戦国時代の北条氏とを混同しないこと。混乱をさけるため，戦国時代の北条氏を後北条氏ともいう。

③中部地方…越後の上杉謙信(長尾景虎)は信濃にも勢力をのばし、甲斐の武田信玄(晴信)とは川中島で戦った★2。駿河では今川義元、尾張では織田氏、三河では松平氏(のちの徳川氏)がいた。越前には一乗谷を本拠とする朝倉敏景(孝景)がおり、美濃では斎藤道三が勢力をのばしていた。

④近畿地方…室町幕府は有名無実となり、管領細川氏、その家臣三好長慶、さらにその家臣松永久秀に実権が移った。久秀が1565(永禄8)年に将軍足利義輝を殺したことで、幕府の権威は失墜した。近江北部には浅井氏、南部に六角氏がいた。

⑤中国地方…山陰の出雲・石見には尼子氏がいた。山陽の周防・長門に勢力をもった大内氏は、義隆の代にその家臣陶晴賢に滅ぼされた。1555(弘治元)年には毛利元就が厳島の戦い(広島県)で陶氏を破り、やがて尼子氏をも破って中国地方を統一した。

⑥四国地方…土佐に長宗我部元親が出て、国人・地侍を組織して四国を統一した。

⑦九州地方…豊後で大友義鎮(宗麟)、肥前で龍造寺氏、南九州では鎌倉時代以来の守護出身の島津氏が勢力をもった。

★2 川中島の戦い 信濃の支配権をめぐる上杉謙信と武田信玄との数度の戦い。犀川と千曲川との合流点の川中島(長野県)を主戦場とし、1553(天文22)年から1564(永禄7)年までに5度の対戦があったが、勝敗は容易に決せず、やがて両人が病死するにおよんで戦いは自然に収束した。

▲川中島古戦場跡(長野県)

注意 近畿地方は奈良の興福寺など大寺院が領主化して勢力をもっていた。とくに、浄土真宗の本願寺顕如(光佐)が石山本願寺(大阪市)を中心に織田信長に対抗した(▷p.187)。

2 戦国大名の分国支配

❶ 領地支配 　戦国時代は実力がものをいう世の中であったため、戦国大名は、実力を蓄え拡大していくことを支配の中心に置いた。この戦国大名の領国は**分国**とよばれた。

❷ 支配の構成 　戦国大名は、現地の武士・土豪を家臣に編成

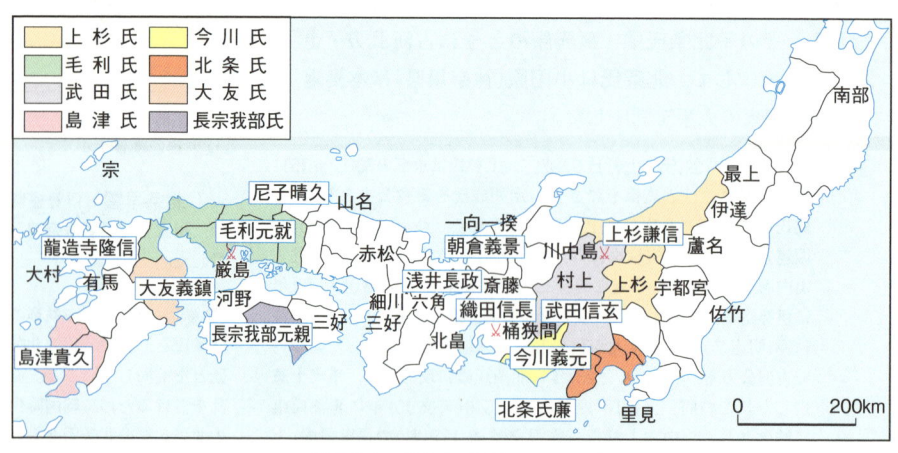

▲戦国大名の分布(16世紀なかばごろ)

して**城下町**に移住させ、土地・領民はすべて大名が一元的に支配しようとした★3。

① 家臣の編成…家臣を**一族衆**（大名の一族）、**国衆**（新しく家臣に編成された土着の武士）、**外様衆**（新参衆ともいう。他領からきて家臣となった者）に分け、その下に足軽・中間（仲間）・小者がいた。

② 家臣団の主従関係…家臣団は軍奉行の下に、槍組、鉄砲組などに分けられ、有力武士が**組頭**（寄親）として、寄子・寄騎（新たに編成された家臣）を支配した。これは主従関係を親子関係に擬したもので、平時にも活用された。

③ 家臣団編成の限界…家臣のすべてが当初から従属していたわけではなく、独立性の強い家臣には反乱の可能性もあった。また戦国大名の権力がおよびにくいところでは、中小の領主が一揆を結成した例もある。これを**惣国一揆**とよぶ。

❸ **分国法の制定**　分国（領地）支配のための法律が**分国法**である。**家法・壁書**などともいわれた。

❹ **分国法の内容**　御成敗式目（▶p.116）の影響をうける。
① 家臣が知行地を自由に売買することを禁じ、嫡子（惣領）の単独相続とする。また、女性の相続権は認めない。

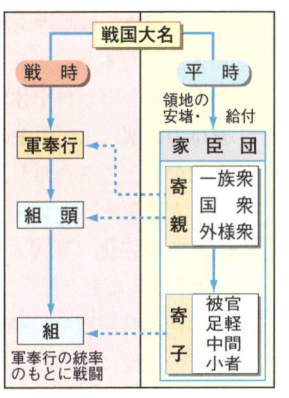

▲戦国大名の家臣団編成

★3 戦国大名は、家臣に知行地として領地を給付したが、この領地・人民の支配権は大名がにぎり、家臣にはその収入のみを与えた。

史料　おもな**分国法**

一．喧嘩口論、堅く停止の事。……此旨に背き、互いに勝負に及ばば理非①に寄らず、双方成敗すべし。若し一方手出し仕るに於ては、如何様の理②たりと雖も、其者罪科に行ふべき事
　　　　　　　　　　　　　　　　　　　　　　　　　　　　　　　『長宗我部氏掟書』

一．当家塁館③の外、必ず国中に城郭を構へさせらる間敷候。総て大身の輩④をば、悉く一乗の谷⑤へ引越しめて、其郷其村には、只代官下司⑥のみ居置かるべき事。『朝倉孝景条々』

一．駿遠両国⑦之輩、或はわたくしとして他国よりよめを取、或はむこに取、むすめをつかはす事、自今已後之を停止し畢ぬ。
　　　　　　　　　　　　　　　　　　　　　　　　　　　　　　　『今川仮名目録』

一．百姓、地頭⑧の年貢所当相つとめず、他領へ罷り去る事。盗人の罪科たるべし。仍かの百姓許容のかたへ、申し届くるのうえ、承引いたさず候はば、格護候族同罪たるべきなり。
　　　　　　　　　　　　　　　　　　　　　　　　　　　　　　　『塵芥集』

注　①正当な理由があるかどうか。②理由。③朝倉氏の館。④有力な家臣。⑤朝倉氏は、福井市近郊の一乗谷に居城を構えた。⑥現地支配の役人。⑦今川氏の領国の駿河・遠江（いずれも静岡県）の2国。⑧伊達氏の家臣である領主。

視点　『長宗我部氏掟書（長宗我部元親百箇条）』では喧嘩両成敗、『朝倉孝景条々』では家臣の城下（一乗谷）集住、『今川仮名目録』では婚姻の許可制、『塵芥集』（伊達氏）では逃散の禁止を示している。出題としては、内容以外にそれぞれの分国法の名称・制定した大名の名などについての設問が多いので注意すること。

②訴訟の裁決には喧嘩両成敗をとる。
③個人の罪が家族・一族におよぶ縁座制，また，農民の租税滞納や逃散などは村全体で連帯責任をとらせる連座制をとる。
④家臣の婚姻には，領主の許可が必要であるとする。
⑤守護の不入権を否定し，それまでの守護とは異なる権力であることを示す。

❺ 経済力の強化 戦国大名は，強大な経済力を必要としたため，治水事業などを行って農業生産力の増大につとめた。また，鉱山の開発，撰銭令，楽市・楽座，関所の撤廃などを行って商工業の発展につとめ，経済の活性化をはかった。

> **補説** 楽市・楽座 楽市は，従来の座の特権廃止，新興商人（新儀商人）への市場税・営業税の免除をいう。楽座は，座そのものの廃止をいう。

❻ 軍事力の整備 戦国の争乱を勝ちぬくには強力な軍事力が必要であった。大名は家臣を城下に居住させて常備軍とし，足軽を使った集団戦法を採用した。そのうえ，長槍や鉄砲などの新しい武器を積極的にとりいれた。

❼ 戦国大名と商人 戦国大名は富国強兵策や武器入手のため商工業者を保護し，彼らを城下町に住まわせた。また，有力な商人を武器・弾薬・食料などの調達に利用した。

> **補説** 戦国大名と一揆 戦国大名は，国人・地侍を家臣にして農村から切り離し，惣（惣村）の自治は認めながらも，土一揆を徹底的に弾圧した。しかし，一向一揆は規模も大きく，戦国大名を圧倒する場合もあった。このため，逆に一向一揆の力を借りる大名もいた。

分国法	領国
相良氏法度	肥後
大内氏掟書	周防
今川仮名目録	駿河
塵芥集（伊達氏）	陸奥
甲州法度之次第（武田氏）	甲斐
結城氏新法度	下総
六角氏式目	近江
新加制式（三好氏）	阿波
長宗我部氏掟書	土佐
朝倉孝景条々	越前
早雲寺殿廿一箇条（北条氏）	相模

▲おもな分国法

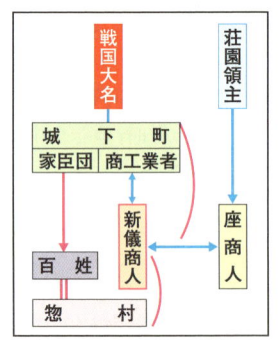

▲大名の領国支配

3 都市の発達

❶ 都市が発達した理由 商工業の発達により，戦国時代にはいると，全国各地に以下のような各種の都市が生まれた。

❷ 城下町 城下には，家臣のおもな者が集められ，商工業者も集住して，戦国大名の領国の政治・経済・文化の中心地となった。とくに，明との貿易で富強となった大内氏は，京から下ってきた公家・文化人を保護したため，城下町の山口では文化が栄えた。

❸ 門前町 大寺社には多くの僧侶・神官が住み，人口も多く，門前ではしばしば市が開かれた。さらに宗教の民衆化によって参拝者が増加し，これを対象とする宿舎や商店もできてきて，次第に門前町を形成した。

❹ **寺内町** 浄土真宗の門徒は，防衛のため，寺や家を濠や土塁で囲んだ一種の城郭都市である<u>寺内町</u>をつくり，自治的な生活をいとなんだ。石山本願寺のほか，越前の吉崎，河内の富田林（大阪府），和泉の貝塚，大和の今井（奈良県）が有名である。また，日蓮宗の寺内町もあった。

❺ **湊　町** 国内産業・海外貿易・水陸交通の発達にともなって，水陸交通の要地に多くの湊町が成立した。

> **補説　草戸千軒** 広島県福山市を流れる芦田川の中洲にあった湊町。室町時代にもっとも栄えたが，洪水で水没し，「幻の町」といわれている。発掘により，館跡や町割りの遺構が確認されているほか，中国南方の景徳鎮窯や龍泉窯系の陶磁器なども出土しており，中国輸入品の交易が行われていたことがうかがえる。

❻ **宿場町** 宿駅を主体として宿場町もつくられた。とくに，京都～鎌倉間の東海道では，島田（静岡県）・矢作（愛知県）などが有名である。

❼ **自治都市の成立** 都市は，はじめ領主やその代官が支配していたが，商工業の発達によって商工業者の力が増大するにつれ，<u>町衆</u>が自治組織の町組をつくり，行政権や裁判権を自治的に運営するようになった。このような都市を<u>自治都市</u>という。

参考　築城形式の変化
中世の城は，領国を守るために，領国の周辺の山の上に築かれる山城が多かったが，戦国時代にはいると，城が領主の住む館としての性質を帯びるとともに，従来の弓矢や刀による戦闘から，鉄砲を用いる集団戦法に変わった（▷p.181）ことによって，平野のなかの見通しのよい丘陵などに，城が築かれるようになった（平山城）。

適当な丘陵がない場合などは，平坦な場所に，濠や土塁で周囲を囲んだ城がつくられた。このような平城は，戦国大名の権威を示すものでもあり，安土桃山時代にさかんに建築された（▷p.194）。

▲戦国時代のおもな都市

❽ **代表的な自治都市** 堺・平野（大阪府），京都，博多（福岡県）などが有名である。

❾ **京都・堺・博多の自治組織** 京都では，上京・下京が惣町を形成し，町衆から選ばれた<u>月行事</u>が自治的な運営を行った。湊町として発達した堺と博多では，貿易に活躍した豪商らのなかから，堺では36人の<u>会合衆</u>，博多では12人の<u>年行司</u>が選出され，彼らの合議で市政が運営された。また，自衛のための傭兵（雇われ兵）もかかえた。

> 補説　**自治の崩壊**　中世日本の自治都市では，市民1人1人が民主的に自治に参加するのではなく，一部の特権的な豪商が自治組織をにぎっていた。また，戦国大名の対立をたくみに利用して獲得した自治だけに，全国統一をめざした織田信長・豊臣秀吉の強大な軍事力に対抗することができなかった。

> 参考　**京都・奈良の再生**　京都・奈良は政治都市の性格が強かったが，中世にはここに居住する荘園領主（貴族や寺社）のもとに物資が流入し，経済的な都市として再生した。

> 参考　**堺の自治の終わり**　1568（永禄11）年，織田信長が矢銭（軍用金）2万貫を堺に要求した際，堺は平野とともに拒否したものの，結局は屈服した（▷p.188）。そして，豊臣秀吉の大坂城下への堺商人の強制移住によって衰退した。

	城下町（大名）	門前町（寺社）	寺内町（寺社）	湊町（所在）
代表的な都市	小田原（北条氏）＝神奈川 山口（大内氏）＝山口 府中（今川氏）＝静岡 府内（大友氏）＝大分 鹿児島（島津氏）＝鹿児島 春日山（上杉氏）＝新潟 一乗谷（朝倉氏）＝福井	坂本（延暦寺）＝滋賀 長野（善光寺）＝長野 宇治（伊勢神宮＝内宮） 山田（伊勢神宮＝外宮） 奈良（興福寺） 琴平（金刀比羅宮）＝香川	石山（本願寺）＝大阪 吉崎（吉崎坊）＝福井 山科（本願寺）＝京都 貝塚（願泉寺）＝大阪 井波（瑞泉寺）＝富山 富田林（興正寺別院）＝大阪 今井（称念寺）＝奈良	淀（淀川） 坂本・大津（琵琶湖） 兵庫・堺・尾道（瀬戸内海） 小浜・敦賀（日本海） 桑名・四日市・大湊（伊勢湾） 博多・平戸・坊津（九州）

▲戦国時代の代表的な都市

史料　堺の繁栄

　日本全国，当堺の町より安全なる所なく，他の諸国において動乱あるも，此町にはかつて無く，敗者も勝者も，此町に来住すれば皆平和に生活し，諸人相和し，他人に害を加ふる者なし。市街においては，かつて紛擾起こることなく，敵味方の差別なく，皆大いなる愛情と礼儀をもって応対せり。市街には悉く門ありて番人を附し，紛擾あれば直ちにこれを閉づることも一つの理由なるべし。紛擾を起こす時は，犯人其の他悉く捕へて処罰す。……町は甚だ堅固にして，西方は海を以って，又他の側は深き堀を以って囲まれ，常に水充満せり。

「1562（永禄5）年，ガスパル＝ヴィレラ書簡」

『耶蘇会士日本通信』

> 視点　『耶蘇会士日本通信』は，日本に派遣されたイエズス会の宣教師が本国に送った報告書をまとめたものである。この書簡を書いたガスパル＝ヴィレラは，ポルトガル人の宣教師で，1556（弘治2）～70（元亀元）年にわたって日本に滞在していた。堺が一種の平和領域として存在していたことや自検断（▷p.157）を行っていたこと，門や濠によって町の周囲を囲み，自衛していたことなどを述べていることに注目する必要がある。試験では都市名・史料名の他，会合衆についての出題が多いので注意したい。

13 ヨーロッパ人の来航

◆ 1542年にポルトガル人が最初に来日して、鉄砲を伝えた。ついでスペイン人が来日した。1549年にはフランシスコ=ザビエルがキリスト教を伝え、以後南蛮貿易がさかんとなった。

1 鉄砲の伝来

❶ ヨーロッパ人のアジア進出 ヨーロッパでは、ルネサンスや宗教改革を終え、封建時代から絶対主義時代に移っていて、各国は植民地を求めてアジアに進出してきた。15～16世紀の大航海時代には、ポルトガルはインドのゴアや中国のマカオを、スペインはフィリピンのマニラを根拠地として、アジアに進出した。こうしたアジア全体の状況のもとで、ヨーロッパ人の日本来航という事態が生まれた。

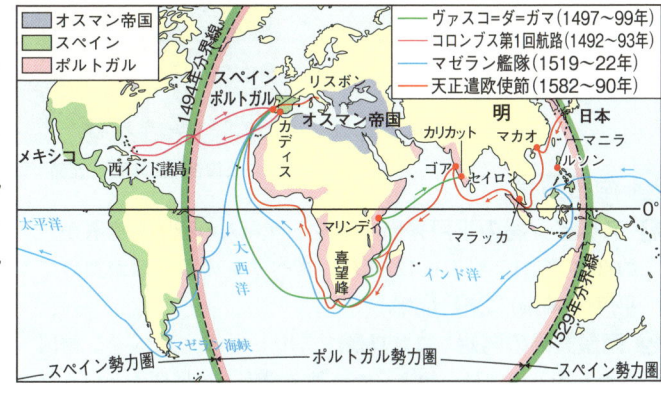

▲15～16世紀の世界

❷ ポルトガル人の種子島漂着 1542(天文11)年★1、ポルトガル人をのせた中国船★2が種子島(鹿児島県)に漂着した。これが、日本人とヨーロッパ人との交渉の最初である。

❸ 鉄砲の伝来 漂着したポルトガル人は、領主の種子島時堯に、鉄砲を伝えた。このとき、時堯は鉄砲を2挺入手し、家臣にその使用法と製造法を学ばせた。

❹ 鉄砲の生産 戦いにあけくれていた戦国大名は、きそって鉄砲を求めた。鉄砲は伝えられるとまもなく、和泉(大阪府)の堺や近江(滋賀県)の国友、紀伊(和歌山県)の根来・雑賀などで大量に生産された。この大量生産を可能にしたのは、当時の製鉄技術や鍛造・鋳造技術などの水準の高さであり、戦国時代の技術革新の結果であった。

❺ 鉄砲伝来の影響
①戦術が、足軽鉄砲隊を中心とする集団戦法へと変わった。
②集団戦法による機動性を高めるため、家臣が城下に集中されるようになった。
③鉄砲に対応するため、城壁が堅固になった。

★1 『鉄炮記』は1543(天文12)年とする。

★2 中国人の密貿易商である王直の船と見られる。

(参考) 鉄砲伝来の数年後には、畿内で鉄砲を利用した戦いが行われ、10数年後には、全国的に鉄砲が普及した。鉄砲によって、短期間で戦いの勝敗が決するようになり、全国統一が早まったという見方もある。

182　7章　武家社会の展開

> [補説] **長篠の戦い**　1575(天正3)年，織田信長・徳川家康の連合軍と武田勝頼(信玄の子)との戦い。この戦いで織田・徳川軍が勝利したのは，鉄砲隊をたくみに用いたためだといわれる。

▲「長篠合戦図屛風」　左側が織田・徳川軍，右側が武田軍。

2 南蛮貿易

① **スペイン船の平戸来航**　ポルトガル人の種子島漂着から約40年後，1584(天正12)年に，スペインの貿易船が初めて平戸(長崎県)に来航した。

② **南蛮貿易の開始**　これ以後，**ポルトガル・スペイン**両国とわが国との貿易が始まった。彼らを南方の外国人という意味から南蛮人[*3]とよんだので，この貿易を南蛮貿易とよぶ。

③ **南蛮貿易の特色**　貿易の実態は中継貿易である。当時の明は海禁政策をとり，一般の貿易を許可していなかったので，マカオやマニラを拠点とした両国が，**中国産生糸**などの商品を中継して日本にもちこみ，利益を得た。

④ **おもな貿易港**　貿易船を誘致するためにキリスト教を認めた戦国大名の港が貿易港となった。島津氏の鹿児島，松浦氏の平戸，大友氏の府内(大分市)，大村氏の長崎。

⑤ **おもな貿易品**　①輸入品…中国産生糸・香料・絹，西欧の鉄砲・火薬など。②輸出品…**銀**・刀剣・工芸品など。

★3 南蛮人　一般に，南蛮人はポルトガル人とスペイン人のことで，オランダ人とイギリス人は紅毛人といった。

3 キリスト教の伝来

① **キリスト教の伝来**　1549(天文18)年，**イエズス会(耶蘇会)**創立者の一人であったスペイン人**フランシスコ＝ザビエル**は，ゴアの日本人アンジローの案内で鹿児島に来航し，日本に初めてキリスト教(カトリック)を伝えた。

> [補説] **イエズス会の成立とカトリックのアジア布教**　イエズス会は，スペインの貴族であるイグナティウス＝ロヨラが中心となって結成された。プロテスタント(新教)に対抗してカトリック(旧教)の発展をはかるため，新大陸や東洋に広く布教した。このためイエズス会は，スペイン・ポルトガル両国が各地に進出する際の，先兵的な役割をも果たすことになった。

▲フランシスコ＝ザビエル

13　ヨーロッパ人の来航　183

第7章　武家社会の展開

❷ **ザビエルの布教**　ザビエルは薩摩の領主島津貴久の許可を得て領内の布教につとめ，京都では戦乱により布教を断念したが，周防の大内義隆や豊後の大友義鎮(宗麟)の保護をうけ，中国・九州各地で布教し，2年後，中国大陸に去った。

❸ **ザビエル以後の宣教師**
① ガスパル＝ヴィレラ…ポルトガル人。堺で布教した。
② ルイス＝フロイス…ポルトガル人。織田信長から布教の許可を得た。『日本史』を著した。
③ オルガンティーノ…イタリア人。京都に教会堂★4(南蛮寺)，安土(滋賀県)にセミナリオ★5(神学校)を建てた。
④ ヴァリニャーニ…イタリア人。天正遣欧使節の派遣を提案し，その案内をした。活字印刷機の輸入にも尽力。

❹ **キリスト教の普及**　布教は九州・中国・近畿から始まって関東・東北におよんだ。宣教師たちは各地に教会堂・セミナリオ・コレジオ★6を建てて，布教につとめた。このキリスト教および信者を，キリシタン(吉利支丹のち切支丹)とよぶ。

❺ **キリスト教が普及した理由**
① 戦国大名は，南蛮貿易の利益や武器輸入を期待して貿易船を領内に招こうとし，貿易船と密接な関係にあった宣教師を保護した。
② 庶民は，キリスト教の天国の思想にひかれた。
③ 宣教師たちは，日本語で話しかけるなど，布教に熱心であった。また，慈善事業や教育事業にも力をそそいだ。

❻ **代表的なキリシタン大名**　戦国大名が貿易の利益や武器の輸入を求め，宣教師もまず大名から教化しようとしたのでキリシタン大名とよばれる大名が出現した。大友義鎮(豊後)・有馬晴信(肥前)・大村純忠(肥前)・黒田如水(豊前)・小西行長(肥後)・高山右近(摂津)・細川忠興(豊前)などである。

❼ **天正遣欧使節の派遣**　大友義鎮・有馬晴信・大村純忠の3大名は，宣教師ヴァリニャーニのすすめで，1582(天正10)年にローマ教皇のもとに伊東マンショ・千々石ミゲル・中浦ジュリアン・原マルチノらの少年使節を送った★7。

★4 **教会堂**　南蛮寺ともよばれ，山口に建てられた大道寺が最初。仏寺風のものが多く，京都の南蛮寺は有名である。

★5 **セミナリオ**　日本人のための神学校。安土(滋賀県)に初めて建てられた。

★6 **コレジオ**　キリシタンの大学。聖職者の養成と一般教養を授ける課程があり，ヨーロッパの文化を移植する役割を果たした。豊後の府内(大分県)に初めて建てられた。

注意　キリスト教信者の数は，1582年ごろには九州で12万人以上，畿内では約2万5000人に達した。

★7　ゴア・リスボンを経てローマに到着し，教皇グレゴリウス13世に会い，1590(天正18)年に帰国した。しかし渡欧中に豊臣秀吉のバテレン追放令が出たため，帰国後は活動できなかった。

ポイント
① **鉄砲**の伝来…1542年，ポルトガル人が**種子島**に伝える→戦術の変化
② **南蛮貿易**…中継貿易に特色，戦国大名との間で取り引き
③ **キリスト教**の伝来…1549年，**フランシスコ＝ザビエル**が伝える

テスト直前要点チェック

答

① 鎌倉時代なかばから、天皇家は大覚寺統と何統に分かれたか。 — ① 持明院統

② 「此比都ニハヤル物…」で始まる風刺文を何というか。 — ② 二条河原の落書

③ 足利尊氏・高師直と足利直義とが争った内乱を何というか。 — ③ 観応の擾乱

④ 南北朝の合一を実現させた室町幕府の3代将軍は誰か。 — ④ 足利義満

⑤ 室町幕府の三管領は、細川氏・畠山氏と何氏か。 — ⑤ 斯波氏

⑥ 山名・赤松・一色・京極氏らの、管領につぐ重職を何というか。 — ⑥ 四職

⑦ 1441年、足利義教が赤松満祐に殺害された事件を何というか。 — ⑦ 嘉吉の変

⑧ 応仁・文明の乱が発生した応仁元年は、西暦では何年か。 — ⑧ 1467年

⑨ 応仁・文明の乱後の、下の者が上の者を倒す風潮を何というか。 — ⑨ 下剋上

⑩ 中世に、朝鮮・中国沿岸で略奪などを行った集団を何というか。 — ⑩ 倭寇

⑪ 日明貿易に際し、日本船が携行した証票を何というか。 — ⑪ 勘合

⑫ 1523年に、中国大陸で大内氏と細川氏が争った事件を何というか。 — ⑫ 寧波の乱

⑬ 朝鮮の三浦とは、薺浦・塩浦と、もう1つはどこか。 — ⑬ 富山浦

⑭ 1429年、沖縄で中山王尚巴志が建てた王国を何というか。 — ⑭ 琉球王国

⑮ 鎌倉時代末ごろから、荘園や公領のなかにできた自治的な組織は。 — ⑮ 惣

⑯ 1428年に近江などで起きた一揆を何というか。 — ⑯ 正長の土(徳政)一揆

⑰ 大内氏が開発した中国地方の銀山を何というか。 — ⑰ 石見銀山

⑱ 室町時代、月に6日開かれる市のことを何とよんだか。 — ⑱ 六斎市

⑲ 銭の良悪に応じて価格差をつけることを何というか。 — ⑲ 撰銭

⑳ 『菟玖波集』などで連歌を大成した南北朝時代の関白は誰か。 — ⑳ 二条良基

㉑ 父の観阿弥とともに、猿楽能を大成した人物は誰か。 — ㉑ 世阿弥

㉒ 銀閣の隣の東求堂にある、書院造の部屋を何というか。 — ㉒ 同仁斎

㉓ 水墨画を大成し、「四季山水図巻」を描いた人物は誰か。 — ㉓ 雪舟

㉔ 「御文」で浄土真宗の布教につくした人物は誰か。 — ㉔ 蓮如

㉕ 伊達氏の分国法を何というか。 — ㉕ 塵芥集

㉖ 浄土真宗の門徒などが形成した、寺や家を濠で囲んだ町は何か。 — ㉖ 寺内町

㉗ 中世、堺の町政を指導したのは、何とよばれる人々か。 — ㉗ 会合衆

㉘ ポルトガル・スペインとの貿易を何というか。 — ㉘ 南蛮貿易

㉙ フランシスコ=ザビエルは、どこの国の出身か。 — ㉙ スペイン

㉚ ヴァリニャーニのすすめで、ローマに派遣された使節団は何か。 — ㉚ 天正遣欧使節

第3編 近世

東海道五十三次（三条大橋）

8章 織豊政権と幕藩体制の確立

この章の見取り図

織田信長	室町幕府の滅亡／新しい経済政策（楽市令など）		
豊臣秀吉	太閤検地／刀狩 → 集権的封建体制へ		
江戸幕府 = 幕藩体制	→ 武断政治 → 牢人の発生 → 鎖国体制／身分制度・百姓統制／島原・天草一揆		

年次	おもな事項
一五六〇	桶狭間の戦い＝信長の台頭
七三	室町幕府の滅亡
七五	長篠の戦い
八二	本能寺の変
八二	太閤検地（荘園の消滅）
八三	大坂城の築城
八五	全国平定なる
八七	バテレン追放令＝禁教へ
八八	刀狩令
九〇	身分統制令（兵農分離／農商分離）
九一	朱印船制度
九二	文禄の役（朝鮮出兵）
九六	慶長の役
九八	秀吉の死去＝秀吉政権の衰退
一六〇〇	関ヶ原の戦い／徳川家康⇨征夷大将軍＝江戸幕府・幕藩体制
〇三	キリスト教の禁止
一四	大坂冬の陣
一五	大坂夏の陣＝豊臣氏の滅亡／元和偃武／武家諸法度
三一	奉書船制度／貿易の統制
三七	島原・天草一揆＝禁教を強化
三九	ポルトガル船の来航禁止
四一	オランダ商館を出島に移す＝鎖国

- 信長のキリスト教保護 → 秀吉は当初黙認
- 南蛮貿易がさかんとなる → 朱印船貿易 → 鎖国・禁教の推進 → 鎖国

| 政治文化 | 戦国時代 | 織田信長の活躍 | 豊臣秀吉の全国統一〈桃山文化〉豪壮で華麗 | 将軍 ①家康 | ②秀忠 | ③家光 |

1 織田信長の統一事業

◆ 戦国大名の争乱は約1世紀におよぼうとした。彼らの中から織田信長が全国統一にのり出し、各地の戦国大名を倒して京都にはいり、将軍足利義昭を追放して室町幕府を滅ぼした。信長は新しい政治を行おうとしたが、明智光秀に殺され統一事業は途中で挫折した。

1 信長の統一事業

❶ **織田氏の台頭** 織田氏はもともと尾張（愛知県）の守護斯波氏の守護代であった。下剋上の世の中で織田信秀[★1]が戦国大名として台頭し、その子信長の代に至って強大となった。

❷ **信長の台頭** 信長は尾張の清洲を居城とし、1560（永禄3）年、入京をめざして西進してきた駿河（静岡県）の戦国大名今川義元を桶狭間の戦い（愛知県）で破り、一躍その名を知られるようになった。

❸ **信長の入京** 信長は美濃（岐阜県）の斎藤氏を破り、近江（滋賀県）の浅井氏と姻戚関係を結んで京都への道を固めた。1568年には、足利義昭を奉じて入京し、義昭を将軍職につけ、自ら「天下布武」の印章を用いて全国統一の意志を示した。

★1 信秀は織田氏でも庶流（支流）であった。

注意 応仁・文明の乱以来の長い戦乱の時代は、16世紀末になって、ようやく統一の機運が生まれてきた。この動きを助けたのは、鉄砲であった。各地の戦国大名は、一方で鉄砲をできるだけ多量に入手して戦争に勝とうと努め、他方では朝廷や幕府の存在する京都にはいって、天皇や将軍の権威を利用して全国統一をはかろうとしていた。

1 織田信長の統一事業 187

❹ **室町幕府の滅亡** 15代将軍となった足利義昭[★2]は，信長の勢力が強く，実権をもてないことに反発し，武田・毛利・上杉氏や，本願寺と結んで信長を除こうとした。これに対して，1573(天正元)年，信長は義昭を京都から追放し，ここに室町幕府は滅亡した。

❺ **信長の統一戦争** 信長は，1570(元亀元)年に姉川の戦い(滋賀県)で浅井長政・朝倉義景を破り，翌年には中世的権威の象徴であり，信長に敵対した延暦寺を焼打ちにした。さらに，1575(天正3)年に長篠の戦い(愛知県)で武田勝頼を大敗させた(▷p.182)。

❻ **安土城の築城** 信長は，1576(天正4)年，京都・東海・北陸をにらむ要衝，近江(滋賀県)の安土に5層7重の天守(主)閣をもつ安土城を築いて居城とした。城下に商人を集めて楽市令(楽市，▷p.178)を出して自由な売買を保障し，またセミナリオ(▷p.183)の建築を許した。

❼ **一向一揆との戦い** 信長の統一にもっとも強く抵抗したのが，大坂の石山本願寺を中心とする一向一揆であった。信長は，越前・伊勢長島・和泉・紀伊などでこれらの一向一揆と戦った(石山戦争)。しかし，1580(天正8)年，石山本願寺と和睦し，法主の本願寺顕如(光佐)を退去させた。

信長の天下統一への経過▶

★2 **足利義昭** 12代将軍義晴の子で，13代将軍義輝の弟。初め興福寺一乗院の僧侶となっていた。

参考 信長が統一事業に成功できた理由
①京都に近い肥沃な濃尾平野を根拠地としたこと。
②寺院などの旧勢力を弾圧し，キリスト教を保護するなど，積極的な政策をとり，新しい経済政策を実施しようとしたこと。
③鉄砲隊による集団戦法などを採用したこと。

1560	桶狭間の戦い(今川義元を破る)
1567	美濃攻略(斎藤龍興を破り岐阜進出)
1568	足利義昭を奉じて入京
1570	姉川の戦い。石山戦争開始
1571	延暦寺の焼打ち
1573	将軍義昭追放(室町幕府の滅亡)
1574	伊勢長島の一向一揆平定
1575	長篠の戦い。越前一向一揆平定
1576	安土城完成
1580	石山戦争終わる(本願寺の屈伏)
1582	本能寺の変(信長自殺)

8章 織豊政権と幕藩体制の確立

テーマゼミ 「地上の神」信長

◯信長・秀吉・家康の3人に共通した特徴として，いずれも神になったということがある。秀吉が豊国大明神に，家康が東照大権現にと，いずれも死後に神として祀られたことは有名だが，信長が生きているうちにみずから神になったことは，それほど知られていない。

◯信長は死の直前，1582(天正10)年5月に安土の山に全国の神像・仏像を集めた。それはこれらの神仏を拝むためではなく，逆に神仏をして自分を崇拝させるためであった。信長の保護をうけた宣教師ルイス=フロイスの報告によると，安土に建立させた総見寺の神体は信長自身であった。「信長はおのれみずからが神体であり生きた神仏である。世界には他の主なく，彼の上に万物の造主もないといい，地上において崇拝されんことを望んだ」という。

◯いったい，信長は自分自身を神仏の上にたつ唯一絶対者に仕立てあげることによって，何をねらったのであろうか。それは既成の旧体制の下における諸権威・諸秩序にかわる新しい世界観，新しい政治的社会秩序・権威をうち出そうとし，その中核に唯一絶対者として自分自身を置こうとしたものといわれる。

8 本能寺の変

1582(天正10)年，信長は中国の毛利氏を討つため(中国攻め)，京都にはいり★3，本能寺に泊まったが，ここで家臣の**明智光秀**に襲われて自殺した。これを本能寺の変という。

★3 羽柴(豊臣)秀吉が毛利輝元を攻めており，秀吉を助けるために信長は京都にはいっていた。

2 信長の政策

❶ 指出検地の実行 信長は入京以来，検地を行った。その方法は，各地域の領主に土地の面積・作人・年貢量などを申請させる**指出検地**であった。なかでも，奈良の興福寺の支配する大和に家臣を派遣して，指出を強制したことは有名である。

❷ 商業・都市政策
①楽市令(楽市・楽座)…信長は，城下町の安土などに自由な売買を保障する楽市令を出し，新興商人(新儀商人)を集める楽市・楽座を行った。これによって城下の発展をめざした。
②関所の廃止…信長は入京後，関所の撤廃★4を行った。通行税である関銭の徴収を目的にたくさんつくられた関所が，人と物資の通行を妨げていたからである。
③撰銭令の発布…信長は，貨幣の流通を円滑にするために撰銭令(▷p.164)を出した。
④鉱山の掌握…信長は，但馬(兵庫県)の生野銀山を直轄地として，その鉱産物を財源とした。
⑤都市の掌握…信長は，都市の経済力に早くから注目した。堺には矢銭(軍用金)を要求し，これが拒否されると武力を行使してその自治を奪い，さらに堺・大津・草津・京都を直轄地とした。

❸ 宗教政策 信長は，延暦寺を焼き，一向宗と戦ったほか，大寺院にも指出を命じ，領地の内容を調査するなど，宗教勢力をも従わせようとした。安土宗論では，浄土・日蓮両宗の法論を裁定し，京都の町衆に影響があった日蓮宗をおさえた。一方，仏教との対抗と貿易の利から**キリスト教**を保護した。

注意 信長ははじめ室町幕府を擁したが，その滅亡後，右近衛大将に昇進し(のち辞任)，武家の棟梁となった。また正親町天皇の皇太子である誠仁親王の第5皇子を彼の猶子(養子)とするなど，朝廷を利用した。

★4 土一揆の多くが，関所廃止を要求していたことに注意しよう。

▲織田信長像
信長の肖像のうちではもっとも代表的なもので，死後1年の1583(天正11)年に，狩野元秀によって描かれた。

2 豊臣秀吉の全国統一

◆ 織田信長の家臣**豊臣秀吉**は，明智光秀を山崎の合戦で破り，信長の後継者として全国統一に着手した。秀吉は関白に就任し，惣無事令をてこに全国を平定した。兵農分離を推し進め，**太閤検地**や刀狩など歴史的に重要な政策を打ち出した。

1 秀吉の登場

❶ 秀吉の台頭
信長が本能寺の変で自害したため，その全国統一事業は中断した。毛利氏と合戦中であった**羽柴秀吉**は，急いで毛利氏と和睦して京都に帰り，山崎の合戦（京都府）で明智光秀を破った（1582年）。この結果，秀吉は信長の後継者としての地位を獲得し，全国平定にのりだした。

❷ 秀吉の統一戦争
①1583（天正11）年…北陸地方に勢力を張っていた信長の家臣の柴田勝家を琵琶湖の北，賤ヶ岳の戦い（滋賀県）で破った。そして，同年，全国統一の拠点として，もとの石山本願寺の跡地で**大坂城**の建築に着手した。

②1584（天正12）年…信長の子の織田信雄と徳川家康との連合軍に対し，小牧・長久手の戦い（愛知県）後に和睦した。

③1585（天正13）年…四国の長宗我部元親を降した。そして同年，正親町天皇より**関白**に任ぜられた。諸大名に**惣無事令**[★1]を出した。

④1586（天正14）年…後陽成天皇より太政大臣に任ぜられ，同時に朝廷から**豊臣**の姓を与えられた。

⑤1587（天正15）年…九州の島津義久を降伏させた（九州平定）。

⑥1590（天正18）年…小田原の北条氏政を滅ぼし（小田原攻め），伊達政宗ら東北地方の諸大名を服属させ（奥州平定），さらに徳川家康を関東に移らせた。ここに，**秀吉の全国平定は完成**した。

（補説）**太閤の呼称** 秀吉は豊臣姓を与えられて以後，太閤の称を好んで用いるようになった。太閤は摂政・太政大臣の尊称だったが，のち関白の位を譲った人にも使われた。

（補説）**後陽成天皇の聚楽第行幸** 秀吉は京都に城郭風の邸宅を営み，これを聚楽第（▷p.195）と称した。秀吉は1588（天正16）年にここへ後陽成天皇をむかえ，天皇の前で諸大名に秀吉への服従を誓わせた。

▲豊臣秀吉像
秀吉死後半年の作で，狩野山楽によって描かれたと伝えられている。

（注意） 現在の大阪は，明治以前までは「大坂」と書いた。明治時代に入って「坂」は士が反するとと読めるところから，「大阪」となったといわれる。

[★1] **惣無事令** 無事とは平和の意味。戦国大名に領土紛争は秀吉の裁定に従い，戦争を即時に停止するよう命じた。これに違反した場合は，島津氏や後北条氏のように，秀吉により武力で「征伐」された。

> **ポイント**
> ①**信長**は**安土城**を居城に全国統一をめざしたが，**本能寺の変**で倒れた
> ②**秀吉**は信長の政策を引きつぎ，1590年に全国を平定した

2 豊臣政権の基礎

❶ 朝廷との関係
秀吉は，関白，太政大臣に就任するなど，律令制の枠組みや天皇・朝廷の権威をたくみに利用しながら，全国支配を実現していった[★2]。

[★2] 秀吉は，地侍であった木下弥右衛門の子。征夷大将軍にならず，関白や太政大臣など朝廷の官職についた。

❷ **大名の統制**　秀吉は，畿内や中部地方に一族や子飼いの大名を配置したり，大名の転封を行って，反抗を未然に防いだ。また，大名の婚姻には秀吉の了解を得ることを命じた。

❸ **統治組織**　秀吉は，信任の厚い家臣を <u>五奉行</u>★3 に任じて，政務一般にあたらせた。また，有力な大名から <u>五大老</u>★3 を選んで，死後の重要政務を託そうとした。

❹ **経済基盤**　秀吉は，直轄地(<u>蔵入地</u>)220万石を主要財源とした。また，京都・大坂・堺・伏見・長崎などを直轄都市として豪商を統制下に置いた★4。さらに，石見銀山・佐渡金山・生野銀山などの鉱山を直轄にし，<u>天正大判</u>などの貨幣を鋳造した。

> 【補説】　**秀吉の商業政策**　信長の政策を継続させたものが多く，楽市令の発布，関所の撤廃などを行った。そのほか，街道に一里塚(1里＝約4kmごとに設けられた路程標。のち江戸幕府が整備した)を創設して交通を便利にした。

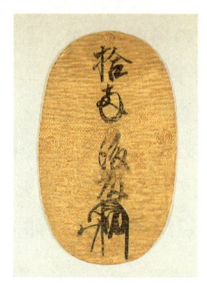

▲天正大判

③ 検地と刀狩

❶ **検地の実施**　秀吉は，新しく獲得した領地に役人を派遣して面積や年貢量などを調べる検地(<u>太閤検地</u>)を実施した。天皇に献納するためと称して，全国の大名に国郡別に <u>石高</u> を書上げた御前帳と国郡単位の絵図(<u>国絵図</u>)の提出を命じた★5。

❷ **太閤検地の内容**　検地の結果は，村ごとに <u>検地帳</u> に記載された。
　①単位の統一…これまで不統一であった長さや面積の単位を統一した。すなわち，6尺3寸(約191cm)四方を1歩，30歩を1畝，10畝を1段(反)，10段を1町とした。
　②京枡の採用…これまで不統一であった枡の大きさを京枡(現在の枡)で計るようにして，計量を統一した。
　③石盛の制定…田畑の等級を上田・中田・下田・下々田に分けて石盛★6 をし，その石高によって年貢★7 を負担させた。
　④一地一作人制の確立…一地一作人の原則を確立して，作人を年貢納入の責任者と決めた。これにより，中世の複雑な権利関係を清算した。

> 【補説】　**太閤検地への抵抗**　太閤検地はきびしく，これまでの地方の慣習を無視することもあったので，国人や農民などがしばしば一揆で抵抗した。しかし，秀吉は武力でおさえ，検地を強行していった。

★3 **五奉行と五大老**

五奉行	五大老
浅野長政(司法)	徳川家康
前田玄以(宗教)	前田利家
石田三成(行政)	宇喜多秀家
長束正家(財政)	毛利輝元
増田長盛(土木)	上杉景勝

大老は初め小早川隆景をふくむ6人であったが，隆景の死後に五大老とよばれた。

★4 堺の千利休・小西隆佐(小西行長の父)・今井宗久・津田(天王寺屋)宗及，博多の島井宗室・神谷宗湛らの豪商の力を利用し，政治・軍事などにその経済力を活用した。

★5 検地帳では，石高で統一することが求められ，その結果，全国の生産力が米の量で換算された石高制が確立した。さらに，すべての大名の石高が正式に定まり，大名はその領知する石高にみあった軍役を負担する体制ができあがった。

★6 **石　盛**　段あたりの標準収穫量をいう。上田数カ所の坪刈りを行い，1坪の平均収穫量を出して，1段に換算する。中田以下は上田を基準に計算し，この石盛が租税をかける基となった。

★7 **百姓の年貢**　村ごとに負担額が決定され，原則として収穫の3分の2を生産物地代，つまり米で徴収した。

2 豊臣秀吉の全国統一　**191**

❸ **太閤検地の結果**　検地帳に耕作者として記載された者(名請人)は，年貢納入の責任をもつかわりに土地に対する権利が保証された。これにより荘園制は完全に解体されるとともに，名請人は百姓身分となり，兵農分離が確定していった。

❹ **刀狩の実施**　刀狩は秀吉の独創ではなく，すでに柴田勝家も行っていた。しかし，秀吉が全国的に行ったことは重要である。1588(天正16)年に，京都の方広寺★8の大仏殿を造営するという口実で百姓のもつ武器を提出させ，没収する**刀狩令**を出した。この後も何回か同種の法令が出され，これによって百姓が刀をもつ権利は奪われていった。

❺ **刀狩の目的**　百姓らに武器を捨てさせ，一揆を防止し，それぞれの身分に応じた職務に専念することを求めた。

補説　**百姓**　百姓は，本来は民衆一般を意味したが，中世前期には名主，南北朝以降自立してきた小農民(小百姓)を指す用例がみられるようになった。太閤検地の結果，検地帳に登録された者が本百姓とされ，町人と区別されたが，漁民も百姓に含まれていた。

注意　これまでの荘園では，土地の権利(職)が何人もの人に重層的に所有され複雑化していた。しかし，太閤検地の一地一作人の原則によって，1つの土地を保持・耕作するのは，1人の百姓のみとなった。

★8 **方広寺**　秀吉が建立した寺院で，6丈3尺の木像大仏が安置されていた。のち，豊臣秀頼(秀吉の子)のつくった同寺の鐘の銘が大坂の陣の原因となる(▷p.199)。

史料　刀狩令

一　諸国百姓，刀，脇指(指)，弓，やり，てつはう(鉄砲)，其外武具のたぐひ所持候事，堅く御停止候。其子細①は，入らざる道具をあひたくはへ，年貢所当②を難渋せしめ，自然③一揆を企て，給人④にたいし非儀の動⑤をなすやから(族)，勿論御成敗あるべし。
一　右取をかるべき刀，脇指，ついへ⑥にさせらるべき儀にあらず候の間，今度大仏⑦御建立の釘，かすがひに仰せ付けらるべし。然れば，……来世までも百姓たすかる儀に候事。
一　百姓は農具さへもち，耕作専に仕り候へハ，子々孫々まで長久に候。百姓御あはれミをもって，此の如く仰せ出され候。誠に国土安全万民快楽の基也。

　　天正十六年⑧七月八日　　　(秀吉朱印)　　　　　　　『小早川家文書』

注　①理由。②年貢・雑税など。③もしも。④大名の家臣となった武士。⑤不法な行動。⑥むだ。⑦京都方広寺の大仏。⑧1588年。

視点　刀狩令の第1条には，百姓の武器所有の禁止と，その理由として一揆の防止が明示されており，その内容は，大名向けで非公開であったとされている。それに対して，第2条・第3条は公開用で，百姓への説得を内容とする。第2条では，没収された刀・脇指は，秀吉が建立する京都方広寺の大仏殿の釘や鎹に使用するのであり，大仏の加護によって百姓は来世まで救われるであろう，という。第3条では，百姓は農具だけをもって，耕作にはげめば，子孫代々幸せに暮らせるのであり，武器など不必要であ

る。刀狩は秀吉の百姓への憐れみからなされるもので，平和の基礎であるとしている。

　また刀狩令の目的は，百姓の武装解除それ自体にあったのではなく，中世の百姓が武士と同様に武器を所有する存在であったのに対して，武器の使用者＝武士，武器の使用を許されない者＝百姓，という兵農の身分的分離にあった。それは，「在々の百姓等，田畠を打捨，あるいは商い，あるいは賃仕事にまかり出るの輩これあらば，そのものの事は申すに及ばず，地下中御成敗たるべし」という1591(天正19)年の**身分統制令**とともに，**兵農分離・士商分離**の身分法令的な性格を強くもっていたのである。

❻ 身分統制令の実施
1591（天正19）年，秀吉は3カ条の朱印状を出して，武士に仕える武家奉公人が都市や村に居住して町人や百姓になることや，百姓が町人になることを禁じた（身分統制令）。さらに翌1592（文禄元）年，朝鮮出兵に動員する武家奉公人や人夫確保のために，関白豊臣秀次（秀吉の甥で養子）が人掃令を出し，戸口調査を実施し戸数・人数を調べた。これらの法令や調査により，武士・百姓・町人身分の確定がしだいに進んでいった。

（注意）3カ条の朱印状と人掃令は，朝鮮出兵に関係した法令と考えられる。

4 秀吉の外交政策

❶ 朱印船貿易の開始
秀吉は，海外貿易の利益にも着目し，1592（文禄元）年から正規の商船に朱印状を与える朱印船貿易を始めたといわれる。朱印船貿易は，江戸時代にはいって17世紀初めに全盛期をむかえた（▷p.214）。

❷ キリスト教の禁止
秀吉は，当初，信長と同じくキリスト教の布教を黙認していたが，九州に出陣し島津氏を降伏させた1587（天正15）年，教会がキリシタン大名を通じて力をもち始めていることを知り，キリスト教を禁止★9し，宣教師（バテレン）に国外退去を命じるバテレン追放令を出した。しかし，外国との貿易は積極的に認めたので，追放令は徹底されなかった。

★9 キリスト教をすてなかった播磨国（兵庫県）明石城主の高山右近は，領地を没収された。

（参考）サン＝フェリペ号事件 1596（慶長元）年，土佐（高知県）に漂着したスペイン船サン＝フェリペ号の乗組員が「スペインはまず宣教師を送りこみ住民を手なずけて，次に軍隊を派遣して植民地にする」という発言をしたという。このため，秀吉はポルトガルやスペインを警戒するようになった。

史料 バテレン追放令

一 日本ハ神国たる処，きりしたん国より邪法①を授け候儀，太以て然るべからず候事。
一 その国郡の者を近付け門徒になし，神社仏閣を打破の由，前代未聞に候。
一 伴天連②その知恵の法を以て，心ざし次第に檀那③を持ち候と思召され候ヘハ，右の如く日域④の仏法を相破る事曲事⑤に候条，伴天連の儀，日本の地ニハおかせられ間敷候間，今日より廿日の間ニ用意仕り帰国すべく候。
一 黒船⑥の儀ハ商売の事に候間，各別に候の条，年月を経，諸事売買いたすべき事。
　　　　　天正十五年⑦六月十九日　　　　　　　　　　　　　　　　『松浦文書』

（注）①キリスト教。②ポルトガル語のパードレ（神父）の音訳で，外国人宣教師のこと。③信者。④日本。⑤けしからぬこと。⑥ポルトガル・スペイン船。⑦1587年。

（視点）秀吉の宣教師追放の理由として，第1条では，日本国は神国であること，第2条では，神社や仏閣を破壊するなどの不当な行為がなされていること，第3条では，日本の仏教思想が失われること，などをあげている。そのうえで，伴天連（バテレン，すなわち宣教師）を20日以内に国外に追放することを命じている。しかし第4条では，ポルトガル・スペイン船の来航は商売のためであるとして，南蛮貿易は奨励しており，宣教師の追放も不徹底なものに終わった。

❸ 秀吉がバテレン追放令を発布した理由
①教会とキリシタン大名が結びついて力をもち始めたことに警戒したこと。
②ポルトガル人が日本人奴隷を海外に売ったこと。
③キリスト教は、日本国は神国であるとする神国思想と矛盾したこと。

> **補説** 26聖人殉教　1596(慶長元)年、サン=フェリペ号事件を知った秀吉は、キリスト教の布教は植民地への第一歩であると考えた。そのため、長崎で6名のスペイン宣教師と20名の日本人信者を処刑した。これを26聖人殉教といい、わが国における最初のキリシタン受難として有名である。

❹ 秀吉の対外政策
1588(天正16)年、海賊禁止令(海賊取締令)を出し、船頭・漁師らの海賊行為を禁止した。これにより倭寇の活動は鎮静化した。秀吉は、海外発展に積極的で、1591年にインドのゴア(ポルトガル政庁)とルソン(スペイン政庁)へ、さらに、1593年に台湾(高山国)へ入貢を要求したが、失敗に終わった。

❺ 朝鮮侵略
秀吉は、1585(天正13)年ころから大陸侵攻の意思を示し、1587年には朝鮮に服属と明征服の先導役を要求した[★10]。朝鮮が拒否したので朝鮮に出兵し(年号をとって**文禄・慶長の役**という。朝鮮側は**壬辰・丁酉倭乱**とよぶ)、明を征服して天皇を北京に移すという東アジア征服を構想した。

①文禄の役…1592(文禄元)年、加藤清正・小西行長ら16万の軍を朝鮮に派遣し、秀吉みずから名護屋(佐賀県)に本陣をかまえた。日本軍は漢城(現ソウル)を陥落させたが、朝鮮水軍の活躍[★11]や朝鮮義民軍(義兵)の抵抗、さらには明の朝鮮援助[★12]で苦戦におちいり、1593(文禄2)年の碧蹄館(漢城の北方)の戦いを機に停戦し、日明講和交渉にはいった。

②慶長の役…文禄の役の講和交渉で、秀吉の「明の降伏と朝鮮の割譲を要求する」講和条件は非現実的であったため、講和を急ぐ小西行長らは正確に伝えなかった。そのため、明は「秀吉を日本国王として朝貢を許す」という伝統的な態度で返答し、秀吉は怒り、講和交渉はたちまち破れた。1597(慶長2)年に再度14万の軍を朝鮮に出兵させた(慶長の役)が、1598(慶長3)年に秀吉が死去し、朝鮮人民の抵抗にもあって、戦果があがらないまま軍は引き上げた。

▲文禄・慶長の役要図

> **参考** 秀吉が朝鮮侵略を行った理由
> ①諸大名の領土的野心を海外に向けさせようとした。
> ②戦争にかり立てて諸大名の統制を強めようとした。

★10　朝鮮への仲介は、慣例にしたがって対馬の宗氏を通じて行われた。

★11　朝鮮水軍は、亀甲船を用いた李舜臣(イスンシン)に率いられ、日本の海上補給線を大いにおびやかした。

★12　明の援軍の責任者は李如松であった。明はこののち弱体化していった。

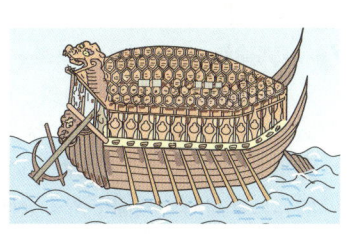

▲亀甲船

◀明の皇帝の国書
文禄の役の講和交渉のさい、明の使者が秀吉に提出した国書。右から5〜6行目に「秀吉を日本国王に封じる」とある。上質の綾絹を黄・青・赤・白・鼠の五色に染め、雲鶴の模様を織り出した立派なものである。

❻ 朝鮮侵略の結果

①朝鮮の人びとを戦火にまきこみ、多くの被害を与えた。
②撤兵のさい仏像や金属活字などの文化財を略奪した。
③製陶・印刷技術者や朱子学者をはじめ数多くの民衆を捕虜として日本に強制連行した。
④連行された朝鮮人陶工により、有田焼・唐津焼・萩焼・薩摩焼などの朝鮮系製陶がおこされた。
⑤連行された朱子学者が藤原惺窩らの日本人儒者と交流し、江戸時代の朱子学に大きな影響を与えた。
⑥莫大な戦費と兵力を無駄についやし、豊臣政権の支配力は急速に弱まっていった。

(注意) 印刷技術も伝わり、日本最初の活字本である慶長版本（慶長勅版、▷p.197）がつくられたことに注意しておこう。

> **ポイント**
> ①秀吉の政治…秀吉の統治組織は、五奉行と五大老が中心
> 太閤検地と刀狩令・人掃令の実施→兵農分離・農商分離が完成
> ②秀吉の外交…キリスト教の禁止と2度の朝鮮侵略（文禄・慶長の役）

3 安土桃山文化

◆ 信長・秀吉の天下統一によって新しい文化、安土桃山文化（桃山文化）が生まれた。この文化の特徴は、全国を統一した権力者が豪華・壮大な城郭や障壁画により威光を示そうとしたこと、さまざまな外来文化の影響をうけていることにある。

1 建築

❶ 城郭建築　封建権力の象徴ともいうべき城郭建築が桃山文化の第一の特色である。安土城・大坂城・伏見城・姫路城（白鷺城）が代表的なものである。城郭には高層の楼閣である天守閣がそ

姫路城（兵庫県姫路市）▶

びえ、城主の居館として書院造の広大な部屋があった。聚楽第（▷p.189）は城郭に準ずる邸宅である。

❷ **現存する城郭建築の遺構** 城郭建築は姫路城などを除いて、当時の全容を伝えるものが少ない[★1]。江戸幕府の一国一城令や明治維新の際に破壊されたからである。伏見城と聚楽第の遺構が右表の寺社に移建されて、現存する。

	現存の遺構
伏見城	西本願寺書院と唐門（京都） 都久夫須麻神社本殿（滋賀）
聚楽第	西本願寺飛雲閣（京都） 大徳寺唐門（京都）

▲伏見城と聚楽第の遺構

❸ **茶室建築** 茶室建築にも注目すべきものがあり、とくに妙喜庵待庵（京都府）と西芳寺（苔寺）湘南亭（京都市）が有名である。

2 絵画と工芸

❶ **障壁画の発展** 寺院や大名・商人の住宅のふすまに描かれた障壁画が発達し、書院の壁を絵で飾ることが流行した。

❷ **障壁画の画題とその手法** 障壁画では画題を仏教的なものに求めず、山川草木や花鳥などを画題にした。その手法には、金銀泥や群青・緑青などを用いて、絵の具を金碧に濃く厚く盛りあげる濃絵（金碧画）の手法が用いられた。

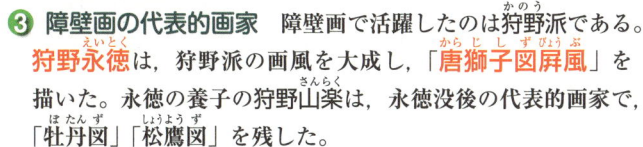

▲「唐獅子図屛風」狩野永徳

❸ **障壁画の代表的画家** 障壁画で活躍したのは狩野派である。狩野永徳は、狩野派の画風を大成し、「唐獅子図屛風」を描いた。永徳の養子の狩野山楽は、永徳没後の代表的画家で、「牡丹図」「松鷹図」を残した。

❹ **水墨画とその代表的画家** 水墨画も前代からつづいて描かれ、水墨画家も時代の影響で濃絵を描くようになった。長谷川等伯[★2]や海北友松[★3]が有名である。

❺ **風俗画の流行** 都市民衆の台頭を背景として、町衆の生活や風俗を描く風俗画もさかんとなった。「洛中洛外図屛風」や「職人尽図屛風」[★4]が有名であり、南蛮人の風俗を描いた「南蛮屛風」も貴重である。

❻ **陶芸の隆盛** 茶道の流行を背景にして、京都楽家の長次郎が焼いた楽焼と、古田織部の意匠による織部焼がつくられた。また、朝鮮侵略で連行した朝鮮人陶工が西日本の大名領内で

[★1] 近世初期の城郭で現存するものには、姫路城（兵庫県）・彦根城（滋賀県）・犬山城（愛知県）・松本城（長野県）・松江城（島根県）などがある。

(注意) 障壁画には、濃絵による金碧濃彩画ばかりでなく、水墨手法の絵もあることに注意しよう。

[★2] 長谷川等伯 水墨画と金碧濃彩画の両方に秀作を残している。前者には「松林図屛風」、後者には「智積院襖絵」がある。

[★3] 海北友松 代表作には、「山水図屛風」がある。

[★4] 「職人尽図屛風」いろいろな職人が働いているようすを描いたもの。とくに、狩野吉信が描いた喜多院（埼玉県川越市）のそれは有名である。

お国焼きとよばれる薩摩焼(島津氏)・有田焼(鍋島氏)・平戸焼(松浦氏)・萩焼(毛利氏)などのすぐれた陶磁器を生産した。

3 芸 能

❶ **茶道の大成** 堺の**千利休(宗易)**★5は、村田珠光・武野紹鷗が始めた侘茶(▷p.173)を発展させて芸術性の高いものとした。利休が山崎(京都府)につくった草庵風の簡素な2畳茶室妙喜庵待庵は、現存する唯一の利休茶室である。

❷ **茶道の流行** 茶道は、信長や秀吉が好んだため、武士・豪商の間に大流行した。その結果、楽焼・織部焼の茶器や、書院造から発展した数寄屋造による茶室建築も発達した。

[補説] **北野大茶湯** 1587(天正15)年、秀吉は、千利休・今井宗久・津田宗及ら堺の豪商や茶人の指導のもと、京都・北野神社の境内を中心に大茶会を開き、貴賤貧富の別なく1000人以上の民衆を参加させた。

❸ **かぶき踊りの発生** この時代にかぶき踊りが発生した。かぶき踊りは、室町時代以来の能・狂言の影響をうけ、歌と踊りを中心とした新しい芸能で、出雲大社の巫女と称する**出雲の阿国**が始めた。

❹ **歌舞伎への発展** 阿国が始めたかぶき踊りは、念仏踊り(▷p.172)をとりいれたもので、**阿国歌舞伎**とよばれた。やがて歌舞伎は、遊女が男装して行う女歌舞伎から、少年による若衆歌舞伎→野郎歌舞伎と変わっていった。

❺ **浄瑠璃の発展** 室町時代におこった語りものの古浄瑠璃(▷p.173)は、この時代に三味線★6の伴奏で、庶民の間に普及した。

❻ **隆達節の創始** 堺の薬屋の高三隆達は、小歌に節をつけた隆達節を始めた。これは恋愛を主題とし、近世小唄などの先駆をなした。また、盆踊りや念仏踊りが流行した。

4 生 活

❶ **住 居** 屋根は、板葺から瓦葺が多くなり、繁華街の住宅は2階にも居住部分をもつ2階建が多くなった。

❷ **飲 食** 従来の1日2食から、1日3食となった。

❸ **衣 服** 男女とも開放的な小袖がふつうとなり、衣服の色も華美なものが多くなった。

▲阿国歌舞伎の舞台

(参考) **彫刻の推移**
仏像彫刻がすたれ、書院の欄間彫刻がさかんとなった。

★5 **千利休(宗易)** 堺の豪商で、武野紹鷗に侘茶を学び、信長や秀吉に仕えた。1591(天正19)年に京都・大徳寺山門上に自分の木像を置いたことから、秀吉の怒りにふれて切腹させられた。

★6 **三味線** 中国の三絃が戦国時代末期に琉球から伝来し、胴に蛇の皮を使ったため蛇皮線と呼ばれた。日本では猫皮を利用し、三味線となった。

(参考) **人形浄瑠璃の成立** 傀儡などの操り人形芝居と浄瑠璃が結合して人形浄瑠璃が成立した。江戸時代に大発展する。

(注意) 日常食に米を食べたのは公家や武士だけで、庶民の常食は雑穀に野菜をたきこんだものであった。また、仏教思想の関係で肉食は普及しなかった。

テーマゼミ　民衆の生活文化

●右の図は「洛中洛外図屏風」の室町通りの1場面である。室町通りは，当時の京都のメインストリートであった。民衆の衣服には小袖が一般に用いられ，男性は袴をつけることが多く，素材は麻から主に木綿にかわっている。男女ともに結髪するようになり，図の女性たちは，引っ詰め髪にしている。住居は従来からの板葺屋根であるが，京都などでは2階建ての住居や瓦屋根もめずらしくなくなった。

5 南蛮文化（南蛮キリシタン文化）

❶ **南蛮文化の成立**　南蛮貿易や宣教師の布教が活発になるにつれて，天文学・地理学・暦学・医学などのヨーロッパの新しい知識が伝えられた。油絵や銅版画の技法が伝来すると，日本人によって西洋画風の南蛮屏風も描かれた★7。

❷ **活字印刷術**　ヴァリニャーニ(▷p.183)は，金属製の活字印刷機を伝え★8，宗教書のほかに『伊曽保(イソップ)物語』や『平家物語』『日葡辞書』などのローマ字本を出版した。これを**キリシタン版**または**天草版**という。

> **補説**　**信長・秀吉時代の文学**　この時代の文学には，ほとんど見るべきものはない。わずかに，古今伝授をうけた細川幽斎(信長・秀吉に仕えた武将。本名は細川藤孝)と里村紹巴(連歌師)の2人が知られるぐらいである。

❸ **生活の中の南蛮文化**　民衆のなかにも，たばこを吸ったり，ヨーロッパ風の衣服を身につけるものがでてきた。また，ポルトガル語のカステラ・パン・タバコ・カッパ(レインコート)・シャボン(石けん)・カルタ・ラシャ・ジュバン・ビロード・コンペイトウなどの言葉が現在も残るように，これらの食物や衣服なども，南蛮文化とともに伝えられた。

キリシタン版『平家物語』▶

★7「世界地図屏風」などの南蛮地図屏風が描かれ，これまでの世界観を一変させた。信長や秀吉は，宣教師の携行した地球儀をみて，ヨーロッパと日本の距離や世界の大きさに驚嘆したといわれている。

★8 朝鮮侵略のさいに朝鮮からも活字印刷術が伝えられ，慶長年間，後陽成天皇の勅命で木製の活字により数種の書物が出版された。(慶長版本，慶長勅版)。

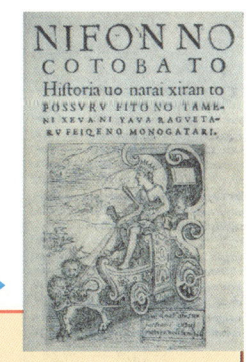

ポイント〔安土桃山文化〕
①建築では城郭(**姫路城**など)，絵画では**障壁画**が流行
②芸能では**千利休**の茶道の大成と，**出雲の阿国**の歌舞伎の創始が重要

4 江戸幕府の成立

◆ 小田原の北条氏の滅亡後、徳川家康は東海より関東に移り、江戸を根拠とした。そして、関ヶ原の戦いの結果、覇権を確立した。征夷大将軍職を2年で秀忠に譲り、大御所となって政治をとり、大坂の陣で豊臣氏を滅ぼして全国統一を完成した。

1 徳川家康の台頭

❶ **徳川家康** 家康は三河（愛知県）の岡崎城主であった松平広忠の子である。幼いときから今川・織田両氏の人質となり苦労した。しかし、桶狭間の戦い（▷p.186）後に自立した。

❷ **家康の台頭** 次のような経過を経て台頭した。
①織田信長と同盟して、三河統一を果たし、つづいて5カ国を領有する大名となった。
②豊臣秀吉に臣従して、関東に移り、江戸★1を本拠として250万石を領有する大名となった。
③豊臣政権では五大老の筆頭になった。

1560年	桶狭間の戦い→家康の自立
1564年	三河の一向一揆を平定→三河統一
1572年	三方ヶ原の戦い（武田信玄に敗北）
1584年	小牧・長久手の戦い
1590年	小田原攻め、関東転封
1595年	五大老に就任
1598年	秀吉の死
1600年	関ヶ原の戦い
1603年	征夷大将軍に就任
1605年	秀忠2代将軍就任、家康は大御所
1614年	方広寺鐘銘事件、大坂冬の陣
1615年	大坂夏の陣、豊臣氏滅亡

▲家康台頭に関する年表

補説 **家康の戦歴** 1560（永禄3）年の桶狭間の戦い（愛知県）で今川義元が敗れたのち、家康は、織田信長と結んで三河の一向一揆を平定し、三河を統一するとともに遠江へも進出した。1572（元亀3）年には三方ヶ原の戦い（静岡県）で武田信玄に敗れたが、信長と同盟したり、秀吉に臣従したりして、力を蓄えていった。さらに、信長と連合して長篠の戦い（愛知県）で信玄の子武田勝頼を破り、遠江を支配した。1584（天正12）年の小牧・長久手の戦い（愛知県）は、秀吉・家康両雄の対戦であったが、講和した。このころには家康の勢力も大きくなり、「海道一の弓取り」といわれた。
　1590（天正18）年の小田原の北条氏征伐では秀吉と結んで出陣し、北条氏の滅亡後は関東に移り、関東6国を領地とした。家康は肥前（佐賀県）の名護屋には出陣したが朝鮮出兵はまぬがれ、江戸を本拠として領国経営につとめ、豊臣政権の五大老の筆頭となった。

★1 **江戸** 鎌倉時代に江戸氏が支配し、室町時代に太田道灌が江戸城を築いた。家康は江戸城を改築し、町に道路をつくり、小田原から商人をよびよせた。江戸は、幕府開府とともに政治都市となった。

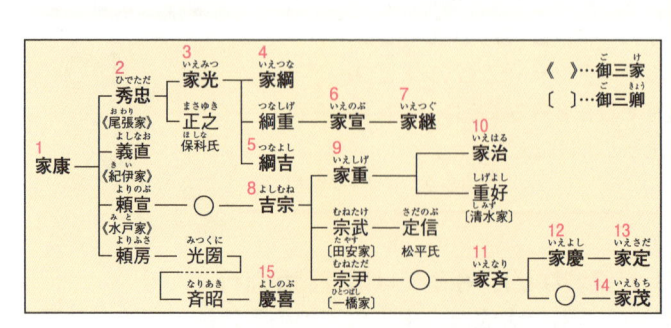

▲徳川氏略系図　数字は将軍の代数。

▲徳川家康

2 江戸幕府の開設

❶ **主導権争い** 豊臣秀吉の死後，豊臣政権を支えた五大老の筆頭として第一人者にのし上がった徳川家康と上杉景勝・石田三成らが，政権の主導権をめぐって対立した[★2]。

❷ **関ヶ原の戦い** 家康は，この対立を利用し，政権を獲得しようとした。このため，天下分け目の戦いと称される**関ヶ原の戦い**(岐阜県)が起こった。
①経過…石田三成は五大老の1人毛利輝元を盟主に挙兵した(西軍)。これに対し，家康の率いる東軍とが1600(慶長5)年，美濃国関ヶ原で衝突した。戦いは1日で終わり，家康方(東軍)が三成方(西軍)を破った[★3]。
②結果…戦後，家康は大規模な改易(取潰し)・減封などを行って諸大名を圧倒し[★4]，秀吉の子豊臣秀頼を摂津・河内・和泉65万石の一大名に落とした。

❸ **江戸幕府の開設** 家康は朝廷から，1603(慶長8)年に**征夷大将軍**に任ぜられ，武士を指揮する伝統的な正統性を得て，江戸に幕府を開いた。これを**江戸幕府**といい，以後260余年間を江戸時代という。

❹ **大御所政治** 1605(慶長10)年，家康は将軍職を子の**秀忠**(在職1605～23)に譲り，みずからは駿府(静岡県)で**大御所**(隠居した将軍)として政治をとった。これは，**徳川氏が将軍職を世襲すること**を全国に明示するためであった。

❺ **豊臣氏の滅亡** 豊臣秀頼は大坂城に拠って，秀吉の残した豊富な金銀や遺臣の団結などで独自の勢力を保った。そこで，家康は方広寺鐘銘事件[★5]を口実として，戦争をしかけた(**大坂の陣**)。
①大坂冬の陣(1614年)…家康は大坂城を攻めたが，堅固な大坂城は落ちなかったため，いったんは講和した。
②大坂夏の陣(1615年)…しかし，家康は講和条件を破り，城の外堀ばかりか，内堀までも埋めたので，再び戦争となった。大坂城は陥落して，淀殿・秀頼の母子は自殺し，豊臣氏は滅んだ。ここに平和が回復したので，**元和偃武**[★6]という。

[★2] 豊臣家の家臣のなかにも，石田三成や小西行長と福島正則や加藤清正らの対立が深まった。なお，秀吉の正妻北政所は家康を支持した。

[★3] 家康方(東軍)は9万，三成方(西軍)は8万であったが，西軍の小早川秀秋の裏切りで勝敗がついた。

[★4] 改易された大名90名(440万石)，減封された大名4名(221万石)にのぼった。これらの地は徳川氏が直轄したり，関ヶ原の戦いで武功のあった家臣に与えられたりした。

(参考) **東照大権現**
家康は，大坂夏の陣の翌年(1616年)に死去した。遺体は久能山(静岡市)に葬られ，翌1617年日光(栃木県)に改葬し，東照大権現として神格化された。

[★5] **方広寺鐘銘事件**
京都の方広寺(▷p.191)の大仏再興の際，同寺の鐘の銘に「国家安康・君臣豊楽」と彫ってあった。これを見た家康は，「家康の字が分割されており，これは自分をのろうものである」と，いいがかりをつけた。

[★6] **元和偃武** 偃とは，とめる，やめるの意。

> **ポイント** 〔江戸幕府の成立〕
> 家康は，三河統一→5カ国領有→関東転封250万石領有と力を伸ばす→**関ヶ原の戦い**に勝って覇権を確立し，**江戸**に幕府を開いた

8章 織豊政権と幕藩体制の確立

5 幕藩体制の構造

◆ 江戸幕府の支配は，強力な領主権をもつ将軍と大名（幕府と藩）が全国の土地と人民を支配するという方式であった。このような支配体制を幕藩体制という。幕府がその頂点に立ちつづけるため，大名を強力な統制下に置いた。

1 江戸幕府の武力と経済力

❶ **武力の基礎** 幕府の軍事力は，諸大名に賦課する軍役と，将軍直属の家臣団である**旗本・御家人**からなり，圧倒的な軍事力であった。
- 旗本…将軍にお目見えの資格がある。
- 御家人…将軍にお目見えの資格がない。

❷ **経済の基礎**
①**幕府領（幕領，天領）**…幕府の直轄領は元禄時代には400万石に達し，幕府の経済的基礎の主要なものである。このほか，旗本領も300万石あり，両者をあわせると全国石高の4分の1が幕府の領地であった。
②**重要鉱山の直轄**…佐渡・石見大森・但馬生野・伊豆などの重要鉱山を直轄支配し，貨幣鋳造権を独占した。
③**重要都市・港湾の直轄**…京都・大坂・奈良・堺・長崎などの重要都市を直轄し，商工業や貿易を統制した。

2 幕府の職制

❶ **幕府の支配機構** 将軍を頂点に全国支配のための職制が，3代将軍**家光**のころに整備され，譜代大名と旗本が職務を担った。

❷ **中央機構** 将軍のもとに次のような組織が置かれた。
①**大老**…常置ではないが，最高の職であった。
②**老中**…常置の最高執行機関。政務を総括し，数名ずつ交代して1カ月ごとの月番となった。
③**若年寄**…老中を補佐し，旗本・御家人を統率した。
④**寺社奉行**…寺社・寺社領や神官・僧侶の支配。関八州★1以外の私領の訴訟を担当した。
⑤**町奉行**…江戸の行政・司法・警察を担当した。南北2つの奉行所が交代であたった。
⑥**勘定奉行**…幕府財政の管理と幕領支配および関八州と全国幕領の裁判を担当した。

参考　旗本八万騎 旗本・御家人の数は，享保年間（1716〜35年）には，旗本が5204人，御家人が1万7309人で，これらの家来（陪臣）をあわせると6〜7万人となった。江戸時代を通じて旗本八万騎といわれ，これは10万石の大名40家分に相当した。

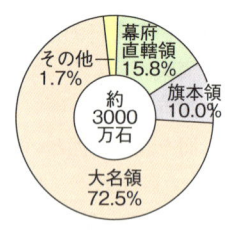

▲領地の割合（18世紀初頭）
- 幕府直轄領 15.8%
- 旗本領 10.0%
- 大名領 72.5%
- その他 1.7%
- 約3000万石

参考　幕府政治の特色
①全ての権力が将軍に集中。
②多くの職が数名で構成され，合議制・月番制を採用して権力の集中を防止。
③重職は譜代大名と旗本が独占。

★1 関八州　相模・武蔵・安房・上総・下総・常陸・上野・下野の関東8カ国をいう。

⑦大目付…老中の下にあり、はじめは大名の監察にあたったが、のちに触書の伝達が主になった。
⑧目付…若年寄の下にあり、旗本・御家人を監察するとともに、幕府政治全般に関与した。
⑨評定所…三奉行★2が個々で決裁できない重大事や管轄のまたがる訴訟を扱う最高司法機関。

❸ **地方機構** 地方には、次のような組織が置かれた。
①京都所司代…朝廷の警備・監視と西国大名の監督にあたる。
②城代…二条(京都)・大坂・駿府の城を守る。
③郡代・代官…郡代は関東・飛驒・美濃・西国(豊後)の4地域の広大な幕府領を、代官はその他の幕府領を管轄した。
④町奉行…京都・大坂・駿府などにあり、民政をつかさどる。
⑤奉行…佐渡・長崎・山田・日光・堺などの民政をつかさどる。

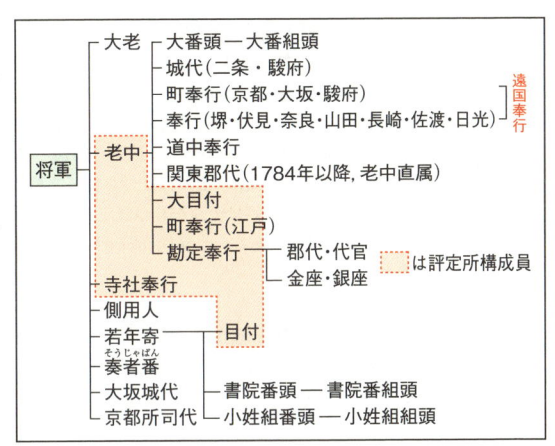

【江戸幕府の職制表】

将軍―大老
　　―老中―大番頭―大番組頭
　　　　　城代(二条・駿府)
　　　　　町奉行(京都・大坂・駿府)
　　　　　奉行(堺・伏見・奈良・山田・長崎・佐渡・日光)〔遠国奉行〕
　　　　　道中奉行
　　　　　関東郡代(1784年以降、老中直属)
　　　　　大目付
　　　　　町奉行(江戸)
　　　　　勘定奉行―郡代・代官
　　　　　　　　　―金座・銀座
　　―寺社奉行
　　―側用人
　　―若年寄―目付
　　―奏者番
　　―大坂城代―書院番頭―書院番組頭
　　―京都所司代―小姓組番頭―小姓組組頭

(　　は評定所構成員)

★2 **三奉行** 寺社奉行・町奉行・勘定奉行をあわせたよび名。

(参考) **遠国奉行** 地方機構中の町奉行や奉行のような地方の奉行を総称して遠国奉行という。

> **ポイント** 〔幕藩体制の構造〕
> **政治組織**
> 　①中央…将軍を頂点に要職は譜代大名の中から指名
> 　②地方…藩が置かれ大名が統治。要地は幕府領として、幕府が統治
> **経済基盤**…幕府領400万石と旗本領300万石

3 大名の種類

❶ **大名の定義** 大名とは、将軍から1万石以上の領知(知行)を与えられたものをいう★3。
❷ **大名の種類** 親藩・譜代・外様の3つに区分された。
①親藩…徳川氏一門の大名。そのうち尾張・紀伊・水戸は御三家として重んじられ、将軍家の分家を御家門、御三家の分家を御連枝といった。
②譜代(大名)…三河以来の徳川氏の家臣であった大名。比較的小禄だが、幕府の要職につくことができた★4。
③外様(大名)…関ヶ原の戦い以後に徳川氏に従った大名。大藩が多いが、幕府の要職にはつけなかった。

★3 大名の数は、時期により一定しなかったが、ほぼ260〜270家前後であった。

★4 老中には2万5000石以上の譜代大名が任命された。安定期の昇進コースは、奏者番から寺社奉行となり、大坂城代、京都所司代を経て老中となった。

8章 織豊政権と幕藩体制の確立

[補説] **大名の地位と家臣・百姓との関係** 大名は，かなり大幅に領内の政治を任され，参勤交代で江戸在府中以外は絶対の権力を振るった。大名は将軍1代限りの家臣で，将軍がかわるごとに誓紙を捧げて忠誠を誓い，所領安堵の朱印状をうけて主従関係を更新した。

封地は幕府の都合で変更され（転封。国替・所替・移封ともいう。賞と罰の場合がある），家臣はその都度つき従って移住した。伊勢の津藩主藤堂高虎は，「百姓は土地をもつが，大名は浮き草のようなものだ」と述べたほどである。改易（取潰し）のときは，家臣は全員牢人（浪人）となった。

[参考] 当時は藩という呼称はなく，「国」や「国元」，「○○家中」とよんだ。江戸中期以後，儒者たちが中国の封建制になぞらえて，幕府を守りたすける意味の「藩屏」から，大名の領地や支配機構を「藩」と称した。藩が公称となるのは，1868（明治元）年，維新政府が旧幕府領を府・県に改め，旧大名領を藩と称したのが最初で，廃藩置県まで存続した。

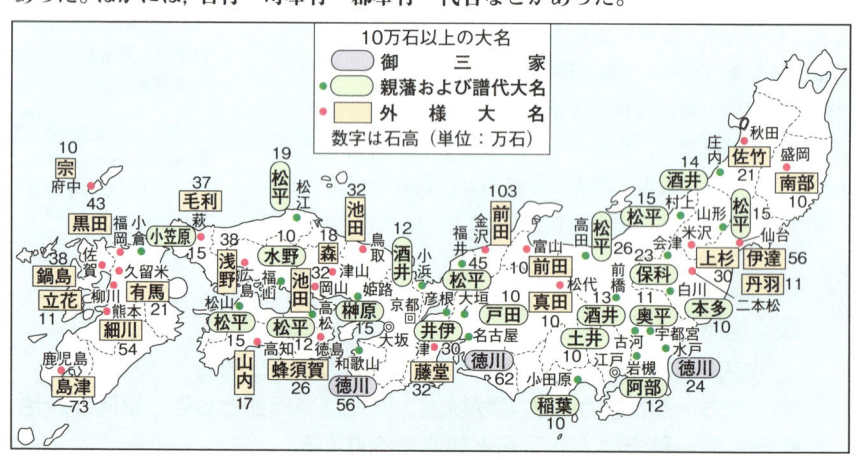

❸ **各藩の政治組織** 大名の統治組織を藩というが，各藩の政治組織は，幕府のものと類似していた。老中にあたるものとして家老が置かれ，藩政を総括した。家老は2～3名で，国元と江戸詰があった。若年寄にあたるものには中老や用人があった。ほかには，目付・町奉行・郡奉行・代官などがあった。

▲おもな大名の配置図（1664年ごろ）

4 大名の統制

❶ **大名の統制と配置** 全国の大名を江戸城の修築と市街地の造成，駿府城や名古屋城の築城工事に動員して主従関係を確立し，武家諸法度を出して，法により大名を統制した。全国の要地を親藩・譜代の大名で固め，外様の大大名を東北・中国・九州に配置した。また，大坂の陣後，大名の居城を1つに限る一国一城令を出した★5。

❷ **武家諸法度の発布** 1615（元和元）年，幕府は大坂城の落城直後に2代将軍秀忠の名で諸大名を伏見城に集め，大名・武士の守るべき大綱として武家諸法度を定めた★6。1635（寛永

★5 領内の支城を拠点にして藩主に対抗できるような有力武士を弱体化させる効果もあった。

★6 最初の武家諸法度（元和令）は，家康が，南禅寺金地院（京都）の崇伝に起草させたものである。これを秀忠の名で公布した。

史料 1615(元和元)年7月の武家諸法度(元和令)

一 文武弓馬の道、専ら相嗜むべき事。
一 法度に背く輩、国々に隠し置くべからざる事。
一 国々大名小名并びに諸給人①、各々相抱ゆるの士卒②、叛逆殺害人たるを告ぐる有らば③、速かに追い出すべき事。
一 諸国の居城、修補をなすと雖も④必ず言上すべし⑤。況んや新儀⑥の構営堅く停止⑦せしむる事。
一 隣国に於て新儀を企て⑧、徒党を結ぶ⑨者これあらば、早く言上致すべき事。
一 わたくしに婚姻⑩を締ぶべからざる事。
一 諸大名参勤⑪作法の事。
　　慶長廿年⑫七月
　　　　　　　　　　　　　　　　　　　　　『御触書寛保集成』⑬

（注）①大名ならびに大名格の将軍直属の家臣。②大名の家臣で、将軍からは陪臣をさす。③密告する者があれば。④この法度の直前に出された一国一城令を再令したもので、戦国期の軍事領国体制の否定を意図したもの。なお、一国一城令により数日間で全国の400余の城砦が破却されたと、パジェス著『日本切支丹宗門史』は伝えている。広島藩主福島正則は、この条項に違反して無許可で修築したため改易に処せられた。⑤許可を申請せよ。⑥新たに。⑦厳禁。⑧前例のない企て。⑨反逆を企て軍事同盟を結ぶ。⑩幕府の許可を得ない婚姻。⑪登城時の人数制限。⑫慶長20年は7月に改元。元和元(1615)年。⑬1744(延享元)年に完成した幕府編纂の法令集。同文が司法省編『徳川禁令考』(明治時代)にも収録されている。

12)年、3代将軍家光のときに改められ、それ以後、将軍代がわりごとに少しずつ修正を加えた。その内容は次の通り。
①城郭の新築を禁じ、修理にも幕府の許可を必要とする。
②大名が勝手に婚姻を結び、また同盟を結ぶことを禁止する。
③参勤交代の制度を法令化する。
④大型船の建造を禁止する。

（注意）武家諸法度のうち、本文①②は元和令、③④は家光の寛永令のとき追加。武家諸法度には、このほかに政治上・道徳上の訓戒、治安維持上および儀礼上の注意などが説かれている。

❸ **大名への制裁** 幕府は、大名統制策の貫徹のため武家諸法度に違反した大名や、跡つぎのない大名を**改易・減封・転封(国替)** などに処した。

（補説）改易・減封・転封　改易とは士籍を除き、石高・家屋敷を没収することで取潰しともいう。減封は石高を減ずることで、転封をともなうことが多い。おもな例としては、福島正則(広島50万石改易)・加藤忠広(熊本52万石より庄内1万石)・本多正純(宇都宮15万石改易)・松平忠直(越前67万石改易)などがある。徳川一門の松平忠直の改易は、一般の大名をおそれさせた。なお、没収分は幕府領としたり、功臣の増封分となったりした。このうち、跡つぎがないための断絶は58件489万石であった。

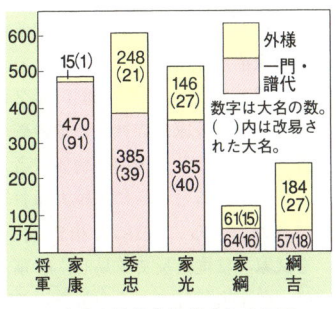

▲大名の改易と没収された石高

将軍	家康	秀忠	家光	家綱	綱吉
外様	15(1)	248(21)	146(27)	61(15)	184(27)
一門・譜代	470(91)	385(39)	365(40)	64(16)	57(18)

数字は大名の数。( )内は改易された大名。

❹ **参勤交代の制度化** 参勤交代は，諸大名が1年ごとに江戸に出て将軍に仕えるもので，大名の妻子は江戸常住とした。この参勤交代は，大名の奉公の根幹をなすものであり，1635（寛永12）年，家光によって制度化された。

❺ **参勤交代の効果** 江戸と本国との二重生活で大名の財政が圧迫された。反面，貨幣経済や交通の発達が促進された。

補説　参勤交代に要した費用　肥前鍋島藩（36万石。従者500人）の場合

内訳	銀（匁）	〔小判換算〕	米（石）
参勤交代旅費	472,000	〔約9,440両〕	1,200
江戸藩邸経費	731,430	〔約14,629両〕	453
大坂蔵屋敷の経費			3,345
下関での経費			468
国元での経費	88,916	〔約1,778両〕	31,237.44
	1,292,346	〔約25,847両〕	36,703.44

〈1655（明暦元）年〉

❻ **大名の負担** 将軍と大名の主従関係の基本は，軍事奉仕の軍役★7である。しかし，平和の到来とともに大河川の普請工事★8などへの動員が主になっていった。これを**お手伝い普請**という。

注意　参勤交代は原則として1年交代であったが，水戸藩と役付大名は江戸常住，対馬の宗氏は3年に1度，関東の諸大名は半年交代であった。

★7 軍役　大名の義務のうち，参勤交代とならんで重要なものに軍役があった。これには，直接戦陣に参加するだけでなく，城郭などの普請もふくんでいた。秀吉が石高制による軍役基準を定め，徳川氏はこれを改定した。寛永10年の軍役では，1000石に23人，持鑓2本，弓1張，銃1挺となっている。

★8 宝暦年間（18世紀なかば）の薩摩藩による木曽・長良・揖斐の3川の治水工事（宝暦治水）が有名。

テーマゼミ　大御所と将軍―天下人になる―

○家康は「天下分け目の戦い」（関ヶ原の戦い）に勝利して天下人として将軍職についた。2年後に秀忠に将軍職を譲ったのは，徳川氏の将軍世襲制を明示するのが狙いであり，家康は大御所として実権をにぎった。家康と側近による大御所政治と，江戸の秀忠と門閥譜代による将軍政治とは，異なる編成原理をもち自己矛盾をはらんだものであったが，西国で勢力をもつ豊臣系大名を制圧するためには有効な政治形態であったといわれる。

○家康の死後，1617（元和3）年2代将軍秀忠は，大名・公家・寺社に領地の確認文書を一斉に発給する。全国の土地領有者としての地位を明示するとともに，権力は将軍に一元化された。さらに1619（元和5）年，福島正則を武家諸法度違反で改易し，将軍が年功の外様大名をも処分できる力量を示した。こうして，将軍秀忠は名実ともに天下人となった。その秀忠も，1623（元和9）年将軍職を家光に譲り，大御所として幕府権力の基礎がためを行った。

○秀忠の死後，1632（寛永9）年3代将軍家光も肥後の外様大名加藤氏を処分した。また1634（寛永11）年の30万余りの軍勢を率いた上洛は，全国の譜代から外様に至る大名に，統一した軍役を賦課して権力を示したものである。ここに，将軍家光も名実ともに天下人となった。

○このように，将軍職を譲っても大御所は天下人でありつづけた。この時期の大名（領主）たちにとっては，将軍であることより天下人であることのほうが圧倒的に重要な事柄であり，将軍となった者にとって，いかに天下人になるかが課題であった。

ポイント 〔大名の統制〕

① 大名の種類…徳川氏とのつながりによって分類
　　　　　　　　→**親藩**・**譜代**（大名）・**外様**（大名）

② 大名の統制 ｛ 配置…親藩・譜代→要地，外様→遠隔地
　　　　　　　武家諸法度…**参勤交代**の制度化。違反した大名に**改易**・**減封**・**転封**（**国替**）などの制裁

5 朝廷の統制

❶ 天皇の地位　江戸時代には，天皇は現実政治からまったく離れた存在であった。そのうえ，その領地（**禁裏御料**）もきわめて少なかった。しかし，天皇が将軍を任命したので，形式的には朝廷は幕府から尊崇された★9。

❷ 朝廷の統制　幕府は朝廷を尊崇しつつ，きびしい統制を加えた。

①**禁中並公家諸法度**の発布…1615（**元和**元）年に発布した。この内容は，天皇に「天子諸芸能の事，第一御学問なり」と学問をすすめるいっぽう，皇族や公家の席次・服制・任免などを規定したものであった。

★9 幕府の朝廷への尊崇
京都の御所を修理したり，禁裏御料1万石を3万石にしたりした。新井白石は，**正徳の政治**（▷p.227）で幕府の典礼・儀式を整え，閑院宮家（親王家）の創設を認め，朝幕間の融和をはかった。

史料　1615（元和元）年7月の禁中並公家諸法度

一　天子①諸芸能の事，第一御学問也。
一　摂家②たりと雖も，其の器用無き者は，三公③・摂関に任ぜらるべからず。況んや其の外をや。
一　武家の官位は，公家当官の外たるべき事④。
一　改元⑤は，漢朝の年号の内，吉例を以て相定むべし。
一　紫衣⑥の寺は，住持職，先規希有の事也。近年猥りに勅許の事，且は臈次⑦を乱し，且は官寺を汚す，甚だ然るべからず。
右，此の旨相守らるべき者也。
　慶長廿年乙卯⑧七月　　　　　　　　　　　　　　　　　　　　　『徳川禁令考』

注　①天皇。②近衛・九条・二条・一条・鷹司の五摂家。③太政大臣・左大臣・右大臣。④武家の官位叙任を公家とは別扱いとすること。⑤年号を改めること。⑥天皇の勅許を必要とした最高位の僧衣（▷p.206）。⑦僧侶が受戒後，功をつんだ年数できまる席次。⑧慶長20年は7月に元和元年と改元された。1615年。

②**京都所司代**の設置…朝廷や公家を監視するために京都所司代(▷p.201)を設置した。また，朝廷と大名が接近するのをおそれて，大名が参勤交代の際に京都を通過することを禁じた。

❸ **朝廷の懐柔** 幕府は朝廷へ統制を加えるとともに，朝廷の内部にも幕府の意向が確実に伝わるように努めた。
①**和子入内**…1620(元和6)年，秀忠は娘和子を後水尾天皇の中宮(東福門院)とした★10。
②**武家伝奏**…朝廷と幕府とをつなぐ窓口として，京都所司代と緊密に連絡をとり，朝廷に幕府側の指示を伝えた。公家から2人選ばれ，幕府から役料をうけた。

6 寺社の統制

❶ **寺社の情勢** 江戸時代の寺社は，その経済的基盤であった荘園を失って勢力が著しくおとろえていた。

❷ **寺社の統制** 幕府は，**寺院法度**★11を制定し，**寺請制度**を実施して寺社を民衆支配のための道具とした。
①寺院法度の制定…幕府は，寺院法度を発布して寺院の活動を規制し，宗派ごとに**本山**と**末寺**の関係(**本末制度**)を定めて，本山を通じて末寺統制ができるようにした。
②寺請制度の実施…幕府は，**島原・天草一揆**(▷p.216)以後，キリシタン探索のため**宗門改め**を実施し，宗門改帳を作成して，民衆すべてを寺院(檀那寺)の檀家とし，寺院(檀那寺)に檀徒がキリシタンでないことを証明させた。この制度を寺請制度という。
③処罰…日蓮宗の一派不受不施派は，こうした統制に従わなかったために禁止された。

❸ **寺院法度・寺請制度の結果** 寺院は，全国民を信徒とすることとなり，経済的に安定した。しかし，民衆は結婚・旅行・奉公などにも寺院発行の宗旨手形を必要としたから，寺院は，幕府の庶民支配の末端機構と化した。

(参考) **紫衣事件** 幕府は天皇が高僧に与える紫衣の濫授をいましめていたが，後水尾天皇が幕府の許可なしに高僧に紫衣を与えると，幕府はこれを取り消した(1627年)。抗議した大徳寺の沢庵は処罰され，天皇も憤慨して皇女に譲位し，明正天皇が即位(1629年)。これを紫衣事件という。

★10 和子の娘は明正天皇(称徳天皇以来860年ぶりの女性天皇)となった。

★11 寺院法度 1601～16年にわたって各宗に個別的に出された。起草者は崇伝である。1665(寛文5)年には，各宗共通の法度が出された。

(注意) 寺社の監督には，寺社奉行があたっていた。

(注意) 幕府にとって寺社の宗教的権威は利用価値の高いものであったので，一面ではこれを保護することを忘れなかった。寺社朱印地は，年貢や課役が免除されたし，伊勢神宮や春日神社(奈良)などの神官には，高い位がちえられた。

(参考) 神社の神職は，1665年諸社禰宜神主法度で統制された。

ポイント〔天皇と寺社の統制〕
①天皇の統制…**禁中並公家諸法度**，**京都所司代**の設置 ⎱ 形式的には
　朝廷の懐柔(**和子入内**，**武家伝奏**) ⎰ 朝廷を尊崇
②寺社の統制…**寺院法度**の制定，**寺請制度**の実施

6 幕藩社会の支配構造

◆ 幕藩体制の根幹は，武士・百姓・町人の身分制度にあり，各身分内の上下関係もきびしかった。とくに，幕藩体制をささえる農民支配は強固をきわめるものであった。

1 身分制度

❶ 身分の序列 武士・百姓・町人の3身分がおもなもので，儒者はこの身分制度を「士農工商」とよんでいる。

❷ 武士身分 支配身分として政治や軍事を独占した。
①武士の特権…武士には苗字・帯刀が許され，百姓や町人に無礼な行為があったと判断された場合に切捨御免が認められた。
②武士の階層…将軍を頂点にして，直参(将軍直属)の旗本・御家人(▷p.200)，および大名がいた。その下に侍・徒士・中間・小者・足軽などの軽輩があった。大名は，家臣を城下に住まわせ，一部を土着のまま郷士★¹とした。なお，主君を失った武士を牢人(浪人)という。

❸ 百姓身分 農民だけでなく，林業や漁業に従事する人々もふくめられ全人口の約85%を占めた。儒教の理念では，生産に従事するため被支配身分の中でもっとも尊いとされたが，幕府による経済面・法律面での束縛が厳しかった(▷p.208)。

❹ 町人身分 職人(工)と商人(商)からなり，多くは都市に居住して町人とよばれた。町人にも，農村の村方三役に相当する町名主・町年寄があり，町政を担当した。また，五人組も置かれていた。
①町人の階層…地主・家持と地借・店借★²，土地家屋の管理者である家守(大家)などに分かれていた。職人は親方→徒弟，商人は主人→番頭→手代→丁稚の縦の関係があった。
②町人の負担…屋敷地にかかる地子銭などで，百姓の負担にくらべて，きわめて軽かった。しかし，営業すれば運上・冥加金が課せられた(▷p.237)。

❺ 賤民身分 賤民は，社会的に最下層の身分とされた人々。穢多・非人とよばれ，居住地や服装などすべてにわたって差別された。穢多は，牛馬の死体の処理や皮革業を営み，農業にも従事した。非人は，吉凶(婚礼・葬儀など)のさいの勧進(物乞い)や雑芸能を行った。幕府や藩は，穢多・非人に皮革の上納や行刑役・牢番などをつとめさせた。

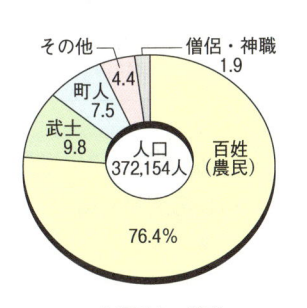

▲身分別人口構成
その他 4.4
僧侶・神職 1.9
町人 7.5
武士 9.8
百姓(農民) 76.4%
人口 372,154人

1849(嘉永2)年の秋田藩のもの。その他は医者・鉱山労働者など。

参考 陪臣 将軍から見て大名の家臣を陪臣とよぶ。直臣に対する語である。彼らは，主君から知行地を与えられ(地方知行制)たり，俸禄米を与えられたりした(蔵米取・切米取)。しだいに後者が一般化した。

★1 **郷士** 農村に住んでいるが，武士身分であり，藩では農村支配に彼らを利用した。薩摩と土佐の郷士が有名である。

★2 町人といえば家屋敷をもつ地主・家持を意味し，町法(町掟)を定めて，町を運営した。長屋などに住む借家人は，店借とよばれ，土地を借りる者を地借といった。

参考 その他の身分
公家・僧侶・神官・儒者・医者などで，武士に準ずる地位を与えられた。

(補説) **差別された人々** 穢多・非人の呼称は中世から見られた(穢多は，戦国時代から近世初期には，かわたとよばれた)が，江戸幕府の身分支配のもとで，蔑称として17世紀後半に全国に広められた。また，貧困や刑罰により非人となることもあった。

```
[武士]支配階層,苗字帯刀・切捨御免 ─┬─[その他の身分]公家・僧侶・神官・医者
                              ├─[百姓]本百姓　水呑　名子
  将軍　旗本・御家人            └─[町人]工…親方　徒弟
  大名　藩士(知行取・蔵米取)郷士        商…主人　番頭　手代　丁稚
```

◀江戸時代の身分制度

2 家族制度

❶ **家長の絶対的権限** 家を代表する家長は，絶対的な権限をもった。家名・家格などを示す「家」は，通常は嫡子(長子)の単独相続で継承され，二・三男や女性の地位は低かった。

❷ **男尊女卑** 男尊女卑の考えが強く，女性は幼くしては親に従い，嫁しては夫に従い，老いては子に従うという三従の教えが美徳とされた。また，妻の地位は低く，夫から一方的に離縁状(三行半)を渡されて離婚されることもあった★3。

❸ **親子関係** 子は親(家長)に対して孝行をつくすことが大切とされ，従わない場合は勘当をうけて親子の縁を断たれた。

★3 夫は「都合により」とか「家風にあわず」という理由で離婚することができた。妻のほうからは離婚を要求できなかったが，親類などの仲介で離婚する例も多かった。また，縁切寺(鎌倉の東慶寺が有名。東慶寺には不遇な女性を救済する寺法があった)に駆けこんで，離婚が成立するのを待つこともあった。

ポイント
〔封建的秩序〕
①身分制度…武士・百姓・町人─穢多・非人
②封建的な家族制度…家長の絶対的権限，男尊女卑→三従の教え

3 農村の統制

❶ **農村の性格** 村は，生産と生活のための共同体であるとともに，幕藩領主の支配の単位であった。村は自治的に運営されたが，領主は村方三役である村役人を置き，村民を五人組に編成して支配した。

(補説) **村の数と規模** 幕府や藩は，太閤検地以後，あらためて領内の検地を行い，年貢負担者の掌握や村域を確定した(村切り)。こうして中世の惣村や郷村が分割されたり，新田開発によって，17世紀末には全国で6万余もの村をかぞえるに至った。総石高は約2500万石で，1村平均は400石余であった。村高・村数の大小や地域差も大きいが，1農村はだいたい50〜100戸の規模で，ほぼ共通する特徴をもった近世的な村が成立した。村は農村が大半であったが，漁村や山村もあり，生業のあり方や地理的条件により性格が違っていた。

▲種まきをする百姓
「人倫訓蒙図彙」より。

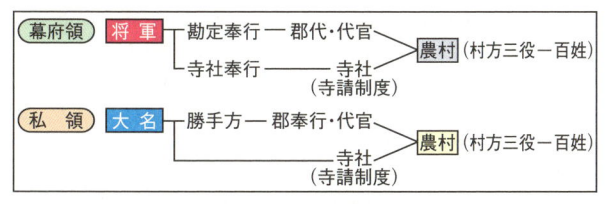

```
幕府領 - 将軍 ┬ 勘定奉行 ── 郡代・代官 ┐
              └ 寺社奉行 ── 寺社         ├→ 農村(村方三役—百姓)
                           (寺請制度)
私 領 - 大名 ┬ 勝手方 ── 郡奉行・代官 ┐
              └ 寺社                      ├→ 農村(村方三役—百姓)
                (寺請制度)
```
▲農村支配の関係

❷ 百姓の階層

①村役人(**村方三役**)…村役人である村方三役とは次のものをいう★4。
(ア)**名主**(庄屋・肝煎)★5＝村の最高責任者で1村1名。
(イ)**組頭**(年寄)＝名主の補佐役で、1村に3〜5名。
(ウ)**百姓代**＝名主らを監視し、1村に1〜3名。
②**本百姓**(高持)…田畑家屋敷をもち、年貢・諸役をつとめ、村政に参加した。また、本家と分家など家の序列があった。
③水呑(無高)…土地をもたず、田畑を小作したり、日用(日雇)仕事に従事した。
④名子…有力な本百姓と隷属関係にあった。地域によっては被官・譜代・家抱・門ともよぶ。

❸ 百姓の税負担
領主が年貢・諸役を村に割り当てると、村役人を中心に村の責任でまとめて納入した。これを**村請制**という。
①**本途物成**…田畑にかけられる本年貢。米で納めるのが原則。
(ア)税率＝初期は四公六民★6、中期以降は五公五民となった。
(イ)課税法＝初期は**検見法**★7、中期以降は**定免法**★8に変わった。
②**小物成**…雑税の総称。山林原野や河海からの収益産物にかけられた。
③夫役…労働が原則だが、しだいに米・銭で納めることが多くなった。
(ア)陣夫役＝戦争のさいの物資輸送。
(イ)国役…河川の土木工事や朝鮮通信使(▷p.219)の接待などのため、臨時に特定の国を指定して、石高に応じて賦課した。
(ウ)助郷役…宿駅の人馬が不足したとき、街道沿いの村々に村高に応じて一定の人馬を出させた(▷p.234)。

▲年貢を米の査定「四季耕作図」より。

★4 村方三役の諸費用は、百姓の分担する村入用でまかなわれた。

★5 名主(庄屋・肝煎) 名主は関東で多く用いられた称で、関西では庄屋、東北では肝煎といった。なお、荘園制での名主は、「みょうしゅ」と読む。

★6 四公六民 税率が40％という意味である。

★7 検見法 毎年役人が出張して、その年の作柄を調べて税率を決める方法。

★8 定免法 豊凶に関係なく、過去5〜10年の収穫高を基準として税率を決める方法。この方法は享保時代の8代将軍吉宗のときから用いられた。

8章 織豊政権と幕藩体制の確立

❹ **百姓統制の法令**　農業は幕藩体制の基盤であったから，幕府は百姓に対し，下表にあるようなきびしい統制を加えた。

年　代	名　称	内　　　容
1643年 （寛永20）	田畑永代 売買禁止令	貧しい百姓が田畑を売り，豊かな百姓がそれを買うことで起こる階層分化を禁じたが，田畑の質入れは行われた。1872（明治5）年に廃止された。
1673年 （延宝元）	分地 制限令	分割相続により経営規模が零細化し，年貢負担能力が低下するのを防ぐため，10石以下の百姓の分割を禁止した。
数　次	田畑勝手 作の禁令	木綿・たばこなどの商品作物栽培がさかんとなると，田を畑に変えてまで作ったから，年貢米や食料を確保するため，それらの栽培を制限することがあった。

▲江戸時代の農民統制の法令

注意　百姓統制の法令とされる慶安の触書は，これまで1649（慶安2）年に出されたとされてきたが，幕府はその年に「慶安の触書」を出していない。18世紀後半から19世紀前半ころに作成された，百姓への教諭書ではないかと考えられる。

◀稲こき・脱穀・俵入れ
江戸時代初頭の有様を示すもので，女たちが手でこきおろし，それを唐臼でひいて脱穀し，箕で籾をふり分け俵に入れている。「俵かさね耕作絵巻」より。

> **史料**　**田畑永代売買禁止令，田畑勝手作の禁令**
>
> 〔1643（寛永20）年3月の田畑永代売買禁止令〕
> 一　身上①能き百姓は田地を買い取り，弥宜く成り，身体②成らざる者は田畠を沽却③せしめ，猶々身上成るべからざるの間，向後田畠売買停止たるべき事。
>
> 　　　　　　　　　　　　　　　　　　　　　　　　　　　　『御触書寛保集成』
>
> 〔1643（寛永20）年8月26日の田畑勝手作の禁令〕
> 一　来年より御料④私領⑤共ニ，本田畑にたばこ作申間敷旨，仰せ出され候。若し作候ものハ，自今以後，新地⑥を開き作るべき事。
> 一　田方ニ木綿作申間敷事。
> 一　田畑共ニ，油の用として菜種作申間敷事⑦。
>
> 　　　　　　　　　　　　　　　　　　　　　　　　　　　　　　『徳川禁令考』
>
> **注**　①資産。②家計。③売却。④幕府領。⑤ふつうは大名領のことだが，ここでは旗本領。⑥新田畑。⑦寛永の飢饉対策として出された禁令。

6 幕藩社会の支配構造 **211**

❺**百姓の生活** 百姓は相互の協力関係が非常に強く，村内の結びつきを離れては生活できなかった。

①**村法**(村掟)…村は自治的に運営された。村の本百姓による寄合で村法(村掟)が定められ，これに違反すると，火事と葬儀以外はつきあいを絶たれる，いわゆる村八分に処せられた。

②**五人組**★9…幕府が，百姓の連帯責任の組織としてつくらせた。5戸1組が基準である。村での生活における隣保共助のほか，年貢納入の共同責任，犯罪・キリシタンに対する相互監視をねらったものである。

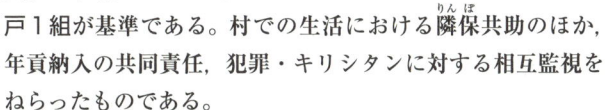

③相互協力…百姓は，田植え・井戸掘り・屋根ふきなど，一時に多大の労力を要するときは，ゆい・もやいとよばれる数戸の共同作業で助けあった。

④講組織…信仰を同じくする者は，講をつくって互いに励ましあった。講には伊勢講・戎講・庚申講などがあり，ときには金銭を積み立てて，交代または集団で，寺社の参詣をも行った。なお，金融機関としての憑支講(▷p.164)もいっそう発達した。

▲「水入れ」の図
農民が協力して助けあっている。「俵かさね耕作絵巻」より。

★9 **五人組** 家光時代の1633年ごろに整備された。この制度は農村(百姓)だけではなく，町(町人)にもつくられた(▷p.207)。

(**参考**) 農村の青年(15〜30歳)は，若者組という集団をつくって，共同で生活したり，夜警や祭礼などに活動した。若衆組ともいう。

8章 織豊政権と幕藩体制の確立

テーマゼミ　百姓の負担

○「百姓は天下の根本也。是を治むるに法あり。先ず一人一人の田地の境目をよく立て，さて一年の入用作食をつくらせ，其余を年貢に収むべし。百姓は財の余らぬように，不足なきように，治むること道なり」。これは，家康の側近，本多正信が政治に関する意見書『本佐録』で述べた一説である(著者については異説もある)。

○実際，百姓の生産物は，百姓が余裕をもたぬよう，飢渇しないようにぎりぎりの線まで収奪しようとした。江戸時代初めの百姓の様子について，江戸中期の兵学者大道寺友山が著した『落穂集』という書物に，「家康公が関東に入国されたとき，郷村の百姓のありさまは目もあてられないありさまで，名主でさえも畳を敷いた家はなく，男女ともに麻布を着て腹帯をしめ，わらで髪を束ねていた」と述べている。

○江戸時代を通じて，幕府は，百姓が自活できて，そのうえ年貢も負担できるようにするため，1戸1町の平均的な百姓の育成をはかった。このため，農村を自給自足の経済状態とし，また，貨幣経済の浸透による階層分化を阻止しようとしたのである。

> **ポイント**
> 〔百姓の統制〕
> ①階層…**本百姓**(高持)→水呑(無高)→名子
> ②税負担…**本途物成**・小物成・夫役(陣夫役・国役・助郷役)
> ③統制法令…**田畑永代売買禁止令**・分地制限令・田畑勝手作の禁令
> ④生活…**村法**(村掟)・**五人組**・ゆい・もやい・講組織

7 江戸時代初期の対外関係

◆ 当時の東アジア最大の交易品は，日本産の銀と中国産の生糸で，その利益はポルトガルの独占状態にあった。徳川家康は貿易の利に注目し，積極的な平和外交を進めようとした。そこで，前代からのポルトガル・スペイン(イスパニア)のほか，新たにオランダ・イギリスとも貿易を開始するとともに，東南アジア諸国とは，豊臣秀吉の始めた朱印船貿易をおし進めた。

1 江戸時代初期の外交

❶ **リーフデ号の漂着** 1600(慶長5)年，オランダ商船リーフデ号が豊後の臼杵(大分県)に漂着した。徳川家康は同船の航海士のイギリス人ウィリアム＝アダムズとオランダ人ヤン＝ヨーステンの2人[★1]を外交顧問としてむかえ，オランダ・イギリスとの貿易を仲介させた。

❷ **オランダとの貿易** 1609(慶長14)年，東インド会社の船が平戸港(長崎県)にきて，幕府から貿易許可の朱印状を与えられた。それ以後，オランダは平戸に商館を置き，日本と貿易を始めた。

❸ **イギリスとの貿易** イギリス船は，1613(慶長18)年に平戸にきて，同様に貿易を始めた。オランダとイギリスは商業圏拡大のためにはげしく競ったが，結局イギリスは敗れ，1623(元和9)年，平戸のイギリス商館を閉鎖して日本から撤退した。

補説 オランダ・イギリスの東洋進出　オランダは宗主国スペインに対抗して1581年に独立，世界貿易にのりだした。イギリスは，1588年にスペインの無敵艦隊を破って海上権をにぎり，世界進出の気運にもえていた。イギリスは1600年，オランダは1602年に，それぞれ東インド会社を設立し，国家の保護下に東洋各地に進出した。日本貿易の主導権も，ポルトガル・スペインからオランダ・イギリスに移った。

★1 ウィリアム＝アダムズは三浦半島(神奈川県)に領地を与えられたので，三浦按針と称した。按針は水先案内人の意味。ヤン＝ヨーステンは耶楊子と名のり，のちには貿易に従事した。

年次	事項
1600	リーフデ号が豊後漂着
1604	糸割符制の開始
1609	日蘭貿易開始
	日朝間に己酉約条成立
	島津家久が琉球制圧
1610	田中勝介ノヴィスパンへ
1613	支倉常長スペインへ
	日英貿易開始
1620	支倉常長帰国
1623	平戸のイギリス商館閉鎖
1624	スペインの来航禁止
1639	ポルトガルの来航禁止

▲江戸初期の対外関係年表

7 江戸時代初期の対外関係

❹ ポルトガル貿易と糸割符制 ポルトガルは，中国産の生糸(白糸・唐糸)を中国の広東から日本へ運び，莫大な利益を得ていた。幕府は，ポルトガル商人の暴利を抑えるために，1604(慶長9)年に糸割符制をつくり，堺・長崎・京都(のち江戸と大坂も参加して5カ所となる)の商人★2に，生糸の一括買取権を与えた。これにより日本側の買いたたきが可能となり，ポルトガルの日本貿易は大きく揺らいだ。糸割符制は，のち中国・オランダにも適用された。

❺ スペインとの関係 豊臣秀吉がスペインの宣教師を処刑(▷p.193)して以来，両国の関係は悪化していたが，徳川家康は国交回復に努め，その支配地ルソン(フィリピン)に使節を送ったりした。

❻ メキシコとの貿易要請 幕府は1610(慶長15)年，上総(千葉県)に漂着したスペイン船に，京都の商人田中勝介(勝助)を同行させてノヴィスパン(メキシコ)に貿易を要請した。1613(慶長18)年には，仙台藩の伊達政宗も支倉常長をスペインに送り，ノヴィスパンとの貿易を望んだが，実現しなかった(慶長遣欧使節)。

補説 田中勝介と支倉常長の渡航 1609(慶長14)年に漂着したスペイン船に搭乗していた前ルソン臨時総督ドン＝ロドリゴは，翌年，家康に船を与えられてメキシコへ向かった。このとき，田中勝介が同行した。翌1611(慶長16)年，田中勝介は答礼使ビスカイノとともに帰国した。ビスカイノは日本近海で伝説上の金銀島を探した。1613(慶長18)年，ビスカイノの帰国に際し，伊達政宗は，家臣支倉常長に宣教師ルイス＝ソテロを同行させてスペインに派遣した。支倉常長は，スペイン国王フェリペ3世やローマ教皇パウロ5世に謁見して政宗の書状と贈物を渡し，洗礼をうけた。洗礼名はドン＝フィリッポ＝フランシスコという。ローマで公民権を与えられ，1620(元和6)年に帰国したが，貿易を開くことはできなかった。

★2 糸割符仲間 輸入生糸の専売権の証札を糸割符といい，これをもった商人を糸割符仲間とか五カ所商人といった。幕府は，糸割符仲間を通じて貿易の支配権をにぎった。

(注意) メキシコはノヴィスパンとよばれていたが，これは新イスパニアの意味である。スペイン(イスパニア)の植民地になっていたことに注意。

▲支倉常長

(参考) 徳川家康が西洋貿易を進めた理由 家康は，西洋船の来航を歓迎した。オランダ・イギリスからは軍需品の鉛・火薬・大砲を買いつけたが，ポルトガルからは，生糸を商人の買い入れに優先して買い上げ，それを値段の高いときに売って大もうけをした。

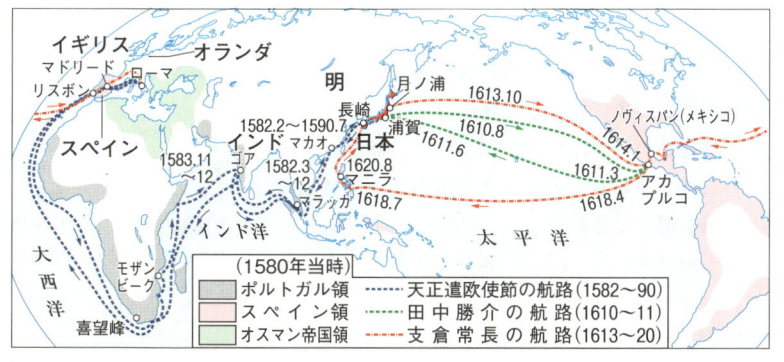

◀遣欧使節の航路 支倉常長の航路と，天正遣欧使節(▷p.183)の航路をくらべてみよう。

(1580年当時)
- ポルトガル領
- スペイン領
- オスマン帝国領
- ‥‥‥ 天正遣欧使節の航路(1582〜90)
- ----- 田中勝介の航路(1610〜11)
- —·— 支倉常長の航路(1613〜20)

2 朱印船貿易

① 朱印船貿易 近世初期，海外渡航許可の朱印状（異国渡海朱印状）をうけた貿易船（朱印船）による貿易を，**朱印船貿易**という。豊臣秀吉のときに始まるが（▷p.192），徳川家康の時に制度として完備され，鎖国をするまで行われた。

（注意）朱印船の船主のうち，京都の角倉了以，茶屋四郎次郎，大坂の末吉孫左衛門は，とくに有名であるから覚えておこう。

② 朱印船の船主 下表のような幕臣や各地の大商人のほか，島津氏・松浦氏・有馬氏らの西南大名が有名である。

また，ウィリアム＝アダムズ・ヤン＝ヨーステンなどの外国人もいた。

所在	氏 名
長崎	村山等安（幕臣）
〃	末次平蔵（幕臣）
〃	荒木宗太郎
京都	角倉了以
〃	茶屋四郎次郎
大坂	末吉孫左衛門
堺	納屋助左衛門
松坂	角屋七郎兵衛

▲代表的な貿易商

▲朱印船　角倉船（角倉了以の船）。「清水寺絵馬」より。

（補説）**朱印船貿易発達の理由**
①徳川家康は，東南アジア諸国に国書を送り，朱印状を携帯する商船の保護を求めた。これに対し，各国も朱印船貿易に便宜を与えたこと。
②公式の日明貿易がとだえたため，密貿易が南方で活発となったこと。

家康が安南渡航を許可した▶
朱印状（慶長9年＝1604年）

③ 朱印船貿易の貿易品 最重要輸入品は**生糸**，最重要輸出品は**銀**であった。
①輸入品…中国産の生糸・絹織物，南方産の皮革・砂糖・象牙・鉛・香木★3　など。
②輸出品…銀★4・銅・硫黄などの鉱産物，樟脳，陶器，扇子・蒔絵などの工芸品，米，麦などの農産物など。

④ 日本町 朱印船貿易がさかんになるにつれて，商品を買いつけるため海外に移住する日本人がふえ，東南アジア各地に自治制をとった日本町ができた。
①おもな日本町…ルソン（フィリピン）のマニラ郊外にあるサンミゲルやディラオ，シャム（タイ）のアユタヤ，安南（ベトナム中部）のツーランやフェフォ，カンボジアのプノンペン

★3 香木　徳川家康は，南洋諸国に香木を求める手紙を出した。香木は香料として珍重されたもので，沈香・伽羅（沈香の優良品）が代表的。

★4 銀　当時の日本の銀輸出額は世界の銀産出額の3分の1に及んだ。金銀の大量流出は多くの金山・銀山を枯渇させるほどであった。

やピニャルーなどが有名。

②山田長政…駿河(静岡県)の出身といわれる。アユタヤの日本町の代表として活躍した。シャム王女と結婚したが，リゴールの太守(地方長官)時代に王位をめぐる争いのため毒殺された。

> **ポイント**
> 〔江戸時代初期の対外関係〕
> ①初期外交…平和外交を推進
> ②**朱印船貿易**…東南アジア諸国との貿易，各地に日本町。輸出品は**銀**，輸入品は**生糸**中心

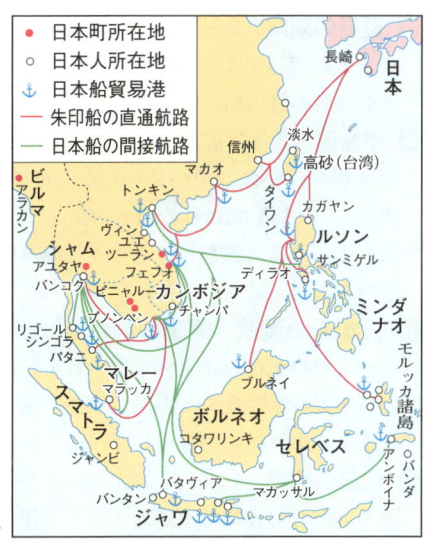

朱印船の航路と日本町▶

8 朱印船貿易の衰退

◆ 順調に見えた朱印船貿易だが，オランダなどの進出を前に後退を余儀なくされたり，山田長政のように日本人が紛争に巻きこまれたりして衰退していった。しかも，幕府にとって，キリスト教の隆盛による封建秩序の乱れと，貿易による西南大名の富強化は，もっとも恐れるところであった。このため，幕府は貿易を独占してキリスト教禁止を強化するために朱印船を廃止し，鎖国政策をおし進めることになる。

1 禁教令と貿易の制限

❶ **初期のキリスト教** 幕府は，海外貿易を奨励し，キリスト教を黙認したため，宣教師の潜入はあとをたたず，布教が進み，信者が増加した。著名な信者に，幕臣の村山等安・末次平蔵，大名の有馬晴信・細川忠興・高山右近★1などがいた。

❷ **キリスト教の禁止** やがて幕府は，キリスト教禁止を強化し，1612(慶長17)年に直轄領に禁教令を発して教会を破壊し，宣教師を追放した。翌1613(慶長18)年これを全国に広めた。

> 補説 キリスト教を禁止した理由 ①神の前にすべての人が平等であるとする観念は，主従上下の身分秩序を重んじる封建道徳と矛盾する。②日本を神国だとする神国思想と矛盾した。③信徒の団結心の強さは，一向一揆(▷p.160)の経験から支配層に不安を起こさせた。④仏教や神道との論争は，社会不安を起こすことになる。⑤布教・貿易の背後に，スペイン・ポルトガルの領土的野心を恐れた(イギリス・オランダの中傷もあった)。

★1 高山右近 高槻(大阪府)のち明石(兵庫県)城主でもあったが，禁教令以後も改宗を拒否し，1614(慶長19)年にルソンに追放され，そこで一生を終えた。

❸ **貿易の制限** 幕府は，キリスト教の拡大と西南大名の貿易による富強化を恐れ，1616年に中国船以外の外国船の来航を平戸と長崎に限った。

❹ **奉書船** 3代将軍家光は，1633(寛永10)年には，朱印状のほかに老中が発行した許可証(老中奉書)をもつ奉書船以外の海外渡航を禁じた。これによって海外渡航は，老中と長崎奉行の完全な指揮監督下にはいった。

❺ **日本人の渡航・帰国の禁止** 1633年，海外居住5年以上の日本人の帰国を禁止。1635年には日本人の海外渡航・帰国を全面的に禁止(学術・商業上の海外渡航を許可したのは1866年)。

❻ **出島の構築** 1636(寛永13)年，ポルトガル商人を隔離して長崎に出島をつくって住まわせた。

> 補説　出　島　1636(寛永13)年，ポルトガル人を日本人から隔離するために長崎湾につくられた扇形の築島(▷p.218)。面積は約131αアール。周囲は石垣で固められ，出島橋を通じて本土とつながっていた。ポルトガル船の来航禁止後は，オランダ商館が出島に移され，オランダ人もここにとじこめられた。現在の出島は，周囲を埋められ，長崎の市街にとりかこまれてしまっているが，内部を復元している。

1612年 (慶長17)		直轄領に禁教令→教会破壊→伝道禁止・宣教師追放
	13年	全国に禁教令
〈秀忠〉	14年	改宗を拒否した明石城主高山右近ら300名をルソンに追放
	16年 (元和2)	中国船以外の外国船の来航を，長崎・平戸に限る
	23年	イギリス人の退去
	24年	スペイン人の来航禁止
	29年	絵踏を開始
	33年 (寛永10)	鎖国令…奉書船以外の日本船の海外渡航禁止，海外居住5年以上の日本人の帰国禁止
	34年	出島構築(35年完成)
〈家光〉	35年	鎖国令…日本人の海外渡航一切厳禁，在外日本人の帰国禁止，中国船の長崎以外の出入禁止
	36年	鎖国令強化…ポルトガル人を出島に隔離
	37年	島原・天草一揆(10月～38年2月)
	38年	キリシタン厳禁
	39年	鎖国令…ポルトガル船来航禁止
	40年	宗門改役設置
	41年 (寛永18)	オランダ商館を，平戸から長崎の出島に移す…鎖国の完成

▲禁教と鎖国の経過略年表

2 島原・天草一揆と鎖国

❶ **島原・天草一揆** 1637(寛永14)～38(寛永15)年，肥前島原半島と肥後天草島のキリスト教徒を中心にして起こった反乱を島原・天草一揆(島原の乱ともいう)という。

❷ **島原・天草一揆に至る情勢** 幕府のキリスト教徒への迫害が強化されると，改宗者(転び)も多くなったが，かえって団結を固める者もあらわれた。とくにキリシタン大名有馬晴信・小西行長らの遺領の島原・天草地方には，信徒のほか牢人(浪人)も多かった。そのうえ，島原では藩主松倉重政・勝家父子の重税★2・禁教政策★3がきびしいものであった。

❸ **島原・天草一揆の勃発** 1634(寛永11)年以来の凶作に対して救済策がとられなかったため，1637(寛永14)年10月，島原の百姓が蜂起すると，天草の百姓もこれにつづいた。一揆勢は小西氏の遺臣益田甚兵衛の子益田(天草)四郎時貞を盟主とし，一時は島原半島・天草島を占領して，有馬氏の旧

★2 百姓には，田畑の年貢のほかにたばこ・なすのような小物成はもとより，子どもが生まれても税金，葬式にも税金を課した。未納者は，妻子の人質，水牢や「みの踊り」の刑に処せられた。「みの踊り」とは，両手を綱で縛り，みのを体にまきつけ，火をつけて苦しめる刑である。

★3 禁教政策　キリスト教徒は，残虐の限りをつくして弾圧された。それでも改宗しない者は，地獄とよばれた島原半島の雲仙岳の火口に投げこまれた。

史料 1633(寛永10)年〜39(寛永16)年の鎖国令

〔1633年令(寛永10年令)〕
一 奉書船の外に，日本人異国え遣し申す間敷候。若忍び候て乗まいり候者①，これ有るに於いては，其者は死罪，其船幷船主共に留め置き言上仕るべき事。
一 異国船につみ来り候白糸②，直段を立て候て，残らず五ヶ所③へ割符④仕るべきの事。

〔1635年令(寛永12年令)〕
一 異国え日本の船これを遣すの儀，堅く停止の事。
一 異国え渡り住宅仕りこれ有る日本人来り候はば，死罪申し付くべき事。

〔1636年令(寛永13年令)〕
一 南蛮人⑤子孫残し置かず，詳に堅く申し付くべき事。

〔1639年令(寛永16年令)〕
一 自今以後，かれうた⑥渡海の儀，これを停止せられ畢んぬ。此上若し差渡におゐては，其船を破却し，幷乗来る者速に斬罪に処せらるべきの旨，仰せ出さるる所也。仍執達件の如し。

『徳川禁令考』

注 ①密航者。②中国産の生糸。③京都・大坂・江戸・堺・長崎。④配分。⑤ポルトガル人・スペイン人。⑥Galeotaのことで，荷物船のこと。ここではポルトガル船をさす。

城であった原城に拠った。

❹ **幕府軍の出動** 幕府は，参勤中の一部大名を江戸から帰国させ，領国を警戒させた。板倉重昌を上使として派遣し，近隣大名を指揮して鎮圧にあたらせた。しかし，原城は容易に落ちず，板倉重昌は戦死した。

❺ **原城の陥落** 1638(寛永15)年1月，上使の老中松平信綱★4が到着して，オランダ船の砲撃の力をも借り，2月に原城を陥落させて，一揆勢を皆殺しにした。

❻ **島原・天草一揆の結果** 島原・天草一揆には宗教一揆の側面もあるが，百姓一揆の面が強い。幕府はこれをキリスト教徒の一揆とみなし，キリスト教の禁止と鎖国体制をさらに強化した。

★4 松平信綱 将軍家光の近侍から武蔵川越藩主・老中となり，島原・天草一揆，慶安事件(▷p.224)，明暦の大火(▷p.226)処理に功がある。伊豆守であったことから，「智恵伊豆」と称された。

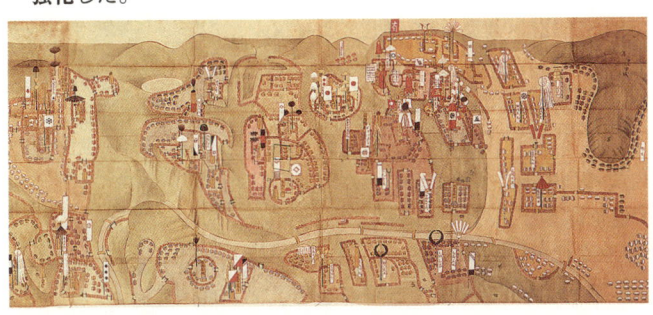

◀島原・天草一揆の図 幕府軍の有馬氏・立花氏・鍋島氏などの旗印がうちなびいている。

❼ キリスト教対策

1640(寛永17)年，幕府に宗門改役を置き，キリスト教徒摘発を任務とした(▷p.206)。1671(寛文11)年からは毎年宗門改帳(宗門人別改帳)をつくらせた。また，長崎では絵踏★5が強化された。

★5 絵踏 1629(寛永6)年ごろ長崎で始まったキリスト教徒摘発法。キリストやマリアの画像(踏絵)を踏むか否かなどで，信者を見分けた。島原・天草一揆後は，強化された。信者の中には，踏絵を踏みつつ，陰で神に許しを乞う者もおり，隠れキリシタンとして明治まで信仰を伝えていった。

▲絵踏のようす　▲踏 絵

❽ 鎖国の完成

1639(寛永16)年，ポルトガル船の来航を禁止し，1641(寛永18)年には平戸のオランダ商館を長崎の出島に移した。こうして1641(寛永18)年，いわゆる鎖国の状態になった。

▲出 島

ポイント〔鎖国の完成〕
①禁教令の徹底，貿易の独占→島原・天草一揆後，鎖国を完成　ポルトガル人の来航を禁止，オランダ商館を出島に移す
②鎖国後は，長崎でオランダ・中国(清)とのみ貿易。

---

3 鎖国下の国際関係

❶ 鎖国下の4つの窓口

鎖国といっても国を閉ざしたわけではなく，長崎でオランダ・中国，対馬(長崎県)を通して朝鮮，薩摩(鹿児島県)を通して琉球，松前(北海道)を通してアイヌとの関係を維持した。この制限された対外関係が長期につづき，18世紀末になるとこれを鎖国と解釈し，祖法とみなすようになった。なお，オランダ・中国とは商人たちが来日するのみの貿易関係だったので通商の国，朝鮮・琉球とは国家間の外交関係にあったので通信の国とよんだ。

(注意) 鎖国という用語は，ドイツ人医師ケンペルの著書『日本誌』の一部を，1801(享和元)年に蘭学者である志筑忠雄が『鎖国論』として訳したことから生まれ，以後今日まで用いられている。なお，幕府による貿易独占などの政策を，中国の海禁政策と共通したものとする理解もある。

❷ 対オランダ貿易

オランダは，ジャワのバタヴィア(現ジャカルタ)に置いた東インド会社の支店として長崎の出島に

商館を置き，貿易に従事し，海外事情を記した『**オランダ風説書**』★6 を提出した。来航した商館長は，江戸に行き将軍に拝謁した(江戸参府)。

❸ **対中国貿易** 中国では，1644(正保元)年に明が滅んだ後，明船にかわって清の船が長崎に来航し，貿易額も年々増加した。幕府は1688(元禄元)年，清船の来航を年間70隻に限定して貿易の増加をおさえた。また翌年，清国人の住居を新設した**唐人屋敷**に限定した。

❹ **宗氏と朝鮮通信使** 徳川家康は朝鮮との講和を希望し，1609(慶長14)年，対馬藩宗氏と朝鮮王朝は**己酉約条**を結んだ。これにより，釜山に倭館が設置され，対馬藩は，年間20隻の貿易船の派遣が認められ，朝鮮との貿易を独占した。将軍の代がわりごとに朝鮮から**朝鮮通信使**★7 が来日して，国書を交換した。

❺ **島津氏と琉球** 琉球は，1609(慶長14)年，薩摩の島津家久に征服され，その従属下にはいった。薩摩藩は，琉球にも検地・刀狩を行い，農村支配を確立するとともに，琉球産の砂糖を上納させた。中国との冊封関係を維持させ，朝貢貿易により中国産物を入手して利益を得た。また，琉球は国王の代がわりごとに**謝恩使**★8 を，将軍の代がわりごとに**慶賀使**★8 を幕府に派遣した。

❻ **松前氏と蝦夷地** 蝦夷地は，蠣崎氏が松前氏と改称し，1604(慶長9)年，徳川家康からアイヌとの交易独占権を保障され，藩政をしいた。藩財政の基盤は，アイヌの生産の場である漁場(商場・場所)での交易に置かれ，家臣たちにもアイヌとの交易権が知行として与えられた(商場知行制)。

アイヌとの取引では，和人の側に不当な行為が多かったので，1669(寛文9)年，染退(北海道新ひだか町)の総首長シャクシャインがアイヌを率いて松前氏に反抗した(**シャクシャインの戦い**)。松前藩は武力で鎮圧し，以後アイヌは松前藩に服従させられた。18世紀以後は，多くの商場が和人商人の請負(場所請負制度)となり，アイヌは漁業労働に使われるようになった。

(補説) **商場知行制** 漁場を与えられた家臣は，アイヌ集落の首長を通じて交易し，その利潤が収入になった。交易品は，アイヌ側が干し鮭・干し鰊・干し鱈・昆布・串鮑，松前藩側は米・糀・古着・酒・木綿・鍋・鎌・椀などであった。

★6 『**オランダ風説書**』
オランダ通詞が翻訳して幕府に差し出した海外事情報告書。この報告は，一部の幕府の高官しか見ることができなかったが，ある程度の海外知識を幕府当局者や洋学関係者に与えることになった。なお，中国船からは『**唐船風説書**』が出され，海外情報を得た。

(参考) **おもな貿易品**
オランダからは，毛織物・絹織物や薬品・時計・砂糖・書籍などを，中国からは，生糸・絹織物や書籍・砂糖などを輸入した。日本からの輸出品は，金・銀・銅の鉱産物を中心にして，漆器・海産物などであった。とくに銀で決済することが多かったため，銀の海外流出をまねいた。

★7 **朝鮮通信使** 1607(慶長12)年に始まり，1811(文化8)年まで12回来日。1回300〜500人。初期には，文禄・慶長の役(▷p.193)の残留朝鮮人捕虜の返還が大きな目的となっていた。

★8 **謝恩使・慶賀使**
その風俗は中国風のものに強制され，「異国」「異民族」としての琉球人が将軍に入貢するように見せた。

(注意) 幕府は蝦夷地を，外国でも日本でもない，夷(野蛮人)の住む領域と位置づけていた。

9 寛永期の文化

◆ 安土桃山文化と元禄文化の間に位置する寛永期(1624〜43)の文化は、下剋上が終わりをつげ、元和〜寛永期の幕藩体制が確立するという時代を反映している。安土桃山文化の自由で華麗な傾向を残しながらも、秩序と落ち着きを取りもどした姿がある。

■ 美術・建築

❶ **絵 画** 狩野派・土佐派が幕府や朝廷の御用絵師となり、画風は停滞した。しかしそのなかでも、土佐派を下じきに新たな画法を生み出した俵屋宗達、狩野派の伝統に反抗して人間味のある作品を残した久隅守景が出た。

❷ **陶 芸** 有田焼の酒井田柿右衛門が華麗な赤絵を、また京焼の野々村仁清が優美な色絵を完成させた。

❸ **美術工芸** 本阿弥光悦は京都町衆の芸術家で、書道・蒔絵・陶芸などで活躍した。

❹ **建 築** 権現造と数寄屋造が新様式として完成された。
①権現造…徳川家康をまつる日光東照宮(栃木県)の権現造が、霊廟建築の一類型となった。
②数寄屋造…従来の書院造に茶室建築を加味したもので、別荘建築として好まれた。京都の桂離宮・修学院離宮が有名。

	作　者	作品・業績
絵画	狩野　探幽	永徳の孫。幕府御用絵師
	土佐　光起	朝廷の専属画家。土佐派の確立
	住吉　如慶	子具慶とともに幕府御用絵師
	俵屋　宗達	「風神雷神図屛風」
	久隅　守景	「夕顔棚納涼図屛風」
工芸	酒井田柿右衛門	「色絵花鳥文深鉢」。赤絵磁器
	野々村仁清	「月梅文茶壺」。京焼の祖
	本阿弥光悦	「舟橋蒔絵硯箱」

▲おもな絵師・工芸家

(参考) **本阿弥光悦の芸術村** 徳川家康から重んじられた光悦は、京都・洛北の鷹ヶ峰に土地を与えられ、一族や尾形光琳などの芸術仲間と移り住んだ。

▲舟橋蒔絵硯箱

夕顔棚納涼図屛風▶

◀風神雷神図屛風(風神)

桂離宮の書院▶

◀日光東照宮陽明門

テスト直前要点チェック

答

- ① 織田信長・徳川家康が武田軍を撃破した1575年の戦いは何か。 → ① 長篠の戦い
- ② 一向一揆の中心として、織田信長と10年間抗争した寺院は何か。 → ② 石山本願寺
- ③ 織田信長が出した、市での自由な商売を許可した法令は何か。 → ③ 楽市令
- ④ 信長の統一事業を挫折させた1582年の家臣の反逆事件は何か。 → ④ 本能寺の変
- ⑤ 秀吉が1582年に明智光秀を討った戦いを何というか。 → ⑤ 山崎の合戦
- ⑥ 秀吉と対戦し、1583年に賤ヶ岳で敗北した武将は誰か。 → ⑥ 柴田勝家
- ⑦ 豊臣政権で重要政務を合議した5人の有力大名を何というか。 → ⑦ 五大老
- ⑧ 秀吉が行った検地の呼称を何というか。 → ⑧ 太閤検地
- ⑨ 秀吉が全国的に行った、農民からの武器没収の政策を何というか。 → ⑨ 刀狩
- ⑩ 1591年に出された、身分を固定し兵農分離を進めた法令は何か。 → ⑩ 身分統制令
- ⑪ 秀吉が宣教師の国外退去を命じた、1587年の法令を何というか。 → ⑪ バテレン追放令
- ⑫ 2度にわたる秀吉の朝鮮侵略を、日本では何というか。 → ⑫ 文禄・慶長の役
- ⑬ 城郭の中核をなす高層の楼閣を何というか。 → ⑬ 天守閣
- ⑭ 安土桃山時代にふすまや屏風などに描かれた豪華な絵を何というか。 → ⑭ 障壁画
- ⑮ 「唐獅子図屏風」を描き、その画流を完成した絵師は誰か。 → ⑮ 狩野永徳
- ⑯ 水墨画と金碧画で活躍した「智積院襖絵」の作者は誰か。 → ⑯ 長谷川等伯
- ⑰ 侘茶を大成させた堺の商人は誰か。 → ⑰ 千利休（宗易）
- ⑱ かぶき踊りを始めた出雲大社の巫女と称する女性は誰か。 → ⑱ 出雲の阿国
- ⑲ ヨーロッパ伝来の活字印刷機で作られた、宗教書や辞典・日本古典などの書物を何というか。 → ⑲ キリシタン版（天草版）
- ⑳ 徳川氏の覇権が確定した、1600年の戦いを何というか。 → ⑳ 関ヶ原の戦い
- ㉑ 家康が征夷大将軍となったのは西暦何年か。 → ㉑ 1603年
- ㉒ 通常置かれる、江戸幕府の最高職を何というか。 → ㉒ 老中
- ㉓ 三奉行のなかで、江戸の行政・司法・警察を担当したものは何か。 → ㉓ 町奉行
- ㉔ 大名の監察にあたる役職を何というか。 → ㉔ 大目付
- ㉕ 重要政務や広域事件を扱う幕府の最高司法機関を何というか。 → ㉕ 評定所
- ㉖ 朝廷の監視や西国大名の統轄をつかさどった職を何というか。 → ㉖ 京都所司代
- ㉗ 幕府領の民政を行う、勘定奉行支配下の役職（2つ）を何というか。 → ㉗ 郡代、代官
- ㉘ 徳川氏一門の大名を何というか。 → ㉘ 親藩
- ㉙ ⑳以前から徳川氏の家臣だった大名を何というか。 → ㉙ 譜代（大名）

8章 織豊政権と幕藩体制の確立

30	大名の居城以外の城の破却を命じた，1615年の法令を何というか。	一国一城令
31	大坂の陣後，秀忠の名で出された大名統制の法令を何というか。	武家諸法度
32	幕府が諸大名に命じた在国・在府1年交代の制度を何というか。	参勤交代
33	1615年に発布された，幕府が朝廷・公家の統制のために制定した法令を何というか。	禁中並公家諸法度
34	33の法令違反による，1627〜29年の沢庵流罪事件を何というか。	紫衣事件
35	幕府と朝廷とをつなぐ窓口として設けられた役職を何というか。	武家伝奏
36	寺請制度のもとで年々実施されるようになった調査を何というか。	宗門改め
37	都市の商工業者に課せられた税をあげよ（2つ）。	運上，冥加金
38	農村に置かれた村役人を総称して何というか。	村方三役
39	検地帳に登録され，年貢を負担する基本的な百姓を何というか。	本百姓（高持）
40	百姓の負担のうち，田畑に対する正税の呼称を何というか。	本途物成
41	街道筋などで人馬を提供させる夫役を何というか。	助郷役
42	39の没落を防ぎ，年貢徴収高を維持するために，田畑の売買を禁じた1643年の法令を何というか。	田畑永代売買禁止令
43	田畑の細分化を防止するための1673年の法令を何というか。	分地制限令
44	百姓に，年貢納入や犯罪防止の連帯責任を負わせる制度は何か。	五人組
45	イギリス・オランダが商館を開いたのは，どこか。	平戸
46	1604年に定められた，輸入生糸を一括購入する制度を何というか。	糸割符制
47	伊達政宗がスペイン・ローマに派遣した家臣は誰か。	支倉常長
48	幕府が貿易許可状を与えた貿易船を何というか。	朱印船
49	鎖国政策を強化させたキリシタンや百姓の一揆を何というか。	島原・天草一揆
50	鎖国後，オランダ商館はどこに置かれたか。	出島（長崎）
51	オランダ商館長が提出した海外情報の報告書を何というか。	オランダ風説書
52	17世紀初め，宗氏が朝鮮と結んだ通商条約を何というか。	己酉約条
53	朝鮮から将軍の代がわりごとに来日した使節を何というか。	朝鮮通信使
54	琉球から将軍の代がわりごとに来日した使節を何というか。	慶賀使
55	家臣にアイヌとの交易権を与える松前藩の制度を何というか。	商場知行制
56	「風神雷神図屏風」を描いた江戸初期の京都の絵師は誰か。	俵屋宗達
57	肥前国で有田焼の赤絵を大成した陶工は誰か。	酒井田柿右衛門
58	京都鷹ヶ峰に芸術村をつくった多才な芸術家は誰か。	本阿弥光悦
59	京都の桂川のほとりに造営された数寄屋造の建築物を何というか。	桂離宮

9章 幕藩体制の展開と産業の発達

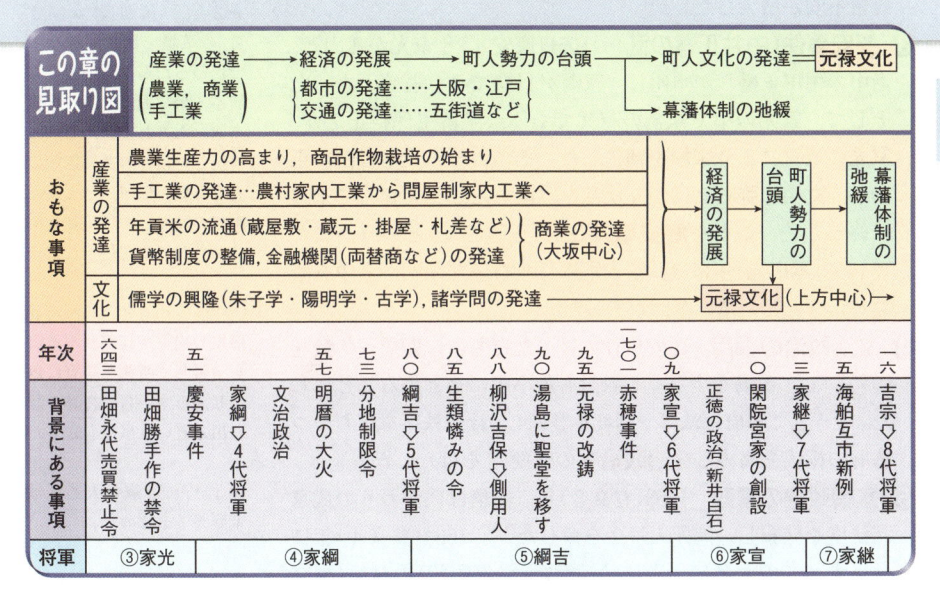

この章の見取り図

産業の発達（農業、商業、手工業）→経済の発展（都市の発達……大阪・江戸、交通の発達……五街道など）→町人勢力の台頭→町人文化の発達＝元禄文化
→幕藩体制の弛緩

おもな事項

産業の発達
- 農業生産力の高まり，商品作物栽培の始まり
- 手工業の発達…農村家内工業から問屋制家内工業へ
- 年貢米の流通（蔵屋敷・蔵元・掛屋・札差など）商業の発達（大坂中心）
- 貨幣制度の整備，金融機関（両替商など）の発達

経済の発展→町人勢力の台頭→幕藩体制の弛緩

文化
- 儒学の興隆（朱子学・陽明学・古学），諸学問の発達 → 元禄文化（上方中心）

年次・背景にある事項・将軍

年次	背景にある事項	将軍
一六四三	田畑永代売買禁止令	③家光
五一	慶安事件	
	田畑勝手作の禁令	
	家綱▷4代将軍	④家綱
五七	明暦の大火	
七三	分地制限令	
八〇	綱吉▷5代将軍	
八五	生類憐みの令	⑤綱吉
八八	柳沢吉保▷側用人	
九〇	湯島に聖堂を移す	
九五	元禄の改鋳	
一七〇一	赤穂事件	
〇九	家宣▷6代将軍	⑥家宣
一〇	閑院宮家の創設	
	正徳の政治（新井白石）	
一三	家継▷7代将軍	⑦家継
一五	海舶互市新例	
一六	吉宗▷8代将軍	

1 文治政治の展開

◆ 4代将軍家光のころから，幕府支配と身分制秩序を法・制度・儀礼・教化により維持しようとする政治が展開した。その傾向は，とくに新井白石の正徳の政治に強く示されて，以後の幕府政治の基調となった。3代家光までの武力で威圧する政治を武断政治，4代家綱以降の政治を文治政治ともよんでいる。

1 文治政治への転換

❶ **家光政権の幕政** 幕藩体制は，3代将軍家光の寛永期に確立した。家光の側近には，松平信綱・阿部忠秋などが仕えた。家光までの3代は，幕府権力の集中と安定のため武力で威圧し，改易・減封など強圧的な方法で諸大名を服従させる武断政治の傾向が強かった。

❷ **牢人・旗本の無頼化問題** 大名の改易は，幕府に対する反抗的行動だけでなく，跡継ぎのいない大名が臨終に急養子を願いでて相続人とする末期養子の禁や，将軍に近侍した大名の殉死によっても起こった。この

▲牢人のけんか「江戸名所記」より。

ため，改易で生じた牢人(浪人)は多数にふくれあがり★1，その不満が深刻化した。また，合戦の手柄による出世ができなくなった幕臣のなかにも無頼化する者★2があらわれるなど，政情不安が増大した。

❸ **慶安事件(由井正雪の乱)**　1651(慶安4)年家光が死ぬと，老中の堀田正盛らが殉死し，家綱が11歳で4代将軍となった。そして，家光の弟で家綱の叔父である会津藩主保科正之が，家光の遺言により家綱を補佐した。その直後，兵学者由井正雪が，丸橋忠弥らとはかり反乱を計画したが，発覚して未遂に終わった。これを**慶安事件**(由井正雪の乱)という。また翌1652(承応元)年には，牢人別木(戸次)庄左衛門が老中を暗殺しようとした承応事件があった。

❹ **文治政治の採用**　慶安事件の後，ただちに末期養子の禁を緩和★3し，改易を少なくし転封も最小限にとどめることにした。こうして幕府は法律や制度を整備し，社会秩序を保ちつつ，幕府の権威を高める**文治政治**への転換★4をはたした。

❺ **家綱政権の幕政**　1663(寛文3)年，家綱は代がわりの武家諸法度を発布し，**殉死の禁止**を命じた★5。1664(寛文4)年には，すべての大名に一斉に領知宛行状(朱印状)の発給(寛文印知)を実施し，以後，将軍がかわるごとに行われた。また，幕府領の検地も行って，幕府の財政収入の安定をはかった。

さらに1665(寛文5)年には，大名が幕府に重臣の子弟を人質にさしだす証人の制を廃止した。★5 こうして，戦国期以来の遺風が制度的にも払拭され，文治政治の傾向が強く打ち出された。しかし，家綱の晩年，保科正之の引退後は，酒井忠清が大老として権力をふるい，「下馬将軍」★6といわれ，幕政は一時混乱した。

★1 このとき，牢人(浪人)は，総数40万人にのぼるといわれた。

★2 江戸初期の「かぶき者」の系譜をひき異様な姿でかわったふるまいをした。旗本・御家人の無頼者を旗本奴・六方とよび，これに対抗した市井の遊侠無頼の者を町奴・男伊達とよんだ。町奴の頭領の幡随院長兵衛はのち芝居に脚色された。

(参考) 1651年，三河刈谷藩主の松平定政が旗本救済を主張して所領を幕府に返上し，みずからは托鉢の行に出るという事件も起きた。

★3 17~50歳の大名には末期養子を認めた。

★4 ただし，幕府は武家軍事政権であり，武断政治を否定したわけではない。

★5 殉死の禁止と大名の証人の制の廃止は，寛文の二大美事といわれた。

★6 酒井忠清の邸宅が，江戸城下馬札の近くにあったことに由来したもの。

史料　**1663(寛文3)年5月23日の殉死の禁止**

殉死は，いにしへより不義・無益の事也といましめ置くといへども，仰出されこれなき故，近年追腹①のもの余多これあり。向後左様の存念②これあるべきものには，常々其の主人より殉死仕らざる様に堅く申し含むべく候。若し以来これあるに於ては，亡主の不覚悟・越度③たるべし。跡目④の息も抑留⑤せしめざる儀，不届⑥に思食させられるべき者なり。

『御当家令条』⑦

(注)　①殉死の別称。②考え。③死んだ主人の過失。　⑥過失。⑦私撰の幕府法令集。
　　　④家督相続人。⑤思い止まらせる。

補説 殉死の禁止　主人の死後は，跡継ぎの新しい主人に奉公することが義務づけられ，将軍と大名，大名と家臣との関係において，主人の家は代々主人でありつづけ，従者は主人の家に代々奉公する主従の関係を明示することになった。

創業期	家綱時代
末期養子の禁	→1651　禁制緩和
改易・減封厳重	→　　　減少
殉死は美徳	→1663　殉死の禁止
転封さかん	→1664　寛文印知で固定化
大名の証人の制	→1665　廃止

▲文治政治の採用

2 元禄時代

① 元禄時代　家綱には子がなく，弟で上野（群馬県）館林藩主であった**綱吉**が5代将軍になった。綱吉は学問を好み，文治政治の傾向をますます強めた。経済・文化の面でも大きな発展が見られた綱吉の時代を，当時の年号をとって**元禄時代**という。

② 元禄文化　綱吉の時代を中心に，おもに上方で町人の文化が栄えた。これを元禄文化（▷p.244）という。

③ 綱吉の初期の政治　大老堀田正俊の補佐により，学術を奨励し，将軍の権威を高めようとした。
①礼儀による秩序…1683（天和3）年に，綱吉の代がわりの武家諸法度が出され，第1条が「文武忠孝を励まし，礼儀を正すべきこと」に改められた。「弓馬の道」の武道にかわって，主君に対する忠，父祖に対する孝の忠孝の道徳，それに礼儀による秩序をまず第一に要求したものであった。
②学術の奨励…綱吉は儒学を好み，林鳳岡（信篤）を大学頭に任じ，江戸忍岡の林家の私塾と孔子廟とを湯島に移して聖堂学問所と聖堂とした。また，北村季吟を歌学方に，渋川春海（安井算哲）を天文方に任じた（▷p.244）。
③将軍の権威高揚…失政と判断した大名や旗本に対して，改易や減封を断行したため，将軍の権威は高揚した。

④ 綱吉の後期の政治　側用人★7の柳沢吉保が重用されて，将軍との個人的つながりをもとにする，側用人政治といわれる時代となった。また，綱吉の母桂昌院や夫人たちの権勢化，商品生産の発達（▷p.231）による元禄風とよばれる華美な生活，**生類憐みの令**などで政治は混乱した。そのうえ，金・銀の産額も減り，幕府財政が赤字となった。

▲徳川綱吉

★7 側用人　常時将軍の側近にあり，その命令を老中などに伝える職。老中に準ずる待遇をうけた。1684（貞享元）年に大老の堀田正俊が暗殺されてから，側用人の権勢が高まった。5代将軍綱吉の側用人柳沢吉保以下，6代家宣・7代家継の間部詮房，10代家治の田沼意次，11代家斉の水野忠成などが名高い。

参考　赤穂事件　1701（元禄14）年勅使の江戸下向にあたり接待役となった赤穂藩主浅野長矩（内匠頭）は，式式指南の吉良義央（上野介）に江戸城中で切りつけたため，切腹を命じられ，所領は没収となった。家老大石良雄（内蔵助）を中心に復讐を誓った浅野家の47人の牢人は，1702年12月，義央を襲って主君の仇を討った。その処分には多くの議論があったが，切腹と決まった。人形浄瑠璃や芝居の『仮名手本忠臣蔵』で，民衆に愛好された。この事件は，秩序が重視され，儀礼が重い意味をもつようになった中で，天皇の勅使を饗応する場面で発生したところに，この時代ならではの空気が伝わっている。

> **史料** 1687(貞享4)年4月の生類憐みの令
>
> 一 鳥類・畜類人の疵付候様なるは，唯今迄の通り相届くべく候。その外友くひ①，又はおの
>   れと痛煩い候計にては届くるに及ばず候。随分養育致し，主②これあり候はゞ，返し申すべ
>   き事。
> 一 主なき犬，頃日③は食物給させ申さず候様に相聞え候。畢竟食物給させ候えば，その人の
>   犬の様に罷成り，以後迄六ケ敷④事と存じ，いたはり申さずと相聞え，不届に候。
>   向後左様これなき様相心得るべき事。
>   　　　　　　　　　　　　　　　　　　　　　　　　　　　　　　　　　　　　　『御当家令条』
>
> 注　①共食い。②飼主。③このごろ。④面倒な。

補説　生類憐みの令　1685(貞享2)年から20年余りにわたり，犬にかぎらず生類すべての殺生を禁じた。その理由としては，綱吉の嗣子徳松の死後男子がなく，世継ぎ誕生を加持祈禱に頼ったときに僧隆光がすすめたとの説と，綱吉の病気全快・長寿の祈禱のためとの2説がある。とくに綱吉は生年が戌年であったため，犬を大切にし，「犬公方」といわれた。江戸近郊に犬小屋をつくって野犬を収容し，犬を殺生したものは厳罰に処せられ，民衆から悪評と反感をうけた。また，1684(貞享元)年に出された服忌令(近親者に死者があったときに，喪に服したり忌引をする日数を定めた)とともに殺生や死を忌みきらう風潮を強化した。

❺ 幕府の財政窮乏　家康の蓄財で，幕府財政は余裕があったが，家綱時代の明暦の大火★8や旗本救済策，綱吉時代の寺社造営や世上の華美によって，1695(元禄8)年には赤字に転落した。このころには，金・銀鉱山の産出量が激減してきたことも，赤字の要因となった。

❻ 元禄の改鋳　幕府は，勘定吟味役(のち勘定奉行)荻原重秀の意見を用いて，1695(元禄8)年から貨幣を改鋳した。この改鋳で，約452万両の差益(出目)を得て一時の急をしのいだが，貨幣品位の低下は新貨幣の信用を低め，物価の高騰を招いて，人々の不満を高めた。

参考　忠孝の道徳の奨励　綱吉は「忠孝を励まし」で始まる高札を出し，忠孝の者を表彰するなど，教化による民衆支配も強化した。

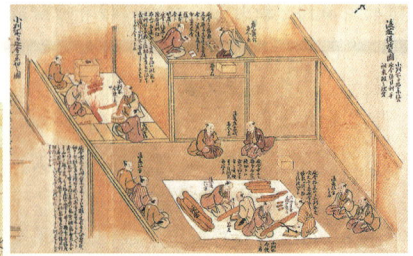

★8 **明暦の大火**　1657(明暦3)年1月18日，本郷丸山の本妙寺から出火し，3日3晩つづいた大火災。江戸城をはじめ武家屋敷も多く焼け，10万人以上が焼死した。江戸全市の55％が焦土となり，再建には多額の経費がかかった。施餓鬼(仏教の法会)で焼いた振袖が風に舞い上がったのが原因といわれ，振袖火事ともいう。

▲金座のようす　「金座絵巻」より。

◀江戸の町屋　明暦の大火以前のようすで，板葺き屋根である。「東海道絵巻」より。

1 文治政治の展開

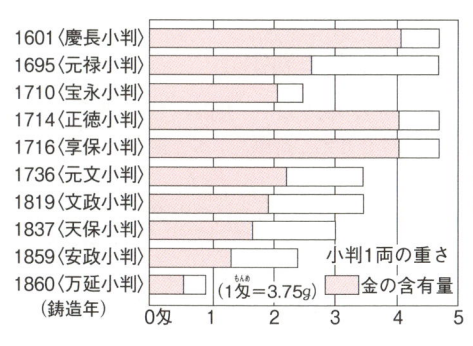

◀金貨の成分の推移　幕府は荻原重秀の財政再建策を採用し，金銀の品位を落としてその差益を吸収する元禄の改鋳を断行した。ところが，金銀の改悪鋳はそのまま物価高騰を招いたため，1714(正徳4)年に新井白石がほぼ慶長金銀の重量・品位に戻し(正徳の改鋳)，物価の安定をはかった。

以後，幕府は元文・文政・天保・安政・万延年間と改鋳をくりかえしたが，万延の改鋳は開港で大量の金貨が海外に流出するのを防ぐためであった(▷p.297)。

③ 正徳の政治

❶ **将軍家宣・家継**　綱吉にもあとつぎがなかったので，甥の徳川綱豊が6代将軍家宣となった。家宣のあとは，その子家継がわずか4歳で7代将軍となった。

❷ **正徳の政治**　家宣・家継の時代は，儒学者の新井白石が中心となって，前代からの文治政策を継承・発展させた。側用人には間部詮房が登用された。この政治を，**正徳の政治**(正徳の治)という。

文治策	1709年	生類憐みの令を廃止
	10年	閑院宮家創設
		幕府の典礼儀式を整備
財政策		貨幣改鋳(乾字金…復旧)
	11年	朝鮮通信使の待遇の簡素化
	12年	荻原重秀を罷免
		勘定吟味役再置
	14年	貨幣改鋳(正徳金銀)
	15年	海舶互市新例

家宣／家継

▲正徳の政治　略年表

❸ **政令の改正**　新井白石は，生類憐みの令を廃し，側用人の柳沢吉保を退けた。

❹ **幕府の権威高揚**　新井白石は，儒学者としての立場から，幕府の儀式・典礼を整えて，将軍の権威高揚をはかった。朝鮮通信使の待遇を簡素化したのも，この目的からであるが，同時に経費の軽減をはかろうとした(1711年)。

（補説）**朝鮮通信使**　朝鮮からの使節を，朝鮮通信使または来聘使といった。将軍の代がわりに際し，朝鮮国王から派遣され，江戸時代の間に12回の使節が来日した。新井白石は待遇を簡素化したが，8代将軍吉宗は旧にもどして丁重にもてなした。

❺ **朝幕関係**　新井白石は新しい宮家の閑院宮家の創設を進言し，朝幕関係の融和をはかった(▷p.205)。

▲新井白石

朝鮮通信使　「江戸図屏風」より。▶

史料 1715（正徳5）年正月11日の海舶互市新例

一　長崎表廻銅凡一年の定数四百万斤より四百五拾万斤迄の間を以て，其限とすべき事。
一　唐人方①商売の法，凡一年の船数，口船②・奥船③合せて三拾艘，すべて銀高六千貫目④に限り，其の内銅三百万斤⑤を相渡すべき事。
一　阿蘭陀人商売の法，凡一年の船数二艘，凡て銀高三千貫目に限り，其の内銅百五拾万斤を渡すべき事。

『徳川禁令考』

注　①中国（清）人。②寧波船・南京船。③東京船・広東船。④1貫（貫目）は約3.75kg。⑤1斤は約600g。

❻ **正徳の改鋳**　悪貨鋳造の責任者であった荻原重秀を退け，良質の乾字金，ついで**正徳金銀**を鋳造し，貨幣の信用を高めて物価の高騰を抑制しようとした★9。

❼ **長崎貿易の制限**　長崎貿易によりわが国の金・銀が外国に流出していたため，1715（正徳5）年に**海舶互市新例（長崎新令・正徳新令）**を出して，貿易制限を行った。

❽ **海舶互市新例の内容**　貿易船を年間，清30隻，オランダ2隻とし，貿易額もそれぞれ銀6000貫と3000貫に制限した。輸入品の支払いはなるべく銅で支払い，俵物（▷p.232）や陶磁器・工芸品の輸出を奨励した。

❾ **正徳の政治の評価**　儒学に基づく政治と儀礼や制度の整備によって将軍の権威を強める政策は，元禄期の政治を引き継いで推進し，8代将軍吉宗の享保の改革にも受け継がれた。長崎貿易の改革は，幕末まで維持された。

★9 荻原重秀を退けた理由　元禄の改鋳による低品質の貨幣は経済界の信用を得られず，貨幣への不信感と物価の上昇を生んでいた。

参考　勘定吟味役の再設置　勘定吟味役は，勘定奉行につぐ地位で，奉行以下の行政を監察するために1682（天和2）年に置かれた。荻原重秀が勘定吟味役から勘定奉行になると，1699（元禄12）年に廃止された。しかし，重秀罷免ののち，再設置された。

ポイント

家綱の政治…①大名改易の緩和→**末期養子の禁**を緩和し，牢人増加を防止　②戦国遺風の廃止…**殉死**・証人の制を廃止

元禄の政治…綱吉と側用人の柳沢吉保による政治

①学問の興隆→湯島に聖堂学問所と聖堂を建設，林鳳岡…大学頭，北村季吟…歌学方，渋川春海（安井算哲）…天文方に採用
②**生類憐みの令**　③財政の悪化→貨幣経済の発達，家綱時代の**明暦の大火**後の江戸再建など幕府の支出の増大

正徳の政治…**新井白石**による政治

①生類憐みの令を廃止　②朝鮮通信使の待遇を簡素化　③閑院宮家を創設　④貨幣の改鋳　⑤**海舶互市新例**を発し，貿易を制限

テーマゼミ　将軍権力と文治政治

- 2代将軍秀忠—12年。3代将軍家光—11年。4代将軍家綱—13年。5代将軍綱吉—4年。6代将軍家宣—3年。8代将軍吉宗以降—1年〜1年半。7代将軍家継は幼くして亡くなったため行えなかった。
- 上は，将軍宣下をうけてから領知宛行状（朱印状）を発給するまでに要した年数一覧である。3代家光から4代家綱の将軍代がわりまで，大名との主従関係は決して自動継続的ではなかったことを示している。ところが，4代から5代将軍への代がわりに際しては，それまでにないスピードアップがはかられている。8代将軍吉宗以降は，将軍になると，自動継続的に統一的知行体系の頂点に立ち，諸大名と主従関係を結ぶことを意味している。
- スピードアップがはかられたのは，殉死の禁止のように，将軍から見たとき従者である大名は，主人である将軍の死後も，主家つまり将軍家に自動継続的に奉公するのが当然となるような政策を進めた結果である。綱吉・家宣・家継の時代に文治政策が展開されるなかで，将軍・大名間の主従関係は固定された。その意味で，文治政治の展開は，将軍権力を強化させる役割を果たしたといえよう。

4 諸藩の文治政策

① 諸藩の政治　幕政が文治政策を進めるにつれ，諸藩においても儒学者などを招き★10，文治政策が推進された。名君といわれて，藩政に治績をあげる大名も出た。

② 会津藩　藩主保科正之は，山崎闇斎を招いて朱子学を学び，藩校稽古堂（のち日新館）を建て，新田開発や殖産興業に努めた。

③ 水戸藩　藩主徳川光圀は，江戸の藩邸に彰考館を設立し，明の学者朱舜水らを用いて，『大日本史』の編修に着手した（▷p.241）。また，国内の朱子学者を招いて藩士の教育に力をそそぎ，水戸学派の基礎をつくった。

④ 加賀藩　藩主前田綱紀は，木下順庵について朱子学を学び，室鳩巣を招いて和漢古書の収集に努めた。また，稲生若水を招いて殖産に努めた。

⑤ 岡山藩　藩主池田光政は，陽明学者熊沢蕃山を用いて政治改革に努力した。諸藩に先がけて，藩校の花畠教場を設け，また，庶民教育のための閑谷学校を開いた（▷p.286）。

⑥ 土佐藩　藩主山内忠義の家老野中兼山は，朱子学者谷時中に学び，新田開発・殖産興業・土木工事に敏腕をふるった。

★10 諸藩が儒学者を招いた理由　社会が安定してくると，秩序の維持は，単なる慣習ではなく，普遍的な原理としての法や道徳に求められるようになった。このような要請にこたえたのが，朱子学を中心とする儒学者であった。

▲閑谷学校（岡山県備前市）

2 農業生産の進展

◆ 幕府や諸藩は、封建支配の経済的基盤として農業を重視し、用水路をつくったり、新田畑の開発を奨励したりした。それにともない、農業技術も進歩し、生産力は高まっていった。また、商品作物の生産がさかんになり、貨幣経済が農村にまで浸透した。

1 農業生産力の高まり

❶ **新田の開発** 新しく開発された田畑は、本田(古田)に対して新田とよばれた。近世初頭の大開発により、耕地面積は飛躍的に増大した[★1]。

(補説) **新田の種類** 初期には、領主の代官がみずから行う代官見立新田が多かったが、元禄以降には、富農・豪商の請負う村請新田・町人請負新田が多くなった。代官見立新田では、幕府の代官伊奈忠次の武蔵野台地の開発、町人請負新田では、鴻池屋(▷p.240)の鴻池新田(大阪府)が有名である。

❷ **農業技術の進歩**
①用水路や溜池の建設…戦国末から発達した築城や鉱山での土木技術をとりいれ、治水灌漑工事[★2]が各地で行われた。
②農具の改良・発明…深耕用の備中鍬、脱穀用の千歯扱(別名「後家倒し」。夫と死に別れた女性から仕事を奪ったため)、籾を選別する唐箕・千石簁などの農具が考案された。
③灌漑・揚水具の普及…水車・龍骨車[★3]・踏車が普及して、乾燥地や荒地の耕作が可能になった。
④金肥の使用…従来の刈敷堆肥や草木灰など自給肥料のほか、油粕・干鰯などの**金肥**[★4]が用いられるようになった。

[★1] 江戸時代の初期には約160万町歩(160万ha)だった耕地は、中期になると約300万町歩(300万ha)に拡大したと推定されている。

[★2] 武蔵野台地に水を引く玉川上水、芦ノ湖を水源とする箱根用水、利根川から分水する見沼代用水などが知られる。

[★3] 龍骨車 中国伝来の揚水具。破損が多く、18世紀中ごろに踏車にかわった。

[★4] 金肥 金銭を支払って買う肥料。油粕・干鰯が代表的。油粕は綿実や菜種から油をしぼった残りもの。干鰯は、脂をしぼった鰯を干したものである。

▲当時の農具と農作業のようす

❸ **農業知識の普及** 米や商品作物の栽培技術を説く農書が登場した。17世紀なかばの『清良記』，1697(元禄10)年に刊行された**宮崎安貞**の『**農業全書**』★5がその代表で，広く普及し，よく読まれた。

★5 『農業全書』 五穀・菜類・果樹などを10巻に分け，宮崎安貞自身の体験・見分をもとに著した，わが国最初の体系的農学書。

2 商品作物の栽培と農村の変化

❶ **商品作物栽培の始まり** 綿・たばこなどの商品作物の栽培が始まり，各地に特産品が生まれた。灯火用の菜種，庶民衣料である木綿の原料の綿作，高級衣料である絹の原料となる養蚕が普及した。とくに国産生糸は，貿易の中心であった輸入生糸を17世紀末に圧倒し，幕末の開港以降，代表的輸出品となる基礎がつくられた。

❷ **四木三草** 諸藩の領主が奨励した商品作物をいう。四木は桑・茶・漆・楮，三草は藍・麻・紅花のこと。このほか，綿花・いぐさ・たばこ・あぶらな(菜種)などが重要である。

❸ **貨幣経済の浸透** 農業生産力が高まり，余剰生産物が売買され，商品作物の栽培もさかんになると，都市近郊の農村では，生産物を貨幣に換えて利潤を得るようになり，貨幣経済にまきこまれるようになった。

❹ **農村の変化** 17世紀なかばに小農経営が全国的に確立し，商品生産が活発化して農業生産が発展したことで，近世社会は発展した。しかし，商品経済の発展は富裕化する農民と没落する農民とを生みだし，社会の矛盾を深める契機となった。

農産物	主要産地
桑	上野・下野・山城
茶	山城(宇治)・駿河
漆	能登・会津・飛驒
楮	美濃・越前・土佐
藍	阿波・淡路
麻	越後・大和・薩摩
紅花	出羽(最上川流域)
綿花	三河・摂津・河内
いぐさ	備前・備中・備後
たばこ	薩摩

▲おもな農産物の産地

(参考) **江戸・大坂付近の野菜栽培** 江戸や大坂などの近郊農村では，野菜の栽培が行われた。江戸の練馬だいこん・大坂の天王寺かぶらなどが有名。

> **ポイント**
> ①農業生産力の高まり…**新田開発**と農具・農業技術の改良など
> ②商品作物の栽培…**四木**(桑・茶・漆・楮)・**三草**(藍・麻・紅花)と綿花・いぐさ・たばこ・あぶらな(菜種)

3 諸産業の発達

◆ 農業の進歩・発達に支えられて，諸産業も大いに発展した。藩単位の経済にもかかわらず，商工業は，需要の拡大によって，全国的な経済圏を確立した。18世紀になると，産業の一部では，前資本主義的な生産様式が始まっていた。

1 水産業・林業・鉱山業の発達

❶ **漁法の進歩** 地引網や大規模な網漁法が各地に普及した。これは，上方漁法が関東漁場に伝わったためである。

(注意) 網漁法の発達は，旧来のわらにかわって，麻の網が登場したことによる。

❷ **経営の特色** 漁法の大規模化にともない，網や船をもつ網主(網元)が，零細漁民を網子として使い，漁場を支配した。

❸ **海産物** 鰯(九十九里浜)★1・鰹(土佐)，鰊や昆布・俵物(蝦夷地)，鯨(紀伊・土佐)，塩(赤穂・撫養・坂出・竹原など瀬戸内海沿岸の十州塩と下総の行徳)などが有名である。

> ★1 九十九里浜の鰯は，綿花栽培の速効性肥料の干鰯に加工された。

(補説) **塩の生産** 浜と海を堤防で区画し，潮の干満を利用して浜に塩水を導入して製塩する入浜塩田で生産された。赤穂(播磨)が先進地で，瀬戸内地方でさかんになった。塩田経営で浜主・浜子の関係が生まれた。

(補説) **俵 物** いりこ(なまこをゆでて干したもの)・干しあわび・ふかのひれなど，俵につめた海産物のこと。18世紀中ごろから，清国への重要な輸出品となった。

▲九十九里浜の地引網 「房総水産図誌」より。

❹ **林業の発達** 城や城下町の建築資材として需要が高まった。木曽の檜，秋田の杉など，幕府や藩が直轄林として山林を管理し，伐り出した。山林経営するうえで，山主・山子の関係も見られた。

❺ **鉱業の発達** 戦国時代にひきつづき，金・銀・銅山の開発が進んだ。鉄は，砂鉄によるたたら製鉄が中国・東北地方を中心に行われた。19世紀には，東北の釜石鉄山や九州の唐津炭田・三池炭田が採掘を始めたが，産額は多くはなかった。

(補説) **鉱業の発達した理由** 貨幣経済の進展と貿易支払いのための金・銀・銅の必要から，鉱山の開発が進められた。また，南蛮吹きといわれる西洋式精錬法(粗銅中の金銀を採る方法)が伝わったこともあり，金属，ことに金・銀では，世界有数の産出国になった。しかし，17世紀後半になると，金・銀の産出量が低下したため，かわって銅の採掘が進められた。

金	佐渡・伊豆
銀	佐渡・石見・生野(但馬)・院内(秋田藩)
銅	足尾(下野)・阿仁(出羽)・尾去沢(南部藩)・別子(伊予・大坂の住友)
鉄	釜石(陸中)・山陰の砂鉄

▲おもな鉱山

2 手工業の多様化

❶ **経営形態** 手工業は，はじめ都市の職人によって行われていた。しかし，農村でも副業として農村家内工業が始まり，絹・麻・木綿の織物業が発達した。麻は奈良の晒し布，木綿は河内木綿・尾張木綿などの名産品が生まれ，絹織物では京都西陣★2で高度な技術により独占的に生産されていたが，18世紀なかばにその技術が広まり，北関東の桐生・足利などでも生産されるようになった。

> ★2 西 陣 西陣では，高度な技術を必要とする高機が使われていた。

さらに19世紀になると，都市の問屋商人が資金や原料を農民や都市職人に前貸しして製品をつくらせ，それを買い上げる問屋制家内工業が一般化した。とくに，絹織物業や綿織物業の分野で広まった。

❷ **特産物** 各地でそれぞれの風土に適した特産物が生まれた。朝鮮から伝わった技術をもとに陶磁器生産がさかんとなり，佐賀藩の保護をうけた有田焼，尾張藩の専売品となった瀬戸焼など藩の専売制がしかれ，藩の財政を潤した。また，越前奉書紙や美濃紙など各地で和紙生産が発展した。

種類		産地
織物業	絹織物	西陣・博多・堺・桐生・足利・伊勢崎・八王子・秩父・米沢・仙台・近江長浜
	麻織物	奈良晒・近江蚊帳・小千谷縮・薩摩上布・越後上布
	綿織物	久留米絣・小倉織
染物		京都の友禅染・鹿子絞・尾張の有松紋
陶磁器		九州の有田(伊万里)，京都の清水・粟田，尾張の瀬戸，加賀の九谷
漆器		京都，能登の輪島塗，岩代の会津塗，能代(出羽)と高山(飛騨)の春慶塗
製紙業		越前(奉書紙・鳥子紙)・播磨(杉原紙)・土佐・美濃・伊予・石見
醸造業		酒－灘・伊丹・池田・西宮・伏見　醤油－銚子・野田・龍野

▲江戸時代の各地の特産物

ポイント
①水産業の発達…上方漁法の網漁が各地に広がる
②俵物・銅…対清貿易の輸出品
③鉱業・手工業…幕府や藩の奨励により発達した

4 交通の整備と発達

◆ 平和の持続によって諸産業が発達し，これにともなって交通網も整備された。幕府は主要な街道とそれにつながる脇街道を整備した。また，河村瑞賢により，日本海と太平洋の沿岸航路が整備された。

1 陸上交通

❶ **交通発達の理由** 参勤交代や，商品流通にともなう物資の輸送などがさかんになったことによる。

❷ **主要道路** 主要街道の五街道と，その支線の脇街道(脇往還)である。五街道は幕府の直轄下におかれ，道中奉行によって管理された。

❸ **主要施設**
①一里塚…1里(約4km)ごとにつくられた。
②宿駅(宿場)…2〜3里ごとにおかれた。

(注意) **五街道の起点と終点** 起点は江戸日本橋。終点は必ずしも明確ではなく，奥州道中は青森までとする説もある。

	区間	宿駅	主要関所
東海道	江戸〜京都	53	箱根・新居
中山道	江戸〜草津	67	碓氷・福島
日光道中	江戸〜日光	21	栗橋
奥州道中	江戸〜白河	27	白河
甲州道中	江戸〜下諏訪	44	小仏

▲五街道と主要関所

❹ 宿駅の設備
①問屋場★1…問屋などの宿役人による公用人馬や公用文書の継ぎ立て所。
②本陣…大名・公家・幕府役人の宿泊所。
③脇本陣…一般武士の宿泊所。
④旅籠・木賃宿…庶民の宿泊所。旅籠は食事つきであった。
⑤その他…宿駅の人馬が不足した場合は、近隣の村から人馬を補充した。このような課役を**助郷役**★2といった。

❺ 交通の制限
軍事・警察の目的で、各所に**関所**をおいた。大河川には架橋せず、渡渉・乗船などの渡しで済ませた。
①関所…関所の通行には関所手形(旅行許可証)が必要であった。とくに「**入鉄砲に出女**」をきびしくとりしまった。
②渡し…大井川・天竜川・富士川などの渡しが有名。

(補説) 入鉄砲に出女　入鉄砲とは、大名が反乱のための武器を必要以上に江戸にもちこむことをとりしまったもの。出女とは、江戸住まいの大名の妻子がひそかに脱出することを監視したもの。

❻ 飛脚制度
手紙・貨幣・小荷物を送り届けるもの。
①継飛脚…幕府公用の飛脚。宿駅ごとにリレーで運ばれた。
②大名飛脚…大名がその江戸藩邸と領地との間に設けた飛脚。
③町飛脚…民間の飛脚。三都(江戸・大坂・京都)の商人が請負って始めたものが有名で、毎月3度大坂を発し、三都を6日で走った★3。実際の業務は飛脚問屋が行った。

2 海上・河川交通

❶ 西廻り・東廻り海運
日本海沿岸から下関経由★4で大坂に至るのが**西廻り海運**、津軽海峡経由で江戸に至るのが**東廻り海運**である。江戸の商人**河村瑞賢**により整備された。幕府は瑞賢の提案をいれて、海岸に番所や灯台を設け、港を整備して倉庫をつくり、航路の安全をはかった。

❷ 南海路と船
江戸～大坂間の主要航路を**南海路**といい、**菱垣廻船**と**樽廻船**が有名である。運搬する物資を取り扱う問屋は、商品別に、江戸では**十組問屋**、大坂では**二十四組問屋**を結成した。

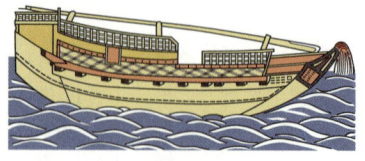

▲菱垣廻船

★1 問屋場　人馬を常備することが義務づけられていたが、員数は街道ごとに異なっていた。たとえば、東海道では人・馬とも各100、中山道では各50であった。継飛脚の仕事も重要。

★2 助郷役　常時課される定助郷のほか、臨時のものもあった。百姓の負担は大きく、百姓を疲弊させ、百姓一揆の大きな要因のひとつとなった。

(参考) 継飛脚の速度
江戸～京都間を80～90時間、急行で約68時間を要した。

★3 このため、彼らを定六ともいった。

(注意) 江戸時代の陸上交通では、駕籠や馬のようなものしかなく、車両運輸が発達しなかった。このため、物資の輸送は多く船運によったことをつかんでおこう。

★4 瀬戸内海の兵庫や下関、日本海の敦賀・新潟・酒田などの港町が栄えた。

4 交通の整備と発達

▲江戸時代の交通と都市

補説　菱垣廻船と樽廻船　廻船とは鎌倉初期に始まった海上輸送の定期船。菱垣廻船は1619(元和5)年に堺商人が始め、江戸・大坂間を定期的に就航し、米・綿・油・醤油・塩・紙などを運送した。積荷の転落防止のため、舷側に竹で菱形の垣をつくったので、この名がある。

樽廻船は17世紀なかばに始まり、初め伊丹や灘の酒樽を専門に運んだので、この名がある。両者は積み荷などで争ったが、樽廻船のほうが船足が早かったので、菱垣廻船はしだいに圧迫されていった。

参考　海上交通の危険　海運業者は、中世海賊のなごりで、船を難破させて積み荷を横領することもあった。その一方、貧しい村は、遭難した船を容赦なく略奪したから、陸上からも危険が多かった。

❸ 河川交通の発達
利根川・阿武隈川・北上川・最上川などの多くの河川や、琵琶湖・霞ヶ浦などの湖沼は、内陸部の物資の輸送に重要な役目を果たした。

❹ 河川の水路を整備した人物
①角倉了以…京都の商人で、幕命により、富士川(静岡県)や保津川・高瀬川(京都府)、天竜川の水路を開いた。

②河村瑞賢…幕命により、淀川の新水路である安治川(大阪市)を開いた。

補説　過書船　江戸時代初期、京都の伏見と大坂間の淀川に過書船が往来していた。過書船は、1603(慶長8)年に家康が設けた淀川貨客船の制度で、過書(関所通行許可書)を与えられた船をいう。上り1日、下り半日かかったという。

▲高瀬川(京都市)

ポイント
①陸上交通…**五街道**が整備され、宿駅の設備も充実した
②海上交通…南海路に**菱垣廻船**・**樽廻船**が就航し、物資を輸送した

テーマゼミ　北前船の運んだもの

○東北地方の日本海側の物資を江戸に輸送するために始まった西廻り海運は，酒田(山形県)を出発点として小木(佐渡)・温泉津(島根県)，下関・大坂・下田を経て江戸へ行くコースで，全長713里，米百石の運賃が21両であった。

○一方，東廻り海運は417里と距離は短かったが運賃が23両と高く，それに航路の難しさもあって，西廻り航路がさかんに利用されるようになった。

○さらに江戸時代も後期になると蝦夷地(北海道)とも結んで交易がさかんとなるが，この航路で活躍した廻船を北前船とよんだ。北前船の船主は，大坂で酒や塩のほか，綿織物や木綿の古着を大量に買いこんだ。古着でも使えないものは，切り裂いて，麻糸をたて糸に，ボロ布を横糸にして織り直した。この裂織は丈夫で暖かく，寒い北国では労働着となった。北前船は，立ち寄る港で商売をしながら蝦夷地につくと，今度は鮭や昆布，あわび，いりこなどの海産物を仕入れ，上方へ向かった。商売のうまい船主は，大坂と蝦夷地を2回往復すると，新しい船をつくるだけの儲けがあったという。

5　商業と都市の発達

◆諸産業が発展し始めると，生産物が商品として流通するようになり，商業の範囲は全国的な規模で広がった。商品の消費地・集散地としての都市も各地に栄えた。商業の中心は，江戸と大坂で，とくに大坂は「天下の台所」といわれて，大きな役割を果たした。

1 商業の発達

❶ **商業が発達した理由と結果**
①理由…大名・武士は，年貢米や諸物産を換金しなければならなかった。また，産業の発達によって商品生産が活発となり，商業が発達した。
②結果…全国的流通圏が成立し，流通機構が整備された。

❷ **蔵物・蔵屋敷**　大名が年貢として取り立てた米や国産品(特産物)は，大坂★¹や江戸に設けた蔵屋敷に運んで市場に出された。これを蔵物(蔵米)という。

❸ **蔵元・掛屋**★²　蔵物を保管売却する町人を蔵元，その代金を保管輸送する町人を掛屋といった。

❹ **札差**　江戸の浅草蔵前に店をかまえ，旗本・御家人に支給される禄米の受け取り・売却にあたった商人を札差(蔵宿)という。禄米を担保に金融業を営み，巨利を得ていた。

❺ **株仲間の成立**　商人のなかには，営業の独占や価格の決定などを目的に，同業組合(仲間)をつくるものもあらわれた。

★1 天保期に大坂では124もの蔵屋敷があり，船便のよい川筋の中之島や堂島付近に集中していた。また，京都・長崎・大津などの要地にも蔵屋敷が設けられた。

★2 蔵元・掛屋　蔵屋敷には蔵役人・蔵元・掛屋がいた。蔵元は，初期には藩の蔵役人があたったが，のちに商人になった。蔵元・掛屋を兼務する豪商も多く，蔵物を担保に大名貸しを行い，それによっても大きな富を積んだ。

史料　越後屋の商法

三井九郎右衛門①といふ男，手金の光，むかし小判の駿河町②と云所に，面九間に四十間に，棟高く長屋作りして，新棚を出し，万現銀売に，かけねなし③と相定め，四十余人，利発手代を追ひまはし，一人一色の役目。……殊更，俄に目見の熨斗目④，いそぎの羽織などは，その使をまたせ，数十人の手前細工人立ちならび，即座に仕立て，これを渡しぬ。さによって家栄へ，毎日金子百五十両づつ，ならしに商売しけるとなり。世の重宝是ぞかし。……大商人の手本なるべし。

『日本永代蔵』

注　①三井家2代高平。初代高利は伊勢（三重県）松坂の出身。同家は越後屋八郎右衛門を通称。②江戸日本橋の町名で付近に金座があった。③実際より高くつけた値段（掛値）で掛売りすることを止めるかわりに，すべて商品は現金でしか売らないというもの。当時一般的だった掛売りは貸し売りで，値段が高かったが，越後屋はこれを廃して，薄利多売方式に成功した。④急に仕官などが決まって主君に拝謁することとなり，必要となった武家の礼服。

参考　蔵物と納屋物・舶来物　生産者から商人の手で流通した商品を納屋物，長崎から輸入された商品を舶来物といった。蔵物に対するいい方であるが，商品として流通したのは，蔵物が圧倒的に多かった。

▶大坂中之島の蔵屋敷

幕府は，物価安定を目的に，1721（享保6）年にこれを公認した（**株仲間**）。江戸の十組問屋，大坂の二十四組問屋などが代表。

補説　十組問屋　江戸の荷受問屋の組合で17世紀末に結成された。当時，上方から菱垣廻船で物資が江戸に運ばれたが，廻船業者や船頭のなかには，故意に船を沈め，荷物を奪ったり，積荷を盗むことがあり，荷主である問屋は多大な損害をうけていた。そこで塗物・薬・綿・酒など10種の問屋が，輸送途上のトラブル解決のため，組合をつくった。同様に大坂では，江戸向け荷積問屋が二十四組問屋を結成した。

❻ **運上・冥加金**　株仲間の公認や営業許可に対して課された税のこと。運上は諸営業に課した税，冥加金は営業特権に対する税であるが，混同されることもある。

❼ **卸売市場の成立**　江戸・大坂などには，特定の商品を専門的に扱う卸売市場ができた。大坂堂島の米市場が有名。

注意　株仲間　幕府は初め，秤座・桝座・金座・銀座・糸割符仲間・酒屋・質屋のほかは株仲間の結成を認めなかった。株仲間は享保の改革時に公認され（▷p.254），田沼時代に大幅認可された（▷p.257）。

それが，天保の改革の際には解散を命じられたが（▷p.270），改革の失敗で再興され，明治になって廃止された（1873年）。以上の経緯に注意しよう。

9章　幕藩体制の展開と産業の発達

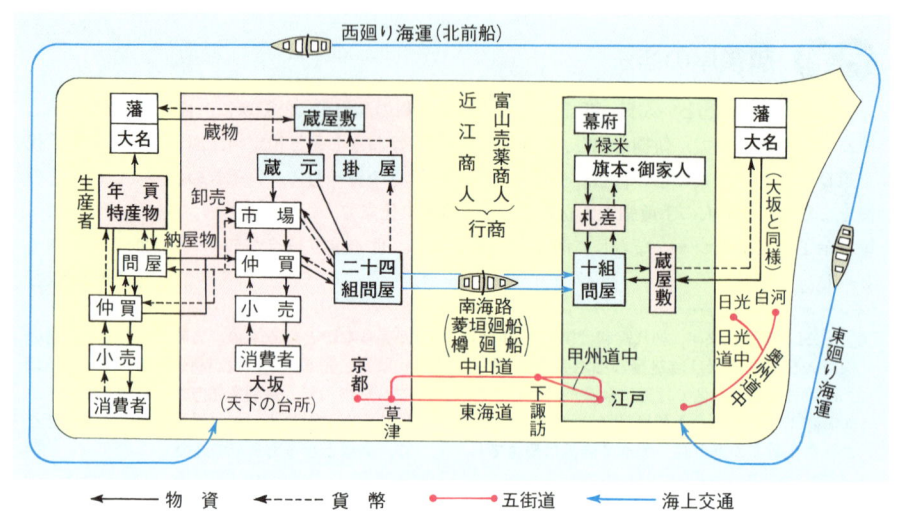

▲江戸時代の陸海交通路と全国の商品流通図

> **補説** 代表的な卸売市場
> ①大坂…堂島の米市場，雑喉場（ざこば）の魚市場，天満の青物市場を三大市といった。堂島の米相場が，全国の米市場の価格を左右するほどの力があった。また，1730（享保15）年からは，投機的な延取引（のべとりひき）（数か月先の価格をつけ，現物ぬきで取り引きする）も行われた。
> ②江戸…小網町（こあみちょう）の米市場，日本橋の魚市場，神田の青物市場など。

> **参考** 京都の室町筋（むろまちすじ）
> 京都の室町筋には，絹織物問屋が集中し，全国の絹織物は京都に集められ，御用達商人の手で，朝廷や幕府・諸藩に売りさばかれた。

2 都市の発達

❶ 城下町の発達
江戸時代の大名は，300人ほどおり，俗に三百諸侯という。大名は城郭をつくり，城下に武士と町人を集住させたため，多くの城下町が生まれた。

❷ 三都の繁栄
江戸・大坂・京都の三都は，人口が集中し，政治・経済・文化の面で中心的地位にあった。

> **補説** 江戸・大坂・京都の町の特色
> ①江戸…幕府所在地で，幕臣や大名などの武家屋敷（ぶけやしき）が集中した。俗に江戸八百八町というが，18世紀に1000町近くになり，人口は100万人前後の世界最大の都市になった。武家屋敷や寺社の敷地が広く，町方人口は約50万人であったが，町屋面積は約20％にすぎなかった。
> ②大坂…全国の大名の年貢米と特産物を販売する市場であり，古くから発達した瀬戸内海航路によって，九州・四国・日本海側の産物が集中し，「天下の台所」といわれ，わが国の経済の中心となった。人口約35万人のうち，大部分は町人で，商工業に従事していた。
> ③京都…朝廷の所在地で，長い間文化の中心地であったから，伝統的な工芸技術が栄えた。西陣織（にしじんおり）・友禅染（ゆうぜんぞめ）・清水焼（きよみずやき）などは，超一流品として全国でもてはやされた。人口は，35万〜40万人ほどであった。

> **注意** 城下町の規模
> 各地の城下町の人口は，江戸・大坂・京都にくらべればずっと少なかった。金沢・名古屋が10万人，鹿児島が6万人，仙台・岡山・広島・徳島・熊本が4万〜5万人で，他は，たいてい1万人にもみたなかった。その規模は，ほぼ大名の石高（こくだか）に比例していた。

テーマゼミ 三都くらべ

●江戸・京都・大坂, この三都は, 今でもよくくらべられる。その都市の, または住民の気質についても比較され, お互い, 自分の住む所が最良と思っている。江戸時代後期の歌舞伎作家西沢一鳳も, 三都くらべを『皇都午睡』に書いている。

●「皇都は長袖(公家)と職人多く, 大坂は商人多く, 江戸は武家のみ多し。夫故京都は風儀神妙にして和やかに花車なるを本体として男子にも婦女の風儀あり。大坂は唯我雑にて花やかに陽気なることを好み, 任俠の気風あり。東都は表向立派を好み, 気性強きと思へば根もなく又心も解易き所有て, その土地がら広く人多ければ自らと惰弱なる所もあり。」

●さて, 一鳳は大坂の生まれであった。今でも大阪の人は東京(江戸)に辛らつといわれるが, このころからの伝統なのだろうか。

▲大坂雑喉場のにぎわい 「浪華百景」より。

❸ **諸都市の発達** 港町・宿場町・門前町などが発達した。
①港町…堺[★3]・長崎[★3]・博多・兵庫・新潟・酒田・敦賀など。
②宿場町…品川・神奈川・小田原・三島・草津など。
③門前町…長野・日光・山田・奈良・琴平・成田など。
④その他…桐生・足利・八王子・松坂などの産業都市。

(補説) **在郷町** 商品経済の進展で, 農村のなかにも商工業者の集落が形成されてきた。これを在郷町という。摂津平野・河内富田林(大阪府)や近江八幡(滋賀県)などが有名。

[★3] 堺・長崎 人口は, ともに5万〜6万人を数え, 全国でも有数の大都市であった。

6 貨幣・金融制度の発達

◆ 中世には中国の銭貨が用いられ, 日本独自の貨幣は鋳造されなかった。豊臣政権が天正大判をつくったように, 近世にはいり統一政権の樹立とともに独自の全国貨幣が鋳造された。江戸幕府は貨幣鋳造権を独占し, 慶長小判をはじめ各種の金・銀・銭貨を鋳造した。その貨幣は信用ある正貨として全国に流通し, 商品流通・貨幣経済の発展を促した。

1 貨幣制度

❶ **貨幣の発行** 貨幣の鋳造権は, 幕府が独占した。幕府は, 金座・銀座・銭座をつくり, 金座は初代後藤庄三郎(光次)いらい後藤家が, 銀座は大黒常是いらい大黒家が, それぞれ鋳造を世襲し, 貨幣を発行した[★1]。

[★1] 貨幣には, 金銀改役の刻印がおされ, 品質が証明された。

❷ **貨幣の種類** 大判(10両)・小判(1両)などの金貨，丁銀・豆板銀などの銀貨，寛永通宝などの銭貨があった。中期以後，紙幣(藩札・私札)も，大名や富商によって発行された。

❸ **貨幣の換算** 金貨は1両＝4分＝16朱という計数貨幣であったが，銀貨は1貫＝1000匁という**秤量貨幣**で，目方で取引した。

```
金1両＝4分，1分＝4朱    ┐金1両＝銀50匁
銀1貫＝1000匁           ┘銀50匁＝銭4貫
銭1貫＝1000文
                [1609(慶長14)年現在]
```
▲貨幣の換算率

金・銀の交換率は，金1両が銀50匁(のち60匁)と定められたが，実際はそのときの相場にしたがった。

江戸時代の貨幣と藩札▶
①慶長小判，②元禄丁銀，③宝永豆板銀，④寛永通宝(一文銭)，⑤紀州和歌山藩の銀1匁札。

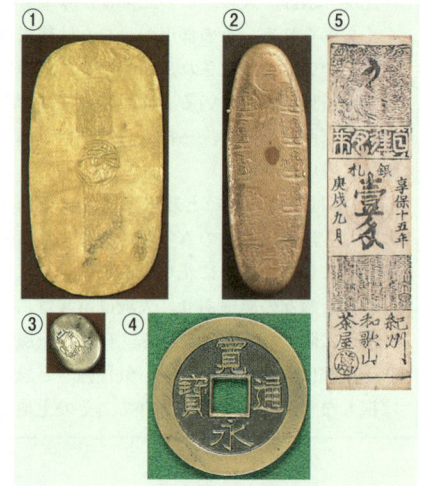

補説 **幕府鋳造の貨幣** 幕府は金座と銀座を設けて慶長金銀を鋳造し，寛永期には，銭座を設けて銭貨の寛永通宝を大量に発行した。これらは信用ある正貨として全国に流通した。

2 金融制度

❶ **両 替** 両目(量目)替のことで，金銀銭貨の交換を扱うこと。これを行ったのが**両替商**★2で，江戸の三井，大坂の鴻池が有名である。

❷ **両替商** 両替のほか，今日の銀行業務(預金・貸付・公金取り扱い・為替など)を行った。大坂では，金銀を扱う信用と資本力の大きな**本両替(十人両替)**★3があらわれ，銭の売買・両替を業務とした**銭両替(脇両替)**も存在した。

❸ **札 差** 札差は，旗本・御家人を相手に金融業を営んでいた(▷p.236)。

❹ **庶民金融** 質屋・高利貸のほか，積立金に基づく相互金融制度として憑支(▷p.122)がさかんに行われた。

★2 **両替商があらわれた理由** ①金・銀・銭の交換率が常に変動したこと。②関西以西は銀建て中心(銀遣い)，関東以北は金建て中心(金遣い)で，金貨と銀貨の流通圏がちがっていたこと。

(参考) **両替商の預金と貸付** 両替商の預金はふつう無利息であった。貸付は大名貸と町人貸を行った。

★3 **十人両替** 大坂で，本両替仲間から選ばれ，全両替仲間をとりしまった。天王寺屋・平野屋・鴻池屋などで，多くは蔵元・掛屋をかねた豪商であった。

ポイント
①年貢米が米市場に出るまでのルート(藩→**蔵屋敷**→**蔵元**など)を確認
②**三都**(江戸・大坂・京都)の特色と役割を整理
③貨幣は，金貨・銀貨・銭貨の三貨と紙幣。銀貨は**秤量貨幣**

7 学問と宗教

◆ 武士が戦闘者から為政者としての立場を自覚すると，その政治と生活を支える学問への関心が高まった。それに応えたのが儒学である。中国・朝鮮で朱子学が官学であったこともあり，朱子学が歓迎されたが，朱子学を批判する陽明学・古学もおこった。幕藩体制の確立とともに歴史への関心が高まり，さらに日本の古典の研究も始まった。

1 儒学の興隆

❶ 儒学三派
まず朱子学がさかんになり，つづいて陽明学や古学がおこった。これら儒学三派の傾向は，次の通り。

①朱子学…宋の朱熹が大成した儒学。理論的で，君臣・主従の身分秩序を重視した。★1
②陽明学…明の王陽明の始めた儒学の一派で，室町時代に伝来した。実践的で，知行合一を重視し，社会的実践を説いた。
③古学…清の考証学の影響が強い。儒学の古典を原文で読み，解釈することを重んじた。

❷ 朱子学の学派
京都で発生した京学，土佐で発達した南学（海南学派），水戸で発達した水戸学が有名。

①京学…藤原惺窩を学祖とする学派，その弟子の林羅山とその子孫が幕府の儒官となった。
②南学（海南学派）…山崎闇斎が土佐から京都に帰って広めた。闇斎は垂加神道も開き，尊王論の傾向が強い。
③水戸学…徳川光圀が，明の学者朱舜水を用いて基礎を築いたもの。『大日本史』の編修が著名。これは大義名分論の立場に立ち，幕末の尊王攘夷論に大きな影響を与えた。

★1 朱子学がさかんになった理由　君臣・主従の身分秩序を重視する点などが，封建支配下の政治学・道徳学として有用性を認められ，保護推奨されたからである。徳川家康は，藤原惺窩の講義をうけ，その高弟で朱子学者の林羅山を江戸に招いた。

（注意）『大日本史』は，1657（明暦3）年から編修が始まり，完成は1906（明治39）年である。江戸の彰考館に学者を集め，朱子学派の大義名分論を中心とする史観に基づき，中国の正史にならった紀伝体で，神武天皇から後小松天皇までを編修した。全397巻。

テーマゼミ　崎門のスパルタ教育

○儒学を学ぶ者が多くなるにつれ，三都では儒学を教える私塾がはやった。そのうちでも，山崎闇斎が京都で開いた塾では，数千人の門弟が教育をうけ，この派は崎門派といわれた。
○彼の教育法はきわめて厳格で，師弟というより主従のようであった。佐藤直方・浅見絅斎・三宅尚斎の3人の弟子がとくに傑出して，崎門の三傑といわれたが，その佐藤直方が「先生の家の入り口に至ると心細くて牢獄にはいる気持ちがし，戸口を出ると虎口を脱したような感じがした」と述べている。弟子をきびしくしかりつけるスパルタ教育であったが，闇斎は門弟を愛し，学問が進むと喜びほめたので，弟子もそれにつられてこの師に従ったという。

山崎闇斎▶

(補説) 垂加神道 山崎闇斎が、これまでの神道の諸流派を融合したもの。垂加は闇斎の別号。神儒合一・尊王思想などが特色。

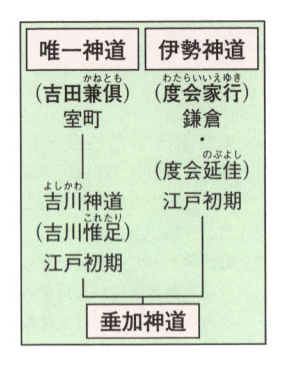

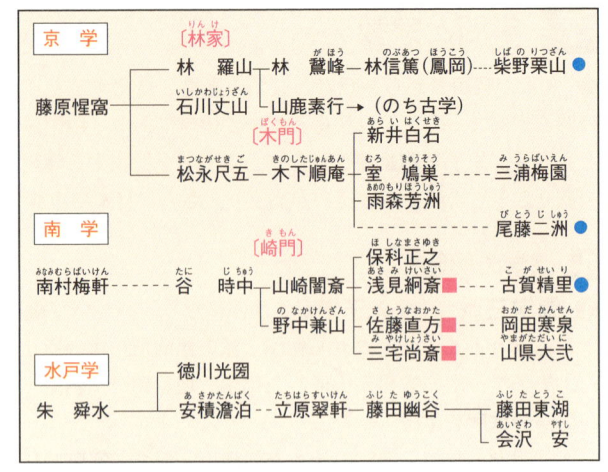

唯一神道
（吉田兼俱）
室町
↓
吉川神道
（吉川惟足）
江戸初期
↓
垂加神道

伊勢神道
（度会家行）
鎌倉
↓
（度会延佳）
江戸初期

京学
藤原惺窩 ─ [林家] 林羅山 ─ 林鵞峰 ─ 林信篤（鳳岡）──柴野栗山●
　　　　── 石川丈山
　　　　── 山鹿素行 →（のち古学）
　　　　　　　　　　　　　　　　　　　　　　　　新井白石
　　　　── [木門] 松永尺五 ─ 木下順庵 ─ 室鳩巣 ── 三浦梅園
　　　　　　　　　　　　　　　　　　　　　　　雨森芳洲
　　　　　　　　　　　　　　　　　　　　　　　尾藤二洲●

南学
南村梅軒 ---- 谷時中 ── [崎門] 山崎闇斎 ── 保科正之
　　　　　　　　　　── 野中兼山　　　　── 浅見絅斎■── 古賀精里●
　　　　　　　　　　　　　　　　　　　　　── 佐藤直方■── 岡田寒泉
　　　　　　　　　　　　　　　　　　　　　── 三宅尚斎■── 山県大弐

水戸学
徳川光圀
朱舜水 ── 安積澹泊 ── 立原翠軒 ── 藤田幽谷 ── 藤田東湖
　　　　　　　　　　　　　　　　　　　　　　── 会沢安

▲朱子学のおもな流派と学者　■崎門三傑　●寛政の三博士
（古賀精里のかわりに岡田寒泉を加えることもある）

❸ **陽明学** <u>中江藤樹</u>★2とその弟子<u>熊沢蕃山</u>★3が有名。幕府は陽明学を排したため、系統的には発展しなかったが、幕末には、大塩平八郎・佐久間象山・吉田松陰らの実践家を出した。

❹ **古学** <u>山鹿素行</u>が、『聖教要録』で朱子学を批判した。のち、古義学（堀川学派）と古文辞学（蘐園学派）が有力になった。
① 古義学…京都堀川に塾古義堂を営んだ<u>伊藤仁斎・東涯</u>父子の学派。町人を中心とする門下生は3000人を数えた。
② 古文辞学…江戸に蘐園塾を開いた<u>荻生徂徠</u>の学派。徂徠は将軍吉宗の諮問に応じて『政談』を献じ、時勢を論じた。弟子の太宰春台には『経済録』の著がある。

★2 **中江藤樹** 近江（滋賀県）の藤樹書院で、武士・農民を問わず教育にあたり、近江聖人といわれた。『翁問答』などの著書がある。

★3 **熊沢蕃山** 岡山藩主池田光政に登用され藩政にあたった。『大学或問』で幕府の政策について論じたため、幕府にとがめられた。

陽明学
中江藤樹 ── 熊沢蕃山 ── 三宅石庵 ─○─ 中井竹山 ── 佐藤一斎 ── 佐久間象山
　　　　　　　　　　　　　　　　　　　　　　　　　　　　　　　　　山片蟠桃　　横井小楠

古学
〔古義学派〕
山鹿素行 ── 伊藤仁斎 ── 伊藤東涯 ── 伊藤東所
　　　　　　　　　　　　　　　　　　稲生若水　青木昆陽
〔古文辞学派〕
荻生徂徠 ── 太宰春台
　　　　　　服部南郭

▲陽明学・古学のおもな流派と学者

(参考) **蘐園塾の蘐** 荻生徂徠の住んだ江戸・日本橋茅場町の茅→萱→蘐の字による。

2 諸学と宗教

❶ **史学** 幕藩体制の安定により、歴史への関心が高まり、次のような史書が編修された。
① 『**本朝通鑑**』…幕府が林家に命じて編修させた史書。林羅山と林鵞峯により、1670（寛文10）年に完成した。

②『大日本史』…(▶p.241)。
③『古史通』『読史余論』『藩翰譜』…新井白石の著★4。道徳的な解釈を排して、実証主義・合理主義に基づく解釈を示した。
④『中朝事実』…山鹿素行が赤穂（兵庫県）に配流されているときに記した歴史書。中国崇拝を排し、日本こそ中華であると主張した。

❷ **和学** 古典研究・注釈や有職故実の学問であるが、のちに学問的に深化し、国学とよばれるようになった(▶p.282)。
①戸田茂睡…中世以来の和歌の因習や古今伝授を批判した。
②下河辺長流・契沖…『古今和歌集』や『新古今和歌集』にくらべて軽んじられていた『万葉集』の研究を行い、その高い価値を実証した。なかでも契沖は、徳川光圀の依頼で『万葉代匠記』を著した僧侶として有名である。
③北村季吟…『源氏物語湖月抄』や『枕草子春曙抄』など、古典の註釈書を著し、平安時代の女性による文学の質の高さを説いた。

★4 新井白石の著書
『古史通』は神代から神武天皇までの神話の歴史的な解釈を示したもの。『読史余論』は、「本朝天下の大勢九変して武家の代となり、武家の代また五変して当代に及ぶ」として政権の推移と徳川幕府の正統性を述べた史論書。『藩翰譜』は、大名の事蹟を集録したもの。自叙伝『折たく柴の記』は、江戸中期の政治資料としても重要である。

史料 新井白石の天下九変五変論

本朝天下ノ大勢九変シテ武家ノ代トナリ，武家ノ代マタ五変シテ当代ニオヨブ総論ノ事。神皇正統記①ニ光孝②ヨリ上ツ方ハ一向上古ナリ。……五十六代清和③幼主ニテ，外祖良房④摂政ス。是外戚⑤専権ノ始（一変）。基経⑥外舅ノ親ニヨリテ陽成⑦ヲ廃シ，光孝ヲ建シカバ，天下ノ権藤氏ニ帰ス。其後関白ヲ置キ，或ハ置ザル代⑧アリシカド，藤氏ノ権オノヅカラ日々盛也（二変）。……武家ハ源頼朝幕府ヲ開キテ⑨，父子三代天下兵馬ノ権ヲ司レリ⑩。凡三十三年（一変），平義時⑪承久ノ乱⑫後天下ノ権ヲトル。……後醍醐中興⑬ノ後源尊氏⑭反シテ天子蒙塵⑮，尊氏光明院⑯ヲ北朝ノ主トナシテ，ミヅカラ幕府ヲ開キ子孫相継デ十二代ニヲヨブ。……足利殿ノ末織田家⑰勃興シテ将軍⑱ヲ廃シ，天子⑲ヲ挟ミ天下ニ令セント謀リシカド，事未ダ成ラズシテ凡十年ガホド其臣光秀ニ弑セラル⑳。　『読史余論』㉑

（注）①北畠親房の著。②光孝天皇。③清和天皇。④藤原良房。842（承和9）年の承和の変，866（貞観8）年の応天門の変で伴・橘・紀氏ら他氏を排斥した。⑤母方の親戚。⑥藤原基経。⑦陽成天皇。⑧醍醐天皇・村上天皇の代（延喜・天暦の治）。⑨1192（建久3）年。⑩武家の棟梁として征夷大将軍となった。⑪北条義時。北条氏は平氏を称した。⑫倒幕の兵をあげた後鳥羽・土御門・順徳の3上皇は配流，仲恭天皇は退位となった。⑬後醍醐天皇は記録所を設けて建武の新政を行った。⑭足利尊氏。足利氏は源氏を称した。⑮天皇は都を追われて逃亡した。⑯光明天皇。⑰織田信長。⑱足利義昭。⑲正親町天皇。⑳明智光秀が本能寺の変で織田信長を倒した。㉑新井白石の著。

（視点）江戸時代の歴史書では、新井白石の『読史余論』からの史料問題は頻出。文中の人名にひっかけた設問や、人名を空欄として答えさせる形式がねらわれるので注意しよう。天下九変五変論の内容も把握すること。

❸ **本草学** 漢方医療に必要な薬用植物・鉱物などの研究を中心とする博物学の一種である。貝原益軒の『大和本草』★5、稲生若水の『庶物類纂』などが有名である。

❹ **天文暦学** 渋川春海（安井算哲）は、元の授時暦を改訂した貞享暦をつくり、1685（貞享2）年から使用された。

> （補説）暦の作成　律令制では陰陽寮が天文・暦をつかさどっていたが、平安中期以降、天文は安倍家、暦は賀茂家の担当になった。渋川春海は、平安以来の宣明暦の誤りを修正し、元の授時暦をもとに貞享暦を作成した。これは日本人がつくった初めての暦で、渋川春海は幕府天文方に任ぜられた。貞享暦は1755（宝暦5）年に宝暦暦にかわるまで使用された。

❺ **医学** 18世紀なかば、山脇東洋は死体解剖の結果、日本最初の解剖図録『蔵志』を著した。

❻ **和算** 実用的な数学が発達した。実用計算の解説書として吉田光由の『塵劫記』、代数学の書として関孝和の『発微算法』がある。

❼ **宗教**
①仏教…明の僧隠元が、禅宗の一派黄檗宗を伝えた。★6
②その他…神道（▷p.242）や民衆宗教（▷p.288）などが活発であった。

★5『大和本草』　本草学は中国で古くから発達したが、明の李時珍の著した『本草綱目』が江戸初期に日本に伝えられ、日本でも本草学が研究されるようになった。福岡藩医の貝原益軒は、高齢まで全国を歩き回って動・植物を観察し、日本の物産1362種の名称・起源・形・生産・効用を論じて16巻からなる『大和本草』を著した。

★6 黄檗宗の伝来　隠元は、1654（承応3）年に来日した。本山は宇治（京都府）の万福寺で、3代住職の鉄眼は、『大蔵経』を刊行した。

8　元禄文化

◆ 戦乱にあけくれた時代の庶民にとって、現世は「憂き世」であり、来世にこそ極楽があると考えられたが、金をためこんだこの時期の町人にとって、現世は「浮き世」であった。このような町人の浮き世の文化が元禄文化で、中心は上方（大坂・京都）にあった。

1 元禄文化の成立と特色
❶ **元禄文化成立の理由**
①元和偃武（▷p.199）以来の平和の継続。
②産業が発達し生活が向上したため、町人層を中心に、文化を楽しむ余裕がでてきた。
③文化の愛好者・保護者が生まれてきた。

❷ **元禄文化の特色**
①大坂・京都など上方を中心にした文化。
②文化の中心的な担い手は町人。
③商工業の発展を背景に、現実主義的で、人間性を肯定し、華麗で洗練された美を追求している。

（注意）元禄という年号そのものは、1688（元禄元）年から1703（元禄16）年までの16年間。のち、宝永・正徳とつづく。

2 文芸

❶ 俳諧 連歌の発句が独立したものである。松尾芭蕉は、貞門派などの俳諧を学び、さらに芸術性を高めて、さび・わび・軽みを理念とする蕉風(正風)を完成させた。

❷ 浮世草子 室町期の御伽草子が、江戸初期に仮名草子に発展し、さらに変化したもの。井原西鶴が代表的作家である。大坂の町人であった西鶴は、はじめ談林派の俳諧師であり、浮世草子は余技として始めたが、町人の愛欲や金銭欲を肯定する作品を次々と発表し、人気を博した。

❸ 人形浄瑠璃 竹本義太夫が大坂で竹本座をおこし、脚本家の近松門左衛門は義太夫のために、義理と人情の板ばさみに苦しむ人間を描いた脚本を書いて、当時の町人の熱狂的な支持を得た。人形浄瑠璃は、現在の文楽に継承されている。

❹ 歌舞伎 出雲の阿国の始めたかぶき踊りは、美少年による若衆歌舞伎にかわったが、風俗を乱すとの理由で禁止され、男性のみによって演じられる野郎歌舞伎となった。上方に和事(恋愛劇)の坂田藤十郎、江戸に荒事(武勇劇)の市川団十郎が出て、大きく発展した。

◀松尾芭蕉

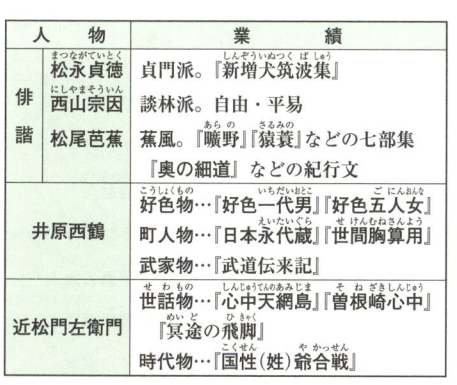

参考 『奥の細道』
松尾芭蕉が門人の曽良をともない、東北・北陸地方を旅行した際の紀行文。1694(元禄7)年に完成した。

▲人形浄瑠璃の舞台(現代の文楽)

「歌舞伎図屏風」(伝菱川師宣)▶

人物		業績
俳諧	松永貞徳	貞門派。『新増犬筑波集』
	西山宗因	談林派。自由・平易
	松尾芭蕉	蕉風。『曠野』『猿蓑』などの七部集
		『奥の細道』などの紀行文
井原西鶴		好色物…『好色一代男』『好色五人女』
		町人物…『日本永代蔵』『世間胸算用』
		武家物…『武道伝来記』
近松門左衛門		世話物…『心中天網島』『曽根崎心中』『冥途の飛脚』
		時代物…『国性(姓)爺合戦』

▲井原西鶴　▲近松門左衛門

◀元禄期の文学者とおもな業績

246　9章　幕藩体制の展開と産業の発達

3 美術

① 絵画　京都の豪商**尾形光琳**が俵屋宗達の画風をとりいれて独創的な装飾画を描き，琳派をおこした。代表作に，「紅白梅図屏風」・「燕子花図屏風」がある。また，当時の風俗を描いた**菱川師宣**の肉筆浮世絵「見返り美人図」は有名である。

② 陶芸　光琳の弟尾形乾山は，色絵楽焼に傑作を残した。

③ 染色　染物では宮崎友禅が，多彩で華麗な模様を染める友禅染を始め，元禄小袖（振袖）の流行をもたらした。

▲「見返り美人図」
菱川師宣の肉筆浮世絵。

▲「紅白梅図屏風」（尾形光琳）

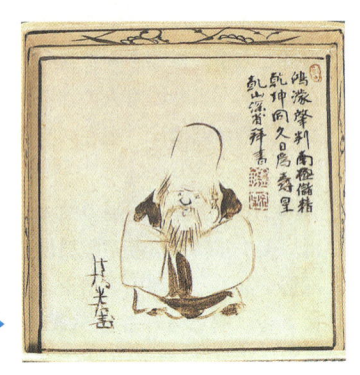

「絵変角皿」（尾形乾山）▶
絵は尾形光琳の福禄寿図。

テスト直前要点チェック

- ① 文治政治への転換をはかった4代将軍は誰か。
- ② 慶安事件後，改易や転封を減らすために緩和されたことは何か。
- ③ 将軍の側近として，老中につぐ待遇をうけた役職を何というか。
- ④ 5代将軍綱吉の出した，極端な動物愛護令を何というか。
- ⑤ 幕府財政難の一因となった，1657年におこった大火を何というか。
- ⑥ 綱吉のもとで，貨幣改鋳を献策した勘定吟味役は誰か。
- ⑦ 新井白石を登用した6代将軍は誰か。

答
- ① 徳川家綱
- ② 末期養子
- ③ 側用人
- ④ 生類憐みの令
- ⑤ 明暦の大火
- ⑥ 荻原重秀
- ⑦ 徳川家宣

9章 幕藩体制の展開と産業の発達

- ⑧ 新井白石が，貿易統制のため制定した法令を何というか。 — ⑧ 海舶互市新例
- ⑨ 水戸藩主で『大日本史』の編修を命じたのは誰か。 — ⑨ 徳川光圀
- ⑩ 熊沢蕃山を登用し，藩政改革を実施した岡山藩主は誰か。 — ⑩ 池田光政
- ⑪ 岡山藩が庶民教育のために開いた郷学は何か。 — ⑪ 閑谷学校
- ⑫ 谷時中に朱子学を学んだ土佐藩の家老は誰か。 — ⑫ 野中兼山
- ⑬ 町人の出資により大規模に開発された新田を何というか。 — ⑬ 町人請負新田
- ⑭ 田の荒起しなど深耕用に改良された鍬を何というか。 — ⑭ 備中鍬
- ⑮ 能率的な脱穀具で，別名「後家倒し」ともよばれるものは何か。 — ⑮ 千歯扱
- ⑯ 本格的農書の『農業全書』を著した人物は誰か。 — ⑯ 宮崎安貞
- ⑰ 商品作物として重視された四木三草の三草を答えよ。 — ⑰ 藍，麻，紅花
- ⑱ 清国向け輸出品で，俵につめた海産物を何というか。 — ⑱ 俵物
- ⑲ 西廻り・東廻り海運を整備した江戸初期の商人は誰か。 — ⑲ 河村瑞賢
- ⑳ 積荷の落下防止のため両舷に菱形の垣をつけた廻船を何というか。 — ⑳ 菱垣廻船
- ㉑ 大坂の江戸向け荷積問屋で，商品別に組織した組合を何というか。 — ㉑ 二十四組問屋
- ㉒ 大名が年貢米を販売するため，大坂や江戸に置いた倉庫は何か。 — ㉒ 蔵屋敷
- ㉓ 蔵物を保管売却する商人，その代金を管理する商人を何というか。 — ㉓ 蔵元，掛屋
- ㉔ 金貨は4進法である。その単位を答えよ。 — ㉔ 両，分，朱
- ㉕ 幕藩体制を維持する思想として官学となった儒学の一派は何か。 — ㉕ 朱子学
- ㉖ 家康の侍講として仕え，林家の祖となった朱子学者は誰か。 — ㉖ 林羅山
- ㉗ 「近江聖人」といわれた日本の陽明学の祖は誰か。 — ㉗ 中江藤樹
- ㉘ 将軍吉宗に『政談』を献じ，蘐園塾を開いた古学者は誰か。 — ㉘ 荻生徂徠
- ㉙ 新井白石の史論書で，幕府の歴史的正統性を述べた著作は何か。 — ㉙ 読史余論
- ㉚ 『万葉代匠記』を著した僧侶は誰か。 — ㉚ 契沖
- ㉛ 漢方薬の材料となる植・鉱・動物を研究する学問を何というか。 — ㉛ 本草学
- ㉜ 和算(日本独自の数学)の大成者で『発微算法』の著者は誰か。 — ㉜ 関孝和
- ㉝ さび・軽みを理念とする蕉風俳諧を完成させたのは誰か。 — ㉝ 松尾芭蕉
- ㉞ 『世間胸算用』を著した大坂の町人は誰か。 — ㉞ 井原西鶴
- ㉟ ㉞が大成した，町人社会の生活・風俗などの小説を何というか。 — ㉟ 浮世草子
- ㊱ 人形浄瑠璃や歌舞伎の脚本を書き，名声を博した作家は誰か。 — ㊱ 近松門左衛門
- ㊲ 元禄期の上方歌舞伎で和事の代表的俳優は誰か。 — ㊲ 坂田藤十郎
- ㊳ 「紅白梅図屏風」を描いた装飾画家は誰か。 — ㊳ 尾形光琳
- ㊴ 肉筆浮世絵の傑作「見返り美人図」を描いた画家は誰か。 — ㊴ 菱川師宣

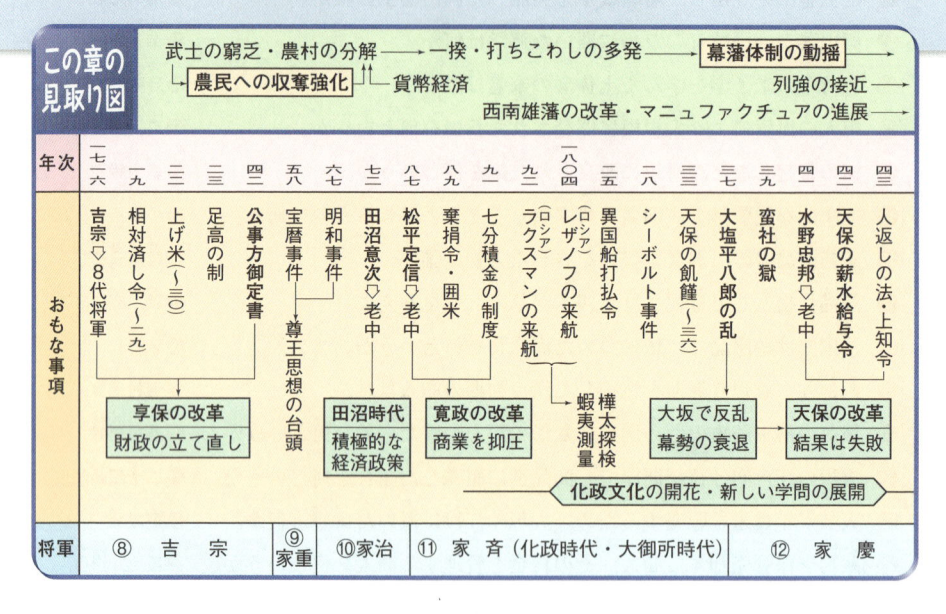

10章 幕藩体制の動揺

この章の見取り図

武士の窮乏・農村の分解 → 一揆・打ちこわしの多発 → 幕藩体制の動揺
↓農民への収奪強化　↑貨幣経済　　　　　　　　　　　列強の接近 →
　　　　　　　　　　西南雄藩の改革・マニュファクチュアの進展 →

年次	おもな事項		
一七一六	吉宗♢8代将軍		
一七一九	相対済し令(〜二九)		
一七二二	上げ米(〜三〇) 足高の制	享保の改革 財政の立て直し	
一七四二	公事方御定書		
一七五八	宝暦事件 尊王思想の台頭		
一七六七	明和事件		
一七八七	田沼意次♢老中	田沼時代 積極的な経済政策	
一七八七	松平定信♢老中		
一七八九	棄捐令・囲米	寛政の改革 商業を抑圧	
一七九二	七分積金の制度 ラクスマンの来航		
一八〇四	異国船打払令 (ロシア)レザノフの来航	蝦夷地測量探検	
一八二五	シーボルト事件		
一八三三	天保の飢饉(〜三六)		
一八三七	大塩平八郎の乱	大坂で反乱 幕勢の衰退	
一八三九	蛮社の獄		
一八四一	水野忠邦♢老中	天保の改革 結果は失敗	
一八四二	天保の薪水給与令		
一八四三	人返しの法・上知令		

化政文化の開花・新しい学問の展開

将軍	⑧吉宗	⑨家重	⑩家治	⑪家斉(化政時代・大御所時代)	⑫家慶

1 農村の変動と武士の窮乏

◆ 18世紀になると，農村では，商品生産が展開して経済的に発展したが，しだいに貨幣経済に巻きこまれ，農民の階層分化が進んでいった。幕府や諸藩では財政が窮乏化し，武士も経済的に苦しむようになった。

1 本百姓層の分解

❶ **農村の変化**　商品生産がさかんとなり，経済的に発展していった。しかし，貨幣経済に巻きこまれたために，本百姓は，豪農と貧農・小作人へと分解が進み，本百姓中心の村の構造は変化していった。豪農は，商品生産と流通を担うとともに，田畑を抵当にした金融により質流れというかたちで土地を集め，小作人に貸して小作料をとる地主となった。田畑を手放した百姓は，小作人となるほか，都市・農村への年季奉公や日用稼ぎ(日雇)で賃金を得るようになった。

❷ **凶作と飢饉**　農村の貧農や小作人は，気候不順や天災を原因とする凶作に襲われ，しばしば

(注意) 江戸時代，農民の土地売買は禁止されていたが，貨幣経済の浸透により，元禄期には田畑の質入れ・質流れという形で事実上の売買が行われた。

(参考) 本百姓の分解
下の河内国下小坂村(東大阪市)の例で見てみよう。

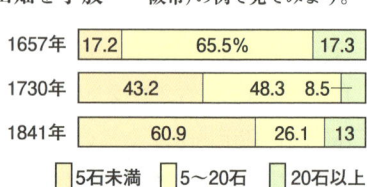

年	5石未満	5〜20石	20石以上
1657年	17.2	65.5%	17.3
1730年	43.2	48.3	8.5
1841年	60.9	26.1	13

史料 天明の飢饉の様相

出羽①・陸奥②の両国は，常は豊饒の国なりしが，此年③はそれに引かへて取わけの不熟にて，南部④，津軽⑤に至りては，余所よりは甚しく……父子兄弟を見棄ては我一にと他領に出さまよひ，なげき食を乞ふ。されど行く先々も同じ飢饉の折から成れば……食ふべきものの限りは食ひたれど後には尽果て，先に死たる屍を切取ては食ひし由，或は小児の首を切，頭面の皮を剥去りて焼火の中にて焙り焼き，頭蓋のわれめに箆さし入，脳味噌を引出し，草木の根葉をまぜたきて食ひし人も有しと也。……恐ろしかりし年なりし。

『後見草』⑥

(注) ①今の山形・秋田両県。②今の福島・宮城・岩手・青森の4県。③1784(天明4)年。④今の岩手県。⑤今の青森県西部。⑥杉田玄白の編著。3巻よりなる。

飢饉による壊滅的打撃をこうむった。大規模な飢饉は江戸時代に30回以上発生した。とくに**享保・天明・天保**の三大飢饉は，幕藩体制を根底から揺がせた。

▶江戸時代の三大飢饉

名　称	年次，被害の中心
享保の飢饉	1732年，西日本
天明の飢饉	1782〜87年，東北地方
天保の飢饉	1833〜36年，全国

補説　天明の飢饉　天明年間(1781〜89)は，冷害や浅間山の噴火による泥水・日照量不足などで全国的飢饉におちいった。なかでも，天明2(1782)年から天明7(1787)年にかけて，東北地方の被害はとくにはなはだしく，草の根はもとより牛馬・犬猫・死人の肉まで食うというありさまであった。当時津軽藩(青森県)では8万人もの餓死者を出した。

2 百姓一揆の発生

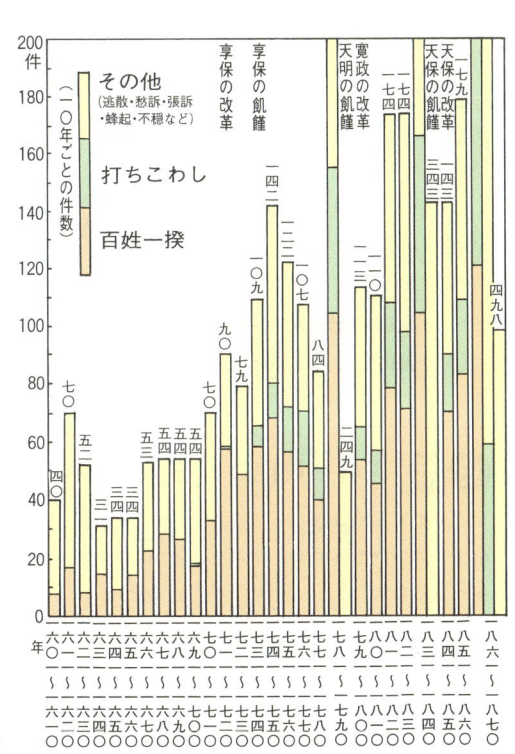

❶ 一揆の発生と飢饉

江戸時代に騒動・騒立てなどとよばれた百姓一揆は，約3200件起こっている。18世紀にはいるとその数は増加するが，とくに発生件数が年間100件をこえたのは**天明・天保**期，そして幕末期であった。

▶百姓一揆の件数

3 一揆の推移

❶ 百姓一揆の型 江戸時代の一揆は，時期・参加者と規模・行動や目的から，①17世紀の代表越訴型★1，②18世紀の惣百姓型，③19世紀の世直し型，の3つに分類される。

❷ 代表越訴型一揆 年貢や諸役の減免，代官の不正などを，村人を代表して名主などの村役人が直訴した。要求を認められることも多かったが，代表は処刑され，義民としてまつられた。下総(千葉県)の佐倉惣五郎や上野(群馬県)の磔茂左衛門，若狭(福井県)の松木荘左衛門(長操)らが有名。

★1 越訴 正式な手続きをふまずに，下級役人をとびこえて上級権力者に訴状を直接提出すること。直訴ともいわれ，厳禁されていた。

❸ 惣百姓一揆 18世紀にはいると，領主による年貢の増徴や助郷の拡大，商工業への課税や流通統制に反対して村民全員が参加する惣百姓一揆がふえ，強訴や打ちこわしをともなった。藩領全域で起こったものを全藩一揆とよび，藩領をこえる規模でも起こるなど，大規模な一揆となった。

<補説> **幕府や藩の対応** 幕府や藩はこのような徒党を禁止して，処罰を強化し，頭取(指導者)の密告を奨励したり，鎮圧のために鉄砲の使用を許可した。

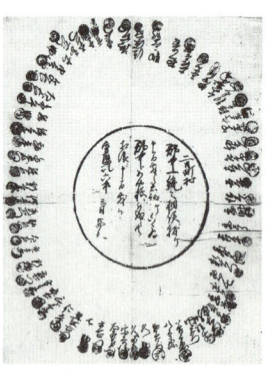

▲郡上一揆の傘連判状

<参考> 1754(宝暦4)年，年貢増のための検見に反対して，郡上藩(岐阜県)で大規模な百姓一揆が起こった(郡上一揆)。この際，二日町村の百姓66人が署名し，郡中で決定したことに背かない旨を署名し，捺印をした。人名を円形に書き，一揆参加者の平等を示すとともに，頭取をわからなくした傘連判状である(左図)。

❹ 世直し一揆 農民層分解により没落した貧農・小作人が中心となって，小作地や質地の返還(質地騒動)，豪農・商人の特権排除，村役人の選挙(入札)などを掲げて，豪農や商人を打ちこわした。18世紀末から見られるが，一般化するのは幕末・維新期であった。

史料 百姓一揆に対する本居宣長の考え方

百姓町人大勢徒党して，強訴・濫放①することは，昔は治平の世には，おさおさ承り及ばぬ事也。近世になりても，先年はいと稀なる事なりしに，近年は年々所々これ有て，めづらしからぬ事になれり。……抑々此事の起るを考ふるに，いづれも下の非はなくして，皆上の非なるより起れり。……兎角その因て起る本を直さずばあるべからず。その本を直すといふは，非理②の計ひをやめて，民をいたはる是也。 『秘本玉くしげ』③

<注> ①乱暴する。②道理にはずれている。③本居宣長の著。

❺ 村方騒動　農民層分解による豪農と貧農・小作人との間に、小作料や村の運営などをめぐって対立が生まれ(村方騒動)、田沼時代のころから頻発した。

❻ 国訴　特権的な株仲間商人の流通独占などに反対し、豪農を先頭にして1郡や1国の規模の百姓が結集して幕府に訴願する合法的な農民闘争を国訴といい、おもに豪農や在郷商人★2の指導によって行われた。畿内の菜種・木綿の流通統制に反対した国訴が有名である。

　補説　大坂の国訴　1823(文政6)年、大坂の特権的な株仲間商人が、肥料・菜種・木綿の価格を統制するのに対して、摂津・河内・和泉の1307カ村の農民が、在郷商人の指導で連合して流通独占に反対する国訴を行い、成功した。これは、訴訟という合法的な手段である。

❼ 都市の打ちこわし　貧農の一部が潰れ百姓となって都市に流入し、凶作・飢饉のときにはすぐに生活苦におちいる裏店借の貧しい下層民(「その日暮らしの者」「その日稼ぎの者」とよばれた)が増加した。1787(天明7)年には、江戸・大坂をはじめとする全国30余の都市で、天明の飢饉による米価高騰で生活苦におちいった下層住民を中心に、はげしい打ちこわしが起こった。農村の百姓一揆や都市の打ちこわしは、対外的な危機(▷p.264)もあって、幕藩体制そのものを揺るがした。

4 武士の窮乏

❶ 幕藩財政の窮乏　18世紀になると、幕府と諸藩で財政が窮乏化した。財政再建のために、政治・財政の改革を行った。

❷ 幕府の財政窮乏の理由
① 鉱山収入の激減。
② 明暦の大火(▷p.226)後の復興に巨額の支出。
③ 元禄期の寺社造営などの支出。

❸ 諸藩の財政窮乏の理由
① 物価上昇と年貢収入の頭打ち。
② 参勤交代と江戸藩邸での経費の増大。
③ 幕府が命じる城郭・河川工事などのお手伝い普請による出費増。

❹ 赤字財政への対策
① 新田畑を開発する。
② 貢租を増徴し、検見法を定免法にかえる(▷p.254)。
③ 運上・冥加金(▷p.237)をとりたてる。
④ 領内の特産品(国産物)の生産を奨励し、専売制をしく。

参考　伝馬騒動　1764(明和元)年に信濃・上野・武蔵の中山道沿いの幕領の農民20万人が、助郷役の増加に反対して起こした一揆。藩を越えた大規模な惣百姓一揆として有名である。

参考　渋染一揆　1856(安政3)年、岡山藩内53の被差別部落の人々が、無紋・渋染の着衣の強制に反対して起こした一揆。身分差別反対の一揆として有名。

★2 在郷商人　農村内に形成された在郷町(▷p.239)で成長した商人。在方商人ともいう。在郷町を中心に、都市の株仲間や問屋らの市場独占に抵抗しながら成長した。

参考　江戸幕府の三大改革
①享保の改革…18世紀初め、8代将軍吉宗が行った。財政立て直しに一時的に成功(▷p.253)。
②寛政の改革…18世紀末、老中松平定信が行った。農村再建に努めたが、成功しなかった(▷p.259)。
③天保の改革…19世紀中ごろ、老中水野忠邦が行ったが、短期間のうちに失敗に終わった(▷p.269)。

藩名	専売品
仙台	塩・漆
米沢	織物
松江	鉄・銅・にんじん
宇和島	紙・蝋・するめ
徳島	藍・塩
土佐	紙
薩摩	樟脳・黒砂糖

▲おもな藩の専売品

史料 武士階級の窮乏と町人からの借財

[1] 今ノ世ノ諸侯①ハ大モ小モ皆首ヲタレテ町人ニ無心②ヲイヒ，江戸・京都・大坂，其外処々ノ富商ヲ憑デ，其続ケ③計ニテ世ヲ渡ル，邑入④ヲバ悉ク其方⑤ニ振向ケ置テ，収納ノ時節ニハ子銭家⑥ヨリ倉ヲ封ズル⑦類ナリ。子銭家トハ，金銀ヲ借ス者ヲ云フ。……子銭家ヲ見テハ，鬼神ヲ畏ル、如ク，士ヲ忘レテ町人ニ俯伏シ⑧，……諸侯スラ然ルナリ。況ヤ薄禄ノ士大夫⑨ヲヤ，風俗ノ敗レ，悲ムニ余レリ。　　　『経済録』⑩

[2] 近来諸侯大小となく，国用不足して貧困する事甚し。家臣の俸禄を借る事⑪，少きは十分一，多きは十分の五，六なり。それにて足らざれば，国民より金を出さしめて急を救ふ。猶足らざれば，江戸・京・大坂の富商大賈⑫の金を借る事，年々に已まず。借るのみにて還すこと罕なれば，子⑬又子を生みて宿債⑭増多すること幾倍といふことを知らず。『経済録拾遺』⑮

注 ①大名。②借金。③金銭の援助。④年貢収入。⑤担保。⑥高利貸。⑦年貢を差し押さえる。⑧頭を下げる。⑨旗本・御家人・藩士。⑩1729（享保14）年，太宰春台の著。⑪借知。⑫大商人。⑬利息。⑭つもりつもった債務。⑮太宰春台の著。

視点 17世紀後半からの経済的発展にもかかわらず，なぜ武士階級が窮乏化したかを考えさせる問題が，この史料などを使って頻出している。窮乏化の原因をつかんでおこう。

　⑤大坂の豪商から借金をする（大名貸し）。
　⑥藩士の俸禄を，半知（半分しか支給しないこと）・借り上げ（借知）と称して削減する。

5 武士の困窮
①兵農分離，城下集住による都市生活のため貨幣経済に巻きこまれたこと。

テーマゼミ 武士の生活

◎「すべて武士は高禄の者も小禄の者も経済的にゆきづまってきたが，とくに小禄の者は，生活が見るにしのびないほどになってきた。先祖伝来の武具や，先祖が戦場で使った武器，そのほか大切な物品を売り払い，主君より拝領の品も質に入れたり売り払ってしまう。……もっとひどいのは，勤務の日は，それまで質屋に入れていた衣装を質屋に偽りをいって取り寄せ着用し，勤務が終わると再び質屋へもどす，という芸当をする者もいる。……小禄の武士・徒士・足軽などに至っては，勤務のあい間に内職で，傘に紙を張り，提燈を作り，下駄の鼻緒をつくったり，さまざまな仕事をし，妻子までも内職にかかり，町人のおなさけをうけて，生活のたしにしている。」

▲武士の内職

◎上の文章は，武陽隠士（江戸在住の匿名の武士）の『世事見聞録』（1816年）の一節であるが，貨幣経済に巻きこまれて窮乏する武士の生活の内幕をよく示している。

②藩財政悪化にともなう藩が行った半知・借り上げによって収入減となったこと。

> **ポイント**
> ①農民の階層分化…少数の豪農と，多くの貧農・小作人に分化
> ②江戸期の三大飢饉…享保の飢饉，天明の飢饉，天保の飢饉
> ③百姓一揆の形態…越訴・強訴・打ちこわし
> ④百姓一揆のピーク…天明・天保・慶応(幕末期)
> ⑤百姓一揆の3つの型…代表越訴型→惣百姓型→世直し型
> ⑥幕藩財政の窮乏…武士の窮乏→農村支配の強化へ

2 享保の改革

◆ 8代将軍**徳川吉宗**(在職1716〜45)は，幕府財政の再建をめざして**享保の改革**を行った。そのため，倹約による財政緊縮と収入増加のための年貢増徴・新田開発の奨励，さらに物価安定策が中心となったほか，人材登用や勘定奉行所の強化，法・裁判制度の整備などに取り組んだ。

1 財政の立て直し

❶ **上げ米** 吉宗は大名から，**石高1万石につき100石の米を**献上させ，かわりに参勤交代制を緩め大名の**江戸滞在期間を半年に短縮**する**上げ米**を行った。1722(享保7)年に始まり，1730(享保15)年に財政上の効果があったとして廃止された。

(注意) 享保の改革の中心は，元禄期以来の財政問題にあった。

> **史料** 1722(享保7)年7月の上げ米令
>
> 一 御旗本ニ召し置かれ候御家人，御代々段々相増し候。御蔵入高①も先規よりハ多く候得共，御切米御扶持方②，其外表立ち候御用筋渡方ニ引合い③候ては，畢竟年々不足の事ニ候。……今年ニ至て御切米等も相渡し難く，御仕置筋の御用も御手支えの事ニ候。それニ付，御代々御沙汰これなき④事ニ候得共，万石以上⑤の面々より八木⑥差上げ候様ニ仰せ付けらるべしと思召し，左候ハねば御家人の内数百人，御扶持方放さるべきより外はこれなく候故，御恥辱を顧みられず仰せ出され候。高壱万石ニ付八木百石積り差上げらるべく候。……これに依り在江戸半年充御免⑦成され候間，緩々休息いたし候様ニ仰せ出され候。
>
> 『御触書寛保集成』

> **注** ①幕領の年貢高。②幕府の蔵入米から支給される俸禄。春夏秋の三期に何俵という形で給されるのが切米，何人扶持という形で与えたのを扶持米という。一人扶持は一日玄米五合。③比較すると。④歴代将軍に前例がない。⑤大名。⑥米。⑦参勤交代の在府期間を半年ずつに短縮する。

❷ **年貢の増徴** 従来の検見法にかえて，年貢率を一定させて，いちじるしい不作以外は年貢減免をしない定免法（免は年貢率のこと）を採用するとともに，綿作の発展した西日本では畑年貢をふやして年貢増徴を実現した。

❸ **勧　農** 新田開発を奨励し，商人資本による町人請負新田（▷p.230）が行われ，耕地を増加させた。また，朝鮮人参や甘藷（サツマイモ）・菜種など主穀以外の作物の栽培を奨励した。

❹ **物価の安定** 米の収入が増加しても，「米価安の諸色高」の状況では財政収入の増加にならなかった。そのため，①株仲間の公認による物価統制，②大坂の堂島米市場の公認による米相場対策，③はじめ良質な享保金銀を鋳造したが，貨幣の品位を落とした元文金銀を鋳造，などの物価政策をとった（▷p.227）。

◀元文金銀
元文小判と元文丁銀

▲徳川吉宗
吉宗は，紀州藩主として藩財政の再建に成功していた。7代将軍家継が死去し将軍家の血筋が絶えたため，8代将軍として将軍職に就任した。家康を手本とすることを信条とし，改革政治を行い，幕府中興の英主といわれた。

2 行政の整備

❶ **側用人政治の廃止** 5代将軍から7代将軍まで側用人が幕政の実権をにぎり，譜代大名の不満が強まった。吉宗は側用人政治を廃し[★1]，譜代大名層を重視して改革を進めたが，御用取次という側近をたくみに使った。

❷ **人材登用** ①**足高の制**の採用。役職ごとに役高を定め，有能だがそれに満たない禄高の者が就任したとき，その差額を在職中に限り支給した。②大岡忠相[★2]や田中丘隅[★3]らを登用した。

▲田中丘隅の生家跡（東京都あきる野市）

[★1] 吉宗は，将軍になるとすぐ，新井白石や側用人間部詮房を罷免した。

[★2] 大岡忠相（越前守）吉宗にとりたてられ，町奉行を経て大名になった。町奉行として裁判の公正と市政の整備に心を配った。大岡裁きで名を知られているが，大岡政談は後世の創作。

[★3] 田中丘隅　農政家で東海道川崎宿の名主。吉宗にとりたてられ，民政や治水事業で功績。著書に，民政に関する意見や見聞をまとめた『民間省要』がある。

> **史料** 1723(享保8)年6月の足高の制
>
> 諸役人①，役柄に応ぜざる小身②の面々，前々より御役料③定め置かれ下され候処，知行の高下これ有る故，今迄定め置かれ候御役料にては，小身の者御奉公続き兼ね申すべく候。これに依て，今度御吟味これ有り，役柄により，其場不相応に小身にて御役勤め候者は，御役勤め候内御足高仰せ付けられ，御役料増減これ有り，別紙の通り相極め候。此旨申渡すべき旨，仰せ出され候。
> 『御触書寛保集成』
>
> 注 ①幕府の役方にある諸役人。旗本・御家人を念頭に置いている。②家禄の少ない者。③役職者への別途手当。

> **史料** 1719(享保4)年11月の相対済し令
>
> 一　近年金銀出入①段々多く成り，評定所②寄合の節も此の儀を専ら取扱ひ，公事訴訟ハ末に罷成り，評定の本旨を失ひ候。借金銀・買懸り③等の儀ハ，人々相対④の上の事ニ候得ば，自今は三奉行所⑤ニて済口⑥の取扱い致す間敷候。併し欲心を以て事を巧み候出入ハ，不届を糺明いたし，御仕置申し付くべく候事。
> 『御触書寛保集成』
>
> 注 ①金銀貸借のもめごと。②幕府の訴訟裁判の最高機関。③つけで購入すること。④当事者間。⑤寺社・勘定・江戸町の三奉行。⑥和解。

❸ **相対済し令**　金銀貸借の訴訟(金公事)を受理せず，当事者間で解決させようとする法。1719(享保4)年発令。金公事がそれ以外の裁判を遅滞させるほど増加したため，裁判の迅速化をはかった。

❹ **司法の整備**　重要法令と刑事事件の判例を集め，刑罰の客観的基準を定めた『**公事方御定書**』★4を制定し，裁判の公正化をはかった。

❺ **都市問題**
①江戸の大火を防ぐため，広小路・火除け地を設け，**町火消し**★5をつくった。
②医療をうけられない貧民のため，小石川養生所を設置した。

3 文教政策

❶ **民衆教化**　儒学を民衆教化の軸にすえ，儒教の徳目を説いた『**六諭衍義大意**』★6を版行し，寺子屋の手習いの手本とさせた。

❷ **儒者の登用**　荻生徂徠(『政談』)や室鳩巣・太宰春台(『経済録』)ら儒学者の意見を政治の参考にした。

★4 『公事方御定書』
上巻81条・下巻103条からなる江戸幕府の成文法規集。関係者のみ閲覧が許される非公開であった。下巻は，刑罰や刑事訴訟に関する規定がおさめられ，『御定書百箇条』とよばれた。

★5 町火消し　町人による消防組。いろは47組(のち48組)がつくられ，町奉行が監督した。

★6 『六諭衍義大意』
明の教育勅諭『六諭』の注釈書(『六諭衍義』)の大意をやさしく説明したもの。室鳩巣らがつくった。

❸ **目安箱の設置**　改革政策の参考にするため，評定所門前に設置し，庶民は，要求や不満をこの箱に投書した。小石川養生所の設立や町火消し制度として活かされた。

❹ **実学の奨励**　殖産興業のための実学を奨励し，中国で洋書を漢文に翻訳した漢訳洋書のうち，キリスト教と関係ない書籍の輸入を許可した。青木昆陽・野呂元丈にオランダ語の学習を命じ，洋学（蘭学）がさかんになる基礎をつくった。

▲江戸の町火消し

> **ポイント**
> 〔享保の改革〕
> ①上げ米…幕府財政の急場しのぎ
> ②年貢の増徴…定免法による年貢徴収の安定化
> ③勧農…新田開発や商品作物による年貢収入の増大
> ④物価の安定…株仲間の公認と米相場の安定
> ⑤江戸の都市政策…小石川養生所と町火消し
> ⑥実学の奨励…漢訳洋書の輸入解禁により洋学の発達を促進
>
> 徳川吉宗が実施

3　田沼時代

◆ 10代将軍徳川家治（在職1760〜86）の治世を，初め側用人，ついで老中として幕政をにぎった田沼意次にちなんで田沼時代という。意次は，享保の改革の年貢増徴策が行き詰まり，ふたたび困難となった幕府財政を打開するため，発展してきた商品生産・流通に新たな財源を見いだし，さらに大規模な新田開発と蝦夷地開発を試みた。しかし，賄賂が横行し，自然災害が多発するなどして幕藩体制の危機を打開することはできなかった。

■ 田沼意次とその政策

❶ **田沼意次の進出**　9代家重・10代家治に仕えて側用人から老中となった田沼意次と，その子の意知が権力をにぎった。

❷ **田沼意次の経済政策**　幕府財源を年貢増徴だけにたよらずに，吉宗の商業資本の利用や殖産興業政策を徹底させて，財政難を切り抜けようとした。①株仲間の大幅認可，②専売制の実施，③新田の開発，④蝦夷地の開発計画，が主要政策。

❸ **株仲間の大幅認可** 商品生産・流通を統制し，物価を引き下げるため，都市や農村の商人や手工業者の仲間組織を**株仲間**として公認した[★1]。それに運上・冥加金などの税をかけた。

> 補説　田沼の賄賂政治の風刺絵　右の図は，田沼意次のまいない（賄賂）政治を風刺した絵である。右側に「此鳥金花山に巣を喰ふ。名をまいなふ鳥といふ。常に金銀を喰ふ事おびたゝし。…」とあり，左側に「此虫常は丸之内にはひ廻る。皆人銭だせ金だせ，まひなゐつぶれといふ」とある。『古今百代草叢書』より。

❹ **専売制の実施**　幕府は，銅座・（朝鮮）人参座・真鍮座などの座を設けて専売制を実施し，流通の統制をはかるとともに，その利益の吸収をはかった。

❺ **貨幣制度の革新**　銀を使って金貨の単位を表示し，秤量する必要のない南鐐弐朱銀（8枚で小判1両）を大量に鋳造した。金中心の貨幣制度への一歩といわれる。

❻ **新田の開発**　大坂や江戸の商人の出資で，下総（千葉県）の印旛沼・手賀沼の干拓を進めた。工事は完成間近になって利根川の洪水で失敗し，さらに田沼の失脚で中止された。

❼ **蝦夷地の開発**　貨幣鋳造に必要な金銀を輸入する政策を実施し，中国の望む銅や俵物を積極的に輸出しようとした。また，蝦夷地の新田開発にものりだし，南下するロシア人（▶p.263）との交易も構想した。

> 補説　蝦夷地開拓計画　このころシベリアに進出したロシア人は，千島にも南下してきた。仙台藩医工藤平助は，1783（天明3）年，『赤蝦夷風説考』を著し，ロシアとの通商と蝦夷地の開拓を田沼意次に建言した。意次はこれを採用し，1785（天明5）年には，最上徳内らを派遣して蝦夷地を調査させて，大規模な開拓計画を立てたが，意次の失脚で実現しなかった。

❽ **田沼政治の結果**　田沼時代には，商品経済の発展に対応した政策が試みられた。しかし，意次に過度に権力が集中したため，その一族や縁者に賄賂を贈る風潮が強まり，武士の倫理を退廃させたとの批判も高まった。

また，商品経済の発展により，都市と農村では住民の階層分化が進み，幕府から負担を強いられた民衆の不満と反発は強まった。1784（天明4）年，若年寄の田沼意知を江戸城内で斬殺した旗本の佐野善左衛門（政言）は，世間から「世直し大明神」ともてはやされた。さらに浅間山の噴火などの災害と多くの餓死者を出し

★1 経済の発展にそった政策として評価される一方，賄賂が横行した。

▲「まいない鳥」の図

参考　専売の1例…（朝鮮）人参座　薬用の朝鮮人参は一般に珍重されていたので，朝鮮人参座が認められ，品質の維持と統制を行わせた。

▲正装した蝦夷地のアイヌ　左が女性，右が男性である。「蝦夷島奇観」より。

▲田沼意次

テーマゼミ　田沼意次の出世

- 田沼意次の父は紀州藩主吉宗の小姓で，吉宗が将軍職をついだとき，これに従い旗本（600石）に取り立てられた。意次は，吉宗の長男家重の小姓になり，その後，小姓組番頭・側衆・側用人を経て，ついに老中にまでなった。禄高は1734（享保19）年の600石をふりだしに，その後10回の加増があって，5万7000石の大名になった。1772（明和9）年，10代家治のときに老中になったが，10回の加増のうち7回までが家治時代のことで，いかに意次が将軍の信頼をうけていたかがよくわかる。

- これに対して側用人として有名な柳沢吉保は，老中にはならず，老中格・老中上座であった。意次が老中になったときに，将軍は，側用人のときと同様に将軍の側近者としての役目も果たすよう命じたため，意次は幕府の最高職についただけでなく，側用人の地位をも保ったのである。

- このように権力の表裏をにぎった意次に対して，とくに譜代大名たちの羨望と憎悪の感情ははげしかった。賄賂のことをはじめとして，意次が腐敗悪政の典型のように伝えられる背景には，彼に対する強い羨望・憎悪感のあったことを忘れてはならない。

た天明の飢饉がかさなり，各地で大規模な一揆・打ちこわしが頻発して，幕藩体制は深刻な危機におちいった。

9. **田沼意次の失脚**　意次の政策は，民衆の不満と反発で行き詰り，1786（天明6）年，将軍家治の死去とともに老中を罷免された。領地もほとんど没収され，わずか1万石になった。

ポイント〔田沼意次の政治〕
① 商業資本を利用した財政再建
　…株仲間の公認。専売制
② 印旛沼などの新田開発・蝦夷地開発計画→
賄賂政治への批判・天明の打ちこわしで失脚

(参考)　**天明年間の社会のようす**　1781（天明元）年に幕府や諸藩をゆるがす百姓一揆が起こったが，1783（天明3）年には東日本を中心に数十件の百姓一揆や打ちこわしが起こった。これは，浅間山の大噴火による降灰と関連する凶作や冷害→天明の飢饉（▷p.249）が引き金となったものである。
　さらに1786（天明6）年には，100件を超える百姓一揆や打ちこわしが続発した。

4　寛政の改革

◆　1787（天明7）年，老中首座となった松平定信は，寛政の改革を断行した。しかし，はげしい一揆・打ちこわしに示されるように幕藩体制の動揺ははげしくなっていった。このころ，イギリス・フランス両国は世界的規模で植民地争奪戦を始め，ロシアもシベリア開発を進めて北太平洋に進出した。ラクスマン来日に示された対外的危機が発生し，さらには尊号事件（尊号一件）に示された天皇・朝廷問題も発生する。

1 寛政の改革政策

❶ 田沼派の失脚 田沼意次の罷免後も，幕政は田沼派の幕閣により運営されていた。ところが1787(天明7)年5月，江戸市中で打ちこわしが始まり，米屋など商家1000余軒が打ちこわされ，江戸は一時無政府状態におちいった。こうした天明の打ちこわしの中で，ようやく田沼派は失脚した。そして，同年6月，11代将軍家斉のもとで**松平定信**が老中に就任した。

❷ 農村再建策 幕藩体制の基礎である本百姓体制の再建をめざし，①都市に流入した農村出身者の帰村を奨励する**旧里帰農令**★1，②農村からの出稼ぎの制限，③間引き禁止と養育資金給与などにより，農村人口の回復をはかった。さらに，綿や菜種以外の商品作物の栽培を抑制し，貨幣経済の浸透を抑えようとした。

❸ 商業・流通策 両替商など江戸の新興商人を勘定所御用達に登用し，資金と手腕を米価調節などに活用した。他方，旗本・御家人の札差からの借金の返済を免除する**棄捐令**を出し，江戸の代表的豪商である札差に打撃を与えた。

❹ 飢饉・打ちこわし対策 天明の飢饉と天明の打ちこわしの再現を阻止し，米価を調節するため，備荒貯蓄策がとられた。①農村には郷蔵，②諸藩には**囲米**を命じ，さらに各地には社倉・義倉★2をつくることを命じた。③江戸には**町入用の節約分の7分(70%)** を積み立てる**七分積金の制**をつくり，町会所を設けて米と金を蓄え，飢饉や病気流行などの際に，貧民の救済と貸付に使った。

❺ 人足寄場の設置 江戸の**石川島**に設けられた矯正所である。飢饉などで江戸に流入した難民のうち，犯罪をおかしていない無宿者(浮浪人)で帰郷できない者を収容して，職業につけるよう指導した。該当者の数は毎年200名以上もあったが，この制度のねらいは，一種の徒刑=強制労働により治安を維持することにあった。

❻ 倹約令・奢侈禁止 とくに農民に対して，倹約令を出して倹約を勧め，奢侈をいましめたが，それを強制したため反発も強かった★3。

▲松平定信

吉宗の孫で陸奥白河藩主。天明の飢饉の際にも領内から餓死者なしといわれ，藩政改革の手腕を買われて老中となる。著書に『宇下人言』がある。

★1 **旧里帰農令** 都市に出稼ぎにきている人々に対し，旅費・食料を与えて，帰郷を奨励したものである。しかし，希望者は少なかった。

注意 相対済し令(▷p.255)は，金銭貸借についての訴権(訴訟)は認めないが，債権は認めていた。棄捐令は，訴権はもちろん債権も破棄させるものである。

★2 **社倉・義倉** 社倉は，住民が貧富に応じて供出した穀物倉のこと。義倉は，富裕者の供出による穀物倉のことである。

★3 松平定信の政治は，大変きびしかったので，「白河(定信は陸奥の白河藩主)の清きに魚のすみかねて，もとの濁りの田沼恋しき」とか，「世の中に蚊ほどうるさきものはなし，ぶんぶ(文武)といふて夜も寝られず」というように皮肉った狂歌もできた。

史料 1790（寛政2）年11月の旧里帰農令

在方より当地①え出で居り②候者，故郷え立ち帰り度存じ候得共，路用金調い難く候か，立ち帰り候ても夫食③・農具代など差し支え候ものは，町役人差し添え願出づべく候。吟味の上夫々御手当下さるべく候。若し村方に故障の儀これ有か，身寄の者これ無く，田畑も所持致さず，故郷の外にても百姓に成り申し度存じ候者は，前文の御手当下され，手余地④等これ有る国々え差遣し，相応の田畑下さるべく候。　　　　　　　　　　　　　　『御触書天保集成』

（注）①江戸。②出稼ぎに出ている。③農民の食糧。④人口不足で耕作者のいない荒廃地。

（視点）江戸幕府が帰農政策をとったねらいについて論述させる問題が出題されることもある。

史料 囲米令，七分積金の制

〔1789（寛政元）年9月の囲米令〕

近年，御物入①相重り候上，凶作等打続き，御手当御救筋莫大に及び候に付き，追々御倹約の儀仰せ出され候得共，天下の御備御手薄ニこれ有り候ては相済まざる儀ニ思召し候。……然しながら広大の御備の儀ニ候得ば，当時の御倹約のミを以て，其の手当ニ仰付けらるべき様もこれ無く候間，高壱万石ニ付五十石の割合を以て，来る戌年②より寅年③迄五ヶ年の間，面々領邑④ニ囲穀いたし候様に仰出され候。尤も公儀に於ても右程合を以て御備米仰付けられ候儀に候。……右の通り，万石以上⑤え相達し候間，其の意を得らるべく候。　　　　　　　　　　　『御触書天保集成』

〔1791（寛政3）年12月の七分積金の制〕

京・大坂，其の外共夫々ニ凶作の備これ有りといへども，江戸表には其の備もこれ無きニ付き，此の度町法改正の上，町入用⑥の費用を省き，右を以て非常の備，囲籾并びに積金致し置くべく候。

一　町入用減金の七分⑦通りを以て，町々永続の囲籾，且積金致し，弐歩（分）通りは地主共増し手取金たるべし⑧。残る壱歩（分）は町入用の余分として差加へ申すべく候⑨。

　　　　　　　　　　　　　　　　　　　　　　　　　　　　　　　　　　『御触書天保集成』

（注）①幕府の支出。②1790（寛政2）年。③1794年。④各大名領の村々。⑤大名。⑥1年限りの町費を賄うもので，町役人の給料，町会所の費用，水道敷設費，橋梁改修費など町政運営に要するいっさいの費用がふくまれる。⑦町入用節約分の70％。⑧地代・店賃の引き下げとひきかえに，町入用節約分の20％を地主・家持に与えた。⑨町入用節約分の10％は町入用に加算する。

2 文教政策

❶ 寛政異学の禁

寛政異学の禁を出して，朱子学を正学（官学），それ以外を異学とし，湯島の聖堂[★4]で朱子学以外の講義と研究をすることを禁止した。また，寛政三博士として有名な柴野栗山・尾藤二洲・岡田寒泉を幕府儒者に登用した。

▲孔子を祀った聖堂の大成殿（東京都文京区湯島）

4 寛政の改革 **261**

> 補説　寛政三博士の移動　寛政三博士は当初、柴野・尾藤・岡田の3人であったが、のち岡田にかわって古賀精里がなった。(▷ p.242)

★4 林家の聖堂学問所を1797(寛政9)年に官立とし、昌平坂学問所とした。

❷ 教育と学問の振興策

①朱子学の振興と人材の発掘をはかるため、幕臣を対象に朱子学の理解を試す学問吟味という試験制度を始めた。
②賀茂真淵の門人塙保己一を援助して、和学講談所を建てさせた。
③幕府直轄の医学館を設け、医学教育の充実をはかった。
④『孝義録』の編修を始め、孝行を軸とした生き方の模範を示し、民衆教化に役立てようとした。

政　策	内　容
旧里帰農令	農村復興策
囲米	備荒貯蓄
人足寄場	無宿人(浮浪人)対策。石川島に設置
社倉・義倉	備荒貯蓄
七分金積立	備荒貯蓄。町入用節約分の10分の7
寛政異学の禁	朱子学を正学、他学派を異学とする
棄捐令	札差からの借金の帳消し
思想統制	林子平『海国兵談』→版木没収
出版統制	山東京伝らを処罰

▲寛政の改革におけるおもな施策

❸ 言論出版の統制

現実の幕政に批判的な文学や思想が登場したので、幕府は出版統制令を出して抑圧した。
①遊里を描いた洒落本★5と世相をあげつらう黄表紙★5をとりしまり、代表的作家の山東京伝と出版元の蔦屋重三郎を処罰した。
②『三国通覧図説』『海国兵談』で対外的危機を説いた林子平を弾圧した。

> 補説　林子平の著書　『三国通覧図説』は軟化するロシアに対抗するため蝦夷地の開拓を説き、『海国兵談』は安房・相模の沿岸防備の必要を力説。

★5 洒落本・黄表紙　洒落本は元禄期の浮世草子をひきつぐ系統の文芸書で、遊里の生活を写実的に描いた。黄表紙は、風刺滑稽を主とする。ともに山東京伝が代表の作家である。

(注意)　洒落本は文字に注意すること。酒と書いてはいけない。

10章 幕藩体制の動揺

史料　1790(寛政2)年5月の寛政異学の禁

朱学①の儀は、慶長以来御代々②御信用の御事にて、已に其方家③代々右学風維持の事仰せ付け置かれ候儀に候得ば、油断なく正学④相励み、門人共取立申すべき筈に候。然る処、近来世上種々新規の説をなし、異学⑤流行、風俗を破り候類これ有り、全く正学衰微の故に候哉、甚だ相済まざる事にて候。……此度、聖堂⑥御取締厳重に仰せ付けられ、柴野彦助⑦・岡田清助⑧儀も右御用仰せ付けられ候事に候得ば、能々此旨申し談じ、急度門人共異学相禁じ、猶又自門に限らず他門にも申し合せ、正学講窮致し人材取り立て候様相心掛け申すべく候事。

『徳川禁令考』

(注)　①朱子学。②代々の将軍。③林家。この当時の大学頭は林信敬であったが、次の林述斎がこの政策を推進した。④朱子学。⑤朱子学以外の儒学で、古文辞学派・陽明学・古学・折衷学など。⑥江戸湯島に孔子を祀ったもの。転じて聖堂学問所をさす。⑦柴野栗山。⑧岡田寒泉。

史料 林子平の海防論

細かに思へば江戸の日本橋より唐①・阿蘭陀迄境なしの水路也。然るを此に備へずして長崎にのみ備るは何ぞや。小子が見を以てせば安房・相模②の両国に諸侯を置て，入海の瀬戸に厳重の備を設け度事也。　　　　　　　　　　　　　　　　　　　　　　『海国兵談』

(注) ①中国のこと。②安房は現在の千葉県，相模はいまの神奈川県。

(視点) 林子平は，『海国兵談』で海防強化を訴えた。史料は，江戸の川の水は中国やオランダまで続いているのに，大砲の設備が長崎にしかないのはおかしいと批判した部分である。

(補説) 林子平　寛政の三奇人の1人（他に高山彦九郎・蒲生君平）として有名。長崎に遊学し，江戸では蘭学者と交わり，海外事情に通じた。『三国通覧図説』で，朝鮮・琉球・蝦夷の3国の地理を述べ，とくに南下するロシア人に対抗するため，蝦夷地の開拓の必要性を説いた。次いで，『海国兵談』では，日本の国防は海防であり，「江戸の日本橋より唐・阿蘭陀まで境なしの水路なり」と述べて，安房・相模の沿岸の防備の重要さを力説した。

(注意) 海防論を説いたものとして，工藤平助の『赤蝦夷風説考』，林子平の『海国兵談』『三国通覧図説』が代表的である。ぜひ覚えておくこと。

③ 天皇・朝廷政策

❶ **尊王論の登場**　幕府は統治を正当化するために天皇の権威を利用したが，幕藩体制は動揺しつづけた。このため，18世紀なかばごろから，天皇を主君として尊ぶ尊王論が登場した。
①垂加神道を学んだ竹内式部は，京都で若い公家たちに『日本書紀』を講義し，1758（宝暦8）年，尊王論を説いて追放された(宝暦事件)。
②垂加神道の影響をうけた山県大弐は，江戸で兵学を講義し，1767（明和4）年，尊王を主張して死刑に処された(明和事件)。
③寛政期には，尊王を唱えて全国を行脚した高山彦九郎，天皇陵を研究した蒲生君平らも出た。

❷ **朝廷の新しい動き**　次のような動きが見られた。
①天明の飢饉のさいに貧民救済を幕府に申し入れる。
②朝廷の儀式や神事を復古させ，御所の重要な建物（紫宸殿・清涼殿）を平安時代の内裏と同じ規模に造営。
③光格天皇が実父に太上天皇の尊号を宣下しようとしたのを幕府が拒絶し，関係した公家を処罰した尊号事件（尊号一件）★6。

❸ **大政委任論**　幕府が政治を行う正統性の根拠を，天皇からの政務委任に求める政治論で江戸時代の初めからある。松平定信は改めて大政委任論の立場を表明し，幕府と朝廷の関係と幕藩体制の安定をはかった。

★6　1789（寛政元）年，光格天皇が実父閑院宮典仁親王に太上天皇の尊号を贈ろうとしたが，定信は皇統を継がない者に尊号を与えることはできないと反対し，光格天皇に断念させた。この事件を尊号事件（尊号一件）という。この事件は朝幕関係にひびを入れる原因となった。

4 対外的危機の浮上

❶ ロシアの接近とアイヌの蜂起
ロシアはシベリアからアラスカに進出し、さらに千島列島を南下して蝦夷地に接近してきた。1789(寛政元)年には、クナシリ・メナシ(国後島と知床半島の目梨)のアイヌが蜂起した。

❷ ラクスマンの根室来航
1792(寛政4)年、ロシアの使節**ラクスマン**が漂流民**大黒屋光太夫**らをともなって根室に来航し、通商を要求した。幕府は、新規に外国と関係をもつことを禁じた国法があると回答したが、紛争を回避するため通商の可能性をほのめかし、長崎入港を許可する信牌(入港許可証)を与えた。

❸ 海岸防備
対外的危機に備えるため、諸大名に海岸の防備を命じ、江戸湾や蝦夷地の防備を構想★7した。

5 諸藩の藩政改革

❶ 藩政改革
18世紀後半の宝暦期から寛政期にかけて、多くの財政窮乏した藩が、藩財政の建て直しをめざして**藩政改革**に取り組んだ★8。改革政策は、①農村の復興と本百姓分解の阻止、②特産物生産の奨励、藩の**専売制**の実施、③藩校の設立や拡充による有能な藩士の育成、などである。

❷ 名君の輩出
藩政改革を指導した藩主のうち、熊本藩主細川重賢、松江藩主松平治郷、米沢藩主上杉治憲(鷹山)、秋田藩主佐竹義和などは名君と評された。

(参考) **ラクスマンの連れてきた漂流民** ラクスマンは、伊勢の船頭大黒屋光太夫ら3人(内1人は根室で死去)を連れてきた。ロシアを流転すること10余年で、故国にもどった2人に対し、幕府は審問のうえ、軟禁した。外国のようすを巷間に流布させないためであった。もっとも、桂川甫周らの蘭学者は、光太夫から外国の知識を得ていた。桂川甫周は光太夫の見聞をまとめ、『北槎聞略』を著した。

★7 青森に北国郡代を新設し、盛岡・弘前両藩を警備に動員することが計画された。

★8 藩政改革のなかで、藩を1つの国家とする意識が強まってきたことに注意しよう。

> **ポイント** 〔**寛政の改革**〕 **松平定信**が実施
> ①本百姓体制の再建…旧里帰農令・出稼ぎ制限
> ②飢饉・打ちこわし対策…郷蔵・**囲米**、七分積金、**人足寄場**
> ③旗本・御家人対策…**棄捐令**、倹約令、文武奨励
> ④文教政策…**寛政異学の禁**、和学講談所
> ⑤出版統制…洒落本・黄表紙の取締り、林子平の弾圧

5 大御所時代

◆ 寛政の改革後の文化・文政期(1804〜30)は、将軍家斉の時代(**大御所時代**ともいう)で、国内的危機(内憂)と対外的危機(外患)が進行した時期である。

1 対外的危機の進行

❶ 欧米列強の進出 18世紀後半からのイギリスの産業革命、アメリカの独立とフランス革命に示された近代市民社会の発展、それを基盤としたイギリス・フランス両国の世界的規模での植民地争奪戦とイギリスの勝利、ロシアのシベリア開発と北太平洋進出、アメリカの西部開発などという、近代世界への本格的な展開が始まった。資本主義的世界市場の形成に向けた欧米列強の勢力が、しだいに東アジアにのび、ロシアやイギリスの船が日本近海にも姿をあらわすようになった。

❷ ロシアの接近と蝦夷地 ロシアの接近により北方の対外的緊張が強まり、幕府は蝦夷地政策を本格化させた。そのなかで、①1798（寛政10）年、近藤重蔵・最上徳内が千島列島を、②1808（文化5）年に間宮林蔵が樺太（サハリン）を調査し、樺太が島であることを発見した。③幕府は1799（寛政11）年に、松前藩から蝦夷地の支配権を取り上げ、1821（文政4）年に返還するまで松前奉行をおいて直轄政策をとった。

❸ ロシアとの紛争 ①1804（文化元）年、ロシア使節レザノフが、ラクスマンのもち帰った信牌をもって長崎に来航した。幕府は、朝鮮・琉球・中国・オランダの4カ国以外とは新たに通信・通商の関係を許さないのが祖法であると回答し、固く拒絶した。これを契機に、②ロシア軍艦が樺太・択捉などを襲撃する事件が起こった。そして、③1811（文化8）年、ロシア軍艦艦長ゴローウニンらを国後で捕らえ、箱館・松前に監禁するゴローウニン事件が起こった。このため、ロシアも幕府御用商人高田屋嘉兵衛を捕らえた。

❹ フェートン号事件 1808（文化5）年、イギリス軍艦フェートン号が長崎に侵入して、食料などを強要し退去した。長崎奉行松平康英は、責任をとって自殺した。

（補説）**フェートン号事件の背景** フランスと敵対していたイギリスは、ナポレオンに征服されフランスの同盟国となったオランダの、アジアでの権益を奪う軍事行動を展開していた。その一環として、オランダ商館のある長崎の出島を奪おうとした事件である。

❺ 異国船打払令（無二念打払令） イギリスとアメリカの捕鯨船が、日本近海の太平洋岸で操業し、しばしば沿岸に接近

▲北方探検図

①最上徳内の東蝦夷探検路（1786年）
②近藤重蔵・最上徳内の探検路（1798〜99年）
③近藤重蔵の西蝦夷探検路（1807年）
④間宮林蔵の第1回樺太探検路（1808年）
⑤間宮林蔵の第2回樺太・沿海州探検路（1808〜09年）

（参考）**ゴローウニン事件** 1807（文化4）年以来、幕府はロシアの南下に備え、すべての蝦夷地を直轄地にして、松前奉行の支配下に置いていた。1811（文化8）年、幕吏が国後でロシアの艦長ゴローウニンを捕らえたのに対し、ロシア側は報復として高田屋嘉兵衛を捕らえ、カムチャツカに連行した。その後ともに釈放され、事件が解決して事態は落ちつき、蝦夷地はもとの松前藩にもどされた。

史料　異国船打払令（無二念打払令）

　異国船渡来の節取計方，前々より数度仰出されこれ有り，をろしや船①の儀に付ては，文化の度改て相触れ候次第②も候処，いきりすの船，先年長崎において狼藉に及び③，近年は所々へ小船にて乗寄せ，薪水食糧を乞ひ，去年④に至り候ては猥に上陸致し，或は廻船の米穀，島方の野牛等奪取候段，追々横行の振舞……
　一体いきりすに限らず，南蛮西洋の儀は御制禁邪教の国に候間，以来何れの浦方⑤におゐても異国船乗寄候を見受候はば，其所に有合候人夫を以て，有無に及ばず一図に打払い，逃延候はば追船等差出に及ばず，其分に差置き，若し押して上陸致し候はば，搦捕又は打留候ても苦しからず候。……尤唐・朝鮮・琉球などは船形人物も相分かるべく候得共，阿蘭陀船は見分も相成かね申すべく，右等の船万一見損い，打誤り候共，御察度⑥は之有間敷候間，二念無く打払を心掛け，図を失はざる様⑦取計ひ候処，専要の事に候条，油断無く申し付けらるべく候。

『御触書天保集成』

注　①ロシア船のこと。②1806（文化3）年の文化の薪水給与令。③1808（文化5）年のフェートン号事件のこと。④イギリスの捕鯨船が1824（文政7）年5月に常陸国大津浜，7月に薩摩国宝島に上陸し略奪した事件。⑤海浜の村々。⑥処罰。⑦機会を失せず。

した（▷p.272）。幕府は，それまで食料や燃料を与えて退去させてきたが★1，1824（文政7）年に，イギリス捕鯨船員が常陸（茨城県）の大津浜に上陸したことなどをきっかけに，翌1825（文政8）年に異国船打払令（無二念打払令）★2を出して，外国船の撃退を命じた。異国船打払令は，武力によって，清・オランダ以外の外国船の渡来を阻止する策である。

2　文化・文政期の政治と社会

❶ 家斉の政治
松平定信が罷免されたのち，文化末年（1817年）までは寛政の改革を担った老中（「寛政の遺老」といわれる）たちが改革政治を引きついだ。しかしその後，家斉は側近を重用して幕政を混乱させ，1837（天保8）年に家慶に将軍職を譲ったのちも，死ぬまで幕府の実権をにぎりつづけた★3。

❷ 幕府財政の悪化と貨幣改鋳
家斉の55人におよぶ子女の縁組費用や蝦夷地直轄政策の経費などで，幕府財政が極度に悪化したため，幕府は，1818（文政元）年から質の悪い文政金銀を毎年大量に鋳造した。これにより，年平均50万両もの利益を得て財政を補填することができたが，物価の高騰を引き起こした。

❸ 社会の治安の悪化
農村で農民の階層分化が進み，とくに関東では治安が乱れて無宿者や牢人が横行した。このため幕

★1 文化の撫恤令　日本に近づいた外国船を穏便に退去させ，薪や食料を要求してきたら与えるという法令。1806（文化3）年に発令。薪水給与令ともいう。

★2 異国船打払令が実行された事件として，1837（天保8）年のモリソン号事件（▷p.267）がある。

★3 家康・秀忠も大御所（隠退した将軍の尊称）とよばれたが，とくに11代将軍家斉の治世を大御所時代という。家斉は1837（天保8）年，将軍職を家慶に譲ったのちも，大御所として，死ぬまで実権をにぎっていた。

史料 大御所時代の風刺

- 水の①出てもとの田沼②となりにける　(付句)
- そろそろと柳③に移る水の①影　(付句)
- びやぼんを吹けば出羽どんどんと④　金が物いふいまの世の中　(落首)
- 或人売薬の功能書を示す。最も奇薬にして人或は其の効顕を云者あり。唯寛政丹⑤の法今絶たるを歎ずるのみ。立身昇進丸，大包金百両，中包金五十両，小包金十両……沢瀉⑥，尤も肥後⑦の国製法にてよろし。奥女丹⑧，此のねり薬持薬に用ひ候へば精力を失ふことなく，いつか功能あらるゝなり。隠居散⑨，この煎薬酒にて用ゆ。　　　　　　　　　　　　　　『甲子夜話』

注　①老中水野忠成が掛けてある。②田沼意次が掛けてある。③柳沢吉保が掛けてある。④びやぼんとは鉄製の笛で，1824(文政7)年ごろから玩具として流行した。その擬声に忠成の受領名の出羽守を掛けてはやしたものだという。⑤寛政の改革。⑥忠成の家紋。⑦若年寄の林肥後守忠英。⑧大奥の女中。⑨将軍家斉の愛妾お美代の養父，中野清茂(碩翁)。

府は，1805(文化2)年に**関東取締出役**を設けて巡回させ，幕領・藩領の区別なく犯罪者の取締りを行った。さらに1827(文政10)年，その下部組織として近隣村々で寄場組合(改革組合村)をつくらせ，村々の協力による治安の維持や風俗の取締りを行った。

❹ 経済の発展

①商品生産の発展と流通の変化…一般民衆まで貨幣経済に巻きこまれ，商品生産と流通は活発化した。それを担う，株仲間に加わっていない商人と海運業者などが成長した。
②問屋制家内工業の発展…問屋や商人★4が生産者に原材料や道具を前貸しし，その製品を引き取る仕組みの生産形態。
③マニュファクチュア(工場制手工業)の登場…作業場に奉公人(賃金労働者)を集めて生産する仕組みで，資本主義生産の初期の様式とされる生産形態。大坂周辺や尾張の綿織物業，北関東の桐生・足利の絹織物業の一部に登場した。
④農村・農業政策…大蔵永常は『広益国産考』『農具便利論』などの農書を著し，すぐれた品種や栽培法が紹介された。農業経営の改善のために農村にはいって指導した二宮尊徳(金次郎)・大原幽学などの農政家もあらわれた。

3 内憂外患の深刻化

❶ 天保の飢饉と大一揆　天保期にはいると凶作・飢饉がつづき，1836(天保7)年はとくにひどかった。甲斐都留郡の郡内騒動，三河加茂郡の加茂一揆などの大一揆があいついだ。

▲徳川家斉

★4 商品生産が進んだ農村では，豪農や在郷商人(▷p.251)が問屋商人やマニュファクチュアの経営者の役割をはたした。

注意　水戸藩主徳川斉昭は，1838(天保9)年に『戊戌封事』を書いて，内外の危機に対処するため幕政改革の断行を主張した。そのなかで，幕藩体制が直面している危機を内憂外患と表現した。

テーマゼミ　将軍家斉と大奥

○将軍家斉は毎朝6時ごろ起床し，洗面をすませ，仏間で位牌を拝し，8時ごろ朝食にかかる。食事をとりながら小姓が髪を結い，ほかの小姓が軍記や史書を読むのを聞くという，忙しい朝食であった。朝食後，昼までは儒者の講義を聞いたり，剣術・馬術などに汗を流したりした。昼食がすむと1時ごろから政務を見た。老中の報告や伺書を決裁し，4時ごろに終了する。政務が終わると入浴し，夕食は大奥でとった。

○大奥は，将軍の妻（御台所）と妾の居所で，将軍以外は男子禁制であった。将軍付と御台所付の奥女中の総数は500〜600人といわれ，このうち家斉の側妾は40人で，子は55人（男28人・女27人）もいたという。家斉は，若いころ松平定信に性生活を抑制され，定信のあとをついだ松平信明も家斉のわがままを許さなかった。これらの硬骨の老中たちに内心反発した家斉は，信明の死後，自分に迎合する側近や愛妾の縁者らを取り立て，放漫な政治を行った。

10章　幕藩体制の動揺

❷ **大塩平八郎の乱**　1837（天保8）年，元大坂町奉行所与力で陽明学者の**大塩平八郎**が，幕府の腐敗や豪商の米買占め，そして大坂町奉行所による米の江戸回送に怒り，門人ら300余人とともに窮民救済をかかげて武装蜂起した。半日で鎮圧されたが，この事件の噂はまたたくまに全国各地に広まり，社会に深刻な影響を与えた★5。また，国学者の生田万が，大塩門弟を自称して，桑名藩越後柏崎陣屋（新潟県）を襲った（生田万の乱）。

（補説）**大塩平八郎**　平八郎（号は中斎）の家は，大坂東町奉行所の与力を代々つとめ，彼も14歳で与力見習をつとめてから与力となった。1830（天保元）年，職を辞してからは陽明学の研究に専念し，私塾洗心洞を開いて子弟の教育にあたった。著書に『洗心洞劄記』などがある。

❸ **モリソン号事件**　1837（天保8）年に，漂流民送還のため浦賀（神奈川県）に渡来したアメリカ商船**モリソン号**を，浦賀奉行所が異国船打払令に従って砲撃し退去させた事件。

（補説）**モリソン号事件が起こった背景**　中国に進出していたイギリス商人たちが，漂流民送還をかねて対日貿易交渉を計画したが，本国政府の許可を得られなかったので，アメリカ商船が渡来することになった。オランダ商館長が，誤ってイギリス船と伝えた。

❹ **蛮社の獄**　**渡辺崋山**は『慎機論』，**高野長英**は『戊戌夢物語』を書いて，モリソン号事件での幕府の打払策を批判した。幕府は，崋山らが小笠原諸島へ渡航を計画したと容疑をねつ造して捕らえ，幕政批判の罪で処罰した。この事件を**蛮社の獄**という★6。

★5　大塩平八郎が乱を起こした理由　天保の飢饉が起こると，幕府は大坂で米を買い集めたので，市中の米が品薄となり，価格は暴騰して多くの市民が食料確保に苦しんだ。

大坂町奉行所は，幕府の買米を助けるため，市中に少額の買米にくる人を厳しくとりしまったが，役人と結託し豪遊を重ねる富商は見逃した。飢饉がつづいているのに，窮民対策はきわめて緩慢であった。大塩平八郎は見かねて奉行所に窮民救済を願ったが拒否され，自分の蔵書を売った代金千余両を窮民に施した。こうして「救民」の旗をかかげたのである。

★6　「蛮社」とは「蛮学社中」の略である。

史料　大塩平八郎の檄文，天保の改革

〔1837（天保8）年の大塩平八郎の檄文〕

　　天より下され候　　　　　　　　　　　村々小前のものに至る迄

　四海こんきういたし候はば，天禄ながくたえん。小人に国家をおさめしめば，災害并至ると……此節ハ米価愈高値に相成り，大坂の奉行并諸役人共，万物一体の仁を忘れ，得手勝手の政道を致し，江戸ヘハ廻米の世話致し①，……其の上勝手我儘の触書等を度々差出し，大坂市中遊民②計りを大切に心得候は……是に於て蟄居の我等③早早堪忍成難く，湯武④の勢ひ孔孟⑤の徳ハなけれども，拠無く天下の為と存じ，血族の禍⑥侵し，此度有志の者と申合せ，下民を悩し苦しめ候諸役人共を先づ誅伐いたし，引続き驕に長じ居候大坂市中金持の町人共を誅戮⑦に及び申すべく候間，右の者共穴蔵⑧に貯え置き候金銀銭，并諸蔵屋敷⑨内へ隠し置き候俵米，夫々分散配当致し遣し候間，……何日にても，大坂市中に騒動起り候と伝聞へ候はば，里数を厭ず一刻も早く大坂へ向け馳せ参り可く候面々へ，右米金分け遣し申すべく候。

　　摂河泉播⑩村々　　庄屋・年寄・小前百姓共え　　　　　　　　　『改定史籍集覧』

〔天保の改革の開始と庶民のうけとり方〕

　此天保の御改革ほどめざましきはなし。むかし享保，寛政の御改革を，いみじき事にきゝ，わたりしかど，此度のごとくにはあらじとぞ思ふ。かの丑⑪の春雲がくれ⑫ありしより，やがて世の中眉に火のつけるが如く，俄に事あらたまりて⑬，士農工商おしからめて，おのゝくばかりなり。

　　　　　　　　　　　　　　　　　　　　　　　　　　　　　　　　『寝ぬ夜のすさび』⑭

注　①当時大坂でも飢饉のため米の入荷が少なかったが，もっぱら江戸への廻米を促進した。②ここでは米の買占めや高利貸で暴利をむさぼっていた商人をさす。③大坂町奉行所の与力を隠退していた大塩平八郎自身。④殷の湯王と周の武王（殷と周は中国古代の王朝）。⑤孔子・孟子。⑥罪が一族・縁者に及ぶ縁座制のこと。⑦罪をただし，殺すこと。⑧町屋には貯蔵庫として地下に穴蔵があった。⑨大名の蔵屋敷。⑩摂津・河内・和泉・播磨。⑪丑年。1841（天保12）年。⑫大御所家斉の死。⑬急激な改革令。⑭片山賢（申之）の著，全4巻。

❺ アヘン戦争　1840〜42年の中国とイギリスの戦争であるアヘン戦争の情報は，いちはやくオランダ船や中国船から伝えられた。大国とみていた中国の敗北，上海などの開港，香港の割譲などを知った幕藩領主や知識人に深刻な対外的危機感を生み出し，以後の幕府の対外政策に大きな影響を与えた。

注意　長崎町年寄で西洋式砲術家の高島秋帆は，幕府に西洋砲術の導入を建言し，老中水野忠邦は，アヘン戦争を「自国の戒め」とすることを表明した。

補説　アヘン戦争　イギリスは中国（清）に対し，アヘンの売りこみで大きな利益をあげていた。しかし，清国政府は，アヘンによる銀の大量流出や中毒患者の激増を懸念して，アヘンの没収・焼却をはかった。これに対してイギリスは，武力にうったえて清国をやぶり，南京条約を強要し，中国が半植民地化する道を開いた。

▶アヘン戦争のようす

> **ポイント**
> ロシア……**ラクスマン**(根室)→**レザノフ**(長崎)→**ゴローウニン事件**
> 　　(千島・樺太調査の要因をつくった国)
> イギリス…**フェートン号事件**→捕鯨船員の略奪事件
> 　　(異国船打払令の要因をつくった国)
> 危機の深刻化…国内(**大塩平八郎の乱**)・国外(**モリソン号事件**→**蛮社の獄**，アヘン戦争)

6 天保の改革

◆ 家斉の死後，老中水野忠邦が天保の改革を断行したが，失敗に終わり，幕府の衰退が明白となった。

1 天保の改革

① **水野忠邦が中心**　1841(天保12)年，大御所家斉が死去するや，12代将軍家慶の信任を得た老中**水野忠邦**が，改革を断行した。これを**天保の改革**という。

② **改革の特徴**　享保・寛政の政治への復古を打ち出したが，それにとどまらず，直面していた**内憂外患の危機**に積極的に対応しようとした点に特徴がある。

③ **風俗統制**
①倹約令…高価な菓子・料理や豪華な衣服の禁止。
②寄席の制限…江戸に211軒あった寄席を15軒に減らし，内容も軍書講談・昔話などに制限。
③歌舞伎の統制…風俗悪化の元凶として，中村・市村・森田の江戸三座(▷p.278)を浅草の場末に強制移転させた。
④出版統制令…すべての出版物を幕府が事前に検閲する制度。人情本作者**為永春水**，合巻作者**柳亭種彦**が処罰された。

> **補説**　**作家の受難**　寛政の改革では，山東京伝が黄表紙・洒落本とともにとがめられ，手鎖50日の刑ですっかり意気消沈してしまった(▷p.261)。天保の改革では，当時流行した人情本がまずとがめられた。為永春水は，情婦のかせぎに頼る男の生活を『春色梅児誉美』に描き，風俗を乱すとして手鎖50日の刑を言い渡され，その翌年に病没した。柳亭種彦は，家斉の大奥生活をモデルにして『偐紫田舎源氏』を書き，召喚された。彼は執筆禁止だけで罪は免れたものの，まもなく病没した。

▲水野忠邦

▲『偐紫田舎源氏』に描かれた江戸城大奥の女中

❹ **株仲間解散令** 1841（天保12）年に発令された。大きな問題となっていた物価高騰は，十組問屋など株仲間商人による流通の独占に原因があるとして，**株仲間解散令**を出し，株仲間の解散を命じた。しかし，物価高騰の原因は，質の悪い貨幣の大量鋳造と商品流通の構造変化にあったため，解散令の効果はなかった★1。

❺ **人返しの法** 1843（天保14）年に発令。江戸の下層人口を減らして農村人口の回復をはかり，荒廃した農村を復興させようとした法を**人返しの法**という。農民が江戸に出て新たに住民となることを禁止し，出稼ぎも許可制とした。

★1 株仲間を解散しても物価が下がらなかった理由 当時，株仲間の機能は，①在郷市場の形成，②諸藩の専売，③脇売買（大坂へ送られてくる商品が途中で売買される）の増加，などで低下していた。つまり，商品その他が株仲間の手を経ずに江戸に直送される場合が多かったので，物価引き下げにつながらなかった。

史料　株仲間解散令，人返しの法

〔1841（天保12）年12月の株仲間解散令〕
　　　　　　　　　　　　　菱垣廻船積問屋① 　十組問屋②共
　其方共儀，是迄年々金壱万弐百両冥加③上納致来り候処，問屋共不正④の趣ニ相聞候ニ付，以来上納に及ばず候。尤向後仲間株ハ勿論，此外共都て問屋仲間，幷組合抔と唱候儀は相成らず候。
一　右に付てハ，是迄右船⑤ニ積来候諸品ハ勿論，都て何国より出候何品ニても，素人直売買勝手次第⑥たるべく候。且又，諸家国産類⑦，其外惣じて江戸表え相廻し候品々も，問屋ニ限らず，銘々出入の者共引受け売捌き候儀も是又勝手次第ニ候間，其旨存ずべし。
　　　　　　　　　　　　　　　　　　　　　　　　　　　　『徳川禁令考』

〔1843（天保14）年3月の人返しの法〕
　在方⑧のもの，当地⑨え出居り馴れ候ニ随ひ，故郷ニ立戻り候念慮を絶し，其儘人別ニ加り⑩候もの年を追い相増し，在方人別相減り候趣相聞え，然るべからず⑪儀ニ付，今般悉く相改め，残らず帰郷⑫仰出さるべき処，商売等相始め，妻子等持ち候者も，一般ニ差戻しニ相成り候ては難渋致すべき筋ニ付，格別の御仁恵を以て，是迄年来人別ニ加り居候分ハ，帰郷の御沙汰ニハ及ばれず，以後取締方左の通り仰出され候。
一　在方のもの身上相仕舞い⑬，江戸人別ニ入り候儀，自今以後決して相成らず。
一　近年御府内⑭え入込み，裏店⑮等借請居り候者の中ニハ，妻子等も之無く，一期住み⑯同様のものも，之有るべし。左様の類ハ早々村方え呼戻し申すべき事。
　　　　　　　　　　　　　　　　　　　　　　　　　　　　『牧民金鑑』⑰

注 ①江戸の十組問屋を1813（文化10）年65組に拡大した株仲間の称。組数増加は江戸地廻り経済圏の発達を示している。②江戸の荷受問屋。③営業税。④買い占め・売りおしみ・物価のつりあげ。⑤菱垣廻船。⑥株仲間以外の商人・在郷商人（▷p.251）などの直接取引は自由。⑦諸藩の特産物。⑧農村。⑨江戸。⑩町方の戸籍にはいる。⑪好ましくないこと。⑫帰村。⑬家を引き払い。⑭江戸。⑮裏通りにある貸長屋。⑯1年契約の年季奉公人。⑰幕府代官荒井顕道が編修した江戸時代の地方民政史料集で，1853（嘉永6）年成立。

❻ **御料所改革** 幕領農村の田畑とその収穫量を調査し，年貢増徴をねらった策。

❼ **三方領知替えの撤回** 1840(天保11)年，幕府は川越藩・庄内藩・長岡藩を玉突き式に所替する**三方領知替え**を命じたが，有力外様大名の反発と庄内藩領民の反対運動により，翌年に撤回した。所替を命じて実行できなかったことは，幕府権力の弱体化を示した(▷p.273)。

❽ **対外的危機への対応策**
①**上知(上地)令**…1843(天保14)年に発令された。江戸・大坂城周辺の私領約50万石を直轄地にしようとした。幕府財政の収入増加策であるとともに，江戸・大坂周辺の支配強化により対外的危機に備えようとした策でもある。大名・旗本・領民の反対で撤回された。
②**薪水給与令**…1842(天保13)年に発令された。アヘン戦争終結後にイギリスが日本に通商を要求する軍艦を派遣するという情報がはいったので，戦争を回避するため異国船打払令を撤回して，薪水給与令を出した。
③**印旛沼掘割工事**…外国艦船が江戸湾にはいる廻船を妨害し，江戸に物資がはいらなくなるような事態を恐れ，江戸湾を使わずに利根川から印旛沼(千葉県)を経て品川に達する物資輸送の水路を造成するために工事を行った。

> **補説** その他の対応 このほか，諸大名に海岸防備の強化を命じた。

❾ **改革の結果** 内憂外患の危機に積極的に対応しようとしたが，改革の諸政策には，大名や旗本，百姓・町人らの抵抗が強く，多くの政策は中途で挫折した。水野忠邦も失脚して改革自体も失敗に終わり，**幕府権力のおとろえを明白に示す**ことになった。

> **注意** 株仲間は，1851(嘉永4)年に再興された。

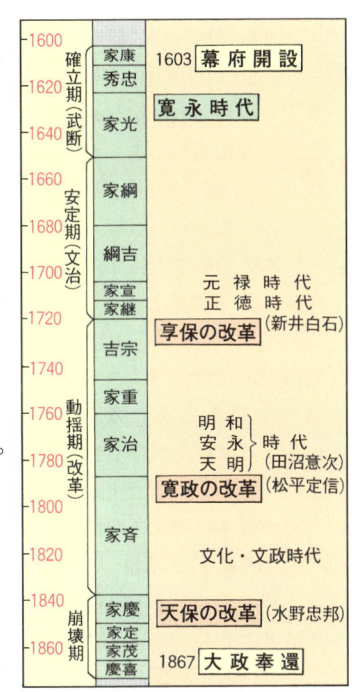

▲江戸幕府の推移年表

年代	時期	将軍	時代・改革
1600	確立期(武断)	家康	1603 幕府開設
1620		秀忠	寛永時代
1640		家光	
1660	安定期(文治)	家綱	
1680			
1700		綱吉	元禄時代 正徳時代 (新井白石)
1720		家宣・家継	
1740		吉宗	享保の改革
1760	動揺期(改革)	家重	
1780		家治	明和・安永・天明時代 (田沼意次)
1800			寛政の改革 (松平定信)
1820		家斉	文化・文政時代
1840	崩壊期	家慶	天保の改革 (水野忠邦)
1860		家定・家茂・慶喜	1867 大政奉還

▲印旛沼掘割工事の図 尾張(愛知県)からきた黒鍬(幕府に雇われた人足〔労働者〕)が工事にあたっている。

2 アヘン戦争と列強への対応緩和

19世紀にはいって、ロシアのほかイギリスとアメリカも日本近海に接近してきた。

❶ **イギリスの進出** 1808（文化5）年のフェートン号事件（▷p.264）は対外的危機をつのらせた大きな出来事であった。そののち、1825（文政8）年に異国船打払令（無二念打払令）が出されたのである（▷p.265）。

❷ **アメリカの進出** 18世紀後半にイギリスの植民地から独立したアメリカは、アラスカの毛皮貿易と、太平洋の捕鯨業での薪水補給や難破時の避難所としての必要性から、日本の開国を望むようになった。モリソン号（▷p.267）の来航では、目的を果たすことができなかったが、西部開拓の進行につれて、アメリカの日本に対する開国要求は強まった。

❸ **対応の緩和** 1842（天保13）年に発令された薪水給与令は、清国がアヘン戦争（▷p.268）に敗北した情報を知った幕府が、列強との戦争をさけるためにとった策である。

年　　次	お　も　な　事　件
1792（寛政4）年	（露）ラクスマン根室来航
1798（〃10）年	近藤重蔵択捉島探検
1799（〃11）年	東蝦夷を幕府直轄
1800（〃12）年	伊能忠敬蝦夷地を測量
1802（享和2）年	蝦夷（箱館）奉行を設置
1804（文化1）年	（露）レザノフ長崎に来航
1806（〃3）年	文化の撫恤令
1807（〃4）年	蝦夷地をすべて直轄
1808（〃5）年	（英）フェートン号事件　間宮林蔵樺太探検
1811（〃8）年	（露）ゴローウニン事件
1818（文政1）年	（英）ゴルドン浦賀に来航
1824（〃7）年	（英）英船常陸・薩摩に来船
1825（〃8）年	異国船打払令
1828（〃11）年	シーボルト事件
1837（天保8）年	モリソン号浦賀に来航
1839（〃10）年	蛮社の獄
1840（〃11）年	（英・中）アヘン戦争（〜42）
1842（〃13）年	天保の薪水給与令
1844（弘化1）年	（蘭）国王、開国を勧告
1846（〃3）年	（米）ビッドル浦賀に来航
1853（嘉永6）年	（米）ペリー浦賀に来航

▲**対外関係年表**　露はロシア、英はイギリス、中は中国、米はアメリカ合衆国を示す。

▲**「西洋婦人図」**　平賀源内画。列強が日本近海にあらわれる以前、18世紀後半ごろ、平賀源内（▷p.279）はすでに西洋画法を学び、こうした洋画を描いていた。

▲**アメリカ船捕鯨図**　アメリカやイギリスは太平洋の捕鯨に進出し、薪水を求めて各地で衝突していた。

ポイント〔天保の改革〕
① 風俗の取締り…為永春水・柳亭種彦を処罰
② 株仲間解散令
③ 上知(上地)令…大名・旗本の反対で撤回
④ 薪水給与令

水野忠邦が実施

テーマゼミ 三方領知替えの中止

○天保の改革が始まってすぐの1841(天保12)年7月,いきおいこんでいた水野忠邦の足元が揺らぐ決定がなされた。前年11月に発した三方領知替え令の中止である。川越・庄内・長岡の3藩の封地をそれぞれいれかえるという三方領知替えは,将軍の大名に対する絶対的な権力を示すためにも,厳然と実施されるはずであった。この領知替えでもっとも不利と考えられた出羽庄内藩でも転封の覚悟をきめ,藩主酒井忠器はその準備にはいっていた。ところがこの転封をはばんだのは,庄内藩の領民による反対運動であった。庄内藩の農民や町人は,国替による移転費用や人足(労働者)の徴集,新藩主の収奪強化への警戒から領知替え反対一揆を起こし,領民の代表による幕閣への駕籠訴までして嘆願した。

○領民のねばり強い運動に,幕府はついに敗北したのである。幕府が大名に所替を命じて,それが中止になる例はかつてなかった。それも幕府に忠実な譜代大名に対してでさえ強行できなかったことは,事態としては重大である。そして上知(上地)令が失敗するのは,その2年後のことである。

7 近代への道

◆ 幕藩体制が動揺をきたした18～19世紀に発達したマニュファクチュアは,封建経済そのものを否定する性格を内包していた。同じころ,幕府の改革が失敗するなかで,財政再建につとめた西南諸藩は,幕末の政局に大きな発言力をもつことになった。

1 近代工業のおこり

❶ **資本主義生産のおこり** 問屋制家内工業(▷p.233, 266)につづいて,19世紀には,**工場制手工業**[★1]=**マニュファクチュア**に類似した様式があらわれた。この2つの生産様式は,資本主義生産の初期の形態といわれ,工業の面の近代化が始まった。

❷ **民間でのマニュファクチュアの展開** 民間の経営による

[★1] 工場制手工業 地主や問屋商人たちが,資本家として工場を設け,奉公人(賃金労働者)を集めて,分業による共同作業で生産を進める様式である。

マニュファクチュアとしては，すでに江戸時代前期(17世紀)に，大坂周辺の摂津の伊丹・池田・灘の酒造業でマニュファクチュアに類似した経営が行われていた。18世紀末になると，大坂周辺や尾張の綿織物業，北関東の桐生・足利の絹織物業，川口(埼玉県)の鋳物業などにもみられるようになった。しかし，鎖国のために販路が限られ，農民に対する統制がきびしいことや，諸藩の専売制などのため，あまり大きくは発展しなかった。

▲結城縞機屋の図「尾張名所図会」より。

❸ 藩営工場の展開 幕末になると，幕府も諸藩もマニュファクチュア経営を進め，西洋技術を導入して工場をつくった。これらの幕府や藩の直営工業は，明治維新後の官営工業の母体になった(▷p.321)。
①佐賀藩の大砲製造所★2…藩主鍋島直正による。
②水戸藩の石川島造船所…幕命によって，水戸藩が江戸に建設した。
③薩摩藩の集成館…藩主島津斉彬により設けられた洋式工場群。造船所・ガラス製造所・ガス灯製造所，イギリス人の指導による藩営洋式機械工場として有名な鹿児島紡績工場などをふくむ。
④幕府の長崎製鉄所…オランダから機械を購入して建設した。
⑤幕府の横須賀製鉄所…フランス人の指導で建設した。

(参考) **結城縞** 江戸時代でも元禄以降になると木綿が急速に普及し，とくに縞木綿が流行した。天明のころから結城(茨城県)の結城縞が有名になった。ここでは，マニュファクチュアに似た経営が行われていた。

なお，左図は尾張に広まった結城織の工場で働く女性たちの姿を描いている。糸を巻く者，それを織り手に運ぶ者など，分業による協業である。技術を伝習する作業場といわれる。

(参考) **江川英龍(太郎左衛門)** 号は坦庵。伊豆の幕領代官で，高島秋帆から砲術を学んだ。伊豆沿岸防備を献言し，韮山(静岡県)に反射炉を建設した。

★2 鍋島直正は日本で最初の反射炉を築いて大砲製造所を設けた。

▲佐賀藩の大砲製造所

2 雄藩の改革

❶ **藩政改革** 諸藩も，一揆・打ちこわしや，巨額の借金による財政窮乏などで本格的な危機に直面していた。このため，人材登用や殖産興業などにより，財政再建と藩権力の再強化，軍事力の強化をめざす藩政改革が，幕府の天保の改革と前後して，多くの藩で行われるようになった。そのような藩が**雄藩**として，幕末の政局に強い発言権と実力をもって登場する。

❷ **薩摩藩の改革** 薩摩藩では藩主の祖父島津重豪のもと，下級武士出身の家老**調所広郷**を中心として藩政改革にあたった。
①三都商人からの藩の借財500万両を，250年賦で支払う方法をむりやり承諾させ，実質上のふみ倒しを行った。
②奄美三島(大島・徳之島・喜界島)特産の黒砂糖の専売制を強化した。
③俵物をひそかに買いつけて支配地の琉球を通じて清国に売り，唐物を国内に売却する密貿易により，利潤を得た。
④長崎の高島秋帆★3のもとに藩士を留学させ，洋式砲術を学ばせ，軍制の改革によって軍事力を強化した。

❸ **長州藩の改革** 藩の専売に反対する防長大一揆(1831年)のあと，藩主毛利敬親は**村田清風**を登用して，藩政の改革にのりだした。
①一揆の原因となった専売制を緩和する一方，下関に越荷方役所★4を設置して，藩自身が商業活動を行い高収入を得た。
②周布政之助・高杉晋作・桂小五郎ら有能な中下級武士を登用し，藩政に参画させた。

❹ **佐賀藩の改革** 肥前の佐賀藩では，藩主**鍋島直正**がみずから改革を指導した。
①国産方を設け，伊万里焼(有田焼)の陶磁器を専売制にした。
②地主から没収した小作地を小作人に与える均田制を実施し，本百姓体制の再建をはかった。
③日本で初の**反射炉**★5を建設して大砲製造を行い，軍事力の強化をはかった。

❺ **その他** 山内豊信(容堂)の高知(土佐)藩では，吉田東洋らの改革派を登用して緊縮による財政の再建が進められた。伊達宗城の宇和島藩，松平慶永(春嶽)の福井(越前)藩などでも，有能な中・下級藩士を

★3 **高島秋帆** 長崎の町年寄をつとめていたが，洋式砲術について研究を深めていた。幕府も，1841(天保12)年に江戸郊外の徳丸ヶ原で実弾演習を行わせた結果，これを採用した。

★4 **越荷方役所** 領外からの船荷物(越荷)を担保にして，金融業や倉庫業などを営む役所。下関に設置され，豪商が運営に参加した。下関を通過して大坂にいる米・綿・塩・干鰯などの積み荷を担保にして金を貸した。

★5 **反射炉** 鉱石の製錬または金属の熔鉱に用いる熔解炉の一種。日本の反射炉はオランダから学んだもので，1850(嘉永3)年の佐賀藩の反射炉を最初とし，ついで1856(安政3)年に薩摩・水戸や韮山(静岡県の幕領)などで竣工し，のち長州・鳥取藩などでも設立した。

▲韮山に残る江川英龍がつくった反射炉

要職に抜擢し，富国強兵・殖産興業政策を推進して財政再建と藩権力の強化をはかった。水戸藩では，徳川斉昭が弘道館を設置して，藤田東湖や会沢安(正志斎)などの水戸学者らを登用して改革を進めたが，はげしい藩内抗争のためうまく進まなかった。

注意 藩政改革による諸藩の自立化は，幕藩体制が解体する要因となった。

> **ポイント**
> **雄藩の改革**
> 薩摩藩…調所広郷の登用→藩債500万両の250年賦償還
> 長州藩…村田清風の登用→越荷方役所の設置
> 佐賀藩…藩主の鍋島直正が中心→均田制，反射炉

8 化政文化

◆ 元禄文化が，幕藩制社会の発展に支えられた文化であったのに対して，文化・文政期(化政期)を中心とした近世後期の文化は，内外の危機に直面し幕藩体制の行きづまりが明白になってきた段階の文化である。江戸を中心とするが，全国的な広がりをもち，その内容はすこぶる豊富である。

1 化政文化の成立と特徴
❶ 文化の特色
①文化の中心が江戸に移ったことから，江戸を中心とした文化である。しかし，商品流通の発展が人と情報の交流を活発化させ，都市と地方の文化的交流がさかんになったので，全国的な広がりをもつ。
②幕藩体制の行きづまりを反映して，政治と社会の現実を批判し，改革を論じる思想や実践が登場した。
③元禄期に生まれた国学や洋学などの諸学問が発展した。
❷ 文化の担い手
①商品生産の発展により，豊かになった町人や百姓のほか，都市生活者となった武士が担い手となった。
②教育の普及にともなう識字率の向上により一般民衆が文化を享受したので，文化の民衆的性格が強くなった。

2 文 芸
❶ 小 説
江戸町人の生活を中心とした各種の戯作文学が流行した。この戯作文学の流行の背景には，庶民教育の場としての寺子屋の普及による読者層の広がりと，版木技術の発達，江戸・大坂での貸本屋の隆盛があった。

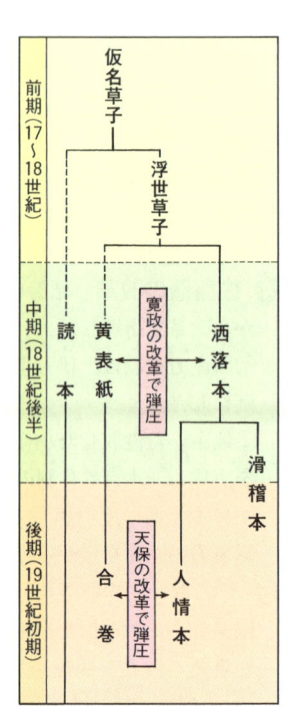

▲近世小説の系譜

時期	系譜
前期(17～18世紀)	仮名草子 → 浮世草子
中期(18世紀後半)	読本／黄表紙(寛政の改革で弾圧)／洒落本(寛政の改革で弾圧)
後期(19世紀初期)	合巻(天保の改革で弾圧)／人情本(天保の改革で弾圧)／滑稽本

◀『偐紫田舎源氏』38編152冊が刊行された。合巻はさし絵文学ともいわれ，著者の注文をうけて画工がさし絵を描いた。

名称	内容	おもな作家と作品
洒落本	遊里生活を描く	山東京伝(▷p.261)『通言総籬』『仕懸文庫』
黄表紙	風刺・滑稽など	山東京伝『江戸生艶気樺焼』，恋川春町『金々先生栄花夢』
人情本	恋愛生活	為永春水『春色梅児誉美』(▷p.269)
合巻	黄表紙の合本	柳亭種彦『偐紫田舎源氏』(▷p.269)
読本	勧善懲悪	上田秋成『雨月物語』，滝沢馬琴『南総里見八犬伝』『椿説弓張月』
滑稽本	滑稽の中に教訓と風刺をきかす	十返舎一九『東海道中膝栗毛』，式亭三馬『浮世風呂』『浮世床』

▲小説類の分類とおもな作家・作品

❷ **俳諧** 全国的に普及し，天明ごろ京都に与謝蕪村★1がでて新境地を開き，文化・文政期には信濃に小林一茶★2がでて，生活詩的な句で人間の素朴な心をよんだ。

❸ **狂歌・川柳** 狂歌は和歌の形式で，洒落と滑稽を生命とし天明期に大流行した。幕府役人の大田南畝(蜀山人，四方赤良)が名高い。川柳は柄井川柳が始め，俳句の形を借りて政治や世相などを皮肉った★3。

❹ **和歌** 国学(▷p.282)の発達によりさかんとなった。香川景樹は桂園派の祖となり，『桂園一枝』を編修した。越後の僧良寛のよんだ純真な歌も名高い。このほか，将軍吉宗の二男で御三卿の田安宗武，国学者の橘曙覧も万葉調のすぐれた和歌を残している。

作者名	作品
竹田出雲	『菅原伝授手習鑑』『仮名手本忠臣蔵』
近松半二	『本朝廿四孝』『妹背山婦女庭訓』
並木五瓶	『金門五三桐』
鶴屋南北	『東海道四谷怪談』
河竹黙阿弥	『白浪五人男』

▲おもな脚本作家と代表作(▷p.278)

★1 与謝蕪村 俳諧集としては，『蕪村七部集』が有名。蕪村は文人画家としても知られる(▷p.279)。

★2 小林一茶 俳書としては，『おらが春』が名高い。

(参考) 狂歌師 狂歌をよくした人を狂歌師といい，大田南畝(蜀山人・四方赤良)・宿屋飯盛(石川雅望)らが有名である。

★3 川柳を集めたものとしては，『誹風柳多留』がある。

3 芸能

① 浄瑠璃 竹本義太夫のあと竹田出雲らが出たが、歌舞伎におされた。

② 歌舞伎 社会の出来事を歌舞伎の脚本に仕立てていたが、のちには社会の方が芝居の真似をするといわれたほど、民衆の文化や風俗に強い影響を与えた。竹田出雲(二世)が18世紀なかばに書いた『仮名手本忠臣蔵』『菅原伝授手習鑑』が人気を博し、19世紀にはいると、鶴屋南北(四世)の『東海道四谷怪談』など、町人社会の事件に題材をとる写実性の強い生世話物や怪談物が観客を集めた。江戸では、中村・市村・森田の江戸三座が幕府公認の劇場として栄えた。

③ 寄席 諸職人、日用など下層町人の娯楽の場となった。夜間に興行し、落語、講談、物まねなどを安い料金で楽しめた。1841(天保12)年に、江戸市中に211カ所もあった。

(参考) 歌浄瑠璃 人形操りを離れて座敷で歌われる方向に進んだ、歌謡味豊かな浄瑠璃を、歌浄瑠璃という。常盤津節・新内節・清元節などがあって、広く庶民に愛好された。

(注意) 歌舞伎におされた浄瑠璃の復興をめざし、寛政年間に淡路(兵庫県)の植村文楽軒が大坂の道頓堀に劇場をつくった。これが現在の文楽座のおこりである。

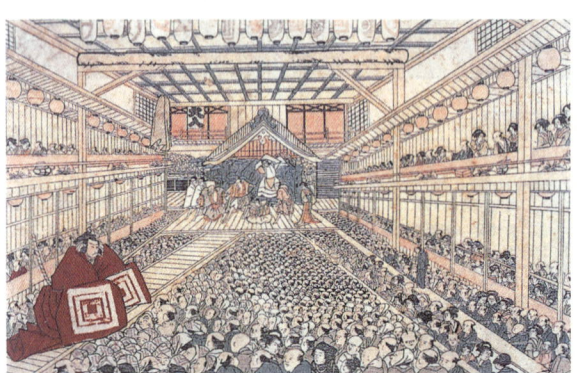

▲歌舞伎の劇場(江戸の中村座)

▲『仮名手本忠臣蔵』に描かれた大石良雄(▷p.225)の茶屋遊び

> **ポイント** 化政文化は、江戸中心の庶民文化。享楽的・民衆的性格をもつ文芸に、戯作・狂歌・川柳が登場する

4 美術

① 絵画 写生画・文人画のほか、浮世絵が広く普及するようになった。また、洋画も移入された。

② 写生画 円山応挙がでて写生を重んじ、洋画の遠近法・陰影法を加味した円山派を開いた。「雪松図屛風」が代表作。門人の呉春(松村月溪)は叙情性を重んじ、四条派をたてた。

(参考) 浮世絵の製作には、紙に絵を描く絵師と、絵に合わせて版木を彫る彫師と、1枚の紙に色がずれないように刷る摺師との3者による共同作業があった(▷p.280)。

❸ **文人画（南画）** 文人画とは，詩人・文人・学者のような教養人が描いた絵のことで，中国（明・清）の南宗画の影響をうけ，18世紀後半から南画とよばれてさかんになった。とくに池大雅と与謝蕪村らが有名である。

> **補説** 文人画の画家 池大雅が自然の妙を得た精神的な絵をもって文人画の地歩を確立し，俳人与謝蕪村の軽妙な俳画と並び称された。両人の合作である「十便十宜図」は有名である。豊後（大分県）の田能村竹田，備中（岡山県）の浦上玉堂も文人画にすぐれた。江戸では，谷文晁が狩野派から独立し，その弟子渡辺崋山は西洋画法による人物画にもすぐれた。

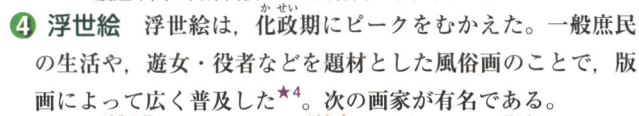

▲「十便十宜図」

❹ **浮世絵** 浮世絵は，化政期にピークをむかえた。一般庶民の生活や，遊女・役者などを題材とした風俗画のことで，版画によって広く普及した★4。次の画家が有名である。
① **鈴木春信**…多色刷版画＝**錦絵**を創始した。「弾琴美人」は有名である。
② **喜多川歌麿**…美人画を描いて頂点をきわめた。代表作に「婦女人相十品」があり，そのなかの「ポッピンを吹く女」（▷p.281）はとくに有名。
③ **東洲斎写楽**…役者絵・相撲絵などの絵をわずか1年間に約140点も描いた。役者絵の「市川鰕蔵」（▷p.281）はとくに有名。
④ **葛飾北斎**…風景版画に「富嶽三十六景」（▷p.281）を残すが，庶民を描いた「北斎漫画」も注目すべき作品である。
⑤ **歌川広重**…「東海道五十三次」・「名所江戸百景」などで，人気を博した。安藤広重★5という名は俗称である。なお，歌川国芳は風景版画のほか，風刺版画を残した。

❺ **洋画** 蘭学の興隆にともない，西洋画法も導入された。平賀源内は蘭書で洋画の手法を身につけ，親交のあった**司馬江漢**★6は**銅版画**★7を創始した。代表作に「不忍池図」（▷p.281）がある。同じく源内に学んだ秋田藩士の小田野直武は，『解体新書』（▷p.283）のさし絵を描いた。また，白河藩主松平定信に仕えた亜欧堂田善も独自に洋風画や銅版画を始めた。

★4 **浮世絵とフランス印象派とのつながり** 浮世絵における印象的手法は，海外にも影響を与えて，フランス印象派のおこる一因ともなった。

（注意）歌麿・写楽は，上半身肖像様式の大首絵で人気を集めた。

★5 安藤徳右衛門の子であったため，安藤広重とよばれてきた。

★6 司馬江漢は前野良沢（▷p.283）から蘭学を学び，地動説も紹介している。

★7 **銅版画** 絵画を銅版面にきざんで印刷したもの。薬品で腐蝕させてつくった。

ポイント
①浮世絵の人気…**鈴木春信**が多色刷版画＝**錦絵**を創始してから
②代表的画家…美人画の**喜多川歌麿**，役者絵の**東洲斎写楽**，風景画の**葛飾北斎**・**歌川広重**

テーマゼミ　山師，平賀源内

○平賀源内は1728(享保13)年に讃岐(香川県)高松藩の米倉の番人の子として生まれ，禄高は武士として最下位であった。長崎で本草学を学び，江戸で物産会(標本交換会)を開いて本草学者として知られるようになり，高松藩を辞して浪人となる。

○浪人となった源内は，自分の才能だけで生きるしかなかった。火浣布(耐火石綿布)をつくり，西洋式製陶法や綿羊飼育法を讃岐に伝え，箱型の摩擦発電器(エレキテル)で電気療法を考えたり，各地で鉱山採掘を試みたりした。しかし，事業としてはすべて失敗し，山師(さぎ師)とののしられた。滑稽本『風流志道軒伝』で，新しいものを理解しない世相を風刺し，浄瑠璃の台本を書いたり，西洋画法を修得したりしたが，その才能は世間にうけいれられなかった。そのいらだちからか，殺傷事件を起こして1779(安永8)年に牢死した。非凡な才能をもちながら，不遇な生涯だった源内を，「早すぎた万能の天才」という人もある。

▶平賀源内とエレキテル

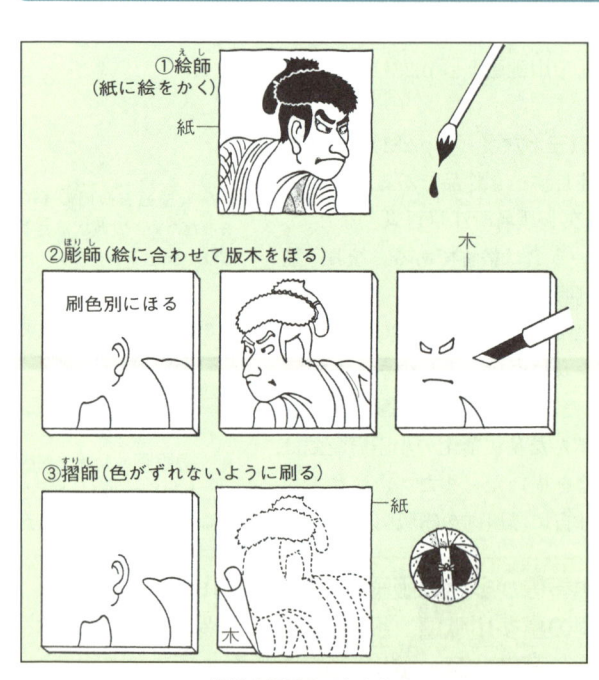

▲浮世絵版画のできるまで

①絵師(紙に絵をかく)
②彫師(絵に合わせて版木をほる)　刷色別にほる
③摺師(色がずれないように刷る)

▲おもな美術作品

〔浮世絵〕
「弾琴美人」	鈴木春信
「婦女人相十品」	喜多川歌麿
「高名美人六家撰」	喜多川歌麿
「市川鰕蔵」	東洲斎写楽
「富嶽三十六景」	葛飾北斎
「東海道五十三次」	歌川広重

〔写生画〕
| 「雪松図屏風」 | 円山応挙 |
| 「柳鷺群禽図屏風」 | 呉春 |

〔文人画〕
「十便十宜図」	池大雅・与謝蕪村
「亦復一楽帖」	田能村竹田
「公余探勝図」	谷文晁
「鷹見泉石像」	渡辺崋山

〔西洋画(洋風図)〕
「不忍池図」	司馬江漢
「西洋風俗図」	司馬江漢
「浅間山図屏風」	亜欧堂田善

8 化政文化

▲富嶽三十六景「凱風快晴」(葛飾北斎)

▲不忍池図(司馬江漢)

▲東海道五十三次「島田」(歌川広重)

▲雪松図屛風(円山応挙)

▲鷹見泉石像(渡辺崋山)

▲婦女人相十品「ポッピンを吹く女」(喜多川歌麿)

▲「市川鰕蔵」の竹村定之進(東洲斎写楽)

10章 幕藩体制の動揺

9 新しい学問

◆ 幕藩体制擁護の任をおびた儒学が停滞し始めたころ，新しい学問として国学と洋学が興ってきた。国学はやがて尊王運動の思想的な支柱となり，自然科学を中心とする洋学は幕末の軍事・技術改革を進めた。また封建制を批判する思想もあらわれた。

1 国学の発展

❶ **復古主義の主張** 古典研究により日本古来の道の探求をめざした国学は，実証的な文献研究とともに，儒学や仏教などの外来思想にとらわれない古代人の思想を理想とする復古主義の傾向をもった。京都伏見の神官荷田春満は，『古事記』などを研究して復古を説き，国学の学校の創設を幕府に訴えた。

❷ **賀茂真淵** 荷田春満に学び，『万葉集』の本質を雄々しい「ますらをぶり」にあるとし，儒教や仏教がはいってくる以前の日本人の心の情意の表現であると，高く評価した。彼は，『国意考』を著して古語の解明につとめた。

❸ **本居宣長** 賀茂真淵の門にはいり，国学を大成した。30余年をかけて大著『古事記伝』を著した。

　(補説) **本居宣長の考え** 伊勢松坂の医師で，鈴屋と称した。『源氏物語』を研究し『源氏物語玉の小櫛』において，文学の本質は「もののあはれ」を表現すべきものであり，儒教や仏教の影響をうけた勧善懲悪的な小説を排斥した。そして，『古事記』にこそ，漢意のまじらない，日本固有の精神があるとした。武家政治以前の古代を理想とし，武士・庶民の区別は絶対的なものでないと説いた。また，儒仏の教えを，「漢心」「ほとけごころ」として排斥し，「やまとごころ」を至高のものとしたが，ここには，古道を神の道とする信仰の境地が示されている。

▲本居宣長

人　名	おもな著書
荷田春満	『創学校啓』
賀茂真淵	『国意考』 『万葉考』
本居宣長	『古事記伝』 『玉くしげ』
平田篤胤	『古史伝』

▲国学の四大人
大人とは，すぐれた学者。

史料　本居宣長の説く国学の本質

万葉集をよくまなぶべし。此書は歌の集なるに，二典①の次に挙げて，道をしるに甚益ありといふは，心得ぬことに人おもふらめども，わが師大人②の古学のをしへ，専ここにあり。其説に，古の道をしらんとならば，まづいにしへの歌を学びて，古風の歌をよみ，次に古の文を学びて，古ぶりの文をつくりて，古言をよく知りて，古事記，日本紀をよくよむべし，古言をしらでは，古意はしられず，古意をしらでは，古の道は知りがたかるべし。

『うひ山ぶみ』

(注) ①２つの古典，つまり『古事記』と『日本書紀』。②賀茂真淵のこと。

9　新しい学問　283

❹ **国学の発展**　宣長死後の門人**平田篤胤**になると、排外的傾向が強まり、彼の始めた平田神道（**復古神道**）は、幕末の尊王攘夷運動の原動力ともなった。また、宣長の高弟の伴信友は文献的研究にすぐれた。塙保己一は、盲人ながら幕府の保護で和学講談所を開き、また小篇の古書の散逸を憂えて、『**群書類従**』★1 という大編修出版事業をなしとげた。

2 洋学（蘭学）

❶ **蘭学の始まり**　西川如見★2・新井白石らの海外地理研究が発端をなした。将軍吉宗は漢訳洋書の輸入を許可し、青木昆陽・野呂元丈らに蘭学を研究させた（▶p.256）。

　補説　**新井白石とシドッチ**　シドッチはイエズス会士で、屋久島（鹿児島県）に潜入したところを捕らえられ、江戸で監禁された。新井白石はシドッチを尋問して、西洋研究書『西洋紀聞』や世界地理書『采覧異言』を著した。『西洋紀聞』は、国際的な視野を広げるのに役だった。

❷ **解体新書**　**前野良沢**・**杉田玄白**・桂川甫周・中川淳庵ら7人が協同で翻訳した医学書。1774（安永3）年に刊行された。これ以後、オランダ書から西洋の学問を学ぶ糸口が開けた。

　補説　**解体新書と蘭学事始**　解体新書の原書は、ドイツ人クルムスの『解剖図譜』を、オランダのジクチンがオランダ語に訳した『ターヘル=アナトミア』である。翻訳の苦心談は、杉田玄白の『蘭学事始』にくわしい。

❸ **蘭学入門書の刊行**　杉田玄白の弟子大槻玄沢は、芝蘭堂で門人を教育したほか、入門書『**蘭学階梯**』を著した。大槻玄沢の門人稲村三伯は蘭和辞書『ハルマ（波留麻）和解』★3 を著した。これらによりオランダ語の学習が容易になった。

❹ **蘭学の発展**　医学では宇田川玄随が、天文学では『暦象新書』を書いて万有引力説や地動説を紹介した志筑忠雄、地理学では『大日本沿海輿地全図』を作成した伊能忠敬らが、すぐれた業績をあげた。

★1 『**群書類従**』　古典を収集し校訂したもの。国史・国文学の最大の史料集として重要であり、明治以後の研究に大きく貢献した。

★2 **西川如見**　天文暦学者として知られたが、経済にもくわしく、将軍吉宗に招かれて長崎から江戸に下った。長崎通詞（通訳）として得た海外事情の知識をもとに『華夷通商考』を著した。ほかに『百姓嚢』『町人嚢』の経済論がある。

区分	人名	著書と業績など
医学	前野良沢	『解体新書』(1774年)
医学	杉田玄白	『解体新書』(1774年)
一般	杉田玄白	『蘭学事始』(1815年)
一般	大槻玄沢	芝蘭堂で門人教育
		『蘭学階梯』(1788年)
語学	稲村三伯	『ハルマ（波留麻）和解』…宇田川玄真も協力
医学	緒方洪庵	適塾で門人教育
医学	宇田川玄随	『西説内科撰要』(1793年)
天文	志筑忠雄	『暦象新書』…引力説・地動説を紹介(1802年)
天文	高橋至時	寛政暦(1798年実施)
地理	伊能忠敬	『大日本沿海輿地全図』…実測図(1821年)
化学	宇田川榕庵	『舎密開宗』
物理	青地林宗	『気海観瀾』

▲蘭学者とその業績

★3 『**ハルマ和解**』　ハルマの『蘭仏辞典』を翻訳したもので、別名『江戸ハルマ』という。長崎ではヅーフが通詞と協力して『ヅーフハルマ』を刊行した。こちらを長崎ハルマという。

◀『解体新書』の扉絵

テーマゼミ　オランダ正月

○1794（寛政6）年閏11月11日（太陽暦1795年1月1日），江戸の蘭学者たちが，大槻玄沢の芝蘭堂に集まり，新年を祝って新元会を催した。いわゆるオランダ正月である。長崎出島のオランダ商館で毎年行われていた祝賀の会を，江戸の蘭学者もこの年から始めたのだ。

○3つのテーブルを囲んで談笑している蘭学者が28人，そしてこの席に招待された椅子に座る洋服の人物は，ロシアから帰った大黒屋光太夫（▷p.263）である。机の上には洋酒らしき瓶があり，各自の前にはナイフとフォークが並べられている。それにしても，太陰暦がもっぱら行われていた江戸時代（今から200年以上も前）に，太陽暦で正月を祝った人々がわが国にもいたのである。

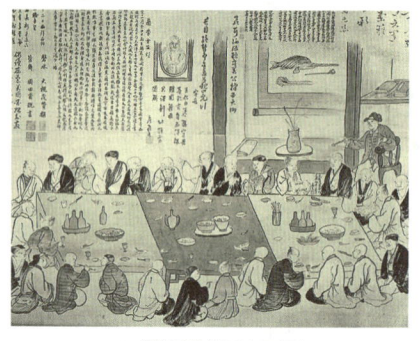

▲「芝蘭堂新元会の図」

❺ 幕府の統制と抑圧
幕府は蘭学の有用性に着目して，1811（文化8）年に**蛮書和解御用**★4を設け，大槻玄沢らを登用して翻訳・出版を進めた。しかし，幕藩体制に批判的になると弾圧を加えた。その代表に，**シーボルト事件**と**蛮社の獄**（▷p.267）がある。

（補説）**シーボルト事件**　オランダ商館付のドイツ人医師シーボルトは，長崎郊外鳴滝村に住むことを許され，この鳴滝塾で医学・博物学を講じた。1828（文政11）年の帰国に際し，門人の高橋景保（幕府天文方）は，国禁の日本の地図を餞別に贈って処罰された。これをシーボルト事件という。シーボルトは著書『日本』で日本を紹介した。★5 間宮海峡の名を世界に紹介したのもシーボルトである。

（補説）**種痘所**　天然痘予防の種痘を行った民間施設。1858（安政5）年に神田（東京都）に設立。幕府が接収し，のち医学所と改称した。

▲伊能忠敬の測量に際して従者が携えた印旗

3 政治・社会思想の発達

❶ 政治・社会への批判
幕藩体制の矛盾が深まるなかで，政治や社会に対する批判や改革論が多面的に登場した。

❷ 安藤昌益
陸奥八戸（青森県）の町医者**安藤昌益**は，『**自然真営道**』『統道真伝』を書いて，武士が百姓から年貢を収奪する社会を「法世」として批判し，万人がみずから耕作する「自然世」を理想として，農本主義的な平等社会を主張した。

❸ 山片蟠桃
大坂の町人学者**山片蟠桃**は『**夢の代**』で科学的合理的思考を徹底させ，地動説や無神論（無鬼論）を展開した。

★4 蛮書和解御用　高橋景保の建議で幕府天文方に設置された。のち，蕃書調所→洋書調所→開成所に発展した。

★5 日本を海外に紹介した外国人　長崎に来たドイツ人医師ケンペル（『日本誌』）やスウェーデン医師ツンベルグ（『日本植物誌』）ら。

人　名	著　書	思想の要点
安藤昌益(1707?〜1762)	『自然真営道』『統道真伝』	万人が直耕する「自然世」を理想とし、農民以外の階級や忠孝思想を否定。
海保青陵(1755〜1817)	『稽古談』	武士の非生産性を指摘。商業蔑視を否定し商品経済の発展・商行為を是認。
本多利明(1743〜1820)	『西域物語』『経世秘策』	重商主義を展開。商工業・貿易・蝦夷地開発を奨め、学問の封建性を批判。
山片蟠桃(1748〜1821)	『夢の代』	合理主義を主張。社会的分業と貿易を説き、無神論を展開。地動説を説く。
司馬江漢(1747〜1818)	『春波楼筆記』	合理的精神を尊重し、偏狭な国民性を批判。
佐藤信淵(1769〜1850)	『経済要録』『宇内混同秘策』	産業の国有と国民皆労の理想社会を提唱。『宇内混同秘策』は海外侵略を説く。

▲おもな社会批評家とその業績

❹ **経世論**　幕藩体制の改良を説く改革論。
①**海保青陵**…商品経済に依拠した積極的な殖産興業策を主張した。
②**本多利明**…開国交易と蝦夷地開発による富国策を説いた。
③**佐藤信淵**…産業の国家統制と貿易による強力な国家権力の創出を論じた。

史料　安藤昌益の階級社会批判

上無ければ下を責め取る奢欲①も無く、下無れば上に諂ひ巧むことも無し、故に恨み争ふことも無し。故に乱軍の出ることも無く、……各耕して子を育て、子壮になり、能く耕して親を養ひ子を育て、一人之を為れば万万人之を為て、貪り取る者無ければ貪らるる者も無く、転定②も人倫も別つこと無く、転定生ずれば人倫耕し、此の外一点の私事無し。是れ自然の世の有様なり。　　　　『自然真営道』

注　①欲望。②天地。

史料　本多利明の開国論

都て大造なる国務も、威儀、城郭も、我国の力のみを以てすれば、国民疲れて大業なしがたし。外国の力を合てするを以て、其事如何なる大業にても成就せずと云ことなし。……日本は海国なれば渡海運送交易は固より国君①の天職最第一の国務なれば、万国へ船舶を遣りて、国用の要用たる産物、及び金銀銅を抜き取て②日本へ入れ、国力を厚くすべきは海国具足③の仕方なり。　　　　『経世秘策』

注　①将軍。②輸入する。③備わっている。

テーマゼミ 安藤昌益の思想

○安藤昌益は秋田に生まれ，陸奥八戸で町医者を開業していた。彼の経歴はほとんど不明であるが，**本草学（博物学）**と医学を修めていたようである。『**自然真営道**』と『**統道真伝**』の著書は明治になって発見され，その思想の独自性がわかってきた。

○「聖人は不耕にして（耕さず），衆人の直耕耕業の穀を貪食し（奪いとり），口説を以て直耕転職（天職）の衆人を誑かし，自然の転下（天下）を盗み，上に立ちて王と号す」「真の仁は，直耕して奪者の聖人に与えて徳を転（天）と同じくする者にして，是れ衆人なり」というように，天皇・貴族・武士などの支配層は，むかし万人が耕作に従っていた平和安逸の世に，邪智奸言をもってあらわれ，支配権を手中にした者の末で，本当の聖人とは，汗を流して耕作に従事する農民にこそふさわしい称である，と主張している。封建的身分制や商業などを否定した農本主義者である。

❺ **尊王攘夷論** 水戸学者の**会沢安（正志斎）**は『新論』を書き，尊王論と攘夷論を結びつけた**尊王攘夷論**を説いて，幕末の尊王攘夷運動に大きな影響を与えた。

（補説）**攘夷論** 排外思想のことをいう。外国人を排除し，入国させないもので，江戸末期に尊王論と結びつき，尊王攘夷論を形成した。攘夷は，夷狄を攘けるという意味である。

▲『自然真営道』のさしえ

ポイント
① 宣長以後の国学→古道探求の**平田篤胤**と古典研究の**塙保己一**に分裂
② **享保の改革**での漢訳洋書輸入の解禁が，**洋学**の発達を促す
③ **尊王論**が倒幕論と結びつくのは，幕末になってから

10 教育と信仰

◆ 18世紀末になると，藩校・私塾・寺子屋などの数がふえ，教育が普及し，識字率は高くなった。この教育の普及は，文化が地方に広がる基礎ともなり，のちに明治政府の義務教育策を定着させる下地になった。また，明治以後発展する**教派神道**（▷p.288, 327）の基礎が，この時期に形成された。

1 教育の普及

❶ **藩校の設立** 幕府の**昌平坂学問所**に対し，諸藩でも，18世紀末ごろまでに藩士教育のために藩校（藩学）を設立した。

❷ **郷　学** 庶民教育のためのもので，岡山藩の**閑谷学校**★1が有名である。

★1 閑谷学校　17世紀後半，岡山藩主池田光政が閑谷村（岡山県）に建てた郷学（郷校）で，郷学のはしりといわれる。

❸ **儒学中心の私塾**
① 懐徳堂…大坂町人が出資してつくった学校で，合理主義を尊び，富永仲基や山片蟠桃(▷p.284)らの町人学者を生んだ。
② 松下村塾…長州の萩で吉田松陰が2年ほど主宰し，高杉晋作・伊藤博文・山県有朋など，明治維新の人材を多く出した。
③ 咸宜園…豊後(大分県)では，三浦梅園★2・帆足万里★3・広瀬淡窓の儒学者が出た。広瀬淡窓は日田に咸宜園をおこした。

❹ **国学の私塾** 本居宣長の鈴屋(松坂)(▷p.282)と，平田篤胤の気吹之舎(江戸)が有名である。
❺ **洋学の私塾** 緒方洪庵の適塾(大坂)が，福沢諭吉・橋本左内・大村益次郎らの人材を出したことで，とくに名高い。
❻ **心　学**★4 京都の石田梅岩が始めた町人哲学である。神儒仏思想を混合し，倹約と正直を説き，町人の営利行為を道徳的に正当化した。講話は易しく，他の塾と異なり女性の聴講も認めたから，京都・大坂の町人層に大いにうけいれられた。ただし，身分秩序や封建道徳は肯定・尊重した。
❼ **心学舎** 石田梅岩の死後，門人の手島堵庵や中沢道二が心学の普及につくし，心学舎は近畿を中心に全国に広まった。
❽ **寺子屋** 民間につくられた初等教育施設である。生徒数は，だいたい20〜30人ぐらいの小規模なものであった。19世紀初めから全国的に数がふえた。
❾ **寺子屋の教育内容** 読み・書き・算盤を教えた。教材としては童子訓，『庭訓往来』『女大学』などが使われ，庶民の識字率は高くなった。

藩	校　　名
秋田	明徳館
庄内	致道館
米沢	興譲館
仙台	養賢堂
会津	日新館(稽古堂)
水戸	弘道館
尾張	明倫堂
加賀	明倫堂
岡山	花畠教場…最古の藩校 閑谷学校…郷学
長州	明倫館
福岡	修猷館
熊本	時習館
薩摩	造士館

▲おもな藩校と郷学

場所	学主	塾名	区分
近江	中江藤樹	藤樹書院	陽明学
京都	伊藤仁斎	古義堂	古学
江戸	荻生徂徠	蘐園塾	古学
大坂	三宅石庵	懐徳堂	儒学他
〃	中井竹山	〃	〃
豊後	広瀬淡窓	咸宜園	儒学
松坂	本居宣長	鈴屋	国学
江戸	平田篤胤	気吹之舎	国学
江戸	大槻玄沢	芝蘭堂	蘭学
大坂	大塩平八郎	洗心洞	陽明学
大坂	緒方洪庵	適塾	蘭学
長崎	シーボルト	鳴滝塾	蘭学
萩	吉田松陰	松下村塾	一般

▲おもな私塾

★2 **三浦梅園** 豊後の儒学者で，『玄語』(哲学原理)・『価原』(物価論)などの著書がある。

★3 **帆足万里** 豊後日出藩の藩校教授をつとめた儒学者。『窮理通』で西洋自然科学の世界観を説き，『東潜夫論』で経世策を述べた。

★4 **心　学** 石門心学ともいう。石田梅岩には『斉家論』『都鄙問答』の著書がある。

▲寺子屋　渡辺崋山「一掃百態」より。

補説 寺子屋で使われた教材
①童子訓…児童教育書。貝原益軒の『和俗童子訓』など。
②『庭訓往来』…手紙のやりとりの形式で武士・庶民の日常生活に必要な用語を網羅。室町初期の成立という。
③『女大学』…徹底した封建道徳による女性の教訓書。

2 信仰と生活

❶ 神仏への信仰 神仏に対して，現世の利益を願う傾向[★5]が高まり，神仏の区別なく信仰された。

❷ 信仰に結びついた行事 日の出を待つ日待，月の出を拝する月待，庚申の夜に集会する庚申講などの行事は，民間信仰として成立したものであるが，茶菓や酒を飲みながら談笑をかわす大きな娯楽でもあった。

❸ 寺社への参詣 伊勢の御師（▷p.174）によって伊勢信仰が広まり，各地で伊勢参宮のための伊勢講がつくられた。出雲講や修験道系の大峰講・富士講[★6]もさかんであった。また，善光寺詣や金毘羅参り[★7]も流行した。これらは，信仰心を満足させたほか，旅行という楽しみを与えた。

▲お蔭参り（歌川広重）

補説 お蔭参り 伊勢神宮のお札が降ったうわさなどで，大挙して自由に伊勢神宮へ参詣したもので，抜け参りともいった。1705（宝永2）年に最初に起こり，以後約60年ごとにくり返された。身分と格式によってしばりつけ，旅行するにも申請・許可を必要とする幕藩体制の抑圧に対する，庶民のエネルギーの発散であった。

❹ 寺社の祭礼・縁日 本来は信仰の対象であった寺社の祭礼・縁日や地方の有名寺社の出開帳には，露店や各種の芸能を興行する小屋がならんだ。相撲も人気を博し，寺社の興行する富くじなどがさかんに行われた。

❺ 地方文化の広がり 旅の流行は地方への関心を高めた。数多くの名所記・名所図会・評判記が出され読まれた。また，出羽（秋田）の自然と農民の生活を記録した菅江真澄や，越後の雪国での生活を『北越雪譜』に著した鈴木牧之は，地方の自然と生活を，愛着の目で実証的に描き，紹介した。

❻ 民衆宗教 社会の変動に生活の不安をつのらせ，苦しい生活からの救済を願う民衆に応え，民衆救済を唱える新しい民衆宗教（のちに教派神道[★8]）が各地に生まれ，急激に広まった。
①黒住教…1814（文化11）年，岡山の黒住宗忠が創始した。
②天理教…1838（天保9）年，奈良の中山みきが創始した。
③金光教…1859（安政6）年，岡山の川手文治郎が創始した。

[★5] 出雲の神は縁結び，えびす・大黒は福の神，稲荷・不動は商売繁盛，八幡神は武芸，鬼子母神・地蔵は子育てなどというように，神仏の霊験が特定化された。

[★6] 大峰講・富士講 修験道系（▷p.107）では，大峰山（大和）・富士山などへの信仰が有名で，各地で講が組織された。

[★7] 善光寺詣は長野の善光寺，金毘羅参りは讃岐（香川県）の金毘羅大権現（金刀比羅宮）へそれぞれ団体で出かけたことをいう。

参考 富くじのしくみ
寺社などの興行主が，数万にわたる富札を発行し，それと同数の番号札を富箱に入れ，きりで突き刺して取り出したものを当たり番号として多額の賞金を出した。なお，江戸では谷中天王寺・目黒不動・湯島天神のそれを三富といった。

[★8] 教派神道 明治になり公認された神道を教派神道という。13の教派があった。

テスト直前要点チェック

	問	答
①	浅間山大噴火につぐ洪水や冷害による大飢饉を何というか。	天明の飢饉
②	名主から水呑まで村民全員が参加する一揆を何というか。	惣百姓一揆
③	享保の改革を推進し，米公方といわれた8代将軍は誰か。	徳川吉宗
④	参勤交代の軽減と引き換えに，大名に献米を命じた政策は何か。	上げ米
⑤	標準禄高以下の者に在職中だけ不足分を支給する制度は何か。	足高の制
⑥	金銀貸借の訴訟を当事者間で解決させる，1719年発令の法令は何か。	相対済し令
⑦	❸の命で編修された2巻からなる幕府の基本法典を何というか。	公事方御定書
⑧	18世紀，積極的な経済政策により財政再建をめざした老中は誰か。	田沼意次
⑨	寛政の改革を行った白河藩主の老中は誰か。	松平定信
⑩	❾が無職者に資金を与え，農村に帰るよう奨励した法令は何か。	旧里帰農令
⑪	飢饉に備え，米穀の貯蓄を諸藩に命じた政策を何というか。	囲米
⑫	旗本・御家人救済のため，札差に借金を放棄させた法令は何か。	棄捐令
⑬	町々の町費を節約させ，その7割を積み立てさせた政策は何か。	七分積金の制
⑭	江戸の石川島に設けられた無宿者収容所を何というか。	人足寄場
⑮	湯島聖堂で朱子学以外の講義や研究を禁じた政策を何というか。	寛政異学の禁
⑯	幕府の海防政策を批判し，発禁となった林子平の著作は何か。	海国兵談
⑰	竹内式部が，京都で尊王論を説いて追放された事件を何というか。	宝暦事件
⑱	1792年，根室に来航して通商を求めたロシア使節は誰か。	ラクスマン
⑲	1804年，長崎に来航したロシア使節は誰か。	レザノフ
⑳	1811年，国後島で捕らえられたロシア軍艦の艦長は誰か。	ゴローウニン
㉑	1808年，長崎で薪水・食料を強要したイギリス軍艦を何というか。	フェートン号
㉒	幕府の窮民対策の遅れに反対し挙兵した旧幕吏の陽明学者は誰か。	大塩平八郎
㉓	1837年，異国船打払令でアメリカ商船が撃退された事件は何か。	モリソン号事件
㉔	㉓を批判した渡辺崋山・高野長英らが処罰された事件は何か。	蛮社の獄
㉕	天保の改革の指導者は誰か。	水野忠邦
㉖	『偐紫田舎源氏』(天保の改革で絶版)を著した合巻作者は誰か。	柳亭種彦
㉗	物価高騰の抑制のために，解散を命じられた組織は何か。	株仲間
㉘	天保の改革で行われた強制的帰農政策を何というか。	人返しの法
㉙	江戸・大阪城周辺の私領を幕府領にしようとした政策は何か。	上知(上地)令
㉚	藩政改革に成功し，幕末に力をもった藩を何というか。	雄藩

10章 幕藩体制の動揺

№	問題	解答
㉛	薩摩藩の家老で，藩財政建て直しを担当した人物は誰か。	調所広郷
㉜	専売制の改革など，財政の再建を行った長州藩士は誰か。	村田清風
㉝	徳川斉昭が創設した水戸藩の藩校を何というか。	弘道館
㉞	文化・文政時代に江戸を中心に発達した文化を何というか。	化政文化
㉟	『仕懸文庫』などを著し，寛政期に手鎖50日に処された作家は誰か。	山東京伝
㊱	天保期に『春色梅児誉美』を著し処分された作家は誰か。	為永春水
㊲	伝奇小説集『雨月物語』を著した読本作家は誰か。	上田秋成
㊳	錦絵とよばれる多色刷りの浮世絵版画を創始した人物は誰か。	鈴木春信
㊴	「婦女人相十品」などの美人画を描いた浮世絵師は誰か。	喜多川歌麿
㊵	役者の大首絵を100種以上残し，画筆を絶った画家は誰か。	東洲斎写楽
㊶	「富嶽三十六景」などの風景版画の作者は誰か。	葛飾北斎
㊷	「東海道五十三次」などの風景版画の作者は誰か。	歌川広重
㊸	日本の銅版画を創始した画家は誰か。	司馬江漢
㊹	エレキテル(発電機)の作製など多方面で活躍した人物は誰か。	平賀源内
㊺	荷田春満の門人で『国意考』『万葉考』を著した人物は誰か。	賀茂真淵
㊻	伊勢松坂の医者で，国学を大成した人物は誰か。	本居宣長
㊼	㊻の影響をうけ，復古神道を始めた人物は誰か。	平田篤胤
㊽	塙保己一が日本の古書を集大成した書物を何というか。	群書類従
㊾	前野良沢・杉田玄白らにより翻訳された西洋医学書を何というか。	解体新書
㊿	大槻玄沢の著した蘭学入門書を何というか。	蘭学階梯
51	日本最初の蘭和辞書『ハルマ和解』をつくったのは誰か。	稲村三伯
52	「大日本沿海輿地全図」を作成した人物は誰か。	伊能忠敬
53	『自然真営道』で万人直耕の世を理想とした思想家は誰か。	安藤昌益
54	『夢の代』を著した大坂の町人学者は誰か。	山片蟠桃
55	『経済要録』を著し，産業国営化と貿易振興を説いた人物は誰か。	佐藤信淵
56	岡山藩主池田光政が建てた郷学(郷校)を何というか。	閑谷学校
57	18世紀に大坂町人の出資で建てられた私塾を何というか。	懐徳堂
58	幕末，長州の萩で吉田松陰が教えた私塾を何というか。	松下村塾
59	緒方洪庵が大坂に開いた蘭学塾を何というか。	適塾
60	町人の生活哲学を説く心学を始めた人物は誰か。	石田梅岩
61	読み・書き・そろばんを教えた庶民の教育施設を何というか。	寺子屋
62	川手文治郎を教祖とする民衆教派神道を何というか。	金光教

第4編
近代・現代

東京駅

11章 近代国家の成立

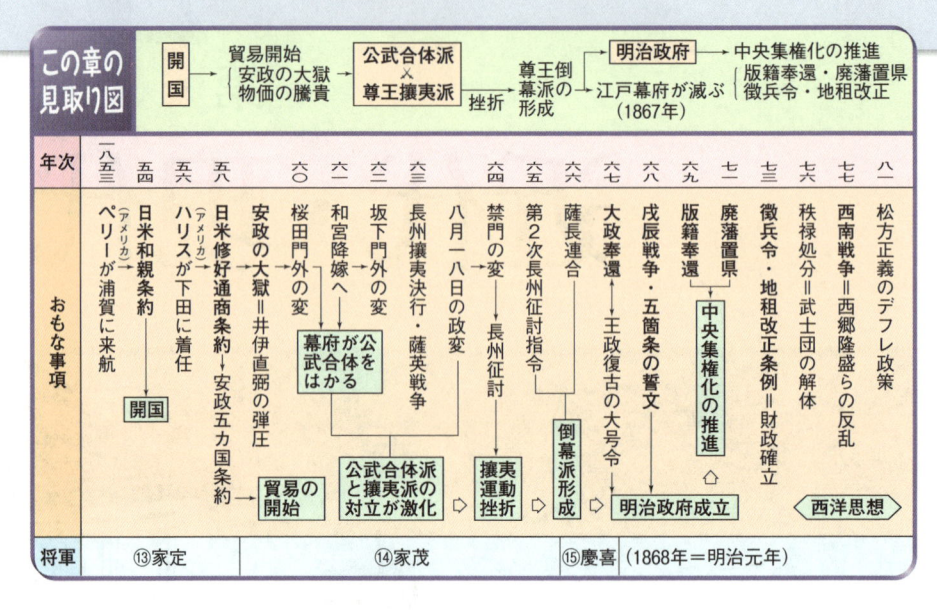

この章の見取り図

開国 → 貿易開始／安政の大獄／物価の騰貴 → 公武合体派×尊王攘夷派 → 尊王倒幕派の形成 挫折 → 明治政府／江戸幕府が滅ぶ（1867年） → 中央集権化の推進／版籍奉還・廃藩置県／徴兵令・地租改正

年次	おもな事項
一八五三	ペリーが浦賀に来航（アメリカ）
五四	日米和親条約 → 開国
五六	ハリスが下田に着任（アメリカ）
五八	日米修好通商条約＝安政五カ国条約／安政の大獄＝井伊直弼の弾圧 → 貿易の開始
六〇	桜田門外の変
六一	和宮降嫁へ／幕府が公武合体はかる
六二	坂下門外の変／生麦事件 → 公武合体派と攘夷派の対立が激化
六三	長州攘夷決行・薩英戦争／八月一八日の政変 → 攘夷運動挫折
六四	禁門の変／第2次長州征討指令／長州征討
六五	薩長連合 → 倒幕派形成
六七	大政奉還／王政復古の大号令 → 明治政府成立
六八	戊辰戦争・五箇条の誓文／版籍奉還
六九	廃藩置県／中央集権化の推進
七一	
七三	徴兵令・地租改正条例＝財政確立
七六	秩禄処分＝武士団の解体
七七	西南戦争＝西郷隆盛らの反乱
八一	松方正義のデフレ政策 ＜西洋思想＞

| 将軍 | ⑬家定 | ⑭家茂 | ⑮慶喜（1868年＝明治元年） |

1 ペリー来航と開国

◆ 18世紀末からのロシア船の来航（▷p.264）について，イギリス・アメリカの艦船が来航（▷p.272）した。そしで，アメリカのペリーの来航と日米和親条約の締結によって開国，ついで日米修好通商条約によって貿易が始まり，資本主義的世界市場に組みこまれた。

1 欧米諸国のアジア進出

❶ **オランダ国王の開国勧告** 1844（弘化元）年，オランダ国王**ウィレム2世**は，日本に親書を送り，アヘン戦争（▷p.268）を教訓にして世界の大勢を説き，中国の二の舞をさけるよう勧告した。しかし，幕府は，厚意には感謝したものの鎖国という「祖法」を理由として，開国を拒否した。

❷ **ビッドル提督の来航** アメリカは中国貿易に力をいれ，その商船や捕鯨船の寄港地として日本に関心をもっていた。1846（弘化3）年，アメリカの東インド艦隊司令長官**ビッドル**が，軍艦2隻を率いて浦賀（神奈川県）に来航した。彼は通商を要求したが，幕府はこれも拒絶して，態度を変えなかった。

（参考）**琉球への開国要求** 1844（弘化元）年と1845（弘化2）年，フランス船とイギリス船が琉球に来航して，琉球の開国を要求する事件が起こっている。

2 ペリーの来航と和親条約

❶ **ペリー来航の目的**　アメリカ大統領フィルモアの国書を手渡し、日本を開国させることにあった。

> 補説　**大統領フィルモアの国書**　その内容は、①日本沿岸での遭難アメリカ船員の救助と保護、②日米両国の自由貿易、③カリフォルニア・中国間の定期船のための貯炭所設置、などであった。

❷ **ペリー来航の航路および状況**　**ペリー**はアメリカから東廻りで大西洋・インド洋を経て香港・上海に達し、さらに、4隻の軍艦を率い琉球・小笠原諸島を経て、1853（嘉永6）年6月、**浦賀**沖に姿をあらわした。あらかじめ日本の事情を詳細に研究し、かたい決意で来航したペリーは、長崎へ回航するようにという幕府の命令をきかず、強硬な態度を示して国書をうけとらせ、回答をうけとるために、翌年再来日することを予告して去った。

❸ **幕府の対策とその結果**　老中首座の**阿部正弘**（備後福山藩主）は、事態を朝廷に報告したあと、幕府の役人や諸大名★1の意見を徴した。幕府は、朝廷や諸大名らと意思を一致させることで、対外的な危機を乗りこえようとしたのである。しかし、結果は、朝廷や諸大名の政治的発言力の強化を招き、国論を分裂させることになった。

❹ **諸藩の態度**　戦争を回避する手段としての開国論から、水戸前藩主の**徳川斉昭**に代表される強硬な鎖国・攘夷までのさまざまな意見が出された。

❺ **ペリーの再来日**　いったん中国に去ったペリーは、**プチャーチン**★2の来日の報に接するや、翌1854（安政元）年1月に再来日した。今回は軍艦7隻を率い、江戸湾内を測量し、軍事的圧力を加えながら、前年の国書に対する回答を要求した。

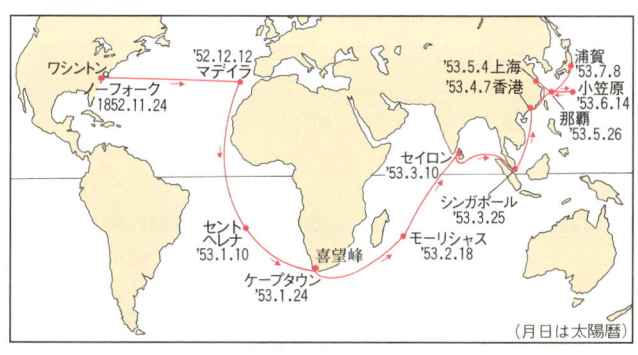

★1 **諸大名との提携**
12代将軍家慶はペリーが立ち去ると間もなく死去。そのあと将軍となった家定は病弱であった。このため、老中阿部正弘は外様の雄藩とも提携しようとした。また、大船建造の解禁、台場（砲台）の構築、洋式訓練の採用などの改革を実施した。

★2 **プチャーチン**
ロシア海軍提督プチャーチンは、ペリー来航より1カ月後、軍艦4隻を率いて長崎に来航した。北方の国境画定と通商を要求したが、幕府は、これを拒否した。当時ロシアはクリミア戦争中で、イギリス・フランスの艦船にあうと交戦の危険があったので、プチャーチンは交渉なかばで退去した。彼は、その後も長崎・箱館・下田（静岡県）などにたびたび来航し、1854（安政元）年、ペリーにつづいて日露和親条約の調印にあたった。

▲ペリー艦隊の来航図

○あめりかの米よりくはぬ国なれど日本人はあわをくふなり
○陣羽織異国から来て洗いはりほどいて見れば裏が（浦賀）大変
○泰平の眠りをさます上喜撰（蒸気船）たった四はい（四隻）で夜もねむれず

▲**開国前後の落首**
ペリーの軍艦（黒船）に驚いているようすがわかる。上喜撰は高級茶の一種。

❻ **日米和親条約の締結** 幕府はやむなく神奈川(現在の横浜市中区)にペリーをむかえ、大学頭の林韑らを交渉にあたらせた。この結果、1854(安政元)年3月、日米和親条約(神奈川条約ともいう)が結ばれた。

❼ **日米和親条約の内容** 全文12条からなり、重要な点は次の4点である★3。
①難破船の乗組員を救助すること。
②下田・箱館2港を開き、薪水・食料・石炭の供給地とすること。
③アメリカに一方的な最恵国待遇★4を与えること。
④下田に領事の駐在を認めること。

❽ **イギリス・ロシア・オランダとの交渉** 日米和親条約につづいて、日英・日露・日蘭条約が、長崎の開港のほか、ほぼ同じような内容で結ばれた。

❾ **北辺の国境画定** 日露和親条約によって、両国の国境は択捉島と得撫島の間に設定されたが、樺太は、両国雑居の地とされた(▷p.318)。

❿ **幕府と藩の動向** 幕府は国防を充実させるため、①大名に武家諸法度で禁止した大船建造を許可、②伊豆韮山代官の江川英龍(太郎左衛門)に、品川沖の台場(砲台)築造と韮山(静岡県)の反射炉建設を命令(▷p.274)、③長崎に海軍伝習所、江戸に洋学の教育と翻訳機関の蕃書調所(のち開成所となる)、

★3 日米和親条約は、貿易を認めたものでないことに注意しよう。

★4 日米和親条約の最恵国待遇 他の国と結んだ条約において、日本がアメリカに与えたよりも有利な条件を認めたときは、アメリカにも自動的にその条件が認められる。しかし、アメリカに最恵国待遇を認めただけで、アメリカは日本に最恵国待遇を認めないので、この点で、一方的であり、不平等であった。

(注意) 日米和親条約で開港された箱館は、現在の函館にあたる。文字が異なることに注意。箱館の名は、15世紀中ごろから使われていたが、1869(明治2)年、開拓使が置かれたときに函館と改名された。

史料 日米和親条約

第一条　日本と合衆国とは、其人民永世不朽の和親を取結ひ、場所・人柄の差別これなき事。

第二条　伊豆下田・松前地箱館①の両港は、日本政府に於て、亜墨利加船薪水・食料・石炭欠乏の品を、日本にて調候丈は給し候為め、渡来の儀差免し候。……

第三条　合衆国の船、日本海浜漂着の時扶助いたし、其漂民を下田又は箱館に護送し、本国の者受取申すべし。……

第九条　日本政府、外国人え当節亜墨利加人え差免さず候廉相免し候節は、亜墨利加人えも同様差免し申すべし。……

第十一条　両国政府に於て拠なき儀これ有り候時は模様により、合衆国官吏②のもの下田に差置候儀もこれ有るべし。尤も約定③調印より十八ヶ月後にこれ無く候ては、其儀に及ばず候事。

『幕末外国関係文書』

(注) ①下田は即時、箱館は1855(安政2)年3月から開港された。なお、いまの函館は、明治初年まではこのように箱館の文字を使った。②外交官のこと。③条約のこと。

幕臣に軍事教育を行う講武所の設置、④天然痘の予防接種を行う種痘所を直轄し、西洋医学の教育と研究を行う医学所と改称（▷p.284）、などの対応をとっていった。

諸藩でも、①薩摩藩では積極的に殖産興業政策を進め、反射炉や造船所、集成館とよばれる洋式工場群を建設し、外国商人から洋式武器を購入して藩軍事力の強化をはかり、②水戸・長州・佐賀藩などでも、反射炉の築造、大砲の製造、武器や軍艦の輸入による軍事力の強化につとめた（▷p.274）。

3 通商条約をめぐる交渉

❶ **ハリスの来日** 日米和親条約に基づき、1856（安政3）年7月、初代総領事としてハリスが来日し、下田にやってきた。ハリスの主たる任務は、通商条約の締結にあった。

❷ **通商条約の交渉** ハリスは、着任の翌1857（安政4）年将軍に謁見し、阿部正弘にかわった老中首座の堀田正睦（下総佐倉藩主）らに世界情勢を説き、アメリカと条約を結べば、イギリス・フランスの日本侵略を防ぐことができるとして、通商条約の調印を迫った。

❸ **条約の勅許問題** 幕府は、通商条約の調印に反対する攘夷派を抑えるため、勅許（天皇の許可）を得ることにした。しかし、将軍継嗣問題がからみ事態は紛糾し、勅許は得られなかった。

> 補説　**将軍継嗣問題**　13代将軍家定は病弱で子がなく、そのあとつぎ（継嗣）をめぐって対立が起こった。血筋のもっとも近い紀伊藩主の徳川慶福（12歳）をおす幕臣や譜代大名の南紀派と、聡明で年長の徳川斉昭の子一橋家の徳川慶喜（21歳）をおす親藩や外様大名中心の一橋派が対立していた。それまで幕政から排除されてきた親藩・外様の諸大名は、対外問題を機会に幕政に関与しようとしたのである。

❹ **通商条約の締結** 条約の勅許が得られなかったことで、幕府の権威がゆらいだ。そのため南紀派の代表で彦根藩主の井伊直弼が大老となり、1858（安政5）年6月、勅許を得ないまま幕府の独断で調印した[★5]。これが日米修好通商条約である。ついで慶福を将軍継嗣に決定、家定の死去により慶福は家茂と改名し、14将軍になった。

❺ **日米修好通商条約の内容** 全文14条からなり、重要なのは次の5点である。治外法権を認め、関税自主権をもたない不平等条約で、後日、条約改正が明治政府の重要な外交課題となった。

▲ハリス

▲当時の伊豆下田の玉泉寺
アメリカ総領事館があった。

★5　中国（清）では、アロー戦争→天津条約（1858年）で植民地化が進んだ。ハリスはイギリス・フランスの脅威を説き条約締結をせまった。

①神奈川・長崎・新潟・兵庫の開港★6と江戸・大坂の開市。
②通商は自由貿易とすること。
③開港場に居留地をさだめ，一般外国人の居住・営業は認めるが，国内旅行を禁止すること。
④領事裁判権を認める→治外法権を認めたこと。
⑤関税は相互で決定する→関税自主権がないこと。

❻ 安政の五カ国条約　日米修好通商条約についで，オランダ・ロシア・イギリス・フランスとも同様の条約を結んだ。これらをまとめて安政の五カ国条約という。

❼ 安政の大獄　井伊直弼による幕府の独断専行を非難した一橋派の人びとに対しては，大弾圧が加えられた。徳川斉昭・松平慶永（越前藩主）らは隠居や謹慎を命じられ，越前藩士の橋本左内，長州藩士の吉田松陰（▷p.287），もと若狭小浜藩士の梅田雲浜，頼三樹三郎らは処刑された（1858年7月～59年）。

❽ 桜田門外の変　井伊直弼の処置に憤慨した水戸脱藩士たちは，江戸城桜田門外で井伊を殺害した（1860年3月）。

★6 条約による開港
和親条約で開港された港のうち，下田は閉港されることになったので，箱館・神奈川・長崎・新潟・兵庫の5港の開港が決められた。ところが，神奈川は横浜にすりかえられ，兵庫（1868年開港）・新潟（1869年開港）の開港は遅れたので，初めは，箱館・横浜・長崎の3港で貿易した。

(注意)　日米修好通商条約の成立と勅許　1860（万延元）年に，日米修好通商条約の批准書交換のために日本の使節がワシントンに派遣され，勝義邦（海舟）らは別に軍艦咸臨丸で随行した。条約はその後，1865（慶応元）年に勅許された。

史料 日米修好通商条約

第一条　向後日本大君①と，亜墨利加合衆国と，世々親睦なるべし。……
第三条　下田・箱館港の外，次にいふ所の場所を，左の期限より開くべし。
　神奈川　西洋紀元1859年7月4日　／長崎　同断　／新潟　1860年1月1日／
　兵庫　1863年1月1日　神奈川港を開く後六ヶ月にして，下田港を閉鎖すべし。
　江戸　1862年1月1日　／大坂　1863年1月1日
　右二ヶ所②は亜墨利加人，唯商売を為す間にのみ，逗留する事を得べし。……　双方の国人，品物を売買する事総て障りなく，其払方等に付ては日本役人これに立合はず。……
第四条　総て国地に輸入輸出の品々，別冊③の通，日本役所へ運上④を納むべし。
第六条　日本人に対し法を犯せる亜墨利加人は，亜墨利加コンシュル⑤裁断所にて吟味の上，亜墨利加の法度を以て罰すべし。亜墨利加人へ対し法を犯したる日本人は，日本役人糺⑥の上，日本の法度を以て罰すべし。……
第十三条　今より凡百七十一箇月の後＜即1872年7月2日に当る＞双方政府の存意を以て，両国の内より一箇年前に通達し，此の条約並に神奈川条約⑦の内存し置く箇条及び此書に添たる別冊共に，双方委任の役人実験の上談判を尽し，補ひ或ひは改る事を得べし。
『幕末外国関係文書』

(注)　①江戸幕府の将軍。②江戸・大坂。③貿易章程。④関税。⑤領事。⑥取り調べ。⑦日米和親条約。

4 開国の影響

❶ **貿易の形式**　居留地で外国商人と売込商・引取商とよばれた日本人商人との間で、銀貨を用いて行われた。

❷ **貿易の状況**　貿易額は<u>横浜</u>、相手国は<u>イギリス</u>が圧倒的[★7]。輸出品は、<u>生糸が80％</u>、ついで茶・蚕卵紙・海産物などの半製品や食料品、輸入品は、綿織物・毛織物などの<u>繊維製品が70％</u>、ついで鉄砲・艦船など軍需品。はじめ輸出が多く、まもなく輸入超過となったが、貿易全体は急速に拡大し、国内の産業と流通に大きな影響を与えた。

❸ **産業への影響**　輸出品の大半を占めた生糸生産地では、マニュファクチュア経営も一部で生まれたが、国内生糸が不足して価格が高騰し、京都西陣などは打撃をうけた。<u>機械生産の安価な綿織物の大量輸入</u>は、農村で発展していた<u>綿作や綿織物業に大打撃</u>を与えた。

❹ **流通への影響**　生産地と直結した在郷商人が、輸出品を都市の問屋商人を通さず開港場に直送したため、江戸をはじめ大都市の問屋商人を中心とする<u>従来の流通機構はしだいに崩れ</u>、さらに、急速に増大した輸出のため<u>物価は高騰</u>した。

❺ **五品江戸廻送令**　貿易の統制と江戸の需要を確保するため、1860（万延元）年、幕府は<u>雑穀・水油</u>[★8]・<u>蝋・呉服・生糸</u>の五品の<u>横浜直送を禁止し、江戸の問屋を通す</u>ように命じた。在郷商人の抵抗と、欧米列強から自由貿易を妨害する措置であると抗議され、効果はあがらなかった。

❻ **金貨の海外流出**　金銀の比価が、<u>欧米では1：15、日本では1：5</u>であったから、外国商人は銀を金貨と交換し、国外にもち出した。<u>10万両以上の金貨が流出した</u>ので、幕府は、金貨の品位を大幅に落とした万延小判を鋳造して対処したが、貨幣価値の下落は物価の高騰に拍車をかけ、民衆や下級武士の生活を苦しくした。

★7 **イギリスが主要貿易相手国となった理由**
イギリスは当時、世界一の繊維工業国で、市場を日本に求めた。アメリカは、国内の南北戦争（1861〜65）による影響や、産業発展が十分でなかったこと、中国への中継港や捕鯨の根拠地として日本を位置づけたこと、などのため、貿易額はイギリスより少なかった。

★8 **水油**　種油ともいう。菜種からしぼったもので、おもに灯火用として利用された。

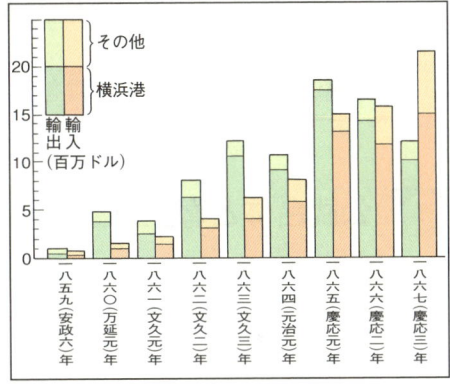

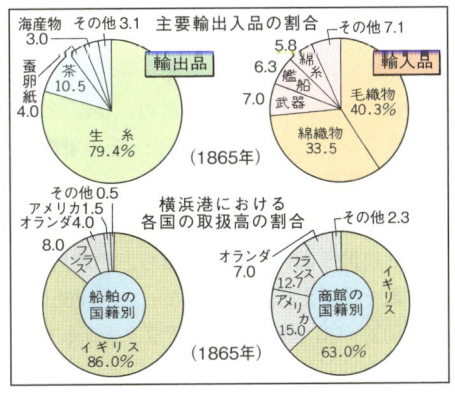

▶ **幕末における貿易の発展**
上の貿易額推移のグラフの額は横浜・長崎・箱館の輸出入の合計額である。

主要輸出入品の割合

輸出品（1865年）
- 生糸 79.4％
- 茶 10.5
- 蚕卵紙 4.0
- 海産物 3.0
- その他 3.1

輸入品
- 毛織物 40.3％
- 綿織物 33.5
- 武器 7.0
- 艦船 6.3
- 綿糸 5.8
- その他 7.1

横浜港における各国の取扱高の割合（1865年）

船舶の国籍別：
- イギリス 86.0％
- フランス 8.0
- アメリカ・オランダ 4.0
- その他 0.5・1.5

商館の国籍別：
- イギリス 63.0％
- アメリカ 15.0
- フランス 12.7
- オランダ 7.0
- その他 2.3

❼ **攘夷運動の激化** 物価高騰による生活苦は，貿易への反感を強めて攘夷運動を激化させることになった。ヒュースケン暗殺事件，東禅寺事件，生麦事件，イギリス公使館焼討ち事件など，外国人を襲う事件があいついだ[★9]。

補説 **生麦事件** 島津久光(薩摩藩主島津忠義の父)は，1862(文久2)年3月，藩兵を率いてまず京都にはいり，急進派を伏見の寺田屋で鎮圧(寺田屋事件)したのち，6月に江戸に着いた。8月に江戸からもどる途中，生麦事件が起こった。これは武蔵の生麦村(横浜市)で，久光の家臣が行列の前を横切ったイギリス商人らを殺傷した事件である。この賠償をめぐって，翌1863(文久3)年，薩英戦争が起こった(▷p.301)。

★9 **外国人襲撃事件**
1860(万延元)年，ハリスの通訳であったオランダ人ヒュースケンが殺害された事件など。彼は，日本人のできる外国語がオランダ語に限られていたことから，ハリスとともに来日していた。また，1861(文久元)年に東禅寺に置かれたイギリス公使館が水戸浪士に襲撃され，1862(文久2)年にもイギリス公使館(品川御殿山に建設中)が焼討ちされた。

ポイント

〔不平等条約〕
ペリー来航(1853年)→**日米和親条約**(1854年)＝開国
ハリス来日(1856年)→**日米修好通商条約**(1858年)＝貿易開始(1859年)

〔将軍継嗣問題〕
南紀派(譜代)＝大老**井伊直弼**…条約調印・将軍家茂(1858年)
　　　　　　　　　　　　　　　安政の大獄→**桜田門外の変**(1860年)
一橋派(外様・親藩)…慶喜を支持

---

2 公武合体と尊王攘夷

◆ 桜田門外の変で権威のゆらいだ幕府は，公武合体策により尊王攘夷派(尊攘派)の幕政批判をそらそうとした。薩摩藩主の父島津久光も，国政に関与しようとして公武合体を推進した。尊王攘夷派は鎖国への復帰・攘夷を主張した。

1 公武合体の動き

❶ **公武合体** 朝廷との関係を修復して反対派をおさえ，幕府の権威と権力を回復するため，朝廷(公)と幕府(武)が合体して政局を安定させようとした。その象徴が，和宮降嫁であった。
❷ **和宮降嫁** 井伊直弼暗殺後は，老中安藤信正(磐城平藩主)らが，**和宮**(仁孝天皇第8皇女，孝明天皇の妹)の降嫁を強く朝廷に働きかけた。朝廷側も，岩倉具視らが中心となり，反対論を押さえて推進役となった。1860(万延元)年10月，降嫁の勅許が出され，翌1861(文久元)年10月，和宮は中山道を江戸へ下った[★1]。

▲和宮

★1 和宮と家茂の正式婚儀は，1862(文久2)年2月のことであった。

2 公武合体と尊王攘夷

❸ **坂下門外の変** 和宮降嫁という政略結婚は、尊王攘夷派を強く刺激し、1862(文久2)年1月、安藤信正は水戸藩浪士らによって江戸城の坂下門外で襲われ、重傷を負って失脚した。これにより幕府の権威はおとろえ、かわって雄藩諸侯の発言力が強まった。

❹ **島津久光の上洛** とくに、薩摩藩主島津忠義の父島津久光は、公武合体による幕政改革を唱えていた。1862(文久2)年には兵を率いて上洛し、さらに勅使大原重徳に随行して江戸にはいり、朝廷の権威を背景に改革を要求した。幕府は、やむなく幕政の改革(文久の改革)を行った。

❺ **文久の幕政改革** 徳川慶喜を将軍後見職、松平慶永を政事総裁職に任命するとともに、次の改革を実施した。
①参勤交代を緩和して3年に1回とし、また、江戸にいる妻子が国元へ帰ることを許可した。
②京都の治安維持のため、京都所司代の上に京都守護職を置いて松平容保(会津藩主)を任命し、尊攘派弾圧のための新選組をその指揮下にいれた。

2 尊王攘夷運動の展開

❶ **長州藩の動き** 初めは公武合体を藩の方針としていたが、吉田松陰の松下村塾(山口県萩市)に学んだ志士★2らが藩主に迫って、1862(文久2)年7月、藩論を攘夷に変更させた。そして、京都の尊王攘夷派の公家と結び、幕府に鎖国への復帰・攘夷を実行させる尊王攘夷運動の中心となった。

> 補説 尊王攘夷運動をささえた人々 尊攘派の基盤は、中・下級武士層を中心とし、浪士(浪人の武士)・郷士(農村在住の武士)や、地方の豪農・富商・神官・国学者・医師・僧侶など、封建社会の中間層であった。彼らは草莽の志士ともいい、幕藩体制の矛盾を敏感に感じとり、政治の激動のなかに主体的に参加していった。

❷ **朝廷の攘夷決定** 朝廷では、1862(文久2)年9月、幕府に対して攘夷を行うよう命じることになり、勅使三条実美が江戸に下った。これは、長州藩の急進派の強い働きかけによるものであった。

❸ **幕府の対応** 攘夷の勅使をむかえた徳川慶喜や松平慶永ら幕閣は、結局、天皇の攘夷方針を了承し、将軍家茂は上洛して攘夷の方法について天皇に説明しなければならない状況に追いこまれた。

参考 **島津久光と寺田屋事件** 薩摩の島津久光の上洛は、あくまで幕政を改革し、公武合体を実現するためのもので、倒幕などということは、思いもよらぬことであった。ところが、薩摩藩の急進的な尊王攘夷派は、久光の上洛を機に不穏な動きを見せた。このため、久光は剣客を派遣し、京都伏見の寺田屋に集まっていた急進派を鎮圧した。これが寺田屋事件である。

★2 **志士** 幕末期では、尊王攘夷をめざして政治活動をした人をいう。

参考 **国事周旋と薩長の対抗** 外様雄藩の大名や藩士が、藩の力をバックに政治活動をすることを国事周旋といった。薩摩藩の島津久光による国事周旋に対して、長州藩は、攘夷論を藩論とする方針をとって中央政界に進出した。このように、両藩の対抗意識はきわめて強かった。

11章 近代国家の成立

❹ **尊攘運動の激化** 1862（文久2）年末には，江戸の品川御殿山に建設中のイギリス公使館が，長州藩士らによって焼討ちにされた★3。また，京都では，翌1863（文久3）年にかけて，幕府の手先とみなされた者に対する暗殺が続発した。京都守護職は，配下の新選組などを使ってこれに対抗しようとした。

❺ **将軍家茂の上洛** 1863（文久3）年，将軍家茂の上洛に際し，幕府は，京都の攘夷論の高まりを抑えようとして，公武合体派の巨頭島津久光とその勢力回復策をはかったが，幕府と雄藩大名とは，意見の一致を見ずに終わった★4。

❻ **幕府の攘夷決定** 1863年，上洛した家茂は朝廷から攘夷の決行を迫られ，心ならずも同年5月10日をその開始の日とした。しかし，もともと幕府には攘夷の意志はなかった。

❼ **長州藩の攘夷決行** 長州藩は，5月10日を期して関門海峡を通るアメリカ・フランス・オランダなどの船を一方的に砲撃した。これに対してアメリカ・フランス軍艦はしばしば報復攻撃を行い，長州藩の軍艦は大破し，砲台を占拠された。

❽ **長州藩の奇兵隊** アメリカ・フランス軍艦によって手痛い報復をうけた長州藩では，藩士高杉晋作が小銃で武装した近代的部隊をつくろうとした。高杉は下級武士を中心に，武士と百姓・町人が半数ずつの有志による奇兵隊を編成した。武器・俸給は藩から支給された。

★3 **イギリス公使館焼討ち事件** 長州藩士の高杉晋作や久坂玄瑞が襲った事件である。

★4 薩摩藩の島津久光は，自説が実現しないと見てとるや，鹿児島に帰ってしまった。同じく京都にきていた山内豊信も土佐に帰り，政事総裁職の松平慶永も辞表を提出して無断で越前福井に帰ってしまった。結局，京都に残った雄藩は，尊攘派の長州藩だけになってしまった。

(注意) 長州藩の攘夷決行に対し，幕府はこれを詰問し，朝廷はこれを称賛するというありさまであった。

ポイント

〔公武合体運動〕幕府＝老中安藤信正…和宮降嫁→坂下門外の変
　　　　　　　薩摩藩＝島津久光…幕府へ改革要求＝文久の改革（1862年）
　　　　　　　寺田屋事件…尊攘派弾圧　　　将軍後見職＝徳川慶喜
　　　　　　　　　　　　　　　　　　　　政事総裁職＝松平慶永
　　　　　　　生麦事件→薩英戦争　　　　京都守護職＝松平容保
〔尊王攘夷運動〕長州藩中心…吉田松陰の松下村塾の影響
　　　　　　　　　　　　　攘夷決行・奇兵隊の創設（高杉晋作）

3 攘夷から倒幕へ

◆ 尊王攘夷派の長州藩では，朝廷からの追放，諸外国の下関砲撃で攘夷は不可能との考えが広まった。幕府の長州征討といった事態の中から，尊王倒幕派が成長した。公武合体派は解体し，薩摩藩と長州藩は倒幕の同盟を結んだ。倒幕派に対し，徳川慶喜は大政奉還（1867年）によって幕府がなくなったあとも，少年天皇を擁して主導権をにぎろうとした。しかし倒幕派は王政復古により徳川家の国政支配にとどめをさし，薩長の主導権を確保した。

1 公武合体運動と攘夷運動の挫折

❶ **薩英戦争** 生麦事件(▷p.298)の犯人逮捕と賠償金支払いを要求したイギリス代理公使ニール(公使オールコックは帰国中)の率いる艦隊7隻が，1863(文久3)年7月，鹿児島湾にあらわれた。薩摩藩は要求を拒否し，戦端を開いたが，艦砲射撃で砲台は破壊され，鹿児島市中は大火に包まれた。

❷ **薩英戦争の結果** 薩摩藩は攘夷の不可能なことを知り，以後急速にイギリスに接近し，尊攘派の長州藩に対抗して公武合体を進めようとした。また，イギリスも薩摩藩の力を評価し，幕府支持の方針を転換した★1。

❸ **公武合体派の動き** 薩摩藩は，天皇と公武合体派の公家，および京都における幕府勢力の中心であった京都守護職の松平容保(会津藩主)とはかって，まき返しをねらった。

❹ **八月十八日の政変(文久三年の政変)** 1863(文久3)年8月18日未明，薩摩藩と会津藩によるクーデタが成功し，尊攘派は京都朝廷から追放された★2。

 補説 **新選組と池田屋事件** 八月十八日の政変後も京都に残った尊攘派志士に対し，京都守護職配下の新選組が弾圧にあたった。1864(元治元)年6月，京都三条の池田屋に集まっていた志士を襲撃した池田屋事件がきっかけで，長州藩は京都に兵を進めることになり，まもなく禁門の変が起こった。

❺ **尊攘派の衰退** 八月十八日の政変に前後して，尊攘派は，但馬(兵庫県)での生野の変などの挙兵事件を起こしたが，いずれも鎮圧された。

 補説 **尊攘派の挙兵** まず土佐藩の吉村寅太郎らが大和で挙兵した天誅組の変が起こった。このとき，天皇の大和行幸を機に倒幕軍を起こすことまで計画された。生野の変は，天誅組の挙兵に応じて福岡藩士平野国臣らが但馬の生野代官所を襲った事件。ほかに，水戸藩の尊攘派である天狗党の起こした天狗党の乱がある。

❻ **禁門の変(蛤御門の変)** 1864(元治元)年7月，勢力回復をはかった久坂玄瑞らの率いる長州藩兵は京都にはいり，御所を守る薩摩・会津の両軍と交戦したが敗北した。この戦いを**禁門の変**あるいは蛤御門の変とよぶ。

❼ **第1次長州征討** 朝敵となった長州に対し，1864年7月24日，幕府は西南34藩の大名に「長州征討」を命令した。

❽ **四国艦隊下関砲撃事件(下関戦争)** 前年(1863年)の長州の攘夷決行に対する報復として，1864(元治元)年8月5日，**イギリス・フランス・オランダ・アメリカ**4カ国の軍艦が，

★1 薩摩藩では，薩英戦争後の1865(慶応元)年に，藩士をイギリスに派遣して経済的・外交的関係を強めようとした。寺島宗則は，使節として森有礼ら留学生を率いて渡欧した。

★2 8月18日未明，三条実美以下7名の急進派公卿の参内を禁止し，長州藩の宮門警護の任を解く勅旨が発表されたことから，尊攘派は京都を退き，三条実美らは長州へ落ちのびた(七卿落ち)。孝明天皇は過激な攘夷運動を快く思っていなかったこともあり，尊攘派は敗退した。

下関を砲撃した。長州は敗北し,イギリスから帰国した伊藤博文らの意見もあり,攘夷をすてて4カ国と講和した。幕府には恭順を誓った。

❾ **列国の動き** イギリス・フランス・オランダ・アメリカの4カ国は,貿易の拡大には条約の勅許が必要であると考え,1865(慶応元)年に兵庫沖まで大艦隊を送って圧力をかけ,ついに勅許を得た。ついで翌1866(慶応2)年には,関税率を列国に有利なように改めた**改税約書**★3を幕府におしつけた。

2 倒幕運動の展開

❶ **長州藩の藩論変更** 長州藩では幕府に降伏したのち,高杉晋作が奇兵隊(▷p.300)を率いて挙兵し,1865(慶応元)年1月には藩政の実権をにぎった。木戸孝允(桂小五郎)・大村益次郎らも協力し,藩論(▷p.299)を幕府への抵抗と軍備強化に変更させた。

❷ **薩摩藩の転換** 薩摩藩でも,1864(元治元)年になると,西郷隆盛や大久保利通らが実権をにぎり,開国の方針に転じた。

❸ **英仏の動向** イギリス公使パークスは,開国政策をとるようになった薩摩・長州などの雄藩に近づいた。これに対してフランス公使ロッシュは,幕府支持の立場をとってイギリスに対抗した★4。

❹ **薩長連合の成立** 土佐藩の公武合体論に不満で脱藩していた坂本龍馬・中岡慎太郎が仲介し,1866(慶応2)年1月,薩摩藩の西郷隆盛と長州藩の木戸孝允らが相互援助の密約(**薩長連合**,**薩長同盟**)を結び,幕府に抵抗する姿勢を固めた。

❺ **第2次長州征討** 第1次長州征討後の長州藩の動向が,降伏の条件に反するとして,幕府は,1865年,諸藩に第2次長州征討を命じた。しかし,薩摩藩をはじめ出兵しない藩も多く,そのうえ幕府軍は,大村益次郎らによって訓練された長州軍に各地で敗れた。1866年7月,将軍家茂の死を機に撤兵した。

❻ **一揆・打ちこわしと「ええじゃないか」** 1866(慶応2)年は,輸出急増と貨幣改鋳に加え,長州征討にともなう米の買占めと凶作がかさなって,物価が高騰した。その影響で一揆や騒動が激化し,百姓一揆件数が100件をこえた。武州世直し一揆や陸奥信夫・伊達両郡一揆(信達騒動)では世直しが叫ばれ,江戸・大坂では打ちこわしが頻発した。民衆の間に長州びいきが広く見られ,民衆が幕府政治に強い不満をもつ

参考 長州藩では,四国艦隊下関砲撃事件の前年の1863(文久3)年に伊藤博文・井上馨ら5名の藩士が,イギリスに密航していた。そこで,長州藩は日本と列強との国力の差を知り,攘夷が不可能であると痛感した。

★3 **改税約書** 安政の五カ国条約では平均約20%の関税率であったが,これを一律5%に引き下げた。

★4 フランスは内政・外交上の助言,600万ドルの借款,横須賀製鉄所の建設などを行った。

参考 **坂本龍馬** 土佐藩の郷士出身。1864(元治元)年に長崎で海運・貿易商社として亀山社中(のち海援隊と改称)を組織して軍事品の売買を行い,1866(慶応2)年には薩長連合を斡旋した。1867(慶応3)年,「船中八策」を起草し,公議政体論・大政奉還を提唱して活動している最中,京都で中岡慎太郎とともに暗殺された。

ていることをあらわした。

　また，1867（慶応3）年，「**ええじゃないか**」と連呼しながらの民衆の乱舞が東海地方から始まり，またくまに近畿・四国地方へ広がった。民衆の社会変革への強い願望が示されたのである。

❼ **徳川慶喜の挽回策**　15代将軍となった**徳川慶喜**は，フランスの援助と人材の登用で鋭意改革を急ぎ，その成果は見るべきものがあった★5。しかし，1866（慶応2）年12月，幕府との提携を重視する**孝明天皇**が急病死し，幕府に大きな打撃となった★6。

❽ **大政奉還の策**　土佐藩の**後藤象二郎**は，坂本龍馬とはかって，公議政体論★7にそった大政奉還を策した。彼は，**薩土盟約**を結んで倒幕派の動きを一時おさえる一方で，前藩主**山内豊信**を動かして，将軍慶喜に大政奉還の策を説いた。

❾ **大政奉還**　将軍徳川慶喜は，土佐藩の大政奉還論に便乗して，名を捨てて実を取ることにし，1867（慶応3）年10月14日，**大政奉還の上表**を提出した。

❿ **討幕の密勅**　公卿の**岩倉具視**らの密謀で，薩長両藩は，討幕の密勅を，慶喜の上奏と同じ日にうけていた。しかし，この密勅は朝廷の正式な手続きを経ないものであり，大政奉還の上奏が正式な手続きで許可されたため，武力倒幕の大義名分が失われ，倒幕派は一時的後退を余儀なくされた。

▲「ええじゃないか」の乱舞　空から伊勢神宮のお札が舞い，男性は女装，女性は男装して踊りくるっている。

★5　幕府の勢力挽回をおそれた薩長両藩は，土佐藩などに働きかけ，武力倒幕を進めようとはかった。

★6　孝明天皇は，頑固な攘夷主義者と見られたが，実際は攘夷は困難と知っており，開国を推進した幕府を中心に政治をしていこうとする公武合体論者だった。倒幕派に毒殺されたともいわれるが，事実ではない。

★7　有力藩主らの諸侯会議を核とする国家権力の構想。薩長中心の政治体制よりも，有力藩の意見が反映され易い。徳川慶喜はその中心になると考えられた。

参考　**船中八策**　坂本龍馬が船中で考えた8カ条の国家構想。朝廷を中心とした政府，上下二院制議会，公議による政治運営などを示していた。

注意　大政奉還の策は，武力倒幕という事態をさけ，幕府はなくなるが，少年天皇を戴き徳川慶喜を中心とする徳川家の権力を持続させようという方策であったことに注意しよう。

ポイント
① 薩摩藩…公武合体から倒幕へ転換
　薩英戦争→イギリスとの接近
　西郷隆盛・大久保利通らの藩政掌握
② 長州藩…攘夷から倒幕へ
　八月十八日の政変・池田屋事件→禁門の変→
　幕府による2度の長州征討，四国艦隊下関砲撃事件，高杉晋作・木戸孝允らの藩政掌握
③ 土佐藩…坂本龍馬が**薩長連合**の仲介（1866年）
　後藤象二郎・山内豊信が慶喜に**大政奉還**

11章　近代国家の成立

年次	外国関係	幕府	朝廷	雄藩など	その他
1853 (嘉永6)	6.ペリー来航 7.露プチャーチン来航 12.露プチャーチン再来	国書受理，答書を来年に約す。諸侯に国書処理を諮問 6.将軍家慶死去 11.第13代将軍に家定	報告をうける	●事項の前の数字は，月。□の中は閏月を示す。 ●入洛は京都，東上・東下は江戸へはいること。 ●米はアメリカ，露はロシア，英はイギリス，蘭はオランダ，仏はフランス	(露×オスマン帝国)クリミア戦争
1854 (安政元)	1.ペリー再来 3.日米和親条約調印 8.日英，12.日露和親条約調印	開国にふみきる			
1855	12.日蘭和親条約調印				
1856	7.米ハリス着任	2.蕃書調所設立			
1857 (安政4)	10.将軍家定，ハリスを引見 12.〜通商条約交渉，諸侯に可否諮問				(英仏×清)アロー戦争
1858 (安政5)	6.日米修好通商条約調印 蘭・露・英と条約調印 9.仏と条約調印	1〜3.堀田正睦条約勅許を奏請 → 3.不許可 条約勅許問題 4.井伊直弼大老就任 将軍継嗣問題 6.将軍継嗣は慶福 7.将軍家定死去 10.第14代将軍に家茂	安政の大獄	7.徳川斉昭・松平慶永・一橋慶喜らを処分	
1859 (安政6)	5.貿易開始	10.橋本左内・吉田松陰ら処刑			
1860 (万延元)	1.勝義邦ら条約批准のため渡米 12.ヒュースケン殺害	3.桜田門外の変 [閏3].五品江戸廻送令 7.和宮降嫁を奏請	公武合体派と尊王攘夷派の対立		
1861	5.東禅寺事件	10.和宮東下			
1862 (文久2)	8.生麦事件 12.イギリス公使館焼討ち事件	1.坂下門外の変 慶喜将軍後見職 松平慶永政事総裁職 ← 6.大原重徳東下 9.朝議攘夷に決定 [閏8].文久の改革	2.和宮婚礼	4.島津久光入洛 4.寺田屋事件 6.島津久光東上 7.長州藩攘夷を藩論とする	アメリカ南北戦争 物価高騰・一揆頻発
1863 (文久3)	5.長州攘夷決行 7.薩英戦争	2.将軍家茂入洛 4.5/10を攘夷期日と決定 12.公武合体派が参預会議を形成	8.八月十八日の政変 尊攘派追放	8.天誅組の変 10.生野の変	
1864 (元治元)	3.仏ロッシュ着任 8.四国連合艦隊下関砲撃	3.参預会議解体 7.長州征討 ← 7.禁門の変 攘夷運動の挫折		3.天狗党の乱 6.池田屋事件	
1865 (慶応元)	[閏5].英パークス着任 9.列国条約勅許を強要	5.第2次長州征討	10.条約勅許	1.長州藩高杉晋作の挙兵成功 長州尊王倒幕へ	
1866 (慶応2)	5.改税約書調印	6.長州征討戦争開始 7.将軍家茂死去 12.第15代将軍に慶喜	12.孝明天皇急死	1.薩長連合 江戸・大坂の大打ちこわし 6.武州一揆	
1867 (慶応3)		10.大政奉還 江戸幕府滅ぶ	1.明治天皇即位 10.討幕の密勅 12.王政復古	5.薩土盟約 10.山内豊信大政奉還を建議	ええじゃないか

4　明治維新

◆ 公議政体派の優勢に対して，武力倒幕派は王政復古のクーデタを行い，ついで，鳥羽・伏見の戦いから箱館戦争に至る戊辰戦争で，旧幕府勢力を一掃した。こうして，武力倒幕派の勝利のうちに，1868(明治元)年3月，五箇条の誓文が発布され，新政府の施政方針とされた。

1　新政府の成立と国内の統一

❶ 小御所会議　1867(慶応3)年12月9日夜，京都御所内の小御所で最初の三職会議が開かれ，徳川慶喜の**辞官納地**★1が決定された。

❷ 王政復古(十二月九日の政変)　小御所会議は，薩摩藩や岩倉具視ら旧来の倒幕派のクーデタであり，**王政復古の大号令**が発せられた。これにより慶喜ら徳川家が排除され，天皇を中心とする新政府が樹立された★2。

> **補説　王政復古の大号令**　その内容は，①慶喜の政権返上と将軍職辞退を許す，②摂政・関白・将軍を廃し総裁・議定・参与の三職を置く。③政治の根本を神武創業のはじめに復古し，朝臣らが身分の別なく至当の公議をつくす，ということであった。三職は，総裁に有栖川宮熾仁親王，議定に皇族・公卿のほか，徳川慶勝(尾張)・松平慶永(越前)・山内豊信(土佐)・島津忠義(薩摩)ら10名が任ぜられた。参与には岩倉具視ら5名の公卿のほか，前出4藩や他藩士が加わったが，西郷隆盛・大久保利通らが政府の実権をにぎった。

❸ 旧幕府側の対応　旧幕府側は，辞官納地といった慶喜処分に憤慨し，慶喜は大坂城をひきあげ，新政府と対決した。

★1　辞官納地とは，官(内大臣)を辞し，領地を朝廷にさし出させること。松平慶永・山内豊信らは強く反対したが，倒幕派の岩倉具視らはこれをおし切った。

★2　社会の動揺から倒幕，新政権が近代国家建設に成功し，一応安定するまでの社会変革の過程を，総称して明治維新という。

史料　王政復古の大号令

徳川内府①従前御委任ノ大政返上，将軍職辞退ノ両条，今般断然聞シ食サレ候。抑癸丑②以来未曽有ノ国難，先帝③頻年宸襟④ヲ悩マサレ候御次第，衆庶⑤ノ知ル所ニ候。之ニ依リ叡慮⑥ヲ決セラレ，王政復古，国威挽回ノ御基立テサセラレ候間，自今摂関・幕府等廃絶，即今先ズ仮ニ総裁・議定・参与ノ三職ヲ置カレ，万機⑦行ハセラルベシ。諸事神武⑧創業ノ始ニ原キ，縉紳⑨・武弁⑩・堂上⑪・地下⑫ノ別無ク，至当ノ公議ヲ竭シ，天下ト休戚⑬ヲ同シク遊サルベキ叡慮ニ付キ，各勉励，旧来ノ驕惰⑭ノ汚習ヲ洗ヒ，尽忠報国ノ誠ヲ以テ奉公致スヘク候事。

『法令全書』

注　①内大臣。ここでは徳川慶喜のこと。
②1853(嘉永6)年で，6月ペリー，7月プチャーチンの来航をさす。③孝明天皇。④天皇の心。⑤人民。⑥天皇の考え。⑦すべての政治。⑧初代天皇とされる神武天皇のこと。⑨公家。⑩武士。⑪昇殿を許された五位以上の殿上人。⑫六位以下の人。⑬喜び悲しみ。⑭おごり怠けること。

11章　近代国家の成立

❹ **戊辰戦争** 1868（明治元）年から翌年5月までつづいた，旧幕府軍と新政府軍との間の一連の戦争。
①鳥羽・伏見の戦い…1868（明治元）年1月，慶喜を擁した会津藩・桑名藩などの旧幕府軍が大坂から京都に進撃したが，鳥羽・伏見の戦いで薩摩・長州藩兵らに敗れ，慶喜は海路江戸にのがれた。
②官軍東征…慶喜追討の口実をつかんだ新政府軍は，薩長藩兵を主力とする東征軍を江戸に送り，江戸城を開城させた★3。
③旧藩臣の反抗…一部の旧幕臣は，彰義隊を結成して江戸の上野で反抗し，会津藩を中心とする東北諸藩も，新政府軍に抵抗をつづけたが，まもなく鎮圧された。

(補説) **東北戦争** 反薩長派は，会津藩を中心に奥羽越列藩同盟（東北25藩が盟約，越後6藩が参加）をつくり戦い，最後の会津藩も1868年9月に降伏した。

④**箱館戦争**…1869（明治2）年5月，新政府軍は，箱館の五稜郭に拠る旧幕府海軍副総裁榎本武揚らを降伏させた。

★3 **江戸城の無血開城**
官軍による江戸城総攻撃は，一大決戦になるはずであった。しかし，慶喜は恭順の意を表し，フランス公使ロッシュの援助を断った。横浜貿易への影響をおそれたイギリス公使パークスは，官軍に圧力をかけた。官軍の参謀西郷隆盛は，旧幕臣の勝海舟（義邦）と談判し，江戸城は無血開城となった。

(参考) **徳川家の処分**
慶喜は水戸に隠退し，徳川家は駿河・遠江両国に70万石を与えられた。

史料　五箇条の誓文

〔由利公正の原案〕
議事之体大意
一　庶民志ヲ遂ゲ，人心ヲシテ倦マサラシムル①ヲ欲ス。
一　士民心ヲ一ニシテ，盛ニ経綸②ヲ行フヲ要ス。
一　知識ヲ世界ニ求メ，広ク皇基③ヲ振起スヘシ。
一　貢士④期限ヲ以テ賢才ニ譲ルヘシ。
一　万機⑤公論ニ決シ，私ニ論スルナカレ。
　　　　　　　　『由利公正伝』

〔福岡孝弟の修正案〕
会盟⑥
一　列侯⑦会議ヲ興シ，万機公論ニ決スヘシ。
一　官武一途庶民ニ至ル迄各其志ヲ遂ゲ，人心ヲシテ倦マサラシムヲ欲ス。
一　上下心ヲ一ニシテ，盛ニ経綸ヲ行フヘシ。
一　智識ヲ世界ニ求メ，大ニ皇基を振起スヘシ。
一　徴士⑧期限ヲ以テ賢才ニ譲ルヘシ。
　　　　　　　　『由利公正伝』

〔木戸孝允による公布された誓文〕
一　広ク会議ヲ興シ万機公論ニ決スヘシ
一　上下心ヲ一ニシテ盛ニ経綸ヲ行フヘシ
一　官武一途庶民ニ至ル迄各其志ヲ遂ケ，人心ヲシテ倦マサラシメンコトヲ要ス
一　旧来ノ陋習⑨ヲ破リ天地ノ公道⑩ニ基クヘシ
一　智識ヲ世界ニ求メ大ニ皇基ヲ振起スヘシ
　　　　　　　　『法令全書』

(注) ①飽きさせない。②国家統治の方策。③天皇の国家の基礎。④1868（明治元）年に設置。各府県・各藩選抜の議事参加者。⑤政治のすべて。⑥会合して誓う。⑦諸大名。⑧1868年に設置。各藩士や民衆で有能な者から選ばれた議事参加者。⑨悪い習慣。具体的には攘夷論をさす。⑩国際的に公正な道理。

2 新政府の施政方針

❶ 五箇条の誓文 江戸城総攻撃をひかえた新政府は，1868(明治元)年3月，天皇[★4]が神に誓うという形で五カ条にわたる方針を定めた。これは公議世論の尊重と，開国和親などをうたっている。

> **補説** 五箇条の誓文 初め，越前藩の由利公正が諸侯会盟の規約(「議事之体大意」)として起草し，土佐藩の福岡孝弟の修正した「会盟」に，長州藩の木戸孝允が国是の条文として加筆してつくられた。

❷ 五榜の掲示 一般庶民に対しては，儒教道徳を説き，徒党や強訴を禁じ，キリスト教を邪教とした5枚の高札を掲げた。

> **補説** 五榜の掲示の意味 五箇条の誓文は，開明進取の方針を示していたが，翌日に出された五榜の掲示では，旧幕府の民衆統治政策の継続を表明している。

❸ 政体書[★5] 1868(明治元)年閏4月，福岡孝弟・副島種臣らが起草した政治の基本的組織を定めた法。内容の中心は次の通り。
①太政官に権力を集中統一すること(中央集権)。
②そのもとで三権分立をとること[★6]。
③全国を新政府が直接統治する府・県とそれまでの諸藩の統治する地域に分けること。

```
太政官 ─┬─ 議政官 ─┬─ 上　局
        │ (立法)   └─ 下　局
        │
        ├─ 行政官 ─┬─ 神祇官
        │ (行政)   ├─ 会計官
        │          ├─ 軍務官
        │          ├─ 外国官
        │          └─ 民部官
        │              (1869設置)
        │
        └─ 刑法官
           (司法)
```
▲政体書による官制

❹ 改元 明治天皇は，1868年8月に即位式をあげ，9月に明治と改元した。これ以後，天皇1代は1元号とする一世一元制が定められた。

❺ 東京遷都 1868(明治元)年7月，江戸を東京と改めた。天皇は翌年，東京に居を移し，東京がなしくずし的に日本の首都となっていった。

> **ポイント**
> ①王政復古の大号令…大政奉還に対抗
> 　小御所会議…慶喜への辞官納地→戊辰戦争
> ②新政府の政策…天皇の利用と公論の重視・
> 　五箇条の誓文・政体書(太政官制の復活)・
> 　明治改元(一世一元制)・東京遷都・五榜の
> 　掲示(キリスト教禁止の継続)

★4 天皇は維新の新政権ができたとき，わずか15歳で政治の実権はなく，国家統一の象徴的存在であった。

注意 五箇条の誓文の第一で，「広く会議をおこし」とある会議とは，旧案では列侯会議になっていた。つまり，近代的な立憲思想を示した会議ではないことに，注意しよう。

★5 立法機関として設けられた議政官の上局は皇族・公卿・藩士からなり，立法・重要政務の決定を任務とした。下局は各藩代表の藩士からなり，上局の命をうけて，諸種の政務を任務とした。諸藩の協力を得て新政府の基盤を固めるための議事機関として設けられたが，有効に機能しなかった。

★6 三権分立は形式的に行われただけであった。

参考 民衆は明治維新の中に世直しを期待し，とくに年貢の減免を求めた。新政府は，当初，民衆の支持を得ようとして年貢の半減などを宣伝したが，戦局が有利に進展するとともに，財政収入の不足もあってそうした政策を撤回し，民衆を失望させた。

11章　近代国家の成立

▲江戸城へ向かう明治天皇
天皇の行幸は，新政府発足の象徴的な行事であった。

5 中央集権体制の確立

◆ 戊辰戦争の勝利で旧幕府勢力を一掃することに成功した新政府であったが，各藩の支配は江戸時代と変わらず，統一国家にはほど遠かった。そこで，版籍奉還から廃藩置県・秩禄処分・徴兵令施行に至る一連の改革が行われ，中央集権体制が確立された。

1 版籍奉還

❶ **版籍奉還とそのねらい** 新政府の地方支配は，旧幕府領には府や県を置き，それ以外はそれまでの藩のままという，府藩県三治制であった。政府の権力を強めるため，領地(版)と人民(籍)を朝廷に返還させること(奉還)が考えられた。

(注意) 版籍奉還の版は版図=領地のこと，籍は戸籍=人民のことをさす。藩籍奉還ではない点に注意すること。

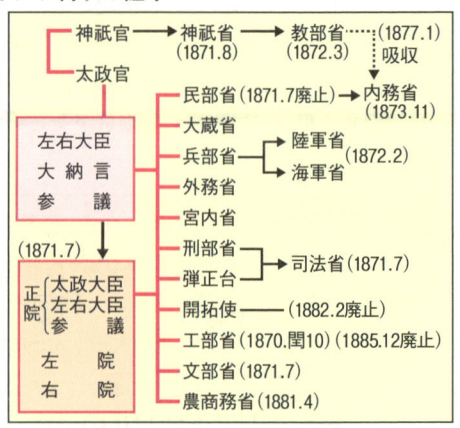

❷ **版籍奉還の願い出** 1869(明治2)年1月，大久保利通・木戸孝允・板垣退助・大隈重信らは，それぞれが属する薩摩・長州・土佐・佐賀各藩の藩主に，まず，**版籍奉還**を奏請させた。その後，他藩もこれにならった。

❸ **版籍奉還の実施** 戊辰戦争後の1869(明治2)年6月から，逐次，版籍奉還を認め，旧藩主を政府任命の**知藩事**とし，3府26県262藩の行政区分が成立した。

❹ **版籍奉還の結果** 土地・人民が，形式的には封建領主の支配を脱して，新政府の統一支配下にはいった。しかし，旧藩主を知藩事とし，藩士には旧俸禄同様の家禄を与えたため，藩体制はそ

```
        ┌神祇官 →神祇省  →教部省……(1877.1)
        │      (1871.8)   (1872.3)   吸収
太政官  │      ┌民部省(1871.7廃止)→内務省
        │      │                    (1873.11)
        │      │大蔵省
        │      │兵部省┌陸軍省
   左右大臣    │      │      (1872.2)
   大 納 言    │      └海軍省
   参   議 ───┤外務省
                │宮内省
                │刑部省
   (1871.7)     │弾正台 →司法省(1871.7)
        ↓      │開拓使──(1882.2廃止)
   ┌太政大臣   │工部省(1870.閏10)(1885.12廃止)
正 │左右大臣   │文部省(1871.7)
院 │参   議   └農商務省(1881.4)
   │左   院
   │右   院
```
▲明治初年の官制(1869年以降)

のまま維持された。財政破綻により廃藩を願う藩が出る一方，改革がうまくいって権力を強化した藩のなかには，政府の統制が十分におよばない事態も生まれた。

❺ **版籍奉還後の官制改革** 版籍奉還にともない，1869（明治2）年7月，前年の政体書による官制を改めて，二官六省を置いた。この改革では，祭政一致・天皇親政の方針を打ち出し，従来太政官のもとにあった神祇官を太政官の上に置き，国学派などの復古的勢力への配慮がなされた。

参考 諸藩の状況
いくつかの藩はすでに財政が破綻して，みずから廃藩を政府に願い出ていた。また，政府の政策の先をいくような改革を行う藩も出てきた。

注意 版籍奉還のときと違って，政府は一方的に詔を出して廃藩置県を断行した。この詔で，列国と対抗するための改革の必要性を説いた。

2 廃藩置県

❶ **廃藩置県の前提** 新政府は，財政・民政・兵制・司法・教育などの全般にわたり，全国的に統一した改革を行うため，廃藩置県（藩を廃して県を置くこと）が必要であると考えるようになった。問題はその時期と方法であった。

❷ **藩兵の編成** 大久保利通・木戸孝允・岩倉具視らが薩・長・土3藩から精兵約1万名の藩兵（御親兵）を募って，新政府直属の軍事力として差し出し，兵部省（政体書の軍務官を1869年に改称）がこれを管轄した。藩兵は，1872（明治5）年に近衛兵，1891（明治24）年には近衛師団と改称された。

参考 廃藩置県と薩長
薩摩・長州・土佐・肥前（佐賀）の4藩は，版籍奉還を主導した。これは藩閥形成の一要因となった。廃藩置県は，長州藩の木戸孝允や薩摩藩の西郷隆盛・大久保利通の決断によって断行された。岩倉具視でさえ直前にはじめて知らされ，また，土佐藩には事前に知らされることもなかった。

補説 廃藩置県前後の世相 開国論者・公武合体論者として知られ，新政府の参与となった熊本藩士の横井小楠は，1869（明治2）年に暗殺された。同年，大村益次郎も，士族の特権の廃止，廃刀や徴兵令，フランス式訓練を構想したことが士族の反感をかって襲われ，その傷が原因で死去した。また，奇兵隊をはじめとする長州の諸隊は，将来士族に取りたてられることを夢みて参加した農民・町人が多かったので，戊辰戦争が終了すると解散されることになり，憤慨して反乱を起こした。

この反乱は間もなく鎮定されたものの，大量の太政官札や藩札，さらには贋金による物価の高騰と混乱，1869（明治2）年の凶作と厳しい年貢の取立てなどが原因で，竹槍や斧などで武装したはげしい一揆が各地で起こった。

❸ **廃藩置県の断行** 一挙に藩を廃止すれば不測の事態が生じるので，政府は薩摩・長州・土佐3藩からなる1万の藩兵を整え，1871（明治4）年7月，突如として廃藩置県を断行した。藩を廃して府・県を置き，知藩事を罷免して中央から**府知事・県知事（県令）**を派遣する集権的な

太政大臣	三条実美（公卿，1871～85年）
右大臣	岩倉具視（公卿，1871～83年）
参議	木戸孝允（長州，1871～74年） 西郷隆盛（薩摩，1871～73年） 大隈重信（肥前，1871～81年） 板垣退助（土佐，1871～73年）
内務卿	大久保利通（薩摩，1873～78年）
外務卿	副島種臣（肥前，1871～73年） 寺島宗則（薩摩，1873～79年）
大蔵卿	大久保利通（薩摩，1871～73年） 大隈重信（肥前，1873～80年）
陸軍卿	山県有朋（長州，1873～74年）
海軍卿	勝海舟（旧幕臣，1873～75年）
司法卿	江藤新平（肥前，1872～73年）
文部卿	大木喬任（肥前，1871～73年）
工部卿	伊藤博文（長州，1873～78年）

▲藩閥政府の要人（数字は在任年）
三条・岩倉ら少人数の公卿以外は，薩長土肥の実力者が実権をにぎった。

史料 廃藩置県の詔

朕①惟フニ、更始ノ時②ニ際シ、内以テ億兆③ヲ保安シ、外以テ万国ト対峙④セント欲セバ、宜ク名実相副ヒ、政令一ニ帰セシムベシ。朕曩ニ諸藩版籍奉還ノ議ヲ聴納⑤シ、新ニ知藩事ヲ命ジ、各其職ヲ奉セシム。然ルニ数百年因襲ノ久キ、或ハ其名アリテ其実挙ラザル者アリ。何ヲ以テ億兆ヲ保安シ、万国ト対峙スルヲ得ンヤ。朕深ク之ヲ概ス⑥。仍テ今更ニ藩ヲ廃シ、県ト為ス。是務テ冗ヲ去リ、簡ニ就キ⑦、有名無実ノ弊ヲ除キ、政令多岐ノ憂⑧無カラシメントス。汝群臣其レ朕ガ意ヲ体セヨ。

『法令全書』

注 ①天皇の自称。明治天皇のこと。②改革のとき。③人民。④ならび立つ。⑤許可。⑥嘆く。⑦無駄を省く。⑧法令や命令が分散する恐れ。

体制となった。諸藩の負債を政府が肩がわりすることとし★1、また、旧藩兵を解散させた。

❹ **廃藩置県の意義** 新政府の中央集権体制の基礎が確立し、諸藩の連合政権から中央集権的な政権へと移行した。

❺ **廃藩置県後の官制改革** 太政大臣・左右大臣・参議からなる正院を中心に左院(法令の審議機関)・右院(各省長官・次官による連絡機関)の三院制となった。また、神祇官は神祇省に格下げされた。ここに復古調は清算され、中央政府の機構が強化された。参議や卿(省の長官)・大輔(次官)には、薩摩・長州・土佐・肥前の4藩出身者が任命され、藩閥政府の土台がつくられた。

★1 廃藩置県後、政府は、政府年収の約2倍にものぼる多額の藩債を引きついだことと、士族に従来通りの家禄を支給したために、財政上の大きな負担に苦しんだ。

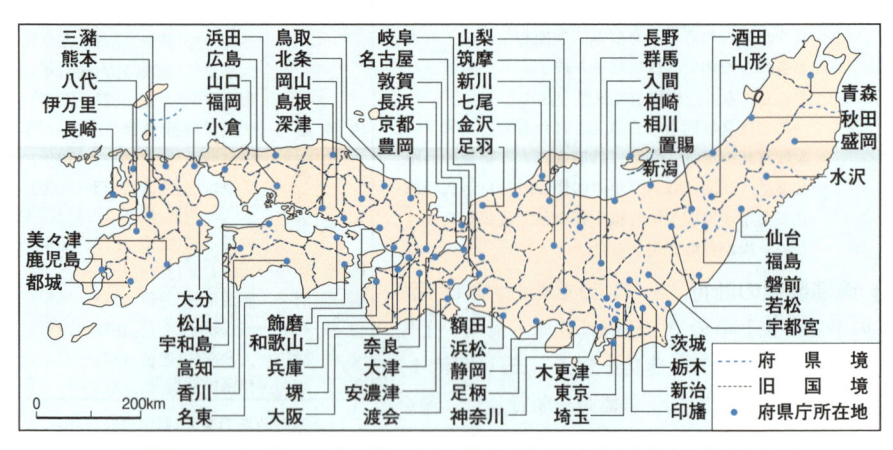

▲廃藩置県(1871年当時、3府72県。表中の県名は県庁所在地名と異なる場合もある)

3 新しい身分制の成立

① 四民平等 四民平等というかけ声のもとに，江戸時代以来の身分制の廃止がとりくまれたものの，**華族・士族・平民**という新しい身分制度ができた。
①華族[*2]…もとの公家・諸侯。
②士族…もとの武士。このうち，足軽などは士族と区別して卒族とされたが，のち士族と平民に分けられた。
③平民…華族・士族以外の身分。

② 四民平等の内容 1870（明治3）年，平民に苗字を許可し，翌年，華士族・平民間の結婚も許可した。このほか，切捨御免や土下座の悪習が廃止され，人身売買も一応廃止された。また，1872（明治5）年には身分を問わず国民を同一の戸籍に編成する戸籍法（壬申戸籍）がつくられた。

③ 穢多・非人呼称の廃止 1871（明治4）年8月，いわゆる賤民・賤称を廃して，平民に編入する措置がとられ，江戸時代以来の差別は，制度の上では撤廃された。

④ 解放令の問題点 解放令は出されたものの「穢多・非人」身分に対する長い間の差別は，一度の布告では容易に改まらなかった。そのうえ，他の身分の人々による解放令反対の一揆さえあった。また，その後の資本主義勃興期には，皮革産業などを専業としてきた産業が，一般の資本家に奪われるなどのため，社会的な差別は根強く残った。

⑤ 四民平等の問題点 士族は旧武士の身分的特権はなくなったが，依然として家禄などの俸禄が与えられ，華族には社会的にも高い地位が保証された。

4 秩禄処分

① 士族の社会的地位 明治初年の士族は約40万戸・200万人（全人口の約6％）で，旧支配層として社会的な勢力は強かったが，廃藩置県や徴兵令で無用化していた。

② 家禄奉還規則 新政府は士族・華族に対する秩禄[*3]をひきついだが，国家財政支出の30％を占め，大きな負担となった。そこで1873（明治6）年に，秩禄の返上を申し出た者に対し，禄高に応じて数年分の現金と秩禄公債を一時に支給した。

年・月	事　項
1869. 6	公家・諸侯を華族とする
12	一般藩士などを士族・卒族とする
1870. 9	平民の苗字を許可する
1871. 4	平民の乗馬を許可する
8	農工商・賤民を平民とする
	散髪・脱刀を許可する
	華士族・平民間の結婚を許可する
1872. 1	卒族を士族・平民に編入する
4	僧侶の肉食妻帯を許可する
12	職業の自由を認める
	裁判にあたっての尊卑の別を廃止する
1873. 2	仇討ちを禁止する
	華士族・平民間の養子を許可する
1876. 3	帯刀を禁止する（廃刀令）

▲身分制度の変革に関する年表

★2 版籍奉還後，知藩事（旧藩主）を華族として優遇したのは，反乱などをおそれた妥協策であった。華族はのち，長く「皇室の藩屏（皇室の守護）」として保守勢力の拠点となった。しかも華族は世襲制であったから，凡庸な人物やその一族も社会的に高い地位を占めることになるなど多くの点で問題があった。

★3 秩禄　家禄および賞典禄のこと。家禄は主君が家臣に与えた俸禄。賞典禄は，王政復古や戊辰戦争に功労のあった者に与えられた（現米給付）。

これは，開業資金を与えて秩禄の返上をはかったものである。
❸ **秩禄処分**　1875(明治8)年，これまで米で支給していた秩禄を金にかえ，金禄と名づけた。廃藩置県と徴兵令によって政治と軍事という士族の独占的な職分がなくなり，家禄支給の根拠がなくなったとして，1876(明治9)年の金禄公債証書発行条例により金禄公債証書を交付して，いっきょにすべての秩禄を廃止する秩禄処分を行った★4。
❹ **金禄公債支給後の士族**　下級士族は，生活苦から公債を手放す者が多かった★5。彼らのなかには官吏・軍人・巡査・教員あるいは実業家へと転身する者がいたが，商業に転じた者は，不慣れな仕事のために失敗することが多く，「士族の商法」と嘲笑された。

区　分	人　数	公債の種類	公債総額	1人当たり
華族など	519	5分利付	31,413,586円	60,527円
上中級武士	15,377	6分利付	25,038,957円	1,628円
下級武士	262,317	7分利付	108,838,013円	415円
その他	35,304	1割利付	9,347,657円	265円
合計	313,517		174,638,213円	557円

▲金禄公債交付の状況(丹羽邦男『明治維新の土地変革』より)

5 徴兵令

❶ **新政府による兵権の掌握**　版籍奉還後に兵部省が設置され，廃藩置県を前に御親兵を整えた。1871(明治4)年には，全国の城や兵器・弾薬を接収し，大・中藩の兵約1万人を4鎮台に集めた★6。親兵は廃藩置県後に近衛兵と改称し，一方で小藩の兵は解散させて，兵権を一手ににぎった。
❷ **徴兵令の発布**　大村益次郎の遺志をついだ山県有朋は，廃藩置県後，国民皆兵を理想として徴兵令を出す準備をし，1872(明治5)年末に徴兵の詔勅・告諭を出して徴兵の趣旨を説いた。そのうえで，1873(明治6)年1月に徴兵令を発布し，4月から実施した。
❸ **徴兵令の内容**　国民皆兵を主旨とし，満20歳以上の成年男性に兵役の義務を課した。徴兵検査を経て3年間の兵役に服することを義務づけたが，大幅な免役規定★7があり，1874(明治7)年では，満20歳の徴兵対象者のうち，81％の免役者が出た。徴兵令は，士族にとっては特権の剥奪を，農民にとっては負担の増大を意味し，いずれからも反感をもたれた。

★4 **金禄公債証書の内容**　秩禄の種類と禄高によって，その5年分以上14年分までに相当する額面の公債を発行した。利子も秩禄の種類と禄高によって4種がある。その利子は毎年2回に分けて払われ，元金は5年間すえ置きのあと，1882年から1906年まで毎年1回の抽選で償還した。

★5 華族や一部の上級士族は，公債を資本に，株主や大地主となって高額所得者に転化した。

★6 東京・大阪・東北(仙台)・鎮西(小倉)の4鎮台が置かれた。鎮台とは陸軍の軍団のこと。

(参考) **軍制改革計画の推進**　兵部省大輔(次官)の大村益次郎は国民皆兵の構想を進めたが，士族の反感をかって暗殺された。その意図をついだ山県有朋は，西郷隆盛の弟西郷従道とともにヨーロッパの兵制を視察した。

★7 **免役規定**　兵役を免除される規定で，戸主・長男・学生・官吏・官公立学校生徒や270円以上の納金者が該当した。家族制度の温存が免役の主眼となっていた。この規定は1889(明治22)年の改正で，範囲がせばめられた。

❹ **徴兵令に対する農民の反応** 徴兵令は主として農家の二・三男を対象にしていたから，農家にとっては労働力を失うことになった。そのため，徴兵告諭のなかにあった「**血税**」という言葉の誤解もからんで，**血税騒動**★8とよばれる徴兵令反対の一揆が起こった。

❺ **兵制の整備** 徴兵令発布後，4 鎮台は 6 鎮台★9となった。1878(明治11)年には軍令(軍の指揮命令など)機関として**参謀本部**ができ，のちに，軍が政府から独立する(**統帥権の独立**)もととなった。
①陸軍…はじめフランス式兵制を採用，のちドイツ式に転じた。1885(明治18)年よりドイツ陸軍のメッケル少佐を招請した。
②海軍…イギリス式兵制を採用。長く陸軍に従属した形であった。

❻ **警察制度の整備** 1871(明治4)年，東京府に**邏卒**(巡査の旧称)を置き，司法省，ついで1873(明治6)年新設の**内務省**に全国の警察権を掌握させた。1874(明治7)年になると，東京には，帝都の治安維持のために**警視庁**が設置された。こうした警察力によって，内務省は強力な国内支配を行った。

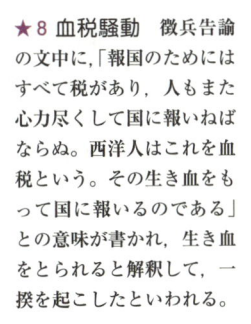

★8 **血税騒動** 徴兵告諭の文中に，「報国のためにはすべて税があり，人もまた心力尽くして国に報いねばならぬ。西洋人はこれを血税という。その生き血をもって国に報いるのである」との意味が書かれ，生き血をとられると解釈して，一揆を起こしたといわれる。

★9 東京・大阪・熊本・仙台・広島・名古屋の6鎮台が置かれた。なお，1888(明治21)年に鎮台は拡張されて**師団**と改称された。

> ポイント
> ①中央集権化…**版籍奉還→廃藩置県**
> ②封建制解体…**四民平等**と新しい身分制・**賤民解放令**
> 　　　　　　　**徴兵令・秩禄処分**
> 　　　　　　　　　→士族の不満
> ③政府の**藩閥**化…**薩長土肥**出身者の優位

『**徴兵免役心得**』▶
徴兵をのがれる方法を書いたガイドブック。当時の人々はむさぼり読んだ。

6 初期の外交

◆ 明治新政府は，日本の正統政府として国際的な承認を得るため，欧米諸国にいち早く，**五箇条の誓文**などで開国和親の方針を伝えた。しかし，攘夷主義の風潮や欧米諸国への屈服に対する批判は強く，政府は条約改正にとりくむとともに，たえず国威の発揚を掲げなければならなかった。さらに，特権を失った士族層の政府への不満のはけ口として，外国との事件が利用されることもあった。また，近世にはあいまいなままだった領土と国境の画定や，中国・朝鮮など近隣諸国と近代的な外交関係の確立をはかった。

1 岩倉使節団の派遣

❶ 岩倉使節団の派遣 廃藩置県後まもない1871(明治4)年11月,岩倉具視を全権大使とし,大久保利通・木戸孝允・伊藤博文らを副使として約50名からなる使節団が,米・欧諸国に派遣された★1。使節団は,1年10カ月にわたって米・欧11カ国を歴訪し,1873(明治6)年9月に帰国した(大久保,木戸はそれぞれ同年5月,7月に帰国)。

[補説] **留守政府の政策** 岩倉使節団の不在中の留守政府は三条実美・西郷隆盛・大隈重信・江藤新平・板垣退助・後藤象二郎らによって担われ,学制・地租改正・徴兵令・太陽暦の採用などの開化政策があいついで行われた。また,征韓論も政治問題化した。

❷ 使節派遣の目的
①欧米諸国との友好のために国書をもって訪問する。
②翌1872(明治5)年に改訂期限が迫っていた条約改正に関して準備が整うまでの延期を通知する★2。
③条約改正のために制度や法律を欧米式に改める必要があり,そのために欧米の現状を視察する。

❸ 使節団の意義 政府の中枢をなす人物が,直接欧米の政府や社会・文化にふれたことで,産業発展の重要性,欧米各国のそれぞれの独自性と伝統の重視,国際関係の現実などについて認識を深めたことにより,その後の施策に大きな影響を与えた。彼らの体験は,帰国後に久米邦武によって『特命全権大使米欧回覧実記』として公刊された。

2 征韓論と士族反乱

❶ 朝鮮への開国要求 1868(明治元)年末,日本は朝鮮に対し,対馬藩がもっていた朝鮮外交の権限を取り上げ,新政府成立通知書を送って外交関係の樹立を要求したが,その書式が旧来のものと異なるという理由で拒否された★3。

❷ 当時の朝鮮 当時の朝鮮では,中国を宗主国とし,国王の父大院君が鎖国政策をとり,1871年には来襲したアメリカ艦船を撃退して意気があがり,攘夷思想がさかんになっていた。

❸ 征韓論の高まり 岩倉使節団が外遊中の1873(明治6)年,外務卿副島種臣の開国要求に対しても,朝鮮は,日本を蛮夷と交際する無法の国として拒絶したので,士族の不満をそらすためにも征韓論が高まった。同年8月,朝鮮と開戦も辞さぬ決意で,西郷隆盛を朝鮮に派遣することになった★4。

★1 岩倉使節団とともに,約50名の留学生も米・欧に送られた。そのなかには,津田梅子(当時7歳)ら5人の女子留学生をはじめ,中江兆民・団琢磨らがふくまれていた。彼らは,帰国後にさまざまな分野で活躍することになる。

★2 アメリカに到着してから方針が変更され,条約改正の交渉にはいることになった。大久保と伊藤が改正交渉の全権委任状を取りにいったん帰国したが,その後,アメリカとの個別の交渉では不利益をもたらすことがわかり中止された。

★3 江戸時代には,幕府と朝鮮政府との間には,対馬藩を介して外交関係があった。このときの日本側の国書に使用された「皇」「勅」などの語は,日本の天皇を朝鮮国王の上位に置くものとうけとられた。

★4 征韓論と派閥争いが急速に高まっていたところ,薩長の有力者の大久保利通や木戸孝允は岩倉具視に随行して,欧米視察中であった。板垣退助・後藤象二郎・江藤新平ら土佐・佐賀の各参議は西郷隆盛を擁して薩長に対抗する勢力を築こうとしていた。

❹ 征韓派と内治派

1873(明治6)年，欧米視察から帰国した岩倉具視と大久保利通・木戸孝允らは，同年10月，内治の急を唱えて太政官制下の内閣の決定を天皇の名でくつがえし，征韓論を抑えた。そのため，西郷ら征韓派の参議は下野して故郷に帰った(征韓論政変)。以後，大久保利通と岩倉具視が政権の中心に立った★5。

補説 新政府の分裂 明治政府は，国威を海外に張ることを理由として積極的な開国を合理化した。その政府が朝鮮との外交関係の樹立に失敗することは，国家の威信をはなはだしく傷つけられることを意味し，明治政府の存立する根拠を疑わせるものであった。こうした点が，開化政策によって特権を奪われつつあった士族層の不満をいっそうつのらせたのである。しかも，西郷を朝鮮に派遣するということは，いったんは政府の方針として決められたものであり，これを強引にくつがえした点について，大久保や岩倉らが公論を無視したものと考えられたのである。

★5 大久保利通は，伊藤博文・大隈重信らの協力を得つつ，以後，地租改正・殖産興業策の推進など近代化政策に敏腕を発揮したが，西南戦争の翌1878(明治11)年に暗殺された。

参考 太政官制の参議 太政官制下の内閣は，太政大臣・左大臣・右大臣と数人の参議によって構成され，政府の意思決定をした。したがって参議は，近代的な内閣の閣僚にあたる。各省の卿(長官)を兼任することが多い。

❺ 不平士族の反乱

秩禄処分や徴兵令・廃刀令などの新政府の改革は，士族の特権喪失・経済的窮乏につながった。新政府に失望した士族は，政府が公論を無視した政策を実行しているとして各地で反政府運動を起こした。佐賀の乱，神風連の乱(敬神党の乱)，秋月の乱，萩の乱，西南戦争である。

乱の名	年月(日)	首謀・中心	内容
佐賀の乱	1874.2	江藤新平	佐賀の反政府反乱
神風連の乱	1876.10.24	太田黒伴雄	熊本で廃刀令に反対
秋月の乱	10.27	宮崎車之助	福岡旧秋月藩士族の反乱
萩の乱	10.28	前原一誠	長州(萩)士族の反乱
西南戦争	1877.2〜9	西郷隆盛	薩摩士族の大反乱

▲不平士族によるおもな反乱

❻ 西南戦争

1877(明治10)年，西郷隆盛を擁した反乱である。士族反乱としては最大規模であった。しかし，徴兵令による政府軍に敗れ，西郷は自決した。

補説 西南戦争と西郷隆盛 西郷隆盛は，大久保利通・木戸孝允とともに維新の三傑といわれたが，戊辰戦争(▷p.306)後は下野していた。1871(明治4)年には参議となり，廃藩置県に協力したが，士族の没落には同情的であり，征韓(朝鮮出兵)によって，士族たちの不平をなだめようとした。しかし，征韓論に敗れると下野して故郷の鹿児島に帰ってしまった。鹿児島では私学校をおこし，士族の子弟を教育した。鹿児島県政の要職は西郷の一派が占め，その声望は旧藩主を圧し，「西郷王国」とさえいわれ，新政府の支配はここにはおよばなかった。そのため，新政府もその動向を警戒していたが，密偵(スパイ)事件を契機に，ついに兵を動かした。

注意 新政府の施策に反対する運動としては，秩禄処分や徴兵制などの武士団の解体に対する不平士族の武力反乱と，言論を通じて公論徹底を求めることから始まった，自由民権運動とがある。自由民権運動は，西南戦争を機会に農民層をも加え，より広範な諸権利を求める運動へと発展したことに注意しよう。

❼ 西南戦争の結果

武力反乱はあとを絶ち，明治政府は全国土を完全に支配下にいれることができた。しかし，戦争のため紙幣を乱発することによってインフレーションを招いた。

参考 西南戦争と日本赤十字社 佐賀藩出身の佐野常民は，西南戦争に際して博愛社を創設して両軍の負傷者を看護・治療した。博愛社は，のち日本赤十字社と改称し，佐野が社長となった。

3 朝鮮の開国

❶ **江華島事件** 征韓論争後も，政府は征韓を求める不平士族への対策もあり，1875(明治8)年，示威行動を起こし，朝鮮を挑発した。この挑発事件を，**江華島事件**という。

> 補説　江華島事件　1875(明治8)年9月，日本軍艦雲揚は朝鮮西南海岸を測量しながら北上し，ついに首都漢城(ソウル)防衛の要地江華島付近の領海深くに進入した。このため，朝鮮の砲台から砲撃をうけた。雲揚はただちに反撃して江華島の砲台を占領した。

❷ **日朝修好条規の締結** 江華島事件の処理ならびに朝鮮と国交を結ぶため，政府は1876(明治9)年，黒田清隆を全権として派遣した。軍事力を背景に強圧的な態度で交渉を進めた結果，**日朝修好条規(江華条約)**が結ばれた。

❸ **日朝修好条規のおもな内容**
①朝鮮を自主独立の国として承認する(当時の朝鮮は清の朝貢国の地位にあった)。
②釜山・仁川・元山の3港を開港する。開港地には日本が領事裁判権をもつ。
③外交使節を交換する。

❹ **日朝修好条規の意義** 日本が外国に初めて強制した不平等条約で，これにより朝鮮は開国した。

4 中国と沖縄

❶ **中国(清)との関係** 日清貿易は江戸時代の無条約のままだったので，日本側の申し出で，1871(明治4)年7月に，天津

▲朝鮮要図

(注意)　朝鮮の首都の呼称　正式には，韓国併合までは漢城，併合以後は京城，第二次世界大戦後はソウル。一般の朝鮮人は早くから都の意味をもつソウルとよんでおり，日本人は中国の影響を感じさせる漢城をさけて京城とよんだ。入試で混乱したら，ソウルとしておけば無難だろう。

史料　日朝修好条規

第一款　朝鮮国ハ自主ノ邦ニシテ日本国ト平等ノ権ヲ保有セリ。……
第五款　京圻・忠清・全羅・慶尚・咸鏡五道①ノ沿海ニテ通商ニ便利ナル港口二箇所ヲ見立タル後，地名ヲ指定スベシ②。開港ノ期ハ日本暦明治九年二月ヨリ朝鮮暦③丙子年正月ヨリ，共ニ数ヘテ二十個月ニ当ルヲ期トスベシ。
第十款　日本国人民，朝鮮国指定ノ各口ニ在留中，若シ罪科ヲ犯シ朝鮮国人民ニ交渉スル事件ハ，総テ日本国官員ノ審断④ニ帰スベシ。
　　　　　　　　　　　　　　　　　　　　　　　　　　　　　　『日本外交年表竝主要文書』

(注)　①朝鮮国の地方区分。東海岸(咸鏡道，慶尚道)・南海岸(全羅道の一部)・西海岸(京圻，忠清，全羅道の南半部)をさす。②釜山・仁川・元山の3港。③朝鮮では太陰暦を使用。④審判と決定。

で伊達宗城と李鴻章との間に対等な内容の日清修好条規が結ばれた。しかし、その後、わが国と清とは琉球(沖縄)帰属問題などで対立していくことになる。

❷ **琉球の帰属** 琉球は江戸時代、島津氏に支配されるとともに、中国とも朝貢・冊封関係をもつという、いわば両属関係にあった。★6 明治政府は、1872(明治5)年、琉球王国を琉球藩に改め、国王尚泰を藩王とすることにより、明治政府に編入した。

❸ **台湾出兵(征台の役)** 1871(明治4)年11月、琉球の漂流民約50名が台湾で殺害されたが、清は責任を回避した。そのため1874(明治7)年、征韓中止後も継続した士族の不満を抑えるため、政府は軍の責任者西郷従道の主導で台湾出兵を行った(征台の役)。

❹ **台湾出兵の収拾** 木戸孝允は、この台湾出兵に反対して下野したが、大久保利通は、みずから全権として収拾のための交渉にあたった。さらに、駐清イギリス公使ウェードの仲裁もあってやがて解決した。★7

❺ **琉球の廃藩置県** 1879(明治12)年、両属関係の持続を望む琉球に軍隊を送り、首里城を接収して廃藩置県を断行し、沖縄県を置いた(琉球処分)。清はこれに抗議したが、来日中のアメリカ前大統領グラントが調停にはいり、1895(明治28)年に日清戦争の勝利により自然解決となった。

5 国境の画定

❶ **小笠原諸島の帰属** 小笠原諸島★8は1827(文政10)年、イギリスが領有し、アメリカ人が居住していたが、1861(文久元)年、江戸幕府が領有を宣言し、イギリス・アメリカと帰属を争った。1876(明治9)年、政府はイギリス・アメリカ両国に小笠原諸島はわが領土である旨を通告したが、両国とも異議がなく、ここに日本領と確定した。

★6 琉球王国は17世紀初め以来薩摩藩の従属国で、国政は薩摩藩の役人に監督され、貢租を納めていた。しかし、琉球は、薩摩に従属する以前から中国の歴代王朝にも朝貢し、形式的には、中国王朝から琉球王に封じてもらっていた。

★7 清は、日本の出兵を「義挙」と認め、遭難者への賠償金と日本の台湾における施設費の合計50万両(当時の金額で約67万円)を支払うことを約束した。

1871(明治4)	日清修好条規
1873(明治6)	征韓論政変
1874(明治7)	台湾出兵
1875(明治8)	樺太・千島交換条約
〃	江華島事件
1876(明治9)	小笠原諸島の帰属
〃	日朝修好条規
1879(明治12)	琉球を沖縄県とする

▲明治初期の外交年表

★8 小笠原諸島 1593(文禄2)年に、安土桃山時代の武将である小笠原貞頼が発見したといわれる。しかし、確証がなく、長く無人島と通称された。

●中国(清)————
1871 日清修好条規①
1874 台湾出兵②
●朝鮮————
1873 征韓論おこる
1875 江華島事件③
1876 日朝修好条規④
●ロシア————
1875 樺太・千島交換条約⑤
●小笠原諸島————
1876 日本が領有を宣言⑥
●沖縄————
1871 鹿児島県へ編入⑦
1872 琉球藩を置く⑦
1879 沖縄県を置く⑦

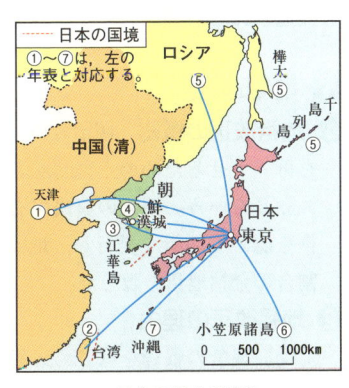

▲日本の領土の変化

11章 近代国家の成立

❷ **樺太・千島問題の再燃**★9　ロシアはクリミア戦争（1853～56）後，樺太（サハリン）に積極的に進出した。わが国も箱館戦争後の1869（明治2）年に，**開拓使**を置いて北海道・樺太の経営にのりだし，樺太の帰属をめぐりロシアとの紛争がつづいた。

❸ **領土の画定**　ロシアとの戦争を恐れる政府は，開拓使次官の黒田清隆の意見から樺太放棄を決定し，1874（明治7）年に**榎本武揚**★10を公使としてロシアに派遣して交渉させた。その結果，翌年に**樺太・千島交換条約**を結び，**樺太をロシア領**，**千島列島全体を日本領**とした。

★9　幕末のロシアとの日露和親条約（1854年）では，千島列島の択捉島以南は日本領，得撫島以北はロシア領，樺太は両国雑居の地とした。

★10　榎本武揚は，箱館戦争（▷p.306）で新政府に抵抗したが，降伏後は，明治政府の高官として活躍した異色の人物である。とくに，北海道開拓に尽力した。

> **ポイント**
> ①**岩倉使節団と留守政府**…**征韓論**をめぐる対立→**西郷・板垣・江藤**ら下野
> →｛ 不平士族の反乱…佐賀の乱～西南戦争（1877年）
>   　民撰議院設立建白書（▷p.330）→自由民権運動
> ②朝鮮：**江華島事件**→**日朝修好条規**（1876年）…朝鮮に不平等条約
> ③清国：**日清修好条規**（1871年）　　台湾：**台湾出兵**（1874年）
> ④国境の画定…沖縄県設置，小笠原諸島の領有宣言，
> 　　　　　　ロシアと**樺太・千島交換条約**（1875年）

7　地租改正と殖産興業

◆ 政治の中央集権化とともに，財政経済の近代化も新政府の重要な課題であった。明治政府は，**地租改正**により土地制度を改革して財政収入を安定させ，資本主義の保護育成（**殖産興業**）によって産業の発展を企図した。また，貨幣の統一，交通・通信の近代化なども推進された。

1　地租改正

❶ **地租改正の概略**　明治政府による国家財政を確立させるための**土地制度および土地税の大変革**をいう。旧来の農民保有地に私的所有権を認めて**地券**を発行し，地価に対して一定割合の金納地租を課した。

❷ **地租改正の理由**
①戊辰戦争の戦費をはじめ，新国家建設に多額の費用を要した。

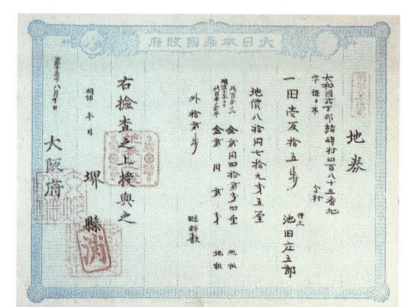

▲**地　券**　土地の所在・所有者・地目・面積・地価を記載。1886（明治19）年に登記法実施により廃止された。

②旧来の貢租は現物納であるため、手数がかかるうえ、地域によって貢租率が異なり、また豊凶によって収入が一定しないため、正確な予算をたてることができなかった。

❸ **田畑勝手作りの許可** 1871（明治4）年、政府はまず作物栽培の自由を正式に認めた。これは、地租を米から金にかえるので、年貢米の確保は必要でなくなるからである。

❹ **地券の発行** 地租納入者を、年貢米の生産者ではなく、土地の所有者とするため、土地所有権を公認することになった。その証拠として、地券（壬申地券）を発行することにし、1871（明治4）年に東京府から始め、翌年から全国におよぼされた。

❺ **田畑永代売買の解禁** 明治政府は田畑の所有権を公認したうえで、1872（明治5）年、田畑永代売買の禁止を正式に解いた。

❻ **地租改正の実施** 1873（明治6）年、明治政府は**地租改正条例**★1を出して、改正に着手した。その内容は、次の通り。
①課税対象を、これまでの収穫高から**地価**に変更する。
②税率は、全国一率とし、**地価の3％**★2とする。
③納税法は、これまでの現物納から**金納**に変更する。
④納税者は、これまでの耕作者から**土地所有者**に変更する。

❼ **地価算出の実際** 地価は、地租額決定の基準となるもので、田畑面積・収穫高・平均米価などに基づいて算出されることになっていた。しかし、実際には、政府の決定した目標額に達するように高い地価がおしつけられた。

項　　目	改正前	改正後
課税対象	収穫高	地　　価
税　　率	一定せず	地価の3％
納税法	現物納	金　　納
納税者	耕作者	土地所有者

▲地租改正の要点

★1 条例発布直後はあまり進行しなかったが、1875（明治8）年に地租改正事務局ができてから促進された。全事業の終了は1881（明治14）年であった。

★2 政府には地租以外の収入はほとんどなかったため、税率は3％という高率になった。地価は、当初設定した地価を5年間すえ置き、後は時価によるとした。政府は、地租を価格の1％にしたいが、他の税が設けられるまで3％とする、と説明した。

注意　地租改正に際して課税の対象となった地価は、土地の売買価格ではないことに注意しよう。地価は、土地の収益などから計算されたが、税率とともに、「旧来の歳入を減ぜざること」という従来の年貢量を維持する方針に基づいて政治的に決定されたもので、土地の売買価格とは関係ない。

史料　地租改正条例

第六章　従前地租ノ儀ハ、自ラ物品ノ税家屋ノ税等混淆致シ居候ニ付、改正ニ当テハ判然区分シ、地租ハ則地価ノ百分ノ一ニモ相定ムベキノ処、未ダ物品等ノ諸税目興ラザルニヨリ、先ヅ以テ地価百分ノ三ヲ税額ニ相定候得共、向後、茶・煙草・材木其他ノ物品税追々発行相成、歳入相増、其収入ノ額二百万円以上ニ至リ候節ハ、地租改正相成候土地ニ限リ、其地租ニ右新税ノ増額ヲ割合、地租ハ終ニ百分ノ一ニ相成候迄漸次減少致スベキ事。

『法令全書』

補説 山林原野の地租改正　政府は、地租改正にあたって土地所有権を公認していったが、旧領主の直営の山林原野および農民が所有してきたことを立証できない土地は、すべて国有にした。1村あるいは数カ村が、共同で下草を刈る、材木を伐採するなどしてきた入会地も例外ではなく、また、いったん国有にされると、そこの一木一草もとることを許されなかった。

▲三重県下における地租改正反対一揆

❽ 地租改正の結果
①新政府の財政は、歳入の80％ほどが地租という安定した財源に依存することができるようになった。
②地主が優遇されて、寄生地主が生まれる素地をつくった。

❾ 地租改正反対一揆
地租改正後も、農民の負担は軽くならなかった。そのうえ、物価高騰や入会地の国有化などにより、農民の生活は困窮していた。そのため、地租改正に反対する農民一揆が頻発した。とくに、1876(明治9)年には、地租改正反対の大一揆が、茨城県(真壁暴動)、および三重県(伊勢暴動)から岐阜・愛知・奈良の各県にかけて広がった。

❿ 税率の引き下げ
農民一揆が士族反乱と結びつくことを恐れた政府は、農民側に譲歩し、1877(明治10)年、税率を3％から2.5％に引き下げた。「竹槍でどんとつき出す2分5厘」という川柳は、このときの勝利の凱歌を詠んだものである。

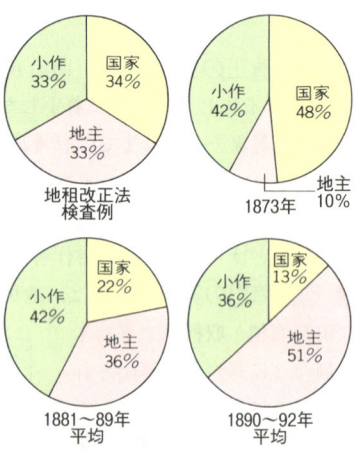

地租改正法検査例：小作33%／国家34%／地主33%
1873年：小作42%／国家48%／地主10%
1881〜89年平均：小作42%／国家22%／地主36%
1890〜92年平均：小作36%／国家13%／地主51%

▲小作農の労働生産物の分配比率
米価の上昇(地租は金納で一定)で、地主の取り分がしだいに大きくなっているようすがよくわかる。

2 殖産興業

❶ 殖産興業の目的
富国強兵は明治新政府のスローガンであったが、その目的達成のためには、西洋型の資本主義的産業を新しく育成する必要があった。

❷ 封建遺制の廃止
政府は、全国的な経済流通機構の確立を妨げている封建遺制を廃止していった[3]。

❸ 官営事業の目的とその資金
①目的…近代工業の育成や技術水準の引き上げをはかり、輸入を減らして輸出を増大させる。

[3] 1868(明治元)年には、株仲間や座の特権を廃止し、藩の専売事業を廃止するとともに、1869(明治2)年には関所・津留をとりやめた。さらに1871(明治4)年には、華族・士族や農民が商業にたずさわることを許可した。

テーマゼミ　島崎藤村と地租改正

○島崎藤村晩年の名作『夜明け前』は，故郷の木曽馬籠を舞台に，幕末から明治への歴史の流れを，彼の父をモデルとする主人公に託して描いている。その中で，地租改正の始まる前からすでに，山林の所有および使用をめぐって，農民と政府官吏の間にあつれきがあったことが記されている。

○地租改正では，所有者のはっきりしない入会地を国有地にしていった。しかし，室町時代からの伝統である入会の慣行は，農民の日常生活を維持するための重要な基盤で，これを奪われることは，農民にとって大きな痛手であった。このような政府の動きに対して，『夜明け前』の主人公青山半蔵は，付近の農民の意見をとりまとめ，昔からの農民の入会権を主張するのだが，待っていたのは，戸長免職という処分だけであった。現在でいう村長の地位を一方的に奪われる処分をうけた半蔵は，「御一新がこんなことでいいのですか」と述懐するが，明治維新を農民の側から鋭く批判した言葉として，文学以上の価値があるのではないだろうか。

②資金…農民が納めた地租が投入された。

❹**官営模範工場**　もっとも重視する殖産興業政策として，政府直営の**官営模範工場**をつくり，洋式技術の伝習と普及につとめた。繊維・軍需工業が重点で，東京の千住製絨所（毛織物）・深川セメント製造所・品川硝子製造所や群馬県の**富岡製糸場**が有名である。

(補説)　**政商**　政府と密接な関係をもつ資本家。戊辰戦争での新政府軍の東征に，家運を賭して御用金を提供し，以後政府との結びつきを強め，新政府の財政を委ねられるなど，新政府の財政的支柱となった。島田組・小野組は政府から預かった公金を流用して破産したが，三井組は，高福・高朗父子の努力で第一国立銀行・三井銀行・三井物産会社などの開設に成功し，豪商から近代的資本家に転身した。三菱の創始者岩崎弥太郎は，土佐の郷士の出身ながら，九十九商会（のち三菱商会）を創立し，海運業に進出した。三菱は，台湾出兵（▷p.317）の軍事輸送を引きうけて以来，政府の保護で，海運に独占的地位を築いた。

❺**政府機関の整備**　1870（明治3）年には，**工部省**が設置され，お雇い外国人の技術指導や留学生の派遣により鉄道・鉱山など欧米の工業を移植する政策をすすめた。初代工部卿は伊藤博文。1873（明治6）年設置の**内務省**は紡績・海運・開墾・牧畜などで，国内産業の改良による発展に力点を置いた。

▲官営模範工場（富岡製糸場）

(参考)　官営模範工場とお雇い外国人　官営模範工場では，機械制工業の技術を広めるために，お雇い外国人を大量に高給で雇い，フランスなど外国の技術を導入した最新式の工場が建設された（富岡製糸場ではフランス人ブリューナが指導）。とくに重視されたのは，製糸業と紡績業であった。

❻ 北海道の開拓
新政府は，1869（明治2）年に開拓使を置き，第3代長官黒田清隆を中心にアメリカから大農法を導入した。指導者としてケプロンを招き，札幌農学校（北海道大学）を創設し，巨費を投じて開拓にあたった。

補説　屯田兵派遣　北辺の防衛と士族授産の目的をかねて，1874（明治7）年から貧困士族を屯田兵として北海道に移住させた。しかし，寒冷地での不慣れな農業のため，多くは失敗した。

▲屯田兵のようす

❼ 貨幣制度の整備
幕末以来，貨幣制度の混乱がはげしかったので[★4]，政府発行の貨幣に統一することになった。
①1868（明治元）年，藩札の流通を禁じて太政官札（金札）を発行し，翌年大阪に造幣局（一時期造幣寮と改称）を設置して，1871（明治4）年に貨幣の鋳造を開始した。
②1871年，在米中の伊藤博文の建議で新貨条例を発布して，円・銭・厘の10進法に改め，金本位制[★5]を採用した。また，翌年から新紙幣も発行した。

❽ 金融制度の整備
貨幣制度の整備と平行して，金融制度も整備され，銀行が設立された。
①為替会社…1869（明治2）年に設立され，政府の保護監督のもと，預金・紙幣発行・為替・両替などの業務を行った[★6]。
②国立銀行条例…1872（明治5）年，渋沢栄一らの努力で国立銀行条例が公布され，銀行の設立が許可された。これにより第一国立銀行など，多くの銀行ができ，兌換紙幣を発行した（1876年に兌換制を停止）。また，1880（明治13）年には貿易上の金融を目的とする横浜正金銀行もできた。

❾ 通信機関の整備
電信は，1869（明治2）年に東京・横浜間に開通したのが最初で，以後全国各地に架設が進められていった。1879（明治12）年には，万国電信条約に加入した。国外との通信では，1871（明治4）年に長崎・上海間に海底電線が敷設された。

補説　電話事業　電話は，1890（明治23）年，東京・横浜間で一般の使用が始まった。なお，電話事業は，軍事的要請から電信事業とともに官営とされた。

❿ 郵便制度の発達
郵便制度は，前島密の建議で洋式が採用された。1871（明治4）年から東京・京都・大阪間に開始され，

★4 幕末の貨幣の流通状況は，①金・銀・銭の3貨，②各藩発行の藩札（約1800種），③洋銀（貿易決済により外国から流入した銀貨）などが混在していた。

★5 このときの金本位制は不完全なもので，実際は金銀複本位制であった。金本位制は，1897（明治30）年になって名実ともに確立した（▷p.364）。

★6 為替会社は，従来の両替商にかわって東京・大阪など8カ所に設立された。

注意　国立銀行条例によってできた国立銀行は，国が設立を許可したという程度のもので，実際は民間の株式会社であったことに注意しよう。最終的には153行まで設立が許可された。

翌年全国に拡張された。1877（明治10）年には、万国郵便連合に加盟した。

⓫ 鉄道の建設 1872（明治5）年、東京新橋と横浜間が開通し、当時は陸蒸気とよばれた。その後も、1874（明治7）年に大阪・神戸間、1877（明治10）年に京都・大阪間と進み、1889（明治22）年には東海道線が全通した。

(注意) 鉄道事業は官営で着手されたが、のち民間資本の進出がめざましく、私鉄も増加した。

3 民間企業の発達

❶ インフレ高進 西南戦争後は**インフレーション**の高進がいちじるしく★7、輸入超過と正貨の流出によって国家財政は困難となり、物価高騰が国民生活を苦しめた。

❷ 松方財政 1881（明治14）年、大蔵卿となった**松方正義**は、紙幣整理に着手し、軍事費以外の歳出の節減、新税の設置、増税などの徹底した緊縮政策をとった。また、1882（明治15）年に中央銀行として国立の日本銀行を設立して、唯一の紙幣発行銀行とし、不換紙幣の回収につとめ★8、財政整理を行った。

❸ 官営工場の払い下げ 政府は、財政整理の一環として、経費節減をはかるため、軍需・造幣工場を残し、官営工場の払い下げを決め、1884（明治17）年から順次、民間の政商（▷p.321）に払い下げていった。

▲松方正義

❹ 官営工場払い下げの意味 特権的政商にきわめて安価に払い下げられ、民間産業の発達★9をうながすことになった。また、産業を官営から民営に移すことを意味し、政府が大資本に重点的に保護を加えて育成する方針であることが示された。

❺ 民間企業の発達 官営工場の払い下げが始まったころ、民間でも近代産業が発達してきた。なお、1871（明治4）年以降の京都博覧会、1877（明治10）～1903（明治36）年までに5回開かれた内国勧業博覧会も、産業の発達に貢献した。

(補説) **民間企業** 郵便汽船三菱会社は、半官半民の共同運輸会社と合併し、日本郵船会社となった。日本鉄道会社は上野・青森間の鉄道を建設し、業績を上げた。その他、田中製造所・大阪紡績会社などが設立された。

★7 西南戦争後にインフレが高進した理由
維新以来、政府は殖産興業、秩禄処分と士族授産、西南戦争など士族の反乱に対する戦費など、出費がかさんだ。これをまかなうため、多額の不換紙幣を発行したためである。

★8 国立銀行は、1883（明治16）年の条例改正で普通銀行に転換されることになり、1899（明治32）年に完全に消滅した。

事業所	払い下げ先
高島炭坑	後藤→三菱
院内銀山	古河
阿仁銅山	古河
三池炭鉱	三井
佐渡金山	三菱
生野銀山	三菱
長崎造船所	三菱
兵庫造船所	川崎
深川セメント製造所	浅野
新町紡績所	三井
富岡製糸場	三井

▲主要な払い下げ鉱山・工場

★9 金融制度の整備や金禄公債などによる資本の蓄積、農村の窮乏化による賃金労働者の発生、などの条件が整っていた。

> **ポイント**
> ①　地租改正…政府の財政収入の安定が目的
> 　　準備…田畑勝手作りの許可・田畑永代売買の解禁
> 　　内容…土地所有の公認，金納，地価の3％の高額地租
> 　　　　　地租改正反対一揆→2.5％
> ②　殖産興業…官営模範工場で政府主導の工業化
> 　　貨幣・金融…新貨条例（円・銭・厘），国立銀行条例
> 　　北海道開拓…開拓使・屯田兵
> ③　西南戦争→インフレの高進
> 　　→松方財政…デフレ政策・緊縮財政（日本銀行と銀兌換券の発行，官営工場の払い下げ，増税）

8　西洋の衝撃への対応と文化の摂取

◆　幕末において，内外の危機にいかに対処するかは，知識人の課題であった。そのなかで，天皇を結集の中心とした国家を作る目標が出てきた。維新後は，文明開化というスローガンのもとでさまざまなレベルで西洋文化の摂取が行われた。皮相的な面もあったので，反動として日本の伝統の復権も主張され，国粋保存主義などが生まれてくることになる。

1　幕末の政治思想と文化

❶　**後期水戸学**　尊王敬幕を基本に，天皇・朝廷を将軍・幕府の上位におき，天皇・天皇家がつづいてきたことを理由に外国に対する日本の優位を主張した。

❷　**吉田松陰**　武士は，藩での既得の特権意識を捨てて藩主のもとに結集すること，さらに，天皇のもとに万民が結集し，列強に対抗して国を守ることを主張した。長州藩の尊王攘夷運動から倒幕運動に大きな影響を及ぼした。

❸　**佐久間象山**　西洋学術を導入して近代化をはかり，儒教により国内思想を統一した。

❹　**外国人の接触**　アメリカ人宣教師で医者のヘボンは，診療所や英学塾を開き，ヘボン式とよばれるローマ字の和英辞典をつくった。また，イギリス公使オールコックは，日本の美術工芸品を収集して，1862年のロンドン世界産業博覧会に出品した。幕府も1867年のパリ万国博覧会に葛飾北斎の浮世絵などを出し，日本の文化を西欧に紹介した。

▲吉田松陰

▲佐久間象山

2 維新後の生活洋風化と教育制度

❶ **文明開化** 文化面での近代化も推進された。近代的国民を育成するため、政府は西洋近代の思想や生活様式をとりいれる啓蒙政策を展開した。民間でも翻訳書や雑誌・新聞などによる啓蒙が行われ、都市や一部知識人を中心に欧化の風潮が生まれた。これを<u>文明開化</u>とよぶ。東京銀座の煉瓦街、人力車や馬車、洋服やザンギリ頭が普及した。

❷ **太陽暦の採用** 従来の太陰太陽暦(旧暦)をやめ、明治5年12月3日を明治6(1873)年1月1日とした。<u>太陽暦</u>の採用により、それまでの太陰暦による民衆の伝統的な生活様式と民俗行事が禁止されたりした。

❸ **学制の制定** 1872(明治5)年、フランスの制度にならって<u>学制</u>★¹が制定され、近代学校教育制度の基礎がつくられた。教育の機会均等の原則と、現実の役に立つ<u>実学</u>を強調し、「学問は身を立てる財本」と学問を立身出世と結びつけ、国民皆学の精神をうたった。

(補説) **学　制**　学費の負担と子の就学で労働力を奪われることから、学校建設や就学に反対する一揆が起こされた場合もあるが、京都など学制以前から小学校の建設に積極的な地域もあった。

❹ **教育令** 学制の画一性は地方の実情に合わないことも多かったので、1879(明治12)年に学制を廃止して、新しく<u>教育令</u>を出した。これはアメリカの制度にならって地方自治を尊重し、自由主義的なものであった。しかし、早くも翌年には改正され、政府の統制が強められた(<u>改正教育令</u>)。

(参考) 衣食住では、靴・帽子・洋服・牛乳・煉瓦造・ガス灯・人力車・汽車・散髪など、新しい様式がどっと流入した。ちょんまげをやめ、「ザンギリ頭をたたいてみれば文明開化の音がする」といわれた。

★1 **学　制**　全国を8大学区とし、1大学区に32中学、1中学区に210小学区に分けるという計画であった。

▲明治初期の文明開化

史料　学事奨励に関する被仰出書

人々自ラ其身ヲ立テ、其産ヲ治メ、其業ヲ昌ニシテ、以テ其生ヲ遂ル所以ノモノハ他ナシ。……サレバ、学問ハ身ヲ立ルノ財本①共云フベキ者ニシテ、人タルモノ誰カ学バズシテ可ナランヤ。……自今以後一般ノ人民「華士族・農工商及婦女子」必ズ邑ニ不学ノ戸ナク、家ニ不学ノ人ナカラシメン事ヲ期ス。人ノ父兄タル者宜シク此意ヲ体認②シ、其愛育ノ情ヲ厚クシ、其子弟ヲシテ必ズ学ニ従事セシメザルベカラザルモノナリ。　　『法令全書』

(注) ①資本。②重要さを理解すること。

❺ 学校の設立

① 師範学校…教員養成の学校で，1872（明治5）年に東京に設立されたのが最初である。
② 東京大学…江戸幕府の諸種の学校を統合して，1877（明治10）年に東京大学とし，医・法・文・理の4学科をおいた。
③ 私立学校…私学も多く設立されたが，いまだ大学としては認められなかった。

年　代	学　校　名	設立者
1868年	慶應義塾（慶応大）	福沢諭吉
1875年	同志社英学校（同志社大）	新島襄
1881年	明治法律学校（明治大）	岸本辰雄
1882年	東京専門学校（早稲田大）	大隈重信
1900年	女子英学塾（津田塾大）	津田梅子

▲主要な私立学校の設立年代と創立者
　（　　　）内は現大学名。

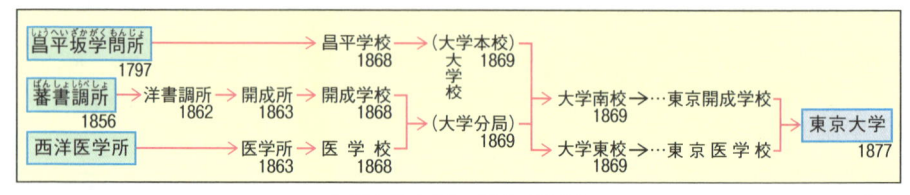

▲東京大学の成立　数字は設立年。

▲開智学校
明治初期，長野県松本市に建てられた小学校。

▲福沢諭吉

▲新島襄

3 維新後の思想・宗教・文芸

❶ **外国思想とその紹介**　自由主義・共和主義・国家主義[★2]・キリスト教思想などの思想が導入された。とくに，基本的人権は天賦（生まれつき）のもので，権力により制限・束縛されるものではないという天賦人権思想が提唱され，のちに自由民権運動の指導的な思想となった。

❷ **明六社**　1873（明治6）年，アメリカから帰国した森有礼の主唱で設立された団体で，翌1874年『明六雑誌』を発行し，欧米の政治や文化を紹介した。参加者には福沢諭吉・中村正直・西周・加藤弘之・津田真道らがいた。

★2 国家主義　ドイツ国家主義思想の流入により発展した思想。独立国家として諸外国と対等の関係を保ち，国力の充実をはかろうとするもので，とくに1880年代になると明治政府の方針ともなった。

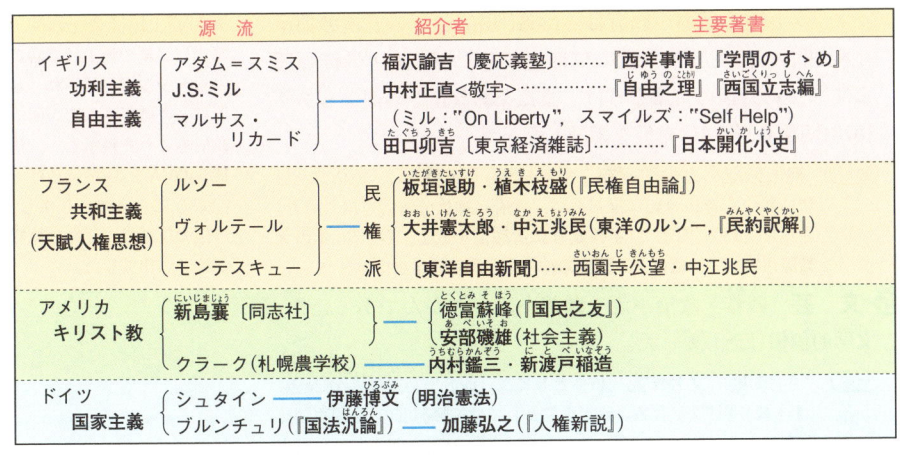

	源流		紹介者	主要著書
イギリス 功利主義 自由主義	アダム=スミス J.S.ミル マルサス・ リカード	}	福沢諭吉〔慶応義塾〕 中村正直〈敬宇〉 (ミル:"On Liberty", スマイルズ:"Self Help") 田口卯吉〔東京経済雑誌〕	『西洋事情』『学問のすゝめ』 『自由之理』『西国立志編』 『日本開化小史』
フランス 共和主義 (天賦人権思想)	ルソー ヴォルテール モンテスキュー	}民 権 派	板垣退助・植木枝盛(『民権自由論』) 大井憲太郎・中江兆民(東洋のルソー,『民約訳解』) 〔東洋自由新聞〕…西園寺公望・中江兆民	
アメリカ キリスト教	新島襄〔同志社〕 クラーク(札幌農学校)	}	徳富蘇峰(『国民之友』) 安部磯雄(社会主義) 内村鑑三・新渡戸稲造	
ドイツ 国家主義	シュタイン ── 伊藤博文(明治憲法) ブルンチュリ(『国法汎論』) ── 加藤弘之(『人権新説』)			

▲外国の思想とその紹介

❸ **新聞・雑誌** 1870(明治3)年、最初の日刊新聞として『横浜毎日新聞』が発行され、雑誌の刊行も増加した。新聞や雑誌は政府の保護をうけて、国民の啓蒙に大きな役割を果たした。新しい思想や文化の紹介とともに政治問題を扱い、政府に批判的な評論も行った。全国的に普及するなかで民衆の政治への不満を代弁し、その政治的な成長をうながした。1875(明治8)年ころから、反政府派による激しい政府攻撃の手段となったため、同年、政府は**讒謗律・新聞紙条例**(▷p.332)を定めてとりしまった。

▲明治初期の新聞

(参考) 雑誌の刊行 幕末期の1862(文久2)年には『官板バタビヤ新聞』などがあり、維新後、本木昌造の活版印刷の創始によって新聞・雑誌が普及した。

❹ **宗教界** 政府は、王政復古による祭政一致の立場をとり、神祇官を再興して国学者や神道家を登用し、神道国教化策を打ち出した。
①神道の興隆…1868(明治元)年に**神仏分離令**が出され、神社を寺院から独立させた。そのうえ、神道は、1870(明治3)年の**大教宣布の詔**で栄えた。神社は国家によって保護され、国教の地位を得た。幕末の新興宗教も教派神道(▷p.288)として国家より公認された。
②仏教の衰退…神仏分離令が出ると、各地で国学者や神官が仏寺・仏像・仏具などを破壊する**廃仏毀釈**が起こり、寺院数が半減するほどの打撃をうけた。
③島地黙雷の改革…島地黙雷は、西洋の信仰の自由という考えをとりいれて仏教の改革運動を行い、仏教を社会の中核的な宗教の1つとして勢力を定着させた。

④キリスト教の伝道…政府は，1868(明治元)年の五榜の掲示（▷p.307）で，キリスト教の信仰を禁じたが，浦上信徒弾圧事件★3への外国の抗議をうけ，また条約改正との関係もあり，1873(明治6)年には布教を黙認した。

> 補説　神仏分離令と大教宣布　仏教を憎む神道勢力が，神仏習合思想に基づく神仏合祀に反対して，政府に神仏分離令を出させた。さらに，1869(明治2)年神祇官に宣教使を置き，翌1870年の大教宣布の詔で神道による天皇の神格化と国民教化をはかった。

★3 浦上信徒弾圧事件
幕末に長崎の浦上村で隠れキリシタンが発見され，幕府により弾圧された。明治政府もこれを継承して，信徒3400人を34藩に預けて転宗をはかった。しかし，外国の抗議で，信徒の帰郷が許され決着した。

❺ 文　芸　戯作・政治小説・翻訳小説がさかんであったが，文学的価値は乏しかった。

> 補説　明治初期の文芸作品　戯作としては，仮名垣魯文の『安愚楽鍋』(すき焼き風景)が有名。政治小説としては矢野龍渓の『経国美談』，東海散士の『佳人之奇遇』，末広鉄腸の『雪中梅』などがあり，自由民権運動（▷p.330）と結合し，明治10年代に流行した。

❻ 美　術　新政府は，工部大学校美術科に，絵画のフォンタネージと彫刻のラグーザらのイタリア人を招いて洋風美術を指導させた。高橋由一（▷p.379）が明治初期の代表的な洋画家である。

> **ポイント**
> ①尊王攘夷から尊王倒幕へ…吉田松陰（長州藩）
> ②生活慣習や衣食住の洋風化…太陽暦の採用など
> ③教育…学制→教育令→改正教育令，義務教育を目標，西洋思想の導入
> ④明六社…森有礼・福沢諭吉らの洋学者，『明六雑誌』
> ⑤新聞・雑誌の発行…『横浜毎日新聞』
> ⑥宗教…国家の保護をうけた神道を中心に仏教・キリスト教・教派神道
> ⑦文芸・美術…戯作・政治小説，洋画の導入

▲明治時代中ごろの銀座通り

▲『安愚楽鍋』のすき焼き風景

テスト直前要点チェック

- ① ペリー来航時の幕府の老中の代表者は誰か。
- ② 日米和親条約で開港することになった港は、どこか(2つ)。
- ③ アメリカの初代駐日総領事として来日した人物は誰か。
- ④ 日米修好通商条約の締結を強行した大老は誰か。
- ⑤ 松下村塾で教えたが、安政の大獄で処刑された人物は誰か。
- ⑥ 幕末の貿易取引額では、どこの国がもっとも多かったか。
- ⑦ 幕末の貿易でもっとも多かった輸出品は何か。
- ⑧ 老中安藤信正が尊攘派に襲撃された事件を何というか。
- ⑨ 薩英戦争の原因となった1862年の事件を何というか。
- ⑩ 長州藩で奇兵隊を組織した人物は誰か。
- ⑪ 1864年、京都で尊攘派が新選組に襲撃された事件を何というか。
- ⑫ 徳川慶喜の辞官納地が決定された会議を何というか。
- ⑬ 王政復古の大号令で設けられた三職とは何か。
- ⑭ 戊辰戦争の際、反薩長派の東北・北陸諸藩が結んだ同盟は何か。
- ⑮ 戊辰戦争の際、榎本武揚が拠点とした箱館の軍事施設は何か。
- ⑯ 新政府が一般庶民むけに出した高札を何というか。
- ⑰ 1868年閏4月に新政府が政治制度を定めた法を何というか。
- ⑱ 天皇1代に1つの元号とする制度を何というか。
- ⑲ 版籍奉還により、それまでの藩主が任命された職を何というか。
- ⑳ 新政府が廃藩置県の前に薩・長・土から募った軍隊を何というか。
- ㉑ 秩禄処分によって士族や華族がうけとった証書を何というか。
- ㉒ 徴兵令では、満何歳以上の男性に兵役の義務が課されたか。
- ㉓ 江華島事件(カンファド)の結果結ばれた条約を何というか。
- ㉔ 地租改正により、地租は何を基準として課税されたか。
- ㉕ 群馬県に設けられた代表的な官営製糸工場を何というか。
- ㉖ 北海道開拓のために、1869年に設置された行政機関を何というか。
- ㉗ 円・銭・厘の10進法を定め、金本位制をとった法律を何というか。
- ㉘ 1872年に制定された、学区制を採用した教育法規を何というか。
- ㉙ 森有礼らによって結成された啓蒙団体を何というか。
- ㉚ 神仏分離令の結果起こった仏教排撃運動を何というか。

答

- ① 阿部正弘
- ② 下田, 箱館
- ③ ハリス
- ④ 井伊直弼
- ⑤ 吉田松陰
- ⑥ イギリス
- ⑦ 生糸
- ⑧ 坂下門外の変
- ⑨ 生麦事件
- ⑩ 高杉晋作
- ⑪ 池田屋事件
- ⑫ 小御所会議
- ⑬ 総裁・議定・参与
- ⑭ 奥羽越列藩同盟
- ⑮ 五稜郭
- ⑯ 五榜の掲示
- ⑰ 政体書
- ⑱ 一世一元制
- ⑲ 知藩事
- ⑳ 藩兵(御親兵)
- ㉑ 金禄公債証書
- ㉒ 満20歳以上
- ㉓ 日清修好条規
- ㉔ 地価
- ㉕ 富岡製糸場
- ㉖ 開拓使
- ㉗ 新貨条例
- ㉘ 学制
- ㉙ 明六社
- ㉚ 廃仏毀釈

11章 近代国家の成立

12章 立憲国家の成立と条約改正

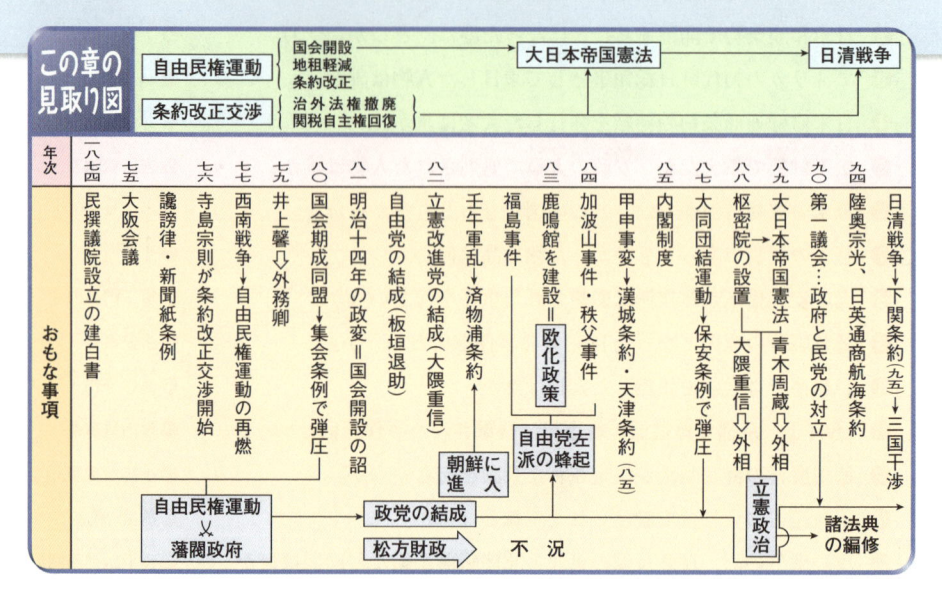

この章の見取り図

```
自由民権運動 ── 国会開設 ─┐
              地租軽減   ├─→ 大日本帝国憲法 ─→ 日清戦争
              条約改正 ─┘
条約改正交渉 ── 治外法権撤廃
              関税自主権回復
```

年次	おもな事項
一八七四	民撰議院設立の建白書
七五	大阪会議
七六	讒謗律・新聞紙条例
七七	西南戦争⇒自由民権運動の再燃
七九	寺島宗則が条約改正交渉開始
八〇	井上馨⇒外務卿／国会期成同盟⇒集会条例で弾圧
八一	明治十四年の政変⇒国会開設の詔／自由党の結成（板垣退助）
八二	立憲改進党の結成（大隈重信）／壬午軍乱⇒済物浦条約
八三	福島事件／鹿鳴館を建設＝欧化政策
八四	加波山事件・秩父事件
八五	甲申事変⇒漢城条約・天津条約（八五）
八七	内閣制度／大同団結運動⇒保安条例で弾圧
八八	枢密院の設置／大隈重信⇒外相
八九	大日本帝国憲法／青木周蔵⇒外相
九〇	第一議会…政府と民党の対立
九四	陸奥宗光、日英通商航海条約／日清戦争⇒下関条約（九五）⇒三国干渉

```
自由民権運動 ×── 政党の結成 ── 朝鮮に進入 ── 自由党左派の蜂起 ─→ 立憲政治 ─→ 諸法典の編修
藩閥政府      松方財政    不況
```

1 自由民権運動の展開

◆ 自由民権運動は，征韓論政変後，藩閥政府の専制に対する不平士族の反政府運動として始まり，西南戦争後になると，地方の豪農（有力農民）も参加して国会開設・憲法制定などを要求した。政府は種々の弾圧法令を出すが，1881（明治14）年ついに国会開設を約束した。

1 自由民権運動の始まり

❶ **自由民権運動の理論的基礎** 理論的基礎は**天賦人権説**★1 が中心で，理論家としては**植木枝盛**・**中江兆民**らが活躍した（▷p.327）。

❷ **自由民権運動の第一歩** 征韓論（▷p.314）に敗れて下野した**板垣退助**・**後藤象二郎**らの前参議は，言論による政府批判を始めた。板垣と後藤は江藤新平・副島種臣らをさそい，1874（明治7）年1月，大久保利通の指導する政権を有司専制（藩閥官僚による専制）と攻撃して，**民撰議院設立の建白書**を左院に提出した。

❸ **民撰議院設立の建白書に対する政府の処置** 政府の要人もふくめ，国民のほとんどは，議会がどんなものであるか，

★1 **天賦人権説** 人間の権利は，ひとしく天から与えられたものであるという主張。フランス共和主義の流れをくむ（▷p.326）。

参考 民撰議院設立の建白書に対する民間の反応
建白書は，イギリス人経営の『日新真事誌』にも発表されて賛否両論がまき起こった。大井憲太郎の即行論と，加藤弘之の時期尚早論の対立が有名である。

1 自由民権運動の展開

史料 民撰議院設立の建白書

臣等①伏シテ方今政権ノ帰スル所ヲ察スルニ、上帝室②ニ在ラズ、下人民ニ在ラズ、而シテ独リ有司③ニ帰ス。……而モ政令百端、朝出暮改④、政刑情実ニ成リ⑤、賞罰愛憎ニ出ヅ。言路壅蔽⑥、困苦告ルナシ。……臣等愛国ノ情自ラ已ム能ハズ、乃チ之ヲ振救⑦ノ道ヲ講求スルニ、唯天下ノ公議ヲ張ルニ在ルノミ。天下ノ公議ヲ張ルハ、民撰議院ヲ立ツルニ在ルノミ。

『日新真事誌』⑧

注 ①建白書を提出した板垣退助・後藤象二郎らのこと。②天皇。③官僚で、当時の政治を動かしていた大久保利通・岩倉具視らをさす。④政治の命令がばらばらで、変更がはなはだしい。⑤政治も刑罰も情実に左右されている。⑥ふさがっている。⑦救う。⑧出典の『日新真事誌』は、1872（明治5）年にイギリス人ブラックが東京で創刊した日本語の日刊新聞。

視点 愛国公党は1874（明治7）年1月に結成され3月に消滅した最初の政党。愛国社は1875（明治8）年2月結成の全国的政社。立志社は1874年4月に板垣らが土佐で結成した政社で、一貫して民権運動の中心を担った。

またその運営がどれほど大変かを知らなかったので、政府は、時期尚早であるとして、これを取りあげなかった。

❹ **板垣退助による政治結社** 愛国公党・立志社・愛国社をつくったが、長続きはしなかった。
①愛国公党…板垣退助・後藤象二郎らが、1874（明治7）年、建白の直前、東京で組織した。天賦人権説を立党の趣旨とした。
②立志社…1874年、建白書の提出後、土佐へ帰った板垣が、**片岡健吉**・林有造らと結成した。
③愛国社…1875（明治8）年2月、愛国公党と立志社の人々が大阪に会合して結成し、東京に本部をおいた。のち自然消滅したが、1878（明治11）年に再建された。

❺ **大阪会議の開催** **大久保利通**は政権を安定させるため、1875（明治8）年2月に大阪で木戸孝允・板垣退助と会見した（大阪会議）。その結果、一時的に3者の妥協が成立し、木戸・板垣は参議に復帰した★2。

❻ **大阪会議後の諸政策** 自由民権運動に対する大久保利通の譲歩として、三権分立の方向がとられることになり、**立憲政体樹立の詔**が出された。
①立法機関…従来の左院を廃止して**元老院**が設置された。また、地方官会議★3も開かれることになった。
②司法機関…現在の最高裁判所にあたる**大審院**（司法省から独立）が設置された。

❼ **自由民権運動に対する弾圧** 木戸孝允・板垣退助の参議

★2 板垣退助は、征韓論に敗れて下野し（1873年）、木戸孝允は、台湾出兵（征台の役）を不満として下野していた（1874年）。1875年3月、板垣が参議に復帰すると、できたばかりの愛国社は自然消滅となった。板垣は半年後、ふたたび参議を辞し、翌年3月、木戸も下野した。

★3 地方官会議 地方官会議は、府知事・県令が地方制度の変革について議論し、決議した。第1回会議は木戸孝允を議長として、1875年6月に開催された。

▲大久保利通

12章 立憲国家の成立と条約改正

復帰で危機を脱した大久保利通★4は，1875(明治8)年，讒謗律・新聞紙条例の公布や出版条例の改正などで，言論統制を行った。

(補説) 讒謗律　讒謗とは他人の悪口を言うことで，官吏攻撃などは罰せられることになり，言論機関は大きな制約をうけることとなった。

(補説) 新聞紙条例　前年発布の新聞紙条目を強化し，新聞発行の届出，筆者・訳者名の明記，危険思想・秘密書類の掲載禁止などを規定した。このため，発足まもない新聞は大打撃をうけた。

2 自由民権運動の発展

❶ **自由民権運動の再燃**　自由民権運動は，政府の弾圧や士族の反乱などで一時停滞したが，西南戦争で西郷隆盛軍の敗戦が明らかになる1877(明治10)年6月から，再び活発化した。

❷ **立志社建白**　1877(明治10)年6月，土佐の立志社総代片岡健吉の名で国会開設を求める建白書を天皇に提出しようとしたが却下された。しかし，このなかで，自由民権運動の基本的要求が出そろった。

❸ **自由民権運動の発展**　農民の地租軽減要求や参政権要求をとりいれて，豪農(有力農民)の参加がふえた。この結果，自由民権運動は，藩閥政府に不満をもつ士族中心の運動から基盤が拡大した。

(補説) 統一的地方制度の制定　1878(明治11)年7月，政府は，最初の統一的地方制度である地方三新法を施行した。これは郡区町村編成法・府県会規則・地方税法の3つで，地方行政の系列を府知事・県令―郡長―町村戸長とし，府県会を設け，地方税制を確立するというものであった。地方税は，2.5%に減額した地租(▷p.320)の減収を補うためのものであった。地方税をとりやすくするため，府県会を設けて，豪農にある程度の政治的発言の場を与えようとした。しかし，府県会が開かれると，議員に当選した豪農たちは，税の軽減と地方自治権の拡大を要求した。

❹ **愛国社の再建**　民権運動の再燃の中で，1878(明治11)年9月，愛国社が再建された。1880(明治13)年3月には，2府22県8万7000名余りの署名を集めて国会開設の請願書を提出した。

❺ **国会期成同盟の成立**　国会開設の請願書の提出とともに，愛国社を国会期成同盟と改め(1880年)，全国的な請願署名運動を展開した。

❻ **政府の弾圧と国会期成同盟の発展**　自由民権運動の高まりに対して，政府は1880(明治13)年4月集会条例★5を制定して運動を抑えようとした。しかし，国会期成同盟は非合法のうちに大会を開き，憲法草案をもちよった★6。

(注意) 讒謗律や新聞紙条例が出された背景には，民権派が演説会や新聞・雑誌で政府をはげしく攻撃したことがある。

★4　1878(明治11)年5月，政府の最高首脳だった大久保は，東京の紀尾井坂で不平士族に暗殺された。

①国会開設…政治参加の拡大
②地租軽減…農民負担の軽減
③条約改正…対等条約

▲自由民権運動の基本的要求

★5　**集会条例**　政治結社や集会を，届け出制とし，屋外での政治集会を禁じた。また，政治集会に制服の警官を派遣し，集会の解散を命ずることができた。軍人・教員・生徒の政治結社・集会への参加も禁じた。

★6　**私擬憲法**　政府の要人が当局者の参考のため，または民間で政府案牽制のため試作された憲法草案のこと。立志社の「日本憲法見込案」，立志社系の植木枝盛が起草した「東洋大日本国国憲按」が有名である。

(参考) **交詢社私擬憲法**　交詢社は，福沢諭吉の慶応義塾出身者または縁故の実業家を主会員とする社交クラブ。1881(明治14)年4月，イギリス風の「私擬憲法案」を発表した。これは，二院制・政党内閣主義をとり，自由民権派の穏健派を代表した内容になっていた。

❼ 自由民権運動に対する政府内部の対立
集会条例などで抑えようとしても，運動は一向に下火にならなかった。こうした中で，**大隈重信**（参議兼大蔵卿）は国会の早期開設を秘密に上奏し，漸進論の伊藤博文（参議兼内務卿）らと対立するようになった。

❽ 開拓使官有物払下げ事件
1881（明治14）年，北海道の**開拓使官有物払下げ事件**が起こると，民権運動はさらに高揚した。

> **補説** 開拓使官有物払下げ事件　この事件は，開拓使（▷p.322）が12年間に1410万円を投じて経営した開拓使の官有物を，政府が，わずか39万円，しかも無利息の30年賦で関西貿易会社に払い下げようとしたのが発端である。同社の幹部五代友厚と開拓長官黒田清隆が，ともに薩摩出身であったから，大隈重信★7の一派の『横浜毎日新聞』は藩閥政府と政商の結託を攻撃した。

❾ 明治十四年の政変
そこで，政府は伊藤博文を中心に，官有物の払下げを中止し，政府内部の反対派大隈重信を罷免した。同時に**国会開設の勅諭**を出して，来る明治23（1890）年に国会を開く，そのための憲法は天皇がつくる，と発表した。つづいて，大隈を支持していた官吏も辞職した。また，黒田清隆（薩摩）の権威もおとろえたので，伊藤博文を中心とする長州閥の指導力が強い**薩長の藩閥政府**となった。

> **参考** 大隈の積極財政
> 大隈は西南戦争後の財政難に対して，外債を導入した積極財政を主張し，緊縮財政（デフレ政策）を構想する伊藤ら藩閥主流と対立した。

◀民権釜をたきつける集会条例
集会条例を風刺した漫画。

> ★7 大久保利通（薩摩）が暗殺された後，政府の最有力者のうち実力第一といわれたのは，伊藤博文（長州）である。これに対して，佐賀藩出身の大隈重信は，伊藤に対抗心を燃やし，2年後に国会を開く早期国会開設を主張して，民権派の支持を背景に政治の主導権をにぎろうとした。

> **注意** 明治十四年の政変で，漸進的に立憲国家をつくる方向が確立したことを確認しておこう。

ポイント〔自由民権運動〕　士族・豪農らの政治参加拡大運動。天賦人権論
①**民撰議院設立の建白書**（1874年）…板垣退助・後藤象二郎ら
　→愛国公党・立志社（土佐），**愛国社**（大阪，1875年）
②**大阪会議**（1875年）→**讒謗律・新聞紙条例**の制定
③**国会期成同盟**（1880年）→政府は**集会条例**を制定
④**明治十四年の政変**（1881年）…大隈追放，**国会開設の勅諭**（10年後）

2　政党の結成と自由民権運動の推移

◆　明治十四年の政変後，自由党・立憲改進党が結成された。政府は，この両政党を弾圧により切りくずし，松方財政の影響もあって自由民権運動の勢力は衰退した。しかし，1880年代末に近づくと，議会開設を意識して大同団結運動として高まった。

1 政党の結成

❶ 自由党の結成 1881（明治14）年，自由民権運動の急進派は，板垣退助を総理とする自由党を結成した。植木枝盛ら急進的な知識人が理論的指導者となった。

❷ 立憲改進党の結成 1882（明治15）年，明治十四年の政変で政府を追われた大隈重信は，犬養毅・尾崎行雄・小野梓らと立憲改進党を結成した。

❸ 民権派の政党に対する政府の対抗策 政府は，政府系新聞記者の福地源一郎に立憲帝政党をつくらせた（1882年）。

党　名	結成年	党　首	傾　　向	階級的基礎
自 由 党	1881	板 垣 退 助	仏流急進	士族・豪農・農民
立憲改進党	1882	大 隈 重 信	英流漸進	豪農・知識層・商工業者
立憲帝政党	1882	福地源一郎	政 府 系	保守派

▲3政党の比較★1

2 松方財政

❶ 西南戦争後のインフレーション 政府は西南戦争での軍事費を正貨（金・銀）と交換できない不換紙幣でまかなったのではげしいインフレーションとなった。

❷ 政府の財政難 政府の歳入は，定額金納の地租（地価の2.5%）を中心としていたので実質的に減少し，政府は財政難となった。また，明治初年からの輸入超過で，正貨も不足してきた。

❸ 松方正義大蔵卿 松方は，明治十四年の政変直後に大蔵卿に就任し，増税で歳入の増加をはかりながら，軍事費以外の歳出を徹底的に緊縮して不換紙幣の整理を行った。

❹ 日本銀行の創立 1882（明治15）年，松方は中央銀行として日本銀行を創立し，国立銀行から紙幣発行権を取りあげ，さらに銀兌換の銀行券を発行して銀本位制をととのえた。

❺ 松方財政のねらい 次の2点である。
①一時的なデフレーション（不況）状態にすることで正貨の流出を減少させ，正貨の蓄積を進める。
②日本銀行創立とあわせ，財政・金融の基礎を固める。

❻ 松方財政と自由民権運動 緊縮財政により全国に不況がおよび，米やまゆの価格が下がって農村は大打撃をうけた。このため，自作農から小作農に転落する者も多く，一部の豪農（有力農民）は，この状況を利用して，貸金と引きかえに土地を集め，地主となった。自由民権運動の支持者であった豪農たちは，経営難のために運動から離脱する者と，没落して

▲板垣退助

▲大隈重信

★1 自由党はフランス流の急進的議会政治を唱え，立憲改進党はイギリス流の漸進的議会政治の実現を目標にした。立憲帝政党は主権在君を唱えた。

参考 自由民権運動の広がり　京都の呉服商の娘であった岸田俊子（のち中島姓）や，景山英子（のち福田姓）らの一部の急進的な女性も，自由民権運動に参加するようになった（▷p.336）。

政治的に急進化する者とに分かれた。

3 自由民権運動の衰退

❶ 政府の自由民権運動懐柔策
政府は，集会条例を改正して弾圧を強化する一方，自由党の正副総理である板垣退助・後藤象二郎に外遊のさそいをかけた。板垣・後藤の両人は，一部幹部の反対を押し切って，1882(明治15)年11月に横浜を出発した。

❷ 自由党と立憲改進党の対立
立憲改進党は，三井と結んだ板垣らの自由党を攻撃した。これに対して，自由党は，立憲改進党が政商の三菱から資金を得ている偽党であると攻撃し，両党による足の引っ張り合いがつづいた。

❸ 自由党の解散
自由党は主流派と急進派に分裂した。
①自由党主流派…1883(明治16)年ごろになると，豪農出身党員は，自由民権運動では地租軽減などの経済的要求の実現が困難であるとして，党から離れていった。また，急進派の行動の激化は大衆に恐怖心を与えたので，党主流派は，1884(明治17)年10月に党を解散した。
②自由党急進派…一部の自由党員は政府の弾圧に反発し，松方財政下のデフレに苦しむ農民(中・貧農)と手を結んだ。関東地方や中部地方で高利貸などに対抗していた困民党や借金党★2の結成に加わった者もいた。

❹ 自由民権運動の激化事件
県令と対立した農民を自由党が支援した福島事件(1882年)を最初とし，群馬事件，加波山事件，困民党による最大の武装蜂起である秩父事件(1884年)などを起こしたが，たちまち鎮圧され敗北した。

(参考) 板垣退助の外遊
彼の外遊の費用は，井上馨が政商の三井から出させたものであった。この外遊には非難もあったが，板垣の視野は広まり，1890(明治23)年に議会が開設されると，議会における板垣の政党指導に役立った。

(参考) 立憲改進党も三菱との関係を絶たれて資金に窮した。総理の大隈重信と副総理の河野敏鎌は，党の解散を提案した。しかし，うけいれられなかったので2人で脱党した。こうして立憲改進党も分裂し，有名無実化した(1884年12月)。

★2 困民党・借金党
松方財政が強行した紙幣整理による不況下で，高利貸に対抗した農民運動の組織。負債利子の減免や元金の年賦償却などを要求した。

(補説) 秩父事件の性格　埼玉県秩父地方の農民は，松方デフレ政策による物価低落のため負債に苦しむ者が多く，困民党や借金党を組織して，高利貸に負債の減免を求めたりし，一部の自由党員もこれに加わった。1884年10月末，数万人の農民が蜂起し，高利貸や郡役所を襲い，政府は軍隊を派遣して鎮圧した。この事件への農民の参加は，近世の農民一揆と同様に村ぐるみ参加の形態がとられた。

高田事件(1883.3)
群馬事件(1884.5)
飯田事件(1884.12)
福島事件(1882.11)
加波山事件(1884.9)
大阪事件(1885.11)
名古屋事件(1884.12)
静岡事件(1886.6)
秩父事件(1884.10)

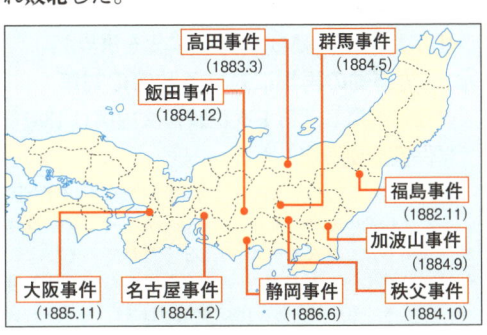

▲自由党員の激化事件

事件	年月	概要
福島事件	1882.11	福島県令三島通庸が大規模な道路建設をするため賦役の強制をし，それに反対する数千人の自由党員と農民の蜂起。福島県会議長河野広中らは訴訟など穏健な手段で工事中止を求めたが，内乱を計画したという罪で処罰された。
群馬事件	1884.5	日比遜ら群馬自由党員が中心となって，専制政府を倒すことを目的に武力蜂起。高利貸を打ちこわし，警察署を占領した。
加波山事件	1884.9	栃木県令三島通庸の暗殺をはかる河野広躰(広中の甥)ら福島の自由党員と，栃木・茨城両県下の自由党員が政府転覆を計画。加波山頂に革命党ののろしをあげた。
秩父事件	1884.10	秩父地方の農民と自由党員が各地に困民党を組織，高利貸に対し借金の軽減などを要求して組織的に蜂起した。
大阪事件	1885.11	旧自由党急進派の代表者大井憲太郎らが，朝鮮の内政改革を策して民権運動の再起をはかろうとしたが，大阪などで逮捕された。

▲自由民権運動の激化

このほか，高田事件(1883年)・名古屋事件(1884年)・飯田事件(1884年)・静岡事件(1886年)がある。激化事件は，1880年代に東日本を中心に起こっている。(▷p.335)

補説　**大阪事件と景山(福田)英子**　自由民権運動に活躍した女性では，中島信行の妻の岸田(中島)俊子と景山(福田)英子が有名である。このうち景山は，このとき，大井憲太郎とともに参加して検挙された(▷p.350)。

❺ **大同団結運動**　1886(明治19)年の秋，旧自由党の星亨らが，自由民権運動での党派的対立を乗りこえて，議会開設にむけて大団結をしようと唱え，**大同団結運動**★3を起こした。後藤象二郎も1887(明治20)年10月にこの大同団結運動に加わり，井上馨外相の条約改正交渉(▷p.348)への批判を契機に三大事件建白運動がもりあがった。

❻ **三大事件建白運動**　三大事件とは，①言論集会の自由，②地租軽減，③外交失策の挽回の3つで，1887(明治20)年12月には，天皇に建白書を出すことを決めた。

❼ **民権運動の再燃に対する政府の対策**　三大事件建白運動の高揚に際し，第1次伊藤博文内閣は1887(明治20)年12月に**保安条例**を出した。

補説　**保安条例**　東京は，三大事件建白を掲げた星亨・片岡健吉ら民権派の躍動するところとなった。そこで，政府は保安条例を施行した。保安条例は「内乱をくわだて，またはそそのかし，治安を乱すおそれがある」者を，皇居から3里以遠(東京市外)へ追放できるものである。1887年12月には，星亨・片岡健吉・中江兆民・尾崎行雄ら570人が追放の処分をうけた。1898(明治31)年に廃止。

❽ **大同団結運動の崩壊**　後藤象二郎は，保安条例に屈せず，翌1888(明治21)年も全国遊説をつづけた。しかし立憲改進党

★3 大同団結とは，小異を捨てて大同につく意。小さな相異点は別として，自由民権の大義のために団結しようと訴えた。

▼自由民権運動の推移と政府の対策

年次	運動と政府の対策
1874	民撰議院設立建白書
1875	愛国社の設立
〃	讒謗律・新聞紙条例
1877	立志社建白
1880	国会期成同盟の成立
〃	集会条例
1881	明治十四年の政変
〃	国会開設の勅諭
〃	自由党の結成
1882	立憲改進党の結成
〃	福島事件
1884	群馬事件・加波山事件・自由党の解散
	秩父事件
1887	三大事件建白
〃	保安条例

> **史料** 保安条例
>
> 第四条　皇居又ハ行在所①ヲ距ル三里②以内ノ地ニ住居又ハ寄宿スル者ニシテ，内乱ヲ陰謀シ又ハ教唆③シ又ハ治安ヲ妨害スルノ虞アリト認ムルトキハ，警視総監又ハ地方長官④ハ内務大臣ノ許可ヲ経，期日又ハ時間ヲ限リ退去ヲ命ジ三年以内同一ノ距離内ニ出入寄宿又ハ住居ヲ禁ズル事ヲ得。　　　　　　　　　　　　　　　　　　　　　　　　　　　　『法令全書』
>
> **注**　①天皇の旅行のときの宿泊所。②約12km。③そそのかす。④府県知事などのこと。

の大隈重信は，第1次伊藤内閣のあとをうけた黒田清隆内閣の外相となり，条約改正交渉（▷p.348）にあたることになった。翌1889（明治22）年には，後藤象二郎も黒田内閣の逓信大臣となり，大同団結運動は四分五裂におちいり，壊滅した。

注意　政府は民権家の懐柔策として，大隈・後藤を入閣させて，大同団結運動を崩壊させたことに注意しよう。

> **ポイント〔自由民権運動の推移〕**　民権運動の衰退と**大同団結運動**の盛り上がり
> ① 政党の結成　┌ **自由党**（板垣退助，1881年）
> 　　　　　　　└ **立憲改進党**（大隈重信，1882年）
> ② 松方デフレ政策下の事件…**福島事件**（1882年）・**秩父事件**（1884年）
> ③ **大同団結運動**（1886～89）…三大事件建白運動の盛り上がり
> 　　　　　　　　　　　└→ **保安条例**（1887年）

3　大日本帝国憲法の制定

◆　政府は，民間の私擬憲法をいっさい問題にせず，憲法の制定を極秘のうちに進めた。これにともない，華族令の制定，内閣制度の創設，皇室の経済基盤の強化，枢密院の設置，地方制度の整備などをはかり，政府のペースで近代国家を形成していった。

1　憲法制定の準備

❶ **日本国憲按**　元老院★1は，1880（明治13）年に「日本国憲按」を完成した。しかし，各国の憲法条文の寄せ集めで，憲法としての統一性がなく，岩倉具視らの反対で立ち消えた。

❷ **藩閥政府の方針**　明治十四年の政変後も，藩閥勢力が主導する行政権の強い政治体制を維持することが政府首脳の間での方針であった。しかし，これまで政治的な実権のない天皇に，どのような役割を与えるかは決まっていなかった。伊藤博文の憲法調査の重点もそこにあった。

★1　元老院　大阪会議後の1875（明治8）年に，太政官の左院を廃して設置された（▷p.331）。

❸ **伊藤博文の憲法調査** 明治十四年の政変で薩・長中心の体制を確立した伊藤博文は1882(明治15)年に渡欧した。伊藤はベルリン大学教授グナイスト，とりわけウィーン大学教授シュタインについて，ドイツ憲法を研究した[★2]。

❹ **君主機関説** 伊藤はシュタインから，主としてドイツ憲法を通して，君主機関説という憲法理論を学んだ。君主機関説は，主権は国家にあり，君主はその重要な機関の1つで，君主権は憲法により制限されるとするものである。この考えは，市民革命を経たヨーロッパで，君主主権説にかわって君主を位置づける最先端のものであった。

❺ **憲法の起草** 伊藤博文の帰国後，宮中に制度取調局を設けて憲法草案の起草にとりかかった(1884年)。伊藤博文を中心に，井上毅・伊東巳代治・金子堅太郎らが直接に起草し，ドイツ人法律顧問のロエスレルやモッセらが指導した。

❻ **枢密院の設置** 1888(明治21)年に憲法草案が完成すると，これを審議するために枢密院が置かれた。構成は，枢密顧問官と閣僚(顧問官を兼務)からなり，伊藤博文が初代議長となった[★3]。こうして，憲法草案は発布まで公開されずに審議された。

（補説）**枢密院** 枢密院は当初，大日本帝国憲法草案の審議のため置かれた。しかし憲法で「天皇の諮詢に応え重要の国務を審議す」と規定され，条約の批准や緊急勅令(議会閉会中の法律にかわるべき命令)の発布に関するなど，諮問事項は広範囲におよび，政党勢力や議会を抑制する官僚系勢力の重要な基盤となった。

❼ **天皇の政治的役割** 憲法が発布されるまでに，天皇と伊藤は，天皇は日常は政治関与を抑制し，象徴的な役割を果たし，混乱が生じた場合にのみ政治に調停的に介入することで，合意ができていた。

[★2] **伊藤博文がドイツ憲法を研究した理由**
伊藤は，イギリスを遠い将来の目標としながらも，遅れた日本の現状から，西欧の立憲国家のなかで議会の権限が弱いドイツ憲法が日本が学ぶにもっともふさわしいと考えた(同じく遅れたロシアは議会すらない)。

▲伊藤博文

[★3] 憲法の枢密院での審議において，伊藤は保守派の反発をさけるため，主権は国家にあるとは明言せず，天皇からの大政委任という日本の伝統的な考え方で，天皇権力への制約を説明した。君主機関説の考え方で起草された大日本帝国憲法は，のちに美濃部達吉東大教授による体系的な解釈がなされ，それは天皇機関説とよばれた。(▷p.392)

テーマゼミ　伊藤博文の構想と美濃部達吉

○1882(明治15)年3月に東京を発った伊藤博文は，ベルリン大学教授グナイスト，そして，ウィーン大学教授シュタインらにドイツ流の憲法を学んだ。

○伊藤はシュタインから，憲法はその国の歴史の経過や発展段階に応じたものをつくるべきことを学んだ。その結果，理想に走りすぎる急進派の政治論・憲法論に対し，現実主義的な政治改革・憲法制定をすべきと考えた。

○伊藤は当時の政党の状況に不信感を抱いたが，将来においての政党の発展の余地は否定しなかった。明治憲法が政党内閣制を容認する美濃部達吉の解釈を生んだのは，そのためであった。

2 諸制度の整備

❶ 華族令の制定 従来の華族に維新後の功臣を加え★4，公・侯・伯・子・男の五爵制をとった(1884年)。これは，来るべき議会にそなえ，華族のうちから貴族院の議員を選び，衆議院に対抗させるねらいがあった。

❷ 内閣制度の創設 1885(明治18)年，伊藤博文が中心となり，太政官制をやめて内閣制度を創設した。この制度により，総理大臣以下各省大臣が事務を分担して統一的に行政を行い，天皇を補佐することになった。初代首相は伊藤博文で，明治十四年の政変以来の流れで薩長藩閥の色彩が強い。

❸ 政府と宮中の分離 内閣制度の創設とともに，閣外に内大臣と宮内省を設置して，伊藤博文は初代の宮内大臣を兼任し，宮中改革を推進した。
①内大臣…国璽(国の印鑑)と御璽(天皇の印鑑)を管理し，閣外にあって常に天皇を補佐した。
②宮内省…他の行政官庁から独立させて，宮廷と華族のことを管掌し，閣外の宮内大臣が管理することにした。

❹ 皇室財産の確立 皇室財産を国家財産と分離し，機会あるごとに増加をはかった。こうして，天皇は日本最大の大資本家・大地主となっていった★5。

❺ 軍隊の統制と近代化 1882(明治15)年，軍人勅諭を出し，天皇の軍隊という性格を強調した★6。また，1885(明治18)年ドイツよりメッケル少佐を陸軍大学校教官として招き，軍制改革を指導させた。ここに，陸軍はフランス式からドイツ式に変わった。1888(明治21)年には鎮台(▷p.312)を廃して，平時から戦時同様の戦略単位の師団に改めた。

❻ 地方制度の改革 山県有朋は，地方制度の改革に着手し，1888(明治21)年に市制・町村制，1890(明治23)年に府県制・郡制を公布し，第二次世界大戦までの地方制度の基本をつくった★7。

> **補説** 新地方制度の内容 1888年に公布された市制・町村制では，市会・町会・村会の議決機関の選挙は，地租もしくは直接国税2円以上を納める者のみに選挙権が与えられる制限選挙であった。1890年に制定された府県制・郡制のもとでの府県会・郡会の議員は，住民の直接選挙ではなかった。府県会の場合，選挙権は市会議員・郡会議員などにしかなく，被選挙権者は，直接国税10円以上を納める者とされた。したがって，地方自治といっても地主層中心のものであった。

★4 このとき，合計509人に華族令によってそれぞれ爵位が与えられた。

大臣	氏名	出身
総理	伊藤博文	長州
内務	山県有朋	長州
外務	井上馨	長州
大蔵	松方正義	薩摩
司法	山田顕義	長州
文部	森有礼	薩摩
農商務	谷干城	土佐
逓信	榎本武揚	幕臣
陸軍	大山巌	薩摩
海軍	西郷従道	薩摩

▲初代の内閣閣僚

★5 皇室財産の増加
維新当時10万円ほどであった皇室財産は，1888年に788万円，1891(明治24)年には1295万円と，当時の国家予算の約15%までふえた。このなかには銀行・会社の株券860万円がふくまれている。また，1872(明治5)年には600町歩だった皇室の林野は，1890年には365万町歩(当時の民有林は700万町歩)に達した。

★6 1880年から81年にかけて高まった自由民権運動に対抗するため，軍隊を議会と政治から分離しようとした。

★7 ドイツ人モッセを顧問としたので，自治というよりも，ドイツの制度を模範とする中央集権的な官僚指導の性格が強かった。自由民権運動への対抗を示すものである。

> **ポイント**
>
> 〔帝国憲法と諸制度の整備〕
> 1880年代後半に**伊藤博文**ら藩閥政府の主導
> ①伊藤博文の憲法調査 ｛ グナイスト(ドイツ)・シュタイン(オーストリア)
> 　　　　　　　　　　　井上毅・伊東巳代治・金子堅太郎
> ②**内閣制度**の創設(1885年)…伊藤博文が初代首相
> ③宮中の政府からの分離…内大臣・宮内大臣
> ④地方制度の改革(**山県有朋**)…市制・町村制，府県制・郡制

4 大日本帝国憲法の発布

◆ 1889(明治22)年，大日本帝国憲法が発布された。この憲法は，君主権(天皇の権限)や行政権(政府)の強いものであったが，制限つきで国民の権利も認められた。それは自由民権運動の力によるものが大きかった。また1890年代中には，各種の法典が公布・施行され，日本は，条約改正実現の資格を備えた法治国家の体制を整えた。

1 帝国憲法の性格と内容

❶ **大日本帝国憲法の発布** 1889(明治22)年2月11日，紀元節[1]の日を期して**大日本帝国憲法**(明治憲法)が発布された。これは，天皇が国民に与えるという形態の**欽定憲法**であった。当時の総理大臣は，**黒田清隆**であった(伊藤は，憲法草案を審議するためにつくった枢密院の初代議長となっていた▷p.338)。

❷ **帝国憲法の実態** 君主権(天皇権力)と行政権(政府権力)が強大な形式になっていたが，藩閥政府は，行政権を君主権と議会の権限よりも強くする運用を考えた。

❸ **天皇の地位** 天皇は万世一系で神聖不可侵であるとされ，統治権を総攬した(天皇主権)。国務大臣および官吏の任命権，陸海軍の**統帥権**[2]，宣戦・講和・条約締結権など，法的には強大な権力(天皇大権)をもった。

　(補説) **天皇の権限** 形式的には天皇の権限が強かったが，天皇が実際の政治に関与することは少なかった。政府を主導する藩閥官僚が，行政府の権限を保持するために，君主権の強い憲法にしたのである。毎年議会を開き，法律と予算は議会を通過する必要があるなど，天皇は憲法に制約された。また，同時に制定された皇室典範(▷p.342)にも制約されている。このように，天皇は2つの成文法を発布したことで，自分の意思で2つの成文法に制約される存在であることを明らかにした。

[1] 紀元節 明治政府が定めた建国祝日。『日本書紀』の神武天皇即位の日を太陽暦にふりかえて2月11日とした。敗戦後の1948(昭和23)年に廃止されたが，1966(昭和41)年に建国記念の日として祝日になった。

[2] 統帥権 憲法上は天皇大権として規定されていたが，実際の軍政では，平時には陸軍省と海軍省がそれぞれ陸・海軍の行政・人事の実権をもち，軍を統制していた。戦時には，陸軍参謀本部と海軍軍令部が作戦・指導の中枢として大きな力をもち，軍を動かした。

史料　大日本帝国憲法

第一条　大日本帝国ハ万世一系ノ天皇之ヲ統治ス
第三条　天皇ハ神聖ニシテ侵スヘカラス
第四条　天皇ハ国ノ元首ニシテ統治権ヲ総攬シ此ノ憲法ノ条規ニ依リ之ヲ行フ
第八条　天皇ハ公共ノ安全ヲ保持シ又ハ其ノ災厄ヲ避クル為緊急ノ必要ニ由リ帝国議会閉会ノ場合ニ於テ法律ニ代ルヘキ勅令ヲ発ス
第十一条　天皇ハ陸海軍ヲ統帥ス
第二十条　日本臣民ハ法律ノ定ムル所ニ従ヒ兵役ノ義務ヲ有ス
第三十七条　凡テ法律ハ帝国議会ノ協賛ヲ経ルヲ要ス
第四十一条　帝国議会ハ毎年之ヲ召集ス
第五十五条　国務各大臣ハ天皇ヲ輔弼シ其ノ責ニ任ス

『法令全書』

視点　維新後20数年にして、日本は立憲国家になった。しかし、イギリスの立憲君主制と比べ、条文上は天皇の権限が強く、議会の権限が弱い。天皇の権限は**天皇大権**とよばれ、第8条で条件付だが、法律にかわる**緊急勅令**を出すこともできた。天皇の権限としての統帥権の名の下に内閣や議会は軍隊への関与を拒否されていった。第37条は、法律は帝国議会で可決されなければならず、第41条で帝国議会は毎年開くことを規定し、第55条で、天皇は国務大臣の補佐のもとで政治を行うことを規定している。このように、天皇は憲法で制約された存在であった。なお、首相の各大臣への指導権は憲法に明示されなかった。

❹ **帝国議会の構成**　議会は帝国議会といわれ、国民の一部が選挙した議員からなる**衆議院**と、皇族・華族や、天皇が決めた勅選議員などからなる**貴族院**★3 との二院制であった。

❺ **帝国議会の特色**　衆議院に**予算案の先議権**があるほかは、貴族院と同じ権限をもっていた。その権限は、法律案・予算案の審議が中心で、議会の召集・停会・解散権は天皇に属していた。

❻ **内閣の特色**　内閣は**天皇に対してのみ責任を負い、天皇大権を代行する行政府**の権限が強い。議会とは無関係に内閣が組織されることが原則であったが、憲法には政党内閣を否定する条文はなく、1925(大正14)年から1932(昭和7)年までは、政党内閣の慣例が定着した★4。

❼ **国民の地位**　国民は、天皇の統治をうける**臣民**とされ、国民主権は認められなかった。基本的人権の保障は、「**法律ノ範囲内ニ於テ**」という制限がつけられた。

補説　**司法の問題**　大日本帝国憲法では、「司法権ハ天皇ノ名ニ於テ法律ニ依リ裁判所之ヲ行フ」とされていた。つまり、司法権も天皇の大権の一部であったので、裁判批判はほとんど不可能であった。また、司法大臣の権限が大きく、司法権の独立が不十分であった。

注意　統帥権は、軍隊の最高指揮権のことである。統師権としないように注意しよう。

★3 貴族院議員は、皇族・有爵議員(伯爵以下は互選)、勅選議員のほか、多額納税者議員などからなった。

★4 当初弱かった議会の権限が強まっていくのは、国民の意識の高まりに加え、藩閥政府が軍備拡張予算などの実現をはかるのに、衆議院・貴族院両院の承認が必要だったからである。こうして藩閥政府は、衆議院の意向にも配慮するようになった。

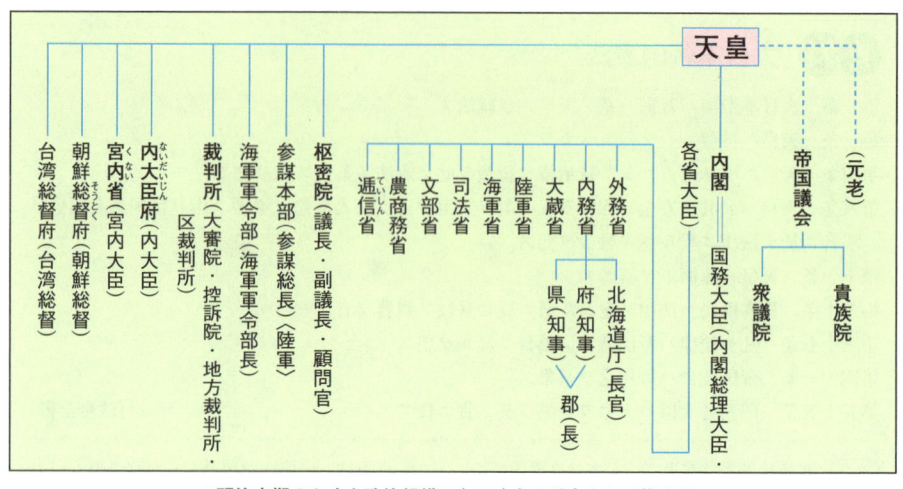

▲明治末期のおもな政治組織　（　）内は長官または構成員。

2 諸法典の編修

❶ **皇室典範の制定**　大日本帝国憲法と同時に制定された**皇室典範**には，皇位継承・即位など皇室に関することが定められ，皇室関係事項は議会の権限外とされた。

❷ **刑法の制定**　1882(明治15)年には，フランス人**ボアソナード**を法律顧問として，刑法と治罪法が施行された(公布は1880年)。また1889(明治22)年，治罪法にかわるものとして刑事訴訟法ができた。

❸ **民法の制定**

①ボアソナードの民法…民法については，参考にする旧法典がなかったので，フランス人ボアソナードに起草を命じた。彼は，フランス民法をとりいれた草案をつくり，1890年に公布し，3年後に実施と定められた。

② **民法典論争**…ボアソナードの民法は，日本の家族制度を破壊するという論争(民法典論争)を起こし，施行は延期された。やがて，反対論者の穂積陳重らが新民法を起草し，この民法が1898(明治31)年から実施された。★5

（参考）**裁判所構成法の制定**　裁判所構成法という法律は，1890(明治23)年に施行された。裁判所を，大審院・控訴院・地方裁判所・区裁判所に分け，それぞれの組織と管轄を定めた。

法典名	公布年	施行年
刑法●	1880	1882
治罪法	〃	〃
大日本帝国憲法●	1889	1890
皇室典範	〃	〃
刑事訴訟法●	1890	
民事訴訟法●	〃	1891
民法●	〃	延期
商法●	〃	延期
(修正)民法	1896・98	1898
(修正)商法	1899	1899

▲おもな法典の制定(●は六法)

★5 ボアソナードの民法は，夫婦中心の家族構成をもとにしていた。このため，東京帝大教授の穂積八束(陳重の弟)らは「民法出デテ忠孝亡ブ」と反対論を唱え，結局，家長権の強い民法につくりなおすことになった。

❹ **民法の内容** 一家の家長である戸主の権限(戸主権)を強化して家督相続を重視するなど、家族制度の維持を重視した。このため、近代的家族生活の展開は抑えられた★6。

❺ **商法の制定** 商法は、1890(明治23)年に公布されたが、これも日本の商慣習にあわないと批判された。このため、施行が延期、1893(明治26)年に一部実施され、ドイツ人**ロエスレル**の努力で、1899(明治32)年から施行された。

★6 戸主を筆頭として、戸籍に記された複合大家族を「家」とした。財産相続は、戸主の長男が全財産をうけつぐ家督相続とし、戸主は家族を扶養した。とくに女性は結婚によって夫の「家」にはいり、私有財産を夫に管理され、親権も認められず、差別をうけた。

> **ポイント** 〔諸法典の整備〕 1890年代末、近代日本の法体系が一応完成
> ①**大日本帝国憲法の発布(1889年)**…**黒田清隆**内閣、**欽定憲法**
> ②大日本帝国憲法の内容…天皇主権。天皇大権を代行する行政府の優位、二院制(**衆議院**と**貴族院**)
> ③民法の制定…フランス風民法(**ボアソナード**)→**民法典論争**→ドイツ風民法

5 議会政治の発展

◆ 帝国議会が開かれると、政党が再建され、**民党**といわれた。藩閥政府は超然主義を唱え民党の意見を軽視したので、清国や列強と対抗するための軍備拡張をめざす藩閥政府と民党とが対立した。日清戦争後は、政府も政党の力を認め、政府と政党の提携が進展した。

1 第1回総選挙と第一議会

❶ **第1回衆議院議員総選挙** 1890(明治23)年7月に行われた。選挙権は、満25歳以上の男性で直接国税15円以上を納める者に限られた制限選挙★1であった。有権者は地主階層を中心として45万人、全人口の約1％にすぎなかった。

❷ **総選挙の結果** 第一議会の議席数300のうち、**民党**(野党)とよばれた反政府派の諸勢力が171の多数を占めた★2。

> **補説** **反政府派の連合** 当時民党とよばれた野党は、板垣退助らのつくった愛国公党、河野広中らのつくった大同倶楽部、大井憲太郎ら旧自由党左派が再建した自由党など旧自由党系諸派、および大隈重信を背景とする立憲改進党などであった。山県有朋内閣は民党系の大連合を妨害するため、集会及政社法を制定して政社の連合を禁じた。しかし、旧自由党系諸派は立憲自由党をつくって議会にのぞんだ。

❸ **議会にのぞむ政府の態度** 政府は、議会の特定政党と支持関係をもたず、政党の外に超然とした内閣を組織する、という**超然主義**をとった。

★1 被選挙権は、満30歳以上の男性で、直接国税15円以上の納入者に与えられた。

★2 第一議会開会時の勢力は次の通り。
①民党…立憲自由党130、立憲改進党41。
②政府系の吏党…大成会79。
③その他…中立、政府支持派50。

❹ **第一議会での対立** 山県有朋首相は，施政方針演説で軍備拡張を主張した★3。政府の超然主義に反対の民党は，「政費節減・民力休養（地租の軽減）」を主張，予算委員会において政府提出予算案の約1割を削減し，議会の権限を確保しようとした。

❺ **政府の対策** 山県内閣は，立憲自由党員20余名を買収し，本会議では削減幅を小さくすることで妥協し，予算案を可決成立させた。こうして第一議会は無事終了した。

(補説) **条約改正と妥協** 政府は，条約改正を成功させるため，欧米列強に日本がアジアで最初の本格的な立憲国家になったことを見せようとし，第一議会の解散による混乱をさけようとした。民党側の議員にも同様に考える者がいた。これが，植木枝盛・片岡健吉ら民権運動の闘士が政府との妥協に応じた理由である。中江兆民は妥協に怒り，議員を辞任した。

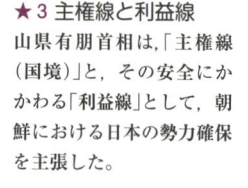

★3 **主権線と利益線** 山県有朋首相は，「主権線（国境）」と，その安全にかかわる「利益線」として，朝鮮における日本の勢力確保を主張した。

(参考) **星亨の自由党改組** 第一議会では，代議士以外の自由党員が，暴力的に自由党代議士に圧力をかけた。このあと，立憲自由党は，星亨の指導のもとに大会を開いて自由党と改称した。星は，党則を改め，代議士中心の近代的な政党に発展させた。

◀帝国議会のようす

史料 黒田清隆首相の超然主義演説

　今般憲法発布式を挙行ありて，大日本帝国憲法及び之に附随する諸法令①を公布せられたり。謹みて惟ふに，明治十四年十月，詔②を下して二十三年を期し，国会を開く旨を宣言せられ，爾来③，政府は孜々として④立憲設備の事を務め，昨年四月枢密院立の後は，直に憲法及諸法令の草案を同院に下され，……唯だ施政上の意見は人々其所説を異にし，其の合同する者相投じて団結をなし，所謂政党なる者の社会に存立するは赤情勢の免れざる所なり。然れども政府は常に一定の方向を取り。超然として政党の外に立ち，至公至正の道に居らざる可らず。……

『大日本憲政史』⑤

(注) ①衆議院議員選挙法・貴族院令・皇室典範をさす。②明治十四年の政変で出された国会開設の勅諭（▷p.283）。③それ以来。④励むようす。⑤反藩閥の立場の大津淳一郎の著。幕末からの政治史で，1927～28（昭和2～3）年の刊行。

(視点) 1889（明治22）年2月12日の黒田清隆首相の演説である。西欧の実情や自由民権運動から，藩閥勢力といえども，政党の存在を否定できなかった。政党の存在を容認しつつ，政党の動向に左右されず，政府はその上に立つ，というのが超然主義の立場である。

史料 山県有朋首相の「主権線」と「利益線」の演説

予算歳出額の大部分を占むるものは陸海軍に関する経費とす。……蓋し国家独立自衛の道は、一に主権線を守禦し、二に利益線を防護するに在り。何をか主権線と謂ふ。国疆①是なり。何をか利益線と謂ふ。我が主権線の安全と緊く相関係するの区域是なり。凡そ国として主権線を守らざるはなく、又均しく其利益線を保たざるはなし。方今列国の際に立ち、国家の独立を維持せんと欲せば、独り主権線を守禦するを以て足れりとせず。必や亦利益線を防護せざる可らず。……故に陸海軍の為に巨大の金額を割かざるべからざるの須要②に出るのみ。

『大日本憲政史』

(注) ①国境に同じ。②重点。
(視点) 1890(明治23)年11月召集された最初の議会に、政府が提出した予算案の最大の眼目は、陸軍と海軍の軍備拡張であった。山県首相は、その理由を、日本1国の独立を守るには「主権線」だけでなく、「利益線」である朝鮮半島に勢力を伸ばさなければならないのだから、それに対応できる軍備拡大が必要だと力説した。

2 日清戦争前の藩閥と民党の対立

❶ **第二議会での対立** 山県内閣をついだ松方正義内閣は、政府提案の軍艦建造費と製鋼所設立費をけずろうとする民党を抑えるため、議会を解散した。海相樺山資紀の蛮勇演説★4が有名。

❷ **第2回総選挙と結果** 1892(明治25)年2月の第2回総選挙では、松方正義内閣は民党を抑えるため、内相品川弥二郎を筆頭にはげしい選挙干渉を加えた★5。それでも、民党は多数を占めた。

❸ **内閣総辞職と民党のジレンマ** 松方内閣は、選挙干渉とその処分について閣内に意見の対立があり、第三議会での予算成立後、総辞職した。こうして、議会の支持を得ない超然内閣の危機が深刻になった。また、民党内部にも、貴族院の反対で地租軽減を実現できないという問題が認識された。

★4 樺山資紀の蛮勇演説 海軍の腐敗を批判された海相樺山資紀が、明治維新いらいの功績を主張し、民党を批判した演説。議場は大混乱におちいり、解散のきっかけとなった。

★5 第2回総選挙は、政府の選挙干渉によって流血の総選挙といわれた。選挙干渉とは、政府が与党候補を有利にするため警察権力・金銭を利用して選挙に干渉を加えることをいう。この選挙では、死者25名、300名以上の重傷者を出した。

議 会	期 間	内 閣	民党議席	議会の内容など
第一議会	1890.11～91.3	山県(Ⅰ)	171	政府の超然主義と民党の予算削減→政府の買収工作
第二議会	1891.11～91.12	松方(Ⅰ)	153	軍事予算削減→解散(→総選挙→選挙干渉)
第三議会	1892.5～92.6	〃	163	軍事予算削減→内閣総辞職
第四議会	1892.11～93.2	伊藤(Ⅱ)		軍事予算削減→詔勅で解決
第五議会	1893.11～93.12	〃		条約改正問題で紛糾→解散(→総選挙)
第六議会	1894.5～94.6	〃		条約改正問題で内閣弾劾→解散(→日清戦争)

▲初期議会の展開
内閣の(Ⅰ)は第1次、(Ⅱ)は第2次を示す。

❹ **第四議会での対立** 民党の攻勢に危機感を深めた伊藤博文は，山県有朋・黒田清隆・井上馨などの有力者を集め，第2次伊藤内閣をつくった。民党がふたたび軍艦建造費をけずると，伊藤内閣は天皇に頼り，詔勅★6できりぬけた。こうして，天皇の調停もあり政治の大きな混乱をさけることができた。

❺ **第五・第六議会での新たな対立** この両議会では，条約改正問題が対立の中心となった。野党の中心となった立憲改進党などは対外硬派を形成し，政府の条約改正姿勢をはげしく攻撃した。対外硬派は，治外法権撤廃，関税自主権獲得の完全な条約改正と内地雑居反対（外国人が国内に混住することに反対）を唱え，陸奥宗光外相の条約改正交渉を困難にさせた。そこで伊藤内閣は，その危機を乗り切る必要からも日清開戦に積極的となった。対外硬派は開戦とともに熱烈な政府支持に変わり，陸奥外相の条約改正もうけいれられた。

★6「和協の詔勅」といわれるもので，天皇も建艦のため資金を出し，官吏も俸給の10％を出すから，議会は政府に協力せよ，という内容であった。

(参考) **軍艦建造費と民党** 政府は清国や列強に対抗するため海軍の大拡張を始めており，民党も清国や列強に脅威を感じていたので，海軍拡張自体は必要と見ていた。しかし，民党は藩閥政府が腐敗し国費をむだづかいしていると考え，地租軽減も望んでいたので，自ら政府に参加し，海軍の腐敗を粛正しなければ，建艦費は認められないとした。

(注意) 民党系でも対外硬派に結集する立憲改進党など反藩閥色の強い政派は，藩閥内閣との妥協を考える自由党と異なり，日本の国力を過信する傾向があり，それが強硬な条約改正要求となった。

ポイント
〔初期議会〕
藩閥内閣と民党の対立→日清戦争開戦後の協力
①第1回衆議院議員総選挙（1890年）…有権者は満25歳以上の男性で直接国税15円以上の納入者
②第一議会…山県内閣，民党側の民力休養
③第2回総選挙（1892年）…松方内閣の選挙干渉

6 条約改正

◆ 幕末に結ばれた安政の五カ国条約は治外法権を認め，関税自主権をもたない不平等条約であったが，1894（明治27）年にイギリスとの間で治外法権の撤廃・関税自主権の部分回復に成功し，その後1911（明治44）年には関税自主権の獲得に成功した。

1 条約改正の努力

❶ **安政の五カ国条約の問題点**
①治外法権の問題…治外法権を認めたため，外国人が日本で罪を犯しても，領事が自国の法律で裁判するから，軽い処分ですまされることが多かった。治外法権は領事裁判権ともいう。
②関税自主権の問題…関税自主権をもたないため，日本が輸入品に自主的に課税できなかった。それで関税収入が少なく，国内産業を保護しようとしても，困難であった。

(参考) **岩倉具視の条約改正の下交渉** 明治政府は，1871（明治4）年に岩倉具視を大使とした一行を欧米に派遣して，条約改正の下交渉を試みた。しかし，列強は近代化の進んでいない日本の要求を，まともに取り上げなかった。

❷ 寺島宗則の交渉

外務卿寺島宗則は，世界的な保護関税の動きと，わが国の入超に苦慮して，1876(明治9)年から関税自主権の回復を第一目標として交渉を始めた★1。しかし，1878(明治11)年にアメリカとは調印までいったが，当時の世界最強国であるイギリスは強く反対★2し失敗した。

❸ 井上馨の条約改正案

寺島のあとをついで外務卿(1885年から外務大臣)に就任した井上馨の改正案は，①関税率を引き上げる，②外国人の内地雑居(国内での自由な移動と居住など)を認める，③期間を限り，日本の裁判所に外国人判事(裁判官)を任用する，などであった。

❹ 井上馨の交渉方法

日本の近代化を印象づけるため，欧化主義政策を進めた。1883(明治16)年，東京の日比谷に国際社交場として洋風の鹿鳴館を建設し，各国外交官を招いて，毎夜のように西洋式の舞踏会を催した。

また，国別交渉は行わず，1886(明治19)年に列国代表を集めた条約改正会議を開き，秘密交渉とした。

◀鹿鳴館での舞踏会のようす 東京の日比谷に建てられた鹿鳴館は，イギリスの建築家コンドルの設計による。華族・資本家・政府高官の夫人や令嬢などに洋装させて，風俗・習慣の欧化の象徴となった。この時代を鹿鳴館時代という。

❺ 井上馨の交渉に対する反対

井上馨の条約改正に対しては各方面から反対の声があがった。
①法律顧問ボアソナードが，井上案は現行条約より亡国的だと批判したことが外部にもれ，改正案が広く知れわたった。
②鹿鳴館に見られる極端な欧化政策に対する反感が広がった。
③おりからのノルマントン号事件(▷p.348)で，外国人判事に対する不信が広がった。

▲ノルマントン号事件

★1 わが国には，まだ近代的法典が整備されていなかった実情から，治外法権の撤廃を求めるのは無理であると考えられた。

★2 イギリスは清国との貿易を重視しており，日本の条約改正を認めると清国から同様の要求が出ることをおそれた。

(注意) 井上馨と井上毅を混同しないように。井上馨は伊藤博文と親しい長州藩出身の最有力政治家で，条約改正などに努力した。一方，井上毅は伊藤博文の下で，大日本帝国憲法をはじめ多くの法律の起草に参与した。

(注意) 1887(明治20)年9月に，井上外相は辞職し，10月には，言論集会の自由・地租軽減・外交失策の挽回の3大目標で三大事件建白書が出された。しかし，12月には，保安条例で弾圧された(▷p.336)。

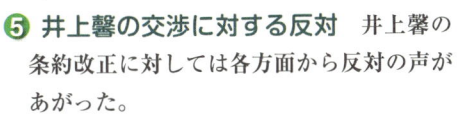

(補説) **ノルマントン号事件** 1886(明治19)年，紀州沖(和歌山県)でイギリスの貨物船ノルマントン号が沈没した。船長はイギリス人のみを救助して日本人25名全員が水死した。この非人道的行為に対し，神戸のイギリス領事は海事裁判で船長を無罪とした。その後世論の高まりで，横浜領事館の審判で船長は禁固3カ月に処せられたが，賠償は認められなかった。国民の間からは，国家の主権の完全回復の声が高まった。

❻ **井上馨の辞任** 井上案に反対する自由民権派は，**大同団結運動**(▷p.336)を起こし，憲法の制定と対等条約の締結を要求した。外交論争が憲法論争に転化することをおそれた井上外相は，1887(明治20)年，外相を辞任し，かわって1888(明治21)年，大隈重信が外相となった。

❼ **大隈重信の交渉** **大隈重信**は，井上案をうけついだが，井上案への批判を考慮し，外国人判事を大審院に限って任用しようとした。しかし，この案は違憲であるとの反対が強くなり，国粋主義者(対外硬派)の玄洋社の来島恒喜に爆弾を投げられ，片足を失って辞職した(1889年)★3。

❽ **青木周蔵の交渉** 大隈のあとをうけた**青木周蔵**外相は，大隈案を修正して条約改正を実現させようとした。その要点は，外国人判事任用をやめ，治外法権を撤廃し，内地雑居を認めるというものであった。

❾ **イギリスの態度軟化** 青木案に対して，イギリスが好意を見せた。それは，ロシアの極東進出に対抗するものとして日本を利用しようとしたことによる。

❿ **交渉の中断** 1891(明治24)年に起こった滋賀県大津での大津事件★4で，青木周蔵は外相を辞任し，イギリスとの交渉は中断された。

2 条約改正の達成

❶ **陸奥宗光の成功** 第2次伊藤内閣の外相となった**陸奥宗光**は，1894(明治27)年，**日英通商航海条約**の締結に成功した。主要な内容は次の2点で，1899(明治32)年に発効した★5。
①治外法権を撤廃する。
②関税自主権を部分的に回復する。
①と②の見返りに，内地を開放する(内地雑居)。

❷ **条約改正の完全な成功** 第2次桂内閣の**小村寿太郎**外相が日露戦争の勝利を背景に交渉を進め，1911(明治44)年の改定交渉で関税自主権を獲得した。

★3 秘密裏に進めた改正内容がロンドン゠タイムスにもれ，国粋主義者(対外硬派)を刺激した。玄洋社は，頭山満を中心とした国粋主義の結社である。

★4 **大津事件** 来日中のロシア皇太子ニコライが，大津で護衛の巡査(津田三蔵)に切りつけられた事件。政府(松方正義首相)はロシアとの戦争をおそれ，一時は津田三蔵の死刑を主張したが，大審院長児島惟謙は反対した。裁判の結果，津田は無期刑となった。児島はその後，行政権からの司法権の独立を守ったと主張した。

▲児島惟謙

★5 最強国イギリスの態度や，日清戦争での日本の勝利を見て，他の国もイギリスにならって，次々に治外法権を撤廃した。

(注意) 1858(安政5)年に安政の五カ国条約が結ばれて以来，平等条約が実現するまで約50年もかかった点に注意。

ポイント〔条約改正交渉〕

担当者	期間	改正案の概要	交渉経過
寺島宗則	1873～79年	関税自主権の回復を第一とし、外国人の内地雑居を承認	アメリカは原則的に承認、イギリスの反対で失敗
井上馨	1879～87年	治外法権の撤廃と関税率の引き上げ、外国人を裁判官に任用、内地雑居を承認	イギリスが反対。欧化主義政策を採用。外国人判事任用問題で失敗。鹿鳴館時代
大隈重信	1888～89年	井上案の継承。大審院に外国人裁判官任用。内地雑居の承認	各国別に極秘に交渉。大審院への外国人判事任用問題で失敗
青木周蔵	1889～91年	治外法権撤廃。関税率の引き上げ。内地雑居承認。外国人裁判官は用いず	イギリスとの交渉を進めるが、大津事件で失敗
陸奥宗光	1892～96年	治外法権撤廃と関税自主権の部分回復	青木公使が日英通商航海条約の締結に成功。99年に実施
小村寿太郎	1908～11年	関税自主権の完全回復	まずアメリカ合衆国と交渉し、成功

テーマゼミ イギリスとの条約改正交渉

◯外交交渉には、種々の要素がからみあって複雑な様相を呈することが、よく見られる。1894(明治27)年になってからのイギリスとの条約改正交渉も、その典型的な例である。

◯第五議会ならびにその後の総選挙でも、対外強硬を主張する野党が優勢であった。元勲内閣といわれた第2次伊藤内閣も危機に追いこまれ、陸奥宗光外相はロンドンの青木周蔵公使に、「現在の危機を乗り切るためには、戦争か条約改正の成功しかない」という悲痛な手紙を送った。ところが、朝鮮の甲午農民戦争(▷p.351)をめぐる情勢が急転回し、日清間の緊張が高まった。イギリスは日本の軍事力を清国より上と評価しており、日本はついに治外法権を完全になくし、関税自主権を部分的に回復した日英通商航海条約の調印に成功した。7月16日の調印式の席上、イギリス外相は「この条約は、日本にとっては清国の大軍を敗走させたよりもはるかに大きい意味がある」と述べた。

◯こうして日本軍は朝鮮王宮を占領、7月25日には清国艦隊を奇襲し、日清戦争が始まる。

7 日朝関係の推移

◆ 明治初年以来、列強や日本は、朝鮮を開化の遅れた後進国とみなしていた。1880年代にはいると、将来のロシアの朝鮮侵入を警戒し、朝鮮を近代化して他国の侵入を防ごうと、日本の朝鮮への干渉の強化がさけばれた。

1 壬午・甲申事変

❶ 壬午事変前の朝鮮国内の情勢 朝鮮国内の政権をにぎっていた閔妃一派は日本にならって改革を進めるため、開化派をおこし、金玉均（親日派）らを中心にしだいに勢力を増した★1。これに対し、国王の父大院君（親清派）一派の守旧派は、反発を強めていた。

❷ 壬午事変 かねて閔妃の政治進出に不満であった大院君が、1882（明治15）年7月、軍隊の暴動を機に、軍隊の支持を得て起こしたクーデタである。漢城（ソウル）の日本公使館が襲撃された。壬午軍乱ともよぶ。

❸ 壬午事変の結果 日清両国は、朝鮮に軍隊を派遣したが、日本は清国の調停により朝鮮と済物浦条約（1882年）を結んだ。これにより、朝鮮は日本に賠償金を支払うこと、公使館護衛のため日本に駐兵権を認めること、などが定められた★2。

❹ 壬午事変後の朝鮮国内の動向 清国は閔妃一派を後援した。これに対し、金玉均ら改革派★3は独立党を結成して対抗したが、閔妃一派に圧せられた。

❺ 甲申事変 1884（明治17）年、独立党が日本と結んで政権をとろうとしたクーデタ。竹添進一郎公使の率いる日本軍の援護により一時王宮を占領したが、清国の派兵により2日間で鎮定された。日本公使館は焼き討ちされ、居留民に死傷者を出した。

❻ 漢城条約と天津条約 甲申事変に関して、1885（明治18）年に朝鮮と漢城条約、清国と天津条約を締結した。
①漢城条約…朝鮮の謝罪と賠償金の支払いをとりきめた。
②天津条約…伊藤博文が天津で李鴻章と交渉した。その内容は、朝鮮から日清両軍の撤退、両国軍事教官派遣の停止、朝鮮への出兵には相互に事前通告すること、などである★4。

> **補説** 大阪事件 甲申事変に際し、自由党急進派の指導者大井憲太郎らは、朝鮮で挙兵し、日本国民の対外エネルギーを国内改革に転用しようと考え、朝鮮へ渡航をはかったが、大阪や長崎で逮捕。

2 列強の朝鮮接近と日朝貿易

❶ 列強の朝鮮への接近 日本では1880年代なかばになると、ロシア★5が朝鮮に侵入するという警戒感が強まった。また、1885（明治18）年、イギリス海軍が朝鮮海峡の巨文島を占領、1887（明治20）年まで居すわる事件も起きた（巨文島事件）。

★1 王妃の閔妃は、閔氏一族の勢力を背景として、内政改革を進めようとした。

★2 そのほか、開港場を1港ふやすことも定め、日本の経済進出の道を広げた。

★3 閔妃一派の転換 朝鮮の改革派は、当初から日本の明治維新の近代化に注目していて、親日派が多かった。閔妃ら閔氏一族は、壬午事変のあと、国政改革推進から、清国の支援をうけた保守的政策に方針を転換した。しかし、金玉均は一貫して改革を主張した。

(参考) 清仏戦争と甲申事変 ベトナム領有をめぐって、1884～85年に清国とフランスが争った（清仏戦争）。この状況を利用し独立党の金玉均・朴泳孝は時機到来とばかりに挙兵したのである（甲申事変）。

★4 甲申事変後の朝鮮情勢 天津条約で形式的には日本と清国の立場は平等になったものの、甲申事変で親日改革派が壊滅して日本の影響力は後退の一途をたどり、清国は軍事力強化を背景に、朝鮮支配を強めた。

★5 ロシアとイギリスの対立 イギリスは植民地であるインド防衛をめぐりロシアと対立を深めており、日本は戦火が朝鮮に飛び火することをおそれた。

8 日清戦争

❷ 日朝貿易の問題点 対朝鮮貿易[★6]において，日本の輸入品は金と米が最重要品であった。朝鮮は1889(明治22)年に凶作にみまわれたので，朝鮮の地方官は，米穀や大豆の搬出を禁止した**防穀令**を出して，日本商人の米穀輸出によって朝鮮に食料難が起こることを防ごうとした。日本政府は，防穀令を廃止させたうえで損害賠償を求め，1893(明治26)年までかかって交渉をし，朝鮮に賠償金を支払わせた（防穀令事件）。

[★6] 1890年ごろの日本の朝鮮への輸出額は，日本の総輸出額のわずか2％にも達しておらず，日本商品の輸出市場としての意味は，それほど大きくなかった。

> **ポイント**　〔日朝関係の推移〕
> ① **壬午事変**（1882年）…**済物浦条約**
> ② **甲申事変**（1884年）…**漢城条約**（日本と朝鮮）・**天津条約**（1885年，日本と清国）
> ③ **防穀令事件**（1889〜93）

8 日清戦争

◆ 1894(明治27)年，朝鮮で**甲午農民戦争**（東学の乱）が始まると，日本政府は，国内危機を乗り切り朝鮮を支配する好機と考えた。朝鮮への出兵を機に日清戦争が始まり，日本の勝利のうちに下関条約が結ばれたが，ロシア・フランス・ドイツの三国干渉が加えられた。

1 日清戦争の開始

❶ 甲午農民戦争 1894(明治27)年2月，朝鮮では，**東学**[★1]を奉ずる一派の指導のもとに，全羅道の農民が政府の圧政に抵抗して蜂起し，ソウルに迫る勢いを示した。これが**甲午農民戦争**で，**東学の乱**ともいう。

❷ 日清両国の出兵 清国は，朝鮮政府から蜂起鎮圧のため出兵を求められて，これに応じた。日本政府も清国に対抗して出兵準備を進めた。天津条約に基づく清国の出兵通知が届くと，日本も出兵を通告し，陸軍を仁川に上陸させた。

❸ 日本の外交策謀 日本政府は，清国との戦争を覚悟しながら，清国に，共同で朝鮮の内政改革を行おうと提案した。これが拒否されると，単独で朝鮮政府に内政改革を要求し，なおも朝鮮に兵をとどめた。

> **補説** 開戦前の日清関係　定遠・鎮遠という東アジア最大の軍艦を備え，1880年代後半から軍事力に自信をつけた清国が，属国と見る朝鮮に日本の積極的な介入を認める気がないことは予想された。したがって，日本が朝鮮の内政改革を積極的に要求することは，清国が一方的に日本に屈服しない限り，日清開戦を意味した。

[★1] **東　学** 西学（カトリック）に対する呼称で，東洋の儒・仏・道教を根幹とした民衆宗教。全琫準（チョンボンジュン）が指導した。

（参考） 金玉均（キムオッキュン）の殺害
1894年3月，日本に亡命していた金玉均が，朝鮮の刺客に上海で誘殺され，遺体が漢城（ソウル）でさらしものになった。この事件は，日本の対朝鮮感情を悪くした。

テーマゼミ　日清戦争の準備

○壬午事変や甲申事変の反省の上に立って，海軍の大拡張計画が始められた。しかし，西南戦争で疲弊し松方財政で財政再建を行っている財政難の日本に比べ，清国の海軍拡張はめざましく，日本の海軍力は1880年代後半から1890年代初頭にかけて清国に対し劣勢となった。この間，陸軍は1888年鎮台を廃して師団を常時配置した。1889年には徴兵令を全面改定して戸主などの猶予を廃止し，国民皆兵がさらに徹底されるなど近代化が進展した。

○1893年になると，すでにある陸軍の参謀本部に加え，海軍の軍令部も発足し，1894年には**大本営**（東京，のち広島も）も設置された。

▲東アジアの国際関係（ビゴー）

フランス人のビゴーは，日本と清が朝鮮（魚）をつろうとしており，ロシアがそれを横取りしようとしていると見た。現実には，ロシアは清国が強いと錯覚しており，日清戦争で清国が日本に敗北するまでは，朝鮮進出を考えていなかった。

❹ **日清戦争の開始**　1894（明治27）年7月25日，日本海軍が豊島沖で清国艦隊を奇襲し，戦端が開かれた。宣戦布告は8月1日。

❺ **日清戦争の経過**　日本の連合艦隊は，黄海海戦で清国の北洋艦隊を破り，陸軍もまた山県有朋・大山巌の指揮で満州・山東半島に進撃し，北京にも迫ろうとした。清国は和平を求め，日本の勝利となった。

（補説）**戦争中の対朝鮮政策**　日清開戦前から日本政府は朝鮮政府に対し，清との宗属関係を破棄することなどを要求し（7月20日），それがうけいれられないと日本軍は朝鮮政府を軍事的に支配した（7月23日）。戦争が始まると，日本政府は，軍の移動に便利なように交通・通信の整備をすることとし，朝鮮と攻守同盟を結んだ。こうして日本軍は物資・兵員の輸送や食料について便宜を与えられた。さらに内政改革の実行を迫ったが，朝鮮側の抵抗（サボタージュ）で成功しなかった。

▲日清戦争関係図

（注意）日清戦争が始まると，議会は一致して戦争を支持した。このように，国民の大陸膨張熱は高かった。

2　下関条約と三国干渉

❶ **下関条約の締結**　1895（明治28）年3月，下関で日本側全権**伊藤博文**首相・**陸奥宗光**外相と，清国側全権**李鴻章**との間に講和会議が開かれた。そして翌4月，**下関条約**が結ばれた。

（参考）『**蹇蹇録**』陸奥宗光の著書『蹇蹇録』は，日清戦争や三国干渉などを回顧した貴重な史料である。

❷ 下関条約の内容

①清国は, 朝鮮の独立を承認する。
②清国は, 日本に遼東半島および台湾★2・澎湖諸島を割譲する。
③清国は, 日本に賠償金2億両(テール)★3を支払う。
④清国は, 欧米諸国と結んだ不平等条約を基準とした日清通商航海条約を結び, また日本に最恵国待遇を与える。
⑤新たに沙市・重慶・蘇州・杭州を開市・開港する。

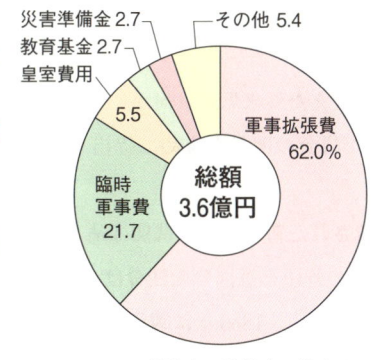

▲日清戦争の賠償金の使途
軍事拡張費 62.0%
臨時軍事費 21.7
皇室費用 5.5
教育基金 2.7
災害準備金 2.7
その他 5.4
総額 3.6億円

❸ 三国干渉
下関条約締結の6日後, 満州への進出をねらったロシアは, フランス・ドイツを誘い, 日本の遼東半島領有は東洋の平和に有害であるとして, 清国に返還することを申し入れた。

❹ 三国干渉に対する日本の対応
イギリスは中立を宣言したが, 独力で3国に対抗する力のなかった日本は, 遼東半島を手放したかわりに, 清国から3000万両の代償を得た。国内では, 藩閥政府批判の声が高まったが, 臥薪嘗胆★4の合言葉で, 官民一致して軍備拡張をはかった。

❺ 日清戦争の影響

①巨額の賠償金と新市場の獲得により産業革命が進展し, 貿易が拡大して金本位制が確立した(▷p.364)。
②アジアの強国と認められ, 条約改正も進んだ(▷p.348)。
③清国にかわり, ロシアが朝鮮に政治介入を強めたので, 本来の目的であった朝鮮の政治的支配は達成できなかった★5。

★2 台湾では1895(明治28)年5月, 日本の支配に反対して住民が蜂起したが, 日本軍に鎮圧された。日本は, 台湾統治のため, 台湾総督府を設置した。

★3 2億両(テール)は, 当時の約3億1000万円。これに遼東半島還付の代償3000万両を加えると, 賠償金の合計は2億3000万両(邦貨にして約3億6000万円に相当)となる。このころ一般会計予算は年額約1億円で, 戦費は約2億円だったので, 日本は約1億円の利益を得た。

★4 臥薪嘗胆 薪の上に寝たり, 胆をなめたりすること→苦しみを耐えしのんで仇を討つ, という意味である。

★5 三国干渉後, 朝鮮では親ロシア派の閔妃一派が政権をとり, 日本の影響を排除しようとしたので, 1895年10月, 三浦梧楼公使らは閔妃を殺害した(閔妃殺害事件)。しかし, 真相が列強や朝鮮に知れわたり, 朝鮮における日本のロシアに対する政治的劣勢は明らかとなった。

ポイント
〔日清戦争〕 朝鮮支配をめぐる日清間の戦争
①日清開戦(1894年)…甲午農民戦争(東学の乱)がきっかけ
②下関条約(1895年)…〈全権〉伊藤博文・陸奥宗光と李鴻章
　　　　　　　　　　〈内容〉朝鮮の独立, 遼東半島・台湾の割譲,
　　　　　　　　　　　　　賠償金2億両(約3.1億円)
③三国干渉(1895年)…ロシア・フランス・ドイツ, 遼東半島の返還
④日清戦争の結果…産業革命の進展, 金本位制の確立

テスト直前要点チェック

	問	答
①	自由民権運動の思想を支えた外来思想は何か。	① 天賦人権説
②	1874年、板垣退助らが議会の開設を求めて提出した意見書を何というか。	② 民撰議院設立の建白書
③	大阪会議の結果、設置された新しい議事機関は地方官会議と何か。	③ 元老院
④	1875年制定の言論などの弾圧を意図した法令は、讒謗律と何か。	④ 新聞紙条例
⑤	自由民権運動を弾圧するため、1880年に制定された法律は何か。	⑤ 集会条例
⑥	黒田清隆が開拓使官有物を払い下げようとした相手は誰か。	⑥ 五代友厚
⑦	明治前期の憲法草案を総称して何とよぶか。	⑦ 私擬憲法
⑧	福島事件で、県会議長の河野広中と対立した人物は誰か。	⑧ 三島通庸
⑨	1884年に関東地方で起こった、農民と自由党員の武装蜂起事件は。	⑨ 秩父事件
⑩	自由民権運動を弾圧するため、1887年に制定された法律は何か。	⑩ 保安条例
⑪	伊藤博文が憲法理論を学んだウィーン大学教授は誰か。	⑪ シュタイン
⑫	1888年、憲法審議のために設けられた機関を何というか。	⑫ 枢密院
⑬	憲法の制定にあたり助言したドイツ人法律顧問は、モッセと誰か。	⑬ ロエスレル
⑭	1888年に地方制度にとりいれられた制度は何か（2つ）。	⑭ 市制・町村制
⑮	最初の民法制定に関係したフランス人法律顧問は誰か。	⑮ ボアソナード
⑯	第1回衆議院議員総選挙の選挙資格は、どのような者に与えられていたか。	⑯ 満25歳以上の男性で直接国税15円以上の納税者
⑰	初期議会で、政府を支持した政党を総称して何というか。	⑰ 吏党
⑱	第一議会などで、民党が政府批判の際に唱えたスローガンは何か（2つ）。	⑱ 政費節減・民力休養
⑲	井上馨外務卿のとき東京日比谷に建てられた欧風の社交場は何か。	⑲ 鹿鳴館
⑳	井上馨外相のときに治外法権の不利を示した1886年の事件は何か。	⑳ ノルマントン号事件
㉑	青木周蔵外相のときに起こったロシア皇太子襲撃事件は何か。	㉑ 大津事件
㉒	1894年、イギリスとの間で治外法権（領事裁判権）の撤廃と関税自主権の部分回復を実現した条約を何というか。	㉒ 日英通商航海条約
㉓	関税自主権の回復が実現したときの外相は誰か。	㉓ 小村寿太郎
㉔	日清戦争のきっかけとなった朝鮮での農民蜂起を何というか。	㉔ 甲午農民戦争（東学の乱）
㉕	下関条約での日本側全権は、伊藤博文と誰か。	㉕ 陸奥宗光
㉖	フランス・ドイツを誘い、日本の遼東半島領有に干渉した国は。	㉖ ロシア

13章 立憲政治の発展と大陸進出

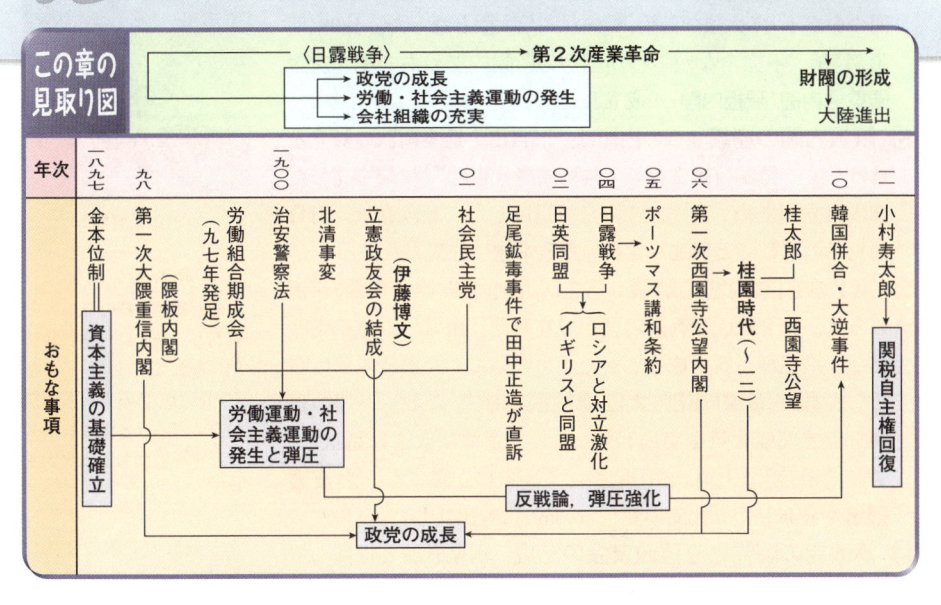

この章の見取り図

〈日露戦争〉　　　第2次産業革命
- 政党の成長
- 労働・社会主義運動の発生
- 会社組織の充実
- 財閥の形成
- 大陸進出

年次	一八九七	九八	一九〇〇	〇一	〇二	〇四	〇五	〇六	一〇	一二
おもな事項	金本位制	第一次大隈重信内閣（隈板内閣）（九七年発足）	労働組合期成会／治安警察法／北清事変	立憲政友会の結成（伊藤博文）／社会民主党	足尾鉱毒事件で田中正造が直訴／日英同盟	日露戦争（ロシアと対立激化／イギリスと同盟）	ポーツマス講和条約	第一次西園寺公望内閣→桂園時代（～一二）／西園寺公望	桂太郎／韓国併合・大逆事件	小村寿太郎／関税自主権回復

資本主義の基礎確立 → 労働運動・社会主義運動の発生と弾圧 → 政党の成長
反戦論，弾圧強化

1 立憲政治の発展

◆ 伊藤博文が創設した立憲政友会を背景に，日露戦争後に第1次西園寺公望内閣が成立し，以後数年間，桂太郎と西園寺公望が交互に首相となる桂園時代が展開したように，政党勢力も伸長し，政党政治の土台が形成された。

1 政党の成長

① **藩閥政府と政党の提携**　第2次伊藤内閣（▷p.346）は自由党と提携し，第九議会で軍備拡張を中心とする戦後経営予算を成立させた後，板垣退助が内相として入閣した（1896年4月）。ついで第2次松方内閣には，進歩党（旧立憲改進党など対外硬派で結成）から大隈重信が外相として入閣した（松隈内閣）。

　補説　内閣の維持と政党勢力との関係　第2次松方内閣（松隈内閣）は，大隈重信が地租増徴に反対して辞職すると倒れた。次の第3次伊藤内閣も，地租増徴案で自由・進歩両党と対立し両党が合同して憲政党ができると，6カ月で倒れた。政党勢力の動向は，内閣の維持に大きな影響をもつようになった。伊藤博文は，政府が頼みにできる政党をつくろうとしたが，超然主義に固執した山県有朋らは反対した。

参考　**元老**　天皇の最高顧問のこと。大日本帝国憲法では，天皇が後継首相を選択・任命することになっていた。しかし，実質的には，元老とよばれる伊藤博文・山県有朋・黒田清隆・井上馨・松方正義などの薩長の有力者が会合して後継首相を選定し，天皇に推薦して，天皇が任命することが慣例であった。この慣例は日清戦争後に定着したが，元老は1940（昭和15）年に西園寺公望の死によって消滅した。

❷ **隈板内閣の成立** 憲政党が衆議院で圧倒的多数を占めているため，元老内には政権をひきうける者がいなかった。そこで，**大隈重信**(旧進歩党)と**板垣退助**(旧自由党)の両者に組閣の命が下り，**大隈が首相，板垣が内務大臣**となった。1898(明治31)年，不完全ながら**わが国初の政党内閣**である第1次大隈重信内閣(隈板内閣)が成立した。

❸ **隈板内閣の崩壊** この内閣は，旧自由・進歩両派の対立がはげしく，尾崎行雄文相の「共和演説」事件★1に端を発した閣内対立のため，わずか4カ月で退陣した。憲政党は，旧自由党系の憲政党と旧進歩党系の憲政本党に分裂した。

❹ **第2次山県内閣の政策** 第1次大隈内閣(隈板内閣)が倒れると，第2次山県有朋内閣が成立した。山県は，憲政党と結び，地租増徴案を成立させた。つづいて，**文官任用令の改正**★2，**陸・海軍(軍部)大臣現役武官制**★3 など，一連の藩閥官僚支配強化策を実施した。また，選挙法改正に抵抗し，**選挙資格を15円から10円に引き下げる**にとどまり，**治安警察法**を発布したり北清事変(▷p.359)にも出兵した。

❺ **憲政党の解党と立憲政友会の結成** 山県有朋と提携していた憲政党は，いったん解党し，**伊藤博文**の新党である**立憲政友会**に合流して，その主流勢力となった(1900年)。

　(補説) 立憲政友会創立の意義　幸徳秋水は「自由党を祭る文」を書き，憲政党(旧自由党系)が，藩閥最有力者の伊藤博文のもとにはせ参じたことを批判した。しかし，日清戦争後の産業革命の進展のなかで，社会の中核をなす地主層や商工業者層を中心とした国民は公共事業を求め，政策立案能力や政権担当能力のある政党を待望しており，政党は民権期以来のスローガンでは国民をひきつけられなくなっていた。憲政党は，このような国民の要望に対応しようとして，新党(政友会)に参加したのである。

❻ **第4次伊藤内閣** 第2次山県内閣から政権をうけついだ第4次伊藤内閣は，政友会が結党直後で統一が不十分であったため，閣内不統一ではげしい対立が起こり，6カ月で退陣した。

❼ **第1次桂内閣** 第4次伊藤内閣につづいて，1901(明治34)年に組閣した**桂太郎**(山県有朋系)は，日英同盟(▷p.360)を結び，日露戦争を勝ちぬいて4年半も政権を担当した。

2 桂園時代

❶ **第1次西園寺内閣** 日露戦争後，第1次桂内閣をついだ政友会の**西園寺公望**は鉄道国有化・南満州鉄道株式会社(満鉄)

▲山県有朋

★1 「共和演説」事件
尾崎行雄が金権万能の世を批判し，かりに日本が共和制になれば，三井・三菱などの財力のある者が大統領になるだろうと演説したもので，不敬であると攻撃された。

★2 政府の試験に合格した者でなければ文官(高級官僚)になれないとして，これまでの高級官僚の自由任用を廃した。

★3 陸・海軍大臣現役武官制　軍部大臣を現役の大将・中将に限定した。それまでは，建前として予備役でも大臣になれた。

(参考) 桂園とは，桂と西園寺をあわせた言い方である。桂太郎は長州の山県有朋系で陸軍出身。西園寺公望は公家の生まれだが，伊藤博文の後継者で政友会総裁，華族であった。

1 立憲政治の発展

首相	出身，提携	成立した年・月	主要閣僚	主要事項	
伊藤博文(Ⅰ)	長州	1885・12 (明治18)	(外)井上馨 (外)大隈重信 (内)山県有朋	1885 1887 〃 1888	内閣制度(太政官制を廃止) 三大事件建白運動 保安条例(三大事件建白運動を弾圧) 市制・町村制
黒田清隆	薩摩	1888・4	(外)大隈重信	1889	大日本帝国憲法の発布
山県有朋(Ⅰ)	長州・陸軍	1889・12 (明治22)	(外)青木周蔵	1890 〃 〃	府県制・郡制制(新地方制度) 第1回衆議院議員総選挙→第一議会 教育勅語(元田永孚・井上毅ら起草)
松方正義(Ⅰ)	薩摩	1891・5 (明治24)	(外)青木周蔵 (内)品川弥二郎	1891 〃 1892	大津事件(ロシア皇太子負傷事件) 第二議会で政府と民党の対立激化 第2回総選挙→政府の大選挙干渉
伊藤博文(Ⅱ)	長州 日清戦争後に自由党と提携	1892・8 (明治25)	(外)陸奥宗光 (内)板垣退助	1893 1894 〃 1895	第四議会，詔勅で妥協成立 日英通商航海条約(治外法権を撤廃) 日清戦争 下関条約・三国干渉
松方正義(Ⅱ) (松隈内閣)	薩摩 進歩党と提携	1896・9 (明治29)	(外)大隈重信	1897 〃	八幡製鉄所の設立→操業開始(1901) 金本位制を実施
伊藤博文(Ⅲ)	長州	1898・1 (明治31)		1898 〃	地租増徴案の否決→内閣総辞職 憲政党成立(自由党と進歩党の合同)
大隈重信(Ⅰ) (隈板内閣)	佐賀・憲政党	1898・6 (明治31)	(内)板垣退助	1898	尾崎行雄文相の「共和演説」→内部対立で倒閣
山県有朋(Ⅱ)	長州 憲政党と提携	1898・11 (明治31)		1898 1899 1900 〃 〃 〃	地租増徴案の成立 文官任用令の改正 治安警察法 陸・海軍大臣現役武官制の制度化 北清事変→北京議定書(1901) 立憲政友会成立(総裁伊藤博文)
伊藤博文(Ⅳ)	長州・立憲政友会	1900・10		1901	倒閣直後，社会民主党成立→すぐ禁止
桂太郎(Ⅰ)	長州・陸軍	1901・6 (明治34)	(外)小村寿太郎	1902 1904	日英同盟→05改定，11改定，23廃棄 日露戦争→ポーツマス条約(1905)
西園寺公望(Ⅰ)	立憲政友会	1906・1 (明治39)	(内)原敬	1906 〃 〃	日本社会党成立(翌年解散) 鉄道国有法(主要鉄道を国有化) 南満州鉄道株式会社(満鉄)設立
桂太郎(Ⅱ)	長州・陸軍	1908・7 (明治41)	(外)小村寿太郎	1910 〃 1911 〃	韓国併合(朝鮮を日本に併合) 大逆事件(社会主義運動を弾圧) 条約改正の達成(関税自主権を回復) 工場法(最初の労働立法)→施行(1916)
西園寺公望(Ⅱ)	立憲政友会	1911・8 (明治44)	(内)原敬	1912	2個師団増設問題→第3次桂内閣

▲明治期の内閣一覧　(外)は外務，(内)は内務の各大臣で，交代した人物をふくむ。

の設立などを推進し，また1906(明治39)年に結成された日本社会党を認めるな自由主義的な一面も示した(▷p.369)。しかし，恐慌で政策が行きづまり，山県らから社会主義運動への取締りの弱さを批判されて，第1次西園寺内閣は倒れた。

❷ 桂園時代　第1次西園寺内閣の成立後，西園寺公望と桂太郎が提携して交互に政権を担当した時代。この時代は，第2次西園寺内閣が2個師団増設問題で倒れて終わる。

❸ 第2次桂内閣　財政難の打開に努力し，戊申詔書を出して勤労と倹約を国民に訴え，各町村内の統一を強化して地方財政の再建をめざす地方改良運動を始め，また韓国併合(▷p.361)を進めた。しかし財政難は打開されず，社会不安は増大し，大逆事件(▷p.369)や南北朝正閏問題[★4]が起こった。

❹ 第2次西園寺内閣　行財政整理を中心に財政難を切り抜けようとしたが，陸軍が2個師団増設を強く要求したため，1912(大正元)年末に倒れ，大正政変のきっかけとなった(▷p.382)。

(注意)　桂園時代は表面上，第1次桂内閣の成立(1901年)から第3次桂内閣の倒壊(1913年)までに見えるが，桂内閣と政友会の提携は，第1次桂内閣末期にしか成立せず，実際には第1次西園寺内閣から第2次西園寺内閣までである。

なお，政友会の実権は，のちに政友会総裁・首相となる原敬にあった。

★4　南北朝正閏問題
小学校の歴史の教科書が南朝と北朝を対等に記述していたのが問題とされた。政府は南朝を正統としていた。

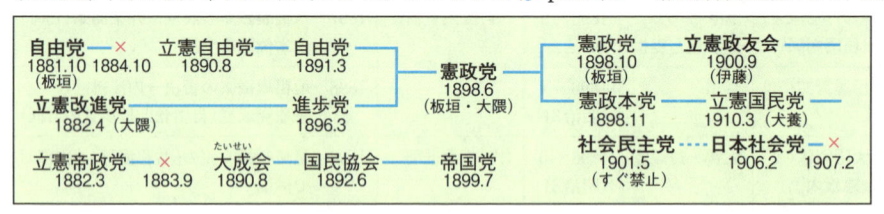

▲明治時代の政党の推移　×は解散を示す。

〔立憲政治の発展〕
① 第1次大隈内閣(1898年)…隈板内閣(大隈首相・板垣内相)，憲政党
② 立憲政友会(1900年)…伊藤博文総裁・旧自由党系
③ 桂園時代…西園寺公望(政友会)と桂太郎(山県有朋系)，地方改良運動

2　列強の中国分割と日露戦争

◆ 日清戦争で清国が敗北すると，ヨーロッパ列強の中国分割が進み，その動きは，北清事変を契機にいっそう進展した。こうした情勢のなかで，大陸進出をめざす日本と，南下政策をとるロシアとの対立が深まり，1904(明治37)年に日露戦争が勃発した。

1　列強の中国分割

❶ 中国分割の開始　「眠れる獅子」といわれた清国が日本に敗れると，1898(明治31)年から列強の中国分割が始まった。

(注意)　1897年に朝鮮は，国号を大韓帝国と改めていたことに注意する。

❷ 列強の勢力拡張
①ロシア…東清鉄道敷設権，旅順・大連の25年間租借権，南満州の鉄道敷設権などを得た。
②フランス…広州湾の99年間租借権を得た。
③ドイツ…ドイツ人宣教師が殺されたのをとらえ，膠州湾の99年間租借権，山東半島の鉄道敷設権・鉱山開発権などを得た。
④イギリス…揚子江(長江)沿岸の不割譲を約束させ，ドイツ・フランスに対抗して威海衛・九龍半島の99年間租借権を得た。

❸ 日本の要求
日本は，1898(明治31)年に台湾の対岸にあたる福建省の不割譲を約束させた。

❹ アメリカの対応
1899年，国務長官ジョン=ヘイは，モンロー主義★1を放棄して，清国の領土保全・門戸開放・機会均等の3原則を提案し，アメリカの中国における発言権を得ようとした。

❺ 義和団事件
列強の侵略に対し，清国の宗教結社**義和団**★2は，1899年に「**扶清滅洋**(清朝を助け，西洋を滅ぼす)」を唱えて蜂起し，翌年には北京の各国公使館を包囲した。

❻ 北清事変
1900年，列強は協議のうえ，日本・ロシア軍を主力とする連合軍で義和団の蜂起を鎮圧した。清国は1901年，**北京議定書**で謝罪した。義和団蜂起に始まるこの**北清事変**によって，わが国の東アジアでの発言力は強化された。

2 ロシアと日本の対立

❶ ロシアの南下
ロシアは，朝鮮半島や満州★3への南下政策を進め，朝鮮の支配をめざす日本との対立を深めた。
①ロシアの朝鮮進出…日本が閔妃殺害(▷p.353)で朝鮮の民心の離反を招いている間，ロシアは朝鮮に勢力を増大した。日本は，山県・ロバノフ協定(1896年)，西・ローゼン協定(1898年)で朝鮮での日露の政治的地位の対等をかろうじて確保した。
②ロシアの満州進出…ロシアは，北清事変を機に満州を軍事占領し，事変後も撤兵しなかった。

❷ イギリスの対応
ロシアの満州支配に対抗するため，イギリスは日本との同盟を求めた。

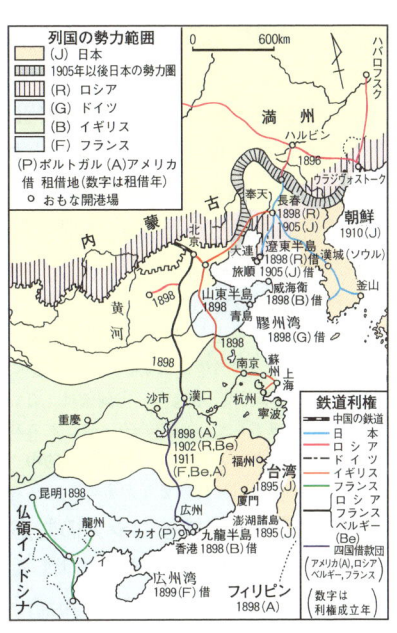

▲列強の中国分割

★1 モンロー主義 アメリカ大統領モンローが，1823年に発した，アメリカ大陸以外のことに干渉しないという外交原則。長くアメリカの外交原則となった。

★2 義和団 弥勒信仰を基礎とする白蓮教の一派。まじないを唱えるとわざわいを防ぐことができると教え，義和拳という拳法で弾丸も防げるとした。

★3 満州 中国東北部の3省(遼寧省・吉林省・黒龍江省)をさす旧称。

❸ 日英同盟の締結

ロシアの満州占領に対して、わが国には2つの論が起こった。伊藤博文らはロシアとの対決をさける立場から**日露協商**の締結を主張した。これに対し、山県有朋や桂太郎首相・小村寿太郎外相らは、**日英同盟**を結んでロシアと対抗することを主張した。結局、1902(明治35)年1月に日英同盟協約が締結された。

> [補説] **伊藤博文の日露協商論** 伊藤博文は、ロシアの満州での権益と、日本の韓国での権益を相互に抑制することで、両者の衝突をさけようとした。

> [補説] **日英同盟の内容** ①両国は、互いに清韓両国の独立と領土保全を尊重して、両国の清・韓にある利権を守る。②同盟国の一方が戦争をするときは、他は好意的中立を守る。③2国以上と交戦した場合は、援助を与える。

❹ 日英同盟に対するロシアの対応

ロシアは、3回に分けて満州から撤兵することを約束した。しかし、第1回撤兵を実行しただけで、以後は逆に南満州に兵を増強した★4。

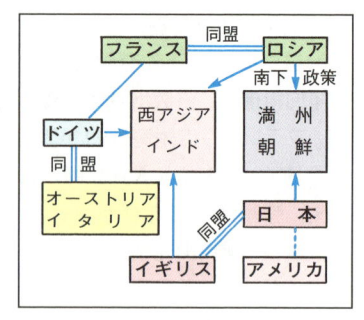

▲日露戦争前後の国際関係

★4 ロシアの強硬策を見て、東大の戸水寛人ら7博士が対露開戦論を唱える(七博士意見書)など、日本国内で主戦論がもりあがった。一方、キリスト教の立場から内村鑑三ら、社会主義の立場から幸徳秋水・堺利彦らが戦争に反対した。

3 日露戦争

❶ 日露戦争の開始

1904(明治37)年2月8日、日本海軍は旅順のロシア艦隊を攻撃した。宣戦布告は10日になされた。

❷ 戦争の経過

陸軍は南満州に進撃し、激戦の末、1905(明治38)年1月に旅順を陥落させ、3月に奉天会戦でロシア軍を敗走させた。同盟国のイギリスでさえ、開戦前はロシアの勝利を予想しており、日本の戦勝は幸運が重なったためである。この結果、5月に日本の連合艦隊(東郷平八郎司令官)は余裕をもって、遠来のバルチック艦隊との海戦に臨み、ほぼ全滅させた(日本海海戦)。

❸ 日露のゆきづまり

日本は兵力や外債(イギリス・アメリカなど外国で発行する公債)による戦費から見て、これ以上戦線を拡大する余裕がなかった。ロシアも、革命運動が激化し、戦争を終わらせたかった。

❹ 講和条約の締結

日本は、アメリカ大統領セオドア=ローズヴェルトに講和斡旋を依頼し、アメリカのポーツマスで講和会議が開かれた。1905(明治38)年9月、日本の**小村寿太郎**

▲日露戦争関係図

(参考) イギリスは、日露開戦を望まなかったが、ロシアが勝っても戦争で疲弊するなら、イギリスの国益になるとも考えた。

外相とロシアのウィッテとの間で、ポーツマス講和条約（日露講和条約）が結ばれた。

❺ **ポーツマス講和条約の内容**　ウィッテは、日本の賠償要求などはかたく拒否し、次の4点で妥協した。
①日本の韓国に対する一切の指導権を認める。
②旅順・大連の租借権、および長春以南の東清鉄道（のちの南満州鉄道）とその付属の利権を日本に与える。
③樺太の北緯50度以南を日本に割譲する。
④沿海州とカムチャツカ方面の漁業権を日本に与える。

❻ **日比谷焼打ち事件**　多大な戦費★5がかかったにもかかわらず、ポーツマス講和条約で賠償金を得られなかったことなどの結果、桂内閣に対して講和反対運動が起こった。そして、1905（明治38）年9月には東京の日比谷を中心に、多数の警察署・交番が焼打ちされ、破壊された。

参考　講和反対運動が起こった理由　講和条約への反対は、日本の国力への過信、戦時の重税への不満、賠償金がとれなければ莫大な戦費をまかなうための戦時増税が継続されることへの不安、平素の官憲の横暴に対する怒りなどであった。

★5 日露戦争の戦費
総額は約17億円で、年間予算の6倍以上であった。そのうち約7億円を外債、約6億円を内債に依存し、約3億円が増税でまかなわれた。

> **ポイント**
> 〔20世紀初頭のおもな条約〕
> ①列強の中国分割→義和団事件→北清事変（1900年）
> ②日英同盟協約（1902年）…桂太郎内閣（小村寿太郎外相）
> ③ポーツマス講和条約（1905年）…小村寿太郎外相・ウィッテ。韓国の指導権、旅順・大連の租借権、長春以南の鉄道→日比谷焼打ち事件（1905年）

3　日露戦争後の大陸進出

◆ 日露戦争後、わが国は財政難となり、国民は重税に苦しんだ。対外関係では、日本はイギリス・ロシアなどの合意を得て1910（明治43）年、韓国を併合して大陸進出の基礎をかためた。

■ 大陸政策と対外政策

❶ **韓国併合**　わが国は、日露戦争中から韓国への支配を強め、第1～3次の日韓協約（とくに、第2次日韓協約は韓国保護条約ともいい、統監府を置いた。初代統監は伊藤博文）。1910（明治43）年には韓国を併合して、京城（ソウル）に朝鮮★1総督府を置き、軍人の総督を任命した。初代総督は寺内正毅。

❷ **朝鮮に対する植民地政策**　憲兵・警察機関を多くし、軍隊も置かれて軍事的・警察的支配による武断政治が行われた。また、学校で日本語が強要された。

❸ **満州・関東州の経営**　満州では、戦前の宣言に反し、戦後も陸軍が駐留して外国に開放せず、外国の抗議でようやく

参考　朝鮮人の義兵運動　第3次日韓協約で韓国軍が解散させられると（1907年）、一部の旧軍人を中心に義兵（抗日ゲリラ）の活動がもりあがった（義兵運動）。

★1 日本政府は併合と同時に、韓国を旧称の朝鮮とよんだ。同時に漢城を京城に改めた（現ソウル）。

撤兵した。1906(明治39)年には旅順に関東都督府を置き、関東州の管轄や南満州鉄道株式会社(満鉄)の保護にあたった。

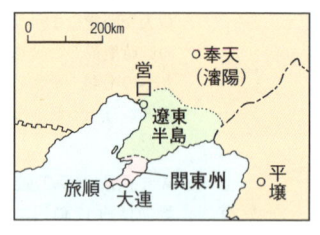

▲遼東半島の関東州

補説 南満州鉄道株式会社(満鉄)
ロシアから譲りうけた東清鉄道をもとに、1906年、南満州鉄道株式会社を設立した。株式会社の形をとっていたが、公募は一部だけで、政府が半分を出資した国策会社であった。
満鉄は鉄道経営だけでなく、撫順、煙台などの炭鉱、鞍山製鉄所なども経営した。そして、満鉄の警備には関東都督府(のち関東庁)があたり、満鉄の周辺は事実上、日本の植民地となった。初代の満鉄総裁は、台湾の民政長官から転じた後藤新平であった。

協定・事件	年 月	内　容
日韓議定書	1904年 2月	日露戦争遂行のための便宜供与を承認させ、内政干渉の自由を得た
第1次日韓協約	1904年 8月	韓国の外交権を制限し、財政の指導権をにぎる
第2次日韓協約	1905年 11月	外交権を奪う(韓国保護条約)。統監府を漢城(ソウル)に置き内政を指導。初代統監は伊藤博文
ハーグ密使事件	1907年 6月	韓国が、日本の内政干渉をハーグ万国平和会議に提訴(受理されず)
第3次日韓協約	1907年 7月	上の事件の処分として皇帝をかえ、内政の監督権を獲得
伊藤博文暗殺	1909年 10月	訪露途中の伊藤がハルビン駅で韓国人青年の安重根(アンジュングン)により暗殺
韓国併合条約	1910年 8月	韓国統治権を完全・永久に日本のものとし、朝鮮総督府を設けた。初代監督は寺内正毅

▲わが国の対韓政策の推移(日露戦争～韓国併合)

❹ 台湾の経営 日清戦争後の1895(明治28)年、わが国は、台北に台湾総督府を設置し、鉄道・港湾の整備や製糖業の育成を進めた。その結果、日露戦争後には、台湾経営もいちおう軌道にのった。

参考 アメリカの排日運動　アメリカでは日本人移民が、低賃金でアメリカ人労働者を圧迫するとして、日露戦争後に西部諸州で排日運動が頻発した。

	事項	年次	おもな内容
米(アメリカ)	桂・タフト協定	1905.7	日本の韓国支配と、アメリカのフィリピン支配を相互に確認
	満鉄の日米合弁化提案(ハリマン計画)	1905.9	満鉄の経営にアメリカの鉄道資本を参加させようとして、日本に合弁会社とすることを提案。日本はこれを拒否して満鉄を独占
	高平・ルート協定	1908.11	両国の太平洋における現状維持を認めあい、対立を和らげようとした
	満鉄の中立化提案	1909.12	アメリカの満鉄中立化提案を、日本が拒否(1910年)→対立が深まる
露(ロシア)	日露協約(日露協商) Ⅰ	1907.7	ロシアとの間に韓国・外蒙古の特殊権益を相互に確認
	日露協約(日露協商) Ⅱ	1910.7	アメリカによる満鉄中立化案を阻止するため、日露両国の満州・内外蒙古における勢力の現状維持と、鉄道権益確保の協力を規定
	日露協約(日露協商) Ⅲ	1912.7	中国の辛亥革命に対応して外蒙古独立に対するロシアの支援や、内蒙古の利益範囲を両国で分割することを約束(一部密約)
仏	日仏協約	1907.6	両国のアジア大陸における権益や領土を相互に承認
英	日英同盟改定	1905.8	適用範囲をインドにおよぼし、イギリスは日本の韓国支配を承認

▲20世紀初頭のわが国の対外関係

> **ポイント〔朝鮮の植民地化〕**
> ①第2次日韓協約(1905年)…韓国の外交権を奪う。
> 　　　　　　　　　　　　**統監府**(初代統監は伊藤博文)
> ②第3次日韓協約(1907年)…ハーグ密使事件→韓国の内政権を奪う
> ③**韓国併合**(1910年)…**朝鮮総督府**(初代総督は寺内正毅)
> ④南満州鉄道株式会社の設立(1906年)

4 産業革命と社会問題

◆ 日本の資本主義は，官営工場の払い下げ(▷p.323)により民間の産業活動がようやく活発になり，日清戦争後に，紡績・製糸などの軽工業部門で，産業革命が大きく進展した。産業の発展を基礎に金本位制が採用され，資本主義の基礎が確立したが，それと同時に社会問題も発生した。また，寄生地主制も確立した。

1 近代都市の形成

❶ **東京の人口回復**　江戸時代後半に江戸の人口は100万人をこえていたが，幕府が倒れ，武士が没落したので，明治維新後には，50万人ほどにまで減少した。しかし，1880年代後半には，ふたたび100万人をこえた。

❷ **東京市区改正事業**　東京の人口は回復したが，人口が密集し，飲料水の水質も悪かったので，伝染病の流行がはげしく，大火もたびたび起こった。そこで，1888(明治21)年に東京市区改正条例が公布され，30年間にわたり東京市区改正事業がつづけられた。その内容は，道路を拡張し，市街鉄道を敷設し，上水道や下水道などを整備して近代都市をつくることであった。

❸ **近代都市の広がり**　大阪市・京都市などでも，日露戦争後に，東京市のような都市整備事業が本格的に展開した。

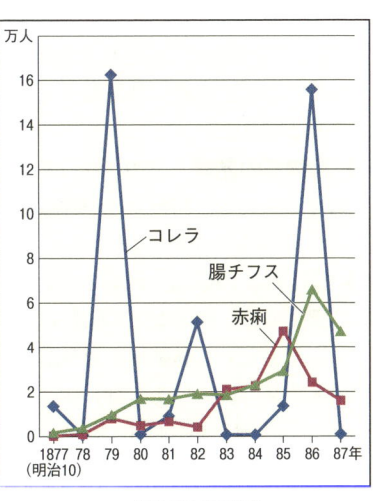

▲伝染病の患者数
(総務省統計局資料より作成)

2 産業革命の進行

❶ **日本の産業革命**　産業革命とは，機械制大工業が成立し，産業資本が確立していく変革のこと。日清戦争後に軽工業部門で進展し，日露戦争後には重工業部門も成長して，第一次世界大戦期の日本の工業の飛躍的発展の土台を形成した。

❷ 紡績会社の設立

1883(明治16)年に、渋沢栄一らの努力で、それまでの規模をはるかに上回る設備をもつ大阪紡績会社が操業を開始した。以後1890(明治23)年までに、東京・鐘淵・平野・尾張・尼崎などの大規模な紡績会社が、あいついで設立された。

補説 紡績機械の発明 18世紀後半、イギリスで紡績機械の発明があいつぎ、産業革命が開始された。わが国では、これより約100年遅れて、1873(明治6)年に長野の臥雲辰致が水力を利用するいわゆるガラ紡を発明した。これは、1877(明治10)年の第1回内国勧業博覧会で最高の賞を与えられた。また、1897(明治30)年には、豊田佐吉が国産力織機を発明した。

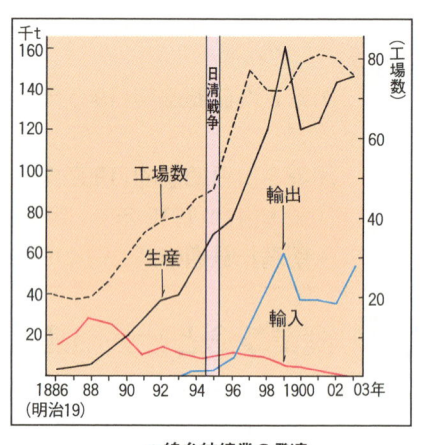

▲綿糸紡績業の発達
国内生産高が輸入高をこえたのは1891年、輸出高が輸入高を凌駕したのは、1897年。

❸ 製糸業の発達

輸出産業の中心である製糸業では、初めは座繰製糸で、ついで、輸入機械に学び在来の技術を改良した器械製糸によって生産された。1894(明治27)年には器械製糸が座繰製糸をしのいだ。日清戦争後には、片倉組・郡是製糸・岡谷製糸などの大規模な会社ができた。

❹ 織物業の発達

1890(明治23)年ごろに力織機が採用されて近代化し、紡績会社が綿織物まで手がけるようになって、綿織物の輸出もさかんになった。

▲明治中ごろの紡績工場の女性労働者

❺ 銀行資本の成長

政府の保護をうけた政商系の三井・三菱・安田・住友などの銀行は、日清戦争後に会社組織を確立し成長した。紡績業や製糸業の産業資本の急成長には、こうした銀行資本の支えがあった。政府も、日本勧業銀行(1897年)・日本興業銀行(1902年)などの特殊銀行を設立した。

注意 金融制度の基礎は、1882(明治15)年に日本銀行が設立された(▷p.323)ことによって、かためられた点に注意しよう。

❻ 寄生地主制の確立

日清戦争後になると、地主は小作料をもとに商工業への投資を行うようになり、明治30年代に寄生地主制★1が確立した。

★1 寄生地主 自分では耕作せず、小作人に耕作させる地主のこと。

❼ 金本位制の問題

わが国は、1871(明治4)年に新貨条例を発布して金本位制★2を採用していたが(▷p.322)、実質的には銀本位制であった。1887(明治20)年ごろから世界的に銀価が下落したので、日本の為替相場は不安定となって物価が高騰し、日本の貿易が阻害された。

★2 金本位制 通貨の単位価値を一定量の金と対応させ、通貨と金の自由な兌換(交換)、および金の自由な輸出入を認める貨幣制度をいう。銀本位制は、金のかわりに銀とする同様の制度である。

❽ 金本位制の確立

欧米列強と同様に金本位制を採用することが急務となり、1897(明治30)年、貨幣法を制定し、実質的

にも**金本位制**を確立した。必要な金準備は，**日清戦争の賠償金の一部**があてられた。

③ 社会問題の発生

❶ **高島炭坑事件** 1888（明治21）年，三菱の経営する高島炭坑（長崎県）の苛酷な労働条件が報道され，大きな社会問題になった★3。

❷ **足尾鉱毒事件** 古河市兵衛の経営する足尾銅山（栃木県）の鉱毒で，渡良瀬川下流一帯が農耕不可能となり，衆議院議員**田中正造**は，鉱山側の対策の必要を訴えつづけ，1897（明治30）年に第十議会で足尾銅山の鉱業停止を訴えた。その後も，政府の対策を不十分と見た田中正造は1901（明治34）年，**天皇に直訴**しようとした。政府は鉱毒処理を命ずる一方，1907（明治40）年，谷中村の農民を立ちのかせて遊水池をつくった。この結果，多くの場所で，表立った鉱毒被害は減少した。

▲田中正造

❸ **労働問題の発生** 産業革命の進展とともに，労働者の数が急増し，低賃金・長時間労働，衛生設備の不十分，年少者の労働といった労働問題が発生した。

❹ **日清戦争後の労働運動** 1897（明治30）年，アメリカで労働運動を学んで帰国した**高野房太郎**らが職工義友会をつくって，労働者に労働組合の結成をよびかけた。同じ年，この会は**片山潜**らの参加を得て，**労働組合期成会**に発展し，活発な活動を始めた。

❺ **労働組合期成会の活動** 労働組合期成会は，各地で演説会を開いて労働組合の結成を説き，同時に労働争議の解決にも関与して，鉄工組合・日本鉄道矯正会などの労働組合を組織・支援した。

❻ **社会主義運動の出現** 1898（明治31）年，片山潜・**幸徳秋水**・安部磯雄らは，社会問題研究会（1897年結成）を社会主義研究会に発展させ，社会主義の原理を追究した。

❼ **政府の弾圧** 労働組合期成会の活動が活発化すると，政府は労働運動が将来において拡大しないよう，前もってこれを弾圧することにした。第2次山県有朋内閣は，1900（明治33）

★3 高島炭坑は長崎港外の小島にあり，江戸時代から外国船に石炭を供給していた。明治にはいり，後藤象二郎，ついで三菱が経営した。坑夫の労働条件は牢獄に等しく，再三暴動が発生した。

参考 日清戦争前後の工場労働者　1890年ごろの工場労働者は約35万人で，その3分の2は繊維産業で働く女性であった。彼女たちは1日に12時間以上働かされ，そのうえ低賃金であった。

参考 日鉄ストライキ　1898（明治31）年に起こった日本鉄道株式会社のストライキは，その規模と統制ある行動で注目された。スト後，日本鉄道矯正会が組織され，労働組合期成会と密接な関係をもつようになった。

年次	事項
1894	大阪天満紡績スト
1897	職工義友会
	労働組合期成会
	社会問題研究会
1898	社会主義研究会 ↓ 社会主義協会 （1900〜1904）
	日鉄スト
	日本鉄道矯正会
	活版工同志懇話会
1901	社会民主党

▲社会主義運動・労働運動関係年表

13章 立憲政治の発展と大陸進出

年，これまでの治安立法を集大成した<u>治安警察法</u>を公布して，労働運動をとりしまった。このため，労働組合期成会は会員が減少し，1901（明治34）年に自然消滅した。

補説 治安警察法　集会条例（▷p.332）などをうけつぎ，集会・結社などを警察に届けさせた。とくにこれまでの治安立法とちがう点は，労働者・農民のストライキ・小作争議を禁止し，組合運動を制限したことであった。

❽ **社会主義政党の成立**　1901（明治34）年，わが国最初の社会主義政党として<u>社会民主党</u>が結成された。<u>片山潜・幸徳秋水・安部磯雄</u>・木下尚江らで結党したが，届出の翌日には治安警察法によって禁止された。しかし，幸徳秋水らは，日露戦争（▷p.360）に対し，反戦論を唱えた。

補説 社会民主党の綱領　理想主義から社会主義の実現をめざした。治安警察法の廃止，労働組合法の制定と団結権の保障，8時間労働制などを運動の綱領とした。

参考 キリスト教の社会運動家　当時の社会運動家は，大部分がキリスト教の人道主義者であった。矢島楫子はキリスト教婦人矯風会を設立し，禁酒運動や公娼廃止運動を，山室軍平は免囚者保護や廃娼運動などを進めた。

注意 治安警察法によって労働者の団結とストライキが抑制され，労働運動は大きな打撃をうけた。

ポイント　〔産業革命と社会問題・労働問題〕
①東京市区改正事業…近代都市の形成
②<u>産業革命</u>の進展…金本位制，寄生地主制の確立
③<u>足尾鉱毒事件</u>…足尾銅山（古河市兵衛）。田中正造
④<u>労働組合期成会</u>（1897年）…<u>片山潜</u>・<u>高野房太郎</u>ら
⑤社会主義研究会（1898年，片山潜・<u>幸徳秋水</u>ら）
　→社会主義協会（1900年）→<u>社会民主党</u>（1901年）
⑥<u>治安警察法</u>（1900年）…第2次<u>山県有朋</u>内閣

5　日露戦争後の諸産業の発展

◆　日露戦争後には重工業部門も成長し，鉱業・機械工業・造船業・電気工業・化学工業などの諸産業も発展した。その結果，第一次世界大戦期に，日本の工業化が飛躍的に発展する土台が形成された。

1 鉱工業の発達と貿易

❶ **鉄鋼業の発達**　官営<u>八幡製鉄所</u>[★1]は，1901（明治34）年に操業を開始した。1906（明治39）年には，国産の銑鉄が輸入銑鉄をおさえ，日本の鉄鋼業が確立した。日本製鋼所などの製鋼会社も設立された。

❷ **機械工業の発達**　アメリカ式旋盤と同水準に達する旋盤を

★1 八幡製鉄所　中国の大冶鉄山の鉄鉱石と，九州の筑豊炭田の石炭とを使用して，製鉄を行った。

製作した池貝鉄工所など，民営の工場が多数出現した。
❸ **造船業の発達** 官営・民間の造船所[★2]で大型船舶の建造が可能となり，明治末年に造船技術は世界的水準に近づいた。
❹ **電気事業の発展** <u>水力発電</u>が増加し，動力が蒸気から電気に切り替えられた。また，電灯が東京・大阪などの大都市の家庭に普及していった。
❺ **貿易の伸長** 日露戦争後，紡績・綿織物工業は朝鮮・中国市場への進出をつづけ，製糸業はアメリカを中心に輸出を伸ばした。

[★2] 官営では呉・横須賀の海軍工廠，民営では石川島（東京）・川崎（神戸）・長崎などの造船所があった。

(注意) 全産業に占める重工業の割合は，このころでもなお低く，重工業のなかでも官営工場がはるかに大きな比重を占めていた。

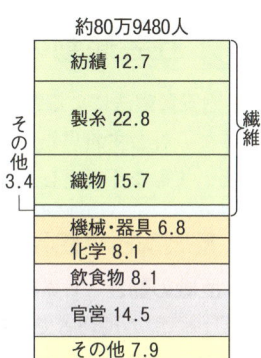

2 財閥の形成と都市・農村

❶ **財閥の形成** 日本経済は，日露戦争以来の重税と膨張した財政のもとで疲弊しており，<u>1907〜08年には恐慌が起こった</u>。その後も第一次世界大戦の開始までは不況と貿易赤字がつづいた。このなかで，三井・三菱・住友・安田などは，金融・貿易・運輸・鉱山業などを中心に多角的な経営を行い，コンツェルン（企業連携）の形をとりながら<u>財閥</u>を形成した。

(補説) **財閥とコンツェルン** 資本力のある大企業や銀行が，各種の企業の株式をもち，資本のうえから支配していく形をコンツェルンという。

❷ **都市の発展と農村の疲弊** 日露戦争後に，東京・大阪など大都市[★3]が発展をとげる一方で，農業生産は停滞的で，農村は日露戦争の疲弊から十分に立ち直れないままの状態がつづき，都市と農村の格差が広がっていった。

約80万9480人

紡績 12.7	繊維
製糸 22.8	
織物 15.7	
機械・器具 6.8	
化学 8.1	
飲食物 8.1	
官営 14.5	
その他 7.9	

その他 3.4

▲工場労働者の内訳（1909年）

[★3] 日露戦争期から戦後にかけて，東京・大阪両都市とも人口が100万人をこえた各都市で電力事業がおこり，大都市には電灯が普及した。

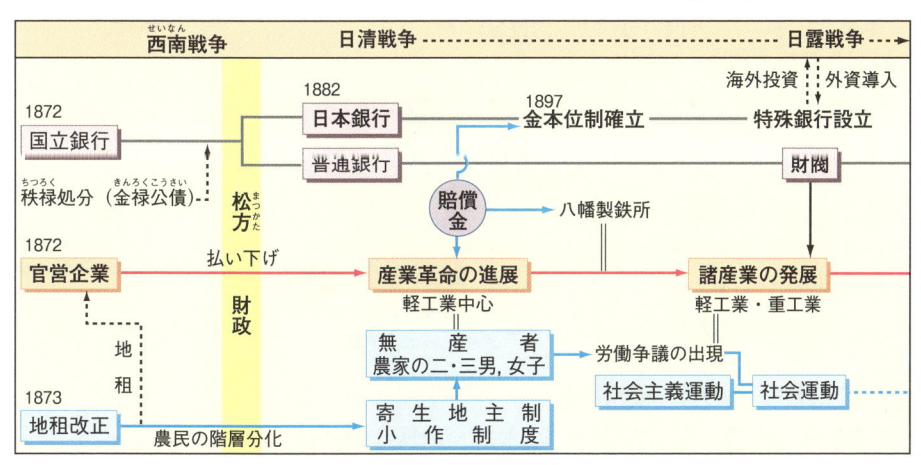

▲産業革命の進展

13章 立憲政治の発展と大陸進出

> **ポイント**〔日露戦争後の諸産業の発展と社会のようす〕
> ① 八幡製鉄所…日露戦争前に創業，日露戦争後に発展（大冶鉄山）
> ② 財閥の形成…三井・三菱・住友・安田。コンツェルン
> ③ 地域による格差の拡大
> ┌ 農村…日露戦争による疲弊
> └ 都市…大都市の発展と電灯の普及。日露戦争後の電力事業の発展

6 社会運動の展開

◆ 治安警察法による弾圧にもかかわらず，労働運動は日露戦争後の社会不安が激化するなかで，社会主義思想と結びつき，一時的に高まった。しかし，政府の抑圧がはげしくなると，まもなく衰退し，大逆事件で壊滅した。

1 反戦論と平民社

❶ **反戦の動き** 日露戦争（▷p.360）がさけがたい情勢になると，『万朝報』の創刊者である黒岩涙香は，非戦論を唱えたが，1903年秋，国民の多数が主戦論になるに至り，主戦論に転換した。

❷ **平民社の設立** 『万朝報』が主戦論に変わったので，同社で記者をしていた社会主義者の**幸徳秋水**と**堺利彦**は退社し，安部磯雄・木下尚江・片山潜らと協力して，**平民社**を組織した（1903年）。そして，週刊『平民新聞』を発行して反戦運動を展開し，社会主義の宣伝を行った。

❸ **平民新聞の主張** 平民新聞の論説は，暴力を否定し，平和革命論を説いて，万国の労働者の同盟を訴えている。

❹ **その他の反戦論・非戦論**
① 内村鑑三がキリスト教の立場から平和論を説いた。
② 文学の面では，明星派歌人の**与謝野晶子**（▷p.376）が「君死にたまふこと勿れ」の反戦詩[1]を書き，大塚楠緒子の長詩「お百度詣で」[2]や木下尚江の小説『火の柱』も反戦の意をあらわした。

▲幸徳秋水

▲木下尚江

★1 与謝野晶子は，1904（明治37）年に日露戦争の反戦長詩「旅順口包囲軍の中に在る弟を歎きて」を発表した。そのなかの一句「君死にたまふこと勿れ」が有名である。また，「旅順の城はほろぶとも，ほろびずとても何事ぞ」とうたった。

★2「お百度詣で」 1905年に発表された長詩。戦地に行った夫を思う妻の心を歌いあげた。

2 日露戦争後の運動の展開

❶ **労働者の生活** 横山源之助の『日本之下層社会』（1899年）と大正末に出版された細井和喜蔵の『女工哀史』（1925年）は，

明治後期の労働者・農民の悲惨な生活の実態をくわしく報じた。この時期の代表的な労働調査としては、農商務省編『職工事情』(1903年)がある。

❷ **日露戦争後の労働運動** 造船所や官営の軍需工場を中心に、労働者が賃上げを要求して、労働運動がさかんになった。

❸ **社会主義勢力の結集** 平民社に集まっていた社会主義者は、解散後いくつかの派に分かれていたが、労働運動の高まりを背景に合同して、1906(明治39)年、第1次西園寺内閣のとき日本社会党を結成した。日本社会党は、国法の範囲内で社会主義を主張する、わが国最初の合法的社会主義政党であった。政府は1907(明治40)年、治安警察法によって党を解散させた。

❹ **政府の弾圧強化** 1910(明治43)年、第2次桂内閣のとき、大逆事件★3が起こった。この事件を機に、社会主義運動は、第一次世界大戦後まで窒息状態となり、「冬の時代」といわれる沈黙時代にはいった。

> [補説] 大逆事件　幸徳秋水一派の宮下太吉・管野スガらが、天皇暗殺を計画し、長野県の山中で爆弾実験中を探知され、1910年5月逮捕された。政府は、これを機会に、幸徳秋水以下数千人を検挙し、幸徳が首謀者となって天皇暗殺をくわだてたという大逆罪をでっちあげて26人を起訴した。裁判は大審院で1回しか開かれず、非公開で、翌年24人を死刑とする判決が下り、幸徳ら12人は判決後まもなく処刑された(ほかの12人は無期懲役に減刑)。

❺ **女性解放運動の始まり** 社会主義運動の一環として、女性の自覚を訴える運動が福田(景山)英子らによって進められた。さらに1911(明治44)年、平塚明(らいてう)らが青鞜社を結成し、雑誌『青鞜』を刊行した。『青鞜』第1号は、「元始、女性は太陽であった」と、因習打破などをよびかけた。

❻ **工場法の制定** 1911(明治44)年、第2次桂内閣のもとで工場法が成立した。この法律は、日本最初の労働者保護法であり、12歳未満の者の就業を禁止、少年・女子の就業時間を1日12時間以内とし、深夜業を禁止した。しかし、欧米に比べて技術が遅れているので国際競争力が弱まるという経営者の反対で、適用範囲は15人以上を使用する工場とされ、施行は5年後の1916(大正5)年に延ばされた。

桂内閣は、大逆事件のような弾圧をする一方で、不十分ながらも工場法を制定して労働者の保護を行うことで、国家の発展をめざしたのである。

(参考) **赤旗事件** 大逆事件以前の1908(明治41)年、大杉栄らが「無政府共産」と書いた赤旗をかかげて行進しようとして、警官ともみあった事件も起きている。

(参考) **日本社会党** 日本のすべての社会主義者が合流していた日本社会党ではあったが、中に立場の相違がふくまれていた。初期には安部磯雄・木下尚江らのキリスト教社会主義の主張が大きな影響力を与えていた。その後、幸徳秋水らの直接行動派の勢力がふえた。幸徳秋水は、無政府主義(アナーキズム)の立場から、労働者のゼネスト(一斉ストライキ)による革命を唱えた。

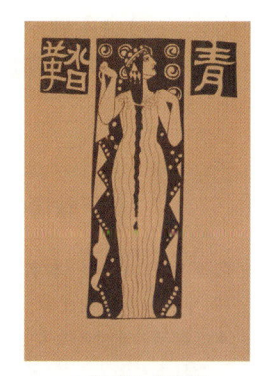

▲『青鞜』の表紙

史料 工場法

第一条　（適用）一，常時十五人以上ノ職工ヲ使用スルモノ
第二条　工業主ハ十二歳未満ノ者ヲシテ工場ニ於テ就業セシムルコトヲ得ズ。……
第三条　工業主ハ十五歳未満ノ者及女子ヲシテ一日ニ付十二時間ヲ超エテ就業セシムルコトヲ得ズ。主務大臣①ハ業務ノ種類ニ依リ本法施行後十五年間ヲ限リ前項ノ就業時間ヲ二時間以内延長スルコトヲ得。……

『法令全書』

注　①内務大臣。工場法は内務省が主務官庁であった。

史料 青鞜社の結成

元始，女性は実に太陽であった。真正の人であった。
　今，女性は月である。他に依って生き，他の光によって輝く，病人のやうな蒼白い顔の月である。偖てこゝに『青鞜』は初声を上げた。現代の日本の女性の頭脳と手によって始めて出来た『青鞜』は初声を上げた。……

『青鞜』①

注　①出典の『青鞜』は，青鞜社が1911（明治44）年から1916（大正5）年まで刊行した女性の文芸雑誌である。

視点　1911年9月創刊の『青鞜』第1号が掲載した宣言である。執筆者平塚明（らいてう）を中心に，与謝野晶子らが参加した。

ポイント

① 反戦論　　平民社（『平民新聞』，社会主義）…幸徳秋水・堺利彦
　　　　　　内村鑑三（キリスト教）・与謝野晶子（明星派）
② 社会主義…平民社→日本社会党→大逆事件（1910年）
③ 女性解放運動…青鞜社（平塚明ら，雑誌『青鞜』）

テーマゼミ 女子教育の普及と「新しい女」たち

○平塚らいてう（本名は明）は，1886（明治19）年，東京に生まれ，1903（明治36）年，日本で最初の総合的な女子の高等教育機関であった日本女子大学校の家政学部に入学する。
○1906（明治39）年に卒業したのち，1911（明治44）年9月，25歳のらいてうは若い女性たちを集めて，婦人文芸雑誌『青鞜』を発刊した。『青鞜』は1916（大正5）年2月までつづき，女性だけの手による女性のための文芸雑誌として，女性解放運動の原点となった。
○このような雑誌が刊行されたり，多くの女性読者の共感を集めたりしたのは，日本の女子教育が普及・発展したためである。1910（明治43）年までには，女子も小学校にほぼ100％入学するようになり，中等教育にあたる高等女学校や，その上の女子師範学校・女子専門学校（女子高等師範学校や女子大学校）に進む人も多くなっていった。

テスト直前要点チェック

第13章 立憲政治の発展と大陸進出

	問	答
☐	❶ 大日本帝国憲法の下で，後継首相の推薦をした人々を何というか。	❶ 元老
☐	❷ わが国最初の政党内閣の首相名と与党名を答えよ。	❷ 大隈重信，憲政党
☐	❸ 山県有朋内閣による，陸・海軍大臣を現役の大将・中将に限定した制度を何というか。	❸ 陸・海軍（軍部）大臣現役武官制
☐	❹ 1900年，伊藤博文を総裁として結成された政党を何というか。	❹ 立憲政友会
☐	❺ 1900年代に西園寺公望と交互に政権を担当した首相は誰か。	❺ 桂太郎
☐	❻ 第1次西園寺内閣時代の1906年に設立された，半官半民の株式会社を何というか。	❻ 南満州鉄道株式会社（満鉄）
☐	❼ 清国の義和団の蜂起を，列強の連合軍が鎮圧した事件は何か。	❼ 北清事変
☐	❽ ❼ののち，外国軍隊の北京駐屯を認めた協約を何というか。	❽ 北京議定書
☐	❾ 日英同盟が結ばれたのは，西暦何年か。	❾ 1902年
☐	❿ 日露戦争の講和条約は，講和会議の開催地名から，何とよばれるか。	❿ ポーツマス講和条約
☐	⓫ 日露戦争の講和会議の，日露両国の代表者はそれぞれ誰か。	⓫ 小村寿太郎，ウィッテ
☐	⓬ 日露講和に反対して，1905年東京で起こった暴動を何というか。	⓬ 日比谷焼打ち事件
☐	⓭ 第2次日韓協約で，漢城に置かれた日本政府機関を何というか。	⓭ 統監府
☐	⓮ 韓国併合条約で，京城に置かれた朝鮮統治機関を何というか。	⓮ 朝鮮総督府
☐	⓯ 臥雲辰致が発明した紡績機を何というか。	⓯ ガラ紡
☐	⓰ 器械製糸の生産量が座繰製糸を上回ったのは西暦何年か。	⓰ 1894年
☐	⓱ 足尾鉱毒事件の解決のため，天皇に直訴しようとした人物は誰か。	⓱ 田中正造
☐	⓲ 高野房太郎・片山潜らが組織した労働組合を何というか。	⓲ 労働組合期成会
☐	⓳ 社会運動を弾圧するため，1900年に制定された法律を何というか。	⓳ 治安警察法
☐	⓴ 安部磯雄らが組織した日本最初の社会主義政党を何というか。	⓴ 社会民主党
☐	㉑ 日清戦争後に建設された官営製鉄所を何というか。	㉑ 八幡製鉄所
☐	㉒ 黒岩涙香が創刊し，日露非戦から開戦論に転換した新聞は何か。	㉒ 万朝報
☐	㉓ 日露戦争時，キリスト教の立場から平和論を唱えた人物は誰か。	㉓ 内村鑑三
☐	㉔ 日露戦争期に戦地の弟を案じる詩をつくった歌人は誰か。	㉔ 与謝野晶子
☐	㉕ 横山源之助が東京の貧民などの実態を調査した著作を何というか。	㉕ 日本之下層社会
☐	㉖ 1906年に結成を認められた社会主義政党を何というか。	㉖ 日本社会党
☐	㉗ 1910年，幸徳秋水らの社会主義者が弾圧された事件を何というか。	㉗ 大逆事件
☐	㉘ 平塚明（らいてう）らが組織した，女性のみの文学団体は何か。	㉘ 青鞜社

14章 近代文化の発達

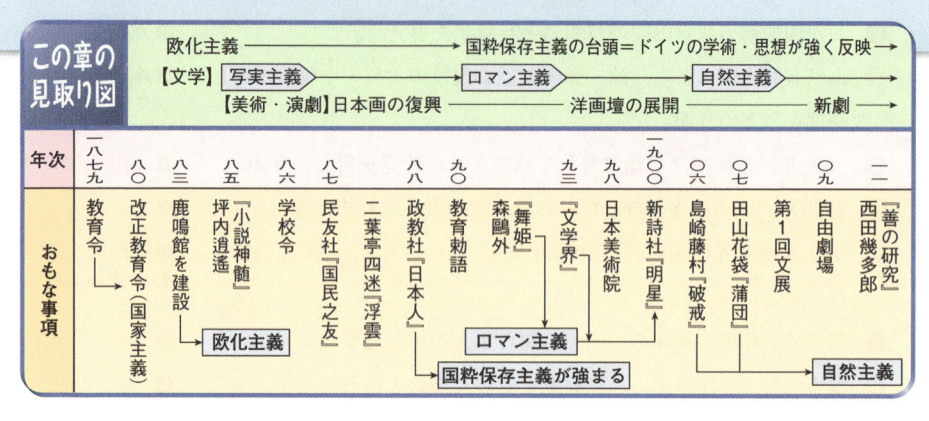

この章の見取り図

欧化主義 ────────── 国粋保存主義の台頭＝ドイツの学術・思想が強く反映 →

【文学】写実主義 ──── ロマン主義 ──── 自然主義 →

【美術・演劇】日本画の復興 ──── 洋画壇の展開 ──── 新劇

年次	一八七九	八〇	八三	八五	八六	八七	八八	九〇	九三	九八	一九〇〇	〇六	〇七	〇九	一一
おもな事項	教育令→	改正教育令（国家主義）	鹿鳴館を建設	『小説神髄』坪内逍遙	学校令	民友社『国民之友』二葉亭四迷『浮雲』	政教社『日本人』	教育勅語	『舞姫』森鷗外	『文学界』	日本美術院	新詩社『明星』島崎藤村『破戒』	田山花袋『蒲団』	第1回文展 自由劇場	『善の研究』西田幾多郎

欧化主義（八〇〜八五）
国粋保存主義が強まる（八八〜九三）
ロマン主義（九三〜九八）
自然主義（〇六〜一一）

1 明治時代の思想と学問

◆ 明治時代の思想界は、絶対主義体制の確立をめざす政府によって統制され、しだいに国家主義が台頭した。また、自由民権思想や欧化主義に対して、わが国と国情の似たドイツの学術・思想が強く反映されるようになり、留学生の派遣や日常生活にもそれがあらわれた。

1 国家主義教育体制の確立

❶ **教育の国家主義化** 1879（明治12）年の教育令は、学制のあとをうけて自由主義的であった（▷ p.325）。しかし、翌年の改正教育令は、国家主義教育の第一歩をふみ出したものであった★1。

❷ **学校令** 1886（明治19）年、初代文部大臣森有礼によって制定された、帝国大学令★2・師範学校令・中学校令・小学校令の総称で、帝国大学を頂点とする近代日本の教育体系が確立した。学校令により、小学校の義務教育期間は4年とされた。

❸ **教育勅語** 1890（明治23）年に発布された教育の根本方針。起草には、元田永孚・山県有朋らがあたり、「忠君愛国」を基本とした★3。

❹ **教育制度の整備** 高等学校令（1894年）により、第一高等学校（一高）以下の高校ができた。つづいて、実業学校令（1899年）・専門学校令（1903年）と整備された。また1903（明治36）年から小学校教科書が国定教科書となった。

❺ **教育の普及** 日露戦争後、義務教育期間は6年に延長され（1907年）、1911（明治44）年には就学率は98%をこえた。

★1 改正教育令では、小学校教育の筆頭に修身（道徳）を置き、福沢諭吉らの著作を教科書として使用することを禁止した。

★2 1877（明治10）年に創立された東京大学は、1886年、帝国大学に再編された。

★3 教育勅語は、明治憲法を重視する立憲主義に加え、忠君愛国を基本とした。このため、国民は天皇を神格化して崇拝することを強制された。各学校では、御真影（天皇・皇后の肖像写真）の前で、教育勅語奉読が行われるようになった。

1 明治時代の思想と学問　373

年	おもな事項	備考
1871	文部省の設置	
1872 (明治5)	学制の公布	フランス式学制・初等教育の普及を目標
1877	東京大学の成立	学制による最初の大学
1879	教育令	アメリカ式学制・地方分権的
1880	改正教育令	再び中央集権的教育に改正
1886 (明治19)	学校令 (初代文部大臣森有礼)	帝国大学令, 師範学校令 中学校令 小学校令(義務教育4カ年間)
1890	教育勅語の公布	
1894	高等学校令	
1897	京都帝国大学の成立	帝国大学は東京帝国大学と改称(1886年)
1899	実業学校令, 高等女学校令, 私立学校令	産業革命の進展とともに実業教育を重視
1903	専門学校令 国定教科書制度の成立	修身・国語・算術・日本歴史・地理・図画を国定教科書化
1907	小学校令の改正	義務教育を6カ年間に延長

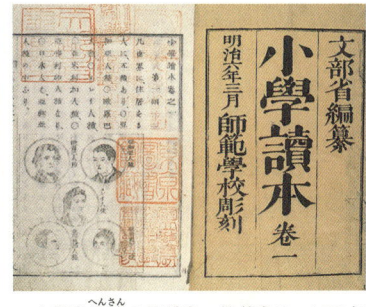

◀教育制度の移り変わり

▲文部省編纂の教科書　教科書は, 1903年から国定制になった。「修身(道徳)」以外の教科でも, 戦争を美化するなど, 自由主義的な方針から国家主義的な方向に変えられていった。写真は1873(明治6)年刊の文部省編『小学読本』である。

14章　近代文化の発達

2 国粋保存主義の台頭

❶ **国粋保存主義**　1888(明治21)年に, **三宅雪嶺**(評論家)・**杉浦重剛**(教育家)・志賀重昂(地理学者)らは政教社を結成し, 雑誌『日本人』(日露戦争後『日本及日本人』と改題)を創刊した。『日本人』では, 政府の安易な欧化主義政策を批判し, 日本固有の美点を発展させようという**国粋保存主義**(国粋主義)を主張した。

❷ **平民的欧化主義**　**徳富蘇峰**は, 1887(明治20)年に民友社を結成し, 雑誌『国民之友』, ついで『国民新聞』を創刊した。政府の上からの欧化主義(貴族的欧化主義)に対して, 下からの平民による経済・社会の近代化・民主化を主張して, **平民的欧化主義**(平民主義)を唱導したが, 三国干渉を機に, 国家主義化した。

❸ **国民主義**　**陸羯南**らは, 新聞『日本』(日本新聞社)を発行して, 国家の自主独立を提唱した。彼らは明治中期の民族主義(ナショナリズム)を代表した。

❹ **日本主義**　日清戦争後に雑誌『太陽』を主宰して論壇の雄とうたわれた**高山樗牛**★4は, 日本主義を唱えた。哲学者で東大教授の井上哲次郎も日本儒学史を研究し, キリスト教を攻撃して, 日本主義を唱えた。

▲『日本人』創刊号の表紙

(注意)　徳富蘇峰の主張した平民主義を, 幸徳秋水らの社会主義者による平民社およびその発行した『平民新聞』(▷p.368)の主張と混同しないように注意。

★4 **高山樗牛**　本名は林次郎。小説『滝口入道』で一躍文壇に登場した。日本主義ののちは, ニーチェの超人主義に傾き, 美的生活を唱えたが, 晩年には日蓮の思想に没入した。

❺ **仏教の国粋化** 廃仏毀釈(▷p.327)ののち，仏教は文明開化の影響でふるわなかったが，明治20年代の国粋保存主義の台頭にあわせて復興してきた。このころの指導者は，井上円了らであった。

❻ **キリスト教の定着** キリスト教は個人を重視する西欧文明の象徴として知識人を中心に広がり，時には天皇中心の国家の原則と衝突することもあったが[★5]，布教のほか，教育・社会福祉・廃娼運動などを行って，日本の近代化に影響を与えた。

3 学問の発達

❶ **人文・社会科学の傾向** 全般に西洋学術の紹介が中心であったが，わが国と政情の似たドイツの学術・思想が強く反映された。

❷ **哲 学** 幕末にオランダへ留学した西周によって西洋哲学の導入がなされた。後には，カントやヘーゲルなどのドイツ観念論哲学が主流となった。しかし，明治末年に『善の研究』を著した西田幾多郎は，東西哲学を融合して独自の思想を表現し，大正期以降に広まっていった(▷p.401)。

❸ **歴史学** 文明開化の時期には，西洋文明論を批判的に摂取した福沢諭吉が『文明論之概略』を著し，ついで田口卯吉が『日本開化小史』を書いた。明治時代後半には重野安繹・久米邦武[★6]らによってドイツ系の実証主義が導入された。

❹ **法 学** ボアソナードによって民法典の編修が，ロエスレルやモッセにより憲法や地方自治関係の法律の起草が行われた。民法典の編修の過程では，民法典論争(▷p.342)が行われた。明治時代後半には，ドイツ系法学が優勢となった。

❺ **経済学** 田口卯吉らが自由貿易論を主張したのに対して，ドイツ系の保護貿易主義論がさかんになった。

❻ **自然科学の傾向** 富国強兵・殖産興業の目的達成のため，政府みずから，先進国の学術移入に努力した。研究機関も設立され，北里柴三郎をはじめ，世界的水準の業績をあげる学者もあらわれた。

1870	横浜毎日新聞
1872	東京日日新聞
〃	郵便報知新聞
〃	日新真事誌
1874	朝野新聞
〃	読売新聞
1879	朝日新聞
1882	時事新報
〃	自由新聞
1888	東京朝日新聞
〃	大阪毎日新聞
1889	日本
1890	国民新聞
1892	万朝報
1903	平民新聞

▲おもな新聞の創刊

(参考) 1890年代に，新聞は自由民権期の政治的主張を中心とした政論新聞から一般の中産階級以上を対象にした新聞へと移りかわっていった。

★5 **不敬事件** キリスト教徒の内村鑑三が，教育勅語奉読に頭を下げなかったため，第一高等中学校(のちの第一高等学校。現在の東京大学教養学部)の教職を追われた事件(不敬事件)。

▲北里柴三郎

★6 **久米邦武の筆禍事件** 久米邦武は，1891(明治24)年に「神道は祭天の古俗」という論文で神道家や国学者から批判され，帝大(東大)教授を辞職させられた。

2 明治時代の文学と芸術 375

分野	学者	業績
医学	北里柴三郎	1890(明治23)年破傷風の血清療法を発見。1894年ペスト菌発見(コッホに師事)
医学	志賀潔	1897(明治30)年に赤痢菌を発見。ハンセン病の研究(エールリヒに師事)
医学	野口英世	黄熱病を研究。梅毒スピロヘータの培養
物理	田中館愛橘	全国の地磁気を測定
物理	長岡半太郎	原子構造(1903年)・スペクトルの研究
化学	高峰譲吉	アドレナリン抽出・タカジアスターゼ創製
化学	鈴木梅太郎	オリザニン(ビタミンB_1)を抽出(1910年)
地震	大森房吉	大森公式・大森地震計を考案
天文	木村栄	Z項(地軸変動の新方式)を発見(1902年)
生物	牧野富太郎	多くの新種を発見し、植物の分類を達成
数学	菊池大麓	近代数学の導入
数学	藤沢利喜太郎	近代数学の確立

▲自然科学の発展

人名(国籍)	専攻・業績など
モース(米)	動物学、大森貝塚を発掘(▷p.14)
ナウマン(独)	地質学
ベルツ(独)	医師、東京医学校→帝大教授
ケプロン(米)	北海道の開拓

▲自然科学に貢献した外国人

(参考) 『ベルツの日記』 ベルツは、1876～1905年に日本に滞在し、日本の医学の発展に貢献したドイツの医学者。ベルツは日記で、遅れた日本にとって大日本帝国憲法は進歩的すぎるととらえ、憲法発布に際し、その内容を知らない民衆のお祭り騒ぎを批判した。しかし、日露戦争で日本が勝利すると、憲法の内容や日本の近代化と、それを推進した伊藤博文を絶賛するようになった。

14章 近代文化の発達

2 明治時代の文学と芸術

◆ 明治時代には、文学では写実主義・ロマン主義、ついで自然主義がその主流をなし、人間と人間社会の真実に迫ろうとした。一方、美術では、国粋保存主義の進展とともに、日本画の復興がいちじるしく、洋画は印象派を中心に新たな展開を見せた。

1 文学

❶ **写実主義** 1880年代になると、自然や人生を客観的態度でありのままに表現しようとする写実主義が勃興し、近代文学の先駆をなした。

❷ **写実主義の提唱** 坪内逍遙は、1885(明治18)年『小説神髄』を著し、写実主義の文学論を確立した。彼は、この理論に基づき、『当世書生気質』を書いた。しかし、写実小説の範を示したのは、言文一致体で『浮雲』を著した二葉亭四迷である。

❸ **写実主義の展開**
①硯友社…尾崎紅葉らは硯友社を組織し、機関誌『我楽多文庫』を発行するなど活発な創作活動を行った。

(参考) 写実主義からロマン主義へ 写実主義の客観的態度は、やがて深刻・悲惨な描写となり、しだいにゆきづまった。こうした反動と、日清戦争ごろの国家興隆の勢いにのってロマン主義が勃興した。

(注意) 維新後は戯作文学が流行し、自由民権運動期には政治小説が人気を得ていた(▷p.328)。

▲二葉亭四迷

②新体詩運動…西洋の詩の影響をうけ，従来の詩形にとらわれない新体詩があらわれた。外山正一らの『新体詩抄』(1882年)，森鷗外らの『於母影』(1889年)が注目される。

❹ **理想主義** 幸田露伴が，人生の理想を追求する理想主義から，『五重塔』などを著した★1。

❺ **ロマン主義** 1890年代になると，伝統や形式を重んずる古典主義や旧道徳の打破をめざし，自我の解放をはかる個性的・主観的・情緒的・空想的な傾向をもつロマン主義がおこった。初期の森鷗外が先達となった★2。

❻ **ロマン主義の展開** 北村透谷は，島崎藤村らとともに雑誌『文学界』をおこし(1893年)，ロマン主義を進めた。北村透谷は評論『内部生命論』で，自我の解放と人格の自由を唱えた。樋口一葉・泉鏡花らの小説のほか，詩歌の面で展開された。

> 補説　ロマン主義の詩歌　島崎藤村の『若菜集』は青春の情熱を歌い，新体詩の芸術的完成とされる。与謝野鉄幹・与謝野晶子夫妻は新詩社をおこして，雑誌『明星』を発行した。晶子は，歌集『みだれ髪』で女性の官能の解放を歌った。この明星派に対し，正岡子規の系統であるアララギ派では，子規が1898(明治31)年に『歌よみに与ふる書』を発表して短歌の革新を叫び，根岸短歌会をおこして写生を尊重した。その死後，伊藤左千夫・長塚節(長塚の『土』は長編小説)・島木赤彦・斎藤茂吉らが雑誌『馬酔木』，さらに『アララギ』を発行した。子規の俳句を継承したのは高浜虚子で，河東碧梧桐らと機関誌『ホトトギス』を発行した。

❼ **自然主義** 写実主義が事実をありのままに描くのに対し，人間や社会を分析して，その真実に迫ろうとする自然主義がおこった。しかし，しだいに自分の体験・心境を主とする私小説が中心になっていった。

★1 紅露時代　尾崎紅葉と幸田露伴は並び称され，紅露時代といわれた。

★2 『於母影』は森鷗外・落合直文らの共訳詩集で，ロマン的香気が強く，島崎藤村の詩に大きな影響を与えた。『舞姫』『うたかたの記』は留学時代の体験をもとに，青春の哀歓にエキゾティシズムの香気をくゆらせたロマン的な佳品である。翻訳『即興詩人』は原作以上といわれる。

(参考)　ロマン主義から自然主義へ　藩閥専制と資本主義の確立した現実の厳しさのなかで，ロマン主義はその夢を実現することができず，やがて衰退していった。日露戦争後には，資本主義社会の現実を反映する，という形で自然主義がおこり，明治文壇の主流を占めるようになった。

▲尾崎紅葉 　　▲島崎藤村 　　▲正岡子規

❽ 自然主義の展開 島崎藤村の『破戒』(1906年)、田山花袋の『蒲団』(1907年)によって確立された。徳田秋声・正宗白鳥らも活躍した。詩歌では、若山牧水があり、石川啄木はやがて社会主義に傾いた。

> **補説** 象徴詩 このころ、象徴詩とよばれる詩が流行した。蒲原有明の『有明集』、北原白秋の『邪宗門』は、幻想的・耽美的で象徴詩の典型とされる。他に木下杢太郎・高村光太郎など。

❾ 森鷗外と夏目漱石 森鷗外はロマン派文壇で活躍後、自然主義文学からはなれ、歴史小説を発表した。夏目漱石は世俗的傾向に批判的で、晩年は則天去私の倫理を追求し、余裕派とも称されたが、現実と自我の対決を描いた。

▲石川啄木 　▲与謝野晶子

▲森鷗外 　▲夏目漱石

> **注意** 右上の表で、森鷗外と島崎藤村の作風は2期に分かれている。(＊参照)

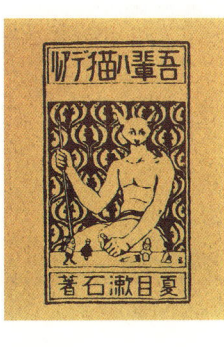

『吾輩は猫である』(左)▶
と『みだれ髪』(右)

	作家	作品(『 』内は雑誌)	特色など
写実主義	坪内逍遙	小説神髄・当世書生気質	近代文学論
	二葉亭四迷	浮雲・平凡・あひびき	言文一致体
	尾崎紅葉	多情多恨・金色夜叉	江戸趣味
	幸田露伴	風流仏・五重塔	理想主義
ロマン主義	森　鷗外＊	於母影・即興詩人・舞姫・うたかたの記	西洋ロマン主義の影響
	北村透谷	内部生命論・『文学界』	
	樋口一葉	たけくらべ・にごりえ	女性作家
	泉　鏡花	高野聖・湯島詣・婦系図	代表的作家
	高山樗牛	滝口入道	日本主義
	島崎藤村＊	若菜集・一葉舟・落梅集	詩壇の新風
	土井晩翠	天地有情	漢詩風
	与謝野鉄幹	『明星』	新詩社結成
	与謝野晶子	みだれ髪	明星派
	上田　敏	海潮音	象徴詩翻訳
	薄田泣菫	白羊宮	古典的詩風
	蒲原有明	有明集	象徴詩
	北原白秋	邪宗門	象徴詩
	正岡子規	歌よみに与ふる書	根岸短歌会
	徳冨蘆花	不如帰・自然と人生	ロマン的
	国木田独歩	武蔵野・牛肉と馬鈴薯	自然主義
自然主義	島崎藤村＊	破戒・春・家	破戒1906年
	田山花袋	蒲団・田舎教師・生・妻	蒲団1907年
	徳田秋声	黴	
	正宗白鳥	何処へ	虚無的
	石川啄木	一握の砂・悲しき玩具	生活短歌
反自然主義	夏目漱石	吾輩は猫である・坊っちゃん・草枕・三四郎	則天去私、余裕派
	森　鷗外＊	雁・阿部一族・高瀬舟	歴史小説

▲明治時代の文学者と作品

14章　近代文化の発達

2 芸　術

❶ **日本画の復興**　東京大学哲学科教授**フェノロサ**★3は，伝統的な日本美術の価値を認め，**岡倉天心**★4とともに古美術復興運動をおこした。1887(明治20)年に東京美術学校が創立され，岡倉天心が校長となり，**狩野芳崖**(開校前に死去)・橋本雅邦らを教授とし，横山大観・下村観山・菱田春草らが学んだ。

❷ **日本画壇の展開**　岡倉天心は，東京美術学校を辞職して，1898(明治31)年に，雅邦・大観・春草らと日本美術院を開いた。その展覧会が院展(1914年，再興時より開催)である。春草や大観は，洋画の手法を日本画に導入して新鮮な日本画を描いた。

　これに対し，文部省は美術の統制と振興をはかるために，1907(明治40)年に文部省美術展覧会(文展)を設けた。なお，関西では，洋風を加えた竹内栖鳳や，その門下の土田麦僊らの名手を生んだ。

❸ **政府の古美術政策**　政府は，明治20年代から古美術調査を開始した。1897(明治30)年には古社寺保存法をつくり，国宝の指定を開始した。

★3 フェノロサ　アメリカの哲学者で，1878(明治11)年に来日。岡倉天心とともに東京美術学校の創立に参画し，日本美術の振興に貢献した。帰国後は，ボストン美術館東洋部長として日本美術の紹介に努めた。

★4 岡倉天心　本名は覚三。英文で『東洋の理想』『茶の本』『日本の目覚め』などを著して東洋文化の優秀性を海外に紹介した。

▲「無我」(横山大観)

▲「悲母観音」(狩野芳崖)

❹ **洋画の不振** 国粋保存主義に押され，洋画は一時不振におちいり，1889（明治22）年に浅井忠らが最初の洋画団体として明治美術会を組織して，洋画壇の大同団結をはかった。また，高橋由一は独自に洋画を学んだ。

❺ **洋画の隆盛** 黒田清輝・久米桂一郎らがフランスより印象派の画法を伝え，洋画は隆盛に向かった。黒田清輝は東京美術学校教授として，藤島武二・和田英作・和田三造ら有為の後進を育てた。

❻ **洋画壇の展開** 1896（明治29）年に，黒田清輝らは明治美術会を脱会して白馬会を設立し，外光のもとに輝く写実的な風景を特色として，外光派などとよばれた。

▲「湖畔」（黒田清輝）

(参考) 浅井忠は，晩年は京都に移り，1906（明治39）年に関西美術院を創設し，安井曽太郎・梅原龍三郎らを育てた。

▼「南風」（和田三造）　「黒扇」（藤島武二）▶

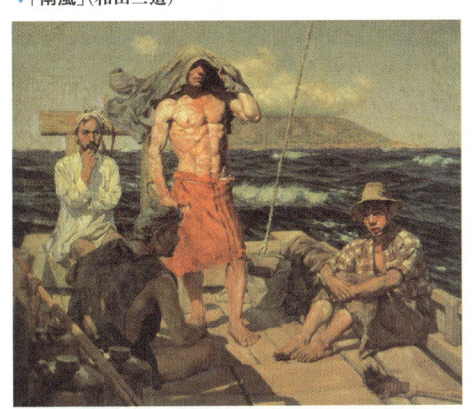

▼「渡頭の夕暮」（和田英作）　「墓守」（朝倉文夫）▶

◀「鮭」（高橋由一）

14章 近代文化の発達

補説 **イタリア美術家の来日** 明治政府は、欧化を進めるため、紙幣や公債証書の印刷にイタリアの銅版画家キヨソネを招いた(1875年)。キヨソネは、銅版などで明治天皇や西郷隆盛らの肖像画を描いた。1876(明治9)年には、イタリア政府に依頼し、工部美術学校の絵画科にフォンタネージ、彫刻科にラグーザらを招いた。フォンタネージとラグーザは、わが国の洋画・彫刻の発展に大きな貢献をなした。

❼ **彫　刻** 荻原守衛(ロダンに師事)らが近代彫刻の基礎を築いた。つづいて高村光雲・朝倉文夫らが活躍した。

❽ **建　築** イギリス人コンドルらの外国人により、洋風の大建築が設計された。コンドル門下の辰野金吾は日本銀行本店や東京駅を設計した。

❾ **音　楽** 1887(明治20)年に東京音楽学校が創設され、校長の伊沢修二らが、洋楽を唱歌として小学校教育にとりいれ広まった。三浦環は、初めて歌劇を上演し(1903年)、また、定期演奏会も開かれた。作曲家では、滝廉太郎が出て、「荒城の月」や「箱根八里」を残し、また、山田耕筰(「赤とんぼ」など)も活躍した。

❿ **歌舞伎** 脚本の面では、幕末から作品を書いていた河竹黙阿弥が、9代目市川団十郎・5代目尾上菊五郎・初代市川左団次らのために散切物・活歴物★5を書いた。1889(明治22)年には歌舞伎座ができ、1890年代には、いわゆる団菊左時代が出現した。このころ、坪内逍遙は小説から転じて『桐一葉』などの新史劇を書いた。

⓫ **新派劇** 自由民権運動に際し、壮士・学生が思想宣伝のためにおこした壮士芝居は、川上音二郎が時事に題材をとって上演し、民衆の人気を博した。

⓬ **新　劇** 文学における自然主義の流行の際、演劇でも森鷗外・坪内逍遙・島村抱月・小山内薫らが協力して西洋劇を演じ、新劇と称した。坪内逍遙らが設立した文芸協会(1906年)は、シェークスピアやイプセンの翻訳劇を実演し、旧来の日本演劇の改良をめざした。また、小山内薫らが設立した自由劇場(1909年)も、イプセンなどの翻訳劇を上演し、西洋演劇を日本に直接移すことを目的とした。島村抱月は、松井須磨子らと芸術座をおこし(1913年)、新劇の基礎を築いた。

	人名	おもな作品
日本画	狩野芳崖	悲母観音
	橋本雅邦	龍虎図
	横山大観	無我・生々流転
	菱田春草	黒き猫・落葉
	下村観山	大原御幸・弱法師
	竹内栖鳳	アレタ立に・雨霽
	川端玉章	墨堤春暁・桜に鶏
洋画	浅井忠	収穫・春畝
	高橋由一	鮭
	黒田清輝	湖畔・読書・舞妓
	藤島武二	天平の面影・黒扇・蝶
	和田英作	渡頭の夕暮・海辺の早春
	和田三造	南風
	青木繁	海の幸
彫刻	高村光雲	老猿・楠公像
	荻原守衛	女
	朝倉文夫	墓守
建築	コンドル	鹿鳴館・ニコライ堂
	辰野金吾	東京駅・日本銀行本店

▲明治時代の美術・建築

参考 **演劇改良会**
欧化主義時代には、歌舞伎界でも洋風をとりいれようとして演劇改良会がつくられた。しかし、歌舞伎の社会的地位は向上させたものの、演劇そのものの改良には失敗し、国粋主義運動が起こると、もとにもどってしまった。

★5 **散切物　活歴物**
散切物は、文明開化の風潮をとりいれた劇。活歴物は、9代目市川団十郎が始めた歴史劇をいう。

参考 **オッペケペー節**
川上音二郎・貞奴夫妻が考案・自演した演歌の一種をいう。しかし、歌といっても朗読調で、節などは少なかった。

テスト直前要点チェック

	問題	答
①	学校令が制定されたときの初代の文部大臣は誰か。	① 森有礼
②	日露戦争後、義務教育は4年から何年に延長されたか。	② 6年
③	三宅雪嶺らによって設立された団体と、刊行雑誌を答えよ。	③ 政教社、日本人
④	徳富蘇峰によって設立された団体と、刊行雑誌を答えよ。	④ 民友社、国民之友
⑤	陸羯南の刊行した新聞を何というか。	⑤ 日本
⑥	雑誌『太陽』誌上で日本主義を唱えた思想家は誰か。	⑥ 高山樗牛
⑦	日本の文明発展史を描いた田口卯吉の著作を何というか。	⑦ 日本開化小史
⑧	教育勅語の拝礼をこばみ第一高等中学校の教職を追われた人物は。	⑧ 内村鑑三
⑨	破傷風の血清療法やペスト菌を発見した医学者は誰か。	⑨ 北里柴三郎
⑩	オリザニン(ビタミンB_1)の抽出に成功した化学者は誰か。	⑩ 鈴木梅太郎
⑪	大森貝塚を発掘・調査したアメリカ人東大教授は誰か。	⑪ モース
⑫	坪内逍遥が写実主義の文学論を唱えた著作を何というか。	⑫ 小説神髄
⑬	言文一致体で小説『浮雲』を著した小説家は誰か。	⑬ 二葉亭四迷
⑭	尾崎紅葉と幸田露伴とを並び称して、何時代というか。	⑭ 紅露時代
⑮	北村透谷らが刊行したロマン主義の雑誌は何か。	⑮ 文学界
⑯	島崎藤村『破戒』や田山花袋『蒲団』は何主義の小説か。	⑯ 自然主義
⑰	『たけくらべ』などで知られる女性小説家は誰か。	⑰ 樋口一葉
⑱	与謝野鉄幹・晶子夫妻が発行した文芸雑誌を何というか。	⑱ 明星
⑲	短歌の革新を唱えた正岡子規らを何派というか。	⑲ アララギ派
⑳	口語で生活詩をつくり、社会主義に傾倒した歌人は誰か。	⑳ 石川啄木
㉑	日本の伝統美の価値を認めたアメリカ人東大教授は誰か。	㉑ フェノロサ
㉒	岡倉天心・横山大観らが組織した美術団体を何というか。	㉒ 日本美術院
㉓	浅井忠らが組織した洋画団体を何というか。	㉓ 明治美術会
㉔	黒田清輝らが、㉓を脱退して組織した洋画団体を何というか。	㉔ 白馬会
㉕	「老猿」「楠公像」などの作品がある彫刻家は誰か。	㉕ 高村光雲
㉖	鹿鳴館などの設計を担当したイギリス人建築家は誰か。	㉖ コンドル
㉗	東京音楽学校の初代校長で、洋楽の発展につくした人物は誰か。	㉗ 伊沢修二
㉘	1890年代の歌舞伎全盛期を、当時の役者名から何というか。	㉘ 団菊左時代
㉙	1906年に坪内逍遥らが組織した演劇団体を何というか。	㉙ 文芸協会
㉚	1909年に小山内薫らが組織した演劇団体を何というか。	㉚ 自由劇場

14章 近代文化の発達

15章 第一次世界大戦と日本

この章の見取り図

第一次世界大戦で経済繁栄 → 戦後恐慌／関東大震災 → 不況 → 金融恐慌 → 世界恐慌　治安維持法
国内産業・海運貿易｜発展　　　　大正デモクラシー → 社会運動・労働運動

年次	一九一三	一四	一五	一六	一七	一八	一九	二〇	二一	二二	二三	二四	二五	二七	二八	二九	三〇
おもな事項	第一次護憲運動で桂内閣倒れる	第一次世界大戦に参戦	二十一カ条要求	吉野作造「民本主義」	石井・ランシング協定	米騒動・社会運動活発化／シベリア出兵(〜二二)	原敬の政友会内閣／ヴェルサイユ条約	戦後恐慌・第1回メーデー	海軍軍縮条約／ワシントン会議・九カ国条約	日本共産党・全国水平社	関東大震災／朝鮮人虐殺事件	第二次護憲運動	治安維持法・普通選挙法／二八年改正弾圧強化	金融恐慌		張作霖爆殺事件／世界恐慌	金解禁・翌年再禁止／ロンドン海軍軍縮条約
	=大正政変		=大正デモクラシー		〔大正文化〕		本格的政党内閣					護憲三派内閣		憲政の常道 →			
	桂太郎						高橋是清			山本権兵衛							
内閣		大隈重信		寺内正毅			原 敬			加藤友三郎		加藤高明		田中義一		浜口雄幸	
	山本権兵衛										清浦奎吾		若槻礼次郎				

1 大正政変

◆ 明治天皇の死後，大正時代にはいると，第2次西園寺内閣が陸軍大臣の辞職によって倒れ，桂園時代は終わった。ついで第3次桂内閣が成立すると，政党を中心に憲政擁護運動（第一次護憲運動）が起こり，桂内閣を倒した（大正政変）。

憲政擁護運動（第一次護憲運動）

❶ **第2次西園寺内閣の崩壊**　第2次西園寺内閣（▷p.358）は，財政難のため陸軍の2個師団増設要求を拒絶した。陸軍は上原勇作陸相を辞任させ（上原は直接天皇に上奏〔帷幄上奏〕して単独辞職した），後任を出さなかった[★1]。このため，第2次西園寺内閣は陸相を欠くことになり，総辞職に追いこまれた。

> (補説)　**2個師団増設問題**　日露戦争後，「帝国国防方針案」に基づき陸海軍の充実がはかられた。1911（明治44）年10月の辛亥革命で清朝が滅び，中国国内が混乱したので，陸軍では中国大陸への野心が増大していた。このため，とくに朝鮮防衛上必要であるとの名目で，19個師団（1個師団は平時において1万名ぐらい）から，さらに2個師団の増設を要求した。

★1 **陸軍の力の根源**
第2次山県有朋内閣で確立した陸・海軍大臣現役武官制が，倒閣のため，初めて運用された。

(注意)　1912（明治45）年7月に明治天皇が亡くなり，大正天皇が引き継いだ。西園寺内閣の崩壊は，1912（大正元）年12月のこと。

1 大正政変

❷ **第3次桂内閣**　第2次西園寺内閣の後任の人選は難航したが、元老によって山県有朋系の**桂太郎**が首相に選ばれた。桂は宮中にはいっていたため、政権につかせる勅語が出された★2。

❸ **第一次護憲運動**　この藩閥・陸軍の動きに「**閥族打破・憲政擁護**」のスローガンをかかげた憲政擁護運動（第一次護憲運動）が都市部を中心に全国的に展開した。

❹ **第一次護憲運動を進めた人々**　立憲国民党の**犬養毅**★3と立憲政友会の**尾崎行雄**★4らの衆議院議員やジャーナリスト・弁護士・商工業者などの都市民。

❺ **第3次桂内閣の崩壊**　桂首相は、山県系でありながら政党を組織して政治を刷新することを考えていた。そこで、桂は新党（のちの立憲同志会）を結成し、軍拡の1年間凍結や行政・財政整理などの改革案を提示して、護憲運動に対抗しようとした。しかし、新党は少数にとどまり、国民は桂の改革性を認めようとせず、激昂した数万の民衆が議会を包囲するなか、50日あまりで桂内閣は総辞職した。これを**大正政変**という。

❻ **第1次山本内閣**　桂内閣のあと、1913（大正2）年、薩摩出身の海軍大将**山本権兵衛**が、原敬の事実上率いる政友会と提携して組閣した。山本内閣は、大幅な行財政整理を断行した。**陸・海軍大臣現役武官制を緩和**して、現役以外の大将・中将でも大臣に就任できるようにし、**文官任用令を改正**して政党員が高級官僚になる道を広げ、第一次護憲運動の要求をある程度実現した。しかし、1914（大正3）年に海軍の汚職事件（ジーメンス事件）で倒れた。

★2　宮中にはいった者は、従来はふたたび政権を担当しなかった（宮中・府中の別）。桂は当時、内大臣兼侍従長をしていた。

（参考）護憲運動とは、藩閥中心の官僚政治に反対し、政党政治の確立を目的とした政治運動をいう。

★3　犬養毅　1882（明治15）年の立憲改進党の結成に参加し、以来、政党政治家として活躍した。第二次護憲運動には革新倶楽部のリーダーとして参加した。1931（昭和6）年に政友会の犬養毅内閣を組織したが、五・一五事件で暗殺された（▷p.409）。

★4　尾崎行雄　1882年の立憲改進党の結成に参加し、以来、政党政治家として活躍した。第一次護憲運動や普選実現につくし、「憲政の神様」とよばれた。

史料　尾崎行雄の桂内閣弾劾演説

彼等①ハ常ニ口ヲ開ケバ直ニ忠愛ヲ唱ヘ、恰モ忠君愛国ハ自分ノ一手専売ノ如ク唱ヘテアリマスルガ、其為ストコロヲ見レバ、常ニ玉座②ノ蔭ニ隠レテ、政敵ヲ狙撃スルガ如キ挙動ヲ執ッテ居ルノデアル。彼等ハ玉座ヲ以テ胸壁トナシ、詔勅ヲ以テ弾丸ニ代ヘテ政敵ヲ倒サントスルモノデハナイカ。……

『帝国議会衆議院議事速記録』③

（注）①桂太郎・山県有朋らの藩閥政治家。②天皇の座所、さらには天皇自身。③『官報』号外として一般に公表。

（視点）約2週間の停会後、1913（大正2）年2月5日に再開された議会で、立憲政友会の尾崎行雄は激しく桂内閣を攻撃した。大正新天皇のもとで内大臣となり宮中にはいった桂太郎は、組閣するにあたって天皇の勅語をうけ、天皇の命でやむなく宮中を出たとの形をとって、批判をかわそうとした。「詔勅ヲ以テ弾丸ニ代ヘテ」とはこのことをさす。

384　15章　第一次世界大戦と日本

補説　ジーメンス事件　1914年，軍艦などの購入に関する海軍高官とドイツのジーメンス社との汚職が発覚した事件。海軍への非難が高まり，海軍閥の山本権兵衛内閣は辞職に追いこまれた。

ポイント
① 辛亥革命（1911年）→清朝の滅亡→陸軍の2個師団増設要求の強まり（日本）
② 第2次西園寺内閣…2個師団増設問題で倒れる
③ 第3次桂太郎内閣…第一次護憲運動が起こる
④ 第一次護憲運動（1912〜13年）…「閥族打破・憲政擁護」をスローガンに展開。犬養毅（国民党）・尾崎行雄（政友会）らが中心→第3次桂太郎内閣が倒れる＝大正政変（1913年）
⑤ 第1次山本権兵衛内閣…陸・海軍大臣現役武官制・文官任用令の緩和，ジーメンス事件（1914年）

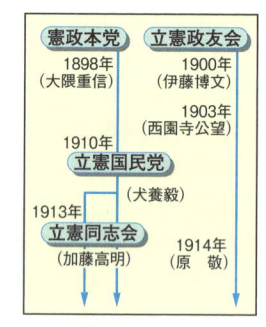

▲20世紀初頭の政党系図

憲政本党　立憲政友会
1898年（大隈重信）　1900年（伊藤博文）
　　　　　　　　　　1903年（西園寺公望）
1910年
立憲国民党
（犬養毅）
1913年
立憲同志会　1914年
（加藤高明）　（原敬）

2　第一次世界大戦と日本外交

◆ 1914（大正3）年の第2次大隈重信内閣の成立後，第一次世界大戦が勃発した。日本は日英同盟を口実に参戦し，大戦中の混乱に乗じて中国に二十一カ条要求をつきつけた。寺内正毅内閣は西原借款で中国北方政権を援助し，ロシア革命に干渉してシベリア出兵を行った。

1 大隈内閣と第一次世界大戦への参戦

❶ **第2次大隈内閣の成立**　ジーメンス事件で山本権兵衛内閣が倒れたあと，元老は後継首相の選出に悩み，民衆に人気のあった大隈重信を首相に指名した。
　2個師団増設問題の解決や議会で多数を占める立憲政友会の打破を期待してのことである。

❷ **大戦前の国際関係と日本**　下の図に示すように，ヨーロッパ列強は三国同盟★1と三国協商★2の2つの陣営に分かれて対立していた。日本は，三国協商側と関係をもった。

★1 三国同盟　1882年にドイツ・オーストリア・イタリア3国で締結された相互防衛条約。

★2 三国協商　19世紀末以来の露仏同盟にイギリスが加わってヨーロッパの勢力均衡を保った。三国同盟と対立した。

ドイツ　　　　　　　　ロシア　1907年
　三国同盟　　　　　　　　　　1907年
　1882年　1891〜94年　三国協商　1902年　日本
イタリア　オーストリア　フランス　1904年
　　　　　　　　WAR　　　　　　　1907年
　　　　　　　1914年

◀第一次世界大戦前の同盟・協商関係と日本

史料　元老井上馨の進言

一，今回欧州ノ大禍乱ハ，日本国運ノ発展ニ対スル大正新時代ノ天佑①ニシテ日本国ハ直ニ挙国一致ノ団結ヲ以テ，此天佑ヲ享受セザルベカラズ。

『世外井上公伝』②

(注) ①天のたすけ。②井上馨(号は世外)の伝記。

(視点) 当時の財政状況は危機的で，日露戦争とその後の外債の累積のため日本は多額の債務国となり，連年の貿易入超のため正貨(金)保有高も急激に減少していた。日本は第一次世界大戦への参戦により，国内の「挙国一致ノ団結」をつくりだすとともに，「東洋ニ対スル日本ノ利権ヲ確立」することで，財政危機を打開しようとした。

❸ **大戦勃発の理由**　直接には，1914(大正3)年6月，ボスニアの州都サライェヴォにおいて，オーストリア皇位継承者夫妻がセルビアの青年に暗殺された事件によるが，根本的には植民地拡大をめぐる対立から発した両陣営の戦争である。

❹ **日本の参戦**　日本は，第2次大隈内閣(外相加藤高明)が日英同盟を口実として連合国側に加わって参戦し(1914年8月)，ただちにドイツの東アジアにおける根拠地膠州湾の青島を攻略し，さらにドイツ領の南洋諸島を占領した。

　日本は，第一次世界大戦勃発によりヨーロッパ勢力がアジアから退潮したのに乗じ，中国大陸への進出をはかった。

❺ **二十一カ条要求**　大隈内閣は，1915(大正4)年，中華民国大総統袁世凱に二十一カ条要求★3をつきつけた。中国は辛亥革命後で民族意識がもりあがっていたので大きな衝撃をうけ，排日運動が激化した。

❻ **二十一カ条要求のおもな内容**

①山東省のドイツ権益の継承。
②南満州・東部内蒙古における日本の特殊権益の承認，旅順・大連および南満州鉄道などの租借期限の99年間延長。
③漢冶萍公司★4の日中両国による共同経営。
④中国の中央政府や地方警察への日本人の雇用。

❼ **中国の二十一カ条要求の承認**　要求の重点は上記の②で，④は希望事項とした。この交渉は難航し，日本は最後通牒を発して④をけずり，ほかを若干譲歩して中国に承認させた。中国では，この要求をうけいれた5月9日を国恥記念日とし，排日運動が継続した。

★3 **二十一カ条要求を出した理由**　日本の旅順・大連の租借権は，1923年に期限が切れる予定で，南満州鉄道についても中国から買収の申し出があれば，応じなければならなかったので，満蒙利権の交渉は懸案であった。

★4 **漢冶萍公司**　漢陽製鉄所・大冶鉄山・萍郷炭坑を一体として経営する大会社。日本政府は，この中国最大の製鉄所に巨額の資本を投下していた。1908(明治41)年の成立である。

386　15章　第一次世界大戦と日本

(補説)　**辛亥革命**　中国(清)では、義和団事件(▷p.359)以後、排満興漢(満州民族の清朝を排し、漢民族を興す)をめざす革命勢力が台頭し、1911年10月辛亥革命が起こった。この結果、孫文を臨時大総統とする中華民国が成立(1912年)し、清朝は滅んだ。しかし、まもなく軍人の袁世凱が大総統になった。

❽ **軍備拡張の実現**　大隈内閣は第一次世界大戦による好景気を背景にして、1915年の総選挙に圧勝し、元老・軍部の期待にこたえて、2個師団増設案や海軍拡張案を成立させた。

❾ **第4次日露協約（日露同盟）**　大隈内閣は、中国における権益拡張に対する列強の反感に対応し、1916(大正5)年第4次日露協約を結んだ。この協約で、中国が第三国の支配下に置かれることを防ぐため、日露のどちらかが第三国と戦争になったときは、互いに軍事援助を行うことを決めた。

年　月	出来事
1911.10	辛亥革命
1912. 1	中華民国成立
1914. 7	大戦開始
1915. 1	二十一カ条要求
1917. 1	西原借款開始
3	ロシア革命
11	石井・ランシング協定
1918. 8	シベリア出兵
11	大戦終了

▲第一次世界大戦と日本の関係年表

2 寺内内閣とシベリア出兵

❶ **西原借款**　1916(大正5)年、大隈内閣にかわって山県有朋直系の陸軍大将**寺内正毅**が官僚内閣を組織した。寺内内閣は、二十一カ条要求で列強の日本への反感が高まっていたため、外交路線を経済中心のものに変えた。袁世凱の死後に中国の北部を支配した段祺瑞政権に、首相側近の西原亀三を派遣し1億4500万円の借款を無担保で供与した。しかしほとんど回収されなかった。

❷ **石井・ランシング協定**　二十一カ条要求は、列国とくにアメリカの対日不信を強めた。そこで1917(大正6)年、対米関係を調整するため、日本特派大使**石井菊次郎**とアメリカ国務長官**ランシング**の間で協定を結んだ。この結果、アメリカの主張する中国の領土保全・門戸開放と日本の中国における特殊権益を承認しあった。

❸ **シベリア出兵**　1918(大正7)年、英・仏・米・日本など連合国は、ロシア革命を妨害するため、チェコスロヴァキア軍[★5]の救出を名目として、シベリアに出兵した。

❹ **シベリア出兵の経過**　アメリカは、ただちに撤兵したが、日本は増兵し、シベリアに反革命政権の樹立をはかった。

❺ **日本軍の撤兵**　革命軍の抵抗、国内の反対、外国の不信感などにより、1922(大正11)年までかかって加藤友三郎内閣のとき、ようやく撤兵した。この間、10億円を消費し、3000人の戦死者を出した。

★5　チェコスロヴァキア軍は、第一次世界大戦のときオーストリア＝ハンガリー帝国からの独立をめざしてロシア軍とともに戦った。しかし、ロシア革命後、ソヴィエト政権がドイツとブレスト＝リトフスク条約を結んで戦争を終結したので、ヨーロッパ戦線にもどろうとしてウラジヴォストークに集結した。この間に、反革命勢力としてソヴィエト政権と戦うようになった。

(参考)　**尼港事件**　シベリア出兵中の1920(大正9)年、黒龍江河口のニコラエフスク(尼港と略称)で、日本軍が一般邦人とともにソヴィエトのパルチザン(非正規兵)に殺害された事件。

(注意)　シベリア出兵は、尼港事件で居留民が殺されるなど、多くの犠牲や費用を払ったうえ、何の成果もあげられなかった。

> **ポイント〔第一次世界大戦と日本外交〕**
> ①第2次大隈内閣(加藤高明外相)…**第一次世界大戦**に参戦(1914年),中国に対し,**二十一カ条要求**(1915年,袁世凱政権)
> ②寺内正毅内閣…西原借款,**石井・ランシング協定**(1917年,日米間),**シベリア出兵**(1918年)

3 大戦景気と米騒動

◆ 第一次世界大戦は,わが国の経済界にかつてない好景気をもたらした。しかし,一方では物価の高騰を招き,下層労働者の生活を圧迫した。このようなとき,米価の暴騰が起こり,米騒動が勃発した。

1 経済界の繁栄

❶ **第一次世界大戦前の経済** 日露戦争の軍費が巨額にのぼったうえ,戦後の軍備拡張のため,戦時増税を継続したため,民衆の負担は増大した。さらに,対外貿易も輸入超過(入超)がつづき,経済界の不況,国家財政の行きづまりは深刻であった。

❷ **貿易の発展** 第一次世界大戦が勃発すると,戦場から遠い日本は,これを好機として海外市場に進出したため,1915(大正4)年度からは輸出超過(出超)に転じた。

❸ **貿易発展の理由**
①交戦国の需要増大→ヨーロッパへの輸出・船舶貸与の増大。
②交戦国の輸出途絶→中国などアジアへの輸出増大。
③戦争景気のアメリカ合衆国には,生糸などの輸出増大。

❹ **貿易発展の結果** 輸出が増加し,貿易収支も黒字に転じた。この結果,1914(大正3)年に11億円の**債務国**であったのが,1920(大正9)年には27億円以上の**債権国**となった。

❺ **海運の発展** 貿易の発展や,大戦による船舶の世界的不足などから,日本の船舶による物資の輸送がさかんとなり,**船成金**が続出。日本は,イギリス・アメリカにつぐ世界第3位の海運国となった。

> (補説) 船成金 海運業・造船業が空前の好景気となり,船舶関係の仕事によって,にわかに巨富を築いた人のことをいう。船1隻を元手に,1年で船16隻を運航する大会社の経営者となった内田信也らが好例である。

(参考) 日露戦争の賠償金はとれなかったので,総額約15億円の内外債の利子負担は1億円近かった。

(注意) 大戦の主戦場がヨーロッパであったので,日本の負担が少なかった。

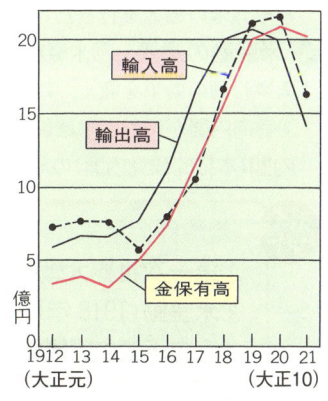

▲貿易の発展と金保有高の増大

❻ 工業の発展

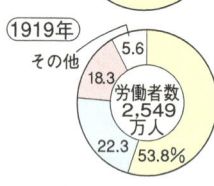

①軽工業…綿糸紡績業は，中国などアジアへの輸出増大によって生産が急増した。また，アメリカの繁栄で生糸・絹織物の輸出が増大した。

②重化学工業…全体としては先進国の水準に達していなかったが，ヨーロッパからの輸入がなくなったことで製鉄・造船・化学工業がいちじるしく発達した。電力事業も都市での電灯の普及や工業原動力の電化によって発展した。

③農業国から工業国へ…第一次世界大戦の末期には<u>工業生産が農業生産を上回る</u>ようになった。

▲産業別人口の変化

1914年
第1次産業 63.1%
第2次産業 16.7
第3次産業 15.5
その他 4.7
労働者数 2,489万人

1919年
第1次産業 53.8%
第2次産業 22.3
第3次産業 18.3
その他 5.6
労働者数 2,549万人

② 米騒動

❶ 米騒動

1918（大正7）年7～9月にかけて全国に展開された，米価高騰に対して米屋などを襲う自然発生的な下層民衆の行動を<u>米騒動</u>という。

❷ 米騒動発生の理由

<u>第一次世界大戦中の好景気</u>にともなう物価高騰，とくに<u>米価が急騰</u>したこと。シベリア出兵のニュースが流れると，大米穀商や地主による投機的な買い占めや売り惜しみが続出し，米価は天井知らずの大暴騰となった。

❸ 米騒動の経過

1918（大正7）年8月，富山県西水橋町（現・富山市）の漁村の主婦らの行動が「越中の女一揆」として新聞に報じられると，米騒動は全国に広まった★1。<u>寺内正毅内閣</u>は，新聞に米騒動の記事の掲載を禁止し，軍隊・警察力を動員して米騒動を鎮圧する一方，米の安売りや外米の輸入を行った。

1915年（平均）	16円35銭
1916年（〃）	17円19銭
1917年（〃）	24円57銭
1918年　1月	30円15銭
6月	34円20銭
8月	45円21銭

▲白米小売価格の高騰（東京・1石あたり）

❹ 米騒動の意義

①米騒動は自然発生的なものであったが，大衆行動の効果を教え，以後の社会運動を活発にした。

②寺内内閣が倒れ，衆議院の第一党の立憲政友会総裁の<u>原敬内閣</u>（本格的政党内閣）の成立をうながした。

(注意) 米騒動と第一次世界大戦中の好景気・シベリア出兵との関係は重要。

★1 米騒動は，東京・大阪をはじめ全国38市・153町・177村におよんだ。参加人員は約70万人に達し，日本史上最大の民衆の運動といえる。しかも，鎮圧には警察力に加え，軍隊が出動した。

(参考) 米騒動には工場労働者も参加したが，彼らは主役ではなく，肉体労働者・職人や被差別部落の人々など下層の民衆が主力であった。

ポイント 〔経済界の繁栄と米騒動〕

①第一次世界大戦中の好況…債務国→<u>債権国</u>，農業国→<u>工業国</u>

②<u>米騒動</u>(1918年)…米価急騰(好況，投機的買い占め，<u>シベリア出兵</u>)，寺内正毅内閣倒れる→立憲政友会の<u>原敬内閣</u>(本格的政党内閣)成立

テーマゼミ 米騒動

● 1918（大正7）年ごろの富山県下では、漁民1万5000人のうち約7000人が県外への出かせぎ人であった。同年8月5日の東京朝日新聞の記事によると、出かせぎ先の樺太は不漁で帰路の旅費にもさしつかえる有様であり、そのうえ、昨今の米価暴騰で生活の困窮はその極に達していたという。そこで8月3日夕方、漁師町一帯の主婦達が米屋などを襲い、米の移出禁止と安売りを嘆願した。

● このニュースが全国に伝えられると、米価引き下げを要求する運動が広まり、10日には名古屋の鶴舞公園に1万5000人以上の大群衆が集まり、米価引き下げ要求を行った。京都では被差別部落の人々が蜂起し、地区内の米屋をはじめ下京一帯の米屋32軒に「白米1升30銭デ売リマス」の貼紙を書かせた。この群集は、11日には一般市民を加え2万人に達し、軍隊が出動した。12日には名古屋や大阪でも軍隊が出動した。13日には大阪・神戸は朝から全市が騒乱となり、ついに大阪で2名、神戸で4名の銃剣による刺殺者が出た。

▲米騒動の漫画（岡本一平）

4 ヴェルサイユ体制と国際協調

◆ 第一次世界大戦は、連合国側の勝利に終わり、パリ講和会議でのヴェルサイユ条約の調印によって、戦後の新しい国際秩序が形成された。これをヴェルサイユ体制という。原敬内閣は、国際協調外交を推進する一方、中国・朝鮮の民族運動に直面した。

1 パリ講和会議と日本

❶ **第一次世界大戦の終結** 戦争は長期化したが、1917（大正6）年のロシア革命とアメリカの参戦★1によって、戦局は変化し、1918（大正7）年11月、ドイツが連合国側に降伏して終わった。

❷ **ウィルソンの14カ条** アメリカ大統領ウィルソンが「勝利なき平和」の理想を具体化したもので、講和会議の基礎となった。領土の無併合、無賠償、民族自決、軍備縮小、国際平和機構の設置などを主要な内容とした。これは、ドイツの報復を恐れるイギリス・フランスの意向もあり、かなり空文化した。

❸ **パリ講和会議** 1919（大正8）年1月、フランスのパリで連合国とドイツとの講和会議が開かれ、ヴェルサイユ条約が結ばれた。原内閣は講和会議に西園寺公望らを全権として送った。

❹ **ヴェルサイユ条約の日本に関する内容** 中国の山東省におけるドイツ利権の継承、赤道以北のドイツ領南洋諸島の委任統治などが重要である。

★1 イギリス海軍の海上封鎖に苦しんだドイツが、無制限潜水艦作戦を開始して、中立国の船舶も攻撃したので、中立を維持していたアメリカも、連合国側に参戦した。

（参考）ヴェルサイユ条約の内容 ①国際連盟の設立、②ドイツ植民地の没収、③アルザス・ロレーヌ地方のフランスへの割譲、④軍備制限、⑤ドイツに多額の賠償金を課す。日本は、人種的差別待遇の撤廃を要求した人種平等案を提出したが、採択されなかった。

❺ **国際連盟の成立** ウィルソンの提案をもとに，1920（大正9）年，「国際紛争の平和的処理」の機構として成立し，本部をスイスのジュネーヴに置いた。日本は国際連盟の常任理事国となった。

補説 国際連盟の欠点
① アメリカが議会（上院）の反対で加盟しなかった。
② 規約違反国に対する制裁規定が不明確であった。

2 原敬内閣の政治

❶ **原敬内閣の成立** 1918（大正7）年，**米騒動**で寺内内閣が総辞職すると，元老は，**立憲政友会**総裁の**原敬**[★2]を首相に推薦した。原敬内閣は，陸軍・海軍・外務の3大臣以外はすべて立憲政友会員で占めるという，本格的な政党内閣であった。華族でも藩閥出身でもない原は，「**平民宰相**」として国民の期待を集めた。

▲原 敬

❷ **原敬内閣の政治** ①アメリカ重視の，列強との**協調外交**。
②政友会の主張する鉄道の拡充や大学令の公布による高等教育の充実などの積極政策で農村を中心に支持を確保した。
③政権を安定させるため，陸軍を中心とした山県有朋系官僚閥と妥協して陸海軍の軍備充実を容認した。
④米騒動以降高まっていた**普通選挙（普選）運動**など政治の急速な刷新を求める動きに批判的で，1919（大正8）年に選挙法を改正し，選挙資格を直接国税10円から3円に引き下げることにとどめる一方，小選挙区制として政友会の党勢を拡大し，山県系官僚閥を圧倒した。
⑤朝鮮の**三・一独立運動**を軍事力で鎮圧したが，その後，武断統治を改め，総督の資格を文官にまで拡大し，朝鮮人官吏を登用したり，公共事業を進めたりした。

❸ **三・一独立運動** 万歳事件ともよばれる朝鮮独立運動のこと。日本の朝鮮支配に反対し，1919年3月1日以後，多数の朝鮮人が独立万歳をさけんで，6カ月にわたり混乱がつづいた。

補説 三・一独立運動の規模 3月1日以後，約200万人の朝鮮人が6カ月にわたり運動をつづけ，参加地域は218郡中211郡におよんだ。

❹ **五・四運動** パリ講和会議で中国の主張が無視されたため[★3]，1919年5月4日に北京の学生や労働者が排日運動を起こした。運動は他都市にも波及し，中国政府は講和条約の調印を拒否した。

★2 原 敬 岩手県盛岡生まれ。外交官・大阪毎日新聞社長を経て，伊藤博文の立憲政友会創立に応じ，伊藤系官僚として政友会に入党。まもなく党の実権をにぎり，大正期にはいり，西園寺公望につづき第3代の立憲政友会総裁になり，政党内閣を組織した。首相在任中に，政党腐敗が問題になるなか，東京駅で鉄道員中岡良一に暗殺された。

参考 原内閣は，衆議院議員選挙資格を直接国税10円から3円に引き下げたため，有権者は約2.2倍にふえた。新有権者は，農村に地盤をもつ政友会に有利な農民が多く，1区1人選出の小選挙区制も，第一党の政友会に有利であった。

参考 日本の世論は，朝鮮民衆に冷たく，吉野作造（▷p.392）などごく少数を除き，日本と朝鮮は同祖民族だから，独立は民族自決に反するというような議論が横行した。

★3 中国は，二十一カ条要求の取り消しや山東省の日本利権の返還を要求した。

注意 三・一独立運動や五・四運動は，ウィルソンの民族自決の原則に力を得て起こっている。

3 ワシントン会議と軍縮

❶ **ワシントン会議** 1921〜22(大正10〜11)年、アメリカ大統領**ハーディング**の主唱のもとにワシントンで開かれ、日本は海軍の**加藤友三郎**らを全権として参加させた。**四カ国条約・ワシントン海軍軍縮条約・九カ国条約**が結ばれた。
①四カ国条約(1921年)…日本・アメリカ・イギリス・フランスが太平洋における現状維持を確認。この結果、**日英同盟が廃棄**[★4]されることになった。
②ワシントン海軍軍縮条約(1922年)…(ア)主力艦比率を、米・英5、日3、仏・伊(イタリア)1.67とする。(イ)今後10年間は主力艦の建造を禁止する。
③九カ国条約(1922年)…関係9カ国[★5]が中国の門戸開放・機会均等・領土保全などを約束。この結果、**石井・ランシング協定**(▷p.386)は破棄され、日本は**山東省の利権**を中国に返還した。

★4 イギリスは、第一次世界大戦中の日本の中国進出を警戒し、日英同盟破棄を決断した。

★5 海軍軍縮条約を結んだ日・英・米・仏・伊のほか、中国・ベルギー・オランダ・ポルトガルのあわせて9カ国。

❷ **ワシントン体制** ワシントン会議で形成されたアジアにおける新しい国際秩序を**ワシントン体制**という。これは、ヨーロッパで成立したヴェルサイユ体制と連携したものである。ワシントン体制は、日本の中国への膨張を抑制するものであったが、政友会の**原敬・高橋是清**両内閣はこの列強間の国際協調を積極的にうけいれた。しかし、この体制は中国の積極的合意を得たものでないので、列強の中国における権益を回収しようという、中国の民族主義運動が高まると、1920年代後半に不安定なものとなり、1931(昭和6)年の**満州事変以降に崩壊**していった。

▲ワシントン会議(四カ国条約) 1921年11月11日、ワシントンのコンチネンタル=メモリアル=ホールで開かれた。

ポイント
〔ヴェルサイユ体制と国際協調〕
①**原敬内閣**(1918年)…アメリカ重視の協調外交・積極政策・軍備充実・普通選挙反対(選挙資格を直接国税10円→3円)
②**ヴェルサイユ条約**(1919年)…第一次世界大戦の講和条約。パリ講和会議→**ヴェルサイユ体制**
③民族運動…**三・一独立運動**(朝鮮、1919年)、**五・四運動**(中国、1919年)
④**ワシントン会議**(1921〜22)…四カ国条約(日英同盟破棄)、ワシントン海軍軍縮条約、九カ国条約→**ワシントン体制**

5 大正デモクラシーと社会運動の発展

◆ 1918（大正7）年の米騒動後，普選運動・労働運動・農民運動など大正デモクラシーの潮流を背景とした社会運動が急速に拡大した。一方，1923（大正12）年には関東大震災が起こり，朝鮮人虐殺など，この潮流の矛盾を示す事件も起こった。

1 大正デモクラシーの思想

❶ **大正デモクラシー** 日露戦争後，大正末年までの時期に強まった政治・社会・文化の諸方面における民主主義的潮流のこと。その潮流は，第一次世界大戦期までは都市を中心に展開し，その後は農村にまで広く浸透していった。

❷ **大正デモクラシーを支えた思想** 美濃部達吉の天皇機関説★1と吉野作造の民本主義が代表的で，その後の護憲運動や社会運動に大きな影響を与えた。

❸ **天皇機関説** 東京帝国大学教授の美濃部達吉は，明治末年に「統治権は法人としての国家に属し，天皇は憲法に基づいて統治権を行使する国家の最高の機関である」という天皇機関説を唱えた。これによって，天皇の統治権を議会によって制限するという憲法学の体系を示した。

❹ **民本主義** 東京帝国大学教授吉野作造が，雑誌『中央公論』1916（大正5）年1月号に論文「憲政の本義を説いて其有終の美を済すの途を論ず」を発表し，民本主義を唱えた。主権の所在を明確に言わず，主権運用の方法として一般民衆の意向を重視すべきであるという考えから，政党内閣制や普通選挙の実現を期待した。

★1 この学説は憲法学の定説となるが，のち1935（昭和10）年，天皇をいやしめるものとして右翼の攻撃があり，政府によって否定された（天皇機関説事件，▷p.411）。

(参考) 民本主義は，主権は国家にあるとする明治憲法の天皇機関説的解釈を前提に，一般民衆の意向を重んじる政治ができると主張する，現実的なものであった。

史料　吉野作造の民本主義

所謂民本主義とは，法律の理論上主権の何人に在りやと云ふことは措いて之を問はず，只其主権を行用するに当って，主権者は須らく一般民衆の利福①並に意嚮を重んずるを方針とす可しという主義である。即ち国権の運用に関して其指導的標準となるべき政治主義であって，主権の君主に在りや人民に在りやは之を問ふ所でない。勿論此主義が，ヨリ能く且ヨリ適切に民主国に行はれ得るは言ふを俟たない。然しながら君主国に在っても此主義が，君主制と毫末も②矛盾せずに行はれ得ること亦疑ひない。　　　　　　　　　　　　　　　　　　　　『中央公論』

(注) ①福利に同じ。②少しも。

(視点) 民本主義はデモクラシーの訳だが，吉野は，「民主主義」という訳語が主権在民の学説と混同されやすいと考え，「民本主義」とした。

2 社会運動の発展

① 普選運動 普通選挙運動は1919(大正8)年から翌年にかけて東京などの都市を中心に高まった。これに対し、普選を時期尚早と見る原内閣が1920(大正9)年の総選挙に圧勝したため一時沈滞した。しかし、1920年代前半に普選運動は農村にまで拡大し[★2]、次の1924(大正13)年の総選挙で護憲三派が圧勝する要因となった。

② 労働運動
①1912(大正元)年、**鈴木文治**が労資協調の立場から**友愛会**を結成。会員は急増し、1919(大正8)年には大日本労働総同盟友愛会と改組した。1921(大正10)年には日本労働総同盟と改め、労資協調主義から労資対決主義に転じた。さらに、1925(大正14)年には左派が分かれて日本労働組合評議会を結成した。
②1920(大正9)年には、日本最初のメーデーが行われた。

③ 農民運動 1920(大正9)年の戦後恐慌のころから小作争議[★3]が全国的に広がった。1922(大正11)年、**賀川豊彦**[★4]・杉山元治郎らが中心となり、日本農民組合を結成し、小作立法や普選を要求し、全国的な小作人組合として発展した。

④ 社会主義運動
①1910(明治43)年の大逆事件以後の「冬の時代」を経て、1920(大正9)年に日本社会主義同盟[★5]が結成された。
②1922(大正11)年、コミンテルン(国際共産党)の日本支部として日本共産党が結成された(非合法組織)。

⑤ 部落解放運動 被差別部落の人々の社会的差別を撤廃しようという動きが発展して、1922(大正11)年に**全国水平社**が結成され、差別を糾弾する運動を始めた。

⑥ 女性解放運動 ①**青鞜社**(▷p.369)の運動は1916(大正5)年に解消したが、1920(大正9)年に**新婦人協会**が**平塚明(らいてう)**・**市川房枝**・奥むめおを中心に結成され、女性の政治活動を禁じた治安警察法[★6]を改正するための活動を進めた。
②1921(大正10)年に女性の組織として、山川菊栄・伊藤野枝らによって赤瀾会が結成された。

⑦ 学生運動 1918(大正7)年、吉野作造・福田徳三を中心に黎明会が結成され、民本主義・自由主義の普及につくした。これに呼応し、東京帝国大学の学生を中心に**新人会**も結成された。

[★2] 普選運動を農村に広めたのは、青年党とよばれる政治団体である。青年党の多くは、1920年代後半以降、憲政会(民政党)と政友会の2大政党に吸収されていった。

[★3] 小作争議 主として小作料減免や小作権確認を要求。この結果、政府は1924年に小作調停法を成立させ、地主と小作の利害の調和をめざした。

[★4] 賀川豊彦 賀川は、キリスト教伝道の体験から『死線を越えて』を著した。

[★5] 日本社会主義同盟 マルクス主義者・無政府主義者・労働運動家などをふくめた組織であり、規約・綱領をもたず、思想の統一もなかった。1921年に禁止され解散した。

[★6] 1922年には同法が一部改正され、女性も政治集会に参加できるようになった。その後、1924年に婦人参政権獲得期成同盟会が結成され、「婦選」を求める運動をつづけた。

テーマゼミ 全国水平社の創設

○明治政府は，1871（明治4）年8月28日の太政官布告第61号において，「穢多非人ノ称廃セラレ候條，自今身分職業共，平民同様タルベキ事」と布告した。しかし，1872（明治5）年の壬申戸籍には旧身分を暗示する新平民という呼称が記載され，身分的差別はなくならず，結婚・職業の自由も奪われていた。

○これに対し，1922（大正11）年3月3日京都市公会堂で全国水平社の創立大会が開かれた。「特殊部落民は部落民自身の行動によって絶対の解放を期す」「吾々特殊部落民は絶対に経済の自由と職業の自由を社会に要求し以て獲得を期す」「吾等は人間性の原理に覚醒し人類最高の完成に向って突進す」という3カ条からなる綱領をかかげ，「全国に散在する我が特殊部落民よ団結せよ。……」に始まる宣言文は，格調の高い権利の宣言であった。この年，日本共産党や日本農民組合が設立され，社会運動に新しい気運の訪れを感じさせた。

▲水平社大会で演説する山田孝野次郎（1924年）

3 関東大震災

① 戦後恐慌 第一次世界大戦が終結すると，戦後のヨーロッパ経済の復興とともに，日本の海外市場は縮小した。1920（大正9）年3月，株式相場の暴落を機に，戦後恐慌★7に襲われ，中小の銀行・会社・商社の破産が続出した。

② 関東大震災 1923（大正12）年9月1日，京浜一帯を中心とする関東地方は大地震に襲われ，大きな被害をうけた★8。翌2日に成立した<u>山本権兵衛内閣</u>はモラトリアム（支払猶予令）を出す一方で，震災手形★9に対する特別融資をして損失を補償した。その間，震災後の混乱に乗じて，朝鮮人・中国人虐殺事件，甘粕事件，亀戸事件などが起こった。

（補説）**朝鮮人虐殺事件** 朝鮮人が井戸に毒薬を投げたという流言（デマ）が流れ，政府は9月2日午後，東京に戒厳令を施行し，とくに朝鮮人の行動を警戒するよう指示した。こうして自警団がつくられ，朝鮮人に対する多数の虐殺が行われた。同時に，比較的数は少ないが，中国人に対する虐殺も行われた。

（補説）**甘粕事件** 憲兵大尉甘粕正彦が，無政府主義者大杉栄，女性運動家の伊藤野枝，大杉の甥を殺害した事件。

（補説）**亀戸事件** 東京の亀戸署に労働組合の活動家数名が捕らえられ，軍隊に殺された事件。

★7 戦後恐慌勃発の理由 大戦後，ヨーロッパ諸国が世界市場に復帰したため，日本の市場が狭められた。その結果，生産過剰をきたし，物価は急落した。

★8 関東大震災は午前11時58分に発生。マグニチュード7.9。死者・行方不明者10万人余，家屋全焼44万7128戸，家屋全壊・半壊25万4499戸，被害総額は60億円をこえた。

★9 震災手形 関東大震災のために支払えなくなった手形。政府は，震災手形割引損失補償令を出して，特別融資を行った。

ポイント〔大正デモクラシーと社会運動〕
① 思想的背景…美濃部達吉（天皇機関説）・吉野作造（民本主義）
② 普選運動…都市部（1919〜20年）→農村部へ
③ 労働運動…友愛会（鈴木文治，労資協調）→日本労働総同盟（1921年，労資対決）・日本最初のメーデー（1920年）
④ 農民運動…日本農民組合（1922年，賀川豊彦・杉山元治郎）
　その他の運動…新人会（東大）・新婦人協会（平塚明）・全国水平社（1922年）・日本共産党（1922年）
⑤ 関東大震災（1923年）…山本権兵衛内閣，朝鮮人や中国人の殺傷事件

6 護憲三派内閣の成立

◆ 1920年代前半の普選運動を中心とする大正デモクラシー潮流の農村部への広がりを背景に1924（大正13）年，清浦奎吾内閣に対し，第二次護憲運動が起こされた。その結果できた護憲三派内閣（加藤高明内閣）は，普通選挙法と治安維持法を通過させる一方で，ソ連との国交を成立させ，幣原外交を展開し始めた。

1 普選論の拡大への対応

① **高橋是清内閣**　原敬の暗殺（1921年）後，蔵相高橋是清が内閣を組織した。戦後不況に対応するため，軍縮や積極財政抑制など新しい方向をめざし，また，ワシントン会議（▷p.391）をまとめた。しかし，立憲政友会の伝統的路線を維持しようとする派との間で対立が生じ，閣内不統一で辞任した。

② **加藤友三郎内閣**　ワシントン会議の首席全権として活躍した海軍大将加藤友三郎が，1922（大正11）年，立憲政友会を準与党として組閣した。シベリア撤兵（▷p.386）や軍備縮小などを行い，普通選挙制導入の検討も始めたが，在任中に病気で死去した。

③ **第2次山本権兵衛内閣**　ついで，1923（大正12）年，山本権兵衛がふたたび組閣した。関東大震災後の混乱処理にあたりつつ，さらに積極的に普通選挙制導入の準備を進めたが，虎の門事件[1]が起こり，引責辞職した。

④ **清浦奎吾内閣**　次の内閣は，枢密院議長の清浦奎吾を首相として成立した。しかし，貴族院を中心にした，時代の流れにそぐわない内閣であった。

★1 虎の門事件　1923年12月，帝国議会に臨む摂政宮裕仁親王（のちの昭和天皇）が，東京の虎の門で，無政府主義者の難波大助に狙撃された事件である。

15章　第一次世界大戦と日本

❺ **第二次護憲運動**　**立憲政友会**(**高橋是清**)・**憲政会**(**加藤高明**)・**革新倶楽部**★2(**犬養毅**)の3党は**護憲三派**として結束し、清浦奎吾内閣に対して、普通選挙や貴族院改革などを掲げてたたかった。これに対し、政友会内で高橋是清総裁らが進める普選実施などの政策刷新に批判的な人々は脱党して**政友本党**★3を結成し、清浦内閣を支持した。

▲護憲三派内閣　右から犬養・高橋・加藤の3人。

(補説)　憲政会　1916(大正5)年、立憲同志会を中心に、他の小会派が合同して結成された。総裁は加藤高明。

★2 革新倶楽部　1922(大正11)年、国民党の犬養毅を中心に結成。普選即行・軍備縮小を主張した。

2 護憲三派内閣

❶ **護憲三派内閣(第1次加藤高明内閣)**　清浦内閣は議会を解散して総選挙に訴えたが敗れた。そこで、元老**西園寺公望**の指名によって、第一党の憲政会総裁の加藤高明が護憲三派の連立内閣を組織した。

★3 政友本党　1924(大正13)年に結成。総裁は床次竹二郎。

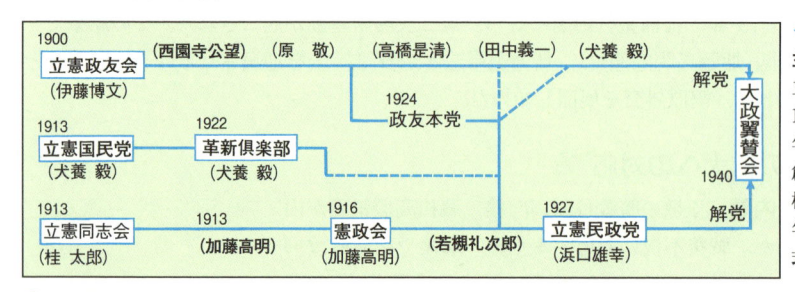

◀1920年代の主要政党系図
立憲同志会は、1913(大正2)年に桂太郎が創立を宣言。桂の死後の同年12月に結党式が行われた。

❷ **普通選挙法**　1925(大正14)年、護憲三派の加藤高明内閣が**普通選挙法**を成立させた。これは、満25歳以上の男性全員に対して納税額にかかわりなく選挙権を与えたものである。

(補説)　1925年までの選挙資格の経過　下の表の通り。この時の内閣と選挙資格を確認しておこう。

(注意)　普通選挙といっても満25歳以上の男性だけで、現行の満20歳以上の男女全員に選挙権が与えられたのは1945(昭和20)年。

年　次	内　閣	選　挙　資　格	投票法	選挙区
1889(明治22)年	黒田清隆内閣	満25歳以上の男性で直接国税15円以上の納税者	記　名	小選挙区
1900(明治33)年	山県有朋内閣	満25歳以上の男性で直接国税10円以上の納税者	無記名	大選挙区
1919(大正8)年	原敬内閣	満25歳以上の男性で直接国税3円以上の納税者	無記名	小選挙区
1925(大正14)年	加藤高明内閣	満25歳以上の男性全員(普通選挙法成立)	無記名	中選挙区

❸ **治安維持法**　加藤内閣は、普通選挙法の成立と同時に**治安維持法**★4を成立させた。その内容は、「**国体**」の変革(天皇制の打倒)や私有財産制度の否定を目的とする結社や、その加入者をとりしまるものである。

★4 治安維持法は、1928(昭和3)年、田中義一内閣のときに緊急勅令によって改正され、最高刑が死刑とされた。

❹ **治安維持法制定の理由** ①普通選挙法の成立で，無産階級が議会に進出し，社会運動が激化するのをとりしまるため。②日ソ国交回復で共産主義思想が浸透することを恐れたため。

❺ **幣原外交** 加藤内閣は外交官出身の**幣原喜重郎**を外相とし，ワシントン体制のもとで，中国の内政に干渉せず，経済進出を重んじる**協調外交**を展開した。また，1925（大正14）年，ソ連と**日ソ基本条約**★5を結んで国交を樹立した。

❻ **無産政党**★6 1925（大正14）年，最初の合法無産政党である農民労働党が結成されたが，即日禁止された。翌年労働農民党が結成されたが，共産党（左派）の影響の強い労働農民党から，社会民衆党（右派）と日本労農党（中間派）とが分立した。

★5 第二次世界大戦後に鳩山一郎内閣が行った日ソ国交回復の際の日ソ共同宣言（1956年）と混同しないように注意。

★6 **無産政党** 労働者や小作人といった無産階級の意見を代表する政党。

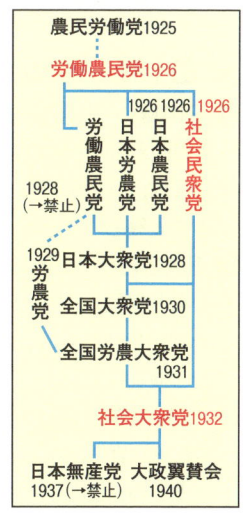

> **ポイント〔護憲三派内閣の成立〕**
> ①第2次山本権兵衛内閣…関東大震災処理（1923年）・虎の門事件
> ②第2次護憲運動（1924年）…護憲三派（政友会・高橋是清，憲政会・加藤高明，革新俱楽部・犬養毅）
> ③護憲三派内閣（1924年）…**普通選挙法**（1925年，満25歳以上男性），**治安維持法**（1925年），**幣原外交**→日ソ基本条約（1925年，日ソ国交樹立）

▲無産政党の系譜

農民労働党1925
労働農民党1926
　　　　　1926 1926 1926
労働農民党／日本労農党／社会民衆党
1928（→禁止）
1929 労農党／日本大衆党1928
　　　　　全国大衆党1930
　　　　　全国労農大衆党1931
社会大衆党1932
日本無産党　大政翼賛会
1937（→禁止）　1940

7 経済恐慌と政党政治

◆ 第一次世界大戦後の戦後恐慌以来，関東大震災による震災恐慌，若槻内閣のときの金融恐慌，さらには浜口内閣のときの世界恐慌の波及によって，経済的な危機に直面するとともに，国際協調外交も破綻していく。

1 憲政会内閣の崩壊

❶ **幣原協調外交** 護憲三派内閣につづく，加藤高明・若槻礼次郎両内閣の外務大臣**幣原喜重郎**は，中国の民族運動に対して，中国への干渉をさけ，アメリカ・イギリスと協調し，合理的に日本の利権を維持・発展させようとした。

❷ **金融恐慌** 1927（昭和2）年，憲政会の**若槻礼次郎内閣**のとき，震災手形（▷p.394）の整理の際の過失から，一部銀行の不健全な経営内容が暴露され，金融界を中心に経済が混乱した。

（参考）広東の孫文を中心とする中国国民党は，1924年に中国共産党と結んだ（第1次国共合作）。孫文の死後，その後継者蒋介石は，1926年から北方軍閥の打倒をめざして北伐を開始していた。

❸ 第1次若槻内閣の瓦解
若槻内閣は，緊急勅令によって台湾銀行などに特別融資を行い，金融恐慌からの救済をはかろうとした。この勅令案は，枢密院の反対によって否決され，若槻内閣は総辞職した。

> **補説** 鈴木商店　鬼才金子直吉の指導で，第一次世界大戦中に各種事業に手を広げ，三井・三菱・住友と並ぶ日本有数の大商社にのし上がった。ところが，大戦後の不況で経営不振に陥り，台湾銀行から無担保で巨額の融資をうけたが立ち直れず，しかもこのことが暴露されて政治問題となり，台湾銀行から新規貸出を停止されて倒産した。

> **参考** 震災手形整理時の過失　震災手形整理問題を国会で審議中，片岡直温蔵相が東京の渡辺銀行の不良貸付状況をもらしたことから，同銀行や姉妹銀行に取付け騒ぎが起こり，これに端を発して，東京の中小銀行や台湾銀行などの大銀行が休業した。

② 田中義一内閣と強硬外交

❶ 田中義一内閣の成立
第1次若槻内閣の総辞職のあと，立憲政友会の田中義一★1が内閣を組織し，3週間のモラトリアム（支払猶予令）★2を出し，日本銀行から巨額の貸付を行わせて危機をのりきった。

❷ 田中外交
田中義一内閣は，軍部と結んで**積極外交**を唱え，日本と密接な関係をもっていた満州軍閥の**張作霖**を擁護し，満蒙（中国東北部）における日本の権益を維持・拡大して，経済危機を打開しようとした。

❸ 東方会議
1927（昭和2）年，田中首相（兼任外相）や森恪外務政務次官らが中心となり東方会議を開いた。「対支政策綱領」をまとめ，北伐に対抗し，満州を中国本土から切り離して日本の勢力下におく方針を決定した。支とは「支那」，すなわち中国のこと。

> **補説** 対支政策綱領の要点　①中国において，日本の利益や日本人の生命・財産が侵されるおそれのある場合，自衛の手段をとること。②満蒙における日本の特殊地位が侵害されるおそれのある場合，機を逸せず適当な措置をとること。

❹ 山東出兵
1927年，田中内閣は**蔣介石の北伐を妨害**しようとして，日本人保護を名目に山東省に出兵した（第1次山東出兵）。さらに1928（昭和3）年，北伐が再開されると，ふたたび出兵した（第2次山東出兵）。このとき，日本軍は済南（山東省都）で北伐中の国民党軍と交戦した（**済南事件**）。

❺ 張作霖爆殺事件
1928年6月，満州軍閥の**張作霖**は北伐軍が北京に迫ったため奉天（現・瀋陽市）に引きあげる途中，関東軍参謀河本大作らの陰謀により，乗っていた列車を爆破され殺害された。

> **補説** 張作霖爆殺事件の背景　田中首相は張作霖を利用して日本の権益を拡大しようとする考えであった。しかし，張は日本の

★1 田中は長州藩閥出身の陸軍軍人であるが，退役後の1925（大正14）年，高橋是清のあとをついで第5代政友会総裁となっていた。

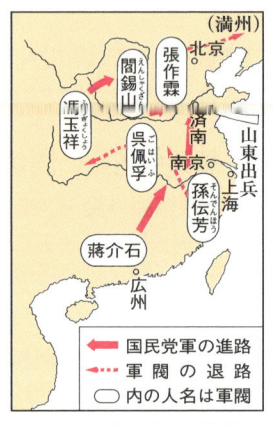

★2 モラトリアム　銀行の支払いを一時停止する措置。関東大震災の際にも出している（▷ p.394）。

▲昭和初期の中国の情勢

権益拡大に応じず，関東軍★3の一部は張殺害を北伐派の行為と
みせかけ，その混乱を利用して満州を占領しようと計画していた。
しかしこれは内閣の同意を得られず，満州占領は行われなかった。

❻ **田中内閣の退陣** 田中首相は，満州某重大事件として張
作霖爆殺事件の真相を国民にかくそうとした。また関係者処
分に消極的であったため，昭和天皇に問責され，1929(昭和4)
年に内閣は倒れた。

> 補説　**昭和天皇の政治関与** 真相を知っていた昭和天皇は，田中首相
> を叱責し，内閣は総辞職した。明治天皇は，権力内部の調停をす
> るために抑制的に政治に関与したが，28歳の昭和天皇が行ったこ
> の関与は，明治天皇も行わなかった異例のものであった。

❼ **田中内閣の無産政党への弾圧** 1928(昭和3)年の普選第
1回総選挙で無産政党が8名の当選者を出し★4，日本共産党
も公然と活動を始めた。この事態におどろいた田中義一内閣は，
治安維持法(▷p.396)を改正し，最高刑を死刑とした。さらに，
1928年3月(三・一五事件)と翌年4月(四・一六事件)の2回
にわたって共産党に弾圧を加え，共産党幹部を逮捕した。

❽ **田中内閣と国際会議** ①ジュネーヴ会議★5…1927(昭和2)
年，補助艦の制限を目的とした。成果なく閉会。
②不戦条約…1928年にパリで成立。国際紛争を平和的手段で
解決することをめざすが，制裁事項がなく，実効はなかった。

3 浜口雄幸内閣と世界恐慌

❶ **浜口内閣の経済政策** 田中義一内閣のあ
と，立憲民政党の浜口雄幸が内閣を組織した。
蔵相に井上準之助を起用し，緊縮財政と産
業合理化を掲げ，1930(昭和5)年，金輸出
解禁(金解禁。金の輸出禁止を解くこと)を
実施した。

▲浜口雄幸

❷ **世界恐慌の波及** 1929(昭和4)年10月，ニューヨークの
ウォール街での株価暴落に端を発し，世界恐慌(大恐慌)に
発展した。日本では，金解禁の実施を声明した直後に世界恐
慌が波及し，経済界は不況の極に達した(昭和恐慌)。

❸ **世界恐慌の影響** 金解禁によってかえって金貨が大量に流
出し，物価が暴落，各方面に深刻な事態をまねいた。
①農業恐慌…農村では，アメリカの経済破綻から生糸の需
要が激減して養蚕農家が打撃をうけた。さらに豊作飢饉とよ
ばれる現象によって米価が暴落，深刻な不況におちいった。

★3 **関東軍** 1919(大正8)年，関東都督府が関東庁に改組された。その際，長官には文官をあて，その軍隊を関東軍として独立させた。本部は旅順に置かれ，しだいに大陸進出の拠点となっていった。

★4 このときの当選者は，労働農民党の山本宣治，社会民衆党の安部磯雄らであった。得票数は986万票のうち，49万票(4.9%)を占めた。

★5 ジュネーヴ会議の参加国は，日・英・米の3カ国で，フランス・イタリアは不参加であった。

参考　**パリ不戦条約の意義** この条約は，それまで国際法上で紛争解決の手段として合法的であった戦争を，望ましくないものとして規制する一歩となった。

要点　**世界恐慌が発生した理由**
①工業生産はのびたが，失業者の増加で市場がせばまったこと。
②農業生産も過剰となったこと。

注意　大正〜昭和初期の戦後恐慌・震災恐慌・金融恐慌・世界恐慌の順序と内容を理解しておこう。

このため，小作争議が頻発した。

②労働運動の激化…労働者は，慢性化した不況と産業の合理化によって生活がおびやかされ，失業者は100万人をこえた。このため，労働争議が続発し，過激化した。

❹ **財閥の確立** ①金融恐慌以降，中小の銀行が整理され，三井・三菱・住友・安田の四大財閥が強化された。昭和恐慌のなかで，財閥の産業支配はさらに進展した。

②また浜口内閣は，1931（昭和6）年，重要産業統制法を制定して，カルテルの結成を助長し，国際競争力の強化をはかった。

❺ **ロンドン海軍軍縮会議** 1930（昭和5）年，イギリス首相マクドナルドの主唱で開かれ，補助艦の比率をほぼ米：英：日＝10：10：7と協定した。日本は若槻礼次郎らを全権として派遣した。海軍軍令部は反対したが，浜口内閣は反対をおしきって条約を批准した。このため，海軍軍令部・政友会・右翼は**統帥権干犯**であるとして政府を攻撃した。11月，浜口首相は東京駅で右翼青年に狙撃されて重傷を負い，翌年死去した。

（補説）統帥権干犯問題　大日本帝国憲法では天皇が陸海軍を統帥し，軍の法令で陸軍の参謀本部と海軍軍令部が天皇の統帥権を代行することになっていた。海軍軍令部は，兵力量（軍艦の量）は統帥事項であると解釈し，ロンドン条約の内容を不服として，浜口内閣と対立した。統帥権干犯との批判にもかかわらず，昭和天皇や牧野伸顕内大臣ら宮中側近と元老の西園寺公望は，陰で浜口内閣を支持しつづけた。

年	会議名	首席全権	内閣
1919年	パリ講和会議	西園寺公望	原 敬
1921〜22年	ワシントン会議	加藤友三郎	高橋是清
1927年	ジュネーヴ会議	斎藤 実	田中義一
1928年	不戦条約会議	内田康哉	田中義一
1930年	ロンドン海軍軍縮会議	若槻礼次郎	浜口雄幸

▲第一次世界大戦後の国際会議と日本

❻ **幣原協調外交の行き詰まり**　田中内閣が倒れると**幣原喜重郎**が外相となり，**協調外交**が再び展開した。しかし，浜口内閣が経済政策の失敗で不況を深刻化させ，信頼を失うと，中国権益の拡大を求める声が高まり，幣原外交への批判も高まった。

▲幣原喜重郎

（参考）**金解禁をした理由**　金解禁とは，国際収支決算のため金貨または金地金の輸出を自由にすること。第一次世界大戦後，列強は金解禁を行ったが，日本は戦後恐慌・震災恐慌などで実施がおくれた。そこで政府は緊縮財政と産業の合理化によって価格を下げ，金解禁を実施して輸出を振興しようとした。

（参考）**恐慌と海軍軍縮の効果**　恐慌による農家の負債は1931年後半になると40〜50億円となったが，海軍軍縮による1931年度の減税額は900万円にすぎず，恐慌救済にはほとんど役立たなかった。

内閣	事項	与党
若槻礼次郎 (1926〜27)	金融恐慌	憲政会
田中義一 (1927〜29)	山東出兵 東方会議 三・一五事件	政友会
浜口雄幸 (1929〜31)	世界恐慌 金解禁 ロンドン会議	民政党

▲昭和初期の政党内閣

（注意）左上の表の国際会議が行われた際の内閣と首席全権を区分しておこう。また，上表の各内閣のときに，どのようなことが起こったかも確認しておくこと。

> **ポイント** 〔経済恐慌と政党政治〕
> ①第1次若槻礼次郎内閣(憲政会)…幣原外交(協調外交)，金融恐慌(1927年)で倒れる
> ②田中義一内閣(政友会)…モラトリアム，田中外交(強硬外交)，山東出兵(済南事件)，普選第1回総選挙，三・一五事件，張作霖爆殺事件
> ③浜口雄幸内閣(民政党)…世界恐慌→昭和恐慌。金解禁，重要産業統制法(カルテル助長)，幣原外交，ロンドン海軍軍縮会議

8 市民文化の成熟

◆ 大正期から昭和初期の文化は，人間解放・個性尊重・人道主義などの立場からくる自由主義的傾向が強かった。これには，都市を中心とする市民社会の発達や，デモクラシーの風潮が基礎となっており，白樺派の文学活動や新劇運動の成長などに顕著に見られる。

1 教育と学問

❶ **高等教育機関の増設** 義務教育の発達はめざましく，第一次世界大戦後には就学率は99％に達した。1918(大正7)年には，原敬内閣の手で大学令が制定され，大学が帝国大学(官立)に限られていた従来の制度を改め，官立単科大学や公立大学・私立大学[★1]の設置を認めた。このため大学は著しく増加し，高等学校・専門学校も増設された。

❷ **自由教育と生活綴方運動** 児童のもつ可能性や内発性をのばす自由教育の考え方がおこり，東京の文化学院や自由学園で実践された。一方，昭和恐慌以降，日常生活重視の立場から生活綴方運動[★2]が展開された。

❸ **哲　学** 西田幾多郎(京都帝国大学教授)が『善の研究』を著し，仏教的立場から西洋の哲学思想を再検討する独自の哲学をつくりあげた。また，倉田百三の『愛と認識との出発』や阿部次郎の『三太郎の日記』などの教養主義的人生論が，知識階層に愛読された。

❹ **歴史学** 津田左右吉が『日本上代史研究』などの著書で日本古代史における『古事記』『日本書紀』などの日本古典の実証的・批判的研究を進め，開拓者となった。柳田国男は民間伝承などの研究を進め，雑誌『郷土研究』を中心にして日本民俗学を樹立・発展させた。

★1 すでに東京専門学校は早稲田大学と改称するなど，私立でも大学名を冠した学校があったが，大学令までは専門学校令によっていた。

★2 生活綴方運動　綴方とは作文のこと。型にはまった作文教育を否定し，実生活に即した作文をさせる教育運動。

(参考) 白鳥庫吉は中国周辺民族史や東西交渉史を研究。内藤虎次郎(湖南)も中国史を研究した。

❺ **憲法学と経済学** 憲法学では，**美濃部達吉**(東京帝国大学教授，▷p.392)が**天皇機関説**といわれる憲法学説★3を唱え，やがて学界の定説となった。経済学では，**河上肇**★4(京都帝国大学教授)が『**貧乏物語**』を新聞に連載して貧困の原因と解決法を論じ，反響をよんだ。

❻ **自然科学** 本多光太郎(東北帝国大学教授)のKS磁石鋼の発明や野口英世の黄熱病の研究などの世界的な業績があらわれた。また，理化学研究所(理研)など各種の研究所が設立された。

2 文化の大衆化

❶ **新聞** 速報性と娯楽性を武器として急速に部数を拡大した。大正末期には『大阪朝日新聞』『大阪毎日新聞』★5がのび，発行部数が100万部に達した。昭和にはいると，『読売新聞』が急速にのびて三大紙を形づくった。

❷ **出版** 『中央公論』『改造』★5などの総合雑誌が発展し，大衆雑誌として『キング』も創刊された(1925年)。昭和にはいると，円本★6や岩波文庫が登場し，大量出版の先がけをつくった。

❸ **放送・映画** 1925(大正14)年には，ラジオ放送が開始された。映画は明治・大正期には活動写真とよばれ，無声で映像の内容を弁士が説明したが，昭和初期になってトーキー(音声の出る映画)が伝わった。さらにレコードも大量に売れ始め，流行歌が全国を風靡した。

❹ **生活文化** 1919(大正8)年，原敬内閣は前内閣から引き継いだ都市計画法や市街地建築物法を公布した。そして，都市のサラリーマンを中心とする市民層が形成され，丸ビルに代表されるビジネスオフィスの建設，デパート・郊外電車の発展，応接間をもつ和洋折衷の文化住宅の出現，洋服・洋食・電灯・ガス・水道などが普及。野球をはじめ，スポーツもさかんとなった。

3 文学と芸術

❶ **耽美派** 永井荷風は豊かな詩情と官能描写で反自然主義の新風を招いた。谷崎潤一郎も自然主義にあきたらず，享楽的・耽美的な作品を発表した。

❷ **白樺派** **武者小路実篤**・有島武郎・志賀直哉らが，人間の可能性を信じる**人道主義**★7(ヒューマニズム)・理想主義的作品をかかげて文壇に新風を送った。雑誌『白樺』に拠ったところから，この名がある。

★3 天皇を国家の1つの機関と唱えると，右翼や保守派から攻撃される恐れがあるので，美濃部自身は自分の学説を天皇機関説とはいわなかった。

★4 河上はマルクス主義経済学の研究を深めた。マルクス主義は1920年代から30年代初頭にかけて知識人に大きな影響を与えた。

★5 **大正デモクラシーの都市から農村への浸透** これらの大新聞や総合雑誌は大正デモクラシー潮流の拡大に大きな働きをした。

(参考) このころ『東洋経済新報』のほか，『週刊朝日』『サンデー毎日』などの週刊誌も登場した。

★6 **円本** 1926(昭和元)年には改造社が『現代日本文学全集』を1冊1円という超廉価で売り出し，円本ブームのもとをつくった。

(注意) 左のような現象は大都市を中心とし，農村においては，生活の近代化は十分に普及しなかった。

★7 **人道主義** 人格の平等を認め，人類全体の幸福を目的とする考え方。

テーマゼミ 白樺派の活動

○『白樺』は1910（明治43）年4月，学習院出身の武者小路実篤・志賀直哉・木下利玄らが相談し，有島武郎・有島生馬・里見弴・長与善郎・柳宗悦らが参加して刊行された文芸・美術を中心とする同人雑誌である。1923（大正12）年8月までつづき，大正文壇の中心的流派となった。明治以来の自然主義に抗し，自我の尊重，人間の可能性を信じる理想主義・人道主義を唱え，トルストイらの外国文学や，セザンヌ・ロダンらの美術を紹介した。

○グループの代表者の武者小路は，1918（大正7）年に理想社会をつくろうとして宮崎県に「新しき村」を建設した。ここでは，村に住みつく人を第一種会員とし，無条件に自分のもっている金を村におさめ，一種の共産制社会をつくろうとした。毎月5の日を休日にし，釈迦の誕生日，キリストの誕生日，ロダンの誕生日，トルストイの誕生日なども村の祭日とした。さらに，有島武郎は北海道の農地を小作人に解放した。

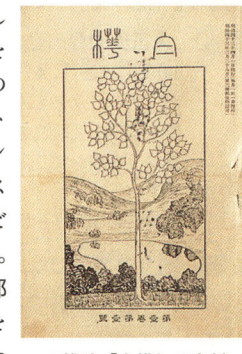

▲雑誌『白樺』の表紙

❸ **新思潮派** 夏目漱石の影響をうけた**芥川龍之介**・**菊池寛**・久米正雄・山本有三らが，理知的・技巧的作品を雑誌『新思潮』に発表し，知性を重視して，人間の現実を鋭くえぐった。文化の大衆化が進むなかで，菊池は大衆文学に移っていった。

❹ **新感覚派** **川端康成**や横光利一らは，伝統的リアリズムに対する技法的改革を主張し，感覚的表現の中に，既成文学の精神主義的伝統を否定した。

❺ **プロレタリア文学** プロレタリア（労働者）の立場に立ち，その思想や生活を描いた★8。葉山嘉樹・**小林多喜二**・徳永直らが有名。

❻ **大衆文学** 新聞小説の盛行，円本の大量出版などを背景として発達した。中里介山・直木三十五・吉川英治らが有名。

▲『羅生門』の表紙

★8 プロレタリア文学は，1921（大正10）年の『種蒔く人』を出発点とし，『文芸戦線』『戦旗』などの機関紙を中心に活動した。

	作家	おもな作品
耽美派	永井荷風 谷崎潤一郎	腕くらべ あめりか物語 刺青 痴人の愛
白樺派	武者小路実篤 志賀直哉 有島武郎	お目出たき人 その妹 友情 暗夜行路 和解 或る女 カインの末裔
新思潮派	芥川龍之介 菊池寛 久米正雄 山本有三	羅生門 鼻 河童 恩讐の彼方に 父帰る 破船 波 女の一生
新感覚派	川端康成 横光利一	伊豆の踊子 雪国 日輪
プロレタリア文学	葉山嘉樹 小林多喜二 徳永直	海に生くる人々 蟹工船 不在地主 太陽のない街
大衆文学	中里介山 直木三十五 吉川英治	大菩薩峠 南国太平記 鳴門秘帖 宮本武蔵

▲大正〜昭和前期のおもな作家と作品

❼ 美術
①洋画…岸田劉生★9・安井曽太郎・梅原龍三郎らが活躍した。
②日本画…横山大観・下村観山らが日本美術院を再興した。
③彫刻…朝倉文夫・高村光太郎らが出た。

補説 大正美術界の動き　政府は1907(明治40)年に文展(文部省美術展覧会)を設けたが、そのアカデミズムにあきたらぬ大観・観山は日本美術院を再興した。洋画では、安井・梅原らで二科会がつくられ、文展は1919(大正8)年に改組されて帝国美術院展覧会(帝展)となった。

▲金蓉(安井曽太郎)

★9 岸田劉生は、初め二科会に加わっていたが、のち脱退して春陽会を結成した。「麗子像」がある。

参考 大正時代、竹久夢二が少年少女雑誌にさし絵を描き、一世を風靡した。

❽ 演劇
歌舞伎では、尾上菊五郎(6代目)・中村吉右衛門(初代)らが活躍。新劇では、沢田正二郎が新国劇を創設し、大衆の人気を博した。1924(大正13)年には小山内薫・土方与志らが築地小劇場を創立し、新劇運動を展開した。

参考 芸術座　1913(大正2)年、島村抱月・松井須磨子(『復活』のカチューシャ役で有名)を中心に組織され、大正期新劇運動の中心となった。

ポイント 〔大正期の文化〕

①教育・学問…大学令, 西田幾多郎『善の研究』, 美濃部達吉(天皇機関説), 河上肇『貧乏物語』
②文化の大衆化…円本, ラジオ放送, トーキー映画, レコード
③文学・芸術…白樺派(『白樺』), 新思潮派(『新思潮』), 新感覚派, プロレタリア文学(小林多喜二, 徳永直), 二科会, 新劇(築地小劇場, 小山内薫)

テスト直前要点チェック

15章 第一次世界大戦と日本

	問題	答
①	第2次西園寺内閣が拒否した陸軍側の要求は何か。	2個師団増設
②	上原勇作陸軍大臣の辞任をきっかけに第2次西園寺内閣が総辞職したのは，何という制度によるか。	陸・海軍(軍部)大臣現役武官制
③	第一次護憲運動のスローガンは，憲政擁護と何か。	閥族打破
④	第一次護憲運動を指導した政党政治家は誰か(2人)。	犬養毅，尾崎行雄
⑤	第1次山本権兵衛内閣のときに発覚した海軍の汚職事件は何か。	ジーメンス事件
⑥	膠州湾に面した，ドイツの東アジアでの根拠地はどこか。	青島
⑦	袁世凱の死後，日本が西原借款で支援した軍閥は誰か。	段祺瑞
⑧	1917年に，日本特派大使とアメリカ国務長官が中国問題での調整を行った協定を何というか。	石井・ランシング協定
⑨	米騒動が原因で倒れたのは何内閣か。	寺内正毅内閣
⑩	原敬内閣の衆議院議員選挙法改正での財産(納税)資格を答えよ。	直接国税3円以上
⑪	第一次大戦後の基本構想を提案したアメリカ大統領は誰か。	ウィルソン
⑫	1919年5月に中国で起こった民衆運動を何というか。	五・四運動
⑬	ワシントン会議での米：英：日本の主力艦保有比率を答えよ。	5：5：3
⑭	ワシントン会議で結ばれた中国関係の条約を何というか。	九カ国条約
⑮	民本主義を理論化した政治学者は誰か。	吉野作造
⑯	1920年に結成された，広範な社会主義者の組織を何というか。	日本社会主義同盟
⑰	1922年に組織された，部落解放運動団体を何というか。	全国水平社
⑱	第二次護憲運動のときの内閣は，何内閣か。	清浦奎吾内閣
⑲	第二次護憲運動のときの護憲三派を構成した政党は，憲政会，革新倶楽部と，もう1つは何か。	立憲政友会
⑳	護憲三派内閣が制定した社会運動弾圧法規を何というか。	治安維持法
㉑	護憲三派内閣以来の外務大臣で，協調外交を進めた人物は誰か。	幣原喜重郎
㉒	協調外交の方針を転換した，元陸軍軍人の首相は誰か。	田中義一
㉓	1928年，日本の軍部によって殺害された満州軍閥の巨頭は誰か。	張作霖
㉔	浜口雄幸内閣のロンドン海軍軍縮条約の調印は，海軍軍令部などから，何にあたるとして非難されたか。	統帥権干犯
㉕	『蟹工船』などで知られるプロレタリア作家は誰か。	小林多喜二
㉖	小山内薫・土方与志らが設けた新劇の常設劇場を何というか。	築地小劇場

16章 第二次世界大戦と日本

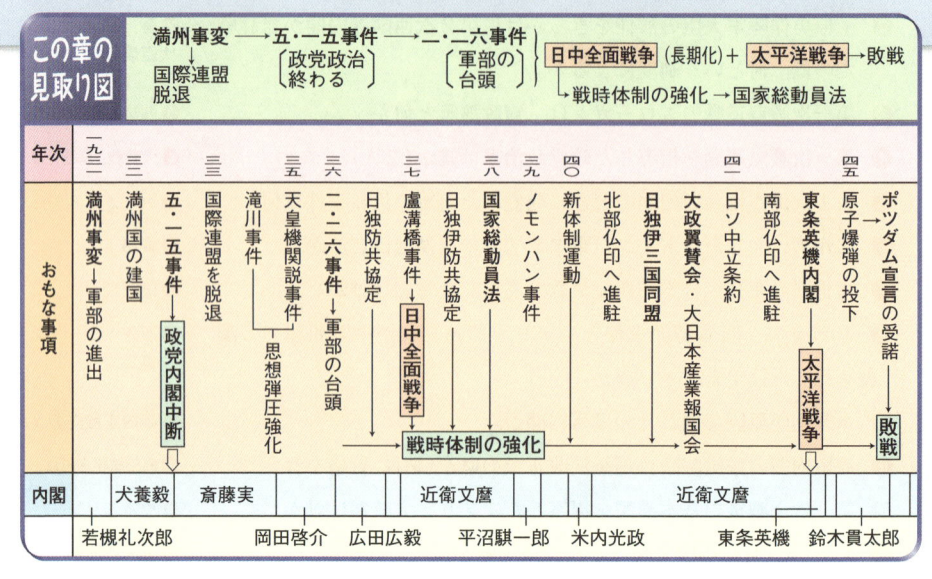

この章の見取り図

満州事変 → 五・一五事件 → 二・二六事件　日中全面戦争（長期化）＋ 太平洋戦争 → 敗戦
　　　　　　〔政党政治　　　〔軍部の
国際連盟　　　終わる〕　　　　台頭〕　→ 戦時体制の強化 → 国家総動員法
脱退

年次	一九三一	三二	三三	三五	三六	三七	三八	三九	四〇	四一	四五
おもな事項	満州事変→軍部の進出	満州国の建国／五・一五事件→政党内閣中断	国際連盟を脱退	滝川事件→思想弾圧強化	二・二六事件→軍部の台頭	盧溝橋事件／日独防共協定　日中全面戦争	日独伊防共協定／国家総動員法　戦時体制の強化	ノモンハン事件	新体制運動／北部仏印へ進駐／日独伊三国同盟	日ソ中立条約／大政翼賛会・大日本産業報国会／南部仏印へ進駐／東条英機内閣　太平洋戦争	ポツダム宣言の受諾／原子爆弾の投下　敗戦
内閣	若槻礼次郎	犬養毅／斎藤実		岡田啓介	広田広毅	近衛文麿／平沼騏一郎		米内光政	近衛文麿	東条英機	鈴木貫太郎

1 満州事変と軍部の政治的台頭

◆ **満州事変**は，政党政治が世界恐慌による不況などに十分対応できないなかで，関東軍が大陸進出によって解決しようとした軍事行動。以後，満州国の成立，国際連盟脱退，日中全面戦争から太平洋戦争にいたる，中国への武力進出[★1]の端緒となった。

1 満州事変と国際連盟脱退

① **張学良の活動**　満州（中国東北部）では，**張作霖爆殺事件**（▷p.398）後，その子の**張学良**が後をついだ。張学良は国民政府に合流し，日本から満州権益の回収をはかり，また南満州鉄道を包囲する鉄道線を計画するなどの抗日行動を行った。

> **補説**　満州事変の誘因となった事件　次の2つがあげられる。
> ①中村大尉事件…1931（昭和6）年6月，参謀本部の中村震太郎大尉らが満州をスパイ旅行中，中国軍に殺害された。ただし，8月に公表。
> ②万宝山事件…1931年7月，満州・朝鮮国境に近い満州の万宝山に，朝鮮人農民が移住したので，現地の中国人との間に水利権などをめぐって紛争が起こった。

② **関東軍の暴走**　満州の情勢に憤激した**関東軍**[★2]の参謀らは，東京の参謀本部や朝鮮軍の一部将校と連絡し，戦争を起こして

★1　満州事変から太平洋戦争の敗戦までの日中間の対立を，日中十五年戦争と称することもある。

★2　関東軍の成立　1919（大正8）年に関東都督府（▷p.362）が関東庁に改組されたとき，その陸軍部が独立して関東軍ができた。司令部は旅順に置かれ，関東州の防衛と南満州の鉄道線路の保護とを任務とした。

1 満州事変と軍部の政治的台頭

一挙に満州を支配し、国内矛盾を解決しようとした。

❸ **柳条湖事件** 1931（昭和6）年9月18日夜、関東軍の参謀石原莞爾らは奉天（現・瀋陽市）北方の**柳条湖**で満鉄線路を爆破し、これを中国兵のしわざと宣伝して中国軍兵営を攻撃した（満州事変の勃発）。

  補説　満州事変勃発の背景
  ①政党政治が金融恐慌や世界恐慌などの不況に十分対応できず、国民の信頼を失っていた。
  ②中国民衆の覚醒により利権回収運動が起こり、条約違反をめぐる紛争や在満日本人への圧迫が行われ、幣原協調外交への批判の声が高まりだした。
  ③世界恐慌の影響で満鉄の業績（利潤）が低下していた。
  ④関東軍の石原莞爾らは社会主義国ソ連に対して、軍事的・地理的優位を獲得することを急いだ。

▲満州事変要図

❹ **満州事変の経過** 民政党の第2次若槻内閣は、事変不拡大の方針をとったが失敗した。関東軍は在朝鮮軍の応援を得て、戦火を拡大し、満州の要地を占領していった。経済政策の失敗で国民の支持を失っていた民政党内閣に軍部の行動を抑える力はなく、関東軍が占領地域を拡大していく中で、1931（昭和6）年12月、内閣は総辞職し、政友会の犬養毅内閣が成立した。

❺ **第1次上海事変** 1932（昭和7）年1月、上海における日本人僧侶襲撃殺傷事件★3を機に、日本軍と中国軍とが衝突し、第1次上海事変が起こった。これには、満州占領への注意をそらすねらいもあった。

❻ **満州国の建国** 関東軍は、天津にいた愛新覚羅溥儀★4を中国から脱出させ、1932年3月、彼を執政として満州国を建国した。犬養内閣は満州国承認をしぶったが、斎藤実内閣（▷p.409）は、9月に満州国を承認するとともに、日満議定書に調印した。こうして、関東軍による満州支配の体制が完成した。1933（昭和8）年、日本軍は華北に攻撃を進め、5月の塘沽停戦協定★5によって日本の満州国支配を中国側に事実上承認させた。

  補説　日満議定書　おもな内容は、日本の権益を尊重することと、日満共同防衛のために日本軍隊を満州に駐屯させることであった。

❼ **リットン調査団の派遣** 中国は、満州における日本の軍事行動を条約違反として国際連盟に提訴した。国際連盟は、実情調査のため、1932年2月イギリスの**リットン**を団長とする調査団を満州に派遣し、同年10月にリットン報告書が出された。

★3 実際は、日本の軍人が中国人を雇って日本人を襲撃させた陰謀事件。

★4 愛新覚羅溥儀　清朝最後の宣統帝。満州国の執政に就任、1934（昭和9）年には皇帝となった。

★5 塘沽停戦協定　満州事変後の処理として日本と中国との間で結ばれた協定。華北に非武装地帯をつくったが、のちこの地域をめぐり紛争するようになる。

参考　満州事変と国際連盟　国際連盟は、まずヨーロッパの問題で活動を始めた。1930年前後になると、東アジアの事件にも活動を拡大し、中国はそれに期待した。また、アメリカがオブザーバーとして連盟理事会に出席し、日本軍が北満州に軍事行動を起こしたので、リットン調査団の派遣となった。

史料 リットン報告書

第四章　（一九三一年）九月十八日午後十時ヨリ十時半ノ間ニ鉄道線路上若クハ其付近ニ於テ爆発アリシハ疑ナキモ……長春ヨリノ南行列車ノ定刻ニ着ヲ妨ゲザリシモノニテ其ノミニテハ軍事行動ヲ正当トスルモノニ非ズ。同夜ニ於ケル叙上日本軍ノ軍事行動ハ正当ナル自衛手段トミムルコトヲ得ズ。

第六章　……「政府」及公共事務ニ関シテハ，仮令各省ノ名義上ノ長ハ満州ニ於ケル支那人①タル在住民ナリト雖モ，主タル政治的及行政的権力ハ日本人ノ役人及顧問ノ掌中ニ在リ。……吾人②ハ「満州国政府」ナルモノハ地方ノ支那人ニ依リ日本ノ手先ト見ラレ，支那人一般ニ之ニ何等ノ支援ヲ与ヘ居ルモノニ非ズトノ結論ニ達シタリ。　　　　　　『中央公論』別冊付録

(注) ①中国人。②自分。この場合は報告者をさす。
(視点) リットン報告書は，満州国が日本の傀儡国家であることを見ぬいていた。しかし，満州を中国本土とは異なる自治領とすることで，日本との妥協をはかろうとしていた。

(補説) リットン報告書の内容
①日本軍の軍事行動は，正当な自衛手段ではなく，満州国建国も民族の自発的独立運動ではない。
②中国の主権のもとに満州を自治領とする。
③日本軍は，満州から撤退すべきである。

❽ **日本の連盟脱退**　国際連盟では，1933（昭和8）年2月，リットン報告書に基づいて総会を開き，42対1（日本）で日本軍の撤退と満州国承認の取り消しを求めた。このため日本全権の松岡洋右はただちに退場し，1933年3月，日本は国際連盟脱退の声明を出した。

2 軍部の進出

❶ **右翼によるテロ事件**　世界恐慌以後の社会不安に乗じ，右翼のテロ行為がつづいた。1930（昭和5）年の浜口雄幸首相狙撃事件（統帥権干犯問題から，東京駅で佐郷屋留雄にピストルで狙撃されて負傷し，翌年死去した）をはじめ，1932（昭和7）年には，前蔵相で金輸出解禁を実施した井上準之助や三井合名会社理事長団琢磨の暗殺（血盟団事件）★6などが起こった。

❷ **軍部によるクーデタ計画**　陸軍青年将校の一部（桜会）★7と右翼とが組んで，1931（昭和6）年に，2度クーデタを計画した（三月事件★8・十月事件★9）。いずれも未遂に終わったが，若槻礼次郎内閣の満州事変の拡大阻止への姿勢を弱めさせた。

★6 血盟団事件　血盟団は，日蓮宗の僧侶の井上日召を中心とする右翼団体。一人一殺主義をとり，政・財界の要人暗殺を企図した。

★7 桜会　1930年に結成された陸軍人の組織。橋本欣五郎を中心に陸軍省・参謀本部の中堅将校がメンバーとなり，クーデタによる国家改造をめざした。政党政治を排撃し，積極的対外進出を主張した。

★8 三月事件　桜会の将校と右翼の大川周明らが手を結び，宇垣一成陸相を首班とする軍部内閣の樹立をめざした。

★9 十月事件　桜会のメンバーを中心に大川周明らの右翼が加わり，軍事政権の樹立を企図した。

1 満州事変と軍部の政治的台頭

❸ **五・一五事件** 1932(昭和7)年5月15日の白昼,海軍青年将校を中心とする軍人と右翼が首相官邸などを襲撃して,<ruby>犬養毅<rt>いぬかいつよし</rt></ruby>首相(▷p.383)を暗殺した。この**五・一五事件**の結果,政党政治は終わりを告げた。

❹ <ruby>挙国一致内閣<rt>きょこくいっち</rt></ruby>**の成立** 五・一五事件のあと,<ruby>斎藤実<rt>さいとうまこと</rt></ruby>海軍<ruby>大将<rt>たいしょう</rt></ruby>が軍部・官僚・政党の<ruby>妥協<rt>だきょう</rt></ruby>の上に挙国一致内閣を組織した。ついで<ruby>岡田啓介<rt>おかだけいすけ</rt></ruby>海軍大将も同様の内閣をつくった。

❺ <ruby>恐慌<rt>きょうこう</rt></ruby>**からの脱出** 犬養・斎藤・岡田3内閣の<ruby>高橋是清<rt>これきよ</rt></ruby>蔵相は,大量の<ruby>公債を発行<rt>こうさい</rt></ruby>して積極的な景気回復政策を行った。日本経済は,1933年には世界恐慌以前の生産水準を回復した。
①重化学工業の発展…軍部の政治力増大により軍事支出がふえたため重化学工業化が促進された。軍部と結んだ<ruby>日産<rt>にっ</rt></ruby>・<ruby>日窒<rt>ちつ</rt></ruby>などの新興財閥が台頭し,満州・朝鮮に進出した。
②輸出の伸長…犬養内閣の金輸出再禁止により<ruby>円為替相場<rt>かわせ</rt></ruby>が下落したため。綿織物では英国を抜いて日本が世界一の輸出国となった。英国は日本の行為をソーシャル=ダンピング(投売り)と非難し,ブロック経済圏をつくって対抗した。
③<ruby>時局匡救事業<rt>じきょくきょうきゅう</rt></ruby>…政府が農村部で行った公共土木事業。

❻ **農山漁村経済更生運動** 斎藤内閣から実施された。<ruby>勤倹<rt>きんけん</rt></ruby>と共同作業による合理化で経費の節減をはかり,自力で農村の経済復興を行わせた。都市の工業部門の景気回復にも助けられ,農業部門も1935～36年ごろには回復してきた。

❼ **陸軍内部の対立** 岡田内閣下の陸軍内部では,官僚や政・財界とも連携しながら総力戦のための国家改造をめざそうとする<ruby>統制派<rt>とうせい</rt></ruby>と,政党・<ruby>元老<rt>げんろう</rt></ruby>・財閥などを倒して天皇中心の国家を構想する精神主義的傾向の強い<ruby>皇道派<rt>こうどう</rt></ruby>との対立が激化した。

> (補説) <ruby>相沢事件<rt>あいざわ</rt></ruby> 1935(昭和10)年,統制派が皇道派(<ruby>荒木貞夫<rt>あらきさだお</rt></ruby>,<ruby>真崎甚三郎<rt>まさきじんざぶろう</rt></ruby>が中心)を陸軍の要職から追い払おうとしたため,皇道派の<ruby>相沢三郎<rt>あいざわさぶろう</rt></ruby>中佐が,統制派の中心である<ruby>永田鉄山<rt>ながたてつざん</rt></ruby>軍務局長を<ruby>刺殺<rt>しさつ</rt></ruby>した事件。

❽ **二・二六事件** 1936(昭和11)年2月26日未明,統制派に対する巻き返しをはかる皇道派青年将校が,約1400名の将兵を率いて岡田首相や重臣を襲い,陸軍省や警視庁などを占拠した。

❾ **二・二六事件の意義** 高橋是清蔵相・斎藤実<ruby>内大臣<rt>ないだいじん</rt></ruby>が殺害され,<ruby>鈴木貫太郎<rt>すずきかんたろう</rt></ruby>侍従長が重傷を負った。この事件は鎮圧されたが,**岡田啓介内閣**が倒れ,陸軍の統制派を中心に軍部の影響力が拡大した。

(参考) 満州事変以降を,ファシズム体制の形成期としてとらえる見方もある。これは極端な国家主義・軍国主義政策をとり,対外侵略を進める一方,国内では一党独裁によって共産主義・自由主義を弾圧する支配体制のことをいう。ただし,日本では,一党独裁の形をとらず,軍部や官僚が主体となった。

(参考) 二・二六事件の後始末 この事件に対する国民の批判は予想以上にきびしかった。陸軍は主謀者の将校や,思想的影響を与えた<ruby>北一輝<rt>きたいっき</rt></ruby>(『日本改造法案大綱』を著す)らを死刑にした。さらに,<ruby>粛軍<rt>しゅくぐん</rt></ruby>と称して皇道派関係者を辞職させ,軍内部の統制をはかった。

▲二・二六事件の際のようす <ruby>戒厳<rt>かいげん</rt></ruby>司令部から反乱軍に,原隊に帰るようよびかけるアドバルーン。

テーマゼミ　二・二六事件

○1936(昭和11)年2月26日，青年将校に率いられた歩兵第1・第3連隊を中心とする約1400名の部隊は，数隊にわかれて首相官邸や重臣の私邸を襲撃した。この部隊は，高橋是清蔵相，斎藤実内大臣・渡辺錠太郎陸軍教育総監を殺害し，鈴木貫太郎侍従長には重傷を負わせた。元内大臣で重臣の牧野伸顕は難をのがれ，元老西園寺公望は襲撃予定が中止されて助かった。岡田啓介首相は，殺害されたと報じられたが，義弟の松尾伝蔵大佐が身代わりに殺され，九死に一生を得た。こうして反乱軍は，議事堂をふくむ国政の中枢部を占拠した。しかし天皇や天皇側近はこの反乱部隊を認めず，海軍は連合艦隊を東京湾と大阪湾に集結して一戦も辞さない決意をかためた。翌27日には戒厳令が公布され，28日には反乱部隊に対して原隊復帰を内容とする奉勅命令が出た。29日には下士官と兵は原隊にもどり(すべて無罪)，将校は一部を除いて自決せずに法廷闘争に期待をかけて逮捕された。こうして，4日間にわたる反乱は終わった。

○なお，1988(昭和63)年に一部明らかになった軍法会議の史料によれば，陸軍首脳部も事件を利用するために関与していた。

⑩ 陸・海軍(軍部)大臣現役武官制の復活　二・二六事件のあと，岡田内閣にかわって**広田弘毅内閣**が組織された。★10 広田内閣は，広義国防国家(準戦時体制)の建設を基本政策とし，**陸・海軍大臣現役武官制**(▷p.356)を復活し，公債と大増税により，軍備拡張計画を推進していった。

★10 軍部は組閣にあたって，露骨な干渉を加えた。

③ 政府の弾圧と転向

❶ 社会主義者の転向　1932(昭和7)年，社会民衆党★11を脱党した赤松克麿らは，日本国家社会党を結成し軍部と連携した。翌1933(昭和8)年，日本共産党幹部の佐野学・鍋山貞親が獄中から共同転向声明を出した。この声明は，コミンテルンの画一主義を否定し，満州事変を肯定し，天皇のもとに一国社会主義革命を行うことが必要であるとした。これ以後，転向があいついだ。

★11 社会民衆党の変質
赤松らの脱党後，社会民衆党は他の無産政党とともに社会大衆党を組織した。社会大衆党は，反資本・反共・反ファシズムの3反主義をかかげ，1937(昭和12)年の総選挙では37名を当選させた。日中全面戦争が始まると綱領を軍国主義的に改定，満州国を承認して，日中全面戦争に協力を表明した。

❷ 政府の弾圧　満州事変以後，思想弾圧が強化され，それが自由主義者にまでおよんだ。

①**滝川事件**★12…1933年，京都帝大教授滝川幸辰が，自由主義的刑法学説を唱え，大学を追われた。

▲滝川事件を報じる『帝国大学新聞』(昭和8年5月15日号)

②**天皇機関説事件**…1935（昭和10）年，元東京帝大教授で貴族院議員の**美濃部達吉**の**天皇機関説**(▷p.392)が反国体的であるとして攻撃され，議員辞任を余儀なくされた事件。このとき，岡田内閣は美濃部の『憲法撮要』など3著を発売禁止にし，「天皇は統治権の主体である」という**国体明徴声明**を出した。

③**矢内原事件**…1937（昭和12）年，東京帝大教授矢内原忠雄が，政府の植民政策を批判したと内部から告発され，辞職させられた。

④**人民戦線事件**…1937年，コミンテルンの反ファッショ人民戦線の方針を宣伝したとして400名以上が検挙され，翌年に東大の大内兵衛らの教授グループが検挙された。

(補説) エロ・グロ・ナンセンス時代　昭和初期の不況は，人々に深刻な不安と動揺を与えた。都会では，エロ・グロ・ナンセンス★13といわれた虚無と退廃の風潮が流行した。カフェーやダンスホールなどでこうした不安をまぎらわす人も多く，厭世的な流行歌がはやった。

★12 滝川事件　滝川の著書『刑法読本』の記述が，一部マルクス主義的であるとして発売禁止となり，滝川は休職処分をうけた。これに対して，法学部教授会や有志学生が反対したが，教授会の分裂などによって敗北し，滝川らは大学を追われた。

★13 エロチックで，グロテスク(異様)なこと。ナンセンスは意味のないこと。

史料　天皇機関説事件

私ノ著書①ニ於テ上述ベテ居リマスル見解ハ，第一ニハ，天皇ノ統治ノ大権ハ，法律上ノ観念トシテハ権利ト見ルベキモノデハナクテ，権能デアルトナスモノデアリマスルシ，又第二ニ，ソレハ万能無制限ノ権力デハナク，憲法ノ条規ニ依ッテ行ハセラレル権能デアルトナスモノデアリマス。……所謂機関説ト申シマスルノハ，国家ソレ自身ヲ一ツノ生命アリ，ソレ自身ニ目的ヲ有スル恒久的ノ国体，即チ法律学上ノ言葉ヲ以テ申セバ一ツノ法人②ト観念イタシマシテ，天皇ハ此法人タル国家ノ元首タル地位ニ在マシ，国家ヲ代表シテ国家ノ一切ノ権利ヲ総攬シ給ヒ，天皇ガ憲法ニ従ッテ行ハセラレマスル行為ガ，即チ国家ノ行為タル効力ヲ生ズルト云フコトヲ言ニ現ハスモノデアリマス。　　　　　『帝国議会貴族院議事速記録』③

(注) ①『憲法撮要』『逐条憲法精義』など。上の演説の2ヵ月後に発禁処分とされた。②天皇機関説は，国家を1つの法的人格と考える，国家法人説をとっていた。③この議事速記録は，『官報』号外に掲載された。

(視点) 美濃部達吉の天皇機関説に対しては，早くから蓑田胸喜の原理日本社などがはげしく批判していた。1935（昭和10）年2月の貴族院本会議で右翼軍人の菊池武夫が天皇機関説をとりあげ，「緩慢なる謀反であり，明らかなる反逆である」と攻撃すると，数日後，美濃部は貴族院において「一身上の弁明」として約1時間にわたり機関説の正しさを説いた。このなかの一節が上の史料である。しかし美濃部の弁明により，機関説排撃はいっそうはげしさを増し，岡田内閣によって国体明徴声明が出された。これにより，30年以上にわたって公認学説の位置を占めていた天皇機関説は否定され，政党政治を支えた理論が失われた。

なお，天皇機関説排撃の意図の1つに，天皇の側近であった元老西園寺公望・内大臣牧野伸顕・枢密院議長一木喜徳郎ら天皇機関説を支持する現状維持的な勢力の打倒ということがあった。とくに一木は，かつて東京帝大教授として機関説的な憲法理論を講義し，美濃部が師事した人物でもあった。

> **ポイント**
> 〔満州事変と軍部の政治的台頭〕
> ①柳条湖事件(1931年。満州事変の始まり)→満州国(1932年)→日満議定書
>   →国際連盟はリットン調査団を派遣→日本の国際連盟脱退(1933年)
> ②五・一五事件(1932年,犬養毅内閣)…政党内閣の終わり
> ③二・二六事件(1936年,岡田啓介内閣)…統制派の台頭,
>   陸・海軍大臣現役武官制の復活(広田弘毅内閣)
> ④学問・言論に対する弾圧…滝川事件,天皇機関説事件(美濃部達吉)

2 日中全面戦争と第二次世界大戦の勃発

◆ 日本の華北への進出とともに、日中間の対立が高まった。西安事件で第2次国共合作がなり、抗日の気運がみなぎると、1937(昭和12)年の盧溝橋事件を契機に日中全面戦争が始まった。戦争は長期化し、その間、満ソ国境をめぐる紛争も絶えなかった。

1 日中間の対立激化

① 華北の親日防共政権 塘沽停戦協定のあとも、1935(昭和10)年になると、日本の軍部は、華北5省も自治運動の名のもとに、中国本土から分離させようとした。

② 西安事件
①経過…蔣介石の国民政府は共産軍討伐に全力をあげていた。蔣介石は1936(昭和11)年末、包囲戦を行う張学良の要請をいれて前線に出動した。そのとき、抗日のために内戦停止を主張する張学良に捕らえられ、西安に監禁された。これが西安事件で、共産党の周恩来らが西安に行き、蔣介石を説得し、抗日を約束させた。
②結果…のち日中全面戦争下で第2次国共合作を発表。

2 日中全面戦争の始まり

① 第1次近衛内閣の成立 広田弘毅内閣が政党と軍の衝突により総辞職し、次の林銑十郎内閣も政党の攻撃により退陣した。その結果、1937(昭和12)年6月、華族の名門出身の近衛文麿が、軍部や政党などの期待を担って挙国一致内閣をつくった。

（補説）日独伊三国防共協定の締結 1936(昭和11)年、広田弘毅内閣は、国際連盟脱退後の国際的孤立を避け、ソ連と対抗するためにドイツと防共協定(日独防共協定)を結んだ。翌年にはイタリアも加わった(日独伊三国防共協定)。これにより、ソ連だけでなく、アメリカ・イギリス・フランスなどとの対立が深まった。

（参考）宇垣流産内閣
広田内閣のあと、陸軍を抑えるため宇垣一成陸相が首班に指名されたが、陸・海軍大臣現役武官制を利用した陸軍の反対で、不成功に終わった。

2 日中全面戦争と第二次世界大戦の勃発

❷ **盧溝橋事件** 1937(昭和12)年7月7日夜, 北京西郊の盧溝橋で日中両軍の小衝突が発生[★1]。紛争は一時おさまったものの, 近衛内閣は華北への派兵を決定した。さらに8月には上海で第2次上海事変が起こり, ついに両軍は全面的な戦闘に突入した。日中全面戦争の勃発である。

❸ **第2次国共合作** 盧溝橋事件の翌日, 中国共産党は全国に抗戦をよびかけるとともに, 国民党軍との交渉によって国共合作がなり, 抗日民族統一戦線が結成された。

❹ **日中全面戦争の経過** 日本軍は, 1937(昭和12)年12月に国民政府の首都南京を陥落させ, 翌年5月には徐州, 10月には漢口(武漢市)・広州を攻略した。国民政府は重慶に遷都し, 英米仏の援助をうけて抗戦したので, 戦争は長期戦化した。

> [補説] **南京大虐殺** 1937年12月の南京占領の際, 日本軍は捕虜・民間人をふくめて少なくとも数万人以上を殺害し, 国際的な非難を浴びた。これを南京大虐殺とよぶ。中国側の戦闘員をふくめた死者の数は十数万人とも推定されるが, 犠牲者の正確な数は, 記録が不十分なことや, 戦死した兵士との区別がつきにくいことなどから, 現在も不明である。

❺ **和平工作の失敗** 近衛内閣は, 日中全面戦争に対して和平工作に出たが, 失敗した。その後, ドイツが仲介の労をとったが, これも失敗した。

❻ **近衛声明** 1938(昭和13)年1月, 近衛内閣は,「国民政府を対手とせず」という声明を出し, 蔣介石政権を否認して和平への道をとざした(第1次近衛声明)。さらに翌年には, 日・満・華の提携を骨子とする「東亜新秩序の建設」や, 善隣友好・協同防共・経済提携の「近衛三原則」を出した(第2次・第3次近衛声明)。

❼ **汪兆銘政権** 国民党副総裁で親日派の汪兆銘(汪精衛とも)は, 日本の工作で重慶を脱出し, 1940(昭和15)年に日本の傀儡政権である新国民政府(南京政府)をつくった。

[★1] 最初の発砲をめぐり日本軍説・中国共産党説などがあるが, 真相は不明。

[注意] 日中全面戦争は, 初めは北支事変, のち支那事変と称したが, 実態は宣戦布告のない戦争であった。

▲日中全面戦争要図

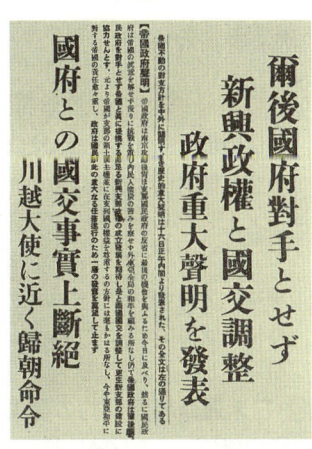

▲「国民政府を対手とせず」を報じる新聞 (東京朝日新聞, 昭和13年1月17日)

史料 第1次近衛声明(このえ)

帝国政府ハ南京(ナンキン)攻略後尚ホ支那国民政府ノ反省ニ最後ノ機会ヲ与フルタメ今日ニ及ベリ。然(しか)ルニ国民政府ハ帝国ノ真意ヲ解セス漫リニ抗戦ヲ策シ，内民人塗炭ノ苦ミ①ヲ察セス，外東亜(そととうあ)全局ノ和平ヲ顧ミル所ナシ。仍テ帝国政府ハ爾後②国民政府ヲ対手トセス，帝国ト真ニ提携(ていけい)スルニ足ル新興支那政権ノ成立発展ヲ期待シ，是ト両国国交ヲ調整シテ更生新支那ノ建設ニ協力セントス。

『日本外交年表竝(ならびに)主要文書』

注 ①非常な苦しみ。②以後。
視点 1937(昭和12)年秋から近衛内閣(外相は広田弘毅(こうき))はドイツの中国駐在大使トラウトマンに和平を斡旋(あっせん)させた(トラウトマン和平工作)。しかし国民政府の首都南京が早期に陥落したことで，中国に対して強硬な態度をとるようになった。

◀日中関係年表
(二十一カ条要求から日本の敗戦まで)

年	事項
1915	二十一カ条要求
1917	西原借款成立
1919	五・四運動
1924	第1次国共合作
1926	北伐開始
1927	第1次山東出兵／蔣介石クーデタ
1928	第2次山東出兵／張作霖爆殺事件／北伐完了
1931	柳条湖事件
1932	第1次上海事変／満州国建国宣言
1933	日満議定書調印／国際連盟脱退
1934	満州国帝政実施／中国共産党大西遷
1936.12	西安事件
1937	7 盧溝橋事件／8 第2次上海事変／12 南京大虐殺
1937.9	日中全面戦争／第2次国共合作
1938	1 近衛内閣「国民政府を対手とせず」と声明
1940	3 汪兆銘の「国民政府」成立
1945	8 日本無条件降伏／国共内戦始まる

3 列国との衝突

❶ ソ連との国境紛争
満ソ国境をめぐる紛争★2が絶えず，2つの事件が起こった。どちらも日本軍が敗退して，対ソ戦の容易でないことが明らかとなり，南方への進出にはずみがつけられた。

①**張鼓峰(ちょうこほう)事件**…1938(昭和13)年7月，朝鮮・満州・ソ連の3国国境にある張鼓峰で起こった日本軍守備隊とソ連軍との衝突。日本軍は戦闘に敗れ，8月に停戦協定が結ばれた。

②**ノモンハン事件**…1939(昭和14)年5月，満州北西部のノモンハン周辺で起こった，日本軍とソ連軍との大衝突。日本軍は，ソ連の機械化部隊のために壊滅的打撃をうけた。9月に停戦協定が結ばれたが，日本軍の装備の近代化の遅れが明らかとなった。

❷ 日米通商航海条約の破棄
1939(昭和14)年7月，日本軍の中国における行動に対して強硬な態度を示すため，アメリカは日米通商航海条約の破棄を通告した★3。

★2 満ソ国境紛争の理由 日ソ両国の対立があるうえ，国境線が不明確であったこと。たとえば，山地では国境は山の頂上か一方の麓か(張鼓峰)，草原ではどのあたりか(ノモンハン)，幅広い黒龍江では川の中央か沿岸か，川の中洲はどちらの領土か，など。

★3 これによって日米通商航海条約が1940年1月から失効し，アメリカはいつでも日本に対して戦略物資の禁輸措置をとれるようになった。そのため，日本は石油・ゴムなどの資源を求めて南方へ進出していく。

4 第二次世界大戦

① ドイツとイタリア　①ドイツ…ヒトラーの率いるナチス[★4]が1933年議会で過半数の議席を獲得し，一党独裁を実現した。②イタリア…ムッソリーニが1919年にファシスト党をつくり，1922年にローマに進軍して政権をにぎった。

② 第二次世界大戦の勃発　①イタリアは，1936年にエチオピアを併合し，1937年に国際連盟を脱退した。
②一方，ドイツの侵略も露骨となり，1938年にオーストリアを併合し，チェコスロヴァキアのズデーテン地方の割譲を要求[★5]。1939年8月には独ソ不可侵条約[★6]を結び，翌9月ポーランドに侵攻，ついにイギリス・フランスと開戦し，第二次世界大戦が始まった。

③ 日独伊三国同盟　1940(昭和15)年9月，ドイツの快進撃とイタリアの参戦という状況を背景として，第2次近衛文麿内閣は，ドイツ・イタリアと日独伊三国同盟を結んだ。この結果，日独伊の枢軸国体制が強化されたが，逆にアメリカ・イギリスを硬化させた。

> 補説　日独伊三国同盟のおもな内容
> ①日本とドイツ(独)・イタリア(伊)3国が，東亜または西欧における新秩序の指導的地位を相互に承認・尊重すること。
> ②3国中の1国が他国と交戦するときは，政治・経済・軍事的方法で相互に援助すること。第2次近衛内閣の松岡洋右外相のときドイツのベルリンで来栖三郎が調印した。

★4 **ナチス**　国民(家)社会主義ドイツ労働者党の略称。ヴェルサイユ体制の打破，植民地の再分割，ドイツ人の優越などを唱え，国民をひきつけた。1934年，ヒトラーは大統領職をあわせて総統と称した。

★5 英仏側がミュンヘン会談において独伊首脳と会見し，チェコスロヴァキアの犠牲において平和を保った。しかし，この宥和政策は，逆にドイツを増長させた。

★6 **独ソ不可侵条約が結ばれた理由**　ドイツは，背後を固めることを得策とし，ソ連は，ドイツの侵略が自国へむけられるのを延ばすためである。この条約を背景に両国はポーランドを分割した。日本では，独ソの提携という事態に驚き，平沼騏一郎内閣は総辞職した。

> **ポイント** 〔日中全面戦争と第二次世界大戦の勃発〕
> ①日本の華北進出→盧溝橋事件(1937年)→日中全面戦争
> ②中国…西安事件→第2次国共合作→抗日民族統一戦線
> ③アメリカ…日米通商航海条約の破棄
> ④日ソの衝突…張鼓峰事件・ノモンハン事件での敗北→南方への進出
> ⑤ヨーロッパ…ドイツ・イタリアのファシズム
> 　　　→第二次世界大戦の勃発(1939年)
> 　　→日本をふくむ日独伊三国同盟(1940年)

3 戦時体制の確立

◆　日中全面戦争で戦局を拡大したわが国は，国内体制を戦時体制へと再編し，国民精神総動員運動・国家総動員法・大政翼賛会・大日本産業報国会など一連の政策によって，産業・経済および文化の各分野にわたってきびしい統制を加えた。

1 大政翼賛会

❶ 国家総動員体制 1938（昭和13）年，第1次近衛内閣は**国家総動員法**を制定し，戦争目的のためには，政府が事前に議会の賛成を経ることなく，人的・物的資源を動員できることにした★1。この結果，前年の**国民精神総動員運動**とあいまって，戦時体制が確立した。

> **補説** 国民精神総動員運動 1937（昭和12）年，「挙国一致・尽忠報国・堅忍持久」を目標に国民精神総動員中央連盟が結成された。のち大政翼賛会に引き継がれることになる。

❷ 町内会・部落会・隣組 1940（昭和15）年，政府は都市部に町内会，農村部に部落会を組織させ，さらにそれらの下に約10戸からなる隣組をおいた。国民は，これらの組織を通じて配給などをうけることになったため，国民生活に大きな役割や影響をおよぼした。

❸ 大政翼賛会の発足 1939（昭和14）年に第二次世界大戦が勃発し，翌1940（昭和15）年ドイツ軍が優勢になると，日本国内では既成政党の解散と挙国政党の結成が叫ばれた。第2次近衛内閣の下で新体制運動が活発になるとともに，政友会・民政党・社会大衆党などの各党は解散し，10月には**大政翼賛会**（総裁は総理大臣で近衛文麿）が発足した。さらに11月には，神武天皇即位2600年を祝う紀元二千六百年記念式典が盛大に行われ，戦意高揚がはかられた。

❹ 大政翼賛会の性格 大政翼賛会は，ドイツのナチスのような一国一党をめざしたが，失敗した。しかし，のちには大日

★1 国民徴用令 1939（昭和14）年，国家総動員法第4条の規定に基づき，重要軍事産業の労働力を確保するため，勅令で国民徴用令が定められた。これは，厚生大臣の命令で召集できるので，通常の赤紙召集（徴兵）に対して白紙召集とよばれた。

参考 企画院の発足
国家総動員法制定直前の1937（昭和12）年，内閣直属の総合国策立案機関として，企画院を発足させた。物資動員計画を作成し，軍需産業には資材や資金が優先的に割りあてられた。

注意 1939（昭和14）年を境に食料生産は低下し始め，食料難となっていった。

史料 国家総動員法

第一条　本法ニ於テ国家総動員トハ戦時（戦争ニ準ズベキ事変①ノ場合ヲ含ム以下之ニ同ジ）ニ際シ国防目的達成ノ為，国ノ全力ヲ最モ有効ニ発揮セシムル様，人的及物的資源ヲ統制運用スルヲ謂フ

第四条　政府ハ戦時ニ際シ国家総動員上必要アルトキハ，勅令②ノ定ムル所ニ依リ帝国臣民ヲ徴用シテ総動員業務ニ従事セシムルコトヲ得　　　　　　　　　　　　『法令全書』

> **注** ①国際法では宣戦布告したものを戦争としているが，日中全面戦争において日本側は最後まで宣戦布告せず，戦争に準じる事変であるとされた。②天皇が発し，議会の承認なしに，大臣の副署のみで定められる法令。
>
> **視点** 近衛内閣は，日中全面戦争の勃発を好機として，戦時の名のもとに，財界や政党の反対を押し切って国家総動員法を制定した。これにより政府は，戦争遂行のために必要とされる命令を，議会の議決を経ない勅令によって発令でき，議会から白紙委任に等しい権限を与えられたことになった。

本産業報国会・大日本婦人会(愛国婦人会・大日本国防婦人会などを統合して結成)や町内会・部落会なども傘下におさめ，国民の戦争動員に大きな力をもった。

❺ **大日本産業報国会** 政府は産業報国会★2の結成を推進し，1940(昭和15)年にはこれらの全国組織として大日本産業報国会を結成した。この結果，労働組合や農民組合はすべて解散に追いこまれた。

❻ **翼賛選挙** 1941(昭和16)年に衆議院の院内団体として政府協力の翼賛議員同盟がつくられ，翌年の総選挙(**翼賛選挙**)では東条英機内閣下で大選挙干渉があり，連盟の推薦候補者が多く当選した。このあと，翼賛政治会が結成された。

★2 産業報国会 1938(昭和13)年より各事業所ごとに労資一体の組織として設立が推奨され始めたが，当初はあまり普及しなかった。

2 経済・文化・思想統制

❶ **新興財閥の進出** 満州事変以降，機械・化学・電力などの軍需関係の工業が国家の強力な援助のもとに発展した。それとともに，旧来の財閥のほかに多くの新興財閥★3が進出した。

❷ **戦時統制経済** 経済界は，軍需優先の結果，生活物資の不足をきたして物価が高騰し，ヤミ値がはびこった。政府は1939(昭和14)年に賃金統制令や価格等統制令を出し，また，衣料や食料などの切符制・配給制をつぎつぎに実施していった。

> 補説 切符制と配給制 国民に対して「ぜいたくは敵だ」というスローガンのもとに生活を切りつめさせ，砂糖・マッチ・炭・衣料品などの生活必需品の購入を切符制とした。さらに，1941(昭和16)年には米の配給割当(大人1人で1日2合3勺)が行われるようになった。

❸ **軍部と財閥の連携** 1940(昭和15)年には経済新体制が叫ばれ，公益優先のスローガンのもとに経済界の再編成がはかられたが，実際には重要産業は巨大財閥企業に支配された。こうして，軍部と財閥とが緊密に結びついていった。

❹ **思想・文化統制** 自由主義的な学者の弾圧★4に加え，政府は国家主義を鼓吹するため，教学局を設けて思想統制・超国家主義の実践機関とした。文部省は『国体の本義』『臣民の道』などを国民教科書とし，1941(昭和16年)年4月には小学校を国民学校と改称，「少国民」の育成をめざす国家主義的教育を強化した。

> 補説 国家総動員体制下の学術 西田幾多郎哲学の神秘性が，門下の京都学派によって，日本を中心とする新世界形成の理念に転用された。社会科学では，マルクス主義史学が弾圧され，皇国史観が支配的となった。

★3 日産(鮎川義介)・日窒(野口遵)・森(森矗昶)・日曹(中野友礼)・理研(大河内正敏)などが有名である。

★4 1938(昭和13)年に自由主義的な経済学者河合栄治郎の著書が発禁となり，1940(昭和15)年には歴史学者津田左右吉が，『日本上代史研究』などで皇室の尊厳を汚したという理由から起訴された。

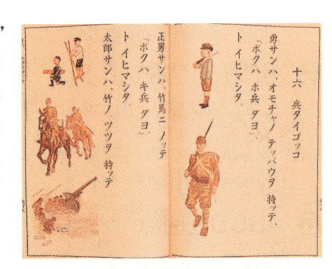

▲国民学校の国語教科書
「兵タイゴッコ」をとりあげ，戦意を高めている。

> **ポイント**
>
> 〔戦時体制の確立〕
> ①**国家総動員法**(1938年)…議会の形骸化
> ②**国民徴用令**(1939年)
> ③**国民精神総動員運動**→**大政翼賛会**(1940年)
> 　{ 地域…町内会・部落会・隣組
> 　　 職場…産業報国会
> ④戦時統制経済…生活必需品(砂糖・マッチ・衣料品など)の**切符制・配給制**

4　太平洋戦争

◆ 日中全面戦争の泥沼化にあせった日本は，ヨーロッパの戦況を見て，南方への進出を断行。これはアメリカを刺激し，1941(昭和16)年12月に**太平洋戦争**が勃発した。日本は緒戦を優位に展開したが，戦局は逆転し，枢軸国の敗北とともに，1945(昭和20)年8月に無条件降伏した。

1 太平洋戦争の勃発

❶ **北部仏印進駐**　フランスがドイツに敗北すると，1940(昭和15)年9月，日独伊三国同盟の締結直前に，日本軍は日中全面戦争と南方問題の解決のため，**援蔣ルート**★¹を断とうとして北部仏印(フランス領インドシナ北部)に進駐した。

❷ **日米交渉**　第2次近衛内閣は，一方では日米開戦をさけるためアメリカ大統領フランクリン＝ローズヴェルトと親交のあった駐米大使野村吉三郎を派遣，国務長官ハルと交渉させた★²。

❸ **日ソ中立条約の締結**　南進策をとる松岡洋右外相は，北方の安全をはかるため，1941(昭和16)年4月，日ソ中立条約を結んだ。しかし，6月にヨーロッパで独ソ戦が勃発すると，日本は対ソ戦の好機をねらうようになった。

❹ **南部仏印進駐**　日本は，南方進出をめざし，1941(昭和16)年7月，南部仏印に進駐した。アメリカはイギリス・オランダとともに，**在外日本資産の凍結**でこれに応酬し，さらに**石油などの輸出を禁止**した。

❺ **ABCD包囲陣**　アメリカ(America)・イギリス(Britain)・中国(China)・オランダ(Dutch)の諸国が，日本の南方進出に対して共同で経済封鎖の体制をとった(日本の軍部などはこれを，ABCD包囲陣とよんだ)ので，日本は容易に物資を

★1 **援蔣ルート**　イギリス・アメリカが，重慶の蔣介石を援助するために軍需物資を輸送した道をいう。ビルマ(英領)・仏印から重慶へ通じていた。

★2 **日米交渉の内容**
①日本軍の大陸撤退を条件に満州国を承認し，蔣介石・汪兆銘両政権を合併させる，②日米の通商関係を正常化させる，などであった。

(参考) **関東軍特種演習**(関特演)　独ソ戦が勃発すると，関東軍は約70万の兵力と航空機を満ソ国境に動員して，対ソ戦を準備し，ソ連軍を牽制した。

入手できなくなった。

❻ **東条英機内閣の成立** 第3次近衛内閣は，9月の御前会議(天皇臨席の会議)で対米英蘭戦争の準備を決定したが，最終的な決定を下せず，陸軍などの対米強硬論にあい，総辞職した。1941(昭和16)年10月，対米強硬派の陸軍軍人**東条英機**が組閣，事態の打開を求めて日米交渉をつづける一方，交渉不成立の場合に備え，開戦準備も進めた。

❼ **太平洋戦争の勃発** アメリカは東条内閣の成立のころから，中国・イギリスなどの意見を考慮し，日本と戦争になっても仕方がないと考えるようになっていった。こうして11月末に，事実上の最後通牒といわれる**ハル=ノート**★3 を日本につきつけ，日本側が絶望するような強い姿勢を示した。そのため日本は日米交渉をあきらめ，ついに1941(昭和16)年12月8日，日本海軍がハワイの**真珠湾**を奇襲攻撃して，**太平洋戦争**★4 が勃発した。また同日，日本陸軍もイギリス領マレー半島に奇襲上陸した。

★3 ハル=ノート 1941年11月，日米交渉中にアメリカ国務長官ハルが示したアメリカ側の回答。①日本軍の中国・仏印からの撤兵，②重慶政府だけを中国の正統政府と認めること，③日独伊三国同盟の破棄，などを要求した。

★4 太平洋戦争という名称が中国・東南アジアなどの戦域を十分に示さないので，アジア・太平洋戦争という名称も使われている。

16章 第二次世界大戦と日本

テーマ ゼミ 太平洋戦争の開始

○1941(昭和16)年11月5日の御前会議の決定によって，山本五十六連合艦隊司令長官に大海令第1号が発せられ，11月26日，機動部隊が択捉島の単冠湾から，ハワイ真珠湾をめざして出航した。12月1日0時までに日米交渉がまとまれば帰航する予定であったが，交渉は打開の見込みなく，同日に開戦を決定し，「新高山上レ・1208」の指令(開戦決定の意。新高山は台湾の玉山のことで，当時の日本領の最高峰)が出された。12月8日未明，空母から攻撃機が飛び立ち，奇襲に成功した。一方，対米最後通牒はハワイ空襲30分前に手渡される予定であったが，野村・来栖両大使がアメリカのハル国務長官に覚書を手渡したのは，ハワイ空襲の最中であった。ハルは「50年の公的生活を通じて，このような虚偽に満ちた文書は見たことがない」と言い，ドアを指さした。

○フランクリン=ローズヴェルト大統領は，アメリカ議会に日本に対する宣戦布告を要請し，アメリカ上・下院は反対票1票でこれを可決した。

○日本では，12月8日午前7時の臨時ニュースが，「帝国陸海軍ハ本8日未明，西太平洋ニ於テ米英軍ト戦闘状態ニ入レリ」と，大本営陸海軍部の発表を国民に伝えた。

▲真珠湾攻撃で燃えるアメリカ軍艦

2 戦争の展開と破局

❶ 緒戦の勝利　日本は, 先制攻撃によって緒戦に勝利をおさめ, フィリピン・マレー半島・ジャワ・ビルマと, 南太平洋一円にわたる地域を占領した。1943(昭和18)年には占領地の支配者を集め, **大東亜会議**[★5]を開いた。

補説　「大東亜共栄圏」の実態
①日本は日中戦争において, すでに南京(ナンキン)陥落の際, 数万人以上ともいわれる多数の中国軍民を虐殺し, 国際的非難をうけていた。その後も中国共産党の抗日根拠地に対する掃蕩(そうとう)作戦が「三光(さんこう)作戦」(焼きつくす・殺しつくす・奪いつくす)として非難された。
②植民地の朝鮮では, 日本風の氏にかえさせる創氏改名や神社参拝などを強制して, 日本への同化を求める皇民化(こうみんか)政策を推進した。さらに, 戦争末期に至って労働力が不足すると, 多くの朝鮮人や中国人を日本本土に強制連行し, 鉱山などで働かせた。
③東南アジア各地の欧米の植民地では, 旧来の政治機構や現地支配者を利用して, 物資の獲得や日本軍の必需品の調達, 土木事業への強制労働などを行い, 飢餓・災害を発生させた。また, 多額の軍票(ぐんぴょう)(占領地で軍隊が使用した不換紙幣)を使用したため, これらの地域では悪性のインフレーションが起こった。

❷ 戦局の変化　1942(昭和17)年6月の**ミッドウェー海戦**の敗退を機に, 戦局は日本に不利となった。その後, ガダルカナル島撤退, アッツ島全滅, ビルマ(現ミャンマー)からインドへの侵攻をはかったインパール作戦の失敗, **サイパン島の陥落(かんらく)**とつづき[★6], 1944(昭和19)年7月, 東条内閣は総辞職した[★7]。

❸ 破　局　1944年8月にグアム島・テニアン島が陥落, さらに本土空襲も激化した。10月にはアメリカ軍がレイテ島に上陸し,

[★5] **大東亜会議**　1943年11月に東京で開催された。戦争完遂と大東亜共栄圏の確立をめざす大東亜共同宣言を採択したが, 効果はなかった。

日本	約310万
中国	約1000万
韓国・北朝鮮	約20万
ベトナム	約200万
インドネシア	約400万
フィリピン	約111万
インド	約150万
マレーシア・シンガポール	約10万
ビルマ(現ミャンマー)	約15万

▲太平洋戦争によるアジア諸国の死者の数(推定)
(原則としてその国・地域の政府による公式発表に基づくが, 国によっては正確ではない)

[★6] ミッドウェー海戦の敗退によって, 太平洋における制海権と制空権をアメリカ軍に奪われた。また, サイパン島の陥落によってアメリカ軍の長距離爆撃機B29の本土空襲が可能となった。

[★7] 東条内閣のあと小磯(こいそ)国昭(くにあき)が組閣し,「一億鉄石(てっせき)の団結の下, 必勝を確信し, 皇土を護持してあくまで戦争の完遂を期す」(1944年8月19日の御前会議)と, 徹底抗戦を主張した。

▲太平洋戦争要図

1945(昭和20)年3月硫黄島を全滅させたのち、4月に沖縄本島に上陸した(6月に守備軍全滅)。こうして戦局の大勢はほぼ決した。

❹ **戦時下の経済**　日本経済は、軍需工業を中心に再編成され、軍部の保護下に財閥の支配が進んだ。しかし、ミッドウェー海戦後の守勢のなかで、海上輸送路を防衛できず、期待していた東南アジアの資源の入手が困難となった。こうして、アメリカの本土空襲が激化するにつれて、総生産力は激減した。

3 枢軸国側の敗戦

❶ **ドイツ・イタリアの敗戦**　1943年のスターリングラードの敗戦以後ドイツは後退をつづけ、イタリアは早くも同年9月に降伏、ドイツも1945年5月、ベルリンが陥落して降伏した。なおムッソリーニは降伏後に捕らえられて処刑、ヒトラーは降伏に先立ち自殺している。

❷ **連合国首脳会談**　連合国の首脳は、イタリア降伏後しばしば会合し、戦争遂行および戦後処理について会談を重ねた。
①カイロ会談…1943年11月、ローズヴェルト(米)・チャーチル(英)・蔣介石(中)がエジプトのカイロで会談、カイロ宣言★8を発表した。これはポツダム宣言や日本占領政策の基礎となった。
②ヤルタ会談…1945年2月、ローズヴェルト(米)・チャーチル(英)・スターリン(ソ連)がクリミア半島のヤルタで会談、ドイツの戦後処理の方針を決定した。同時にソ連の対日参戦を、千島列島領有の承認とひきかえに密約した。
③ポツダム会談…1945年7月、トルーマン(米、ローズヴェルトは死去)・チャーチル(途中からアトリー)(英)・スターリン(ソ連)がベルリン郊外のポツダムで会談、蔣介石の承認を得てポツダム宣言を発表した。おもな内容は日本への無条件降伏勧告★9。

❸ **日本の敗戦**　1945(昭和20)年4月、鈴木貫太郎内閣が終戦のふくみで成立。ソ連を通じての和平工作も失敗し、8月の広島・長崎への原子爆弾投下と日ソ中立条約を破棄したソ連の参戦を見て、8月14日★10に日本はポツダム宣言を受諾して無条件降伏した。

❹ **降伏文書の調印**　降伏とともに、東久邇宮稔彦内閣が成立した。8月末には連合国軍が日本に進駐し、9月2日、米艦ミズーリ号上で降伏文書の調印が行われた★11。

★8 カイロ宣言の内容　①日本が第一次大戦以後奪った太平洋の島々の剥奪、②満州・台湾・澎湖諸島などの中国への返還、③朝鮮の独立。以上の目的のため、3国は日本が無条件降伏するまで戦うことを宣言した。

(注意)　ソ連は、ヤルタ会談での協定に基づいて1945年8月8日、日本に宣戦布告し、同時にポツダム宣言に参加した。

★9 その他のポツダム宣言の内容　①日本の軍国主義者・戦争指導勢力の除去、②日本に対する軍事占領、③日本の主権を本州・北海道・九州・四国と諸小島に限定、④軍隊の武装解除、⑤戦争犯罪人の処罰、⑥軍事産業の禁止、など。

★10 翌15日、天皇の肉声によるラジオ放送(玉音放送)で、戦争の終結が国民に発表された。

★11 日本側代表は重光葵外相、連合国側はマッカーサー元帥。

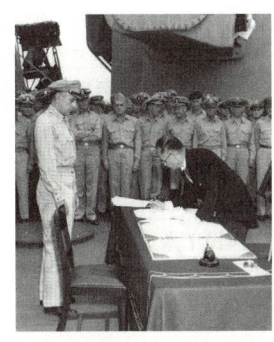

▲降伏文書に署名する重光外相

4 戦時体制下の文化

❶ 戦時下の文学
①1930年代なかばに、島崎藤村が明治維新の激動に飲みこまれた個人の運命を描いた『夜明け前』や、志賀直哉が自我の問題を骨太に作品化した『暗夜行路』などの大作が完結した。一方で、弾圧によってプロレタリア文学運動は解体し、島木健作らの転向文学が登場。石川達三は、ブラジル移民の苦難を描いた『蒼氓』で1935(昭和10)年の第1回芥川賞をうけたが、日中戦争の中国戦線での兵士の実態を描いた『生きてゐる兵隊』は発禁処分となった。

②物資が極度に不足するなかで、時局に順応しない作品は印刷すらできなくなった。1942(昭和17)年には日本文学報国会が結成され、文学者の戦争協力が進んだ。しかし、すべての文学者が戦争に協力したわけではなく、谷崎潤一郎は、戦争前の関西の上流階級の生活を描いた、発表の見通しのない長編小説『細雪』を書きつづけた(戦後、1948年までに刊行)。

❷ 戦時下の美術
1930年代には、シュールレアリスム・抽象画などのヨーロッパの新しい傾向が移入された。しかし戦時体制下では、戦争画が中心となり、大東亜戦争美術展などが開かれ、1943(昭和18)年には日本美術報国会が結成された。

❸ その他の芸術・文化
雑誌・映画・演劇・音楽などにもきびしい統制が加えられた。ジャズなどの英米音楽は禁止され、雑誌の名や野球用語までが日本語化された。

5 戦時体制下の生活

❶ 学徒出陣・勤労動員
日本の戦局がきわめて悪化した1943(昭和18)年には、大学や高等学校・専門学校に在学中の徴兵適齢文科系学生を軍に徴集した(学徒出陣)。軍需工場などにも中学生以上の学生・生徒の勤労動員が行われ、未婚の女性も、女子挺身隊として動員された。

❷ 食料難
食料や衣料などが欠乏し、国民は飢餓状態のなかで、きびしい統制をくぐりぬけ、買い出しや闇取引によって、かろうじて命をつないだが、国民1人当たりのエネルギー摂取量は、1945(昭和20)年にはいちじるしく低下した。

❸ 空襲と疎開
1944(昭和19)年11月から、アメリカ軍はマリアナ諸島を基地に、大型爆撃機B29に

(参考) 劇場の閉鎖
1944年2月、国家総動員の効果をあげるため、国民向けの「決戦非常措置要綱」が決定された。学徒出陣の強化や官庁の休日削減のほか、「高級享楽」の停止を定めたもので、これによって帝国劇場、歌舞伎座、宝塚大劇場(宝塚歌劇団は1943年に休演)などが閉鎖された。これらの劇場は、軍などの施設に転用されたり、空襲で焼失したりして、多くは、終戦まで公演を再開することができなかった。

(参考) 野球用語の日本語化
「敵性言語」として英語の使用が禁止され、セーフを「安全」、アウトを「無為」、ストライクを「正球」などと言いかえた。

▼学童疎開のため、列車に乗りこむ子どもたち

よる**日本本土空襲**を開始した。空襲によって日本の主要都市はほとんど焼失し，多くの市民が焼死した。1945(昭和20)年3月10日の東京大空襲では，10万人以上の命が奪われた。政府は，大都市の学童を空襲から守るため，農村・山村への**学童疎開**を行った。

(参考) 都市では，建物の延焼を防ぐため，指定地区の家屋の取り壊しを行った(建物疎開)。

ポイント

〔太平洋戦争〕
①日本の南進…**北部仏印進駐**(1940年)・**南部仏印進駐**(1941年)
　→アメリカ…日本人資産の凍結・対日石油禁輸
②**日ソ中立条約**…締結後に**独ソ戦**勃発
③太平洋戦争の勃発…日米交渉(近衛内閣～東条内閣)→ハル＝ノート
　→**真珠湾**・マレー半島を攻撃(1941年12月)
④植民地・占領地…創氏改名・強制連行
⑤連合国の戦後への構想…**カイロ会談**(1943年，日本領土の処理)→**ヤルタ会談**(1945年，ソ連の対日参戦)→**ポツダム会談**(1945年，日本の無条件降伏)
⑥日本の降伏…本土空襲・原爆投下・ソ連参戦
　→**ポツダム宣言**受諾(1945年8月)
⑦国民の戦争協力…日本文学報国会・日本美術報国会・**学徒出陣**・**疎開**

16章　第二次世界大戦と日本

テーマゼミ　戦争末期の悲劇

●アメリカ軍の反攻が本格化すると，兵士ばかりでなく数多くの民間人の命が奪われていった。1943(昭和18)年2月に日本軍の撤退が始まったガダルカナル島，1944(昭和19)年7月に陥落したサイパン島・グアム島，同年末から本格化した空襲による国内の各都市，1945(昭和20)年4月に米軍が上陸した沖縄本島，8月の広島・長崎に対する原爆投下などが，代表的な事例である。沖縄では，日本軍の戦死者約9万人のほか，非戦闘員の犠牲者も約10万人に達した。原爆は，両都市で約20万人以上の生命を奪い，また多くの人々が原爆後遺症に苦しむことになった。ソ連参戦で混乱した満州でも多くの犠牲者が出，中国残留の日本人孤児となった人も多い。また，捕虜となった日本軍人らは，ソ連によってシベリアに抑留され，強制労働で多くが命を落とした。

▲「原爆の図」(丸木位里・丸木俊子)

テスト直前要点チェック

答

1. 1931年に関東軍が起こした満鉄線路の爆破事件を何というか。 → 柳条湖事件
2. 関東軍により満州国執政(のち皇帝)とされた人物は誰か。 → 愛新覚羅溥儀
3. 日満議定書を締結したときの内閣は何内閣か。 → 斎藤実内閣
4. 満州事変に際して国際連盟が派遣した調査団を何というか。 → リットン調査団
5. 血盟団事件で暗殺された前蔵相は誰か。 → 井上準之助
6. 橋本欣五郎ら陸軍将校が結成した結社を何というか。 → 桜会
7. 五・一五事件で暗殺された総理大臣は誰か。 → 犬養毅
8. 五・一五事件後の陸軍内部に生じた派閥を何というか(2つ)。 → 統制派,皇道派
9. 二・二六事件で暗殺された大蔵大臣は誰か。 → 高橋是清
10. 1933年に転向を声明した日本共産党幹部を1人答えよ。 → 佐野学(鍋山貞親)
11. 1933年,自由主義的な刑法理論のため免職された京大教授は誰か。 → 滝川幸辰
12. 1935年,天皇機関説事件で攻撃された憲法学者は誰か。 → 美濃部達吉
13. 1936年,張学良が蔣介石を監禁し,抗日を約束させた事件は何か。 → 西安事件
14. 日中全面戦争の勃発のきっかけとなった1937年の事件を何というか。 → 盧溝橋事件
15. 南京陥落後に国民政府が首都を移した都市はどこか。 → 重慶
16. 日本の支持で南京に政権をたてた中国の政治家は誰か。 → 汪兆銘(汪精衛)
17. 1939年に満州北西部で起こった,日本軍とソ連軍との武力衝突事件を何というか。 → ノモンハン事件
18. 日独伊三国同盟や日ソ中立条約を締結した外相は誰か。 → 松岡洋右
19. 1938年,国民や資源を戦争に利用するためにつくられた法律は何か。 → 国家総動員法
20. 国民を戦争に動員するために始められた精神運動を何というか。 → 国民精神総動員運動
21. 近衛文麿を中心に大政翼賛会の結成に至った運動を何というか。 → 新体制運動
22. 労働組合にかわり,職場につくられた労資一体の組織は何か。 → 産業報国会
23. 統制経済の下で国民に生活必需品を供給した制度は何か(2つ)。 → 切符制,配給制
24. 1941年に,小学校は何と改称されたか。 → 国民学校
25. 太平洋戦争の転機となった,1942年の日米間の海戦を何というか。 → ミッドウェー海戦
26. 1945年2月,ソ連の対日参戦と千島列島領有を議題とした会談は何か。 → ヤルタ会談
27. ポツダム宣言を受諾したときの内閣は何内閣か。 → 鈴木貫太郎内閣
28. 徴兵適齢の文科系学生を軍に徴兵したことを何というか。 → 学徒出陣
29. 空襲対策で,子どもたちを地方に転出させたことを何というか。 → 学童疎開

17章 占領と国際復帰

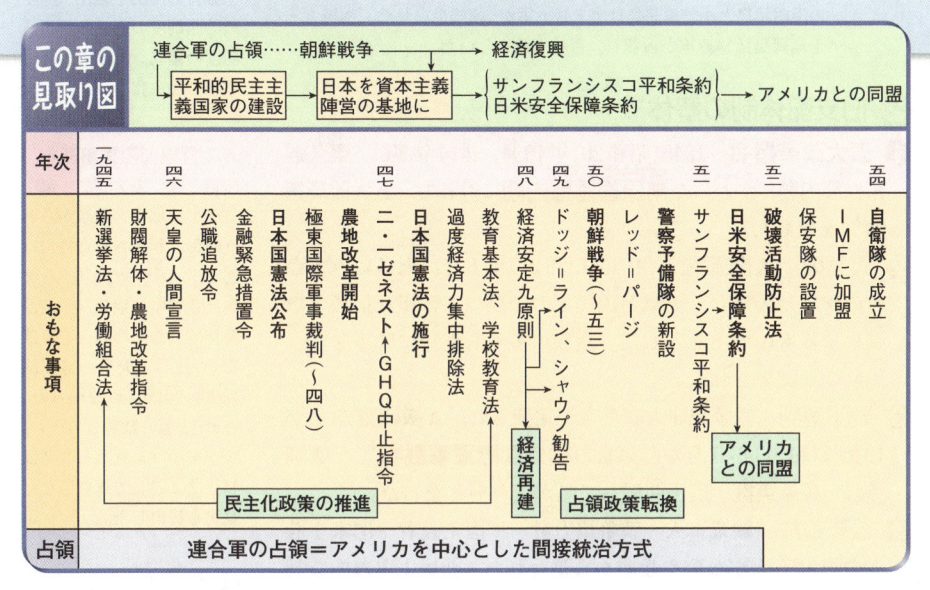

この章の見取り図

連合軍の占領……朝鮮戦争 → 経済復興

- 平和的民主主義国家の建設
- 日本を資本主義陣営の基地に
- サンフランシスコ平和条約／日米安全保障条約
- アメリカとの同盟

年次	一九四五	四六			四七			四八	四九	五〇		五一	五三	五四
おもな事項	新選挙法・労働組合法	財閥解体・農地改革指令	天皇の人間宣言	公職追放令	金融緊急措置令	日本国憲法公布	極東国際軍事裁判（〜四八）	農地改革開始	二・一ゼネスト↑GHQ中止指令	日本国憲法の施行	過度経済力集中排除法	教育基本法、学校教育法	経済安定九原則	ドッジ＝ライン、シャウプ勧告	朝鮮戦争（〜五三）	レッド＝パージ	警察予備隊の新設	サンフランシスコ平和条約	日米安全保障条約	保安隊の設置	破壊活動防止法	IMFに加盟	自衛隊の成立

民主化政策の推進 ／ 経済再建 ／ 占領政策転換 ／ アメリカとの同盟

| 占領 | 連合軍の占領＝アメリカを中心とした間接統治方式 |

1 日本の民主化

◆ 敗戦後の日本は、連合国軍の占領管理下に置かれ、平和的民主主義国家を建設するために、政治・経済・社会の諸方面にわたる大規模な改革が強行された。占領政策の基本は、ポツダム宣言に基づき、GHQが日本政府を指導する間接統治方式で行われた。

1 占領管理の方針と機能

① **占領管理の基本方針** ポツダム宣言（▷p.421）に基づき、軍国主義の除去と民主主義の育成という2点に重点を置いた。

② **対日占領機構** 右図の通り。占領政策決定の最高機関は、極東委員会(FEC)で、連合国軍最高司令官(SCAP)の諮問機関が対日理事会(ACJ)。連合国軍最高司令官にはアメリカのマッカーサー元帥がなり、連合国軍最高司令官総司令部(GHQ)から日本政府に対して指示・命令を行う間接統治方式をとった。GHQは日本政府に対し、罰則規定をもった勅令（ポツダム勅令、新憲法施行後は政令）を出すことができた。占領軍のほとんどはアメリカ合衆国軍であり、

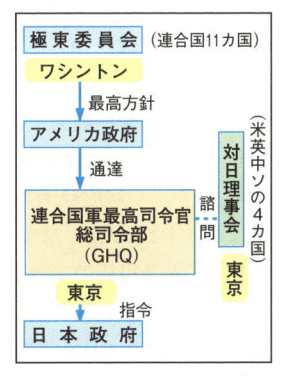

▲連合国軍の日本占領機構

極東委員会（連合国11カ国）ワシントン
↓ 最高方針
アメリカ政府
↓ 通達
連合国軍最高司令官総司令部（GHQ）東京 ←諮問→ 対日理事会（米英中ソの4カ国）東京
↓ 指令
日本政府

マッカーサーの主導のもと，アメリカ合衆国の主導で占領政策が進められた。

補説 朝鮮・沖縄・小笠原・樺太・千島　朝鮮半島南部，沖縄などの南西諸島と小笠原諸島はアメリカ軍が，朝鮮半島北部・南樺太・千島列島はソ連軍が占領し，直接軍政をしいた。

2 旧支配体制の解体

❶ **五大改革指令**　1945(昭和20)年10月，総司令部は，東久邇宮稔彦内閣にかわった幣原喜重郎内閣に対して，五大改革指令★1を発した。

❷ **天皇の「人間宣言」**　1946(昭和21)年1月，天皇はみずからの神格を否定し，天皇と国民との結びつきは相互信頼と敬愛によるものであるとした。皇族の多くも臣籍に降下し，華族制度は廃止された。

❸ **戦犯裁判**　戦争犯罪人容疑者が逮捕され，A級戦犯28名が，1946(昭和21)年5月から東京の極東国際軍事裁判★2で審理され，東条英機・広田弘毅ら7名が絞首刑となった。

❹ **公職追放**　職業軍人・戦争協力者・軍国主義者や国家主義者の約21万人が公職や教職から追われた。非民主主義的な制度(特別高等警察・枢密院)も廃止され，大政翼賛会も解散させられた。

補説 その他の諸改革　①戦時法令や統制令および治安維持法の廃止，②政治犯・思想犯の釈放，③神社の国家保護からの分離，④学校での教育勅語の奉読と修身・日本歴史・地理の授業の停止，など。

❺ **復員・引き揚げ**　日本軍は武装解除され，在外部隊の復員や在外日本人の引き揚げが行われた。

3 民主化の諸政策

❶ **財閥の解体**　1945(昭和20)年11月，GHQは財閥の解体指令を出し，三井・三菱・住友・安田など15財閥の資産を凍結。持株会社整理委員会を設けて財閥家族の持株の大部分を処分し，財界人の追放も行った。さらに1947(昭和22)年，独占禁止法★3や過度経済力集中排除法★4を制定してその徹底をはかろうとしたが，財閥の中枢である大銀行はそのままであり，日本の産業復興の基軸となった。

❷ **農地改革**　農村における地主・小作という封建的関係を打破するため，1945(昭和20)年12月の農地改革指令によって，2回にわたり改革が行われた。

★1 **五大改革の内容**
①婦人の解放(女性参政権)，②労働者の団結権の保障，③教育の自由主義化，④圧政的諸制度の廃止と新司法制度の確立，⑤独占的経済機構の民主化。

★2 **極東国際軍事裁判**
極東とは，東アジア・東南アジア地域を，欧米からいう呼称。起訴された被告は28名にのぼったが(うち2名は裁判中に病死，1名は精神障害のため判決をうけなかった)，天皇と財閥関係者は起訴されなかった。なお11名の裁判官のうち，インドのパル判事ら3名は，判決文に対して批判的な意見書を提出した。

参考　国民には思想・信仰・政治活動の自由などが認められたが，占領軍に対する批判は，いわゆるプレス＝コードやラジオ＝コードで禁止され，新聞も検閲をうけた。

★3 **独占禁止法**　1947年4月公布。私的独占・不公平な取引および競争を禁止し，公正取引委員会を設置して違反行為を監視。

★4 **過度経済力集中排除法**　1947年12月公布。各産業部門で独占的な力をもつ大企業を分割し，自由競争体制をつくろうとした。初め325社が指定をうけたが，占領政策の変化で，ほとんどが指定を解除され，実際に分割されたのは11社にすぎなかった。

❶ 第一次農地改革…1946(昭和21)年2月から改正農地調整法によって実施。不在地主の農地所有を不可とし，在村地主の小作地も制限(5町歩〔約5ha〕までの貸付地)，小作料を金納とした。しかし，GHQはこの改革案では不十分として不満を表明した。
❷ 第二次農地改革…GHQの勧告に基づき，1947(昭和22)～50(昭和25)年にかけて，改正農地調整法と自作農創設特別措置法により実施。在村地主の小作地を1町歩(北海道は4町歩)に制限し，それ以外は政府が強制的に買い上げ，市町村ごとの農地委員会を通じて小作人に廉価で売却した。また，小作料は収穫米代金の25%以下とした。

> **参考** 農地改革の前提として，戦時期の食料不足により，すでに地主制に対する規制措置がとられていたことがあげられる。

❸ **農地改革の意義** 1950(昭和25)年までに小作地は全農地の約10%に減少し，1930年代から衰退していた寄生地主制を消滅させたが，山林はそのまま残された。大地主たちは従来の経済力と威信を失った。一方，小作人たちは自作地をもつとしだいに保守化し，のちに自由民主党の支持基盤となった。

❹ **政治の民主化** 1945(昭和20)年末に選挙法が改正され，男女平等の普通選挙制(選挙権は満20歳以上)が実現し，翌1946(昭和21)年4月には戦後初の総選挙が行われて，自由党が第一党となり，39人の女性議員が誕生した。

❺ **日本国憲法の制定** 1945(昭和20)年10月にGHQが大日本帝国憲法の改正を指示した。これをうけて**幣原喜重郎内閣**が憲法問題調査委員会を設けて翌年2月に試案をGHQに提出したが，旧憲法の部分的修正にすぎなかったため拒否された。そこで，GHQの草案が示され，これを修正のうえ，帝国議会での審議を経て，1946(昭和21)年11月3日に日本国憲法として公布され，翌1947(昭和22)年5月3日から施行された。

> **補説** 日本国憲法の特色 GHQによる憲法草案は，ニューディーラーとよばれた理想主義者たちが，アメリカ合衆国憲法と世界の民主主義・理想主義の考えを合体させてつくった。前文と本文11章103条からなる。①主権在民，②平和主義，③基本的人権の尊重を3大原則とし，戦争と戦力の永久放棄，象徴天皇制，三権分立の原則，男女同権・夫婦平等などをおもな内容とした。

❻ **新民法の制定** 新憲法の原則に基づき，民法の改正も行われた。この結果，旧来の戸主制度・家督相続制度が廃止され，遺産の均分相続や結婚の自由などが保障された。

❼ **地方制度の改革** 地方自治法によって，地方自治体の首長の公選制やリコール制(国民解職)が採用された。警察は自治体警察が中心となり，国家警察が補助する制度に改められた。

年度	内閣	改革事項
1945年(昭20)	幣原喜重郎	10. 五大改革指令
		11. 財閥解体指令
		12. 農地改革指令
		12. 新選挙法（女性参政権）
		12. 労働組合法
1946年(昭21)		1. 天皇の人間宣言
		1. 公職追放令
		5. メーデー復活
1947年(昭22)	吉田茂(1)	3. 教育基本法
		4. 労働基準法
		4. 独占禁止法
		5. 日本国憲法施行
	片山哲	12. 過度経済力集中排除法公布

▲敗戦直後の諸改革年表　数字は月を示す。

> **参考** マッカーサー＝ノート 1946年，マッカーサー元帥は，新憲法の起草に際して，①天皇を実権のない元首とする，②戦争放棄と軍備の廃止，③封建的諸制度の廃止，の3項目からなるマッカーサー＝ノート(マッカーサー草案)を日本政府に手渡した。

❽ **労働三法の制定**　1945年から47年にかけて、**労働組合法・労働関係調整法・労働基準法**の、いわゆる労働三法が制定された。それとともに、労働委員会や労働省も設置された。

法令名	公布年月	おもな内容
労働組合法	1945.12	労働者の団結権・団体交渉権を保障
労働関係調整法	1946. 9	労働争議の調停と争議行為の抑制など
労働基準法	1947. 4	労働者の生活擁護と労働条件の改善

▲労働三法

❾ **労働運動の発展**　1946(昭和21)年、労働組合の全国組織として、右派の日本労働組合総同盟(総同盟)と左派の全日本産業別労働組合会議(産別)とが結成された。

❿ **労働運動と弾圧**　1947(昭和22)年2月1日には官公庁労働者の一斉ストライキ(二・一ゼネスト)が計画されたが★5、前日になってGHQの指令で中止させられた。これは占領政策の転換を示すものである。

⓫ **教育の民主化**　1946(昭和21)年にアメリカの教育使節団が来日した。その勧告に基づいて、1947(昭和22)年に教育の機会均等や男女共学などの民主主義の教育理念を示す**教育基本法**が制定され、義務教育が実質6年から9年に延長された。同時に新しい学制を示す学校教育法が制定され、4月から六・三・三・四制の新学制が発足した。また、教育の地方分権化を進めるため、各地に教育委員会★6が設置された。

⓬ **部落解放運動の復活**　1946年、全国水平社の伝統をうけ部落解放全国委員会が結成され、1955年に**部落解放同盟**と改称した。政府は1969年、同和対策事業特別措置法を制定した。

(参考)　米ソの対立(冷戦、▷p.432)が深まると、アメリカは日本をアジアにおける東側陣営に対抗するための基地として確保しようとした。アメリカの占領政策が労働運動の育成から抑圧へ転換したことも、これを示している。

★5　すでに、1946年5月、東京の皇居前で戦後最初のメーデー(食糧メーデー、米よこせメーデー)が行われていた。

★6　教育委員会の委員は、当初公選制であったが、1956(昭和31)年から地方公共団体の首長による任命制にかわった。また、教育委員会の権限も縮小され、中央集権制が復活強化された。

(注意)　部落解放同盟と全国水平社を混同しないようにしよう。

> **ポイント**
> 連合軍による日本占領…GHQ(アメリカ軍が中心)による間接統治
> 占領目的…日本の非軍国主義化と民主化
> →｛ 五大改革指令(幣原喜重郎内閣)、女性参政権など
> 　　**日本国憲法**の公布・施行(第1次吉田茂内閣)
> 　　戦争推進者などの公職追放と**極東国際軍事裁判**

2　政党政治の復活と経済の再建

◆　民主的諸改革の進行にともない、政党が復活し、政党政治が進展した。一方、敗戦直後の日本経済は、食料難、生産の停滞、失業者の増大、インフレという窮乏状態にあったが、アメリカの援助や占領政策の転換に助けられて、再建が進み、回復に成功した。

2 政党政治の復活と経済の再建

1 政党政治の復活

① **政党の復活** 1945(昭和20)年,かつての無産政党関係者が日本社会党を結成し,保守系も日本自由党(旧政友会系)・日本進歩党(旧民政系)・日本協同党をつくった。日本共産党も活発な運動にはいった。

② **第1次吉田内閣** 1946(昭和21)年の総選挙で日本自由党が第一党となり,総裁の吉田茂★1が組閣。この内閣のもとで日本国憲法が公布・施行された。しかし,総選挙に敗れて総辞職した。

③ **片山内閣** 1947(昭和22)年の総選挙で第一党になった日本社会党委員長の片山哲が,日本民主党・国民協同党と連立内閣をつくった★2。しかし,炭鉱国家管理法問題などで閣内不一致となり短期間で倒れた。

④ **芦田内閣から第2次吉田内閣へ** 1948(昭和23)年,民主党の芦田均が連立内閣をつくったが★3,汚職事件(昭和電工疑獄事件)で倒れた。ついで第2次吉田内閣が成立し,以後6年の長期にわたり民主自由党(のち自由党)の吉田茂が保守党政権を安定させた。

★1 吉田茂 土佐(高知県)の民権家の子に生まれ,豊かな貿易商の養子となった。東京帝国大学を卒業して外交官となるが,戦前は親英米派として軍部から排斥され自発的に退官。憲兵隊に拘束されたこともある。戦後外相・首相となって占領下の改革を推進。また池田勇人・佐藤栄作らの政治家を育てた。

★2 片山内閣は,社会主義政党を中心とする日本最初の内閣であった。

★3 芦田内閣は3党の連立内閣を組織して中道政治をめざした。

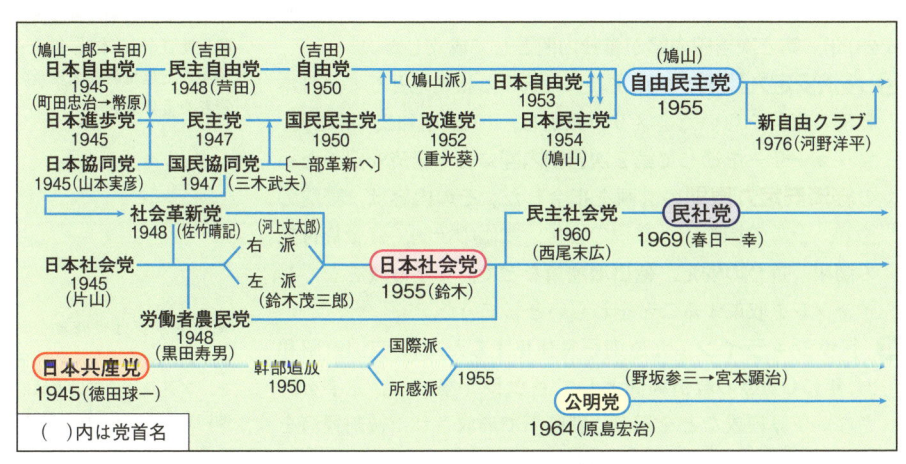

▲戦後日本のおもな政党の変遷(1)

2 日本経済の再建

① **敗戦直後の混乱** 戦時中からの軍需インフレに加え,食料などの生活物資の不足,赤字公債の濫発などのためにインフレが急速に進行し,国民生活は窮乏状態におちいった。

❷ **金融緊急措置令** インフレによる物価の高騰を抑えるため、幣原喜重郎内閣は一定額以上の預貯金の封鎖、新円への切り替え、給与の支払い制限などを行ったが、効果は一時的にとどまった。

❸ **傾斜生産方式**★4 第1次吉田内閣は、石炭・鉄鋼・肥料などの生産財部門の生産を増大させるため、膨大な財政投融資（政府資金）や労働力の投入を行ったため、インフレがいっそう高進した。

❹ **アメリカの援助** ガリオア援助（ガリオア・エロア援助）★5 とよばれる資金が食料や原料の形でアメリカから供与された。

3 占領政策の転換

❶ **アメリカの方針転換** 第二次世界大戦後、内戦がつづいた中国で、共産党の勢力が増す（▷p.433）と、アメリカは蔣介石の国民党を通してソ連を封じこめる構想を断念した。そして日本に対し、経済復興と再軍備を強く求めるようになった。

❷ **第2次吉田内閣** 片山哲（社会党）・芦田均（中道）の失敗で、保守派の吉田茂（民主自由党）への期待が高まり、1948（昭和23）年、第2次吉田内閣が単独内閣として成立した。

❸ **経済安定九原則** 共産主義に対抗する根拠地として、日本経済の復興を急いだアメリカ政府は、1948（昭和23）年12月、マッカーサーを通じて第2次吉田内閣に日本経済安定のための経済安定九原則の計画を指令した。その内容は、経費の節約、予算の均衡化、徴税の強化、物価の統制、資金貸付先の制限、賃金の安定、輸出増加策などで、赤字財政をなくし、インフレを収束することをねらいとしていた。

❹ **ドッジ=ライン** 九原則を具体化するために、1949（昭和24）年にGHQの経済顧問としてドッジが来日し、赤字を許さない予算編成などを指導、戦時下で形成された統制経済をやめ自由主義経済とする土台をつくった★6。このとき1ドル＝360円の単一為替レートが定められた。

❺ **シャウプ税制** 1949（昭和24）年には、アメリカのコロンビア大学教授シャウプが来日し、大衆課税の強化と企業に対する減税を骨子とする税制改革を指導した。その結果、大企業は立ち直り、企業再建の基礎ができたが、一方で中小企業や勤労者は不況と窮乏生活にあえいだ。

（参考）敗戦直後の社会混乱の理由 ①敗戦による精神的虚脱感、②食料などの生活物資の極度の欠乏、③戦災による住宅難、④生産力の激減、⑤海外からの大量の引き揚げによる人口の増大、⑥政府の威信失墜による取締り不十分からヤミ商人が横行したこと、など。

★4 傾斜生産方式の傾斜とは、「重点的に」という意味。

★5 ガリオア援助（ガリオア・エロア援助） 占領地行政救済の予算から出された資金のこと。日本は、食料や医薬品などの給付をうけた。エロア資金はその一部としてのちに追加されたもので、占領地域経済復興援助資金。日本は、綿花・羊毛など原材料輸入資金の貸与をうけた。

★6 ドッジは当時デトロイト銀行頭取。日本の経済を、アメリカの援助と政府補助金よりなる「竹馬経済」と考え、足をあまり高くすると転んで首の骨を折る危険があるとして、超均衡・超デフレ予算をくんで国民に耐乏生活を要求した。この結果、物価上昇は抑制され、経済再建の基礎ができたが、労働者の整理や賃金ストップなどをもたらした。

補説 下山・三鷹・松川事件★7 1949年はドッジ゠ラインなどの政策によって，インフレは収束の気配を見せていたが，日本経済は深刻な不況におちいった。さらに，官公庁や民間企業では大量の人員整理が強行された。これに対する反対運動のなかで，下山事件・三鷹事件・松川事件が相ついで起こり，共産党や労働者の共謀によって起こされたような報道がなされたため，労働運動はおとろえていった。

★7 下山事件・三鷹事件・松川事件　下山事件は国鉄総裁下山定則の怪死事件。三鷹事件は東京の国鉄中央線三鷹駅構内での無人列車暴走事件。松川事件は福島県の国鉄東北本線松川駅付近での列車転覆事件。いずれの事件も，真相は不明。

❻ **国家公務員法改正**　第2次吉田内閣はGHQの指令によって，1948（昭和23）年に政令201号を出し，さらに国家公務員法を改正して国家公務員の団体交渉権を否定した。

4 戦後の生活と文化

❶ **敗戦直後の生活**　焼け跡でのバラック生活，闇市，浮浪児，買い出し列車などの風景が都会の各所に見られた。生活物資の極端な不足とインフレのため，人々は生活に追われたが，やがて将来に希望をもつようになった。

参考　人々の意識の変化　敗戦によって，戦時中の国家主義的な価値観は否定され，GHQのもたらした，民主化と個人の解放という新しい価値観が広まった。

❷ **言論・マスコミ**　多くの新聞や雑誌が誕生。日本放送協会（NHK）がラジオ放送網を拡充したほか，1951（昭和26）年にはラジオ民間放送，1953（昭和28）年には白黒でテレビ放送が始まった。

❸ **学　術**　学問研究の自由が保障されるとともに，まず人文科学・社会科学が活発となった。自然科学でも，理論物理学者の湯川秀樹が1949（昭和24）年，日本人として最初のノーベル賞をうけ，敗戦にうちひしがれた国民に勇気を与えた。

★8 『羅生門』　三船敏郎主演。1951年のヴェネツィア国際映画祭で，グランプリを受賞した。

❹ **芸　術**　生活の苦しさを忘れさせる，明るい大衆文化が発展。並木路子の歌う「リンゴの唄」が大流行し，ついで少女歌手の美空ひばりが人気をさらった。映画では，黒澤明（『羅生門』★8『七人の侍』）や溝口健二（『雨月物語』）の作品が，すぐれた映像美や人間描写によって世界的に注目された。

参考　戦後のスポーツ　プロ野球が復活し，人気を得た。また，古橋広之進がつぎつぎと水泳の世界記録をうちたて，日本の人々に自信を与えた。

> **ポイント**
> ①政党の復活…日本自由党・日本進歩党・日本社会党・日本共産党など
> 　片山哲連立内閣（日本社会党）→芦田均連立内閣（民主党）
> ②日本経済の再建…第2次・第3次吉田茂内閣。経済安定九原則
> 　ドッジ゠ライン・シャウプ税制→経済再建の基礎・デフレ不況
> ③文化の発展…流行歌やスポーツなどの，明るい大衆文化

3 戦後の世界と日本の発展

◆ 第二次世界大戦後, アメリカとソ連との対立を基軸とする資本(自由)主義陣営(西側)と社会主義陣営(東側)の対立が激化し, 日本の占領政策もその影響をうけた。朝鮮戦争後, 世界は緊張緩和の方向に進み, 日本もソ連との国交回復や国際連合への加盟を達成した。

1 2大陣営の対立とアジア

① 国際連合の成立 第二次世界大戦中, ドイツ降伏直後の1945年6月, 連合国50カ国の代表がアメリカのサンフランシスコに集まって国際連合憲章を採択し, 10月に**国際連合**(国連)が成立した。

（補説）**国際連合の組織** 総会と安全保障理事会を中心とし, 本部をアメリカのニューヨークに置いた。安全保障理事会の常任理事国(米・英・仏・ソ＝現ロシア・中国の5カ国)は拒否権をもっている。第一次大戦後の国際連盟(▷p.390)の弱体にかんがみ, 国際紛争を防止するための国連軍をもち, ユネスコなどの専門機関を設けて経済・社会・文化の各方面でも国際協力を図ることを目的とした。

▲国際連合本部

② 2つの世界の対立 戦後世界の指導国となった**アメリカ**と**ソ連**を中心に, **資本(自由)主義陣営(西側)と社会主義陣営(東側)との対立**が表面化した。この対立は, 一般に冷戦(冷たい戦争)とよばれる。

（補説）**ソ連の核兵器** ソ連は, アメリカの原爆技術をスパイし, 1949年に原爆開発に成功した。

★1 「鉄のカーテン」 1946年3月, イギリスの前首相チャーチルが, アメリカのフルトン市で行った反ソ演説のなかで, 次のように使った言葉。「バルト海のシュテッティンからアドリア海のトリエステまで大陸を横切って鉄のカーテンがおりている」。

★2 トルーマン＝ドクトリン アメリカ大統領トルーマンが提唱。原爆生産設備の大増強や軍事政策の強化をうったえ, 世界的な軍事基地網でソ連を包囲する封じ込め政策が必要であると言った。

★3 マーシャル＝プラン アメリカ国務長官マーシャルの提案に基づくヨーロッパ諸国への経済援助計画。西欧諸国はこれをうけいれたが, ソ連・東欧諸国は拒否した。

★4 北大西洋条約機構(NATO) ソ連を中心とする社会主義勢力に対抗するため, 欧米12カ国で結成された。ソ連側では, 1955年に, 東欧8カ国の共同防衛組織としてワルシャワ条約機構を結成した。

年代		世界の情勢	日本の情勢
1946年		3. チャーチルの「鉄のカーテン」★1演説 12. インドシナ戦争(〜54年)	5. 食糧メーデー
1947年		3. トルーマン＝ドクトリン★2発表 0. マーシャル＝プラン★3発表	1. 二・一ゼネスト中止 0. 日本教職員組合結成
1948年	冷戦	6. ソ連が東西ベルリンの交通遮断	7. 政令201号
1949年		6. 北大西洋条約機構(NATO)★4成立 10. 中華人民共和国成立	3. ドッジ＝ライン 8. シャウプ勧告
1950年		6. 朝鮮戦争(〜53年)	6. レッド＝パージ 8. 警察予備隊創設
1951年		9. サンフランシスコ講和会議	9. 日米安全保障条約調印

▲第二次世界大戦後の世界と日本

3 戦後の世界と日本の発展

❸ **中華人民共和国の成立** 中国では，国民党と共産党との対立が激化し，両者の間に内戦(国共内戦)が始まった。アメリカは，国民党政府に膨大な経済・軍事援助を行ったが，共産党は**毛沢東**の指導のもとに反撃に転じ，1949年10月に**中華人民共和国**を樹立した。**蔣介石**は，台湾にのがれて中華民国政府を維持し，アメリカの援助のもとに本土奪回を叫ぶに至った。

❹ **2つの朝鮮** 朝鮮は，北緯38度線で米ソ両軍によって分割占領されたが，1948年，南部にアメリカの支持する**大韓民国**(韓国)，北部にソ連・中国の支持する**朝鮮民主主義人民共和国**(北朝鮮)が成立した。

参考 **インドシナ戦争**
フランスの植民地だったインドシナでは，北部に社会主義政権のベトナム民主共和国(北ベトナム)が成立した。フランスは，南部にベトナム国(のちベトナム共和国。南ベトナム)を擁立して北ベトナムに対抗し，1946〜54年，両国の間で戦闘が展開された。

2 朝鮮戦争とサンフランシスコ平和条約

❶ **朝鮮戦争** 1950年6月，朝鮮民主主義人民共和国が，ソ連の了解のもと，武力統一をめざして大韓民国に侵攻し，戦争が始まった。国連の安全保障理事会はソ連欠席のもとで北朝鮮を侵略者とみなし，アメリカ軍を中心とする国連軍を組織，北朝鮮軍を中国との国境近くまで押し戻した。これに対し，中華人民共和国は，多数の人民義勇軍を投入して北朝鮮軍を助けた。戦線は膠着状態となり，1951年7月には休戦会議が開かれ，1953年に板門店(パンムンジョム)で朝鮮休戦協定が調印された。しかし，**朝鮮半島の分断とその対立が固定化**した。

補説 **マッカーサーの解任** 国連軍司令官も兼任するようになったマッカーサーは，中国東北地方への原爆投下を主張したので，1951年，トルーマン大統領に解任された。

❷ **朝鮮戦争の影響** 朝鮮戦争勃発の2週間後に**警察予備隊**の創設が指令され，さきに追放された軍人・政治家などの追放解除も行われた。その反面，官公庁・重要産業部門から共産党員や労組指導者などが追放された。これを**レッド＝パージ**★5という。

★5 **レッド＝パージ**
共産党のシンボルカラーは赤であるため，このようによばれる。

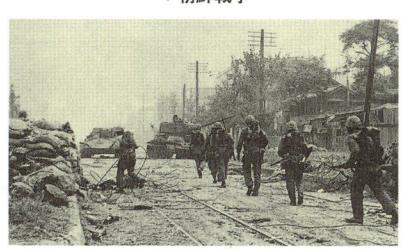

▼板門店 2つの青い建物の中央を横に通っている線が，南北の軍事境界線(北緯38度線)である。

▼朝鮮戦争

❸ **特需**★6　朝鮮戦争の勃発とともに、日本はアメリカ軍の朝鮮進攻基地となり、大量の軍需品が日本の会社に発注された。この結果、日本の産業界は鉄鋼業を中心に生産が急上昇し、**特需景気**を現出して、鉱工業生産は戦前の水準に回復した。

❹ **対日講和会議**　朝鮮戦争の勃発は、アメリカに対日講和を急がせた。日本を社会主義陣営に対する防壁とするためである。第3次吉田茂内閣も革新勢力の唱える全面講和論をおさえ、1951(昭和26)年9月にサンフランシスコ講和会議にのぞみ、連合国48カ国と**サンフランシスコ平和条約**★7を結んだ。これにより、日本は主権を回復し、独立を達成した。

❺ **日米安全保障条約**　日本は講和条約につづき、米軍が日本の防衛のために駐留する**日米安全保障条約**を締結、それに基づいて、翌年日米行政協定★8に調印した。1952(昭和27)年、海上警備隊が新設され、警察予備隊は保安隊に改組されて強化された。さらに1954(昭和29)年には、MSA協定(日米相互防衛援助条約など)を結び、日本はアメリカの軍事援助をうけるかわりに、自衛力を強化する義務を負った。これにより同年、防衛庁(現・防衛省)が新設され、**自衛隊**が発足した。

★6　**特需**　アメリカ軍の軍事資材の調達などによる特別の軍需。

(参考)　**全面講和と多数講和**　講和に際し、すべての交戦国との講和をめざす全面講和派と、可能な多数派国とだけ講和する多数講和派とが対立した。日本社会党などの革新勢力は、全面講和・中立堅持を主張し、吉田内閣の進める多数講和を単独講和と批判した。

★7　**サンフランシスコ平和条約**　第2条で千島列島、樺太の南部、朝鮮、台湾などに対する権利放棄、第3条で沖縄・小笠原諸島を国連の信託統治制度に基づいてアメリカの施政権下に置くことを認めた。

テーマゼミ　日本の独立

○アメリカのトルーマン大統領は国務省に対日講和をすすめるよう指令し、1951年にダレス国務長官顧問を大統領特別使節に任命して正式交渉を開始させた。

○ダレスは吉田茂首相と安全保障について交渉し、日本本土とその周辺に米軍を駐留させるとの了解を成立させた。7月になると、米英両国から、サンフランシスコ講和会議への招請状が条約草案を添えて関係国に送られた。しかし、インド・ビルマ(ミャンマー)・ユーゴスラヴィアの3国は不参加を回答し、中華人民共和国(中国)と中華民国(台湾)は講和会議に招かれなかった。

○こうして、9月にサンフランシスコのオペラハウスで対日講和会議が開かれ、日本をふくめて52カ国が出席した。しかし、調印式にはソ連・チェコスロヴァキア・ポーランドの代表が欠席し、調印を拒否した。48カ国の代表が署名したのち、日本の吉田茂全権以下が署名し、日本はいちおう独立を回復した。そして同日午後には、アチソン国務長官と吉田全権との間に日米安全保障条約が調印された。

▲対日講和条約に調印する吉田茂首相

❻「逆コース」 1952(昭和27)年に血のメーデー事件★9が起きると、第3次吉田内閣は、破壊活動防止法を制定し、過激な行動をとりしまることになった。また、1956(昭和31)年には、教育委員が公選制から任命制に改められた。これらの政策を、革新勢力は「逆コース」とよんで批判した。

❼ 米軍基地反対運動 国民の間で、日本が米ソの核戦争に巻きこまれるのを恐れる気持ちも強まり、石川県の内灘などでは大規模な米軍基地反対運動が起こった(1953年)。また1954(昭和29)年、太平洋のビキニ環礁でアメリカが水爆実験を行い、日本漁船の第五福龍丸が被災して死者を出したことをきっかけに、原水爆禁止運動がもりあがり、翌1955(昭和30)年に広島で第1回原水爆禁止世界大会が開かれた。

★8 日米行政協定
日米安全保障条約の細目を定めた協定。日本に対し、軍事施設や分担金などの提供、米軍人の犯罪に裁判権がおよばないなど、日本側に不利な条項が決められた。

★9 血のメーデー事件
1952年5月1日、独立後最初のメーデーで、デモ隊と警官隊とが皇居前広場で衝突し、多くの負傷者と死者数名を出した。メーデー事件、皇居前広場事件ともいう。

史料 日米安全保障条約、新安保条約(日米相互協力及び安全保障条約)

〔日米安全保障条約(1951年)〕
第一条 平和条約及びこの条約の効力発生と同時に、アメリカ合衆国の陸軍、空軍及び海軍を日本国内及びその付近に配備する権利を、日本国は許与し、アメリカ合衆国はこれを受諾する。この軍隊は、極東における国際の平和と安全の維持に寄与し、並びに、一又は二以上の外部の国による教唆又は干渉によって引き起こされた日本国における大規模の内乱及び騒じょうを鎮圧するため、日本国政府の明示の要請に応じて与えられる援助を含めて、外部からの武力攻撃に対する日本国の安全に寄与するために使用することができる。

〔日米相互協力及び安全保障条約①(1960年)〕
第三条 締約国は、個別的に及び相互に協力して、継続的且つ効果的な自助及び相互援助により、武力攻撃に抵抗するそれぞれの能力を、憲法上の規定に従うことを条件として、維持し発展させる。
第四条 締約国は、この条約の実施に関して随時協議し、また、日本国の安全又は極東における国際の平和及び安全に対する脅威を生じたときはいつでも、いずれか一方の締約国の要請により協議する。
第五条 各締約国は、日本国の施政の下にある領域における、いずれか一方に対する武力攻撃が、自国の平和及び安全を危うくするものであることを認め、自国の憲法上の規定及び手続に従って共通の危険に対処するように行動することを宣言する。

注 ①正式には「日本国とアメリカ合衆国との間の相互協力及び安全保障条約」という。

視点 1951(昭和26)年の日米安全保障条約は、日本が米軍の駐留を承認し、他国からの侵略や日本の内乱の際米軍が出動するとした。期限も記されず、アメリカの行動だけを規定した片務的なものだった。のち岸信介首相は、経済力の発展を背景に、これを形式的には対等なものに変更しようとした。1960(昭和35)年に締結された日米相互協力及び安全保障条約(新安保条約)は、内乱条項を削除し、あらたにアメリカの日本防衛義務、米軍の軍事行動の事前協議制、期限10年などを取り決めた。1970(昭和45)年に自動延長され、現在まで継続している(▷p.440)。

補説　**経済発展政策**　吉田茂首相は，日米安全保障条約などでアメリカとの連携を強め，アメリカとの貿易を増大させて，軍事負担の急増をさけながら経済発展をはかろうと構想しており，1960年代の池田勇人首相の高度成長政策につながっていく。

注意　吉田内閣の経済発展政策については，430ページの「占領政策の転換」で確認しておこう。

3 平和的共存と第三世界

❶ **朝鮮戦争の休戦**　1951年から板門店で休戦会談が始まり，多くの曲折を経て，1953年に朝鮮休戦協定が成立した（▷p.433）。

❷ **インドシナ戦争の休戦**　1954年，ジュネーヴでフランスとベトナム民主共和国（北ベトナム）との休戦協定が成立した★10（インドシナ戦争，▷p.433）。

❸ **第三勢力の結束**　1954年，インドのネルー首相と中国の周恩来首相が平和五原則★11を確認。翌年インドネシアのバンドンで**アジア＝アフリカ会議（バンドン会議）**が開かれ，平和五原則を基礎にして平和十原則を宣言した。アジア・アフリカ諸国が米・ソの2大勢力に対し，第三勢力の立場をとったものとして重要である。

★10 ベトナム戦争
1954年の休戦協定によってフランス軍が撤退したあとも，ソ連・中国が北ベトナム，アメリカが南ベトナムを支援して，内戦がつづいた（▷p.443）。

★11 平和五原則　領土と主権の相互尊重，相互不可侵，内政不干渉，平等互恵，平和共存の5つ。

補説　**米・ソの宇宙開発競争**　1957年，ソ連が最初の人工衛星スプートニクの打ち上げに成功すると，米・ソの軍拡競争は，宇宙空間にまで拡大された。アメリカは1969年，国家の威信をかけて，アポロ11号による人類初の月面着陸を成功させた。

❹ **米・ソの歩み寄り**　1953年にスターリンが死去すると，フルシチョフが平和共存政策を唱えた。アメリカのアイゼンハワー大統領がこれに応じ，フルシチョフは訪米して，国連総会で全面完全軍縮を提案した。

▲アジア＝アフリカ会議

ポイント　**〔冷戦下の世界と日本〕**
①冷戦（米・ソ間）→アジアへ波及→中華人民共和国の成立→**朝鮮戦争**
　→**サンフランシスコ平和条約＋日米安全保障条約**（1951年）
②アジア・アフリカ諸国の新しい動き…**アジア＝アフリカ会議**と平和十原則（1955年）→第三勢力
③米・ソの平和共存路線…軍縮の道をさぐる

テスト直前要点チェック

	問	答
☐	❶ ワシントンに置かれた対日占領政策の最高機関を何というか。	❶ 極東委員会
☐	❷ 東京に置かれた連合国軍最高司令官の諮問機関を何というか。	❷ 対日理事会
☐	❸ 1945年10月にGHQが出した民主化指令の総称を何というか。	❸ 五大改革指令
☐	❹ 連合国により日本の戦争犯罪人容疑者が審理された裁判は何か。	❹ 極東国際軍事裁判
☐	❺ 財閥の解体と復活防止をはかるための法律は，過度経済力集中排除法ともう1つは何か。	❺ 独占禁止法
☐	❻ 第二次農地改革の基本となった法律は，改正農地調整法ともう1つは何か。	❻ 自作農創設特別措置法
☐	❼ GHQの指示をうけて憲法の試案をつくった内閣は何内閣か。	❼ 幣原喜重郎内閣
☐	❽ 労働三法は，労働組合法・労働基準法ともう1つは何か。	❽ 労働関係調整法
☐	❾ GHQの指示で中止させられた1947年2月の一斉ストライキは何か。	❾ 二・一ゼネスト
☐	❿ 民主主義の教育理念をうたった法律を何というか。	❿ 教育基本法
☐	⓫ 六・三・三・四制を定めた教育関係の法律を何というか。	⓫ 学校教育法
☐	⓬ 戦前の政友会につながる保守政党を何というか。	⓬ 日本自由党
☐	⓭ 1947年に首相となった，日本社会党委員長は誰か。	⓭ 片山哲
☐	⓮ 敗戦直後のインフレ抑制のため制定された法令を何というか。	⓮ 金融緊急措置令
☐	⓯ アメリカ政府が1948年に示した経済再建指令を何というか。	⓯ 経済安定九原則
☐	⓰ 日本経済の再建のために派遣されたアメリカ人は誰か(2人)。	⓰ ドッジ，シャウプ
☐	⓱ 1951年のヴェネツィア国際映画祭で入賞した日本映画は何か。	⓱ 羅生門
☐	⓲ 大戦後の，資本主義陣営と社会主義陣営の対立を何というか。	⓲ 冷戦
☐	⓳ 中華人民共和国が成立したのは西暦何年か。	⓳ 1949年
☐	⓴ 朝鮮戦争の休戦協定が結ばれた場所はどこか。	⓴ 板門店(パンムンジョム)
☐	㉑ 朝鮮戦争の勃発により創設された治安部隊を何というか。	㉑ 警察予備隊
☐	㉒ 朝鮮戦争時のアメリカ軍から日本への発注を何というか。	㉒ 特需
☐	㉓ サンフランシスコ講和会議の日本側全権は誰か。	㉓ 吉田茂
☐	㉔ 日本の独立後も，アメリカ軍が日本に駐留することを定めた条約を何というか。	㉔ 日米安全保障条約
☐	㉕ 1952年に結ばれた，日本が米軍の駐留経費を負担する法律は何か。	㉕ 日米行政協定
☐	㉖ 1955年にアジア＝アフリカ会議が開かれたインドネシアの都市は。	㉖ バンドン
☐	㉗ スターリンの死後，平和共存路線を進めたソ連の指導者は誰か。	㉗ フルシチョフ

17章 占領と国際復帰

18章 55年体制と高度経済成長

この章の見取り図

米・ソの対立（冷戦）

55年体制　　　高度経済成長 ⇨ 石油危機 ⇨ 安定成長

年次	おもな事項
一九五五	自由民主党結成→〈55年体制始まる〉
五六	日ソ共同宣言 国際連合加盟
六〇	日米新安全保障条約
六二	キューバ危機
六三	部分的核実験停止条約
六四	東京オリンピック
六五	日韓基本条約
六六	アメリカがベトナムに本格的介入（～七三）
六六	プロレタリア文化大革命（～七六）
六七	EC発足
六八	文化庁設置
六九	ソ連などのチェコスロヴァキア侵攻 アポロ11号の月面到達
七〇	大阪で万国博覧会
七一	環境庁設置
七二	日中共同声明 沖縄施政権の日本復帰
七三	第4次中東戦争→ 石油危機
七五	ベトナム戦争終結
七六	ロッキード事件
七八	日中平和友好条約
七九	ソ連のアフガニスタン侵攻
八〇	イラン=イラク戦争（～八八）

1 55年体制の成立

◆ 1955（昭和30）年に自由民主党（自民党）が結成され，それ以降40年近く，自民党と社会党の議席数がほぼ2対1の割合のまま推移した。自民党は社会主義体制を批判し，社会党は，アメリカに依存することで，核戦争に巻きこまれると訴えた。このような，冷戦を背景とした保守の一党優位の政治体制を，55年体制（1955年体制）という。

1 55年体制の成立

❶ **冷戦の定着**　米・ソは一時的な歩み寄りのあと，1962年にはソ連のキューバへのミサイル配備をめぐって，核戦争直前の状態になった（キューバ危機，▷p.442）。これが解決されたあとも，米・ソの二極構造がつづいた。

❷ **55年体制の形成**　サンフランシスコ平和条約をめぐり，社会党は平和条約に反対する左派と，賛成する右派に分裂した。冷戦の展開により，対米依存と憲法改正を求める日本の保守勢力と，非武装中立・憲法擁護を主張する革新勢力との対立構図が明確となった。そのため1955（昭和30）年，左・右

参考　キューバ革命
キューバはアメリカの経済支配のもとにあったが，1959年にカストロが革命政府を樹立した。新政権は，農地改革を行い，外国資本の大企業や銀行の国有化を進めたので，アメリカはキューバと断交した。キューバが社会主義共和国であることを宣言すると，ソ連など社会主義国が援助した。

の社会党は合同して、憲法改正阻止に必要な3分の1の議席を確保した。

これに対し、日本民主党と自由党も合併して自由民主党となり（保守合同）、こののち、自由民主党を政権党とし、社会党を主要野党とする55年体制（1955年体制）が38年間つづいた[★1]。

❸ **55年体制下の政治** 1955（昭和30）年以降、40年近く、自民党と社会党の議席数は、ほぼ2対1のままで推移した。自民党は社会主義体制を批判して政権の座にありつづけ、社会党は対米依存による戦争の危険を訴えて野党第一党の地位を保った。

▲国際連合総会（2000年代）

[★1] 55年体制は、1993（平成5）年に日本新党の細川護熙内閣の成立で崩壊する（▷p.451）。

（補説）**中選挙区制と国対政治** 55年体制は、衆議院の中選挙区制（1選挙区から数名当選）と、1960年代以降の自社両党の国会対策委員長による国会議場外での交渉による政治にも支えられていた。必然的に、政治は与野党間の緊張を欠くものとなっていった。

2 日ソ国交回復と国際連合加盟

❶ **鳩山一郎内閣の成立** 講和の実現後、反吉田勢力が台頭し、彼らは1954（昭和29）年、鳩山一郎を総裁として日本民主党を結成した。同年末、鳩山内閣が成立し、約1年後、保守合同により、同内閣は自由民主党を与党とした。

❷ **日ソ国交回復** 鳩山内閣は、憲法の改正と自主外交をうたった。憲法調査会が発足したが、憲法改正はならなかった。1956（昭和31）年、日ソ共同宣言[★2]に調印し、ソ連との国交を回復した。同年末には、国際連合にも加盟し、日本は国際社会に完全に復帰した。

[★2] **日ソ共同宣言** 第二次世界大戦後の日ソ間の戦争終結宣言。モスクワで調印された。戦争状態の終了、ソ連の賠償請求権の放棄、日本の国連加盟支持などがおもな内容。

しかし、平和条約は未締結であり、北方領土問題も残された（▷p.444）。

18章 55年体制と高度経済成長

> ポイント
> ①冷戦の定着→**55年体制の成立**…保守長期政権と革新勢力の対抗
> ②**日ソ共同宣言と国際連合への加盟**（1956年）…国際社会への完全復帰

2 高度経済成長と保守政権の定着

◆ 1950年代後半以後、わが国は安保改定問題のあと驚異的な高度経済成長をとげ、豊かな国の仲間入りをしたが、公害問題の深刻化、慢性的な不況など解決すべき問題にも直面した。一方、世界では米・ソの対立と並行して、両陣営内に多極化の傾向が見られた。

1 安保改定と高度経済成長

❶ 安保改定問題 1957(昭和32)年に成立した自由民主党の岸信介内閣は，1960(昭和35)年に日米相互協力及び安全保障条約(日米新安保条約)★1の締結を行った(▷p.434)。これに対し，革新勢力や学生らから，米ソ対立に巻きこまれるとして猛烈な反対運動が起こった。衆議院で改定法案が強行採択されると，安保闘争は頂点に達し，条約成立後，岸内閣は退陣した。

❷ 日本経済の発展 朝鮮戦争による特需(▷p.434)以後，日本経済は輸出や技術革新などでアメリカ経済と連携して好景気に転じ，神武景気(1955〜57年)・岩戸景気(1958〜61年)・いざなぎ景気(1966〜70年)といわれる空前の好況をむかえながら成

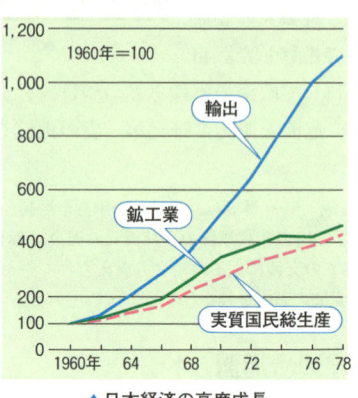

★1 日米新安保条約は，旧条約の内乱条項(在日米軍が，日本国内の内乱の鎮圧に出動できる)が削除されるなど，より対等な内容となった。しかし，事前協議の運用に関する両国間の密約(米軍の核兵器搭載艦船の日本への「寄港」は，あくまで「通過」であって事前協議の対象とならない，など)が付随し，不透明なものであった。

▲日本経済の高度成長

長した。この間，安保改定問題で退陣した岸内閣につづく池田勇人内閣は，「所得倍増」をスローガンに高度成長政策を進めた。この結果，1968(昭和43)年には日本の国民総生産(GNP)は，アメリカについで資本主義国第2位になった。しかし，1973(昭和48)年秋の石油危機(▷p.445)により高度経済成長は終わり，日本経済は安定成長期にはいった。

テーマゼミ 安保闘争

○1960年1月19日にアメリカで新安保条約が調印された。政府は新条約を国会に提出し，5月19日，衆議院本会議に500人の警察官をいれ，自由民主党だけで単独採決を強行した。
○これに対し，反対運動が急速に高まり，連日デモ隊が国会を包囲した。6月18日には大集会が開かれ，夜は国会周辺がデモでうまったが，19日午前0時に新安保は自然成立した。

▲新安保条約の強行採決

2 高度経済成長と保守政権の定着

❸ 55年体制下の国政 1955(昭和30)年の保守合同以来,自由民主党(自民党)が絶対多数の国会議席を確保して国政を運営してきた。一方,野党の側では社会党からの民主社会党(のちに民社党と改称)の分裂,公明党(母体は日蓮正宗系の創価学会)の結成や共産党の進出など多党化の傾向が強まった。

> **補説** 革新首長の誕生 大都市やそれをかかえる地方自治体では,1960年代後半から1970年代にかけ公害や福祉問題を掲げて,社会党・共産党に支持された革新首長がふえた。1967(昭和42)年に当選した東京都の美濃部亮吉(美濃部達吉の長男)知事は,その代表例である。

❹ 開放経済体制 日本は欧米諸国の求めに応じ,1960(昭和35)年から貿易の自由化が行われ,1964(昭和39)年には為替と資本の自由化を実施し,同年,IMF(国際通貨基金)8条国への移行と,OECD(経済協力開発機構)への加入[★2]をなしとげた。

❺ 高度経済成長のひずみ 人口の都市集中(過密)と農山村の過疎現象,さらには公害問題[★3]や自然破壊などが大きな問題となった。

> **補説** 公害対策 佐藤栄作内閣の1966(昭和41)年,公害審議会が公害対策について答申し,1967(昭和42)年には公害対策基本法が成立した。1971(昭和46)年には環境庁(現・環境省)が発足した。

❻ 科学技術の発達 新しい科学技術の発達によって,高速道路・新幹線などの建設が進んだ。1964(昭和39)年に,東京で第18回オリンピック大会が開かれ[★4],1970(昭和45)年には最新の科学技術の粋を集めて,大阪の千里丘陵で日本万国博覧会が開かれた。しかし,科学技術の発達は,原子力利用の問題などの解決すべき問題も新たに生み出した。

★2 IMF 8条国移行とOECD加入 IMFは,国際貿易の促進と為替の安定を目的として,1945年に発足した。日本は,14条国から8条国への移行によって為替制限を撤廃した。また,OECDへの加入により,資本の自由化を義務づけられた。

★3 四大公害訴訟として,熊本水俣病・四日市ぜんそく(三重県)・富山イタイイタイ病・阿賀野川水銀中毒(新潟県)の4つがある。1971〜73年,裁判はいずれも被害者側が勝訴した。

★4 2020年に東京で開催予定だったオリンピック・パラリンピックは,新型コロナウイルス感染症の世界的拡大により,2021年に延期して行われた。

▲東京オリンピックの日本選手団　　▲東海道新幹線の開業式

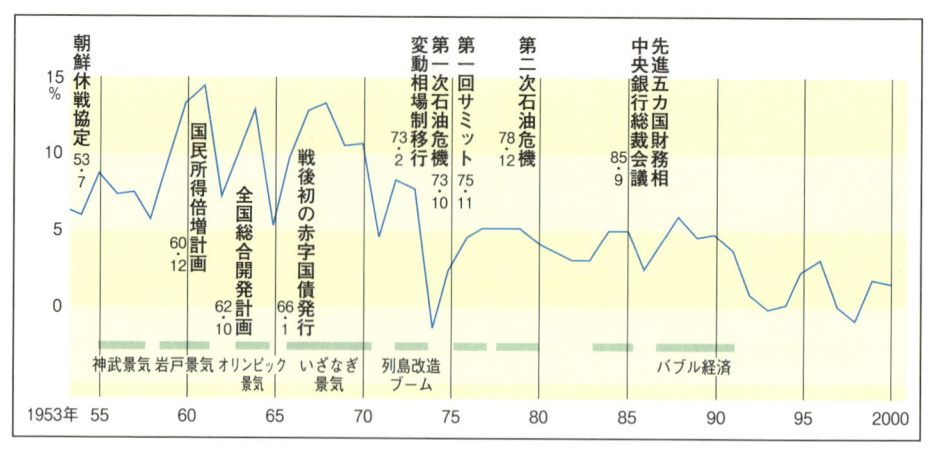

▲日本経済の移り変わり

❼ 国民生活の変貌

1950年代後半以降は，洗濯機・冷蔵庫など家庭の電化が進み，自家用車が普及するとともに，レジャーが国民生活のなかに広がった。また，カラーテレビが普及し，マス゠コミュニケーション時代が到来した。さらに高層住宅がふえ，各地に団地とよばれる大集団住宅地がつぎつぎに誕生した。

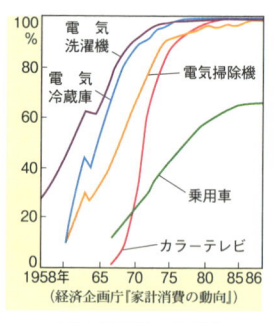

▲耐久消費財の普及率

2 米・ソの二極構造と中国

❶ キューバ危機
1962年，ソ連がキューバに核弾頭搭載可能ミサイルの持ちこみを強行しようとして，米ソ間が一時緊張した。アメリカのケネディ大統領とソ連のフルシチョフ首相の妥協によって，核戦争の危機は回避された。

❷ 中ソ論争
中国は，ソ連の平和共存路線を批判した。これに対しソ連は1959年，中ソ技術協定を一方的に破棄，ここに中・ソ間の協力が破れ，はげしい論争が起こった。

❸ 核兵器問題
1963年，米英ソ3国間に部分的核実験停止条約（地下実験を除く）が結ばれ★5，さらに1968年には**核兵器拡散防止条約**が調印された。

❹ 西側の変化
西ヨーロッパ諸国は**EEC**★6（ヨーロッパ経済共同体）のもとに結束し，相互に協調しながら経済力を高めていった。また，ド゠ゴール大統領の率いるフランスは，アメリカの指導力の弱体化に乗じ，独自の勢力を築こうとして，1966年NATO（北大西洋条約機構，▷p.432）の軍事機構から脱退した（2009年に復帰）。

★5 中国やフランスは，米ソの国家的利害に立つものとして調印を拒否した。

★6 EEC 1957年，フランス・西ドイツ・イタリア・ベネルクス3国を原加盟国として組織。域内関税や貿易制限の撤廃など，共通の経済政策をとる。1967年にEC（ヨーロッパ共同体），1993年にはEU（ヨーロッパ連合）に発展した。

❺ **中国の情勢** 中華人民共和国は，1964年に核実験を成功させた。1966年からは**毛沢東**を中心にプロレタリア文化大革命★7が始まり，政治混乱のなかで経済発展は阻害された。しかし，アメリカが封じ込め政策を緩和したので，中華人民共和国は，1971年には台湾（中華民国）にかわり，国連に招請された（▷p.445）。

❻ **ベトナム戦争** アメリカは，ベトナム共和国（南ベトナム）政府を支援して大量の兵力を投入したが，1973年にベトナム民主共和国（北ベトナム）とベトナム和平協定を結んで，ベトナムから撤退した。さらに1975年に南ベトナムの首都サイゴン（現ホーチミン）が陥落し，30年にわたるベトナム戦争が終結した。この結果，南北が統一され，翌年ベトナム社会主義共和国が成立した。

▲ベトナム戦争反対デモ

❼ **韓国と北朝鮮** 韓国では，1960年に**李承晩**政権が倒れたが，翌年の軍事クーデタで**朴正熙**が政権をとった。1965（昭和40）年，佐藤栄作内閣が朴政権との間に**日韓基本条約**を結び，国交を正常化した。この結果，朝鮮民主主義人民共和国（北朝鮮）への敵視政策を継続した。

❽ **南北問題** 東西対立問題に対し，1960年代に表面化した**北半球に多い先進国と南半球に多い発展途上国との経済格差の問題**。緩和のため，先進国から経済援助が行われている。

> **ポイント**
> 〔高度経済成長と保守政権の定着〕
> ①**日米新安保条約**（1960年）…反対闘争が全国的にもりあがるが，条約は成立（**岸信介**内閣は倒れる）
> ②日本経済の高度成長…**池田勇人**内閣の「所得倍増」政策後に本格化（IMF 8条国への移行，新幹線，**東京オリンピック**）→ GNP 資本主義国で第2位（1968年），公害問題など
> ③国際情勢の変化…米・ソの核の脅威，**ベトナム戦争**，南北問題

★7 **プロレタリア文化大革命** 中国国内の権力闘争。経済政策の失敗で権力を失っていた毛沢東が，当時政権の中心にいた劉少奇・鄧小平らを非難し，権力の奪回をめざしたことに始まる。暴力的な大衆運動が全国に広がり，中国の社会は大混乱におちいった。1976年の毛沢東の死後，鄧小平らに実権が移って，ようやく終息した。

（参考）**東欧の民主化運動** 1953年にスターリンが死去すると，東欧では民主化・自由化への動きが表面化した。1956年にポーランドとハンガリーで，1968年にはチェコスロヴァキアでソ連の支配を離脱しようとする運動が起こった。しかし，ソ連・東側諸国軍によってすべて鎮圧された。

（参考）**中越戦争** 1979年，カンボジアの内紛と国境問題を理由に，中国がベトナムへ進攻した事件。初の社会主義国間の戦争となった。

（参考）**中東戦争** ナチスの迫害をのがれてパレスチナに移住したユダヤ人は，1948年にイスラエルを建国した。アラブ諸国はこれに反対し，1948年以降，4次にわたる中東戦争が行われた。1973年の第4次中東戦争では，アラブ諸国が石油戦略を発動し，世界的な石油危機につながった。

3 経済大国日本

◆ 1970年前後に，日本の高度経済成長は終わった。国内消費の伸びが鈍り，ドル＝ショック，石油危機により，輸出も打撃をうけた。日本は西側先進国と協調して世界経済の問題に対処する一方で，アメリカとの経済摩擦や，アジアの新興工業地域とのきびしい競争にも直面することになった。

1 沖縄の日本復帰

❶ **アメリカの沖縄統治** 沖縄では1945（昭和20）年6月以来，アメリカ軍による占領が行われた。東西の冷戦が深刻化するなかで，アメリカは沖縄のアジアにおける軍事基地としての戦略的価値を重視するようになり，基地の建設を本格的にすすめるようになった。サンフランシスコ平和条約（▷p.434）でも，沖縄と小笠原諸島に対するアメリカの施政権が認められた。

> (補説) **琉球政府の設置** 沖縄では，占領当初は軍政府による統治が行われたが，1950年アメリカ軍のもとにアメリカ民政府が設置され，1952年，その下に沖縄の中央政府として琉球政府が設けられた。また，琉球政府の主席は当初はアメリカ民政府長官による任命制であったが，1968年からは公選制となり，初の公選主席として，屋良朝苗が選ばれた。

❷ **沖縄の日本復帰運動** 1960（昭和35）年に沖縄県祖国復帰協議会が結成され，復帰運動の母体となった。1960年代後半にアメリカがベトナムへ軍事的介入を始めると，沖縄はアメリカ軍の後方基地となった。このため，沖縄の日本復帰運動は，ベトナム反戦・平和運動と結びつきながら盛りあがっていった。

❸ **佐藤・ニクソン会談** 1967（昭和42）年の佐藤栄作首相とジョンソン米大統領との会談で，小笠原諸島の返還と早期の沖縄返還が約束され，ついで1969（昭和44）年の佐藤・ニクソン会談により1972（昭和47）年の沖縄返還が日米間で合意された。

❹ **沖縄返還協定** 1971（昭和46）年に佐藤栄作内閣は沖縄返還協定に調印し，翌1972年5月，沖縄の施政権の日本復帰が実現し，沖縄県が復活した。しかし，日米安全保障条約（▷p.434）により，日本は，軍事基地の使用をアメリカに認めたため，その後に問題を残している。

> (補説) **北方領土問題** 日本は，ソ連（現在はロシア）に対して択捉島・国後島・歯舞群島・色丹島を固有の領土として返還を要求した。このうち，歯舞・色丹島は1956年の日ソ共同宣言で，平和条約が結ばれたときに返還されることになったが，択捉・国後島についてはソ連が話し合いに応じなかった。

(参考) **沖縄の米軍基地** 沖縄県の総面積の11.1％，可耕地面積の約40％がアメリカ軍の軍用地となっている。とくに嘉手納町では，総面積のうち，約85％がアメリカ軍基地として使用されている。

2 日中国交樹立

❶ 中国の国連加盟 1949年の中華人民共和国成立後も，台湾の中華民国政府(国民党政府)が正式な中国政府と認められ，国際連合での代表権を得てきた。しかし，中華人民共和国の国力の高まりとともに，これを承認する国がふえ，1971年には，中華民国にかわって国連における代表権を獲得した。

❷ 日中共同声明 中ソの対立とは逆に，米中対立は和解に向かい，1972(昭和47)年，ニクソン米大統領が訪中して両国の間に共同声明[★1]が出されると，日本からも田中角栄首相が訪中して日中共同声明を発表し，中華人民共和国との国交が正常化した。

❸ 日中平和友好条約 1978(昭和53)年，福田赳夫首相が中国の指導者の鄧小平との間で日中平和友好条約を締結し，これにより，中国との戦争の処理は法的に完了することになった。

❹ 米中国交樹立 1977年にアメリカ大統領となった民主党のカーターは軍備を制限して福祉の充実をはかろうとし，米・ソ間の緊張緩和(デタント)が進んだ。1979年，カーター政権によりアメリカと中華人民共和国との国交が樹立した。

[★1] 米中共同声明 中華人民共和国を中国における唯一正当の政府として承認し，台湾を中国の不可分の領土の一部と考えることを認めた。

(注意) 田中角栄内閣の日中共同声明と福田赳夫内閣の日中平和友好条約の内容に注意して，混同しないようにしよう。

▲日中平和友好条約の批准書の交換 右端は福田首相。左端は鄧小平副総理。

3 国際経済の変化と日本

❶ 円切り上げと変動為替相場制 ベトナム戦争の長期化にともなう軍事的出費などにより，アメリカ経済は弱体化し，ドルを中心としてきた戦後の国際経済は不安定になった。ついに，1971年8月にはドルと金との兌換が廃止され(ドル＝ショック)，日本は為替レートを1ドル＝360円から308円に切り上げた。ついで，1973(昭和48)年2月からは，国際金融市場の状況によって為替レートが変動する変動相場制が採用された。

❷ 石油危機と高度経済成長の終了 1973(昭和48)年に第4次中東戦争(▷ p.443)が起こると，アラブ諸国による石油供給の制限措置[★2]がとられ，輸出価格が引き上げられて，国際経済に深刻な打撃を与えた(石油危機)。日本では，高度経済成長を支えてきた円安と安い石油という条件が失われ，1974(昭和49)年には国民総生産の伸びが戦後初めて下降線を記録し，高度経済成長は終了した。

[★2] アラブ石油輸出国機構(OAPEC)は，欧米や日本が親イスラエル政策をとることを牽制するために，石油の輸出を制限した。

❸ **経済摩擦** 1970年代後半から，日本は技術の高度化や新しい経営の合理化によって不況から早期にたちなおった★3。しかし，この過程で企業の海外進出が進み，また，欧米諸国との間の経済摩擦が深刻化した。このため，アメリカは，農産物などの市場開放を要求しつづけ，日本側では，鉄鋼や自動車などの輸出量の自主規制を行った。

❹ **規制緩和** 1975(昭和50)年から，アメリカ・日本・ドイツ・イギリス・フランス・イタリアの6カ国の首脳会議(サミット)が毎年開かれるようになり★4，世界経済の安定と先進国間の結束をはかっている。また1989(平成元)年から始まった日米構造協議(1993年から日米包括経済協議)で，アメリカは日本に非関税障壁の撤去★5を求めて，日本政府は経済上のさまざまな規制緩和を行った。

4 自民党長期政権の動揺

❶ **ロッキード事件** 1972(昭和47)年に成立した田中角栄内閣は，列島改造論を唱えて積極的な経済政策をとったが，政治資金に対する疑惑のため，1974(昭和49)年には三木武夫内閣にかわった。また，1976(昭和51)年にはロッキード事件★6が起こり，田中前首相が逮捕された。このため，自民党内の抗争がはげしくなり，福田赳夫内閣・大平正芳内閣と内閣の交代があいついだ。そして，この間の総選挙では，与野党の議席数が接近し(保革伯仲)，自民党の長期政権も不安定となってきた。大平首相は1980(昭和55)年の総選挙期間中に急死し，同じ派閥の鈴木善幸が首相となった。田中前首相の逮捕後も，彼の派閥である田中派は議員をふやし，大平・鈴木両内閣を支援して政権につかせるなど，影響力をもちつづけた。

❷ **自民党の新局面** 長期低落傾向にあった自民党では，政権を維持するため，派閥均衡人事★7と，年功序列のルール★8が確立した。また，各国会議員が建設・農林など得意分野をつくって，おもにその分野の役職につき，専門知識や官僚・業界との人脈を強めて影響力を確保する族議員も多くなった。これらは，自民党が新しい問題に積極的に取り組むうえで，障害となった。

❸ **新保守主義と日本再編** 1970年代後半になると，政府の財政赤字が増大した。経済が低成長時代となり，不況政策のために大量の国債が発行されたからである。1980年のアメリ

★3 不況からの立ち直りとともに円高が進行し，日本経済に大きな負担となっている。1994年には，1ドル=100円を割り始めた。

(参考) 労働運動の分野では，1950(昭和25)年の結成以来労働運動の中心となってきた社会党系の日本労働組合総評議会(総評)が1989年に解散し，他の連合組織と合同して日本労働組合総連合(連合)が発足した。

★4 翌1976年にカナダが加わり7カ国となった。現在はロシアとEUも参加している。

★5 非関税障壁の撤去要求は，農業や流通などの経済問題にかかわるだけでなく，日本社会の伝統的慣行にも変更を迫るものである。

(参考) アジアにおいて，韓国・台湾・香港・シンガポールは，世界的な不況のなかで，輸出志向型の工業化に成功し，急速な経済成長をとげ，NIES(新興工業経済地域)とよばれるようになった。この動きは，やがてタイ・マレーシア・中国・ベトナムなどにおよんだ。

★6 ロッキード事件 ロッキード社(アメリカ)の航空機購入をめぐる，国際的な汚職事件。1976年，アメリカ上院の公聴会で発覚。

★7 各派閥の国会議員の数に応じて，閣僚ポストや党の役職を割り振る人事。

★8 派閥内の争いをさけるため，国会議員の当選回数に応じて役職を配分する。

3 経済大国日本 **447**

カ大統領選挙でレーガン政権が誕生すると，日本に対する軍備の拡充，駐留米軍への日本の負担の増強，米をはじめとする農産物の輸入の自由化などを強く求めるようになった。1982(昭和57)年に成立した中曽根康弘内閣は，レーガン政権の方針に同調し，防衛費の増額をはかった。また，レーガン政権やイギリスのサッチャー政権が掲げた新保守主義★9を採り入れ，財政赤字をおさえるため，第2次臨時行政調査会(臨調)の方針をうけ，行政・財政・税制改革を検討した。1985(昭和60)年には電電公社(現NTT)と専売公社(現JT)，1987(昭和62)年に国鉄(現JR)が民営化された。

(参考) 1979年のソ連のアフガニスタン侵攻をきっかけに，アメリカではカーター政権のデタント政策への批判が高まった。レーガン政権は，強いアメリカをめざして軍備拡張を行い，ソ連を封じこめようとした。

★9 **新保守主義** 膨大な財政赤字を解決するため，福祉国家政策を批判し，自由放任経済に戻ることを主張するもの。

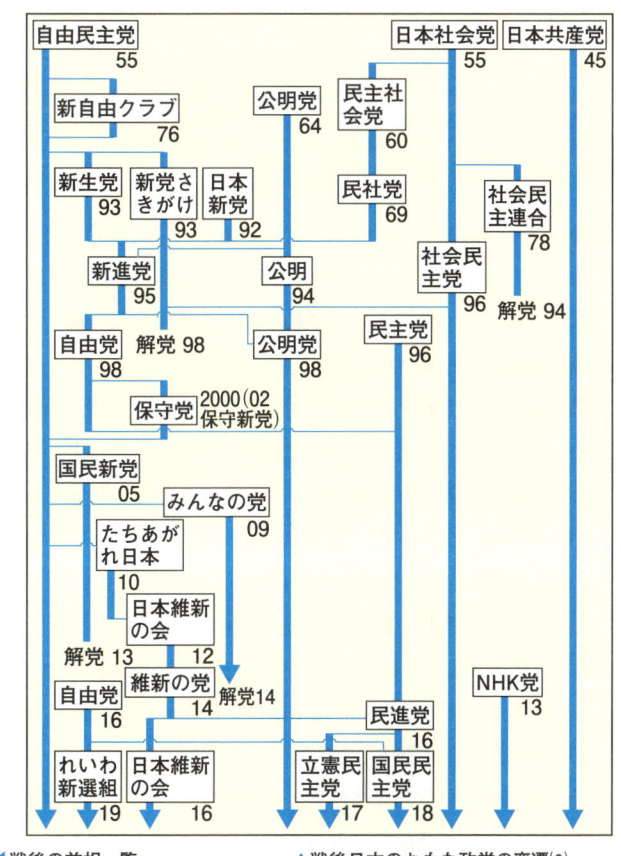

首　　相	就任年	政　党
東久邇宮稔彦	1945	(皇族)
幣原喜重郎	45	(進歩党)
吉田　茂	46	日本自由党
片山　哲	47	日本社会党
芦田　均	48	民主党
吉田　茂	48	民主自由党
鳩山一郎	54	日本民主党
石橋湛山	56	自由民主党
岸　信介	57	〃
池田勇人	60	〃
佐藤栄作	64	〃
田中角栄	72	〃
三木武夫	74	〃
福田赳夫	76	〃
大平正芳	78	〃
鈴木善幸	80	〃
中曽根康弘	82	〃
竹下　登	87	〃
宇野宗佑	89	〃
海部俊樹	89	〃
宮沢喜一	91	〃
細川護熙	93	日本新党
羽田　孜	94	新生党
村山富市	94	日本社会党
橋本龍太郎	96	自由民主党
小渕恵三	98	〃
森　喜朗	2000	〃
小泉純一郎	01	〃
安倍晋三	06	〃
福田康夫	07	〃
麻生太郎	08	〃
鳩山由紀夫	09	民主党
菅　直人	10	〃
野田佳彦	11	〃
安倍晋三	12	自由民主党
菅　義偉	20	〃
岸田文雄	21	〃

◀戦後の首相一覧
政党は，就任時の所属。

▲戦後日本のおもな政党の変遷(2)
55年体制以降。数字は結成年(55＝1955年)。

18章　55年体制と高度経済成長

5 経済大国日本

❶ 消費税の導入 財政再建のために大型間接税を導入することは，大平内閣から試みられたが，中曽根内閣までの間，実現しなかった。次の竹下登内閣のもとで，3％の消費税として導入され，1989（平成元）年4月から実施された（1997年に5％に増額）。★10

★10 2014（平成26）年に8％，2019（令和元）年に10％に増額。

❷ 円高の進行 日本経済をリードしてきた鉄鋼・石油化学・造船などにかわり，自動車・電気機械やコンピュータ関連のハイテク分野の生産が伸び，日本の貿易黒字が拡大した。また円高が進み，アメリカなどとの貿易摩擦が深刻になった。そのなかで，企業が工場を海外に移すことがさかんになった。

❸ 経済大国 1980年代に，日本は世界の総生産の1割以上を占めるようになった。ODA(発展途上国に対する政府開発援助)額も世界1位となった。★11

★11 その後，日本経済が1990年代後半から停滞し，2020年のODA額は世界4位である。

テスト直前要点チェック

① 55年体制下で，野党第一党の地位を占めた政党は何か。 — ❶ (日本)社会党

② 日ソ国交回復し，日本の国連加盟の前提となった文書は何か。 — ❷ 日ソ共同宣言

③ 1960年に，日米新安保条約を結んだ内閣は何内閣か。 — ❸ 岸信介内閣

④ 池田勇人内閣の高度経済成長政策のスローガンを答えよ。 — ❹ 所得倍増

⑤ 東京で第18回オリンピック大会が開かれたのは，西暦何年か。 — ❺ 1964年

⑥ 1971年に公害対策のために創設された官庁を何というか。 — ❻ 環境庁

⑦ 1962年に米ソ関係が核戦争の直前まで悪化した事件を何というか。 — ❼ キューバ危機

⑧ 1963年に米英ソの3国間で調印された，地下実験を除く核実験を禁止する条約を何というか。 — ❽ 部分的核実験停止条約

⑨ 1976年に南北の統一を実現した国はどこか。 — ❾ ベトナム

⑩ 日韓基本条約を結んだときの韓国の首脳は誰か。 — ❿ 朴正熙（パクチョンヒ）

⑪ 北の先進国と南の発展途上国との格差の問題を何とよぶか。 — ⓫ 南北問題

⑫ 沖縄返還協定を結んだ内閣は何内閣か。 — ⓬ 佐藤栄作内閣

⑬ 1972年に中華人民共和国との間に国交を樹立した声明は何か。 — ⓭ 日中共同声明

⑭ 1973年の石油危機のきっかけとなった戦争を何というか。 — ⓮ 第4次中東戦争

⑮ 1976年に発覚した，航空機の購入をめぐる汚職事件を何というか。 — ⓯ ロッキード事件

19章 現代の日本

この章の見取り図

冷戦の終了 → 世界の多極化・新たな問題の浮上
　　　　　　東日本大震災・福島原発事故 → これからの日本

年次	おもな事項
一九八七	このころからバブル経済（～九一年ごろ）
一九八九	元号が平成となる／東西冷戦の終了
九一	湾岸戦争／ソ連の解体
九二	PKO協力法→カンボジアに自衛隊派遣
九三	細川内閣の成立→55年体制の崩壊／EU発足
九五	阪神・淡路大震災／地下鉄サリン事件
二〇〇一	中央省庁再編／アメリカ同時多発テロ事件
〇二	日本・北朝鮮首脳会談
〇三	米・英がイラク攻撃
〇六	教育基本法の改定
〇八	世界金融危機
〇九	民主党政権の成立
一一	東日本大震災→福島第一原子力発電所事故
一二	自民党政権の復活
一三	特定秘密保護法の成立

1 新しい秩序形成への模索

◆ 冷戦の終了後まもなく、55年体制は崩壊した。現代の日本は、中国の台頭・高齢化社会の到来・低成長など、多くの課題をかかえこむようになったが、政治が不安定で、対応は遅れ気味である。

1 冷戦の終了

❶ **ソ連の改革と解体**　レーガン米大統領のソ連封じ込め政策に対抗して軍備を強化しようとしたソ連は、深刻な経済危機におちいった。1985年にソ連の指導者となったゴルバチョフは、ペレストロイカ（改革）とグラスノスチ（情報公開）を行い、市場原理を導入して、政治・社会の自由化をすすめた。1987年にはアメリカとの間にINF（中距離核戦力）全廃条約を結び、1988年にアフガニスタンからの撤兵を開始した。1989年12月の米ソ両首脳（ブッシュ・ゴルバチョフ）のマルタ会談で冷戦の終了が確認された。1991年には保守派のクーデタ失敗をきっかけに共産党が解党され、ソ連邦自体が解体して、ロシアなどの各共和国が独立した。

> **参考　中国の発展**
> 鄧小平のあと、江沢民、胡錦濤、習近平が指導者となった。市場経済を導入して、いちじるしい経済発展をつづけている。2011年にはGNPで日本をこえ、アメリカにつぐ世界第2位の経済大国となった。

❷ **東欧の民主化と自由化** ソ連の改革にともない，東欧の社会主義国でも政治の民主化と経済の自由化が進み，社会主義体制が放棄された。また，1989年11月には，冷戦の象徴といわれたベルリンの壁★1が撤去され，翌1990年には，西ドイツが東ドイツを吸収する形で東西ドイツの統一が実現した。ソ連・東欧の社会主義体制の崩壊により，日本の社会主義政党は，日米安保体制や憲法などについての基本政策の再検討を迫られた。

❸ **民族紛争の激化** 冷戦の終了と社会主義体制の崩壊にともない，各地で民族間の対立や民族独立への動きがはげしくなり，紛争が多発し始めた★2。

❹ **国際連合の変化と日本** 1990（平成2）年8月のイラクによるクウェート侵攻を契機とした湾岸戦争では，アメリカを中心とする多国籍軍が，国連決議を背景にして出兵し，イラク軍に大打撃を与えた。湾岸戦争が起きると，日本でも国連への協力のあり方と憲法解釈をめぐって議論がたかまり，1992（平成4）年には宮沢喜一内閣のもとでPKO（国連平和維持活動）協力法が成立した。これにより，同年には，国連および国連暫定カンボジア行政機構（UNTAC）の要請により，紛争で疲弊したカンボジアに自衛隊が派遣されたほか，選挙監視や文民警察活動のために公務員やボランティアも参加し，日本の国際協力の大きな画期となった。

★1 **ベルリンの壁** 第二次世界大戦後，ドイツはソ連と西側諸国とに分割占領され，1949年，社会主義の東ドイツ（ドイツ民主共和国）と資本主義の西ドイツ（ドイツ連邦共和国）とに分かれて独立した。ベルリンも同様に分割され，西ベルリンは，東ドイツの中にある西ドイツの飛び地となっていた。1961年，東ドイツ政府は，西側への亡命を防ぐため，西ベルリンの周囲に壁を築いた。

★2 **各地での紛争** 旧ユーゴスラヴィアでの紛争や，アフリカにおけるソマリア内戦・ルワンダ内戦など。紛争によって命を落としたり，難民となる人は，世界中であとを絶たない。

（参考） 湾岸戦争中，アメリカが多国籍軍への日本の支援を求めたのに対し，海部俊樹内閣は，総額130億ドルもの財政支援を行った。

◀ カンボジアでの自衛隊のPKO活動

史料 PKO協力法

第1条　この法律は，国際連合平和維持活動及び人道的な国際救援活動に対し適切かつ迅速な協力を行うため，国際平和協力業務実施計画及び国際平和協力業務実施要領の策定手続，国際平和協力隊の設置等について定めることにより，国際平和協力業務の実施体制を整備するとともに，これらの活動に対する物資協力のための措置等を講じ，もって我が国が国際連合を中心とした国際平和のための努力に積極的に寄与することを目的とする。

（視点）この法律が制定されるまでに2年かかっている。それは，海外派兵は憲法第9条違反，という理由から反対があったためである。

2 55年体制の崩壊とその後の政治

① 55年体制の崩壊 消費税の導入や農産物の輸入自由化などに対する国民の反発と、自民党幹部の脱税や汚職事件を背景とした政治改革の動きのなかで、1992(平成4)年には細川護熙らにより日本新党が結成された。さらに、翌1993(平成5)年には自民党が分裂して新生党や新党さきがけなどが結成され、同年の総選挙の結果、反自民の8党派連立[★3]による細川内閣が成立し、自民党の長期単独政権が終わった。ここに55年体制は崩壊した。しかし、細川内閣は翌年に倒れた。その後、短命の羽田孜内閣のあと、社会党が自民党・新党さきがけと連立して、村山富市内閣を成立させた[★4]。

② 自民党政権の改革 ①1996(平成8)年に自民党の橋本龍太郎が組閣し、同年中には自民党単独政権となった。またこの年には、細川連立政権を成立させた政派の流れを中心に、新しい民主党ができ、国会で自民党につぐ第二の勢力となった。橋本内閣は、1990年代になって悪化した日米関係を改善するため、1997(平成9)年、「日米防衛協力のための指針」の見直しを行った(新ガイドライン)[★5]。また同内閣は、1998(平成10)年、中央省庁等改革基本法[★6]を成立させた。
②1998(平成10)年に成立した小渕恵三内閣は、国会での多数を確保するため、自由党・公明党と連立した。2000(平成12)年には森喜朗内閣が自民党・公明党・保守党の連立ででき、2001(平成13)年には同じ連立で小泉純一郎内閣が成立した。小泉内閣は経済不況を脱却しようと「構造改革」を進め、2005(平成17)年には郵政民営化法[★7]を成立させた。
③その後、安倍晋三内閣(2006年)、福田康夫内閣(2007年)、麻生太郎内閣(2008年)と、短命政権がつづいた。

③ バブル経済と平成不況 ①1980年代には日本経済は回復にむかったが、1987(昭和62)年ごろから、投機的に土地と株式に資金が流れて、地価と株価が実体と離れて異常な高値を示した。このバブル経済のなかで円高がさらに進み、日本企業は国外に工場を移し、国内産業の空洞化が進んでいった。
②1991(平成3)年に政府が土地投機抑制を本格化したことをきっかけに、地価・株価は暴落した(平成不況)。大量の不良債権をかかえた金融機関と合理化に遅れた多くの企業は、生き残りをかけたリストラを積極的に行った。

(参考) 1989年1月に昭和天皇が死去し、元号が平成となった。

[★3] 日本新党・新生党・社会党・公明党・民社党・新党さきがけ・社会民主連合・民主改革連合。

[★4] 村山内閣のとき、社会党は日米安全保障条約を支持し、自衛隊を合憲とする方向転換を行った。

(参考) 阪神・淡路大震災 1995(平成7)年1月17日に発生。約6500人の死者をだし、政府の危機管理の甘さが批判された。

[★5] 新ガイドライン 日本の「周辺有事」の際に、米軍に自衛隊が後方支援を行うなど、東アジア地域の安定に、日本がより積極的にかかわる内容である。

[★6] 2001年から、従来の1府22省庁を1府12省庁に再編した。

[★7] 2007年10月1日、日本郵政公社が解体されて、持ち株会社の日本郵政株式会社が発足した。

(参考) 日朝国交正常化交渉 2002(平成14)年、小泉首相が北朝鮮を訪れ、当時の金正日総書記と会談して日朝平壌宣言に署名し、国交正常化交渉を再開した。しかし、日本人拉致問題や北朝鮮の核兵器開発問題などがあり、交渉は難航している。

3 民主党政権の迷走と自民党政権の復活

❶ **鳩山内閣** 自民党政権への不信が強まり、2009(平成21)年8月の総選挙で、民主党が大勝し、鳩山由紀夫を首相とする内閣ができた。鳩山内閣は「脱官僚依存」を掲げたが、沖縄県宜野湾市のアメリカ海兵隊普天間飛行場の移設問題をめぐって迷走し[★8]、1年足らずで退陣した。

❷ **菅内閣** ついで、同じ民主党の菅直人が組閣したが、2010(平成22)年7月の参議院選挙で大敗した。その後、菅内閣は、消費税増税問題や普天間問題の停滞、尖閣諸島沖での中国漁船衝突事件への対応等を批判され、支持率は急落した。

❸ **東日本大震災** 2011(平成23)年3月11日、東日本大震災が起き、大津波が発生して、東北地方の太平洋岸を中心に、死者・行方不明者1万9000人近くなどの大きな被害をうけた。とりわけ、福島県の福島第一原子力発電所が被災したため、放射能汚染が広がり、被害はさらにふくらんだ。菅内閣は、原発事故による放射能汚染の情報を十分に国民に開示しなかったことや、震災からの復興計画の立案と実行が遅れたことから、国民の批判を浴びて倒れた。

❹ **自民党政権の復活** 2011(平成23)年9月、民主党の野田佳彦が組閣した。野田内閣は震災復興に取り組む一方で、財政赤字を削減し、かつ年金などを維持するため、消費税の引き上げを柱とする社会保障・税一体改革を行おうとした。しかし、2012(平成24)年12月の総選挙で大敗し、自民党の安倍晋三がふたたび組閣した。第2次安倍内閣は、景気回復をめざして「アベノミクス」[★9]といわれる経済政策をうちだした。一方、2013(平成25)年末には、特定秘密保護法[★10]を成立させ、靖国神社[★11]を参拝した。

★8 普天間飛行場は、沖縄県名護市辺野古に移設する計画が、2006(平成18)年に日米で合意されていた。これに対し鳩山内閣は、民主党の党論であった県外や海外への移設もふくめて検討する姿勢を示したものの、結局、県内移設という結論になり、批判をうけた。

★9 「アベノミクス」「財政出動」「金融緩和」「成長戦略」(「三本の矢」)が基礎。

★10 特定秘密保護法
安全保障などに関する情報を、行政機関の長が「特定秘密」として指定し、漏えいした者に厳罰を与える法律。指定の基準が不明確で、政府にとって不都合な情報を隠すために使われるのではないかという批判がある。

★11 靖国神社 明治政府が戊辰戦争の戦死者をとむらうために建立した東京招魂社を起源とする。合祀者には、東条英機などのA級戦犯とされた人物がふくまれていることから、閣僚の参拝に対する中国や韓国からの批判を招いている。

2 現代日本の進路と文化

◆ 20世紀後半から現代にかけ、日本は文化面でも発展をとげ、しばしば世界的な評価をうける。一方、世界の情勢は、経済が不安定で、民族対立やテロも一層はげしくなった。現代世界において、日本がどのような役割をはたしていくのか、世界が注目している。

1 現代の文化と国際化

❶ **テレビの普及** 1953(昭和28)年に登場したテレビは、1960年代に急速に普及した。1970年代にはカラーテレビにかわっ

た。しかし，1950年代に芸術的にも黄金時代をむかえていた映画は，1960年代後半以降にはおとろえていった。

❷ **漫画の隆盛** 出版では，新聞の普及に加え，1960年代以降は週刊誌が増加し，従来の月刊誌は衰退した。また，1960年代なかばまでは少年・少女が対象であった漫画雑誌が，学生や社会人の心もとらえるようになり，手塚治虫★1らが活躍して，発行部数を激増させていった。さらに，アニメーションも発展した。

❸ **文化庁の設置と国際化の進展** 1968(昭和43)年，伝統ある文化財の保護と文化の振興，宗教に関する行政事務を行うため，文化庁が設置された。また，日本経済の発展と円高により，1980年代から，それまで少なかった日本人の海外旅行や海外赴任が増加した。このため，日本人が直接海外の文化に触れたり，自国の文化を再考したりする機会がふえた。

❹ **学問の発展** 原子力など新エネルギーの研究，海洋開発，ロケットや宇宙開発など，新しい分野の研究も進展した。1965(昭和40)年に朝永振一郎がノーベル物理学賞をうけ，その後も日本人のノーベル賞受賞がつづき，自然科学分野の受賞者は，2021年までに25人となった。また，国際的な学術会議が日本でも数多く開かれるようになった。

2 世界の課題とこれからの日本

❶ **世界の課題** ①地球の温暖化・オゾン層の破壊などの環境問題，冷戦終了後に表面化した民族問題，発展途上国と先進国の経済格差(南北問題)など，世界のかかえる問題は多い。②2001年9月には，アメリカのニューヨーク市の世界貿易センタービルなどへの旅客機突入で多数の犠牲者を出した(テロ問題)。このアメリカ同時多発テロを契機とするアフガン戦争・イラク戦争に際して，日本はテロ対策特別措置法を制定して，海上自衛隊の艦船をインド洋に派遣し，アメリカなどの艦船に無償で給油を行った。また，ソマリア周辺の海賊対策にも，同様に艦船を派遣した。

❷ **日本の課題** ①北朝鮮の核問題や，中国・韓国との領土問題★2も重要問題となってきた。②日本が経済大国となると，1990年代にはいってから，政府は国際連合の常任理事国入りをめざすようになった(国連に対する日本の拠出金は，アメリカにつぐ第2位★3)。

★1 **手塚治虫** 大阪府出身。医学博士。戦後ストーリー漫画の第一人者で，現代につながる日本の漫画表現の基礎を確立した。代表作に『鉄腕アトム』『ブラック・ジャック』『火の鳥』などがある。

参考 **文化財保護法**
1949(昭和24)年の法隆寺金堂壁画の焼損をきっかけに，翌1950(昭和25)年に制定された。

参考 1956(昭和31)年には南極観測が始まった。

参考 **京都議定書**
1997(平成9)年，地球温暖化防止京都会議で採択。温室効果ガスの排出削減目標を具体的に示す。日本は2002(平成14)年に批准した。2005年発効。

★2 **領土問題** 日本は，尖閣諸島を日清戦争中の1895(明治28)年1月に，竹島を日露戦争中の1905(明治38)年1月に，それぞれ領土に編入した。前者は中国が，後者は韓国が領有権を主張している。

★3 その後，日本経済の停滞のため，2019年からアメリカ・中国についで第3位。

③冷戦の終了後，日本の国際貢献や安全保障の問題をめぐって，憲法改正の可否や集団的自衛権★4をめぐる議論も，重要な論点となりつつある。

❸ **これからの日本** 日本は，経済のグローバル化★5や，急速に進んだ社会の高齢化にも対応を迫られている。さらに，2011（平成23）年の東日本大震災と福島第一原子力発電所事故以降，原発にたよらず，再生可能なエネルギーにかえていくことが大きな争点となっている。われわれは，いたずらに悲観的にならず，先人が何とか困難を切り抜けてきた歴史と精神に学び，ひとつひとつ問題を解決していくべきであろう。

★4 **集団的自衛権** 自国と「密接な関係」にある外国に対する武力攻撃を，自国が攻撃されていなくとも実力で阻止する権利のこと。

★5 **環太平洋経済連携協定（TPP）** 太平洋をかこむ国々が，関税などをなくして自由な経済圏をつくる取り組み。日本を含む11か国で2018年に発効した（アメリカは発効前に離脱）。

> **ポイント 〔これからの世界と日本〕**
> ①冷戦後の世界の課題…環境問題，民族問題，テロ問題など
> ②日本の立場…東日本大震災後，大きな不安をかかえるが，国際社会の一員として，世界の課題に対応し，平和をめざす

テスト直前要点チェック

	問	答
☐	❶ 冷戦終了時のソ連の首脳は誰か。	❶ ゴルバチョフ
☐	❷ 冷戦の象徴といわれ，1989年に撤去されたドイツの建造物は何か。	❷ ベルリンの壁
☐	❸ 宮沢内閣で成立した，自衛隊の海外派遣を認める法律は何か。	❸ PKO協力法
☐	❹ ❸の法律に基づき，自衛隊が初めて派遣された国はどこか。	❹ カンボジア
☐	❺ 1993年に成立し，55年体制を終わらせた内閣は何内閣か。	❺ 細川護熙内閣
☐	❻ 1995年1月に，西日本で起こった大災害を何というか。	❻ 阪神・淡路大震災
☐	❼ 新ガイドラインをつくり，日米関係を再編した内閣は何内閣か。	❼ 橋本龍太郎内閣
☐	❽ 1987年ごろから，地価と株価が実態と離れて異常な高値を示した。こうした経済状態を何というか。	❽ バブル経済
☐	❾ 2009年の総選挙で圧勝して組閣した政党は何か。	❾ 民主党
☐	❿ 東日本大震災が起こった年月日を，西暦で答えよ。	❿ 2011年3月11日
☐	⓫ 『鉄腕アトム』『ブラック・ジャック』などの作者で，戦後ストーリー漫画の第一人者といわれる人物は誰か。	⓫ 手塚治虫
☐	⓬ 1968年，文化財の保護などのために設置された官庁を何というか。	⓬ 文化庁

さくいん

あ

INF（中距離核戦力）全廃条約	449
IMF（国際通貨基金）8条国	441
愛国公党	331
愛国社	331
相沢忠洋	12
会沢安（正志斎）	276, 286
愛新覚羅溥儀	407
アイゼンハワー	436
相対済し令	255
アイヌ	156, 263
亜欧堂田善	279
青木昆陽	256
青木周蔵	348
県主	36
赤松克麿	410
赤松満祐	151
秋月の乱	315
商場知行制	219
芥川龍之介	403
悪党	138
悪人正機説	124
明智光秀	188
上知（上地）令	271
上げ米	253
阿衡の紛議	84
浅井忠	379
朝倉敏景	176
朝倉孝景	176
朝倉敏景	176
朝倉孝景	176
朝倉敏景	176
朝倉孝景	176
朝倉敏景	176
朝倉孝景	176
朝倉貞文夫	380
アジア＝アフリカ会議	436
アジア・太平洋戦争	419
足尾鉱毒事件	365
足利学校	168
足利尊氏（尊氏）	140, 143, 144, 147
足利直義	144
足利義昭	186
足利義教	151
足利義政	151, 170
足利義満	145, 167
足軽	153
芦田均	429
飛鳥浄御原令	50
飛鳥寺	41
飛鳥文化	41
東歌	74
校倉造	74
麻生太郎	451
安達泰盛の乱	136
安土城	187, 194
吾妻鏡	130
阿弖流為	77
アトリー	421
アニミズム	15
安部磯雄	366
阿部次郎	401
安倍晋三	451
阿倍仲麻呂	45
阿倍仲麻呂	71
阿倍比羅夫	47
アベノミクス	452
安倍頼時	103
阿部正弘	293
アヘン戦争	268, 272
アポロ11号	436
甘粕事件	394
天草四郎時貞	216
天草版	197
阿弥陀三尊像（法隆寺）	51

阿弥陀信仰	107
阿弥陀如来	93
新井白石	227, 243
アララギ派	376
有島武郎	402
有間皇子	46
安重根	362
安政の五カ国条約	296, 346
安政の大獄	296
安藤昌益	284
安藤信正	298
安徳天皇	106
安和の変	85
安保闘争	440

い

井伊直弼	295, 296
イエズス会	182
威海衛	359
斑鳩寺	41
イギリス公使館焼打ち事件	298
生田万の乱	267
生野銀山	161
生野の変	301
池田鉄工所	367
池田勇人	440
池田屋事件	301
池大雅	279
池坊専慶	173
異国警固番役	135
異国船打払令	264
いざなぎ景気	440
十六夜日記	130
伊沢修二	380
石井・ランシング協定	386
石川島造船所	274
石川啄木	377
石川達三	422
石田梅岩	287
石橋山の戦い	110
石原莞爾	407
石包丁	17
石山本願寺	187
泉鏡花	376
和泉式部日記	92
出雲の阿国	196
李舜臣	193
伊勢物語	92
伊勢盛時（宗瑞）	175
石上宅嗣	74
イタイイタイ病	441
板垣退助	308, 330, 334, 356
市川房枝	393
一族衆	177
一上	86
一の谷の戦い	111
一木造	81
一里塚	233
厳島神社	107
一向一揆	160
一向宗	124
一国一城令	202
一地一作人	202
一地一作人	202
一地一作人	202
一地一作人	202
一国平均役	99
乙巳の変	44
一世一元制	307
一遍	125
一遍上人絵伝	132
伊藤仁斎	242
伊藤東涯	242

伊藤博文	338, 350, 352, 356, 361
伊東巳代治	338
糸割符制	213
稲荷山古墳出土鉄剣銘文	32
犬追物	120
犬養毅	334, 383, 396, 409
犬上御田鍬	40, 70
犬筑波集	171
井上円了	374
井上馨	347
井上毅	338
井上準之助	399, 408
稲生若水	244
伊能忠敬	283
井原西鶴	245
今鏡	130
今川義元	186
今来才伎	30
今様	107
壱与	23
入鉄砲に出女	234
磐井の乱	37
岩倉使節団	314
岩倉具視	303, 309, 314
岩崎弥太郎	321
岩戸景気	440
磐舟柵	47
石見銀山	161
院宮王臣家人	89
隠元	244
院政	99
インドシナ戦争	433, 436
院庁	99
印旛沼	257, 271

う

ウィッテ	361
ウィリアム＝アダムズ	212
ウィルソンの14カ条	389
ウィレム2世	292
右院	310
植木枝盛	330, 334
上杉謙信	176
上杉禅秀の乱	151
上杉憲実	168
上杉治憲	263
上田秋成	277
ヴェルサイユ条約	389
浮雲	375
浮世絵	278
浮世草子	245
請作	89
宇佐八幡宮神託事件	65
氏	34
宇治拾遺物語	130
氏上	35
氏人	35
宇田川玄随	283
歌川広重	279
歌物語	92
内管領	136
打ちこわし	250, 302
内村鑑三	368
宇津保物語	92
有間皇子（厩戸王）	38
梅原龍三郎	404
浦賀	293
浦上信徒弾圧事件	328
卜部兼好	129

え

運慶	132
運上	237, 251, 257
芸亭	74
栄花（華）物語	106
永享の乱	151
栄西	126
叡尊	128
永仁の徳政令	136
ええじゃないか	303
江川英龍（太郎左衛門）	274, 294
衛士	59
蝦夷地	257
穢多	207, 311
江田船山古墳出土鉄刀銘文	32
江戸	198
江藤新平	330
江戸三座	278
榎本武揚	306, 318
ABCD包囲陣	418
絵踏	218
蝦夷	47, 77
恵美押勝	65
撰銭	164, 188
エロ・グロ・ナンセンス	411
延喜格式	78
延喜・天暦の治	84
延久の荘園整理令	98
援蔣ルート	418
猿人	11
袁世凱	385
エンタシス	41
円珍	79
円仁	79
円本	402
延暦寺	79

お

奥羽越列藩同盟	306
応永の外寇	155
応永の乱	150
奥州探題	148
奥州藤原氏	104
往生伝	94
往生要集	94
王政復古の大号令	305
汪兆銘	413
応天門の変	83
応仁・文明の乱	152
黄檗宗	244
近江大津宮	48
近江三座	169
淡海三船	74
往来物	171
押領使	101
大海人皇子	48
大井憲太郎	336
大内氏	155
大内義弘	150
大江匡房	98
大岡忠相	254
大臣	36
大鏡	106
大王	26
大久保利通	302, 308, 314, 331
大隈重信	308, 333, 348, 356, 384
大蔵永常	266
大御所	199, 265

さくいん（お～き）

大阪朝日新聞	402
大阪会議	331
大阪事件	336
大坂城	189, 194
大坂の陣	199
大阪紡績会社	364
大阪毎日新聞	402
大塩平八郎の乱	267
大隅国	66
大田南畝	277
大津事件	348
大津皇子	49
大伴金村	37
大伴旅人	74
大友皇子	48
大伴家持	74
太安万侶	73
大原幽学	266
大平正芳	446
大峰講	288
大連	36
大村益次郎	302
大目付	201
大森貝塚	14
大森房吉	375
大山崎	162
大輪田泊	105
岡倉天心	378
小笠原諸島	317
陸蒸気	323
岡田寒泉	260
岡田啓介	409
緒方洪庵	287
尾形光琳	246
沖縄返還協定	444
荻生徂徠	242, 255
荻原重秀	226
荻原守衛	380
阿国歌舞伎	196
奥むめお	393
桶狭間の戦い	186, 198
尾崎紅葉	375
尾崎行雄	334, 356, 383
小山内薫	380
小田野直武	279
織田信長	186
越訴	250
お手伝い普請	204, 251
御伽草子	172
踊念仏	125
小野梓	334
小野妹子	40
小野道風	92
小野好古	103
小渕恵三	451
於母影	376
お雇い外国人	321
オランダ風説書	219
オールコック	301, 324
尾張	201
蔭位の制	55
恩賞方	141
陰陽道	93

か

改易	203
海軍伝習所	294
快慶	132
会合衆	180
海国兵談	261
改新の詔	45
改税約書	302
改造（雑誌）	402
解体新書	283
開拓使	318, 322
開拓使官有物払下げ事件	333
貝塚	14
貝塚文化	20
海道記	130
懐徳堂	287
海舶互市新例	228
開発領主	89
貝原益軒	244
懐風藻	74
海北友松	195
解放令	311
海保青陵	285
カイロ会談	421
臥雲辰致	364
加賀の一向一揆	160
賀川豊彦	393
嘉吉の土一揆（徳政一揆）	159
嘉吉の変	151
柿本人麻呂	49, 51
部曲	35
革新倶楽部	396
学制	325
学童疎開	423
学徒出陣	422
核兵器拡散防止条約	442
掛屋	236
景山英子	336
勘解由使	76
蜻蛉日記	92
囲米	259
鹿児島紡績工場	274
笠懸	120
借上	122
加持祈禱	79
和宮	298
化政文化	276
過疎	441
華夷	311
華族令	339
カーター	445
片岡健吉	331, 332
方違	93
刀狩	191
荷田春満	282
片山潜	365, 366
片山哲	429
月行事	180
加徴米	116
学校教育法	428
学校令	372
葛飾北斎	279
活動写真	402
桂小五郎	302
桂・タフト協定	362
桂太郎	356, 383
活版物	380
花伝書	169
加藤高明	396
加藤友三郎	386, 391, 395
加藤弘之	326
家督相続	343
過度経済力集中排除法	426
門田	120
神奈川条約	294
金沢実時	129
かな文字	91
金子堅太郎	338
金沢文庫	129
狩野永徳	195
狩野芳崖	378
加波山事件	336
姓	34
樺山資紀	345
歌舞伎	245
かぶき踊り	196
株仲間	237, 257, 270
壁書、家法	177
鎌倉	111
鎌倉将軍府	141
鎌倉府	148
過密	441
亀戸事件	394
甕棺墓	20
蒲生君平	262
鴨長明	129
賀茂真淵	282
伽耶（加羅）	25
柄井川柳	277
奄連判状	250
我楽多文庫	375
唐古・鍵遺跡	17
唐獅子図屛風	195
からすき	161
樺太・千島交換条約	318
ガラ紡	364
借り上げ	252
ガリオア援助	430
刈敷	121
刈田狼藉	146
家禄奉還規制	311
川上音二郎	380
河上肇	402
為替（替銭）	122, 164
河竹黙阿弥	380
西文氏	31
川手文治郎	288
川端康成	403
河村瑞賢	234, 235
観阿弥	169
冠位十二階	38
官位相当の制	54
官営工場の払い下げ	323
官営事業	320
官営模範工場	321
咸臨丸	287
環境庁（環境省）	441
環境問題	453
閑吟集	172
勘合	154
元興寺縁起	32
環濠集落	19
韓国併合	361
官寺	71
勘定吟味役	226
勘定所御用達	259
勘定奉行	200
官省符荘	89
『漢書』地理志	21
鑑真	73
寛政異学の禁	260
寛政三博士	260
関税自主権	295, 346, 348
寛政の改革	259
環太平洋経済連携協定（TPP）	454
貫高	164
官田	88
貫頭衣	19
関東御公事	113
関東管領	148
関東軍	406
関東軍特種演習	418
関東御分国	113
関東御領	113
関東大震災	394
関東都督府	362
関東取締出役	266
菅直人	452
観応の擾乱	145
関白	84, 189
江華島事件	316
桓武天皇	75
桓武平氏	102
漢冶萍公司	385
管領	148

き

紀伊	201
紀伊国阿弖河荘民の訴状	121
器械製糸	364
企画院	416
菊池寛	403
菊池大麓	375
紀元節	340
紀元二千六百年記念式典	416
岸田俊子	336
岸田劉生	404
岸信介	440
騎射三物	120
「魏志」倭人伝	23
寄生地主	320, 364
偽籍	67
義倉	58, 259
貴族院	341
喜多川歌麿	279
北里柴三郎	374
北畠親房	165
北村透谷	376
北山十八間戸	128
喫茶養生記	126
切符制	417
紀伝道	73
木戸孝允	302, 308, 314
畿内	54
木下尚江	368
紀貫之	92
吉備真備	64
黄表紙	261, 277
義兵運動	361
奇兵隊	300
君死にたまふこと勿れ	368
木村栄	375
逆コース	435
格	78
九カ国条約	391
旧人	11
旧石器時代	12
宮中・府中の別	383
牛馬耕	121
己酉約条	219
旧里帰農令	259
九龍半島	359
キューバ危機	442
卿	310
教育基本法	428
教育勅語	372
教育令	325, 372
教王護国寺	79
狂歌	277
教会堂	183
教学局	417
行基	72
教行信証	124
京家	75
協調外交	390, 397, 400
京都大番役	113
京都議定書	453
郷土研究（雑誌）	401
京都守護職	299
京都所司代	201, 206
京都博覧会	323

さくいん（き〜こ）

教派神道	288	倉田百三	401	元老	355	五街道	233
享保の改革	253	鞍作鳥	42	元老院	331	古学	241
享保の飢饉	249	蔵元	236	元禄時代	225	古河公方	175
清浦奎吾	395	蔵物	236	元禄文化	244	五箇条の誓文	307
「共和演説」事件	356	蔵屋敷	236			後亀山天皇	145
共和主義	326	グラント	317	**こ**		『後漢書』東夷伝	22
極東委員会	425	黒岩涙香	368	小石川養生所	256	五畿	54
極東国際軍事裁判	426	蔵人	78	小泉純一郎	451	古今伝授	168
玉葉	129	黒澤明	431	小磯国昭	420	古今和歌集	91
挙国一致内閣	409	黒住教	288	五・一五事件	409	国意考	282
巨文島事件	350	黒田清隆	340	肥富	154	国学（古代）	73
漁労	12	黒田清輝	379	郷	26	国学（近世）	243, 282
キリシタン	183	郡	90	郷	90	国衙領	90
キリシタン大名	183	軍記物語	130	弘安の役	135	国・郡・里	54
キリシタン版	197	軍司	54	広益国産考	266	国際連合	432, 439
キリスト教	182, 215, 374	軍事貴族	101	公害問題	441	国際連盟	390, 408
記録所	98, 140, 141	群書類従	283	郷学	286	国策会社	362
義和団事件	359	軍人勅諭	339	光格天皇	262	国司	54, 87
金印	22	軍部大臣現役武官制	356	江華条約	316	国人	145
金槐和歌集	129	群馬事件	336	江華島事件	316	国粋保存主義	373
金閣	167	軍役	204	合巻	277	国訴	251
銀閣	170			恒居倭	155	国体明徴声明	411
緊急勅令	338	**け**		孝義録	261	石高	190
金玉均	350	桂庵玄樹	171	郷蔵	259	国恥記念日	385
キング（雑誌）	402	慶安事件	224	孝謙天皇	65, 72	国庁（国衙）	54
金座、銀座	239	桂園時代	358	皇国史観	417	国定教科書	372
金石併用時代	18	慶長遣欧使節	219	庚午年籍	48	国府	54
金属器	16	経済安定九原則	430	甲午農民戦争	351	国風文化	91
禁中並公家諸法度	205	経済摩擦	446	郷士	207	国分寺	71
欽定憲法	340	警察予備隊	433	皇室典範	342	国分寺建立の詔	64, 72
金肥	230	警視庁	313	広州湾	359	国分尼寺	71
金本位制	322, 353, 364	傾斜生産方式	430	膠州湾	359, 385	国民皆兵	312
禁門の変	301	芸術座	380	工場制手工業	266, 273	国民学校	417
金融恐慌	397	経世論	285	工場法	369	国民主義	373
金融緊急措置令	430	契沖	243	公職追放	426	国民新聞	373
金輸出解禁（金解禁）	399	刑法	342	甲申事変	350	国民精神総動員運動	416
禁裏御料	205	下戸	24	皇親政治	49	国民徴用令	416
勤労動員	422	下剋上	153	興禅護国論	126	国民之友	373
		戯作文学	276	強訴	250	国免荘	89
く		血税	313	厚葬	20	黒曜石	15
悔返権	119	血盟団事件	408	高宗（朝鮮）	350	国立銀行条例	322
空海	79	下人	120	皇族将軍	118	国連平和維持活動協力法	450
郡家（郡衙）	54	ケネディ	442	高速道路	441	御家人（中世）	113
空也	94	検非違使	78	好太王碑（広開土王碑）	25	御家人（近世）	200
公営田	88	検見法	209, 254	幸田露伴	376	護憲運動（第一次）	382
陸羯南	373	元寇	134	公地公民制	45	護憲運動（第二次）	396
盟神探湯	30	元弘の変	140	高地性集落	19	護憲三派	396
愚管抄	130	原子爆弾	421	皇朝十二銭	61	小御所会議	305
公卿	54	源氏物語	92	弘道館	276	後小松天皇	145
草壁皇子	49	源氏物語絵巻	107	皇道派	409	古今著聞集	130
草戸千軒	179	元正天皇	63	幸徳秋水	366, 368	小作争議	393, 400
公事方御定書	255	源信	94	孝徳天皇	44	小作人	248
郡上一揆	250	原人	11	高度成長政策	440	五山・十刹	167
九条兼実	129	遣隋使	40	弘仁格式	78	後三条天皇	98
薬子の変	78	原水爆禁止世界大会	435	弘仁・貞観文化	79	後三年合戦	104
楠木正成	140	憲政会	396	光仁天皇	65	五山文学	167
久隅守景	220	憲政党	356	豪農	248	五・四運動	390
百済	25, 37	憲政擁護運動	382	高師直	144	古事記	73
屈葬	15	県知事（県令）	309	紅白梅図屏風	246	古事記伝	282
宮内省	339	検田使	90	公武合体	298	越荷方役所	275
グナイスト	338	遣唐使	69, 70, 88	工部省	321	五爵制	339
クニ	21	元和偃武	199	弘文天皇	49	55年体制	439, 451
国一揆	159	顕如	187	弘法大師	79	戸主権	343
国替	203	建仁寺	127	光明皇后	63	呉春	278
恭仁京	64	言文一致体	375	光明天皇	143	後白河天皇（上皇、法皇）	104, 111
国衆	177	玄昉	64	皇民化政策	420	御親兵	309, 312
国造	36	減封	203	孝明天皇	303	御成敗式目	116
国役	209	憲法十七条	39	公明党	441	戸籍	57
公奴婢	55	建武式目	147	河本大作	398	五摂家	139
口分田	55, 57	建武の新政	141	高野山	79	後撰和歌集	84
組頭	209	元明天皇	63	高野山聖衆来迎図	95	五大改革指令	426
久米邦武	374	倹約令	259, 269	高麗	88	後醍醐天皇	139, 141, 143
久米正雄	403	硯友社	375	広隆寺	42	五大老	190
公文所	111	玄洋社	348	御恩	113	国会開設の勅諭	333

国会期成同盟	332	冊封	154	戦田	55	シャクシャインの戦い	219
骨角器	13	佐久間象山	324	職封	55	借知	252
国家主義	326	桜会	408	式目追加	117	写実主義	375
国家総動員法	416	佐倉惣五郎	250	地下請	157	車借	122, 164
国記	39	桜田門外の変	296	自検断（地下検断）	157	社倉	259
国共合作	413	庫裏製糸	364	四国艦隊下関砲撃事件	301	借金党	335
滑稽本	277	鎖国	218	鹿ケ谷の謀議	106	洒落本	261, 277
後藤象二郎	303, 330	指出検地	188	四職	148	上海事変	407, 413
後藤新平	362	坐禅	126	時宗	200	朱印船貿易	192, 214
後鳥羽上皇	115	佐竹義和	263	時宗	125	周恩来	412, 436
五人組	208, 211	薩英戦争	301	賤ヶ岳の戦い	189	集会条例	332
近衛声明	413	雑訴決断所	141	閑谷学校	286	十月事件	408
近衛文麿	412, 415	サッチャー	447	氏姓制度	34	衆議院	341
小林一茶	277	薩長連合（薩長同盟）	302	市制・町村制	339	衆議院議員総選挙（第1回）	343
小林多喜二	403	薩摩国	66	支石墓	20	自由教育	401
五品江戸廻送令	297	擦文文化	20	使節遵行	146	重慶	413
五奉行	190	佐藤栄作	444	自然主義	377	自由劇場	380
古墳	27	佐藤信淵	285	自然真営道	284	自由主義	326
五榜の掲示	307	里長	54	士族	311	集成館	274, 295
後村上天皇	144	サヌカイト	15	下地中分	118	集団的自衛権	454
小村寿太郎	348, 360	佐野常民	315	師団	339	自由党	334
米騒動	388, 390	佐野学	410	七卿落ち	301	十八両替	240
小物成	209	サミット	446	七支刀銘文	25	自由民権運動	330
後陽成天皇	189	侍所（鎌倉幕府）	111	自治都市	179	自由民主党	439, 441
御用取次	254	侍所（室町幕府）	148	七道	54	宗門改め	206
御霊会	93	更級日記	92	七分積金の制	259	寿永二年十月の宣旨	112
五稜郭	306	早良親王	76	志筑忠雄	283	儒学	241
御料所	149	讃	26	執権	114	儒教	32
ゴルバチョフ	449	三・一事件	399	湿田	17	宿場町	179
コレジオ	183	三・一独立運動	390	十返舎一九	277	綜芸種智院	80
伊治呰麻呂	77	山家集	129	幣原喜重郎	397, 400, 426	守護	111
ゴローウニン事件	264	三月事件	408	四天王寺	41	守護請	146
権現造	220	三管領	148	地頭	111	守護大名	145
金光教	288	産業革命	363	地頭請	118	守護段銭	146
金剛峰寺	79	三経義疏	39	四等官	54	朱子学	128, 241
今昔物語集	106	ザンギリ頭	325	持統天皇	50	シュタイン	338
コンツェルン	367	散切物	380	悉皆僧	67	出版統制令	261
健児制	77	参勤交代	204	寺内町	179	種痘所	284, 295
墾田永年私財法	68	三国干渉	353	品川弥二郎	345	ジュネーヴ会議	399
近藤重蔵	264	三国協商，三国同盟	384	品部	31	聚楽第	195
コンドル	380	三斎市	122	私奴婢	55	巡遊使	76
金比羅参り	288	三種の神器	144	士農工商	207	殉死（江戸時代）	223
困民党	335	三遠実美	299, 301	司馬江漢	279	順徳上皇	115
		山水画	170	柴田勝家	189	淳仁天皇	65
さ		三世一身法	68	柴野栗山	260	書院造	170
座	163	三蹟	92	支払猶予令	394, 398	貞永式目	116
西園寺公望	356, 389	三代格式	78	渋川春海	244	荘園	69, 88, 90
西行	129	三大事件建白運動	336	渋沢栄一	322	蔣介石	412, 421, 433
最恵国待遇	294	三都	238	渋染一揆	251	松下村塾	326
在郷商人	251	山東京伝	261	シベリア出兵	386	城下町	177, 178
西郷隆盛	302, 314	山東出兵	398	四木三草	231	荘官	90
細石器	12	三内丸山遺跡	14	シーボルト事件	284	貞観格式	78
最澄	79	三筆	81	島木健作	422	彰義隊	306
在庁官人	90	サンフランシスコ平和条約	434	島崎藤村	376, 422	承久の乱	115
斎藤実	407, 409	讖緯説	327, 332	島地黙雷	327	貞慶	128
斎藤道三	367, 400, 426	三浦の乱	155	島津久光	299	上宮聖徳法王帝説	32
催馬楽	107			島原・天草一揆（島原の乱）	216	将軍継嗣問題	295
斉明天皇	46	**し**		島村抱月	380	将軍後見職	299
西面の武士	115	寺院法度	206	持明院統	139	成功	87
済物浦条約	350	自興寺	434	四民平等	311	正作	120
左院	310	GHQ	425	ジーメンス事件	383, 390	称制	48
堺	180	慈円	130	下田	294, 295	小説神髄	375
堺商人	155	四箇格言	126	霜月騒動	136	正倉院（東大寺）	74
酒井田柿右衛門	220	志賀潔	375	下関条約	352	尚泰	317
堺利彦	368	四カ国条約	391	下関戦争	301	正中の変	140
坂下門外の変	299	志賀直哉	402, 422	下山事件	378	定闘	95
嵯峨天皇	78	紫宸殿	64	下山事件	431	正長の土（徳政）一揆	159
坂上田村麻呂	77	只管打坐	127	シャウプ税制	430	上知（上地）令	271
佐賀の乱	315	辞官納地	305	謝恩使	219	浄土教	93
坂本龍馬	302	式家	64	社会主義運動	365	正徳金銀	228
酒屋役	150	私擬憲法	332	社会主義研究会	365	正徳新例	228
防人	59	信貴山縁起絵巻	107	社会民衆党	397, 410	聖徳太子	38
防人歌	74	式亭三馬	277	社会民主党（明治）	366	称徳天皇	65

さくいん（し〜た）

正徳の政治	227
浄土宗	124
浄土真宗	124, 173
尚巴志	155
正風連歌	171
承平・天慶の乱	102
障壁画	195
正法眼蔵	127
条坊制	60, 76
聖武天皇	63, 72
定免法	209, 251, 254
将門記	104
縄文人	11
縄文土器	13
条約改正	348
条里制	57
秤量貨幣	240
生類憐みの令	225
松隈内閣	355
昭和恐慌	399
承和の変	83
殖産興業	320
続日本紀	80
職人尽屏風	195
女工哀史	368
庶子	119
諸司田	88
所従	120
女性参政権	427
如拙	168
職工友会	365
職工事情	369
所得倍増	440
白樺派	402
白河天皇（上皇）	99, 104
新編	25, 37, 47
新恩給与	113
辛亥革命	386
新ガイドライン	451
心学	287
新貨条例	322, 364
新感覚派	403
新幹線	441
新儀商人	163
慎機論	267
親魏倭王	23
新劇	380, 404
新興財閥	409, 417
新古今和歌集	129
壬午事変（壬午軍乱）	350
真言宗	79
震災手形	394
新思潮派	403
真珠湾	419
新人	11
新人会	393
壬申戸籍	311
壬申・丁酉倭乱	193
壬申の乱	48
薪水給与令	265, 271
信西	104
新生党	451
新石器時代	12, 13
新選組	300
新撰菟玖波集	171
新体詩運動	376
伸展葬	20
寝殿造	92
新党さきがけ	451
人道主義	402
神皇正統記	165
陣定	85
親藩	201
神風連の乱	315
新婦人協会	393
神仏習合	94
神仏戦争	350
神仏分離令	327
陣夫役	209
新聞紙条例	327, 332
新補地頭	116
進歩党	355
新補率法	116
人民戦線事件	411
神武景気	440
親鸞	124
人力車	325
す	
隋	40
垂加神道	241
出挙	59
推古天皇	38
帥升	22
水稲耕作	16, 17
杉原紙	162
水墨画	167
枢軸国体制	415
枢密院	338
須恵器	29
菅江真澄	288
菅原道真	70
杉浦重剛	373
杉田玄白	283
数寄屋造	220
杉山元治郎	393
助郷役	209, 234
朱雀大路	60, 76
崇峻天皇	38
調所広郷	275
鈴木梅太郎	375
鈴木貫太郎	421
鈴木商店	398
鈴木善幸	446
鈴木春信	279
鈴木文治	393
隅田八幡神社人物画像鏡銘文	32
スターリン	421
崇徳上皇	104
スプートニク	436
住友	364, 367
角倉了以	235
受領	87
せ	
世阿弥	169
済	26
西安事件	412
征夷大将軍	112, 199
正院	310
生活綴方運動	401
征韓論	314
生口	24
政事総裁職	299
政商	321
清少納言	92
政体書	307
征台の役	317
青銅器	16, 18
青鞜社	369
制度取調局	338
西南戦争	315
政費節減・民力休養	344
清和源氏	102
世界恐慌	399
世界金融危機	453
関ヶ原の戦い	199
関所	164, 234
関銭	149
関孝和	244
石棒	15
石油危機	445
赤瀾会	393
積極外交	398
摂家将軍	114
摂政	84
瀬戸	162
銭座	239
セミナリオ	183
前九年合戦	103
善光寺詣	288
戦後恐慌	394
戦国時代	153, 175
全国水平社	393
戦国大名	175
戦時統制経済	417
禅宗	126
禅宗様	131
専修念仏	124
船中八策	303
全日本産業別労働組合会議	428
善の研究	374, 401
千利休（宗易）	196
専売制	256, 263
全藩一揆	250
前方後円墳	28
賤民	55
川柳	277
善隣国宝記	173
そ	
祖阿	154
宋	88
惣（惣村）	157
宗祇	168, 171
僧綱	71
惣国一揆	177
宗氏	155
創氏改名	420
宋書	26
宋銭	122
造内裏役	99
曹洞宗	127
僧尼令	71
惣百姓一揆	250
惣無事令	189
僧兵	100
草木灰	121
雑徭	59
僧録	168
副島種臣	307, 314, 330
蘇我稲目	32, 38
蘇我入鹿	44
蘇我馬子	38
蘇我蝦夷	44
蘇我倉山田石川麻呂	44, 46
続縄文文化	20
束帯・衣冠	93
租・調・庸	58
則闕の官	53
側用人	254
尊号事件（尊号一件）	262
尊王攘夷論	286
尊王論	262
村法	211
た	
第一議会	344
第一次世界大戦	384
大院君	350
大王	26
大化	45
対外硬派	346
大覚寺統	139
大学別曹	80
大学令	401
大化改新	44
大韓民国	433
大義名分論	128
大逆事件	369
大教宣布の詔	327
太閤	189
太閤検地	190
大極殿	60
大黒屋光太夫	263
醍醐天皇	84
第五福龍丸	435
第三勢力	436
大衆文学	403
太政官（古代）	53
大正政変	383
大正デモクラシー	392
大人	24
大審院	331
大政奉還	303
大政翼賛会	416
大内裏	60
大東亜会議	420
大東亜共栄圏	420
大同団結運動	336
第二議会	345
第二次世界大戦	415
大日本沿海輿地全図	283
大日本産業報国会	417
大日本史	229, 241
大日本帝国憲法	340
大日本婦人会	417
大日本労働総同盟友愛会	393
代表越訴型一揆	250
大輔	310
大仏開眼供養	72
大仏造立の詔	64, 72
大仏様	131
太平記	165
太平洋戦争	419
帯方郡	23
大宝律令	52
大犯三箇条	112
当麻寺東塔・西塔	74
台密	79
大名貸し	252
大名田堵	89
太陽（雑誌）	373
太陽暦	325
平清盛	105
平貞盛	102
平忠常	103
平将門	102
大連	359, 385
大老	200
台湾	353, 362
台湾出兵	317
高倉天皇	105
高島秋帆	275
高島炭坑事件	365
多賀城	66
高杉晋作	300
高野長英	267
高野房太郎	365
高橋是清	395, 396, 409
高橋由一	379
高平・ルート協定	362
高松塚古墳	51
高峰譲吉	375
高向玄理	40
高村光雲	380

さくいん（た〜な）

高村光太郎	404
高持	209
高望王	103
高山樗牛	373
高山彦九郎	262
高床倉庫	17, 19
滝川事件	410
滝口の武士(武者)	102
滝沢馬琴	277
滝廉太郎	380
田口卯吉	374
竹内栖鳳	378
竹下登	448
竹田出雲	278
武田信玄(晴信)	176
高市黒人	51
高市皇子	49
竹取物語	92
竹内式部	262
竹久夢二	404
竹本義太夫	278
太宰春台	255
大宰府	54, 59
足高の制	254
太政官(明治)	307
打製石器	12
橘曙覧	277
橘奈良麻呂	65
橘諸兄	64
辰野金吾	380
竪穴住居	14
伊達政宗	175
伊達宗城	275, 317
田堵	89
田荘	36
田中角栄	445, 446
田中義一	398
田中正造	254
田中正造	365
田中館愛橘	375
谷崎潤一郎	402, 422
田沼意次	256
種子島	181
歎異(頼母子)	164
ターヘル＝アナトミア	283
玉虫厨子	42
濃絵	195
為永春水	269
田安宗武	277
田山花袋	377
樽廻船	234
俵物	232, 257
俵屋宗達	220
団菊左時代	380
塘沽停戦協定	407
段祺瑞	149
団琢磨	408
歎異抄	124
壇ノ浦の戦い	111
耽美派	402

ち

治安維持法	396, 399
治安警察法	356, 366, 369
治外法権	295, 346
近松門左衛門	245
知行国	100
蓄銭叙位令	61
地券	318
地租改正	318
地租改正反対一揆	320
秩父事件	335
秩禄処分	312
血のメーデー事件	435

知藩事	308
地方三新法	332
チャーチル	421
中越戦争	443
中央公論	402
中華人民共和国	433
中宮寺	41, 42
中国分割	358
中尊寺	104, 107
中東戦争	443
長安	60, 69, 76
張学良	406, 412
重源	131
張鼓峰事件	414
張作霖	398, 406
町衆	158, 179
鳥獣戯画	107
長州征討	301, 302
朝鮮	155
超越主義	343
朝鮮人虐殺事件	394
朝鮮侵略	193
朝鮮戦争	433, 436
朝鮮総督府	361
朝鮮通信使	219
朝鮮民主主義人民共和国	433
重祚	46
朝堂院	60
重任	87
徴兵令	312
勅旨田	88
珍	26
チンギス＝ハン	134
鎮守府	66
鎮西探題	135
鎮西奉行	122
賃租	67
頂相	133
青島	385

つ

追捕使	101
築地小劇場	404
筑紫君磐井	37
佃	120
辻説法	126
津田左右吉	401
津田真道	326
蔦屋重三郎	261
土一揆	158
土御門上皇	115
経基王	103
潰れ百姓	251
坪内逍遙	375
鶴屋南北	278
徒然草	129

て

帝国議会	341
TPP	454
大院君	350
手賀沼	257
適塾	287
出島	216
手島堵庵	287
デタント	445
手塚治虫	453
鉄器	16, 18
手作田	120
鉄のカーテン	432
鉄砲	181
寺請制度	206
寺内正毅	361, 362, 386, 388
寺子屋	276, 287

寺島宗則	347
寺田屋事件	299
テレビ放送	431
田楽	107
伝教大師	79
天狗党の乱	301
転向	410
転向文学	422
天竺様	131
天智天皇	48
天守閣	194
天寿国繡帳	42
天正大判	190
天正遣欧使節	183
天津条約	350
天台宗	79
天誅組の変	301
天皇	26
天皇記	39
天皇機関説	392, 402, 411
天皇大権	340
田畑永代売買禁止令	210
田畑勝手作の禁令	210
天平文化	71
天賦人権	326, 330
天文法華の乱	173
転封	203
天保の改革	269
天保の飢饉	249, 266
伝馬騒動	251
天武天皇	49
天明の飢饉	249, 258
天理教	288
天龍寺船	153

と

問(問丸)	122
土井ヶ浜遺跡	20
刀伊の来襲	88
問屋	163
問屋制家内工業	233
唐	69
東亜新秩序の建設	413
銅戈	18
東海道五十三次	279
東学の乱	351
東関紀行	130
統監府	361
銅鏡	18
道鏡	65
東京オリンピック	441
東京市区改正事業	363
東京遷都	307
東京大学	326
東京大空襲	423
銅剣	18
道元	127
東郷平八郎	360
東寺	79
堂島米市場	254
東洲斎写楽	279
唐招提寺金堂	74
東条英機	419
東清鉄道	359, 361
統帥権	340, 400
統制派	409
東大寺事件	298
東大寺大仏	71
東大寺南大門	131
銅鐸	18
銅版画	279
逃亡	68
東方会議	398
東北戦争	306

銅矛	18
東密	79
同和対策事業特別措置法	428
トーキー	402
土岐康行の乱	150
土偶	15
徳川家綱	224
徳川家斉	265
徳川家治	256
徳川家光	200
徳川家茂	295
徳川家康	198
徳川家慶	265
徳川綱吉	225
徳川斉昭	276, 293
徳川秀忠	199
徳川光圀	229, 241
徳川慶喜	299, 303
徳川吉宗	253
特産物	233
特需	434
読史余論	243
徳政相論	76
徳政令	158
独占禁止法	426
得宗	117, 136, 138
独ソ戦	418
独ソ不可侵条約	415
徳田秋声	377
特定秘密保護法	452
徳富蘇峰	373
徳永直	403
十組問屋	234
特命全権大使欧米回覧実記	314
土佐日記	92
外様	201
外様衆	177
土佐光信	170
都城制	50
土倉役	150
土断法	67
ドッジ＝ライン	430
隣組	416
舎人親王	73
鳥羽・伏見の戦い	306
富岡製糸場	321
富永仲基	287
朝永振一郎	453
伴造	36
豊田佐吉	364
豊臣秀吉	189
豊臣秀頼	199
渡来人	30
虎の門事件	395
ドル＝ショック	445
トルーマン	421
トルーマン＝ドクトリン	432
登呂遺跡	17
曇徴	42
屯田兵	322

な

内閣制度	339
内管領	136
内国勧業博覧会	323
内大臣	339
内地雑居	347, 348
内務省	313, 321
内憂外患	266
内覧	86
ナウマンゾウ	10
直木三十五	403
永井荷風	402
中江兆民	330

さくいん（な～ふ） 461

中江藤樹	242
長岡京	75
長尾景虎	176
中岡慎太郎	302
長岡半太郎	375
長崎新例	228
長崎製鉄所	274
中里介山	403
中沢道二	287
長篠の戦い	187
中島俊子	336
中先代の乱	142
中曽根康弘	447
長門探題	135
中臣鎌足	44
中大兄皇子	44
中村正直	326
長屋王	63
中山みき	288
名子	209
名代・子代の部	35
ナチス	415
夏目漱石	377
難波京	64
難波長柄豊碕宮	45
名主（近世）	209
鍋島直正	274, 275
鍋山貞親	410
生麦事件	298
南無阿弥陀仏	124
南無妙法蓮華経	126
鳴滝塾	284
南иеz家	295
南家	64
南島路	71
南都七大寺	71
南都六宗	73
南蛮文化	197
南蛮貿易	182
南部仏印進駐	418
南北朝	143, 145
南北朝正閏問題	358
南北問題	443
南鐐弐朱銀	257

に

新潟水俣病	441
二・一ゼネスト	428
二官八省一台五衛府	53
二宮六省	309
ニクソン	445
尼港事件	386
2個師団増設問題	358, 382
西川	326, 374
西川如見	283
錦絵	279
西陣	162, 232
西周幾多郎	374, 401
西原借款	386
西廻り海運	234
二十一カ条要求	385
二十四組問屋	234
二条河原の落書	142
似絵	133
日英通商航海条約	348
日英同盟	360, 362
日独伊三国同盟	415
日独伊三国防共協定	412
日仏協約	362
日米安全保障条約	434
日米行政協定	434
日米修好通商条約	295
日米相互協力及び安全保障条約（日米新安保条約）	440

日米通商航海条約	414
日米和親条約	294
日満議定書	407
日明貿易	150, 154
日蓮	126
日露協商	360
日露協約	362
日露講和条約	361
日露戦争	360
日露同盟	386
日露和親条約	294
日韓基本条約	443
日清修好条規	317
日清戦争	351
日宋貿易	105
日ソ基本条約	397
日ソ共同宣言	439
日ソ中立条約	418
新田義貞	140
日中共同声明	445
日中全面戦争	412
日中平和友好条約	445
日朝国交正常化交渉	451
日朝修好条規	316
二頭政治（足利氏）	144
二・二六事件	409
二宮尊徳（金次郎）	266
日本往生極楽記	94
日本海海戦	360
日本開化小史	374
日本共産党	393, 429
日本協同党	429
日本銀行	323, 334
日本憲法	427
日本国家社会党	410
日本国憲按	337
日本社会主義同盟	393
日本社会党（明治）	369
日本社会党（戦後）	429
日本自由党	429
日本主義	373
日本上代史研究	401
日本書紀	73
日本人（雑誌）	373
日本進歩党	429
日本赤十字社	315
日本農民組合	393
日本之下層社会	368
日本万国博覧会	441
日本美術報国会	422
日本文学報国会	422
日本本土空襲	423
日本町	214
日本労働組合総同盟	428
日本労働総同盟	393
二毛作	121, 161
女房装束	93
人形浄瑠璃	245
人間宣言	426
忍性	128
人情本	277
人足寄場	259

ぬ～の

額田王	51
渟足柵	47
奴婢	24
ネルー	436
年季奉公	248
年行司	180
能	169
農業恐慌	399
農業全書	231
農具便利論	266

農耕儀礼	19
農山漁村経済更生運動	409
直衣・狩衣	93
農地改革	426
農民労働党	397
野口英世	375, 402
野田佳彦	452
能登客院	71
野村吉三郎	418
ノモンハン事件	414
ノルマントン号事件	348
野呂元丈	256

は

配給制	417
梅松論	166
裴世清	40
廃藩置県	309
廃仏毀釈	327, 374
破壊活動防止法	435
博多	180
博多商人	155
萩の乱	315
朴正熙	443
白虎会	379
白鳳文化	50
ハーグ密使事件	362
箱式石棺墓	20
箱館戦争	306
土師器	29
橋本雅邦	378
橋本左内	296
橋本龍太郎	451
馬借	122, 164
長谷川等伯	195
支倉常長	213
秦氏	31
羽田孜	451
旗本	200
八月十八日の政変	301
八虐	56
抜歯・研歯	15
閥族打破・憲政擁護	383
ハーディング	391
バテレン追放令	192
鳩山一郎	439
鳩山由紀夫	452
塙保己一	261, 283
埴輪	29
バブル経済	451
浜北人	11
浜口雄幸	399, 408
蛤御門の変	301
林子平	261
林銑十郎	412
林鳳岡（信篤）	225
林有造	331
林羅山	241
隼人	66
原敬	388, 390, 401
パリ講和会議	389
ハリス	295
塙茂左衛門	250
播磨の土一揆	159
バルチック艦隊	360
ハル＝ノート	419
ハルマ（波留摩）和解	283
藩営洋式機械工場	274
半跏思惟像	42
藩校（藩学）	286
万歳事件	390
蛮社の獄	267

反射炉	275
番匠	121
蕃書調所	294
蛮書和解御用	284
阪神・淡路大震災	451
半済	146
藩政改革	263
版籍奉還	308
伴大納言絵巻	107
班田収授法	45, 57
バンドン会議	436
藩閥政府	310, 337, 355
藩兵	309
反本地垂迹説	129
蛮勇演説	345

ひ

比叡山	79
菱垣廻船	234
東久邇宮稔彦	421
東日本大震災	452
東回り海運	234
引き揚げ	426
引付衆	118
樋口一葉	376
PKO協力法	450
菱川師宣	246
菱田春草	378
ひすい	15
ビッドル	292
尾藤二洲	260
人返しの法	270
一橋派	295
人掃令	192
ヒトラー	415
B29	422
非人	207, 311
日野富子	152
日比谷焼打ち事件	361
卑弥呼	23
姫路城	194
百済	25, 37
百姓	191
百姓一揆	249
百姓代	157
百姓代	209
百万町歩の開墾計画	68
百万塔陀羅尼	73
ヒュースケン暗殺事件	298
評定所	116
評定衆	201
平等院	86, 95
兵部省	312
平泉	104
平賀源内	279
平田篤胤	283
平塚明（らいてう）	369, 393
平戸	212, 216
平沼騏一郎	415
広瀬淡窓	287
広田弘毅	410
貧窮問答歌	67
貧農	248
閔妃	350
貧乏物語	402

ふ

武	26
ファシスト党	415
ファシズム	409
風姿花伝	169
フェートン号事件	264
フェノロサ	378
フォンタネージ	328

さくいん（ふ〜み）

富嶽三十六景	279
復員	426
福岡孝弟	307
福沢諭吉	326, 374
福島事件	335
福島第一原子力発電所	452
福田赳夫	445, 446
福田英子	336
福田康夫	451
福地源一郎	334
武家諸法度	202
武家造	119
武家伝奏	206
府県制・郡制	339
富士川の戦い	110
富士講	288
藤沢利喜太郎	375
藤島武二	379
藤田東湖	276
武士団	101
伏見城	194
武州世直し一揆	302
藤原京	50
藤原四子	64
藤原惺窩	241
藤原家隆	129
藤原宇合	64
藤原兼家	85
藤原清衡	104
藤原行成	92
藤原定家	129
藤原佐理	92
藤原純友	103
藤原忠通	104
藤原種継	75
藤原仲麻呂	65
藤原秀郷	102
藤原秀衡	104
藤原広嗣	64
藤原房前	64
藤原不比等	53, 63
藤原冬嗣	83
藤原麻呂	64
藤原道長	85
藤原武智麻呂	64
藤原基経	84
藤原元命	87
藤原基衡	104
藤原良房	83
藤原頼長	104
藤原頼通	86
婦人参政権獲得期成同盟会	393
不戦条約	399
譜代	201
札差	236
二葉亭四迷	375
武断政治	223
府知事	309
ブチャーチン	293
普通選挙（普選）運動	390, 393
普通選挙法	396
仏教公伝	32
復古神道	283
風土記	73
太占	30
船成金	387
不入の特権	90
フビライ	134
部分的核実験停止条約	442
夫役	121
不輸租田	57
冬の時代	369
不輸の特権	89
部落解放同盟	428
フランシスコ＝ザビエル	182
古河市兵衛	365
フルシチョフ	436, 442
プレス＝コード	426
浮浪	68
プロレタリア文学	403
プロレタリア文化大革命	443
文永の役	134
文学界（雑誌）	376
文化財保護法	453
文化住宅	402
文化庁	453
分割相続	119
文化の撫恤令	265
文化・文政期	265
文芸協会	380
分国	176
分国法	177
文人画	279
文政金銀	265
分地制限令	210
文治政治	224
文展	378
文保の和談	139
文明開化	325
文明論之概略	374
文禄・慶長の役	193

へ

平安京	76
平家納経	107
平家物語	130
平氏	100, 105
平治の乱	105
平氏没官領	112
平治物語	130
平城京	60
平城天皇	77
平成不況	451
米中共同声明	445
平民	311
平民社	368
平民的欧化主義	373
平和五原則	436
北京議定書	359
ベトナム戦争	443
ヘボン	324
部民	35
ペリー	293
ベルツ	375
ベルリンの壁	450

ほ

保	90
帆足万里	287
ポアンカレ	81
ホイットニー	342
保安条例	336
保安隊	434
防衛庁（防衛省）	434
方形周溝墓	20
封建的主従関係	113
保元の乱	104
保元物語	130
奉公	113
法興寺	41
方広寺	191
方広寺鐘銘事件	199
奉公衆	149
防穀令	351
澎湖諸島	353
宝治合戦	118
方丈記	129
北条実時	129
法成寺	95
北条早雲	175
北条高時	123, 138
北条時政	110, 114
北条時宗	134
北条時行	142
北条時頼	117
北条政子	114
北条泰時	116
北条義時	114
奉書船	216
紡錘車	19
放鷹従良	55
奉天会戦	360
法然	124
法隆寺	41
法隆寺金堂壁画	51
法隆寺夢殿	74
宝暦事件	262
北清事変	359
朴正熙	443
北部仏印進駐	418
北面の武士	100
星亨	336
保科正之	229
保守合同	439
戊辰夢物語	267
戊申詔書	358
戊辰戦争	306
細井和喜蔵	368
細川勝元	151
細川重賢	263
細川護熙	451
渤海	71
法起寺	41
北家	64, 78, 83
法華宗	126
堀田正睦	295
ポツダム宣言	421
北方領土問題	444
ポーツマス講和条約	361
穂積八束	342
ホトトギス	376
堀越公方	175
ポルトガル	182
本阿弥光悦	220
本家	90
本地垂迹説	94
本草学	244
本多光太郎	402
本多利明	285
本朝世紀	106
本朝通鑑	242
本途物成	209
本能寺の変	188
翻波式彫法	81
本百姓	209
本領安堵	113
本両替	240

ま

前島密	322
前野良沢	283
蒔絵	95, 162
牧野富太郎	375
枕草子	92
正岡子規	376
正宗白鳥	377
マーシャル＝プラン	432
益田四郎時貞	216
磨製石器	12
町火消し	255
町奉行	200
松岡洋右	408, 418
松尾芭蕉	245
マッカーサー	425
マッカーサー＝ノート	427
松方正義	323, 334, 345
松川事件	431
松本荘左衛門	250
末期養子の禁	223
松平容保	299
松平定信	259
松平信綱	217
松平治郷	263
松平慶永	275, 299
松前奉行	71
末法思想	93
松月渓	278
マニュファクチュア	266, 273
間宮林蔵	264
マルタ会談	449
円山応挙	278
万延小判	297
満州	359
満州国	407
満州事変	407
満州重大事件	398
万歳事件	390
満鉄	356, 362
政所（鎌倉幕府）	111
政所（室町幕府）	148
マンモス	10
万葉仮名	74
万葉集	74
万葉代匠記	243

み

御内人	136
三浦梅園	287
三浦泰村	118
三木武夫	446
廱慎	47
水鏡	130
水城	47
水野忠邦	269
水呑	209
見世棚	122
溝口健二	431
美空ひばり	431
三鷹事件	431
みだれ髪	376
三井	364, 367
密教	79
密陀絵	42
ミッドウェー海戦	420
三鬼	38
三菱	364, 367
水戸	201
御堂関白記	86
水戸学	241, 324
港川人	11
湊町	179
南淵請安	40
水俣病	441
南満州鉄道株式会社	356, 362
源実朝	114
源高明	85
源義家	104
源義経	111
源義朝	104
源義仲	110
源頼朝	110
美濃部達吉	392, 402, 411
身分統制令	192
屯倉	36
三宅雪嶺	373
宮座	157
宮崎安貞	231

さくいん（み～わ）

宮沢喜一	450	物部守屋	38	遙任	87	領家	90
ミュンヘン会談	415	問民苦使	65	陽明学	241	領家方	118
名（名田）	89	モラトリアム	394, 398	養老律令	52	令外官	78
明恵	127	森有礼	326, 372	翼賛選挙	417	領事裁判権	348
冥加金	237, 251, 257	森鷗外	376	横井小楠	309	梁塵秘抄	106
妙喜庵待庵	195	モリソン号事件	267	横須賀製鉄所	274	両統迭立	139
明経道	73	森恪	398	横浜正金銀行	322	遼東半島	353
苗字・帯刀	207	森喜朗	451	横浜毎日新聞	327	令義解，令集解	78
名主（中世）	120	モンゴル帝国	134	横光利一	403	良民	55
明法道	73	門前町	178	横山源之助	368	旅順	359, 385
三善康信	111	問注所（鎌倉幕府）	111	横山大観	378	離洛帖	92
旻	40	問注所（室町幕府）	148	与謝野晶子	368	臨済宗	126
民主社会党	441	文部省美術展覧会	378	与謝蕪村	277, 279		
民主自由党	429	モンロー主義	359	吉川英治	403	**る～ろ**	
民主党（戦後）	429			慶滋保胤	94	ルイス＝フロイス	183
民主党（平成）	451	**や**		吉田兼好	129	留守政府	314
民撰議院設立の建白書	330	八色の姓	50	吉田茂	429, 430, 434	冷戦	432
明兆	167	薬師寺東塔	50	吉田松陰	287, 324	黎明会	393
民党	343	屋島の戦い	111	吉野	143	レーガン	447
閔妃	350	安井算哲	244	吉野作造	392	暦象新書	283
民法典論争	342	安井曽太郎	404	寄席	278	レコード	402
民本主義	392	靖国神社	452	寄木造	95	レザノフ	264
民友社	373	安田	364, 367	四日市ぜんそく	441	レッド＝パージ	433
		耶蘇会	182	四船	70	連歌	166
む・め		ヤッコ	35, 36	世直し一揆	250	連合国軍最高司令官総司令部	425
無産政党	397	矢内原事件	411	読本	277	連署	116
武者所	141	柳沢吉保	225	寄合	157	蓮如	160, 173
武者小路実篤	402	柳田国男	401	万朝報	368	老中	200
夢窓疎石	153	八幡製鉄所	366	ヨーロッパ経済共同体	442	労働関係調整法	428
無高	209	流鏑馬	120	四・一六事件	399	労働基準法	428
陸奥将軍府	141	山内豊信	275, 303			労働組合期成会	365
ムッソリーニ	415	山鹿素行	242	**ら**		労働組合法	428
陸奥宗光	348, 352	山県有朋	312, 339, 344, 356	来週	95	労働農民党	397
陸奥話記	104	山片蟠桃	284	楽市・楽座	163, 188	牢人（浪人）	224
棟別銭	149	山県・ロバノフ協定	359	ラグーザ	328	良弁	72
無二念打払令	264	山崎闇斎	241	ラクスマン	263	ロエスレル	338, 343
村請	157	山崎宗鑑	171	洛中洛外図屏風	195	六斎市	163
村方三役	209	山崎の合戦	189	ラジオ放送	402	六波羅探題	116
村方騒動	251	山背大兄王	44	蘭生門	431	鹿鳴館	347
村上天皇	84	山城の国一揆	159	蝶螂	95	盧溝橋事件	413
紫式部	92	邪馬台国	22	蘭学	283	ローズヴェルト（セオドア）	360
村田珠光	173	大和絵	107	蘭学階梯	283	ローズヴェルト（フランクリン）	418, 421
村田清風	275	大和四座	169	ランシング	386	六歌仙	91
村山富市	451	ヤマト政権	25			ロッキード事件	446
室鳩巣	255	東漢氏	31	**り**		ロッシュ	302
室町王権	148	大和本草	244	理化学研究所（理研）	402	ロマン主義	376
明月記	129	山名氏清	150	力織機	364	ロンドン海軍軍縮会議	400
明治十四年の政変	333	山名持豊（宗全）	151	陸・海軍大臣現役武官制	356, 410		
明治美術会	379	山上憶良	67, 74	六道	73	**わ**	
明徳の乱	150	山部赤人	74	六諭衍義大意	255	隈板内閣	356
明暦の大火	226	山本権兵衛	383, 394, 395	李鴻章	350, 352	倭王武の上表文	27
明六社	326	山本有三	403	李舜臣	193	和学講談所	261, 283
明和事件	262	弥生土器	16	李成桂	155	幾加多文庫大王	32
目付	201	屋良朝苗	444	里長	54	若槻礼次郎	397, 400, 408
メッケル	313	ヤルタ会談	421	立憲改進党	334	若年寄	200
メーデー	393	ヤン＝ヨーステン	212	立憲国民党	383	若山牧水	377
目安箱	256			立券荘号	89	倭館	155
		ゆ		立憲政体樹立の詔	331	和漢朗詠集	92
も		由井正雪の乱	224	立憲政友会	356, 396	和気清麻呂	65, 76
蒙古襲来	134	友愛会	393	立憲帝政党	334	和気広虫	73
蒙古襲来絵巻	133	有司専制	330	立憲民政党	399	倭寇	154
毛沢東	433, 443	郵政民営化法	451	六国史	73, 80	ワシントン会議	391
毛利敬親	275	有職故実	129	立志社	331	ワシントン海軍軍縮条約	391
最上徳内	264	郵便制度	322	立正安国論	126	和田英作	379
モース	14	雄略天皇	32	リットン調査団	407	和田合戦	114
持株会社整理委員会	426	湯川秀樹	431	律令	52	和田三造	379
以仁王	110	湯島の聖堂	260	琉球王国	155	渡辺崋山	267
木器	13	輪租田	57	琉球処分	317	和田義盛	111
モッセ	338	弓月君	31	琉球政府	444	度会家行	129
本居宣長	282	夢の代	284	柳条湖事件	407	和田開珎	61
元田永孚	372			柳亭種彦	269	倭の五王	26
物忌	93	**よ**		両界曼荼羅	81		
物部鹿火	37	洋学	283	両替商	240		
物部尾輿	32, 38	煬帝	40	良寛	277		

《著者紹介》

● 元木泰雄（もとき・やすお）　1954年，兵庫県に生まれる。
1983年，京都大学大学院博士課程修了。京都大学名誉教授。文学博士。おもな著書に，『院政期政治史研究』『平清盛の闘い』『源満仲・頼光』『保元・平治の乱』『河内源氏』『敗者の日本史5 治承・寿永の内乱と平氏』『維新の政治変革と思想』などがある。

● 伊藤之雄（いとう・ゆきお）　1952年，福井県に生まれる。
1981年，京都大学大学院博士課程修了。京都大学名誉教授。文学博士。おもな著書に，『立憲国家の確立と伊藤博文』『立憲国家と日露戦争』『大正デモクラシーと政党政治』『昭和天皇と立憲君主制の崩壊』『政党政治と天皇』『明治天皇』『伊藤博文』『山県有朋』『原敬』『元老西園寺公望』『昭和天皇伝』『源頼朝』などがある。

■ デザイン
福永重孝

■ 編集協力
小林麻恵

■ 図版・DTP
株式会社ユニックス

■ 写　真
愛知県埋蔵文化財センター／一般社団法人　教学図書協会／江差町教育委員会／大阪府立弥生文化博物館／株式会社　時事通信フォト／岐阜県文化財保護センター／旧開智学校／京都外国語大学付属図書館／熊本県菊池郡大津町教育委員会／交通科学博物館／国立国会図書館HP「近代日本人の肖像」／国立歴史民俗博物館／実教出版株式会社／川内カトリック教会／Tamago Moffle(p.9)／中尊寺／東京国立近代美術館／富山県埋蔵文化財センター／長崎県教育委員会／長崎歴史文化博物館／名古屋市博物館／奈良文化財研究所／南山大学人類学博物館／風俗博物館／福岡市博物館／明治大学博物館／横浜開港資料館

シグマベスト	著　者	元木泰雄・伊藤之雄
理解しやすい日本史B	発行者	益井英郎
	印刷所	大日本印刷株式会社
本書の内容を無断で複写(コピー)・複製・転載することは，著作者および出版社の権利の侵害となり，著作権法違反となりますので，転載等を希望される場合は前もって小社あて許諾を求めてください。	発行所	株式会社　文英堂
		〒601-8121　京都市南区上鳥羽大物町28
		〒162-0832　東京都新宿区岩戸町17
Ⓒ 元木泰雄・伊藤之雄　2014		(代表)03-3269-4231
Printed in Japan	● 落丁・乱丁はおとりかえします。	